专业图书馆"十二五"期间事业发展报告

中国图书馆学会专业图书馆分会　编

国家圖書館出版社

图书在版编目(CIP)数据

专业图书馆"十二五"期间事业发展报告/中国图书馆学会专业图书馆分会编. --北京：国家图书馆出版社,2017.2

ISBN 978 - 7 - 5013 - 5997 - 4

Ⅰ.①专…　Ⅱ.①中…　Ⅲ.①专业图书馆—图书馆工作—研究报告—中国—2011—2015　Ⅳ.①G259.255

中国版本图书馆 CIP 数据核字(2016)第 290728 号

书　　名	专业图书馆"十二五"期间事业发展报告	
著　　者	中国图书馆学会专业图书馆分会　编	
责任编辑	金丽萍　　王炳乾	
出　　版	国家图书馆出版社(100034　北京市西城区文津街7号)	
	(原书目文献出版社　北京图书馆出版社)	
发　　行	010 - 66114536　66126153　66151313　66175620	
	66121706(传真)　66126156(门市部)	
E-mail	nlcpress@ nlc. cn(邮购)	
Website	www. nlcpress. com ——→投稿中心	
经　　销	新华书店	
印　　装	北京玥实印刷有限公司	
版　　次	2017 年 2 月第 1 版　2017 年 2 月第 1 次印刷	
开　　本	787 × 1092(毫米)　1/16	
印　　张	27. 75	
字　　数	600 千字	
书　　号	ISBN 978 - 7 - 5013 - 5997 - 4	
定　　价	120. 00元	

《专业图书馆"十二五"事业发展报告》编委会

主　　任：黄向阳

副 主 任(按汉语拼音音序排)：

揭玉斌　　刘细文　　沈仲祺　　孙　坦　　唐小利

张纪臣　　张魁清　　张新民　　真　溱　　庄前生

编　　委(按汉语拼音音序排)：

陈　锐　　贾贵荣　　金丽萍　　李春萌　　李　丽

刘晓兰　　曲建升　　孙小满　　汪　滨　　王海华

魏东原　　吴贵飙　　俞　冰　　于建荣　　于润升

曾建勋　　张华敏　　张俊明　　张志强　　张智雄

赵瑞雪　　赵树宜　　左晓光

执行编委：赵树宜

编写说明

　　专业图书馆在图书情报事业发展中占有非常重要的位置，专业图书馆系统是与公共图书馆系统、高校图书馆系统相并列的一个重要类型。在我国，专业图书馆泛指科学研究系统图书馆，主要来自于国家部委所属科研机构的文献情报中心，广泛地分布于各行业、各领域、各系统，也是数量最多、种类最复杂的一大类型图书馆。

　　本报告中所选取的专业图书馆具有较强的代表性和典型性，有的图书馆属于行业、系统图书情报协作中心，发挥着行业、系统引领、牵头和协调作用，有的图书馆来自于科研基层一线，发挥着为母体科研机构文献资源保障与服务作用，有的图书馆来自于地方省市，发挥着支撑区域科技、经济发展决策咨询的作用。

　　本报告概括反映"十二五"期间我国专业图书馆发展基本情况，在内容上侧重突出专业图书馆的特色资源、特色服务、年度成果和研究热点，可在一定程度上体现出我国专业图书馆的发展状况及未来趋势，对研究专业图书馆中长期发展具有借鉴意义。

　　本报告由中国图书馆学会专业图书馆分会秘书处组织编纂，在编辑出版过程中，得到了专业图书馆以及有关专家、学者的鼎力支持，谨致谢忱。

编　者

2016 年 8 月 31 日

目 录

专业图书馆"十二五"期间进展与特点

"十二五"期间是专业图书馆快速发展的时期,更是各专业文献情报机构变革性发展的时期。围绕"十二五"规划及创新驱动发展目标,专业文献情报机构在实现资源数字化、服务网络化的基础上,进一步向集成化、个性化、咨询化知识服务转型升级,深入推进文献情报服务创新发展战略。面向用户、面向科技决策、面向科研一线、面向国家科技信息服务需求,在数字资源保障体系优化与知识资源组织、阵地服务转型与新型信息服务、学科服务创新与知识服务深化、科技情报研究与多元化咨询服务、集成服务平台建设与知识服务新技术研发等方面均取得了长足的进步。并适应开放创新和大数据驱动发展的大环境,积极推进开放获取、开放研究、开放出版及科学数据共享服务的新研究和新实践。在国家科技体制机制深化改革、创新驱动发展战略实施、中国特色新型智库建设的新形势下,积极推动文献情报机构向专业知识咨询、专业科技智库转型升级和跨越发展。

一、主要工作及其进展

1. 强化数字化特色资源建设,不断完善综合信息资源保障体系

(1)开发综合信息资源保障体系

中国科学院文献情报中心在持续优化数字文献资源保障体系建设的基础上,全面启动"综合科技资源集成登记系统""开放科技课件采集与服务系统""开放社会经济信息集成揭示系统"等系统建设,共登记9万余条综合科技资源,采集组织49 108个开放课件、2万余条各领域信息,并突破原有的开放获取期刊论文一站式发现平台(GoOA)的采集方式。同时完善全院机构知识库网络,存储各类科技成果69.4万份;并与 Springer、Nature 等出版社完成16种重要科技文献数据库在我国本土的长期保存,覆盖电子期刊16 933种、电子图书74 622种、实验室指南34 000种、预印本999 619种。

国家工程技术图书馆在"十二五"期间牵头启动 NSTL 开放学术资源库的建设工作,提出了国家开放学术资源建设的总体框架,拟定了政府资助成果开放呈缴、协同构建国家知识库、国家开放资源登记、国家开放出版基金建立、开放资源建设标准规范等工作内容,并划分不同的建设阶段,根据"有所为,有所不为"的原则逐次开展开放学术资源建设工作。"十二五"期间,重点启动对期刊、图书、会议录、课件、报告、学位论文6种类型高质量开放资源进行集成揭示与保存,构建开放资源集成服务平台。

国家农业图书馆在"十二五"期间加大对开放获取资源的收集和整理,初步建立开放数字资源体系。通过深入调研、分析筛选、编制规范、定期审核等一系列过程,采集中英文开放期刊700余种,开放获取会议信息1500余个,录入整理4万余篇开放获取会议文献数据信息。此外,还建立农业 OA 期刊关联数据检索系统和开放资源集成检索系统,提高了开放资源的使用率及系统语义揭示能力。

（2）加强数字信息资源加工整合

"十二五"期间，国家科技图书文献中心进一步加大对印本科技文献的加工和揭示力度，所有期刊、会议录、学位论文、科技报告、文集汇编等都要做到篇目级的文摘加工，对专著、工具书等文献进行简介报道。同时，建立数据研究管理中心，大力推进数据加工业务转型，调整数据加工流程，优化联合数据加工系统结构，增强系统功能；加强国际科学引文数据库建设，提高引文数据库的检索与分析功能；加强对网络科技信息资源的整合、加工与揭示。另外，国家科技图书文献中心与中国科学院文献情报中心、国家工程技术图书馆、中国农业科学院国家农业科学图书馆、中国医学科学研究院图书馆等单位合作，初步建成涵盖理工农医四大领域，具有我国自主知识产权的科技文献信息知识组织体系（STKOS），创建了支持跨领域、多用户、多重审校需求和严格的计算机辅助质量控制的协同工作管理机制和平台；基于STKOS，搭建了面向全国共建共享的开放式知识组织发布服务平台，实现了NSTL海量科技文献的计算机辅助标引，研制了NSTL智能检索系统。

中国农业科学院国家农业图书馆从对单一的馆藏文献扫描与数字化加工扩大至科技文献、科学数据、科研实体、OA资源、专业术语等综合科技资源的加工，在过程中，增强和改进自动化拆分系统的功能，实施农科数字化加工业务的精细化管理，建立加工过程的实时监控机制；同时，引入智能化的加工处理流程和技术，基于深入分析大量农业科学引文著录规律的基础上，提出了14种典型的引文著录类型，建立了基于特征词分类和期刊名称知识库的计算机自动批量拆分软件及配套的质检程序和批量修复工具；在深度加工方面，通过智能拆分、精细化与碎片化等不同方式加工不同数据和科研实体，形成多类型资源知识组织与多维语义关联。

（3）加强特色化数字化馆藏建设

"十二五"期间，中国中医科学院图书馆采购未藏古籍资源共计87种90册，其中孤本占70种，稿抄本75种，未藏版本12种，获得未藏古籍电子版15种，可在线阅读《中华再造善本》账号2个；扫描古医籍图片2000余叶，转换中医古籍扫描图片6100余页；开发"中医古籍书目数据库"网络版，完成《中国中医古籍总目》电子版、《民国时期书刊联合目录》；完成《走方医抄本研究》《草泽医抄本研究》撰写工作；出版第八批、第九批《中医古籍孤本大全》及《孤本医籍叙录集》，完成《欧美收藏中医古籍联合目录》《欧美收藏稀见中医古籍及研究》撰写工作，复制回归国内失传中医古籍30余种；完成全国59家藏书单位的1370种孤本书目调研出版《中国中医孤本古籍总目提要》，其中点校出版37种入《中医药古籍珍善本点校丛书》。

军事科学院军事图书资料馆作为全国古籍保护试点单位，对馆藏古籍进行普查、登记和著录工作，现馆藏古籍9400余种，10.7万册，其中善本古籍650余种。"十二五"期间，共完成其中6700余部、5.7万余册古籍的普查登记工作，同步制作了版本书影，先后向国家古籍保护中心填报申报书300余部，其中17部被收录《国家珍贵古籍名录》。此外，还建成兵书珍品展厅，形成了现代古籍展藏中心。

中国版本图书馆于2008年起启动馆藏样本资源抢救工程，抢救内容为处于濒危状态、早期征缴到馆的出版物样本。"十二五"期间各类介质出版物样本抢救数量为：录音带样本总量2万小时；光盘介质CD-ROM、VCD、DVD样本总量8800小时；年画、木刻水印卷轴样本总量4.1万张；老图书样本总量372万页；绘本连环画样本总量304万页；老期刊（尝试性抢救)102万页。顺利完成样本资源抢救工程项目绩效评价,较好地保护了馆藏版本资源。

中国艺术研究院图书馆珍藏古籍16万余册,包括善本古籍5万余册,大部分为戏曲、美术、音乐等艺术类古籍。其所藏善本主要是20世纪50年代以来,陆续接收原北平国剧学会、政务院文化部戏曲改进局、文化部艺术事业管理局、原中国艺术博物馆、中国文联等单位的收藏,以及傅惜华先生"碧蕖馆"藏书、梅兰芳先生"缀玉轩"部分藏书、程砚秋先生"玉霜簃"部分藏书、齐如山先生"百舍斋"部分藏书、杜颖陶先生抄藏戏曲善本、杨荫浏先生藏书、盛家伦先生藏书、吉联抗先生藏书等名家的藏书,具有较高的学术和文物价值。

(4)国家科技报告体系建设与服务系统

"十二五"期间,国家工程技术图书馆受科技部委托,负责建设科技报告制度体系等相关工作,主要包括:充分调研与论证国内外科技报告制度建设现状和科研管理体系,分析研究我国科技计划管理过程及其与科技报告管理目标间的契合并轨机制,努力将科技报告工作流程嵌入科技计划管理过程,提出与现有科技计划管理体制相适应的总体制度框架;与各省级科技信息机构组建约50人的科技报告编辑改写专家队伍,分4批集中对科技报告进行改写编辑并上网服务奠定基础;开发国家科技报告服务系统,收录的1万余份科技报告面向社会提供服务;编制《科技报告工作手册》等系列教材,面向国家科技计划管理人员等全面开展宣传培训工作;组织专家完成《科技报告编写规则》等国家标准的制修订工作,确保科技报告撰写标准统一,数据、系统、服务互联和互操作。

2. 探索多层次学科服务模式,实现传统服务向知识服务转型升级

(1)夯实普惠化学科服务

中国科学院文献情报中心持续夯实面向一线科研人员和研究生的信息服务,坚持"服务到所、创新到所、考核到所"和"常下所、长下所"的服务机制,学科馆员队伍采取 E-mail、QQ、MSN、服务 Blog、电话等,为用户提供随时随地的咨询服务。并开设必修和选修相结合、检索利用技能与学科领域深度分析相互补的多层次信息素质教育课程体系。组织中国科学院兰州文献情报中心、中国科学院成都文献情报中心、中国科学院武汉文献情报中心,为全院120个研究所开展学科信息服务,信息素质教育服务和网络咨询服务,推动研究所开展知识化科研信息服务,支持建设科研信息平台与主题门户。

(2)拓展学科化知识服务体系

新型学科化服务体系是专业图书馆发展的亮点之一。"十二五"期间,各专业图书馆开展并深化了形式多样、各具特色的学科化服务,取得了良好效果。中国科学院文献情报中心在为用户提供文献服务、信息素质培训等基础学科服务外,还与83个研究所的图书馆员协同完成创新到所项目115项,涉及重大领域或技术发展态势、科研产出分析、研究所竞争力分析等内容。在此基础上,通过"嵌入重点、以点带面"的方式,组织面向研究所重大突破的知识化服务,已在90多个研究所提供针对性的知识化服务,面向各重点实验室、各重大专项等建立起学科馆员、研究所图书馆员和课题组人员互动交流的知识化服务建设机制。

中国科学院高能物理所文献信息部开展了"文献小课堂"的信息素养培训课程,年均课程数量达到16次以上,参与培训的人次可达到500人;推出"论文收引检索"和科技查新服务;面向科研一线提供专利信息跟踪分析等多种学科化情报服务产品;并推出高能所群组知识平台,为科研人员提供个性化的科研信息集成化服务;同时,开展了面向科研管理的学科情报服务。

中国计量科学研究院文献馆在持续面向计量科研人员提供公益性的文献资源服务的同时,尝试从信息服务向知识服务转型,深入推进文献信息知识服务,主要是面向计量科研创新团队、重点实验室、课题组等提供支撑计量科学研究、服务计量科研创新的多层次文献、信息、数据、情报服务。同时,搭建了文献信息知识服务技术平台,为重点项目计量科研人员提供以知识选取与存储、知识重组与再生产、知识配送与输出为内容的文献信息知识服务。

中国农业科学院国家农业图书馆在夯实传统文献服务的基础上,积极推进学科化、知识化服务的发展。主要包括:开展服务宣传与资源培训工作;开通国家农业图书馆新浪微博官方服务账号,利用基于 Web 2.0 SNS 拓展国家农业图书馆服务,为广大地方乡镇农业局、农术推广站、动植物疫病防控站、种植养殖企业等机构或涉农个人快速提供中文农业实用技术文献查询和网络传递服务;面向"转基因生物新品种培育重大专项"等开展专题信息服务;为农业部提供农产品质量安全信息监测服务;建设专题服务平台为院士提供专题推送服务等。

(3)推进阵地服务转型

中国科学院文献情报中心围绕协同创新需求,推进阵地服务转型,改造服务空间,建设信息交流区和学习共享区,指导科研工作者利用数据挖掘工具和海量数据进行知识挖掘,5年来累计举办信息分析工具培训 800 余场,培训 2 万余人次;在国内首次组织"科研教育开放信息创新应用大赛",培养广大研究生利用开放数据和开放工具进行创新的能力;建设"科技创新与创业信息服务平台",支持万众创新、大众创业;支持创业项目路演和投资对洽活动,组织产业技术评估与咨询服务;创办《产业技术情报》,定期发布国内外新兴重点产业发展趋势的分析与预测,目前主要涉及医药与健康、生态与环保、农业与食品、信息与信息化、新能源与新材料 5 大领域为政府决策和企业创新提供智力支持。

中国科学院兰州文献情报中心积极创新阵地服务,推进新型知识服务空间建设。主要包括建成面向研究生用户的学习共享空间(LC)、升级改造科研综合楼信息共享空间(IC)、建设研究共享空间(RC);探索开展图书漂流活动、新东方多媒体学习库公益讲座等活动。

(4)拓展区域和产业信息服务

国家科技图书文献中心积极开展针对国家重点发展需求的科技服务,主要包括:根据战略性新兴产业发展、重大科技专项、重要行业振兴计划和重大区域发展计划等的信息需求,组织成员单位和服务站建立专门的信息集成服务平台,开展个性化的文献信息服务和情报研究服务,逐步形成联合服务机制和联合服务体系;建立针对国家重大需求的情报研究服务计划;针对国家科技创新战略前瞻和战略决策的重大需求,联合有关科技文献信息机构建立情报分析研究服务体系,通过动态监测、专题研究、态势分析等方式提供服务;紧跟"一带一路""京津冀协同发展"和"长江经济带"国家三大发展战略,确立了面向三大国家发展战略提供信息服务的框架;提出"一带一路"信息服务平台设计的需求方案,建立长江经济带科技信息服务联盟的工作方案;开展技术园区信息服务行动计划;开展企业创新信息服务行动计划。

中国科学院文献情报中心成立"全国科学院联盟文献情报分会",建立"全国科学院联盟文献情报共享服务平台",集成各种资源与服务,支持各省科学院实现文献情报资源共享服务,并为省级科学院、高新技术产业园区及科技型企业提供科技决策与技术产业情报服务。中国科学院兰州文献情报中心重点开展面向政府部门的区域决策咨询服务、面向产业的竞争情报服务、面向区域科技创新的集成知识服务,先后承担、推进一系列覆盖西北地区科研机构、高等院校、医院、科技型企业转型发展的资源保障服务及产业情报服务。中国科学院成都文献情报中心面向地方政府、企事业单位等开展一线创新服务,拓展与其"政""研""学""产"等方面的合作,建立多种区域合作网络和共享服务平台,为地方科技经济发展提供战略情报、竞争情报及多元化咨询服务。

中国计量科学研究院文献馆满足国家整体发展需要,支援西部以及国防建设发展,主要包括:为新疆、西藏提供日常文献保障、文献定题推送等公益服务;为全军提供高质量的计量科技文献信息服务,如提供计量检定规程、计量基标准能力信息等计量科技文献。

3. 服务各层面战略决策需求,持续推进协同情报服务体系建设

（1）开展科技动态情报监测服务

中国科学院文献情报中心每年完成《国际重要科技信息专报》及其特刊50多期、完成覆盖中科院学科体系的《科学研究动态监测快报》13个专辑共282期。直接通过对上专报提供决策咨询服务,连续2年对上专报信息工作在全院排名第一,"关于国家科研计划资助项目发表论文实施开放获取的建议"等多份报告得到国家领导人批示。

中国农业科学院国家农业图书馆围绕院士及团队研究领域、专业方向和需求建议,开展专业领域资源的挖掘与分析,通过聚焦领域前沿热点、跟踪领域科技发展、国内外研究状况及相关领域各国和国际组织政策规划与发展,及时为该领域研究人员提供相关领域政策规划和科研最新进展,共完成粮食安全、蔬菜育种、茶学研究、动物营养、农资信息工程及农牧信息等领域简报各28期,向院士及其团队推送信息853条。

中国医学科学院图书馆以面向"重大新药创制""重大传染病防治"的专业化信息服务专项工作为抓手,以"重点领域信息门户"建设为依托,开展领域信息自动监测与推送以及前沿热点跟踪、学科态势分析等情报服务。

中国中医科学院图书馆积极开展中医药情报的对上服务,监测、追踪国内外中医药、传统医学、补充替代医学发展动态,累计提供与传统医学相关的对上快速反应资料129条、国内外传统医学专题调研报告77份、传统医学专题调研资料122篇、国内外传统医学热点资料871篇约60万字（其中英文、韩文及日文相关资料344篇）,发布传染性疾病专题信息16期等内容。

解放军医学图书馆以科学数据分析和科学计量评价为基础,以大数据挖掘与分析为手段,提升情报研究队伍能力,建立情报监测服务平台,形成快速反应和深度分析相结合的学科情报和战略情报服务体系。形成《前沿快报（月度）》《信息专报（不定期）》等对上决策咨询情报研究产品。加强学科情报研究服务,围绕重点领域进行数据挖掘、动态追踪,加强对热点重点、创新点的态势监测和预警分析,大力培育《跟踪研究报告》《态势分析报告》《竞争力分析报告》等精品化情报研究产品。

（2）开展战略情报研究与决策咨询服务

中国科学院文献情报中心的多个情报团队分别承担了空间科学等先导专项的战略情报研究任务;支持科技部、国家自然科学基金委等部委战略规划,如完成《世界科技发展态势与产学研合作分析》等研究报告;承担"国际地球科学、海洋科学和大气科学研究发展态势分析"等多项研究。中国科学院兰州文献情报中心及时关注中国科学院和国家在资源环境科

学领域的重大项目任务,承担中国科学院"碳专项"等3个专项4个课题研究任务,承担国家自然科学基金委员会黑河流域科学计划重点项目;承担国家科技支撑计划项目专题、中国科学院知识创新工程重要方向项目、中国科学院"西部之光"项目,以及地方科技计划项目等。

中国科学院武汉文献情报中心为中科院科技决策和重大专项开展情报研究工作,主要包括:承担中科院"低阶煤"专项(重大局)等情报监测与研究工作;为学部工作局"分布式可再生能源应用和智能微网咨询研究"提供支持;为院重点部署项目"规模储能关键技术研发与示范预先研究"等项目提供支撑。

中国农业科学院国家农业图书馆启动了面向"转基因生物新品种培育重大专项"的专题信息服务工作,主要包括相关文献信息资源进行系统采集、发现和挖掘;通过建立专题信息服务平台,深化相关文献资源的组织开发,向该重大专项的各课题,主动跟踪提供有针对性的、准确便捷的多层次信息服务。

中国医学科学院图书馆参与"国家人口与健康科学数据共享平台—药学数据中心"项目建设,对"创新药物研究专题服务"栏目进行创新药物库、药物靶点信息的数据维护与更新。跟踪、组织、发布国内外最新药物靶点、在研药物、核心专利、上市药物、FDA审批新药等信息,为新药物研发人员及时了解国际发展动态提供信息支撑服务。

中国地质图书馆围绕国土资源重要领域、重大科技前沿和重点科技攻关方向,有计划、有重点地开展地学情报信息分类采集,逐步建立覆盖全面、更新及时、重点突出、特点鲜明的国外地学情报基础数据信息体系和专题数据库。

(3)推进新型专业智库建设与服务

中国科学院文献情报中心承担中国科学院科技战略咨询研究院的战略情报研究部和产品与平台管理部的任务;承担了科技战略咨询研究院《科技前沿快报》和《科技政策与咨询快报》的编辑出版工作,承担新版《科学发展报告》的编制工作;承建的科技战略咨询研究院门户网站进入试运行等,参与推进中科院高端科技智库建设。

(4)探索产业技术情报研究与信息服务

中国科学院文献情报中心在为省级科学院提供文献共享服务的基础上,开展机构科研竞争力、地区发展战略、产业技术态势、专题技术发展等分析,组织完成"全国省级科学院科技竞争力比较分析"等,并为江西等十几家省科院提供科研竞争力分析,承担"鄱阳湖生态经济区城镇化发展与生态保障研究"等研究和建设,并与省科院合作开展专题产业技术情报调研。

中国医学科学院图书馆面向企业技术创新群体的信息服务,主要包括为医药企业定期推送《新药研发动态》,受医药企业委托提供多份专题咨询报告与文献检索服务等。

中国中医科学院图书馆与新疆维吾尔自治区维吾尔医药研究所建立"中医/维医科学数据应用联合研究室"、与中科院大连化物所建立"中药新药(化学数据)筛选联合实验室"、与西苑医院建立"中药新药(药理数据)筛选联合实验室"等,共同研发基于中医药信息相关应用产品,实现成果的落地转化。

冶金工业信息标准研究院服务科技支撑计划冶金领域国际标准研制与培育项目,研制"索氏体检验方法"等6项国际标准,培育"球墨铸铁管件及配件的环氧涂层 技术要求及试验方法"1项国际标准,为项目提供国外技术现状及发展方向。服务质检公益性行业科研专项6项:重点领域(战略性新兴产业)标准化技术组织体系构建研究、高效安全承压设备用钢关键技术标准研究、耐腐蚀钢材关键技术标准研制、桥梁缆索用钢等 23 项国际标准研制、化解产能过剩关键技术标准研制、航空装备等重要制造领域 49 项基础及关键共性技术标准研究。

（5）优化知识产权和专利分析服务

中国科学院文献情报中心承担中科院知识产权信息服务，面向先导专项和重点领域开展深度专利分析服务，定期发布《知识产权动态》，同时进行多场知识产权专员的培训。中国科学院兰州文献情报中心组织承担了"甘肃省知识产权智库建设与重点领域知识产权分析"等系列知识产权分析项目与报告，搭建了中科院与地方在知识产权成果转移转化方面的桥梁，对地方知识产权工作发挥了重要决策咨询作用；中国科学院成都文献情报中心围绕知识产权信息分析特色服务能力建设，逐步强化中心在知识产权信息分析方面的特色能力，主要包括：探索性研究知识产权信息分析方法与工具及其应用、编制上报领导的知识产权类参阅材料、承担知识产权信息服务专项任务、建设"中国科学院知识产权信息服务平台与网络"、宣传推广利用《中国科学院知识产权工作指南》等知识产权信息。院中心、兰州中心、成都中心、武汉中心均先后入选国家知识产权局知识产权分析评议服务示范创建机构。

中国林业科学研究院图书馆承担了国家林业局"知识产权战略实施与管理—信息平台与预警机制研究"项目，组织开展了林业知识产权发展战略与政策研究，林业植物新品种保护制度和对策研究，国际知识产权制度与规则研究等。在开展林业知识产权相关研究的同时，还负责每年《中国林业知识产权年度报告》《林业知识产权动态》等编辑工作。2012 年 4月，经国家林业局批准，依托中国林科院林业科技信息研究所成立国家林业局知识产权研究中心。

4. 建设数字化信息平台，继续完善科技信息基础设施

（1）搭建信息集成与服务平台

中国科学院文献情报中心建立跨领域类型信息资源的可视化集成检索系统，汇集了中科院学位论文、机构知识库、电子图书、电子期刊、标准文献等重要资源，支持多维度检索和可视化形式多维度分析。同时还正式发布移动文献信息服务，初步建成全院图书馆统一自动化系统、提供国际著名物理知识库 arXiv 中国镜像站点，自主开发 arXivSI 新型检索界面，建立国际开放论文国家交换服务中心示范系统（iSwitch）科研论文数据交换中心、中国科学家在线系统（iAuthor）、富媒体化数字学位论文支持工具（iDissertation）、科学文献与科学数据关联示范应用系统等。

中国农业科学院国家农业图书馆自行研发了"中国农业科技文献与信息集成服务平台"（NAIS）等多类型功能服务平台、农业科研系统馆藏资源集成揭示系统、农业科技信息共享Web Service 服务、移动图书馆客户端等，并引进实施以色列艾利贝斯（Ex Libris）公司的图书馆软件套装，完成自动化系统从金盘系统到 Aleph 系统的迁移，推出新版馆藏书目检索系统（OPAC）、"农业学术搜索系统"等。

中国中医科学院图书馆为国家 973 横向课题"量效关系经典文献相关基础研究"建设"量效关系经典文献相关基础研究文献数据平台"；与宣武中医院、黑龙江中医药大学附属第一医院妇科、天津中医药大学第一附属医院冠心病国家中医临床研究基地等多家单位合作开发消化古籍、"多囊卵巢综合征""中医心病"数据库等。

中国计量科学研究院文献馆依托 NSTL 服务平台,推进计量科技文献公益服务平台建设,并结合数字化技术和数据库技术,建立了国家计量检定规程题录数据库、计量外文期刊会议文摘数据库、国家基准/计量标准题录数据库和计量科研成果等数据库。

(2)提升网络基础平台能力

国家科技图书文献中心以网络服务系统为核心,依托地方和行业科技信息机构、科研院所和大学,建立了覆盖全国的科技文献信息服务体系。现有服务站 39 个,用户管理平台 26 个,接口单位 23 个。并开发和推广嵌入式服务工具等。

国家农业图书馆的服务设备数量近 60 台套,并通过云计算虚拟化平台,实现硬件资源的充分利用,构建了 7 台服务器、1 台中央存储、2 台光纤交换机组成的服务器集群。中国林业科学研究院图书馆对原有的网络中心和中国林业信息网从硬件到软件都进行了全面的升级和改造,目前配备了高性能的惠普 HP 服务器 25 台,大容量磁盘阵列系统 19 套,HP MSA60 磁盘扩展柜 10 套,HP MSL2024 磁带备份库系统 2 套,VPN 接入设备 2 套,UPS 电源系统 7 套。

中国医学科学院图书馆陆续建设了一站式医学信息服务平台、卫生政策研究知识服务平台、公众健康知识服务平台等系列应用平台。中国中医科学院图书馆拥有两个互联网出口——中国科技网 90M 和中国联通 80M,中国科技网出口在工作时间段的使用率约为 90%、联通出口在工作时间段的使用率约 95%;内网为万兆互联网,建设并维护了中医药在线和中医药信息研究所两个网站。

中国标准化研究院国家标准馆建成了两个机房,其中,知春路 4 号机房包括:六台小型机、七台机架式服务器、两组磁盘阵列共计约 20T 存储空间。昌平实验基地机房包括:三组刀片机,四台小型机,十台机架式服务器,三组磁盘阵列共计 30T 存储空间;并建成了基础软件和应用软件两大类软件平台;开发包括 U 盾大客户服务系统等服务产品。

(3)加强专业化资源组织,推出专业化服务系统和工具

中国科学院兰州文献情报中心针对科研过程对科研项目信息利用的需求,启动了专门收集和集成全球重要国家和基金组织的科研项目信息的服务系统建设,截至 2015 年年底,已完成了全球主要发达国家的 28 个重要基金组织的科研项目数据的初步采集,累计发布项目数据信息 17 万多条,并开发了全球科研项目知识库检索和分析实验应用系统;升级完善了核心期刊名称规范库,实现了对国内外重要核心期刊数据的完整覆盖,包括 SCI/SCIE、SSCI、EI、中文核心期刊要目总览、CSCD、CSCI、CSSCI 以及中国科技论文统计源期刊等认定的核心期刊,期刊总量达到 16 864 种;该系统除了提供规范名称查询服务外,还提供刊名变化信息、OA 期刊浏览、投稿指南服务,以及基于开放接口面向第三方系统提供规范刊名及期刊影响因子调用服务等。

中国科学院武汉文献情报中心推出开放社会经济信息集成揭示与服务系统 OSE 平台、中国产业发展数据库、中国光信产业知识库等特色资源平台,其中,中国产业发展数据库共收录了中国 42 个行业的 1000 多万条指标数据,数据来源于国家和地方统计局、国家发改委、海关总署、商务部以及各行业协会等权威机构发布的数据,地域覆盖全国 34 个省级行政区域,以及 5200 个区、市、县级行政区域,该数据库成为中心进行产业技术分析服务的重要支撑平台。

中国农业科学院国家农业图书馆参与 NSTL 热点门户与重点领域网络信息服务平台的

建设工作;同时围绕农业科研用户的个性化、知识化服务需求,通过应用、集成和优化信息自动采集、大规模数据智能处理、知识组织以及集成融汇等知识服务关键技术构建领域知识服务系统;面向全院各专业研究所等,通过科研协作核心功能模块和应用插件,集成网络环境中科研人员、科技文献等各类资源,建立有效支持学术搜索、知识共享、学术交流、科研协作、动态追踪、开放获取等一体化的科研交流与写作系统;与各科研团队紧密合作,构建基于Web 2.0 的知识获取与交流的个性化科研信息环境。

中国中医科学院图书馆完成中国中医药主题词表网络版的互联网发布,;以及中医药多库融合平台服务等内容;同时开发中医药门户网站,包括"中国中医药信息网""中医药在线""中医药科学数据共享平台"三个大平台和"亚健康中医药文献系统""中国方剂信息专题服务平台"等多个子网站组成,新增"亚健康中医药文献系统""中国方剂信息专题服务平台""中药新药发现,新药设计和信息平台"等中医药科研成果的展示与应用系统。发布基于中医药学语言系统的中医药知识图谱与基于中医药语义的中医药维基网站中医药维基百科收录了 600 多种中药单味药。

中国化工信息中心为工信部电子情报所等十余家企事业单位提供信息服务体系的规划和实施服务。并结合中小企业的信息服务需求特点,积极推广面向中小企业应用的情报服务云平台服务。目前在建和运维的中小企业信息服务云平台包括农药知识服务平台、磷化工网、中国轻烃网等。

5. 推动开放获取和长期保存,推进机构知识库网格建设

"十二五"期间,中国科学院文献情报中心大力推动国家开放获取政策。完成中科院和国家自然科学基金委关于公共资金资助科研项目发表论文的开放获取政策研究和推进;承办中科院主办的全球研究理事会 2014 年北京峰会;代表中科院作为中国首家机构参加"国际高能物理开发出版资助联盟";创办中国开放获取推介周,已连续举办四届,形成品牌效应,并已成为国内最有影响的开放获取宣传活动;落实开放获取政策,研究发布《中国科学院开放获取政策的实施问答》等一系列政策指南。同时,牵头组织中国机构知识库推进工作组,连续承办中国机构知识库建设学术研讨会,推动中国机构知识库的发展;常年跟踪国际机构知识库发展,开展相关政策研究,发布《机构知识库存缴与发布权益管理指南》等系列政策指南。牵头承担国家数字科技文献资源长期保存体系建设,完成国家保存体系战略规划、权益管理、系统运行、公共服务等系列重要政策的研究制订,建成国内数字资源长期保存示范体系,同时引领全国图书馆界签署并发布《数字文献资源长期保存共同声明》等。

中国农业科学院国家农业图书馆对农科院机构知识库系统研建和升级改造,不断完善与加强系统信息检索、资源管理与统计等功能,并对农科院所属机构科研产出数据进行收集与整理,完成量已超过 4 万余条。中国计量科学研究院文献馆搭建计量构知识库,对计量院机构内产出的各类知识成果进行收集、保存、管理和开放共享。

6. 开展多样化科学文化传播活动,推进学术出版集群化建设

(1)开展专题文化传播,加强科学文化传播社会贡献度

"十二五"期间,中国科学院文献情报中心成为全院科普工作体系重要成员单位,高质量完成系列重要任务,主要包括:"中国科学院科技创新年度巡展"的多地巡展;承办作为庆祝

与德国马普学会合作40年活动之一的"科学隧道3.0纳米专题展";承担"院士文库"建设项目;加强与政府部门的合作共建,推出"中关村创业讲坛"等系列活动;推出"科学人讲坛"等品牌活动;年均组织各类传播活动230余场,各类受众100万余人次。

中国民族图书馆的少数民族文献展览和少数民族文化展览是开展文化交流活动,拓展对外文化交流渠道的重要体现。2013年起,举办或参与36场文献展览,主要包括:《中国少数民族古籍珍品展》等民族古籍展览,"新疆维吾尔自治区出版精品展"等民族文献展,"阿拉伯文典籍暨中国伊斯兰教研究成果展"等各类民族文献专题展览,参与"国际书展——中国主宾国活动——中国少数民族出版文化展"等国际展览,以上每个展览的新闻都有近20个网站转载,扩大了宣传。

中国版本图书馆在国内外举办了50多个不同风格和主题的"中国版本图书馆藏品选展",在开发版本资源、弘扬中华文明、扩大对外交流、促进文化繁荣等方面取得了出色成绩。

（2）建设高端化学术期刊集群,提升期刊质量和出版影响力

"十二五"期间,中国科学院文献情报中心在国家和院层面积极发挥科技期刊政策研究中心作用,牵头参与中国科协的期刊政策咨询,完成中国科协委托的《改革、完善和优化学术评价工作》研究报告和提交五部委的《关于切实发挥科技期刊在学术评价中作用的若干意见》;连续牵头完成年度的《中国科协科技期刊发展报告》,组织出版《中国科协优秀国际期刊案例》和《中国科协精品科技期刊案例》,完成《中国科技期刊刊群建设动力机制研究报告》,参与组织完成国家新闻出版总署重大项目"国家重点学术期刊建设工程"的可行性研究工作,参与中国科学院科技期刊"十二五"发展规划、各级科技期刊"十三五"规划的制订研制工作。作为中国科学院自然科学期刊编辑研究会秘书处所在单位,参与和支持院期刊发展规划,组织高端学术交流研讨,开展全院科技期刊编辑队伍培训。成功完成《智库理论与实践》《数据与情报科学学科》的改刊创刊工作。全馆17种期刊(其中11种为核心期刊)质量不断提高,多刊多次被评为"中国最具国际影响力学术期刊""中国国际影响力优秀学术期刊""RCCSE中国核心学术期刊"等称号。

中国科学院上海生命科学信息中心开展期刊集群化建设,持续推进学术期刊改革试点,期刊国际化、集群化建设都取得了突破性进展,并且相继成功创办了开放获取期刊(以下简称OA刊)、启动建设英文期刊数字发布平台等一系列学术期刊创新业务发展。主要包括:主办的Cell Research、Molecular Plant和Journal of Molecular Cell Biology,影响因子(IF)均处于了Q1水平;主办的Acta Biochimica et Biophysica Sinica和Neuroscience Bulletin在同领域学术期刊中处于领先地位;新创办的生命科学类OA刊Cell Discovery;并与《自然》出版集团(NPG)、《细胞》(Cell)出版商、牛津大学出版社(OUP)和斯普林格出版社开展了国际合作,借助国际知名出版平台,提升国际影响力。

二、未来展望

创新型国家建设,要求文献情报服务工作在继续提供可靠的科技文献资源保障的同时,抓住机遇,主动变革,快速适应新的体制和机制,提供深入有针对性的服务。专业文献情报机构将面向科学研究、科研规划、战略决策、领域与区域经济发展,以及国家发展战略,建立

从数据到信息、到情报、到解决方案的服务思想,提供资源发现、领域跟踪、竞争性评价、产业信息、产业政策,以及上升到国家层面的竞争情报与思想库情报服务。

大数据已经成为知识服务的基础设施和关键能力,基于大数据的知识组织和基于大数据的知识挖掘分析成为文献情报知识服务的核心能力。专业信息机构将积极构建分布式大数据知识资源体系,有效汇集、组织、梳理、加工、开发对知识服务和产品建设有价值的大数据资源,形成方便用户利用和支撑深层次知识服务的大数据基础设施。

开放获取资源正逐步发展为科技领域主流信息资源,支持研究知识传播、共享和重用。随着各国出台强制开放获取政策,将最大限度促进学术信息共享,推动开放知识基础设施建设。专业信息机构将进一步加强开放知识基础设施建设,实现多元信息的数字化集成,开展嵌入式、全价值链的学术信息服务。

大数据时代的精准营销、精准推送获得长足发展,在精准情报方面也初露端倪,通过对用户行为数据的全方位把握,实现精准信息推送和情报提供已经发展成为一种通用的商业或服务模式。专业信息机构的学术信息服务进入精准时代,利用大数据推动用户认知发展,提高对用户需求变化实时把握与预测能力。通过对海量数据进行分析,获得有巨大价值的产品和服务,或深刻的洞见。

情报分析向数据化、工具化、智能化发展。数据化信息的不断丰富,使得情报分析向海量知识分析计算发展成为可能,带来情报服务效率与效果的大幅度提升。围绕决策情报需求,专业信息机构将组织智库型情报分析服务,产生新知识,开拓新领域,提升研究与验证基础,优化研究流程和质量。

专业文献信息机构原生数字化文献向数据化、可计算分析转变,为知识挖掘与发现奠定基础。数字出版已经成为主流出版形态,数字内容愈来愈丰富化语义化。越来越多的新型出版,如富媒体期刊、语义期刊、数据期刊等,使得出版内容突破单一静态文本限制,承载数据、视频资料、语义知识标引等内容,更好地支持科研成果验证、更直观生动地展现科研过程,更有效地帮助发现潜在的知识内容。

中国图书馆学会专业图书馆分会秘书处

国家科技图书文献中心"十二五"事业发展报告

一、基本情况

国家科技图书文献中心(NSTL,以下称"中心")是经国务院领导批准,由科技部联合财政部、经贸委、农业部、卫生部和中国科学院于2000年6月12日成立,由中国科学院文献情报中心、中国科学技术信息研究所、机械工业信息研究院、冶金工业标准信息研究院、中国化工信息中心、中国农业科学院农业信息研究所、中国医学科学院医学信息研究所、中国计量科学研究院文献馆和中国标准研究院标准馆9个成员单位组成。

多年以来,在科技部、财政部等部门的大力支持和指导下,NSTL在理事会的正确领导下,认真落实创新驱动发展战略,坚持体制机制创新,以创新促发展,将中心建设成为享有广泛声誉的国家科技文献信息资源和服务战略保障基地。

科技部等部门以改革的精神,为NSTL确立了创新的管理体制和运行机制,突破条块分割的行政体系,实现了跨部门的共建共享。NSTL实行理事会领导下的主任负责制,理事会是领导决策机构,科技部牵头对NSTL进行政策指导和监督管理。理事会由跨部门、跨系统的科技专家、信息专家及政府主管业务部门负责人组成,实现了政府与专家在科学民主决策上的结合,突破了传统的行政隶属关系,保障了隶属不同系统的文献信息机构共建共享的顺利实施。这一创新的管理体制机制和建设模式,是政府主管部门实现职能转变而具有深远意义的成功实践。它是NSTL取得成功的根本保障,也为国家科技基础条件平台建设,提供了宝贵经验,为地方和行业资源共享平台建设,发挥了导向和示范作用。

二、"十二五"期间事业发展综述

NSTL坚持以国家需求为驱动,适应数字环境的新形势,大力构建印本与数字资源兼收并蓄的国家科技文献信息资源和服务战略保障体系,实现了资源的共建和全国的共享,优化了国家科技文献信息资源建设的格局,为我国科技研究和创新发展提供了可靠的资源保障。目前,印本外文文献已达26 049种,居国内首位。以"国家授权"、集团采购和经费匹配支持等方式订购的网络版外文资源数据库149个,其中重点学科网络版外文期刊15 000种以上,为重点科研、教学机构的核心用户创新群体提供保障服务,独有的2000多种重要外文回溯期刊全文数据库有效地弥补了我国外文文献的历史缺失。

NSTL以网络服务系统为核心,依托地方和行业科技信息机构、科研院所和大学,建立了覆盖全国的科技文献信息服务体系。现有服务站39个、用户管理平台26个、接口单位23个。NSTL网络服务系统集中外文科技期刊、会议录、学位论文、科技报告、专利、标准和计量规程等于一体,7×24小时,面向全国提供免费的二次文献、引文检索和外文回溯期刊全文数据库检索服务。目前,各类文献的二次文献数据总量达1.63亿条,自建的4200多种外文期刊引文数据总量达2.18亿条。系统点击访问累计达16.95亿次,网络全文传递年提供量达115万篇。各种形式订购的网络版外文数据库年利用量达5500万篇。

NSTL深入开展面向国家发展重大需求的多样化决策支持服务。为12个国家重大科技专项提供不断深化的信息服务,服务对象从科技部专项办、主管部门、省市政府决策管理层到产学研创新研发主体和专项知识产权团队,覆盖420余家机构。以重大专项相关领域为切入点,建设了重大传染病防治等11个重点领域网络信息服务平台。服务产品数量和分析深度不断拓展,为国家重大专项的顺利实施提供了信息和情报支撑,赢得了各方面的赞誉。科技信息援疆援藏服务取得新进展,面向企业科技创新的信息服务不断拓展,成效显著。

NSTL为适应知识服务的需求,以实施"十二五"科技支撑项目"面向外文科技文献信息的知识组织体系建设与应用示范"为抓手,进行了知识组织体系基础建设,形成的英文超级词表和相关工具将面向全国开放共享,为全国提供知识服务的基础支撑,将有力提升科技文献信息知识组织和服务能力,推动我国文献信息服务业的技术进步。中心按照"国家主导、合作保存、权益管理、可信赖服务"的原则,构建了国家数字资源长期保存体系总体架构和基本规范体系,国家数字资源长期保存示范系统初步建成。开放学术资源建设研究与利用取得新进展,确立了构建基于大数据购采结合的、多元资源融合的保障服务体系发展格局。

经过十多年的建设,NSTL已经发展成为国家科技文献资源的战略保障基地,大幅度提升了对全国科技界和产业界的文献服务能力,创新和开拓了多样化个性化专业化服务,成为文献服务共建共享的国家枢纽,成为国家科技文献保障体系的核心组成部分,成为我国科技信息服务业服务科技创新和社会发展的重要典范,引领了国家科技文献事业的发展。

三、"十二五"期间事业发展基本统计数据

表1 2011—2015年外文印本文献发订情况

年度	外文期刊(种)	外文会议录等(套/种)	合计(套/种)
2011	17 901	4124/8955	22 025/26 856
2012	17 996	3975/10 310	21 971/28 306
2013	18 040	3387/10 385	21 426/28 425
2014	17 310	2787/9593	20 097/26 903
2015	16 930	2532/9119	19 462/26 049

表2 2011—2015年外文印本文献订到情况

年度	外文期刊(种)	外文会议录等(套/种)	合计(套/种)
2011	17 767	4013/8700	21 780/26 467
2012	17 753	3655/9736	21 408/27 489
2013	17 888	3271/10321	21 159/28 209
2014	17 192	2770/9739	19 962/26 931
2015	16 803	2504/8929	19 307/25 732

表3 2011—2015年中心电子资源订购情况

年度	光盘数据库（个）	网络数据库								电子图书
		全国开通				支持集团联合采购	支持成员单位采购			中文（种）
		外文现刊（种）	事实、数值数据库（个）	回溯数据库		外文现刊（种）	外文全文数据库（个）	中文现刊（种）		
				期刊（种）	丛书（种/卷）					
2011	86	703	3	1581	14/4516	635	68	9200		245 324
2012	82	642	3	1629	14/4516	635	68	9200		247 999
2013	85	655	3	1683	14/4516	635	68	9200		252 431
2014	83	660	4	1747	14/4516	635	66	9200		256 212
2015	83	641	4	2091	14/4516	635	66	12 000		257 734

表4 2011—2015年外文光盘数据库馆藏情况

年度	光盘数据库（种）
2011	86
2012	82
2013	85
2014	83
2015	83

表5 2011—2015年订购网络版回溯期刊数据库情况

出版社	回溯期刊			
	期刊（种）	起止年	论文（篇）	全文（页）
IDL	77	1872—1993	91 685	381 927
BMJ	23	创刊年—2006	366 929	1 660 365
AIP	11	创刊年—1998	330 000	1 720 000
ADIS	39	创刊年—2005	159 059	
IWA	9	创刊年—2010	226 061	
MAL	37	创刊年—2000	28 249	
NRC	16	创刊年—2000	115 542	
RSNA	1	1923—1998	89 410	
Karger	64	1890—1997	190 000	
Taylor & Francis	344	1978—2000	570 000	

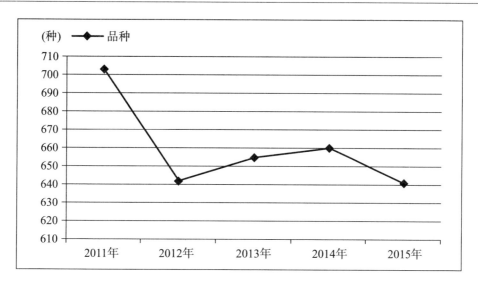

图 1 2011—2015 年全国开通网络版全文期刊订购情况

表 6 2011—2015 年网络服务系统累计数据量统计表

年度	数据量（万条）
2011	18 028
2012	22 072
2013	25 496
2014	32 489
2015	38 152

表 7 2011—2015 年网络服务系统检索访问情况

年度	检索访问量（万人次）
2011	54 039
2012	16 657
2013	14 172
2014	13 469
2015	11 254

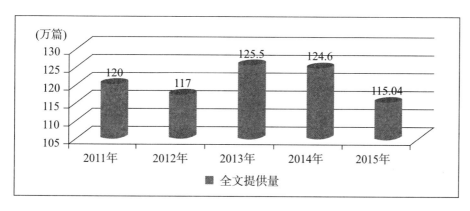

图 2 2011—2015 年全文传递等方式全文提供服务情况

表8 2011—2015年网络服务系统全文提供服务情况

年度	服务量(篇)
2011	434 786
2012	359 607
2013	365 892
2014	394 779
2015	408 027

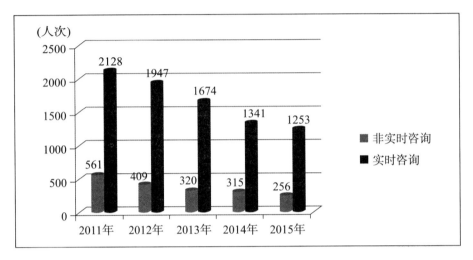

图3 2011—2015年网络参考咨询服务分布情况

四、"十二五"期间开展的主要工作及发展特点

在不断深化的科技需求和迅速发展的信息环境的推动下,面对不断变化的信息环境和充满竞争的信息市场,我国科技信息服务面临重大挑战,也为中心提供了重大发展机遇。中心作为我国科技文献服务体系的核心组成部分,在"十二五"期间,一如既往地承担起了牵头推动和示范引领国家科技文献服务体系发展的重任,将应对国家科技文献服务面临的重大挑战作为己任,在提升国家保障、促进普惠服务、推动服务创新、促进共建共享、支撑可持续发展等方面,主动设计,认真布局,全面提升自身服务能力,促进可持续发展能力,为建设创新型国家做出了应有的贡献。

用科学发展观统领中心的发展,以支撑科技创新为本,坚持"战略保障、创新引领、共建共享、公益普惠"的原则,推进"资源保障、知识服务、人才强业"战略,加强科技文献资源基础建设,发展科技信息的知识服务能力,扩大科技文献的普惠服务,强化人才队伍建设,发挥引领作用,推动科技文献保障服务体系的持续发展。

1. 加强国家科技文献基础资源保障

(1)巩固外文纸本科技期刊和会议录的国家基础保障

在持续保障2.6万种外文印本文献规模的基础上,调整和优化资源结构。进一步完善

16

科技知识体系的资源覆盖保障,统筹当前需求与长远需求两个层面的文献保障,继续补充重点发展领域和学科领域缺失的期刊和会议录,加强针对国家重点领域、重点产业和重大专项的资源保障,重点补充新出版科技期刊。扩大和优化学科、馆藏和载体布局,重点针对学科交叉、多学科集成、重大应用领域、重要新兴学科等,拓展文献收集的学科范围。

积极推进多种形式的外文科技文献资源建设,逐步加大国外科技会议文献、科技报告、标准、产品样本,以及其他灰色文献的建设力度。在优化资源结构、深化评估、核心保障基础上控制印本资源订购总量,新增文献注重用户需求,侧重满足"一带一路"、京津冀、长江沿线相关的重点地区科研机构、高新技术企业等用户需求。合理拓展文献采集的地域和语种范围,逐步加强对新兴科技国家、我国科技合作重点国家和周边国家与地区的科技文献采集,有效满足国内对此类信息资源的需求。

(2)积极推进数字科技文献的国家保障机制

继续以"国家许可"方式引进国外主要科技出版商的回溯全文数据库,弥补早期和特定历史时期重要科技文献的全国性缺失,弥补教育科研机构数字科技文献早期采购的缺失。在"十二五"期间覆盖主要科技出版商、重要学协会和大学出版社的回溯期刊订购达到近3000余种,基本满足用户对回溯性文献资源的需求。

继续以"国家许可"方式引进专业学协会、大学和其他中小型出版商全文期刊数据库,积极推动低使用率和低保障率的数字科技文献资源的国家引进和多机制共享。牵头组织和协调成员单位和国内重要教育科研机构,以机构投入为主、国家匹配补贴、多机制共享方式开展对主要出版商全文数据库的集团采购。应对出版商市场垄断下的肆意涨价行为,增强科技界对国内外数字文献资源的稳定获取能力,并争取长期保存、开放存缴和传递服务等合法权益。

积极推进建立国家主导、联合参与、可靠运行和持续发展的数字科技文献资源长期保存体系。加强长期保存的权益管理、过程管理、技术保障、经济支持、可靠运行与公共服务认证等方面的规范化建设。为所有通过国家平台采购的各类型数字科技资源建立可信赖的长期保存系统。建立国家科技数字文献长期保存联盟,组织、支持和协调国内主要科技文献机构分工合作,保存主要科技出版商和主要学协会及大学出版商的数字科技文献资源,形成主要数字科技文献资源的长期保存责任体系、长期战略保存系统和被保存资源的公共服务责任机制,并建立异地备份、继承迁移、可靠性认证等机制。"十二五"期间,国家保存体系技术架构通过专家论证;开展公共服务测试,目前积极组织筹备国家保存体系公共审计和公共认证,确保国家保存体系公共服务持续可靠、保存体系可信赖。

(3)加强科技文献资源的整合与揭示

在保障国外印本科技文献资源建设的同时,进一步加大对印本科技文献的加工和揭示力度,所有期刊、会议录、学位论文、科技报告、文集汇编等都要做到篇目级的文摘加工,对专著、工具书等文献进行简介报道。为适应构建以学术数据为核心的知识保障与服务体系发展战略的需要,建立了数据研究管理中心。大力推进数据加工业务转型,适应数据加工模式的改变,调整数据加工流程,优化联合数据加工系统结构,增强系统功能。加强国际科学引文数据库建设,提高引文数据库的检索与分析功能。强化对外文文献的交叉揭示,促进中外文各类型文献资源的集成整合。加强对网络科技信息资源的整合、加工与揭示。进一步完善联合数据加工系统功能,提高数据加工的质量与时效。

2. 扩大国家平台资源的普惠服务能力

（1）推动和扩大对各级各类用户的普惠服务

开发和推广嵌入式服务工具，提供融汇组织国家平台、地区平台、第三方机构、本地机构等的资源集成工具和系统示范平台，积极支持各级各类信息机构，将中心的资源与服务嵌入用户熟悉的信息系统之中，不断提升国家科技文献保障系统的服务效率与效果。推进普惠服务行动计划，保证国家科技文献资源进基层、到一线、增实效。

（2）完善和扩大对各级各类用户的服务推广与使用支持

进一步发展和完善覆盖全国的服务体系，完善服务推广激励机制，完善用户管理平台等服务模式，形成中心在高新技术园区、创新型企业、教育科研机构和主要城市的服务宣传推广能力。探索多种服务模式，加大对中小企业的服务力度。

（3）积极促进社会用户信息素养的提升

推进科技信息服务宣传与培训行动计划，建立国家平台主导的科技信息服务培训体系。积极支持成员单位和两站，加强对地方科技信息服务机构和企业的科技信息服务人员的培训，提升社会用户的信息素养。

3. 大力增强知识组织服务能力

知识组织项目率先初步建成了涵盖理工农医四大领域，具有我国自主知识产权的科技文献信息知识组织体系（STKOS）；创建了支持跨领域、多用户、多重审校需求和严格的计算机辅助质量控制的协同工作管理机制和平台；基于STKOS搭建了面向全国共建共享的开放式知识组织发布服务平台，实现了NSTL海量科技文献的计算机辅助标引，研制了NSTL智能检索系统。

（1）初步建成了以外文科技概念为核心的知识组织体系。基于包括NSTL文献关键词、用户检索关键词表在内的975部来源词表中的1438万来源科技术语和609万基础术语，遵循研制的标准规范，经过对来源术语、科技概念和概念的同义表达、优选词、范畴类别、释义、中文译名等的严格遴选，多重审校和计算机辅助质量控制，率先初步建成了涵盖理工农医四大领域，拥有61万个概念的超级科技词表。构建了植物多样性、可再生与可替代能源技术、水稻、呼吸系统肿瘤等4个领域本体和1个包含65万个实例的科研本体知识库。具备了一定的支撑NSTL海量文献深度揭示和知识服务，以及面向国内不同领域应用共享的能力。研究成果具有一定的创新性，填补了外文大型集成词表的空白。

（2）创建了STKOS协同工作管理机制和平台。建成了STKOS协同工作平台，实现了对异构化科技知识组织体系的统一存储、构建与管理，可满足跨机构、跨领域、多用户、多重审校、严格质量控制等协同共建与管理的需要，建设成果有效提高了STKOS素材库和超级科技词表建设效率，为开展全国范围的科技知识组织体系协同建设奠定了坚实基础，具有创新性、可移植性和推广应用价值。

（3）建设了面向全国服务的STKOS共享共建平台。研制开发了基于科技知识组织体系的开放知识组织引擎、发布服务和相关工具的集成服务系统，以及支持在第三方信息服务系统中STKOS的检索应用示范系统。在多维可视化、大规模语义存储、知识组织体系相关工具集成服务等方面形成了特色，具有创新性、可移植性和推广应用价值。

（4）研发了科技文献信息自动处理和智能检索系统。研制开发了文献信息自动处理系统和智能检索系统，基于 NSTL 资源提供语义检索和个性化知识服务功能，基本具备了面向全国用户提供技术和系统支撑服务的能力，对于实现国家科技文献信息战略资源的有效组织、深度揭示和知识化关联具有重要示范作用，课题相关成果具有创新性、可移植性和推广应用价值。

（5）发表和申请了一批具有创新性质的学术论文、专利和软件著作权。项目 7 个课题总共申请并获得中华人民共和国国家版权局计算机软件著作权登记证书 42 项。在国内外学术期刊及重要学术会议上发表了 172 篇具有创新性质的学术论文，其中 39 篇在国外发表。出版学术著作 2 部，共计 63.5 万字。申请国内发明专利 3 项，获得国内发明专利授权 1 项。研制完成行业技术标准 2 项，推广应用课题研究成果 9 项。项目研究成果的发表和推广应用，在很大程度上促进了国内相关领域学术研究水平的提高，扩大了我国在国际上的学术影响力。

（6）培养了一批具有现代信息服务理论水平和实践能力的技术与管理人才。结合项目研制工作的开展，培养和造就了一支掌握最新知识组织理论和技术，具有技术创新能力和信息组织服务能力，以及开拓精神与综合管理素质的复合型专业技术人才和管理人才队伍。7 个课题还累计培养研究生 74 名，其中硕士研究生 51 人，博士研究生 23 人。这些专业人员在各单位的业务活动中发挥了业务骨干作用，有些还被提拔到单位科技领导岗位，有力地推进了课题各承担单位信息资源建设与服务工作的开展。

项目建设目标和研制内容符合建设创新型国家，提升国家科技文献信息战略保障能力，适应数字科研环境和用户需求变革，促进我国信息处理领域创新发展的需要。项目建设成果填补了我国外文大型集成词表的空白，为开展全国范围的科技知识组织体系共享共建，为海量外文科技文献的有效组织，深度揭示和挖掘利用，提升知识服务能力，奠定了坚实的基础，提供了有力支撑。

4. 发展针对重点科技信息需求的协同服务体系

（1）积极开展针对国家重点发展需求的科技信息服务

建立针对国家重大需求的科技信息服务计划。根据战略性新兴产业发展、重大科技专项、重要行业振兴计划和重大区域发展计划等的信息需求，组织成员单位和服务站建立专门的信息集成服务平台，开展个性化的文献信息服务和情报研究服务，逐步形成联合服务机制和联合服务体系。建立针对国家重大需求的情报研究服务计划。基于国家支持与市场化机制相结合的原则，采取开放参与、公开竞争、公共利用、用户评价的方式，组织成员单位针对国家科技创新战略前瞻和战略决策的重大需求，联合有关科技文献信息机构建立情报分析研究服务体系，通过动态监测、专题研究、态势分析等方式提供服务。2015 年，中心紧跟"一带一路""京津冀协同发展"和"长江经济带"国家三大发展战略，组织专门团队进行调研，确立了面向三大国家发展战略提供信息服务的框架；提出"一带一路"信息服务平台设计的需求方案，建立长江经济带科技信息服务联盟的工作方案；与北二外"一带一路"战略研究院、社科院西亚非所以及地方服务站等共同拟定了合作研究与服务方案。通过加强资源保障协同服务，引领相关地区为国家三大发展战略实施提供信息支撑。

（2）积极开展支持技术创新和企业创新的信息服务

开展技术园区信息服务行动计划。以国家支持和地方支持相结合的方式，针对国家科技创新示范区和省市以上级别的科技园区、重点企业等,组织成员单位、两站和有关科技文献服务机构,以联合服务方式,集成资源、跟踪保障,提供专门的文献信息服务。

开展企业创新信息服务行动计划。以国家支持、地方支持和企业支持相结合的方式,针对重点创新型企业、高新技术企业和创新集群,组织成员单位和有关科技文献服务机构或行业信息机构,与企业信息服务机构合作,推动在企业建立联合科技信息服务平台,结合企业及行业的发展需求,提供增值信息服务。

5. 提升国家科技文献平台的系统服务能力

继续完善中心的数据库与系统平台建设。进一步增强系统管理功能和业务服务能力,优化系统体系结构及软件部署,提高系统易用性、稳定性和可靠性。加强回溯数据、引文数据与网络服务平台的资源整合揭示能力,加强用户对中心资源的发现能力,提高系统呈现功能。增强中心服务体系建设,加强服务站、用户管理平台等在全国的布局与建设,加强嵌入式服务系统和网络服务系统对外服务接口的全面推广,建设覆盖全国、具有自动监测与评价功能的中心服务管理体系。

加强中心网络服务系统的安全及灾备体系建设,规划和建设本地和异地的灾备系统。有效支撑各业务平台的日常备份、数据存储、系统恢复等功能,不断完善中心城域网的安全机制和安全防护措施。

加强知识产权保护,从中心服务平台、用户管理平台、服务站平台及对外服务接口等各类入口进行防范。强化自主知识产权数据库防盗取手段,监控分析回溯数据平台下载服务,增加文献传递数字水印保护等措施,加强对用户服务、订单处理等业务流程的管理与监控。

应用开放接口和开放联合的技术机制,开发联合服务、资源共享的嵌入系统,支持从技术层面推进国内主要科技信息机构的资源共享。探索开展与国外重要出版商、服务商和相关机构的战略合作,集成国外优秀科技文献资源,加强对国际重要开放获取资源的集成与揭示,推进中心平台与国际重要科技信息平台的服务共享与发展合作。

6. 增强可持续发展能力

(1)积极开展发展战略研究

积极组织针对国家科技信息保障与服务体系的发展战略研究,把发展战略研究列入中心的工作计划,常态化、制度化地组织专家和用户对挑战、机遇、优势和问题等进行系统调研与分析,把握发展趋势,凝练发展目标,明确发展战略。针对科技信息资源开放获取、著作权管理等问题的政策与机制开展研究,为中心和国家体系的发展,提供政策与技术支撑。2015年制订了中心"十三五"发展规划。

(2)代表国家参加国际高能物理开放出版资助联盟(SCOAP3)

2014年开始,经科技部批准,中心代表我国参加 SCOAP3 联盟,履行中国在 SCOAP3 联盟的权利、责任和义务,研究 SCOAP3 二期的实施策略和方案框架,表达国家意愿,提出积极建议,历年工作得到国际社会高度赞誉。我国参加 SCOAP3 应分担的开放出版费由 NSTL 文献采购经费全额承担。这一举措有力支持了世界 HEP 领域学术成果的开放获取,对促进我国科研成果的开放交流,提高我国在国际科技界的影响力与地位,发挥了很好作用;也充分体现了我国作为科技大国所体现出的责任与担当,得到国内科技界和图书馆界的充分肯定和广泛赞扬。SCOAP3 联盟各成员国和 CERN 等国际组织对中国政府支持 SCOAP3 的举措表示高度赞赏,认为这是国家支持科技信息获取和共享的有效模式,NSTL 和中国图书馆界的联合努力为其他国家树立了良好榜样。

（3）建设科技文献与信息服务高端人才队伍

加强人才培养,建设知识复合型专业人才队伍,提高驾驭数字图书馆建设的能力。建立常规化的人才培养机制,将高级科技文献信息人才培养纳入中心的工作计划和预算,2013 年开始在成员单位开展 NSTL 岗位试点工作,结合培训考核相关工作,取得良好效果,2015 年完成了 NSTL 各类岗位在成员单位的设置。针对现代信息管理、信息服务、信息技术和相关政策等方面的特殊需求,通过派遣专业人员到国外访问、进修及中外合作研究等形式,开展交流与培训。

五、未来展望

国家加快实施创新驱动发展战略,推动以科技创新为核心的全面创新,提升科技创新能力成为落实创新驱动发展战略、加速推进国家全面发展的重大举措。NSTL 作为国家科技文献资源共享平台,需要主动适应国家加快实施创新驱动发展战略的新要求新常态,加强科技信息服务创新发展的整体谋划,进一步提升自己支持科技创新的能力。

科技文献信息环境正在发生革命性变化,新的知识内容创造、传播机制正在形成,并将对科技信息服务产生深远影响。科技文献尤其是科技期刊已经实现印本与电子版本并存出版,乃至电子优先出版和印本按需印刷,并逐步走向以纯电子版本出版的新趋势。科研用户对当前数字信息环境的依赖性越来越强,电子期刊已成为科研教育机构用户使用的主要资源,电子科技专著也迅速成为科研教育机构用户使用的重要资源。众多信息服务机构积极推动将信息资源建设方向转向数字信息资源为主。开放获取、多媒介内容逐步成为科技信息资源以及传播和使用的主流资源之一。学术信息服务竞争日趋激烈,科技出版商等社会主体全面进入科技信息服务领域,科技信息服务机构积极开展网络化、专业化和个性化服务。这些趋势,既是国家科技信息资源保障与服务的新挑战,更是 NSTL 重大的发展机遇。

"十三五"期间,中心将以全面深化改革统领各项工作的发展,以支撑科技创新为本,坚持"战略保障、创新引领、共建共享、公益普惠",围绕创新驱动发展战略,提升对科技创新的支撑能力;发挥国家平台核心作用,夯实科技信息战略资源的保障能力。在巩固外文印本资源建设基础上建立数字资源联合保障的协同共建共享机制,向数字资源建设、特别是各类开放数字资源建设转型。推进网络服务系统在文献提供的基础上,向资源发现及评价分析系统的转型。推进服务系统在提供文献保障的基础上,向提供知识服务基础支撑保障的转型。推进信息服务在文献信息服务的基础上,向知识服务（重大需求、决策、竞争情报等）的转型。坚持改革创新和转型发展,提升新环境下的科技知识服务水平;坚持共建共享,推进跨界合作,引领和促进科技信息事业发展;全面构建适应大数据环境和知识服务需求的国家科技文献信息战略保障和服务体系。

附：大事记

2011 年

2011 年 1 月 7 日　国家科技支撑计划项目"面向外文科技文献信息的知识组织体系建设与示范应用"召开工作动员会议。

2011 年 1 月 7—8 日　国家科技图书文献国家科技图书文献中心 2010 年度工作会议召开。

2011 年 2 月 15 日　科技部下发国科发计〔2011〕49 号文《关于表彰"十一五"国家科技计划工作先进集体和个人的决定》。其中，国家科技图书文献中心牵头组织实施的国家科技图书文献信息共建共享服务团队获得"'十一五'国家科技计划执行优秀团队"称号。

2011 年 4 月 1 日　国家科技图书文献中心网络服务系统推出代检索服务。

2011 年 4 月 15 日　国家科技图书文献中心二届理事会八次会议召开。

2011 年 4 月 27 日　国家科技图书文献中心太原服务站举行开通仪式。

2011 年 5 月 9 日　国家科技图书文献中心批复同意建立济宁高新区服务站，依托单位为鲁南工程技术研究院。

2011 年 5 月 15 日　国家科技图书文献中心济宁高新区服务站举行揭牌仪式。

2011 年 6 月 3 日　国家科技图书文献中心联合国家图书馆、中国科学院国家科学图书馆和高校数字资源采购联盟理事会召开了科技文献资源建设工作交流研讨会。

2011 年 6 月 16 日　国家科技图书文献中心批准建立佛山高新区服务站，依托单位为佛山国家火炬创新创业园。

2011 年 7 月 18 日　国科图中发〔2011〕030 号文《国家科技图书文献中心"十二五"发展规划》印发执行。

2011 年 7 月 20 日　由国家科技图书文献中心牵头组织，各成员单位配合承担的国家"十二五"科技支撑计划"面向外文科技文献信息的知识组织体系建设与应用示范"项目在京召开项目启动会。王伟中副部长到会发表重要讲话，会议宣布了项目领导小组、项目专家咨询组名单，并向以胡启恒院士为组长的项目专家咨询组成员颁发了聘书。

2011 年 8 月 18 日　国家科技图书文献中心呼和浩特开发区服务站揭牌成立。

2011 年 9 月 6 日　国家科技图书文献中心济南服务站举行开通仪式。

2011 年 11 月 9 日　科技部下发国科发计〔2011〕572 号文《科技部财政部关于国家生态系统观测研究网络等 23 个国家科技基础条件平台通过认定的通知》。其中，国家科技图书文献国家科技图书文献中心组织实施的科技文献共享平台通过了首批国家科技基础条件平台的认定。

2011 年 12 月 22—23 日　国家科技图书文献中心 2011 年度工作会议召开。

2012 年

2012 年 3 月 29 日　国家科技图书文献中心与高等教育文献保障系统（CALIS）进行了战略合作签约仪式，开通了"NSTL 文献传递服务（高校版）"服务系统。

2012 年 3 月　国家科技图书文献国家科技图书文献中心委托成员单位中信所对 2012 年 3 月 1 日至 2013 年 2 月 28 日期间引进新增网络资源进口代理资质进行招投标。最终确定了中国图书进出口（集团）总公司、北京中科进出口有限责任公司和中国国际图书贸易有限公司获得代理资格。

2012 年 4 月 18 日　国家科技图书文献中心二届理事会九次会议召开。

2012 年 5 月 23 日　由国家科技图书文献中心主办，银川服务站承办的"科技信息西部阳光服务行动——国家科技图书文献中心走进宁夏"专项活动全面展开。

2012 年 5 月 30 日　《国家科技图书文献中心文献资源建设管理办法》《国家科技图书文献中心印本文献采集管理实施办法》等 6 个资源建设工作相关管理办法和细则印发执行。

2012 年 6 月 15 日　国家科技图书文献中心与 CALIS 联合举办了"NSTL 走入高校文检课"培训座谈会。

2012 年 9 月 18 日　国家科技图书文献中心联合新疆维吾尔自治区图书馆、上海图书馆、CALIS 管理国家科技图书文献中心共同举办 2012 年"春雨工程"——文献共享新疆行活动,进行文献获取服务宣传推广,签订了战略合作协议,共同推进 NSTL 资源以及上海图书馆、CALIS 在新疆地方的有效利用。

2012 年 12 月　国家科技图书文献中心以"国家许可"方式购买了 IWA(国际水协会)回溯期刊。

2012 年 12 月　国家科技图书文献中心新增购买电化学学会、美国气象学会、波特兰出版社、水环境联合会、美国动物学会及加拿大农业学会六个现刊数据库共 28 种期刊。

2013 年

2013 年 1 月 15—16 日　国家科技图书文献中心 2012 年度工作会议召开。

2013 年 5 月 16 日　国家科技图书文献中心二届理事会十次会议召开。

2013 年 5 月 30 日　澳大利亚 CSIRO 出版社的两种新刊数据库(Health Promotion Journal of Australia 和 Microbiology Australia)面向全国开通试用。

2013 年 8 月 31 日　通过了由科技部国家科技基础条件平台国家科技图书文献中心组织的 2012 年绩效考核评审。

2013 年 9 月 13—17 日　国家科技图书文献中心与新疆维吾尔自治区图书馆在乌鲁木齐联合举办了"送服务到西部——NSTL 科技文献信息新疆行"培训班。

2013 年 11 月 1 日　国家科技图书文献中心与福州服务站联合举办"NSTL 走入福建省高校文检课"培训活动。

2013 年 12 月 19—20 日　国家科技图书文献中心 2013 年度工作会议召开。

2014 年

2014 年 1 月 8 日　国家科技图书文献中心邀请有关科学家,财政部、科技部、自然科学基金委和主要高能物理科研机构图书馆的有关专家和领导召开 SCOAP³ 座谈会,介绍 SCOAP³ 计划,讨论科技文献服务的新模式新思路。

2014 年 2 月 25 日　汤森路透公司副总裁 Emmanuel Thiveaud 一行五人来访国家科技图书文献中心。

2014 年 3 月 6 日　国家科技图书文献中发展战略组成立。

2014 年 9 月 19 日　国家科技图书文献中心三届理事会一次会议召开。

2014 年 11 月 13 日　国家科技图书文献中心以国家许可方式订购的加拿大国家研究理事会研究出版社(NRC Research Press)、北美放射学会(Radiological Society of North America,RSNA)和 Mary Ann Liebert,Inc. publishers 的回溯期刊,即日起提供免费服务。

2015 年

2015 年 1 月 15—16 日　国家科技图书文献中心 2014 年度工作会议召开。

2015 年 4 月 17 日　国家科技图书文献中心三届理事会二次会议在京召开。

2015 年 4 月 28 日　国家科技图书文献中心订购开通 Karger 回溯期刊数据库,即日起为中国大陆公益性、非营利机构提供在线服务。

2015 年 7 月 13 日　科技部侯建国副部长莅临国家科技图书文献中心,听取工作汇报。侯副部长对中心成立十五年来取得的成绩给予了充分肯定,对中心在与"十三五"平台整体规划的结合、资源配置和用户服务的效果、创新协作共享的合作机制和新模式等方面的发展做了重要指示。

2015年7月28日 国家科技图书文献中心向财政部教科文司汇报工作进展情况。霍步刚副司长等与会领导认真听取了汇报,对中心成立十五年来取得的成绩给予充分肯定,尤其表扬了中心紧跟"一带一路"等三大战略,及时为国家发展战略提供文献支撑所做的工作。对中心几项重点工作做出了指示,明确了相关要求。

2015年8月25日 国家科技图书文献中心以"国家许可"方式购买泰勒弗朗西斯出版集团科技回溯期刊数据库举行购买协议签署仪式。即日起通过T&F的期刊服务平台为国内公益性、非营利机构提供在线免费全文服务,所购买内容全部实现本地长期保存。

2015年8月28日 国家科技图书文献中心召开成立十五周年座谈会。

2015年9月23日 国家科技图书文献中心举行《数字文献资源长期保存共同声明》发布会。

2015年9月24—25日 国家科技图书文献中心组织召开验收评审会,对"十二五"国家科技支撑计划"面向外文科技文献信息的知识组织体系建设与应用示范"项目的七个课题进行验收评审。

2015年10月28日 科技部侯建国副部长、基础研究司马燕合司长一行来国家科技图书文献中心宣布新领导任职。侯部长充分肯定了NSTL为创建国家科技文献信息共建共享体系做出的贡献。希望中心继续发挥机制体制创新的优势,在互联网时代,为国家的科学研究工作提供更好的信息服务。

2015年10月29—31日 "NSTL走入高校"——2015高校馆员培训座谈会成功举办。

2015年12月23—24日 国家科技图书文献中心召开2015年度工作会议。

附图:

科技部王伟中副部长出席项目启动会并做讲话

NSTL太原服务站开通仪式

组织科技信息西部阳光服务行动

中心代表国家签署《SCOAP^{3}备忘录》

组织元数据标准理论与实践研讨班

中心三届理事会一次会议召开

新药研发信息跟踪服务与需求座谈

兰州服务站在甘肃省科学院上门服务

中心组织召开 2015 年度工作会议

Taylor & Francis 科技回溯数据库购买协议签署仪式

知识组织项目通过验收评审

国家科技图书文献中心

中国科学院文献情报中心"十二五"事业发展报告

"十二五"期间是中科院文献情报系统改革深化、服务全面转型的关键期。中国科学院文献情报中心(以下简称"文献情报中心")作为国家和中国科学院科技创新的重要支撑机构,一方面持续夯实基础服务,保障科技文献信息需求,另一方面坚持与时俱进,紧跟科技创新需求和科研信息服务发展趋势,探索发展新型科技知识服务能力。

一、"十二五"期间事业发展综述

文献情报中心根据科技创新需求和信息环境发展,按照中国科学院凝练目标、优化布局的要求,梳理凝练了"一个定位""三个重点突破""六个培育方向"。

"一个定位",即面向科技决策一线、面向科技创新一线、面向国家与区域科技发展,初步建立全院协同和有机嵌入科研与决策过程的新型知识服务体系,提供高水平的数字知识保障与发现、战略情报计算分析和个性化嵌入式知识服务,为科技创新提供基础性战略性支撑服务,成为国际一流、国内领先的科技知识服务机构和战略情报研究机构,并带动全院文献情报系统向数字化个性化知识化服务迈进。

"三个重大突破",即突破综合数字知识资源保障能力,建立支持科技创新全谱段需求的集成综合知识基础设施;突破支撑科技决策的战略性前瞻性情报研究能力,建立权威和普惠的战略情报服务体系;突破嵌入研究过程和团队的知识化信息服务能力,实现科研一线文献情报服务全面转型。

"六个重点培育方向",包括基于知识关系的综合数字知识资源体系,支持科学探索的数字知识服务发现平台,世界科技态势预警监测分析的方法与工具体系,基于服务云和合作化的个性化嵌入式知识服务机制,国家科技信息政策研究与咨询服务平台,支持协同创新的开放智慧中心。

"十二五"期间,文献情报中心持续夯实综合资源保障和网络知识化服务体系,在综合知识资源保障与建设新模式探索方面取得实质性进展;情报研究服务形成战略情报、学科情报、产业情报多元发展态势;知识化服务深度融入科研一线,并带动全院文献情报服务向知识服务深化转型;科技期刊与科学文化传播社会影响力持续加大,在国家和中国科学院层面发挥着更重要作用;在中国科学院组织的"十二五"任务验收评审中,在"重大突破综合化数字知识资源保障能力,建立支持科技创新全谱段需求的集成综合知识基础设施"和"重点培育国家科技信息政策与咨询的战略服务能力"被评定为"优秀"。

文献情报中心的发展也得到了国际同行的高度评价。2011年,德国马普学会数字图书馆、加拿大科技信息研究所和美国拉斯阿拉莫斯国家实验室研究图书馆负责人,对文献情报中心服务概况、服务能力和未来发展战略进行评估。评估组专家认为文献情报中心在服务创新和发展战略上已达到了国际先进水平,为中国科学院在科学技术研究中的领先地位发挥着至关重要的支撑作用,是支持前沿、先进科学研究不可或缺的科研基础设施。2014 年,美国 Ithaka S + R 发表了康奈尔大学图书馆馆长 Anne R. Kenney 撰写的《发挥学科馆员服务模式效能》(Leveraging the Liaison Model)研究报告中指出,图书馆不仅仅作为资源内容的供应商,应该成为学校整个学术研究与学习的重要参与者和推动者,"也许没有哪一所图书馆像中国科学院文献情报中心那样全面地拥抱了这种变革战略","该中心正在建设一个以中国科学院的科研人员和研究所为中心的充满活力的研究环境"。

二、"十二五"期间开展的主要工作及发展特点

作为国家和院科技创新的重要支撑机构,既要夯实基础服务,保障文献信息需求,又要与时俱进,探索发展新型服务能力。"十二五"期间,文献情报中心致力于探索新型综合知识资源保障体系建设、发展普惠型集成化战略情报服务能力、推动全院文献情报系统服务模式转型,全面提升科技知识服务能力。具体工作成效如下:

1. 完善资源保障体系,建设综合数字知识基础设施

围绕科技创新全谱段需求和科技信息全面数字化趋势,优化全院数字科技文献保障能力,加强科技创新所需的综合科技信息和开放文献资源的组织与揭示,探索建设综合数字知识资源基础设施。

文献资源保障能力稳步提升。巩固优化了以数字资源及其网络化服务为主的文献保障体系,科技创新文献需求保障率持续保持在 95% 以上,年均全文下载达到 4600 余万次、原文传递 12 万篇。截至 2015 年年底,共完成引进数据库 171 个,全院所属研究所可共享的外文期刊 18 248 种、外文图书 105 446 卷/册、外文工具书 31 044 卷/册、外文会议录 40 757 卷/册、外文学位论文 543 086 篇、外文行业报告 1 677 811 篇、中文图书 353 854 种(套)/382 461 册、中文期刊 16 918 种、中文学位论文 2 789 057 篇。同时积极拓展支持成果转化、科技决策、综合素质教育等新需求的信息资源,新增引进全球产品样本数据库、搜数网、TDA、TI 等,支持核心需求研究所引进 SciFinder、剑桥晶体数据库等专业工具。参与国家平台资源建设工作,并集成共享国家平台引进的数据库资源。制定《中国科学院科技文献资源保障规范》,明确院所两级资源建设机制;支持研究所开展文献需求保障分析规划,建设成本效益最大化的所级科技文献保障机制。

全面启动综合信息资源保障体系建设。遴选组织开放期刊、开放课件、开放会议论文、开放社会经济数据等信息资源。"综合科技资源集成登记系统"登记数据集、项目、知识库、会议等 9 万余个,已嵌入 118 个研究所群组平台。开放科技课件采集与服务系统已采集 96 个机构、2216 门课程、49 108 个开放课件,覆盖理学、工学、农学、医学、社会科学五大领域;开放知识资源登记系统规模快速增长,全年新遴选登记资源 6.2 万余条,资源总量已达 15 万余条,基本覆盖全院重要学科领域的各类开放知识资源;开放资源元数据集成系统(OpenARE)已集成开放资源总量 20 万条,累积浏览量已达 54.89 余万次,累积全文下载量 17.47 万篇次。开放社会经济信息集成揭示系统集成能源、新材料、生物医药、环保行业等领域各类信息 2 万多条。开放获取期刊论文一站式发现平台(GoOA)采集方式取得突破,继续

遴选评价高质量 OA 期刊,论文数量增长超过 430G,国内外 100 余家机构收录,访问总量超过十万人次。2015 年 OA 期刊论文的采集方式取得重大突破,与 8 家 OA 出版社合作,达成 OA 期刊和 OA 论文数据的获取协议。

建立可靠的数字知识资产长期保存机制。完善全院机构知识库网络,覆盖全院研究所,共存储各类科技成果 69.4 万份,其中全文论文 47 万余篇,累计访问量超过 11 018.35 万篇次,累计下载量超过 1382.54 万篇次,成为全球科研机构中最大的科研成果共享系统。把建立可靠的本土化的数字资源长期保存体系作为重要发展战略,通过与 Springer、Nature、IOP 等出版社合作,完成对 16 种重要科技文献数据库在我国本土的长期保存,覆盖电子期刊 16 933 种、电子图书 74 622 种、实验室指南 34 000 种、预印本 999 619 种,成为多家出版社在中国大陆地区唯一具有可靠法律保证的保存机构。

完善数字信息资源发现利用服务。建立跨领域跨类型信息资源的可视化集成检索系统,汇集中科院学位论文、机构知识库、电子图书、电子期刊、标准文献等重要资源,支持多维度检索和可视化形式多维度分析。正式发布移动文献信息服务,可在主流移动终端上为全院用户提供论文、图书、期刊等的检索、浏览、下载、借阅等服务。全院图书馆统一自动化系统初步建成,共有 54 家单位上线。提供国际著名物理知识库 arXiv 中国镜像站点,并自主开发 arXivSI 新型检索界面,已在包括中科院高能物理所和欧洲核子研究组织等在内的国内外研究机构使用。国际开放论文国家交换服务中心示范系统(iSwitch)科研论文数据交换中心正式投入服务运营,可有效提升中科院科研成果的国际影响力。完善为研究所服务的集成信息平台,优化用户远程访问认证系统、参考咨询平台,支持用户方便快捷利用资源。完成富媒体化数字学位论文支持工具(iDissertation)的开发,支持多媒体、可动态组织和可计算的新型内容产品;试验完成科学文献与科学数据关联示范应用系统建设,构建涵盖文献、数据、项目、人员和机构等的关联数据网络。发布中国科学家在线系统(iAuthor),以作者为核心,在提供作者唯一身份识别的基础上,准确展示作者的发文情况、文章被引用情况等科研成果信息,避免同名作者的困扰。目前注册用户 3.4 万人,ORCID 获取人数 2.9 万人,覆盖中科院全部研究所,并扩展到全国千所高校和科研机构,与 100 多家期刊编辑部建立合作关系,帮助作者们获取唯一标识符。iAuthor 平台正在帮助科研人员实现基于科研工作流多环节的"作者与资源"快捷连接,推动中国研究者更好地融入国际学术交流。

2. 深度支撑科技决策,建立权威普惠情报服务能力

全面夯实针对国内外科技发展态势、重大科技决策问题的监测研究,拓展针对国家宏观决策、科技态势演化、学科主题发展、区域发展与产业技术、知识转移转化的情报服务能力。

完善和提升科技动态监测、分析和研究的情报服务体系。每年完成《国际重要科技信息专报》及其特刊 50 多期、完成覆盖我院学科体系的《科学研究动态监测快报》13 个专辑共 282 期。直接通过对上专报提供决策咨询服务,连续 2 年对上专报信息工作在全院排名第一,"关于国家科研计划资助项目发表论文实施开放获取的建议""发达国家科技计划的全过程管理""俄罗斯国家级科学院系统重组改革正式启动""关于清洁能源产业发展的建议""全球制造业成本竞争力分析""英国创客空间的组织方式及运作机制"等多份报告得到国家领导人批示。

建立融入重大科技创新过程的情报服务机制。多个情报团队分别承担了空间科学、应

对气候变化碳认证及相关问题、低阶煤高效梯级利用关键技术与示范、感知中国、信息科技、合成生物学、海洋科技、深部资源、高端医疗装备、材料基因组计划、水科学等先导专项的战略情报研究任务。多个情报研究团队支持科技部、国家自然科学基金委、国家发改委、国家能源局等部委战略规划,如完成《世界科技发展态势与产学研合作分析》《十年化学评估》《重大科研仪器国际发展态势》等研究报告,承担"国际地球科学、海洋科学和大气科学研究发展态势分析"以及医学、天文学等领域科学评价与趋势分析,开展"世界主要国家与组织科技人才开发政策与资助体系分析""主要国家科学基金会战略规划调研报告""国际多边科技合作计划组织与运行机制研究""能源科技创新总体战略研究"等研究。

参与"高水平科技智库"建设。承担中国科学院科技战略咨询研究院的战略情报研究部和产品与平台管理部的任务,承担了科技战略咨询研究院《科技前沿快报》和《科技政策与咨询快报》的编辑出版工作,承担新版《科学发展报告》的编制工作。承建的科技战略咨询研究院门户网站进入试运行,汇集中科院思想库产品、集成相关资源和工具,支持科学思想库、科技战略研究与咨询工作。承担中科院知识产权信息服务,面向先导专项和重点领域开展深度专利分析服务,定期发布《知识产权动态》。院中心、兰州中心、成都中心、武汉中心均先后入选国家知识产权局知识产权分析评议服务示范创建机构。

大力拓展面向区域科技和经济发展的情报服务。在为省级科学院提供文献共享服务的基础上,开展机构科研竞争力、地区发展战略、产业技术态势、专题技术发展等分析,组织完成"全国省级科学院科技竞争力比较分析""中部六省科技竞争力分析",并为江西、黑龙江、贵州、河南、河北、甘肃等十几家省科院提供科研竞争力分析。承担"鄱阳湖生态经济区城镇化发展与生态保障研究""科技引领支撑兰州率先跨越发展若干关键问题研究""四川省工业企业技术创新成果信息平台""湖北省公共技术服务平台建设模式和运行机制研究"等研究和建设。与省科学院合作开展产业技术分析,完成汉麻产业、橡胶草产业、3D打印产业、生物农业技术与产业、纤维素乙醇制备技术、燃料乙醇国内外产业、武汉数讯科技/信息安全产业园规划等专题的产业技术情报调研。

产出一批具有重要影响力的情报研究成果。出版《科学发展报告》《国际科学技术前沿报告》《科学结构地图》《中国科学院专利分析报告》《世界研究前沿》等年度报告;《韩国科技创新态势分析报告》《日本科技创新态势分析报告》等系列国别报告;《创新集群建设:理论与实践》《十年决策:世界主要国家(地区)宏观科技政策研究》《在变革与创新中实现繁荣:全球科技竞争力版图十年变迁》《国立科研机构管理模式研究》《科技全球:资源配置与流动》《国际科技竞争力分析报告—聚焦金砖四国》等宏观政策研究报告;《中国生物产业发展现状与趋势调研》《水科学基础研究前沿分析》《材料发展报告》等领域分析报告。

积极开展情报分析方法、工具与平台的建设。多个情报研究与服务工具投入使用,其中战略研究信息集成服务平台集成了科技动态、科技战略、技术产业、社会经济和科技文献等信息资源,建立了战略研究报告数据库、国际重要科研机构数据库、国际科技资助项目数据库,并提供跨类别信息关联检索。科技自动监测服务平台面向战略情报研究团队、研究所及其课题组、国家科技图书文献中心(简称NSTL)重点领域信息服务团队、新疆生产建设兵团等50个团体用户、174个专题研究领域提供自动监测服务。专利在线分析系统二期上线,注册机构163家,支持科研人员全面及时了解技术动态。科技决策知识服务系统开始提供服务,包括重大科技动态全景图谱系统(rBreak)、科学前沿领域遴选工具(rSelect)、优秀人才发现与遴选工具(rTalent)、专利技术转化推介工具(rTransfer)、科研竞争力全向评估工具(rCompete),支撑科技态势跟踪分析、科技前沿遴选、技术可转移性分析、优秀科研人才发现、科技竞争力评估等方面决策需求。积极推进把情报产品转化为可计算和可动态分析的数据分析平台,已建立《年度研究前沿》《科学结构地图》和《技术结构》分析平台。

3. 嵌入科技创新过程,实现科研一线知识服务转型

深化院所协同服务机制,持续夯实面向一线科研人员和研究生的信息服务,同时实施所级文献情报服务创新发展计划,推拉并举促进研究所文献情报机构由传统服务模式向知识化服务转型。

持续夯实面向一线科研人员和研究生的信息服务。坚持"服务到所、创新到所、考核到所"和"常下所、长下所"的服务机制,学科馆员队伍采取 E-mail、QQ、MSN、服务 Blog、电话等,为用户提供随时随地的咨询服务。学科馆员年均到所培训 700 余场次、服务用户 4 万余人次、提供各类咨询服务 5 万余次。与国科大密切协作,设计了必修和选修相结合、检索利用技能与学科领域深度分析相互补的多层次信息素质教育课程体系。与各分院教育基地、研究所研究生管理部门合作,持续开展新生入所培训,提升研究生文献检索利用能力;为适应数字科研时代的人才信息素质新需求,新开设"科技态势分析素质""科研数据管理信息素质教育"课程;针对雁栖湖新校区开课、本科生培养需求,专门组织多方面团队深入校区,开展专题服务活动,有效保障国科大学生的信息需求。

深化拓展嵌入科研一线的知识化服务。与 83 个研究所的图书馆员协同完成创新到所项目 115 项,涉及重大领域或技术发展态势、科研产出分析、研究所竞争力分析等内容。在此基础上,通过"嵌入重点、以点带面"的方式,组织面向研究所重大突破的知识化服务,已在 90 多个研究所提供针对性的知识化服务,面向"钍基熔盐堆核能系统"等卓越创新中心、"国家环境光学监测技术重点实验室"等国家重点实验室、"核材料研究中心"等院重点实验室、"生物质热化学转化实验室"等省(部)重点实验室、"纳米绿色印刷与器件制造技术"等先导科技专项,建立起学科馆员、所图人员和课题组人员互动交流的知识化服务建设机制。例如,协同化学所国家分子实验室、地质所中科院页岩气与地质工程重点实验室提供实验室评估分析报告;协同寒旱所为该所六大领域提供系统化的学科发展态势与科研影响力分析;协同生态中心曲久辉院士课题组为科技部"十三五"资源环境技术预测提供专利技术分析服务;协同上海微系统所为该所"超导电子器件应用基础研究"先导专项建设知识环境平台和专题数据库;协同苏州纳米所为"喷墨 3D 打印"先导专项提供系列专题情报服务。组织广东省科技图书馆"企业行业情报研究特色分馆"、新疆生态地理研究所"中亚信息特色分馆"等,持续提供《研发型企业创新态势监测快报》《中亚科技信息监测快报》。

加速推进研究所文献情报服务向知识服务转化。根据文献情报中心推动研究所图书馆服务发展的部署,通过研究所能力建设项目、资源保障分析规划项目建设,推进院所协同支撑科研创新,在研究所取得了良好的成效和研究所的支持。启动"研究所情报分析可持续服务能力建设"项目,四期共 76 个研究所参与,组织和协同研究所完成各类学科态势发展、专利技术趋势、竞争与合作布局等专项情报分析报告 306 份,编制专题信息快报 473 份,建设情报服务平台 29 个,逐步形成研究所认可的情报分析产品体系。启动组织"研究所群组集成知识平台可持续服务能力建设",四期共 82 个研究所参加,面向先导项目、国家重大专项、

重点实验室、重要科研项目等,共建设个性化知识平台 488 个,资源总量超过 33.4 万,访问总量超过 1000 万人次。协同 50 个研究所完成科技文献资源保障规划,新增 35 个研究所开展文献保障规划,支持所级可持续优化资源保障。

4. 增强辐射社会力度,促进科学传播与出版工作发展

文献情报中心作为科学交流的重要平台,把科学传播和科学出版作为重要任务,加强多方合作,充分利用丰富的信息资源、交互空间和技术能力,全面增强传播科学知识、服务社会的力度和影响力。

积极加强科学文化传播的社会贡献度。文献情报中心成为全院科普工作体系重要成员单位,高质量完成系列重要任务。自 2012 年启动的"中国科学院科技创新年度巡展"逐步实现在北京、陕西、河北、安徽、江苏、广东、广西、新疆等多地的巡展,成为中科院面向公众展示科技创新成果的重要窗口;承办作为庆祝与德国马普学会合作 40 年活动之一的"科学隧道3.0 纳米专题展",首次与国际同行"同台唱戏";承担"院士文库"建设项目,建立了院士文库建设系列规范和联合采集机制,已收集到 300 位院士的相应资源,并建成院士个人主页,院士文库网站正式上线。加强与政府部门的合作共建,推出"中关村创业讲坛""中关村科教旅游节"等系列活动,得到了"中关村地区科普中心"的重点支持,获得"中科院京区高端科技资源科普化展项研发与展示"项目资助。兰州、成都、武汉中心每年参加所在省科技周活动。积极探索科普活动进学校进社区模式,与地区(中关村、武汉水果湖街道、成都武侯社区等)合作组织科普展览。与北京、成都的多所重点学校合作开展青少年科普。"科学人讲坛"已成为科学传播品牌活动;持续联合承办"求是论坛""科普论坛""中科院公众科学日""全国科普日"等品牌活动;年均组织各类传播活动 230 余场,各类受众 100 万余人次。为主承办的"北京分院创新文化广场"被评为"中央国家机关十大学习品牌";荣获"全国科技周"优秀组织奖、"北京市科学技术普及工作先进集体"和"中国科学院科普工作先进集体"荣誉称号。

努力提升科技期刊研究与出版的影响力。在国家和院层面积极发挥科技期刊政策研究中心作用,牵头参与中国科协的期刊政策咨询,完成中国科协委托的《改革、完善和优化学术评价工作》研究报告和提交五部委的《关于切实发挥科技期刊在学术评价中作用的若干意见》;连续牵头完成年度的《中国科协科技期刊发展报告》,组织出版《中国科协优秀国际期刊案例》和《中国科协精品科技期刊案例》,完成《中国科技期刊刊群建设动力机制研究报告》,参与组织完成国家新闻出版总署重大项目"国家重点学术期刊建设工程"的可行性研究工作,参与中国科学院科技期刊"十二五"发展规划、各级科技期刊"十三五"规划的制订研制工作。作为中国科学院自然科学期刊编辑研究会秘书处所在单位,参与和支持院期刊发展规划,组织高端学术交流研讨会,开展全院科技期刊编辑队伍培训。成功完成《中国数学文摘》改为《智库理论与实践》的申报工作,英文刊《中国文献情报》改名为《数据与情报科学学科》获国家新闻出版总局批复。全馆 17 种期刊(其中 11 种为核心期刊)质量不断提高,多刊多次被评为"中国最具国际影响力学术期刊""中国国际影响力优秀学术期刊""RCCSE中国核心学术期刊"等称号。

5. 发挥引领示范作用,推动国家科技信息服务体系建设

继续发挥国家科技信息服务体系建设的引领示范作用,成立科技信息政策研究中心,开

展国家重大科技信息政策研究。

推动国家开放获取政策。高质量完成中国科学院和国家自然科学基金委关于公共资金资助科研项目发表论文的开放获取政策的研究和推进工作,协助推动国家领导人在全球研究理事会上宣示中国政府支持公共资金资助科研成果开放获取政策。作为主要承办单位,高质量完成中科院主办的全球研究理事会2014年北京峰会的实际承办工作。推动开放获取机制在中国的推广和发展,代表中科院、作为中国首家机构参加"国际高能物理开放出版资助联盟",牵头组织国内机构共同参与,创办中国开放获取推介周,已连续举办四届,形成品牌效应,并已成为国内最有影响的开放获取宣传活动。同时,为落实开放获取政策,研究发布《中国科学院开放获取政策的实施问答》《开放出版资助政策建议》《学术期刊支持开放获取的良好实践指南》《遴选开放出版期刊的标准与指南》等一系列政策指南。

建设科技信息集成化知识组织体系。牵头承担国家"十二五"科技支撑计划中"面向外文科技文献信息的知识组织体系建设与应用示范"中2个课题建设、参与3个课题建设(项目共含7个课题),并顺利结题。其中牵头承担的"面向外文科技文献信息的超级科技词表和本体建设"课题,超级科技词表填补了外文大型集成词表的空白,本体工具集、领域本体和科研本体知识库为知识组织体系的语义应用奠定基础,已经在国家科技平台提供了服务。牵头承担的"科技知识组织共享服务平台"真正建立了开放性的科技知识组织体系(STKOS)服务基础设施,能有效帮助我国科技信息服务行业实现语义标注、语义检索、知识浏览、知识推理和关联发现等服务,让"科技知识组织体系"在我国科技界、科技信息服务机构和我国信息处理领域的科技创新发挥作用。

推进国家文献情报事业发展。除继续作为核心单位参加国家科技图书文献中心的建设与服务外,牵头组织中国机构知识库推进工作组,连续承办中国机构知识库建设学术研讨会,推动中国机构知识库的发展;常年跟踪国际机构知识库发展,开展相关政策研究,发布《机构知识库存缴与发布权益管理指南》等系列政策指南。牵头承担国家数字科技文献资源长期保存体系建设,完成国家保存体系战略规划、权益管理、系统运行、公共服务等系列重要政策的研究制订,建成国内数字资源长期保存示范体系,同时引领全国图书馆界签署并发布《数字文献资源长期保存共同声明》,组织了各类相关会议在全国范围面向不同层面人群唤起数字保存的国家战略意识,推进数字保存概念的普及推广。持续组织有重大影响的学术交流活动,连续策划和组织"知识服务学术研讨会""学科化服务主题论坛""中国图书馆馆长与国际出版界高层论坛""数字图书馆暨开源软件学术研讨会"等高层次学术研讨会。

6. 推进阵地服务转型,拓展面向经济发展科技信息服务

围绕协同创新需求,推进阵地服务转型,同时拓展面向区域创新的知识服务,培育虚拟空间与物理空间相结合、院内服务与院外服务相结合、文献情报服务与社会经济发展相结合的新型服务机制。

建设"智慧服务空间"支持创新创业。改造服务空间,建设信息交流区和学习共享区,指导科研工作者利用数据挖掘工具和海量数据进行知识挖掘,5年来累计举办信息分析工具培训800余场,培训2万余人次;在国内首次组织"科研教育开放信息创新应用大赛",培养广大研究生利用开放数据和开放工具进行创新的能力;建设"科技创新与创业信息服务平

台",支持万众创新、大众创业;支持创业项目路演和投资对洽活动,组织产业技术评估与咨询服务,自 2013 年创立该服务以来,累计举办创业分享汇、创业辅导课、产业技术情报发布活动、项目路演、科创·33 主题沙龙等创新创业活动 100 余场次;创办《产业技术情报》,定期发布国内外新兴重点产业发展趋势的分析与预测,目前主要涉及医药与健康、生态与环保、农业与食品、信息与信息化、新能源与新材料 5 大领域为政府决策和企业创新提供智力支持。

面向全国科技人员以多种形式开放服务。成立"全国科学院联盟文献情报分会",建立"全国科学院联盟文献情报共享服务平台",集成各种资源与服务,支持各省科学院实现文献情报服务共享。联合相关省级科学院或中科院与地方共建机构,组建"产业情报研究中心",建制化推进地方科技决策和技术产业情报服务,形成面向经济建设和区域发展的产业情报研究与服务体系,例如与江西省科学院合建的战略情报研究所,与黑龙江省科院等联合建立的战略情报研究中心,与中科院唐山高新技术研究与转化中心、中科院银川产业育成中心等建立的技术产业情报中心,以及中科战略产业分析中心湖南中心等。在中关村生命科学产业园区、兰州新区、成都天府新区、武汉光谷高新区等设立产业图书馆,开展信息素质培训、科技文献服务、科技查新、产业情报服务。为伟嘉集团、桑德集团、中粮集团、兰石集团研究院、奇正藏药集团、东方汽轮机有限公司、重庆维尼纶公司、三江航天集团、武船重工等提供决策支持服务,为企业、成果转化中心、地方政府等提供各种产业情报调研与技术分析报告。

7. 建设良好生态系统,有力保障服务事业持续创新发展

通过加强党群工作、重视人才队伍建设、深化创新文化建设等方式,营造和谐向上的人文环境,保障文献情报事业持续发展创新。

切实加强党群工作。首先将党建工作的重点放在促进事业发展上,围绕中心、服务大局,充分发挥党委的政治核心作用和监督保障作用。顺利完成党委、纪委换届工作,通过充分酝酿、民主选举,有一批富有科研创新、管理创新、文化创新精神的骨干人才进入党委、纪委。认真开展"党的群众路线教育实践活动"和"三严三实"专题教育活动,落实中央"八项规定"精神和院党组"十二项要求",加强党员领导干部思想建设、作风建设。通过专题报告会、专题党课、参观学习、交流研讨等多种形式,开展主题教育实践活动,坚定党员理想信念,全面提升党员政治理论素养。健全职代会制度,通过职代会提案征集、提案办理、优秀提案评选等过程,鼓励全体员工关注、参与和监督事业发展。坚持以人为本,深入开展关心关爱职工工程,关注职工身心健康,营造宽松、和谐、愉快的工作氛围和环境。

面向院内外文献情报领域从业人员开展能力培训。面向全国文献情报业界、全院研究所一线、省科院一线、全院期刊编辑,组织开展了先进知识服务工具与技能、知识库建设、科研数据管理、情报研究新方法新工具应用、企业信息服务、科技态势监测、电子资源使用、知识产权专员、数字出版与传播、企业园区文献情报服务等各类专题服务培训,仅 2015 年即组织培训 841 场,培训人数 31 000 人次。其中电子资源培训已成为中科院文献情报系统宣传推广服务的特色品牌。围绕中科院研究所知识服务能力提升,先后举办所级文献情报机构负责人培训研讨班 2 次,帮助研究所文献情报机构找准发展目标、提升知识服务能力;专门或结合研究所文献情报创新行动计划开展研究所学科情报、信息专员培训近 20 次,开展针

对态势分析、竞争力分析、知识平台建设和信息保障规划等专门能力培训,提升研究所文献情报机构的知识服务能力;开展交换馆员培训,接收研究所文献情报人员到馆进行为期1个月的交流学习,并已逐步扩展到全国省级科学院和新疆"两校一院"(指新疆生产建设兵团农垦科学院、石河子大学和塔里木大学)。建立实施中科院文献情报专业技术岗位任职能力认证体系,为研究所文献情报人员打通职业晋升通道。面向新型服务模式建设新需求,着眼可持续发展,建立多层次人才培养计划。面向骨干人才设立并持续推进"群星计划",组织优秀骨干赴耶鲁大学、斯坦福大学、麻省理工学院等国际一流机构专题进修或参加高水平国际专业会议,任期内累计派出100多人次,其中有26人次是为期半年的专题进修。持续推进"青年人才项目",任期内共资助100多个项目,为支持35岁以下优秀青年人才的成长、培养文献情报专门人才发挥了重要作用。设立多种形式的在岗培训项目,包括"新员工入职培训""课题组长上岗培训""学术论文写作培训"以及面向重点业务领域的专题能力培训等。每年举办战略情报研究能力培训班、学科馆员培训、信息系统培训,全面提升职工业务能力。近5年内,仅北京地区对外新招聘入编职工130人,使在编人员达到327人,为社会培养博士、硕士共计230多名,博士后8名。

着眼精神价值传承,强化科研服务意识。大力弘扬"用户为本、需求驱动"的服务精神,重视传承"甘当人梯、敢为人先"的服务文化,积极树立"挑战自我、先行先试、创造发展"的创新精神,促进员工个人价值取向与单位事业发展的要求相一致。组织员工参加各类会议、培训、研讨活动,及时广泛交流。举办"从创新案例中汲取营养""无限风光在险峰""从细微处感受管理、服务与文化"等多场科技创新案例及文化理念报告会,不断强化员工的创新意识、提高服务科研的自觉性和针对性。以隆重而简朴的形式开展了馆庆60周年系列活动,策划组织"图书馆发展趋势论坛""面向'十二五'创新发展研讨会"等系列活动,举办"耕耘甲子结硕果,长风破浪正当时——国家科学图书馆60周年纪念展",开通了网上馆史陈列室,编撰完成文献情报中心发展史。通过回顾60年发展历史,尤其是2001年进入知识创新工程以后的创新历程,进一步凝练图书馆核心价值观,增强中心创新凝聚力,进一步激发了广大职工创新热情和勇气。

三、未来发展

伴随互联网和信息技术的迅猛发展,全球科研环境和信息环境处于持续变革中,数字化网络化开放化的发展趋势愈演愈烈,人类社会普遍进入"大数据"时代,信息获取模式和信息处理手段发生巨大变化,信息服务产业链随之动荡改变,信息服务市场竞争加剧,毋庸置疑,科技信息服务模式正处于颠覆性变革时期。具体表现为:大数据时代的科技信息服务正在发生重大变化,围绕需求的知识组织、开放式的知识获取和整合、用户跟随式主动知识/信息服务,将逐渐成为主流;围绕移动互联网/大数据服务用户需求的目标,主动精准信息服务将成为服务提供的主流发展方向;语义网、关联数据、文本挖掘等技术发展推动知识内容深度利用发展,促进情报分析向数据化工具化智能化发展;开放获取资源正逐步发展为科技领域主流信息资源,开放知识基础设施建设将成为全球科技信息服务领域重要发展方向;数字出版已经成为主流出版形态,并由数字化规模发展转向内涵式发展,数字内容愈来愈丰富化语义化。

站在新的历史节点,面对未来发展,中科院文献情报中心将继续紧跟需求与形势变化,建设大数据科技知识资源体系,开展普惠的文献信息服务和覆盖研究所创新价值链的情报服务,成为支持我国科技发展的权威的国家科技知识服务中心。重点在着力建设知识资源保障能力、知识资源大数据服务能力和知识资源开发利用新模式建设方面取得重大突破;在着力建设特色鲜明、优势突出、影响显著的新型情报研究服务体系方面取得重点突破。与此同时,注重在语义知识组织与服务、情报分析方法体系研究、精准用户服务、新型学术出版、科学文献与科学数据关联融汇等方面培育新能力。

附录:2011 年—2015 年业务发展统计数据

一、印本资源建设

表 1　2011—2015 年连续出版物馆藏累计量

年度	中文期刊(种/册)	西文期刊(种/册)	日文期刊(种/册)	俄文期刊(种/册)
2011	–	–	–	–
2012	30 372/2 870 536	35 628/4 074 937	5941/806 806	5212/618 961
2013	29 796/2 888 356	35 366/4 104 368	5941/807 965	5212/620 182
2014	29 804/2 900 037	35 400/4 132 476	5914/808 481	5212/621 074
2015	29 833/2 909 987	35 435/4 161 614	5941/809 157	5212/622 046

表 2　2011—2015 年图书、会议录、标准文献、学位论文馆藏累计量

年度	中文图书(种/册)	西文图书(种/册)	中文会议录(种/册)	西文会议录(种/册)	科技报告(种/册)	标准文献(种/册)	专利文献(种/册)	学位论文(种/册)
2011	561 355/784 976	785 973/901 372	909/909	68 437/190 909	40 000/245 132	18 870/18 870	30 000/30 000	101 605/101 605
2012	572 789/797 753	796 386/913 890	909/909	104 736/104 736	767/118 916	19 148/19 148	30 000/30 000	85 254/85 254
2013	606 397/831 738	807 918/925 630	943/943	108 497/108 497	119 701/119 701	20 072/20 072	2 365 496/2 365 496	96 549/96 549
2014	611 356/836 925	817 221/935 115	767/767	105 480/112 784	105 480/112 784	20 114/20 114	2 365 496/2 365 496	110 516/110 516
2015	625 111/851 830	827 825/945 794	790/790	110 398/117 702	119 701/119 701	20 123/20 123	2 365 496/2 365 496	121 601/121 601

二、数据资源开通

表3　数据库开通量(包括全文、二次文献、事实型/工具型数据库)

	集团采购数据库(个)					借助国家平台为全院开通的数据库(个)				
	2011	2012	2013	2014	2015	2011	2012	2013	2014	2015
全文文献库	32	69	73	71	69	44	44	44	44	44
二次文献库	3	13	12	13	13	0	0	0	0	0
事实型、工具型数据库及其他	6	24	26	25	27	0	0	0	0	0
合计	41	106	111	109	109	44	44	44	44	44

表4　电子资源数量(种)

	2011	2012	2013	2014	2015
外文期刊(种)	15 190	16 259	17 997	17 620	18 248
外文图书、工具书(卷/册)	37 976	44 850	51 974	105 086	136 490
外文会议录(卷/册)	29 385	31 841	35 718	38 464	40 757

三、文献服务

表5　文献流通及咨询服务

2011 年

服务馆	到馆读者数量	书刊流通数量	解答咨询数量
总馆	119 485	105 134	35 610
兰州分馆	22 165	12 869	2242
成都分馆	180 122	60 779	7000
武汉分馆	10 732	11 986	4063
总计	332 504	190 768	48 915

2012 年

项目		总馆	兰州分馆	成都分馆	武汉分馆	合计
到馆读者(人次)		110 609	39 036	31 215	31 510	212 370
书刊流通量	借阅人次	26 627	14 545	21 082	30 629	92 883
	借阅册次	106 508	8478	7275	48 438	170 699
到馆咨询(次)		18 536	4113	5900	10 356	38 905
网上咨询(次)(包含电子邮件、在线咨询)		927	7122	－	8635	16 684
电话咨询(次)		3707	899	－	1988	6594
资料复制(千页)		1186.2	7000	52091	8540	68 817.2
音像制品购置(张)		171	－	83	－	254

2013 年

项目		总馆	兰州分馆	成都分馆	武汉分馆	合计
到馆读者数量（人次）		103 867	5379	29 815	23 270	162 331
书刊流通量	借阅人次	11 759	1209	22 187	20 785	55 940
	借阅册次	67 633	2223	6398	43 856	120 110
到馆咨询量（次）		13 503	1621	6089	2857	24 070
网上咨询量（次）（包含电子邮件、在线咨询）		1929	1032	–	1252	4213
电话咨询量（次）		3858	696	–	1813	6367
资料复制（千页）		1150	1605	49	2342	5146
音像制品购置（张）		118	86	未购	51	255

2014 年

项目		总馆	兰州分馆	成都分馆	武汉分馆	合计
到馆读者数量（人次）		100 759	25 668	186 836	23 982	337 245
书刊流通量	借阅人次	13 505	5361	23 413	23 902	66 181
	借阅册次	54 022	8198	6580	47 915	116 715
到馆咨询量（次）		11 852	539	6123	2986	21 500
网上咨询量（次）（包含电子邮件、在线咨询）		5716	317	–	1886	7919
电话咨询量（次）		4391	304	–	3115	7810
资料复制（千页）		1232. 519	5	49. 212	7. 233	1293. 964
音像制品购置（张）		105	47	–	–	152

2015 年

项目		院中心	兰州中心	成都中心	武汉中心	合计
到馆读者数量（人次）		70 151	21 595	180 574	24 032	296 352
书刊流通量	借阅人次	14 813	5521	28 670	23 972	72 976
	借阅册次	44 439	7301	4614	47 968	104 322
到馆咨询量（次）		11 588	558	6109	3017	21 272
网上咨询量（次）（包含电子邮件、在线咨询）		2849	93	9221	1966	14 129
电话咨询量（次）		4811	320	2133	3265	10 529

表6 文献传递服务

2011 年

途径 / 服务馆	CSDL		NSTL		其他途径		总计		满足率（%）
	接受请求（篇）	满足（篇）	接受请求（篇）	满足（篇）	接受请求（篇）	满足（篇）	接受请求（篇）	满足（篇）	
总馆	35 365	35 049	68 315	65 170	5352	4473	109 032	104 692	96.02%
兰州	4564	4060	3241	3111	520	490	8325	7661	92.02%
成都	5601	5321	0	0	2181	2137	7782	7458	95.8%
武汉	2562	2523	396	296	1106	1065	4064	3884	95.6%
合计	48 092	46 953	71 952	68 577	9159	8165	129 203	123 695	95.7%

2012 年

途径 / 馆别	CSDL		NSTL		其他途径		总计		满足率（%）
	接受请求（篇）	满足（篇）	接受请求（篇）	满足（篇）	接受请求（篇）	满足（篇）	接受请求（篇）	满足（篇）	
总馆	36 821	33 019	44 106	41 498	4645	3673	85 572	78 190	91.4%
兰州	5305	4898	3025	3021	425	384	8755	8303	94.8%
成都	7654	7597	0	0	2500	2490	10 154	10 087	99.3%
武汉	3508	3456	1106	653	6892	6283	11 506	10 392	90.3%
合计	53 288	48 970	48 237	45 172	14 462	12 830	11 5987	106 972	92.2%
国内馆藏外文科技期刊中通过共享渠道保障获得的期刊数的比例（%）							6%		
参加院文献共享体系建设的研究所图书馆数量（个）							131		
在规定的时间内完成馆际互借的比例（馆际互借满足率）							97.8%		
在规定的时间内完成文献传递的比例（文献传递满足率）							89.2%		

2013 年

途径 / 馆别	CSDL		NSTL		其他途径		总计		满足率（%）
	接受请求（篇）	满足（篇）	接受请求（篇）	满足（篇）	接受请求（篇）	满足（篇）	接受请求（篇）	满足（篇）	
总馆	34 656	31 467	40 954	38 780	4892	3847	80 502	74 094	92.0%
兰州	6343	6024	4497	4491	759	693	11 599	11 208	97%
成都	10 503	10 372	3125	3125	2320	2213	15 948	15 710	95.7%
武汉	6793	6702	1236	987	3865	3786	11 894	11 475	96.46%
合计	58 295	54 565	49 812	47 383	11 836	10 539	119 943	112 487	93.8%
国内馆藏外文科技期刊中通过共享渠道保障获得的期刊数的比例（%）							10%		
参加院文献共享体系建设的研究所图书馆数量（个）							133		
在规定的时间内完成馆际互借的比例（馆际互借满足率）							98%		
在规定的时间内完成文献传递的比例（文献传递满足率）							88.5%		

2014 年

途径 馆别	CSDL		NSTL		其他途径		总计			满足率（％）
	接受请求（篇）	满足（篇）	接受请求（篇）	满足（篇）	接受请求（篇）	满足（篇）	接受请求（篇）	满足（篇）	对外请求量	
总馆	29 739	26 750	45 847	43 745	4599	3596	80 185	74 091	10 140	92.4%
兰州	4834	4816	6984	6971	268	234	12 086	12 021	–	99.5%
成都	10 998	10 968	2346	2346	11 000	10 980	24 344	24 294	–	99.8%
武汉	4479	4409	1188	1097	5816	5798	11 483	11 304	–	98.4%
合计	50 050	46 943	56 365	54 159	21 683	20 608	12 8098	121 710	–	95.0%
国内馆藏外文科技期刊中通过共享渠道保障获得的期刊数的比例（％）							9%			
参加院文献共享体系建设的研究所图书馆数量（个）							134			
在规定的时间内完成馆际互借的比例（馆际互借满足率）							97.9%			
在规定的时间内完成文献传递的比例（文献传递满足率）							91.5%			

2015 年

途径 馆别	CSDL		NSTL		其他途径		总计		满足率（％）
	接受请求（篇）	满足（篇）	接受请求（篇）	满足（篇）	接受请求（篇）	满足（篇）	接受请求（篇）	满足（篇）	
总馆	31 327	29 036	44 857	42 688	2015	1665	78 199	73 389	93.90%
兰州	3298	3066	–	–	819	795	4117	3861	93.00%
成都	11 703	11 124	1886	1886	14 323	13 965	27 912	26 975	96.60%
武汉	5426	5282	2497	2356	6638	5484	14 561	13 122	90.12%
合计	51 754	48 508	49 240	46 930	23 795	21 909	12 4789	117 347	94.04%
国内馆藏外文科技期刊中通过共享渠道保障获得的期刊数的比例（％）							10%		
参加院文献共享体系建设的研究所图书馆数量（个）							134		
在规定的时间内完成馆际互借的比例（馆际互借满足率）							96.6%		
在规定的时间内完成文献传递的比例（文献传递满足率）							92.7%		
总馆专题文献检索服务（项）							239		

表 7　馆际互借服务系统

2011 年

服务馆	返还型借书数量
总馆	2800
兰州分馆	92
成都分馆	140
武汉分馆	26
总计	3058

2012 年

服务馆	返还型借书数据（册）
总馆	2247
兰州分馆	136
成都分馆	141
武汉分馆	35
合计	2559

2013 年

服务馆	返还型借书数量（册）
总馆	1935 （借出量:2247 册,借入量:119 册）
兰州分馆	95
成都分馆	133
武汉分馆	38
合计	2201

2014 年

服务馆	返还型借书数量（册）
总馆	2012
兰州分馆	92
成都分馆	141
武汉分馆	52
合计	2297

2015 年

服务馆	返还型借书数量（册）
院中心	1783 （从院中心馆藏借出 863;从其他馆借入 920）
兰州中心	78
成都中心	150
武汉中心	41
合计	2052

表8 查新、引证检索、专题服务数量

2011 年

项目	总馆	兰州分馆	成都分馆	武汉分馆
引证检索(项)	2420	487	0	1719
科技查新(项)	310	177	0	650
专题及其他(项)	137	30	0	5
合计(项)	2867	694	0	5935

2012 年

项目	总馆	兰州分馆	成都分馆	武汉分馆
收录引证检索(项)	–	–	–	–
国内数据库收录检索	–	198	93	–
国内数据库引证检索	–	316	48	–
国外数据库收录检索	–	558	489	–
国外数据引证检索	1829(收录、引证)	429	365	–
小计	1829	1501	602	2095
科技查新(项)	254	162	710	876
专题及其他(项)	32	4	14	0
合计(项)	2115	1667	1326	2971

2013 年

项目	总馆	兰州分馆	成都分馆	武汉分馆
收录引证检索(项)(出具报告数量)	1649	776	535	2211
国内数据库收录检索	–	314	28	210
国内数据库引证检索	–	142	58	315
国外数据库收录检索	1649	614	502	1056
国外数据引证检索	1649	243	396	630
小计	3298	1313	984	2211
科技查新(项)	220	137	620	756
专题及其他(项)	80	48	19	27
合计(项)	1949	961	1174	2994

2014 年

项目	总馆	兰州分馆	成都分馆	武汉分馆
收录引证检索(项)	1693	766	650	2303
国内数据库收录检索	278	206	56	192
国内数据库引证检索	89	134	48	338
国外数据库收录检索	1596	523	566	1178
国外数据引证检索	957	433	469	595
小计	2920	1296	1139	2303
科技查新(项)	304	165	660	940
专题及其他(项)	118 + 203	15	38	45
合计(项)	2318	946	1348	3288

2015 年

项目	院中心	兰州中心	成都中心	武汉中心
收录引证检索(项)	1826	646	750	2319
国内数据库收录检索	607	365	42	180
国内数据库引证检索	361	259	35	350
国外数据库收录检索	1515	510	676	1155
国外数据引证检索	1218	395	542	634
小计	3701	1529	1295	2319
科技查新(项)	380	240	690	739
专题及其他(项)	119 + 239	10	33	19
合计(项)	2564	896	1473	3077

表 9　学科化服务统计:常规服务培训、咨询、情报服务等服务情况统计

2011 年

服务统计指标	总馆	兰州	成都	武汉	2011 年	2010 年
本地下所次数	1029	185	124	130	1468	1092
外地下所次数	229	37	98	48	412	354
服务课题组(试验室或野外台站)数目	578	158	130	203	1069	988
服务科研人员数目(累计)	2274	2497	542	1072	6385	7132
服务学生数目(人)	11 299	2527	2645	2571	19 042	18 169
到所服务培训场次	351	112	113	67	643	502
到所培训人次	12 368	1396	1839	2115	17 718	17 187
检索查找的文献数	5089	3242	375	3734	12 440	14 442
查新收引检索数	123	11	12	39	185	613

续表

服务统计指标	总馆	兰州	成都	武汉	2011 年	2010 年
专题信息提供(份数)	1015	643	323	334	2315	800
单点开通资源	35	21	3	19	78	61
课题跟踪(份数)	46	37	18	17	118	111
发放培训及宣传材料(份数)	10 185	1011	3140	1883	16 219	17 444
为 VIP 服务的人数	410	454	243	116	1223	826
(学科情报)咨询报告(份数)	78	23	26	39	166	104
电子邮件咨询(件)	3880	1736	304	1057	6977	7055
电话(固话,手机等)咨询(次数)	5171	899	219	467	6756	5379
MSN、QQ 或其他即时通讯方式(次数)	3274	2750	1383	3589	10 996	9439
实时咨询	2432	489	194	828	3943	3305
延时咨询	3339	269	232	339	4179	3775
所级信息门户(个)	30	14	4	13	61	39
业务指导与咨询次数	1759	658	294	376	3087	1893
本年度服务的用户数	14 485	3309	2992	2019	22 805	24 726
本年度新增的用户数	5855	1486	929	916	9186	9130
收到的表扬信、感谢信、表扬次数	972	1284	171	2273	4700	3791

2012 年

服务类型	服务统计	总馆	兰州	成都	武汉	总计
A. 下所次数	本地下所	895	132	147	123	1297
	外地下所次数	154	31	37	35	257
B. 服务量	服务课题组(试验室或野外台站)数目	495	226	225	320	1266
	服务科研人员数目(累计)	3083	1854	1481	4853	11 271
	服务学生数目(累计)	11 280	2588	2072	3269	19 209
C. 到所用户培训	到所服务培训场次	348	95	97	113	653
	到所培训人次	13 509	1277	1954	3574	20 314
D. 其他学科化服务	检索查找的文献数	5220	7195	3462	3727	19 604
	查新收引检索数	34	15	43	32	124
	专题信息提供(份数)	98	586	334	114	1132
	单点开通资源	11	14	0	1	26
	课题跟踪(份数)	76	66	7	20	169
	发放培训及宣传材料(份数)	14 440	1278	2961	2014	20 693
	为 VIP 服务的人数	438	490	167	185	1280
	(学科情报)咨询报告(份数)	86	34	42	20	182

续表

服务类型		服务统计	总馆	兰州	成都	武汉	总计
E. 咨询服务	学科咨询	3899	1266	309	1024	6498	–
		3338	849	519	436	5142	–
		4486	2324	2810	4482	14 102	–
		1417	632	307	660	3016	–
		2768	266	131	158	3323	–
	一般咨询	1817	519	82	512	2930	–
		2243	447	54	218	2962	–
		2133	1085	308	2241	5767	–
		1193	381	31	330	1935	–
		1648	120	22	79	1869	–
H. 所图服务		所级信息门户（个）	18	17	6	15	56
		业务指导与咨询次数	2459	882	898	941	5180
I. 服务效果		本年度服务的用户数	16 382	4806	4098	2727	28 013
		本年度新增的用户数	5941	1482	1908	894	10 225
		收到的表扬信、感谢信、表扬次数	1121	753	734	2492	5100

2013 年

服务类型	服务统计	北京	兰州	成都	武汉	合计
A. 下所次数	本地下所	1050	316	154	167	1687
	外地下所次数	254	222	99	34	609
B. 服务量	服务课题组（试验室或野外台站）数目	580	226	345	171	1322
	服务科研人员数目（累计）	5170	11 633	2568	2775	22 146
	服务学生数目（累计）	13 745	4666	3302	2382	24 095
C. 到所用户培训	到所服务培训场次	343	88	133	97	661
	到所培训人次	15 720	1958	3244	1680	22 602
D. 其他学科化服务	检索查找的文献数	4068	6317	3579	5589	19 553
	查新收引检索数	241	13	65	–	319
	专题信息提供（份数）	909	493	393	329	2124
	单点开通资源	22	14	4	–	40
	课题跟踪（份数）	91	28	16	18	153
	发放培训及宣传材料（份数）	21 700	1266	4467	2819	30 252
	为 VIP 服务的人数	618	451	589	449	2107
	（学科情报）咨询报告（份数）	114	31	50	59	254

续表

服务类型	服务统计		北京	兰州	成都	武汉	合计
E. 咨询服务	学科咨询	电子邮件咨询（件）	3201	2089	458	1479	7227
		电话咨询（次数）	2968	1342	1368	764	6442
		MSN、QQ 等即时通讯（次数）	4823	4555	3895	1304	14577
		实时咨询	1117	404	559	501	2581
		延时咨询	1942	147	144	123	2356
	一般咨询	电子邮件咨询（件）	1351	2770	289	1634	6044
		电话咨询（次数）	2651	2354	654	253	5912
		MSN、QQ 等即时通讯（次数）	1480	–	1826	2183	5489
		实时咨询	1285	4421	228	400	6334
		延时咨询	937	241	24	130	1332
H. 所图服务	所级信息门户（个）		24	82	69	76	251
	业务指导与咨询次数		2677	14	617	2154	5462
I. 服务效果	本年度服务的用户数		12 373	1947	6059	5606	25 985
	本年度新增的用户数		6536	5573	1325	1546	14 980
	收到的表扬信、感谢信、表扬次数		2836	1027	134	3039	7036

2014 年

服务类型	服务统计	院中心	兰州中心	成都中心	武汉中心	合计
A. 到所服务	本地下所次数	1001	177	197	368	1743
	外地下所次数	350	189	155	397	1091
B. 服务人员	服务课题组（试验室或野外台站）数目	664	224	350	675	1913
	服务科研人员数目（累计）	3931	3001	3983	3376	14 291
	服务学生数目（累计）	11 807	2917	3792	2854	21 370
	为 VIP 服务的人数	840	457	593	579	2469
C. 到所用户培训与宣传	到所服务培训场次	334	79	128	216	757
	到所培训人次	12 022	1693	3557	4311	21 583
	发放培训及宣传材料（份数）	14 580	1599	4571	4364	25 114

续表

服务类型	服务统计	院中心	兰州中心	成都中心	武汉中心	2014
D. 课题组服务	检索查找的文献数	4019	6196	3318	5993	19 526
	查新收引检索数	192	464	72	421	1149
	课题跟踪(份数)	405	32	24	29	490
	提供学科情报产品数	180	31	39	67	317
	其他产品	80	5	26	23	134
E. 咨询服务	电子邮件咨询(件)	2971	896	743	1928	6538
	电话咨询(次数)	3156	747	1972	928	6803
	MSN、QQ等即时通讯(次数)	4206	3892	7890	6828	22 816
	实时咨询	1407	587	438	505	2937
	延时咨询	2111	245	367	366	3089
F. 所图服务	业务指导与咨询次数	3161	2769	599	1972	8501
	资源分析项目产品数	25	8	8	9	50
	情报分析项目产品数	57	32	59	40	188
	群组平台项目平台数	117	50	39	60	266
H. 服务效果	本年度服务的用户数	16 343	5699	8468	7500	38 010
	本年度新增的用户数	6113	558	1849	1309	9829
	收到的表扬信、感谢信、表扬次数	913	562	138	3761	5374

2015 年

服务类型	服务统计	总馆	兰州	成都	武汉	合计
A. 到所服务	本地下所	1090	221	180	258	1749
	外地下所次数	362	247	152	438	1199
B. 服务对象	服务课题组(野外台站)数	748	305	361	646	2060
	服务科研人员数目(累计)	4256	4116	1950	3540	13 862
	服务学生数目(累计)	13 311	4597	2038	3883	23 829
	为重要科学家服务的人数	779	419	321	671	2190
C. 用户培训	到所服务培训场次	372	67	128	179	746
	到所培训人次	17 479	1841	3781	3912	27 013
	发放培训及宣传材料(份数)	14 570	1927	2132	4042	22 671
D. 课题组服务	检索查找的文献数	6828	6260	3890	6459	23 437
	查新收引检索数	45	12	52	59	168
	专题信息提供(份数)	223	200	56	647	1126
	课题跟踪(份数)	94	27	42	23	186
	(学科情报)咨询报告(份数)	132	13	33	33	211

续表

服务类型	服务统计	总馆	兰州	成都	武汉	合计
E. 咨询服务	电子邮件咨询(件)	4757	2009	786	6840	14 392
	电话(固话,手机等)咨询(次数)	4483	2266	2187	1452	10 388
	MSN、QQ 或即时通讯方式(次数)	7062	5402	6756	8647	27 867
	实时咨询	1253	492	426	426	2597
	延时咨询	2598	209	361	346	3514
F. 院所协同服务	业务指导与咨询次数	2705	910	631	1738	5984
	资源分析项目产品数	67	20	24	28	139
	情报分析项目产品数	186	50	167	59	462
	群组平台项目平台数	104	43	54	67	268
G. 服务成效	本年度服务的用户数	18 652	9049	9570	8223	45 494
	本年度新增的用户数	6280	600	1112	1081	9073
	收到的表扬信、感谢信、表扬次数	848	334	158	3329	4669

附:大事记

2011 年 6 月,中华人民共和国新闻出版总署致函中科院出版委员会和中科院自然科学期刊编辑研究会,批复"同意增加中科院文献情报中心作为《中国科技期刊研究》的主办单位"(总署新出审字〔2011〕439号)。

2011 年 11 月 16—17 日,中科院召开第六次文献情报工作会议,研究所主管领导、所级文献情报机构负责人和国科图相关人员共 300 多人参加。会议总结了实施知识创新工程以来全院文献情报工作取得的巨大成绩,分析了文献情报工作面临的机遇和挑战,部署了全院文献情报系统在"创新 2020"中的重点发展任务,并表彰了在文献情报创新服务中成绩突出的 50 个优秀团队和 54 名优秀个人。会议还对即将出台的《中科院文献情报工作条例》修订稿、《中科院科技文献资源保障规范》《中科院文献情报专业技术岗位任职能力认证方案》以及《中科院一线文献情报服务水平评价与监测办法》进行了讨论。会议专门邀请德国马普学会数字图书馆、加拿大科技信息研究所和美国阿拉莫斯国家实验室研究图书馆做发展战略报告,组织国科图和上海生命科学院信息中心、大连化学物理研究所图书馆、软件研究所图书馆、上海光学精密机械所图书馆和新疆生态地理所图书馆介绍了文献情报服务创新的经验。

2012 年 5 月 4 日,国家科学图书馆与中国标准化研究院正式签署战略合作协议。此次签署战略合作协议后,双方将在文献信息共享,科技文献、标准文献、科学数据关联,专题查询咨询与服务,图书馆咨询服务互联,科技查新与标准查新合作,文献提供与传递,标准文献、科技文献专题信息及情报研究、业务交流培训、资源服务的宣传推广等方面开展合作,利用各自的资源和优势促进彼此的创新发展和深入服务。

2012 年 5 月 29 日下午,中国科学院国家科学图书馆与英国自然出版集团(Nature Publishing Group,

NPG）数字资源长期保存合作协议在国家科学图书馆正式签署。

2012 年 7 月，中国科学院国家科学图书馆正式签署加入 SCOAP3 的机构意向书，代表中国科学院加入 SCOAP3，支持高能物理期刊的开放出版。根据 SCOAP3 的分担方案，中国科学院将承担总预算中额外 10% 的费用外，还将承担中国份额的额外 10% 的费用，用于支持发表少量高能物理论文的机构。通过初步计算，中国科学院将承担 SCOAP3 总预算的 3.2%。此外，国家科学图书馆还将积极协调组织国内高能物理领域其他主要机构图书馆组成联盟参加 SCOAP3，希望通过 SCOAP3 的成功实践推动国家有关部门的后续支持。

2012 年，8 月 20 日，中央国家机关工委在京举行学习型党组织建设推进会暨"十大学习品牌"颁奖仪式。国家科学图书馆和北京分院联合申报的北京分院创新文化广场学习平台在 56 个部门报送的 84 个品牌案例中脱颖而出，荣获"中央国家机关基层党组织十大学习品牌"。

2012 年 8 月 28 日上午，中国科学院国家科学图书馆与 Springer 科学与商业媒体集团正式签署电子图书长期保存合作协议。该协议是继 2009 年 Springer 电子期刊长期保存协议、2010 年 BioMed Central 开放获取期刊长期保存协议之后，中国科学院国家科学图书馆与 Springer 签署的第三个长期保存协议，也是中国图书馆界与重要国际学术出版机构签署的第一个电子图书长期保存协议。

2012 年 9 月 14 日，首届中国科学院科技创新年度系列巡展在国家科学图书馆开幕，展览所展示的是在全院范围内遴选出来的、在近 1—2 年产生的最新进展和最新成果，试图通过科技人、科技成果的展示，让广大社会公众了解中国科学院的最新进展，吸引广大社会公众更加关注中国科学院，支持中国科技事业的创新和发展。本次展览由中国科学院主办，中国科学院院士工作局、中国科学院科学传播领导小组办公室、中国科学院北京分院、中国科学院国家科学图书馆联合承办，免费向社会公众开放。

2012 年 10 月 22—24 日，国家科学图书馆成功举办"中国开放获取周（China Open Access Week）"国际研讨会。这是国内举办的首届开放获取周。会议分别设立"机构知识库日""中国机构知识库日""开放出版日"。会议吸引了国内图书馆界、学术界、期刊界、出版界的 100 多家机构的 360 余位参会者。会议期间，国内主要科研机构和大学的图书馆共同发起成立"中国机构知识库推进专家组"（China IR Implementation Group），联合 14 家有志于机构研究成果开放共享的机构形成合力，共同推进机构知识库在我国科研机构中的推广。

2012 年 10 月 28 日，在中国科协组织开展的 2012 年度全国科普教育基地的认定工作中，国家科学图书馆顺利通过了评审和公示等相关程序，获得了 2012—2016 年度"全国科普教育基地"称号。

2012 年 11 月 22 日，在中国图书馆学会 2012 年会开幕式上隆重举行了"2012 中国图书馆榜样人物"颁奖典礼。中国科学院国家科学图书馆馆长——张晓林获"2012 中国图书馆榜样人物"（全国共 8 名）。

2012 年 11 月 28 日，在中科院建设全国科学院联盟框架指引下，中国科学院国家科学图书馆（国科图）牵头，组织贵州、江西、河南、河北、甘肃、陕西、广东七省科学院，以及新疆生产建设兵团"两校一院"等八家机构在院国家科学图书馆召开了"全国科学院联盟共享文献情报服务联席会议"（联席会议），共同发起成立了"全国科学院联盟文献情报服务分会"。中科院院地合作局孙殿义局长、规划战略局张凤副局长出席会议并讲话。来自八家省科院的负责领导及双方相关工作人员参加会议。国科图全体领导班子成员、相关部门主任参加了会议。

2012 年 12 月 3—4 日，中科院研究所文献情报机构在京召开知识服务能力建设经验交流研讨会，院属单位文献情报机构负责人、国科图相关人员等共计 120 余位代表参加。会议主题为"知识服务敢为人先支撑科研开拓创新"。

2013 年 5 月 31 日下午，中科院文献情报中心与中创春雨（北京）科技孵化器有限公司签订科技创新与创业信息服务合作协议，将通过国家级文献服务平台的支撑作用与科技孵化公司孵化、投资、运营服务能力相结合，优化资源配置，实现双方优势互补，引导和帮助广大青年掌握创业知识，树立创业精神，帮扶科技创新团队开创企业发展道路。

2013 年 7 月，中国科学院文献情报中心入选 2013 年知识产权分析评议服务示范创建机构。经过自主申报、初评和专家集中评审等多轮评选,全国共有 26 家单位入选,图书馆行业单位仅中国科学院文献情报中心 1 家。

2013 年 9 月 26 日至 29 日,中科院文献情报中心在昆明组织召开国内首次机构知识库学术研讨会,吸引了来自台湾大学图书馆、香港大学图书馆、内地高校图书馆以及科研院所图书馆等单位的海内外专家 200 余人。会议以机构知识库的积极实践为主题,围绕中文机构知识库建设与服务的发展战略、具体实践、政策机制与未来挑战等内容进行交流,组织了 34 个专题报告,展出了 18 个单位的优秀实践案例。中国机构知识库推进工作组在会上首次发布了全国范围机构知识库建设情况的调查和机构知识库用户的态度与需求的调查。

2013 年 11 月 5 日,"全国科学院联盟文献情报分会"在京成立。它将本着"资源共享、优势互补、交流合作、共同发展"原则,依托中科院文献情报中心,联合省科学院开展文献情报服务共享,提高文献信息保障效率,促进成员单位科技创新能力提升。这是落实中科院与各省科学院协同创新、服务区域发展的重大创新举措之一。分会成立后,中科院文献情报中心将继续探索巩固全国科学院协同共享的服务机制,把省级科学院文献情报能力纳入中科院文献情报中心发展力量的一部分,将中科院文献情报中心已有的资源、能力转移转化到省级科学院,与各个省级科学院协力打造一流的文献情报服务共享体系,建设一流的共享文献情报服务合作机制,建成一流的省级科技战略、产业战略支撑平台。

2013 年 9 月 9 日至 2014 年 1 月 20 日,由中国科学院大学和中科院文献情报中心联合举办的"科研教育开放信息创新应用大赛",共有 211 支队伍报名参赛,共收到参赛作品 76 个,评出优秀作品 27 项。参赛作品多以满足科研学习、公共服务等需求为主题,主要有学术研究类、教育学习类、公共生活娱乐类、科普类、学术社交类、个人知识管理或科研管理类、信息检索与分析类等。结合比赛开展,中科院文献情报中心把持续跟踪发现的 700 多个知识服务工具和 10 万余条开放数据全面开放,并先后组织开展多期先进知识工具体验和开放数据使用培训。这既是面向研究生开展的一次开放科研资源普及,也是一种不同于传统教学的新型人才培养机制的积极尝试,是积极支持中科院"率先建成国家创新人才基地"的创新举措。

2013 年 12 月 4 日,来自 15 个中国参与国际高能物理开放出版资助联盟(SCOAP3)参与国和欧洲粒子研究中心(CERN)的 32 位代表齐聚 CERN,召开 SCOAP3 管理理事会首次会议,签署《SCOAP3 备忘录》,宣布 SCOAP3 计划将于 2014 年正式实施:自 2014 年 1 月起,50% 以上的高能物理领域期刊论文在发表伊始即向全世界免费开放获取。我国国家科技图书文献中心(NSTL)作为 SCOAP3 中国集团牵头机构参加了此次会议,代表中国签署了《SCOAP3 备忘录》。NSTL 副主任吴波尔、中科院文献情报中心主任张晓林当选为 SCOAP3 管理理事会成员。

2013 年,经中国图书馆学会推荐,专业图书馆分会理事长、中科院中科院文献情报中心主任张晓林获"第五届全国优秀科技工作者"荣誉称号。

2014 年 3 月 19 日,鉴于对事业机构名称规范的要求,为加快我院文献情报系统进一步创新发展的步伐,中国科学院专门发文明确中国科学院文献情报中心名称和定位。作为院直属事业法人机构,中国科学院文献情报中心负责全院文献情报服务的组织、管理和协调,负责全院科技文献资源保障体系建设,负责全院公共文献信息服务的建设和管理。中国科学院文献情报中心下设立兰州文献情报中心、成都文献情报中心、武汉文献情报中心三个二级法人机构,负责相应领域战略情报研究和科技信息服务,协同组织所在区域的科技信息服务工作。中国科学院国家科学图书馆理事会行使统筹协调全院文献情报工作的职能,领导中国科学院文献情报系统在国家层面履行国家级文献情报机构职责、在国际层面发挥国家级科学图书馆的作用。

2014 年 5 月 26 日至 28 日,由中国科学院、中国国家自然科学基金委员会和加拿大自然科学与工程研究理事会共同主办的全球研究理事会(Global Research Council,GRC)2014 年全体大会在北京举行。国务院总理李克强出席开幕式并作重要讲话。来自 40 余个国家的 70 多家科学机构代表 110 余人参加了本次会议。2014 年北京大会是 GRC 第三次全体大会,是首次在发展中国家召开。本次会议围绕两个主题,即科技论文的开放获取和青年人才培养进行了深入讨论。会议由中科院文献情报中心承办。

2014年10月17日,中国科学院文献情报中心与中国科学院银川科技创新与产业育成中心正式签署共建"产业情报研究中心"合作协议,中国科学院文献情报中心主任张晓林与西安分院副院长孙传东共同为的"产业情报研究中心"揭牌,自此,中国科学院文献情报中心区域信息服务正式入驻银川中心。

2014年10月27日,《2014研究前沿》报告发布暨科学家论坛在京召开。中国科学院文献情报中心与汤森路透(Thomson Reuters)旗下的知识产权与科技事业部共同发布《2014研究前沿》报告,遴选出2014年排名最前的100个热点研究前沿和44个新兴研究前沿,引起社会广泛关注。

2014年10月28日,由中国科学院文献情报中心主办的"ORCID中国服务与科学家国际化识别暨iAuthor签约和启动仪式"举行。文献情报中心与ORCID签署的合作协议,将保障中国科学家永久持有"国际学术身份证"—ORCID号,与多家战略伙伴签署的合作备忘录,将有效助推ORCID号在科研工作各环节的应用。来自国内科研机构、图书馆界、出版界和文献数据库的近200人参加了本次会议。

2014年12月,根据科协发组字〔2014〕92号,中科院文献情报中心副主任孙坦被评为全国优秀科技工作者。

2015年6月29日,中国科学院正式宣布中国科学院文献情报中心新一届领导班子任命:黄向阳任主任,何林、刘细文、张薇、李春旺任副主任。

2015年8月13日,根据国家新闻出版广电总局文件"关于同意出版《知识管理论坛(网络版)》网络连续型出版物的批复(新广出审〔2015〕885号)":根据《出版管理条例》《互联网出版管理暂行规定》相关规定和总局开展网络连续型出版物规范管理试点的有关精神,同意互联网出版单位《图书情报工作》杂志社出版《知识管理论坛(网络版)》网络连续型出版物,新编国内统一连续出版物号CN 11—6036/C,中文,双月刊,公开发行。

2015年9月23日,由国家科技图书文献中心(NSTL)举办的《数字文献资源长期保存共同声明》(以下简称《共同声明》)发布会,在中国科学院文献情报中心举行。国家科技图书文献中心、国家图书馆、中国科学院文献情报中心、中国科学技术信息研究所、中国农业科学院农业信息研究所、中国医学科学院医学信息研究所、中国社会科学院图书馆、中国人民解放军医学图书馆、北京大学图书馆、清华大学图书馆等50多个文献信息机构的领导和代表出席了发布会。出席发布会的文献信息机构的领导和代表集体签署了《共同声明》。截至9月22日已有78个图书馆等文献信息机构作为发起机构签署了《共同声明》。

2015年9月,中国科学院文献情报中心正式启动面向移动智能终端的"中国科技资讯"平台建设。"中国科技资讯"将整合中国科学院集团引进的数字科技文献资源、集成重要科技报道以及其他知识信息服务,支持科研人员、学生、科技管理者等随时阅读科研文献、便捷获取科技资讯,打造基于移动互联网的中国科学院知识服务品牌窗口。

2015年10月14日,根据中华人民共和国国家新闻出版广电总局(新广出审〔2015〕1187号)批准,《中国文献情报(英文)》将于2016年起更名为《数据与情报科学学报(英文)》。外文刊名由Chinese Journal of Library and Information Science更名为Journal of Data and Information Science。《数据与情报科学学报(英文)》的新编国内统一连续出版物号(即CN号)为CN 10—1394/G2,该刊仍为季刊,主管主办单位等登记项目不变,面向国内外公开发行。

2015年12月22日上午,中科院文献情报中心与中关村生命科学园联合,在中关村国家高新技术开发区生命科学园举行了中关村生物医药科技信息交流中心揭牌仪式暨《大规模基因测序及其个性化医疗的应用》产业技术情报发布会,吸引来自园区和生物医药行业的百余位代表参会。该中心的设立,标志着文献情报中心面向区域发展的服务网络布局迈出了新的一步,将面向战略新兴产业的情报服务直接推向高技术开发区、新兴产业孵化器,实现与"双创"的对接。

中国科学院文献情报中心

中国科学院武汉文献情报中心"十二五"事业发展报告

一、"十二五"期间事业发展综述

中国科学院武汉文献情报中心,创建于1956年,是国家科技文献情报体系的重要组成部分,是中国科学院武汉科技查新咨询中心、湖北省科技文献信息服务中心、中国科技网武汉网络管理中心。长期以来,中心立足中南、面向全国、开放联合,重点围绕能源、新材料、先进制造、生物、光电等领域,为国家和我院以及各级政府、企业、研究所的信息需求提供包括战略情报分析、学科情报分析、知识产权分析、产业技术分析、产业发展规划、科技查新、信息平台建设、信息素养培训等服务。

在"十二五"期间,中心紧密围绕"一三五"的要求,以"服务为本、需求驱动、融入科研、支撑创新"为宗旨,围绕服务三个一线,持续夯实基础服务,着力打造特色知识服务,在情报研究、学科咨询、区域信息服务、产业技术分析、系统研发与网络服务等多个方面主动出击,"十二五"工作圆满收官,为"十三五"时期对我院"率先行动"计划提供坚实支撑奠定了基础。

面向科技决策一线,中心围绕能源、新材料与先进制造、生物安全等领域建立了面向国家决策的战略情报服务体系和产品体系。结合当前国际发展重点热点问题,开展了卓有成效的决策咨询工作,呈交的研究报告多次被中办国办刊物采用,并获得国家领导人批示,有力支撑了国家和中科院的科技战略决策;面向国家部委(发改委、能源局、科技部等)、中科院、研究所和企业等单位开展情报研究与服务,积极产出富有成效的情报产品;在中心情报工作多年积累的基础上,建立了以跨年度报告、年度报告、不定期报告、专报、快报在内的一系列品牌产品体系,涵盖技术趋势分析、科技战略与政策跟踪分析、前沿科学分析、科技评价以及科技动态监测等,在国家、我院等相关层面持续发挥重要的影响。

面向科技创新一线,做好24个研究所和2个研究生教育基地的学科化服务工作,中心坚持用户需求导向,紧密围绕研究所"一三五"创新发展战略、"研究所评估""率先行动计划及研究所分类改革"等重大决策需求,围绕科研重大项目需求持续夯实普遍服务,努力拓展知识服务,积极打造创新服务,聚焦研究所发展布局、领域研究热点、学科发展趋势、专利技术布局、技术市场前景、人才引进,为决策部门和科研人员提供包括研究所竞争力分析、学科发展态势分析、专利技术分析、产品及技术市场调研、引进人才分析等多种学科情报服务,各项服务指标持续攀升,受到研究所领导和科研用户的广泛好评。

面向国家和区域发展一线,中心秉承用户导向、服务导向的发展理念,长期服务国家、省市区、开发区等信息需求,继续推进与中科院湖北产业技术创新与育成中心共建的"产业技术分析中心",建成了具有完全自主知识产权的产业经济与产业技术数据库、信息平台、情报产品和完善的服务体系,为各级政府和众多企业提供了信息监测、产业技术分析、知识产权分析、产业发展规划、科技查新、企业素养培训等服务。

在阵地服务方面,持续坚持阅览室全年 365 天开放,落实到馆读者首问负责制,做好到馆读者的日常接待和咨询工作,稳步推进全文传递与查新检索服务,取得良好进展。加强特色资源建设,重点保障能源、新材料与先进制造、生物安全、产业技术分析等领域和方向的信息资源需求。

在系统研发与网络保障方面,开发及维护的平台和数据库共计 16 个。持续做好网络信息安全的保障工作,加强重要系统的数据及配置备份工作,做好网络安全加固,开发应用专有的程序加强网站漏洞防护,进一步优化漏洞修复程序,有效防止 SQL 注入漏洞、跨站代码漏洞等危险代码的威胁。

二、"十二五"期间事业发展基本统计数据

1. 文献总藏量及各年度新增情况

表 1 文献总藏量及年度新增情况

馆藏类别		2015 年累计量	2015 年新增量	2014 年新增量	2013 年新增量	2012 年新增量	2011 年新增量
期刊	中文期刊(种)	6005	226	228	269	238	293
	中文期刊(册)	652 279	3464	3780	3392	3770	4862
	西文期刊(种)	6634	241	231	265	220	305
	西文期刊(册)	890 566	1768	1688	1937	1609	2440
	日文期刊(种)	792	6	0	0	0	0
	日文期刊(册)	229 721	30	0	0	0	0
	俄文期刊(种)	724	0	0	0	0	0
	俄文期刊(册)	139 044	0	0	0	0	0
图书、会议录、论文	中文图书(种)	126 436	2160	1973	2216	1938	2055
	中文图书(册)	180 869	2294	2078	2284	2580	2214
	西文图书(种)	146 737	674	237	503	802	589
	西文图书(册)	147 123	723	280	533	873	617
	西文会议录(种)	194	0	0	0	0	0
	西文会议录(册)	7498	0	0	0	0	0
	标准文献(种)	916	0	0	0	0	0
	学位论文(种)	1562	178	85	52	395	99

2. 年度读者服务数量（读者注册数量、到馆读者数、书库流通数）

表 2　文献阅览、外借及咨询等服务统计

项目		2015 年	2014 年	2013 年	2012 年	2011 年
到馆读者数量（人次）		24 032	23 982	23 270	31 510	40 000
书刊流通量	借阅人次	23 972	23 902	20 785	30 629	4150
	借阅册次	47 968	47 915	43 856	48 438	5788
到馆咨询量（次）		3017	2986	2857	10 356	28 650
网上咨询量（次）（包含电子邮件、在线咨询）		1966	1886	1252	8635	3852
电话咨询量（次）		3265	3115	1813	1988	1036
资料复制（千页）		4.821	7.233	2.342	8.54	8.3

表 3　文献传递服务数量统计

途径／时间	CSDL		NSTL		其他途径		总计		满足率（%）
	接受请求（篇）	满足（篇）	接受请求（篇）	满足（篇）	接受请求（篇）	满足（篇）	接受请求（篇）	满足（篇）	
2015 年	5426	5282	2497	2356	6638	5484	14 561	13 122	90.12%
2014 年	4479	4409	1188	1097	5816	5798	11 483	11 304	98.44%
2013 年	6793	6702	1236	987	3865	3786	11 894	11 475	96.46%
2012 年	3508	3456	1106	653	6892	6283	10 400	9739	93.6%
2011 年	3955	3864	396	296	–	–	4251	4160	97.9%

3. 网络文献服务量

表 4　服务系统使用情况

服务系统名称	检索次数				
	2015 年	2014 年	2013 年	2012 年	2011 年
万方	13 719	456 460	416 789	385 456	334 566
NSTL	284 560	187 890	132 100	121 386	30 347
维普	4 573 390	2 143 148	1 916 798	1 067 355	978 725
CNKI	3 702 492	3 403 235	1 244 146	1 034 867	807 683

4. 咨询服务量

表5 查新、引证检索、专题服务情况

项目	2015 年	2014 年	2013 年	2012 年	2011 年
收录引证检索(项)	2319	2303	2211	2095	1719
国内数据库收录检索	180	192	226	140	115
国内数据库引证检索	350	338	438	279	229
国外数据库收录检索	1155	1178	526	559	458
国外数据引证检索	634	595	1021	1117	917
科技查新(项)	739	940	756	876	640
专题及其他(项)	19	45	27	0	0
合计(项)	3077	3288	2994	2971	2359

表6 学科咨询服务情况

服务类型	服务统计	2015 年	2014 年	2013 年	2012 年	2011 年
A. 到所服务	本地下所次数	258	368	167	123	130
	外地下所次数	438	397	34	35	48
B. 服务人员	服务课题组(实验室/野外台站)数目	646	675	471	320	203
	服务科研人员数目(累计)	3540	3376	2775	2638	1072
	服务学生数目(累计)	3883	2854	2382	3269	2571
	为VIP服务的人数	671	579	449	185	116
C. 到所用户培训与宣传	到所服务培训场次	179	216	92	113	67
	到所培训人次	3912	4311	1680	3574	2115
	发放培训及宣传材料(份数)	4042	4364	2819	2014	1883
D. 课题组服务	检索查找的文献数	6459	5993	5589	3727	3734
	查新收引检索数	59	421	51	32	39
	课题跟踪(份数)	23	29	18	18	17
	提供学科情报产品数量	56	67	58	20	39
	参加各类咨询项目数量	43	23	19	15	17
E. 咨询服务	电子邮件咨询(件)	6840	1928	479	1024	1057
	电话咨询(次数)	1452	928	764	436	467
	MSN、QQ等即时通讯(次数)	8647	6828	6117	4482	3589
	实时咨询	668	571	501	660	828
	延时咨询	311	323	123	158	339

续表

服务类型	服务统计	2015 年	2014 年	2013 年	2012 年	2011 年
F. 所图服务	业务指导与咨询次数	1738	1972	2154	941	376
	资源分析项目产品数	16	4	36	24	–
	情报分析项目产品数	24	40	36	11	–
	群组平台项目平台数	144	68	64	55	–
H. 服务效果	本年度服务的用户数	8223	7500	5606	2727	2019
	本年度新增的用户数	1081	1309	1546	894	916
	收到的表扬信、感谢信、表扬次数	3329	3761	3039	2492	2273

表7 研究咨询服务产品情况

报告类型	2015	2014	2013	2012	2011
研究专报/种	3	5	11	8	9
知识产权分析/种	11	11	3	7	7
调研报告/种	27	41	47	36	29
产业分析/种	5	7	6	5	13
竞争力分析/种	24	11	2	6	6
监测快报/种	6	10	7	7	6
合计/种	76	85	76	69	70

5. 信息化建设情况

表8 开发的系统平台与数据库情况

序号	系统平台、数据库
1	中科院集成信息服务平台 IIP
2	专业领域知识环境 SKE
3	实验室知识管理平台 LKMP
4	能源、新材料、生物医药、节能环保行业开放社会经济信息集成揭示与服务平台
5	一线文献情报服务水平监测平台
6	光信网
7	Web 信息资源自动监测采集系统
8	Web 信息自动标引系统
9	Argus 情报分析系统
10	ARGUS 煤化工关键技术专利分析平台
11	产业技术情报监测服务平台

续表

序号	系统平台、数据库
12	研究所科研产出分析平台
13	中国光电产业知识库
14	中国产业经济数据库
15	煤炭领域科研信息监测分析平台
16	武汉文献情报中心综合知识管理平台

6. 各年度从业人员情况

表9　从业人员情况

技术领域		所在比例%				
		2015	2014	2013	2012	2011
情报研究	关键岗位具有硕士及以上人员占创新岗位比例（%）	95	95	88	88	88
学科化服务		55	50	58	55	44
信息技术		64	64	85	85	85
具有理工科学科背景的人员比例（%）		85	83	80	79	78

7. 承担国家重大研究项目情况

表10　主持或组织国家级、省部级研究项目或文献情报服务与建设项目情况（不含子课题）

序号	项目名称	项目类别（国家级、省部级）	时间
1	CCUS科技及政策调查与研究	国家级	2014—2016
2	我国区域基础研究特点与竞争力对比分析研究	国家级	2013—2014
3	CCS示范项目知识产权、共享机制及技术转移研究	国家级	2013—2014
4	标准信息计量方法与数据挖掘研究	国家级	2012—2014
5	提高CCUS公众意识研究与宣传册的开发与设计	国家级	2011
6	光电子产业技术数据集成与分析服务系统研究	省部级	2015—2016
7	东营石油化工产业技术发展规划	省部级	2015—2016
8	技术机会识别与预测	省部级	2014—2017
9	湖北省科技信息共享平台建设	省部级	2014—2016
10	湖北省技术转移和成果转化中介机构发展调研与分析	省部级	2014
11	聚焦产业变革的能源化学发展战略研究	省部级	2014—2015
12	技术转移中介机构及技术交易合同调研与分析	省部级	2014
13	低阶煤清洁高效梯级利用关键技术知识产权问题研究	省部级	2013—2015

续表

序号	项目名称	项目类别 （国家级、省部级）	时间
14	开放社会经济资源信息集成揭示与服务系统	省部级	2013—2014
15	中科院研究所评估数据支撑研究	省部级	2013—2015
16	2013、2014、2015 三年的中国科学院研究所论文统计分析	省部级	2013—2015
17	2012—2015 年中国科学院研究所"一三五"专家诊断评估支撑工作	省部级	2013—2015
18	湖北省公共技术服务平台建设模式与运行机制研究	省部级	2013
19	新材料领域产业技术分析报告	省部级	2012
20	湖北省科技信息共享服务平台	省部级	2012
21	武汉国家生物产业基地信息资源共享平台建设	省部级	2012
22	标准情报方法研究	省部级	2011—2014
23	太阳能行动计划管理与信息监测分析平台	省部级	2011—2013
24	生命科学与生物技术信息平台建设	省部级	2010—2014
25	学科发展态势情报调研	省部级	2010—2011

8. 科普、期刊出版情况

表 11　大型主题活动、论坛、讲座情况

活动、论坛、讲座名称	活动类型	举办时间	主办/承办
2015 年湖北省科技周	主题活动	2015	承办
2015 年全国科普日活动	主题活动	2015	承办
"你读书，我买单"读者现采活动	主题活动	2015	主办
"奇妙的电世界"科普活动	主题活动	2015	主办
"与书交友，其乐无穷"读书交流会	主题活动	2015	主办
Springer 科技外文图书巡回展览	主题活动	2015	承办
2015 年青少年求真科学营活动	主题活动	2015	承办
"机器人"——走进水果湖一小科普讲座	讲座	2015	承办
"激发学习灵感，培养科研兴趣——图书馆伴我成长"科普讲座	讲座	2015	承办
"中外重大科技创新进展 2014"科普展览	展览	2015	承办
2014 年湖北省科技周活动	主题活动	2014	承办
2014 年全国科普日活动	主题活动	2014	承办
世界读书日活动	主题活动	2014	主办
沁馨书会活动	主题活动	2014	主办
"书香迎学子，冬日暖人心"志愿者服务活动	主题活动	2014	主办

续表

活动、论坛、讲座名称	活动类型	举办时间	主办/承办
"请给他们一个家"环保系列讲座	讲座	2014	主办
"为什么读书"——走进水果湖一小科普讲座	讲座	2014	主办
"无限风光在险峰——《王选文集》读书体会"讲座	讲座	2014	主办
小恐龙带你看地球	展览	2014	主办
PM2.5公众防护	展览	2014	承办
中科院科技创新年度系列巡展	巡展	2014	承办
2013"全民读书月"系列活动	主题活动	2013	承办
2013年湖北省科技周科普宣传活动	主题活动	2013	承办
2013年全国科普日宣传活动	主题活动	2013	承办
"请给它们一个家"环保知识讲座	讲座	2013	主办
"美妙的小宇宙"青少年科普活动	主题活动	2013	主办
2012"全民读书月"系列活动	主题活动	2012	主办
2012年湖北省科技周科普宣传活动	主题活动	2012	主办
2012年全国科普日宣传活动	主题活动	2012	主办
武汉分馆与水果湖街共建"读书之城"	主题活动	2012	主办
《二氧化碳的捕集、利用与封存》	展览	2012	主办
《公共卫生综合科普图片展》	展览	2012	主办
《食品安全与卫生》	展览	2012	主办
《抗生素》	展览	2012	主办
"创新驱动发展 科技引领未来"——中国科学院科技创新年度系列巡展	巡展	2012	主办
2011"全民读书月"系列活动	主题活动	2011	主办
2011年湖北省科技周科普宣传活动	主题活动	2011	主办
2011年全国科普日宣传活动	主题活动	2011	主办
图书馆宣传周活动	主题活动	2011	主办
《新能源与再生能源》	展览	2011	主办
《生物多样性保护》	展览	2011	主办

表12　期刊出版概况统计

刊名	ISSN	载体	发行量（份/期）	出版频率（期/年）	字数（万字/年）	文种	发行范围（公开/内部）
长江流域资源与环境	1004—8227	纸质版	1000	12	22	中文	公开

三、"十二五"期间开展的主要工作及发展特点

1. 战略情报服务能力建设

中心围绕创新驱动发展战略和中国科学院"率先行动"计划,积极组织和开展面向国家和中国科学院科技决策战略情报研究服务工作,积极参与国家高端科技智库建设试点工作,在能源、新材料与先进制造、生物安全等领域强化特色,有效支撑国家和我院相关战略信息需求、规划制定、领域发展路线图研究、战略性先导科技专项,产出有一定影响力的战略情报研究产品,服务能力持续提升。

(1)建言献智,积极发挥国家科技智库作用

面向国家和我院的咨询决策需求,围绕能源、新材料与先进制造、生物安全等领域,把握世界科技发展态势,分析国际科技前沿热点,开展了卓有成效的决策咨询工作。五年来,46篇研究报告被《对上专报》或《领导参阅》采用,7篇被中办、国办采用,4篇获国家领导人批示。积极参与国家高端科技智库建设试点工作,作为院科技战略咨询研究院战略情报研究工作单元的一部分,2015年,为《科技前沿快报》《科技政策与咨询》《全球近期重要科技进展速览》提供稿件共计89篇,承担"科技发展的趋势检测、态势研判与机遇分析"项目研究。

(2)服务国家部委科技决策

主要参与科技部《中国二氧化碳利用技术评估报告》《第三次气候变化国家评估报告》等报告编写工作,帮助梳理和掌握我国低碳减排技术发展状况;承担中国—欧盟清洁利用近零排放国际合作项目"CCS示范项目知识产权、共享机制及技术转移研究",为中欧国际谈判提供支持;参与国家能源局"能源科技创新总体战略研究"、《国家能源材料发展指南》、国家能源科技创新"十三五"规划的制定编制工作,并为其提供国际煤炭深加工发展动态、美国能源科技创新体系、美国能源最新数据等专题调研,参与能源局的"中国西部缺水地区能源发展规划研究"项目,为我国西部能源规划建言献策;承担国家发改委"全球可再生能源技术发展展望研究"研究任务,并参与我国高级别生物安全实验室发展规划(2016—2025)的编制工作;参与制定国家卫计委《高级别生物安全实验室管理办法》;为基金委和中科院联合资助项目"聚焦产业变革的能源化学发展战略研究"提供支撑;完成国家自然科学基金项目《标准信息计量方法与数据挖掘研究》、社会科学基金项目《我国区域基础研究特点与竞争力对比分析研究》等研究工作。

(3)服务中科院科技决策和重大任务专项

作为项目组成单元,承担中科院"低阶煤"专项(重大局)、"页岩气"先导专项(前沿局)、"油气资源路线图专项(规划局)"等情报监测与研究工作,为中国科学院重大专项提供信息支撑;服务我院标准化工作,完成《中科院标准化工作发展战略分析研究报告》;参加国家和院生物安全规划制定;为学部工作局"分布式可再生能源应用和智能微网咨询研究"提供支持;为前沿局提供生物安全管理运行机制的研究;为重大局提供美国生物安全相关机构调研;参与院评估中心研究所评估管理工作;为院重点部署项目"规模储能关键技术研发与示范预先研究"提供支撑;应院办公厅要求参与院应急预案的制定工作;承担院知识创新工

程项目子课题"新能源、先进制造与新材料、生物安全、标准等四大领域的科技信息监测服务平台"建设;参与中科院"太阳能行动计划",建设"太阳能行动计划信息服务平台";服务院规划战略局和计划财务局,完成《美国斯坦福大学、加州大学伯克利分校能源科技研究状况调研》《新一代煤炭综合转化利用研究(路线图项目)》等报告。

(4)服务研究所和地方发展的科学决策

面向病毒所、水生所、过程所、宁波材料所、大化所、金属所、应化所、工程热物理所、山西煤化所、中国安防、潞安集团、神华集团、国家开发投资公司、华能集团等院内科研一线和院外企事业单位,提供调研服务和情报支撑。完成《各领域材料国际发展态势分析》《定位技术分析报告》《金属材料与3D打印》《天基激光武器》《生物固碳研究国际发展态势分析》《以色列的新材料》《煤基清洁燃料及化学品技术相关专利态势分析》等上百份咨询报告。

(5)厚积薄发,重大品牌产品产出喜人

新能源、新材料与先进制造、生物安全等情报工作经过多年积累,厚积薄发,建立了以跨年度报告、年度报告、不定期报告、专报、快报在内的一系列品牌产品体系,涵盖技术趋势分析、科技战略与政策跟踪分析、前沿科学分析、科技评价以及科技动态监测等服务类型。五年来,出版《材料发展报告——新型与前沿材料》《先进能源发展报告——科技引领能源》《生物安全发展报告——科技保障安全》《世界主要国立科研机构概况》《国际科学技术前沿报告2010》、译著《可持续能源:事实与真相》等多部情报研究产品;策划了《先进能源科技研究动态监测快报》《先进制造与新材料科技研究动态监测快报》《生物安全科技研究动态监测快报》《标准化信息快报》《页岩气监测快报》《国际重要能源信息专报》《能源与科技参考》《材料科学战略参考》等各类快报和研究专报,受到用户的喜爱和好评。

2. 嵌入研究过程的知识服务能力建设

中心坚持用户需求导向,深入科研一线,持续夯实普遍服务、深入拓展知识服务、积极推进创新服务。服务效果明显,受到一线用户的广泛好评。

(1)持续夯实学科化普遍服务

持续做好武汉、广州、南京、苏州、长沙、三亚24个研究所和武汉、广州2个研究生教育基地的学科化服务。中心学科馆员坚持"常下所、长下所",深入一线为用户提供信息服务。五年中,服务科研用户达到26 075人次,利用网络在线咨询、E-mail、QQ、电话、博客、微信解答用户问题49 520个,在提升用户信息素质、及时解答科研过程中的信息问题等方面提供有效保障,成为科研用户重要的信息助手和伙伴。

学科化信息服务对象从以研究生为主扩展到研究生与科研人员并重,培训工作从以大规模培训课为主到针对课题组和个人用户的培训,服务内容从单一的资源介绍到结合科研项目的多种形式服务。五年来,中心面向科研人员和研究生,积极策划培训主题,创新培训内容、方式和方法,开展各类培训667场,制作培训课件200余个,培训用户15 592人次,发放培训资料15 000多份,内容涉及软件应用、数据库使用、检索技巧、论文撰写、资源与服务等。

(2)深入开展学科情报知识服务

嵌入研究所决策与科研过程,围绕研究所发展规划、"研究所评估""率先行动计划及研究所分类改革"等重大决策需求、围绕科研重大项目需求,聚焦研究所发展布局、领域研究热点、学科发展趋势、专利技术布局、技术市场前景,人才引进,为决策部门和科研人员提供包括研究所竞争力分析、学科发展态势分析、专利技术分析、产品及技术市场调研、引进人才分析等多种学科情报服务,完成《绿色技术调研》(过程所)、《材料制造领域科技发展战略观察》(金属所)、《高参数洁净煤发电战略情报研究》(工程热物理所)、《广州能源所科技产出分析报告2015》(广州能源所)、《南京地湖所国家自然科学基金情况分析2005—2015》(南京地湖所)、《国内外埃博拉病毒研究文献计量分析》(病毒所)等200余份报告,为研究所决策部门和科研人员提供不同层次的知识服务。

(3)服务中科院及研究所成果转移转化与产业化

承担完成《长江中游传统产业改造升级和生态环境保护创新集群规划调研报告》,为区域经济社会发展提供决策支撑;服务院材料先导专项,完成并出版了《战略性新兴产业新材料报告》《战略性新兴产业发展报告》,受到用户好评;服务北京基因组研究所、长春光机所、长春应化所、东北地理所、沈阳金属所、沈阳自动化所、沈阳生态所、沈阳计算公司、沈阳科仪公司、苏州纳米所、苏州生物医学工程技术研究所、西安光精所等几十家科研院所的产业技术分析信息需求,完成了《大规模集成电路核心部件精密加工成套设备及技术专利和标准分析报告》《国内外机器人技术及产业发展状况调研》《稠油热力开采水平井下热动态监测设备研制与应用开发专利和标准分析报告》《中国锂电池材料产业技术分析报告》《中国新能源汽车产业技术分析报告》等研究报告,为研究院所的科技产业转移转化提供了充分和有效的信息支撑。

(4)积极推进创新服务

构建科研机构竞争力分析系统(ICA),完成46个地学口国家重点实验室、16个数理学科领域重点实验室SCI论文分析报告,通过"机构竞争力分析服务网站"发布;完成93个生物医学领域国家重点实验室的SCI论文分析报告。

(5)大力推动研究所服务转型

以院文献情报中心项目为抓手,积极支持配合研究所申请群组平台建设能力项目和情报能力项目,为各研究所搭建学科组平台300多个,通过带领研究所开展学科组平台建设服务,进一步密切了与科研一线的联系,为持续开展课题组的知识服务奠定了基础;情报新增能力方面:协同各研究所开展情报项目100多项,协同南海海洋所、广州能源所、苏州纳米所等研究所申请资源保障分析项目23项,有效推动所图能力提升与服务转型。

3. 信息系统知识服务能力建设

(1)研发数字知识管理与知识服务发现工具与平台

中国科学院集成信息平台(CASIIP)。该系统是面向科研一线,支持研究所、项目组和科研用户的新型综合科技信息集成服务系统,支撑科研用户建设个性化集成知识服务平台。平台可实现主从模式下的科研社区信息发布与推送、交互服务与资源定制、知识文档管理与共享等功能,快速有效构建研究所——项目组及科研团队的主从模式群组集成知识信息环境。目前,CASIIP已被70个研究所采用并建设了600多个IIP平台。

科技情报分析系统(Argus)。该分析系统充分利用现代计算机网络技术及最新的自然语言处理技术,分别对情报采集、情报规划、情报加工、情报简报、情报关键主题、情报服务等关键阶段进行研究和规划,提供从情报采集到情报分析、报告自动生成等多样化服务的整套统一管理方案。该系统已进入试用阶段。

实验室知识管理平台(LKMP)。该系统能够拓展延伸群组知识服务系统支撑能力,围绕实验室日常工作中需要管理的各类数据以及实验可能涉及的文献资料进行组织,形成语义化的实验室知识库,为实验室提供各种服务。该系统目前已在武汉物数所、广州健康院等实验室和课题组,广州中科蓝华生物科技公司科研团队得到实际部署和深度应用。

中国科学院知识领域专业环境(SKE)。该系统是支持科研过程中各类科技信息资源管理与利用的专业领域知识环境平台。通过视频知识库开发、优化数据摄取流程、第三方资源集成开发等工作,较好地扩展了系统服务功能,从而有效支撑群组平台应用。

科研产出分析平台。"科研产出分析平台"作为研究所竞争力分析系统组件之一已于2015年开始建设,并取得阶段性进展。已完成46个地学口国家重点实验室、16个数理学科领域重点实验室SCI论文分析报告,通过"机构竞争力分析服务网站"发布;93个生物医学领域国家重点实验室的SCI论文分析报告,即将发布。

(2)推出特色资源平台服务

开放社会经济信息集成揭示与服务系统OSE平台。该平台围绕能源、新材料、生物医药、节能环保等行业相关领域,系统集成来自不同信息源在内的行业新闻资讯、政策法规、行业报告、公司机构、统计数据、生产技术(技术动态、科研成果、标准、专利)、分析评论等,实现对信息资源的采集、描述、组织和服务,为研究人员和社会公众提供一站式的信息检索服务,支持关联导航、可视化呈现和个性化知识服务。

中国产业发展数据库。该系统共收录了中国42个行业的1000多万条指标数据,数据来源于国家和地方统计局、国家发改委、海关总署、商务部以及各行业协会等权威机构发布的数据,地域覆盖全国34个省级行政区域,以及5200个区、市、县级行政区域。该数据库成为中心进行产业技术分析服务的重要支撑平台。

中国光信产业知识库。中心针对光电产业的信息需求推出的一款产业信息监测与集成服务平台,旨在协助政府、企业、科研机构解决"产业情报搜集及获取难"的问题。

4. 面向国家与区域的支撑能力建设

(1)服务我院、研究所的产业转移转化

承担"中国科技服务网络计划(STS)"的多个咨询项目,完成《赖氨酸行业发展深度分析报告》《山东省智能制造发展报告》等咨询研究报告。面向苏州医工所、福建物构所等数家科研院所的产业技术分析需求,完成包括《核医学成像产业发展状况和市场调研报告》《CMOS产业发展状况及市场调研报告》《环保聚氨酯胶黏剂及碳酸二甲酯产业技术分析报告》等数份研究报告,为我院和研究所成果转移转化提供充分有效的信息咨询。

(2)服务地方政府发展决策需求

承担湖北省科技厅"十二五"科技发展规划编制、湖北省科技支撑计划项目"技术转移中介机构及技术交易合同调研与分析""湖北省知识创新体系建设计划2015—2017"等多个项目,为湖北省国安厅、武汉市科技局、武汉东湖高新区,泉州市丰泽区政府、东营市科技局等地方政府部门提供战略规划咨询,完成《Schlumberger公司井下工具调研报告》《武汉市技术市场报告》《湖北省激光产业发展规划》《泉州数字专网通信产业发展规划》《山东东营石油化工产业技术发展规划》等多个项目,从战略层面和技术层面为地方发展提供决策支撑;

与武汉高科医疗器械园等产业园区达成共享情报咨询服务合作协议;服务武汉国家生物产业基地,完成"光谷生物城信息中心""生命科学与生物产业信息平台"和"生物人才网"的建设。

(3)服务各类企业的战略规划及技术研发

与武船重工建立了良好的合作关系,先后开展了《深海平台技术的研究热点》《船用薄板焊接技术》《舰船曲面分段柔性生产线关键技术研究》《浮式生气储卸油装置关键技术研究》《武昌船舶重工有限责任公司海洋工程装备发展战略(2014—2016年)》等研究工作,服务武船重工的科技研发及中国的蓝海发展战略;与三江航天集团达成合作,为其完成《中国航天三江集团公司激光产业规划报告》《激光表面处理及再制造装备市场研究报告》等报告,服务集团的产业发展规划;为中航科工集团"商业航天计划"中的数字采集卫星系统的应用前景提供市场和技术方面的咨询服务;开展"基于互联网的物流大数据监测与分析"工作,为中储股份的"中储智运"平台的信息采集、加工、挖掘以及数据可视化呈现等多方位提供有力的技术支持和咨询服务。为普莱克斯(中国)、华东电力试验研究院有限公司、中国华能集团、武汉净宇微藻科技有限公司、嘉吉烯王、中科光谷、华大基因、中美华世通、海吉力等企业定制完成产业技术分析报告,有效支持企业的技术研发。

(4)服务全国科学院联盟

深入服务武汉工研院、湖南省科研院和安徽省科院,积极落实省院共建"文献情报服务共享"合作协议。开展服务调研与信息素质培训,中心区域服务小组多次前往相关省市科学院,举办"区域文献保障方法""专利分析平台使用方法""产业技术分析服务""嵌入科研过程的知识服务""中科院常用西文数据库、文献传递系统和专利分析平台的使用方法"等多项专题报告,得到科研及管理人员的普遍欢迎,参加人员达2000多人次;武汉中心面向省市科学院、中铁科工集团、长江科学院等的发展需求,拓宽知识服务模式,完成《武汉数讯科技/信息安全产业园规划咨询》《磁卡保密技术分析》《安徽省市县创新能力评价》《环保采暖炉专利技术分析》《国内外科学仪器设备产业发展研究》《安徽省大型科学仪器共享服务绩效评价体系咨询服务》《燃气轮机产业发展情况调研》等十余项研究报告,得到相关省科学院的高度认可。

5. 信息服务能力建设

(1)坚持全年365天开放阅览服务

中心坚持阅览室全年365天(8:00—21:30)对全社会开放服务。通过制度化建设保障优质服务,落实到馆读者首问负责制,做好到馆读者的日常接待和咨询工作,辅导读者检索书目数据库信息,引领书库查找,帮助检索信息,介绍信息资源,提供专题文献服务和定题服务等等。采取灵活多样的服务方式,包括办证、图书借还预约、送书上门等措施,最大限度的方便读者。五年来共接待读者近15万次。

(2)做好IC服务,支持研究生素质教育

中心结合武汉地区研究生情况和中心特色,不断完善Information Commons研究生学习交流室服务功能,为中科院武汉分院研究生提供集学习、阅览、交流、休闲为一体的服务场所,通过不定期开展培训讲座和举办各类文化活动,提升研究生科研素质和文化视野。为更好地为读者提供阅读服务,中心在2014年对IC阅览室进行全面优化,包括阅读空间布局、业务重组和人事调整,为推广新的服务模式和发展提供有力支撑。

(3)查新检索中心的品牌优势进一步凸显

中心积极开展面向地方科研院所、高校以及企业的查新检索服务,已成为中南地区的知名品牌。用户遍及华中、华南众多省份,服务范围扩大到海南、广东、广西、贵州、江西、安徽、湖南、河南等地,五年来,科技查新服务量达到3951项,定题检索10 647项。

(4)NSTL东湖服务站服务区域发展

中心在充分利用NSTL(国家科技图书文献中心)和中心信息资源的基础上,将NSTL现有服务模式与武汉中心的服务进行充分整合,不断拓展NSTL东湖服务站的创新服务模式,通过持续走进东湖高新区及园区企业开展各项信息服务,高质高效支撑区域科技创新和发展。NSTL东湖服务站服务的机构用户已达到480多家,包含开发区、大学、研究所、企业、地方图书馆与信息组织等,表现突出,被NSTL授予"推荐NSTL服务工作先进单位""2011年服务进步二等奖""2012年特殊贡献奖"和"2014年服务进步二等奖"。

此外,中心作为湖北省科技信息共享平台的核心建设单位,在服务区域发展和企业需求方面积极作为,受到用户的欢迎和好评,也多次受到表彰。

6. 稳步推进科学传播和出版工作

持续开展科学文化传播。五年来,中心作为"湖北省科普教育基地""武昌区全民阅读示范基地",一直致力于建设成为在区域内具有较强影响力的科学文化传播中心,策划、组织和开展了多个系列科普活动,涉及主题活动、科普展览、专题讲座、读书活动等,参加和策划湖北科技周活动、全国科普日、文化活动日等主题活动28次,举办"小恐龙带你看地球""PM2.5公众防护""中外重大科技创新进展2009""大奖 大师 大智——诺贝尔奖巡礼""奇妙的宇宙瑰丽的星空"等系列科普展览30余次,举办"为什么读书""请给他们一个家"等科普讲座50余次,创办"沁馨书会",举行世界读书日活动、制作院士采访视频等。科学传播活动内容丰富,形式多样,受到了广大人民的欢迎,社会反响热烈,媒体广泛报道,荣获了中图协会"全民阅读先进单位"、湖北图书馆协会"全民阅读先进单位""湖北省科技周先进单位""全国科普日先进单位""武昌区全民阅读示范基地优秀组织单位"等十余项荣誉称号。此外,出版科普作品《纳米》《新材料》,其中《纳米》获"中国科普作家协会优秀科普作品奖"银奖。

《长江流域资源与环境》杂志的学术影响力不断扩大。该刊是中心主办的中国环境类中文核心期刊,五年来先后被评为"《CAJ-CD规范》获奖期刊""2011年中国精品科技期刊""2012中国国际影响力优秀学术期刊""RCCSE中国权威学术期刊"和"2014中国国际影响力优秀学术期刊"。

7. 人才队伍建设

五年来,中心围绕中心"一三五"规划加强人才引进和培养力度。在此期间,开展了三次岗位聘用与岗位分级工作,使高学历青年骨干人才向情报研究、学科化服务、国家区域发展服务、信息系统研发、产业技术分析、学习中心等核心业务领域富集,进一步优化人才结构,有效支撑了中心的服务提升和业务创新。

截至2015年12月底,中心在岗职工81人,其中博士13人,硕士研究生41人,2名院

"优秀人才"择优支持人员,3 名青促会成员。中心专业技术人员 74 人。其中,正高 7 人、副高 17 人,中级及以下 50 人。在岗人员学历结构不断优化,年龄结构不断年轻化,博士学位人员占在岗人员的 16% 。硕士学位及以上人员占在岗人员 75% ,35 岁及以下青年人员占在岗人员的 56% 。人才结构的不断优化,将有力地支撑武汉文献情报中心的战略持续发展。

四、未来展望

中心将继续加快服务转型,全面形成科学决策一线、科技创新一线、国家区域发展一线的知识服务模式;着力建设数字化、网络化、移动化、大数据时代的知识服务核心能力;着力建立起具有重大影响的团队核心产品体系;强化将帅人才的吸引与培养,优化人才队伍建设,推动发展面向国家与区域的重点战略服务能力,为全面实现"十三五"发展目标奠定可靠基础。

1. 谋划"十三五"发展方向和重点

紧密结合国际科技发展态势、国家改革发展方向以及院"率先行动"计划,不断凝聚共识,谋划"十三五"发展方向和重点。自上而下,在院规划纲要和文献情报系统规划框架下,聚焦中心业务发展,将近期发展与远期谋划相结合,明确发展方向和重大产出;自下而上,增强创新发展的责任感和紧迫感,积极组织研讨,认清各部门发展形势和需求,不断细化规划内容。

2. 着力提升面向战略决策的情报服务能力

主动对接中国科学院各局的科学决策和重大任务需求,积极参与中国科学院战略咨询研究院工作部署,开展战略情报研究决策咨询服务工作,策划承担竞争性课题任务;积极争取国际、国家、我院和研究院所的软课题研究项目,做好对院煤专项、页岩气专项等重大项目的情报支撑工作和项目研究工作;狠抓"专业型、计算型、战略型、政策型、方法型"五型能力建设,加强情报信息源的转化集成方法的研究,重点强化科学计量、标准情报、技术预警预测等方法的研究,提升快速情报服务能力;持续构建包括重大产品、专报、快报、技术报告、学术论文等在内的产品或情报服务体系,扩大面向我国、我院和区域的情报信息服务和社会影响力。

3. 推进资源、数据、工具与服务平台的集成整合

整合现有分散独立的资源、数据、工具与服务平台,建设大资源、大情报、大服务的集成知识环境,集成定制有效支撑关联分析、计算挖掘、演化分析与可视化分析等先进方法的系统化知识服务平台。

4. 深化学科咨询服务的模式创新

抓住我院研究所分类改革的机遇,深度嵌入四类机构,保障创新一线的普惠的个性化知识化信息支撑;持续夯实普遍服务,加强培训内容设计、创新培训手段和方式,提升培训的吸引力和效果;不断优化学科咨询服务内容与模式,重点推进微服务模式,面向不同用户需求,开发新的知识服务项目与产品。

5. 推进产业咨询高端服务

围绕院地合作和区域发展需求,集成各方信息资源,继续深入开展院省合作,努力拓展政府、科研机构与企业用户,发挥中心的示范引领作用。坚持用户导向、需求导向,打造"数据 + 工具 + 平台 + 专家智慧"的平台产品生产线,实现多源数据的快速集成、产业技术分析与服务平台的多样化开发、产业技术分析报告的快速生成的目标,形成数据产品系列、软件工具平台系列、报告产品系列,将数据情报分析服务系统和决策咨询服务系统融入用户的经营过程和决策过程。

附:大事记

武汉文献情报中心助推中科院战略性先导科技专项论证

2011 年 4 月 22 日,中国科学院战略性先导科技专项"面向国家战略性新兴产业的关键材料科学技术"产业技术分析报告审稿会在四楼会议室召开。武汉文献情报中心项目组成员分别汇报了六大产业关键材料产业技术分析报告的撰写思路和具体内容,得到了院领导的好评。

武汉文献情报中心携手湖北省图书情报系统服务东风汽车有限公司

2011 年 5 月 25 日,湖北省文献情报工作交流会及湖北省图书情报系统与东风有限公司文献资料共建共享协议签字仪式在东风有限商用车技术中心举行。武汉文献情报中心主任钟永恒代表湖北省科研图书馆系统在共建共享协议上签字,并应邀在交流会上做了"支撑区域创新、服务产业发展—武汉文献情报中心区域发展服务工作报告"。

传播知识 科普惠民——武汉文献情报中心与水果湖科协共同举办系列科普活动

2011 年 6 月 16 日,武汉文献情报中心与武昌区水果湖街办科协共同举办"2011 年节能宣传周"活动,并启动了送科普入社区的系列科普巡展活动。结合本次节能宣传周的主线,中心推出了《低碳节能知识100 条》《新能源与可再生能源》共计 80 余块展板,向民众宣传低碳节能生活技巧以及使用新能源的益处等科技知识。

武汉文献情报中心邀湖北图情界同仁参加上海图书馆馆长吴建中专题报告会

2011 年 6 月 23 日,武汉文献情报中心邀请了湖北省科技情报研究院、武汉市科技情报中心、湖北省图书馆以及湖北省武汉市图书馆界、情报界的领导、专家、学者等同行 40 多人,通过视频,参加了著名文化学者、上海图书馆馆长、2010 年中国上海世博会主题演绎顾问吴建中博士的题为《世博后城市发展与科技进步对图情事业发展启示》的专题报告。

武汉文献情报中心 NSTL 东湖服务站荣获"推介 NSTL 服务工作先进单位"荣誉称号

2011 年 10 月 15 日,国家科技图书文献中心(NSTL)全国两站(镜像站、服务站)工作交流会在兰州召开,武汉文献情报中心 NSTL 东湖高新区服务站被授予"推介 NSTL 服务工作先进单位"荣誉称号,邓兵同志被授予"先进个人"荣誉称号。

武汉文献情报中心举办"生物信息数据共享座谈会"

2012 年 3 月 27 日,由武汉文献情报中心与武汉东湖高新技术示范区生物医药行业协会共同组织策划的"生物信息数据共享座谈会"在光谷生物城创新园展示中心会议室召开。来自武汉食品药品检验所、华大基因、人福医药等 20 余家企业的 43 位代表参加座谈会。

《长江流域资源与环境》创刊 20 周年纪念暨第九届编委会召开

2012 年 4 月 20—21 日,武汉文献情报中心《长江流域资源与环境》创刊 20 周年纪念暨第九届编委会在南京召开。中国科学院水生生物研究所研究员曹文宣院士、中国科学院海洋研究所研究员刘瑞玉院士等编委会成员出席会议。

武汉文献情报中心专家在宜昌开展学术讲座

2012 年 5 月 29 日上午,作为湖北省图书馆学会专家巡回讲座的重要一站,武汉文献情报中心业务处处长江洪研究员受邀在宜昌市图书馆声像厅做了题为《国外图书馆最新战略规划研究》学术讲座。本次讲座由湖北省图书馆学会主办,宜昌市图书馆学会承办,来自宜昌、荆州、荆门等地的两百多名图书馆工作者参会。

武汉文献情报中心全面参与《国家能源材料发展指南》编制工作

2012 年 7 月 11 日,国家能源局在北京召开《国家能源材料发展指南》编制工作启动会。中国科学院武汉文献情报中心情报研究部主任张军研究员代表中心参加此次会议。根据会议决议,中心作为受邀单位全面参与《国家能源材料发展指南》的编制,主要负责油气、风电、火电、光伏、燃料电池、生物能源等指南专项执笔工作。

新疆各地图书馆同行参观武汉文献情报中心

2012 年 11 月 13 日,来自新疆各地图书馆同行十几人到武汉文献情报中心参观交流,业务处处长江洪向各位介绍了中心的主要业务开展和战略发展规划等情况。听完介绍后,他们对中心开展的情报服务、学科咨询服务等重点业务的研究方向、技术手段、服务方式、人才引进模式等表现出极大的兴趣,并就相关话题与江处长展开深入探讨。

武汉文献情报中心与武昌区水果湖街共同建设"武昌全民阅读基地"

2012 年 12 月 21 日,武汉文献情报中心与水果湖街共建"读书之城"协议签订暨"武昌全民阅读基地"授牌仪式在中心举行。根据协议,双方将共同建设"武昌全民阅读基地",共同开展图书漂流活动,共同举办科技文化讲座。

武汉文献情报中心荣获省"全民阅读先进单位"荣誉称号

2012 年 12 月 27 日,从湖北省图书馆学会获悉,国家科学图书馆武汉分馆被授予湖北省"全民阅读先进单位"荣誉称号,全省仅有七家单位获此殊荣。

《长江流域资源与环境》被评为"2012 中国国际影响力优秀学术期刊"及"RCCSE 中国权威学术期刊(A +)"

2013 年 1 月 10 日获悉,在"中国国际影响力优秀学术期刊"的评选中,《长江流域资源与环境》凭借

0.062 的国际他引影响因子和 1.738 的复合影响因子,入选"2012 中国国际影响力优秀学术期刊"。此外,《长江流域资源与环境》在第三届中国学术期刊评价中被评为"RCCSE 中国权威学术期刊(A+)"。

湖北省图书馆学会科研图书馆工作委员会 2013 工作研讨会在武汉文献情报中心成功召开

2013 年 5 月 9 日,湖北省图书馆学会科研图书馆工作委员会 2013 工作研讨会在武汉文献情报中心召开,来自湖北省科技信息研究院、湖北省社科院、长江科学院信息中心、湖北省地震局文献信息中心等二十多家成员单位代表出席此次会议。各成员单位代表针对本次会议的主题——"开放创新环境下科研图书馆的知识服务"进行了研讨。

武汉文献情报中心与武汉市工科院"文献情报服务共享"合作协议签订暨服务站揭牌仪式举行

2013 年 6 月 28 日下午,武汉文献情报中心与武汉市工程科学技术研究院"文献情报服务共享"合作协议签订暨服务站揭牌仪式在武汉市工科院举行。中科院武汉分院副院长苏阳,文献中心主任张晓林、副主任刘细文,中国科学院武汉文献情报中心党委书记陈丹,工科院党委书记程百炼、副院长陈铭恩等领导出席。

高等级生物安全实验室管理研讨会在武汉文献情报中心召开

2013 年 6 月 26 日,由中国科学院武汉病毒研究所和武汉文献情报中心联合主办的高等级生物安全实验室管理研讨会在武汉文献情报中心召开。会议交流了高等级生物安全实验室的发展趋势、高等级生物安全实验室管理面临的挑战和问题以及我国高等级生物安全实验室管理的发展方向等方面的内容。

武汉文献情报中心正式推出中科院集成信息平台 CASIIP3.0

2013 年 9 月 11 日,武汉文献情报中心在中科院广州能源所调研期间,正式推出中国科学院集成信息平台 CASIIP3.0。中国科学院集成信息平台 3.0 是针对研究所、项目组和科研用户建立知识管理、交流与共享的需求而设计的综合科技信息管理平台,它在服务科研方面有着强大的便捷性。

武汉文献情报中心中国产业发展数据库亮相 2013 湖北省图书馆学会年会

2013 年 10 月 23 日至 25 日,2013 湖北省图书馆学会年会在湖北省荆州市举行。武汉文献情报中心代表参加了本次大会,并携最新数据库产品——中国产业发展数据库亮相现场,这也是中心的数据库产品首次面对中国科学院外公众亮相。

武汉文献情报中心参与举办中法生物安全标准国际研讨会

2013 年 11 月 13 日至 15 日,中法生物安全标准研讨会暨第二届生物安全高级培训班在武汉成功召开。此次会议由中国科学院武汉病毒所郑店项目办主办、武汉文献情报中心协办。来自法国标准局、法国医学与健康研究院、中国卫计委、国家质检总局、国家认证认可委、中国疾控中心、中国科学院微生物所、军事科学院、中国医学科学院医学动物研究所、中国农科院兽医所等单位的专家参加会议。

武汉文献情报中心与中国光谷激光产业基地共同主办首届中国光谷激光产业高层沙龙

2013 年 12 月 8 日,武汉文献情报中心和中国光谷激光产业基地联合主办的"以光之名,为您开启智慧盛宴"——2013 中国光谷激光产业高层沙龙在武汉光谷资本大厦召开。沙龙结束后,文献情报中心与中国光谷激光产业基地签署了共享文献情报服务合作的战略合作协议。

湖北省图书馆学会五届五次理事会在武汉文献情报中心召开

2014年4月3日,湖北省图书馆学会五届五次理事会在武汉文献情报中心召开。中国图书馆学会副理事长、长江学者陈传夫,湖北省图书馆学会会长万群华,副会长钟永恒、李静霞等,及武汉大学、华中科技大学、华中农业大学等高校图书馆、地市州县等图书馆馆长100余人汇聚中心,共商图书馆发展。

武汉文献情报中心组织开展2014年全民读书月活动

2014年4月23日是第十九个"世界读书日",武汉文献情报中心精心策划组织了以"读书、交流、实践——分享书中乐趣,笑对人生百态"为主题的读书日活动,在网站首页公告栏上宣传世界读书日,对到馆新书进行总体介绍、指明书目下载地址及相应链接,并从经济、历史、传记、哲学、人文、养生、科普等方面推荐十本图书,诚邀广大读者踊跃参与全民读书月活动。

"美妙的小宇宙"——武汉文献情报中心与武昌区科苑社区共同举办科普活动

2014年8月26日,武汉文献情报中心与武昌区科苑社区共同举办了"美妙的小宇宙"青少年科普活动,此次活动组织得力、策划精心,吸引了20多位小朋友及家长参加,小读者们参观了分馆图书阅览室、观摩了科普影片《微观世界》。

长江流域生态环境变化及灾害预警研讨会暨《长江流域资源与环境》第十届编委会召开

2014年9月25—27日,"长江流域生态环境变化及灾害预警"学术研讨会暨《长江流域资源与环境》第十届编委会在长沙成功举行。会上,《长江流域资源与环境》主编许厚泽院士等专家分别做了报告,与会人员围绕期刊目前发展现状及未来发展规划展开了热烈讨论,为期刊未来发展提出了许多建设性指导意见。

中科战略产业技术分析中心湖南中心成立

2014年10月23日,武汉文献情报中心与中国科学院湖南技术转移中心举行了"中科战略产业技术分析中心湖南中心"的签约仪式。根据协议,中科战略产业技术分析中心湖南中心将立足湖南长沙,致力于成为服务湖南省内企业、高校、科研院所、产业园区和政府职能部门等的一流信息服务、情报研究、产业技术分析服务平台。

武汉文献情报中心开放社会经济信息集成揭示与服务系统提供上线服务

2014年11月7日,武汉文献情报中心自主开发的集成信息服务平台:能源、生物医药、新材料行业开放社会经济信息集成揭示与服务系统提供上线服务。系统主要集成的信息资源包括:新闻资讯、政策法规、行业报告、公司机构、统计数据、生产技术(技术动态、科研成果、标准、专利)、分析评论和监测信息源。

武汉文献情报中心知识服务系统(CASIIP & LKMP)平台上线服务

2014年11月26日,武汉文献情报中心制作的知识服务系统平台(CASIIP & LKMP)上线服务。CASI-IP4.0针对实验室、项目组和科研用户建立知识管理、交流与共享平台的需求,提供了多样化的网站模板和页面布局,方便地进行知识内容的采集、加工、组织与发布服务,有效发现和组织信息资源。LKMP面向实验任务过程、实验室综合事务管理,实现嵌入科研过程的模块化多门户知识服务平台。

中国科学院第六届电子资源培训在武汉召开

2015年4月27日至30日,中国科学院科技信息资源建设与开发利用研讨暨第六届电子资源培训在武汉举行,来自全院 70 多个研究所图书馆馆员、22 家数据库商代表、文献情报中心共计 255 名代表参加了此次培训会。此次会议由中科院文献情报中心主办,武汉文献情报中心协办。

武汉文献中心参加 2015 年湖北省科技周开幕式活动

5 月 16 日,由湖北省科技厅、省委宣传部、省科协共同组织的为期一周的湖北省科技周活动开幕式在江岸区岱家山科技创业园拉开帷幕,武汉文献情报中心科普人员在党委书记陈丹和副主任王卫兵的带领下赶赴岱家山,共同参与科技周开幕式活动。

武汉文献中心举行"中外重大科技创新进展 2014"科普展览

2015 年 5 月 16 日至 30 日,武汉文献情报中心于一楼大厅举办"中外重大科技创新进展 2014"科普展,向公众介绍 2014 年国内外重大科技创新,吸引了众多周边社区居民及研究人员前来观看。

NSTL"长江经济带战略实施信息服务研讨会"在武汉文献情报中心举行

2015 年 6 月 4 日,由国家科技图书文献中心(NSTL)组织的"长江经济带战略实施信息服务研讨会"在武汉文献情报中心举行。与会人员就国家重大战略决策下 NSTL 的发展思路、设计研发以及信息服务支撑等问题开展了互动交流,并对下一步工作的思路和重点进行了讨论。

武汉文献情报中心承担中科院科技服务网络计划(STS)咨询项目

2015 年 6 月 29 日,中科院科技服务网络计划(STS)"山东省科技服务网络规划咨询"项目研讨会在济南召开,中国科学院沈阳分院科技处副处长、山东综合技术转化中心常务副主任王东升,武汉文献情报中心业务处处长江洪,产业技术分析中心、中科院金属所材料加工模拟研究部有关负责人参会。与会代表围绕各重点任务的产业现状、技术需求和建设目标等内容进行了深入的探讨和交流,并达成共识。

武汉文献情报中心 NSTL 东湖服务站荣获 2014 年度"服务进步二等奖"

2015 年 7 月 2 日,从国家科技图书文献中心(NSTL)获悉,武汉文献情报中心 NSTL 东湖服务站被授予 2014 年度"服务进步二等奖"。本次获奖是对武汉文献情报中心 NSTL 东湖服务站工作的进一步肯定,更是对中心 NSTL 东湖服务站工作的鞭策和鼓励。

"互联网时代与经济新常态"产业智库报告会在武汉文献情报中心成功举办

2015 年 9 月 14 日上午,武汉文献情报中心特邀武汉大学水研究院常务副院长伍新木教授做主题为"互联网时代与经济新常态"的产业智库报告会。湖北省图书馆协会会员,中科院武汉分院研究所科研人员、在汉研究生,武汉文献情报中心主任钟永恒、党委书记陈丹、业务骨干等参加了此次报告会。

武汉文献情报中心圆满完成安徽省科院 2015 年科技文献情报培训

2015 年 9 月 22 日,武汉文献情报中心业务处处长江洪等一行五人前往安徽省芜湖市开展了科技文献情报服务培训服务,芜湖市科技局领导和市科技创新企业 50 多位科研人员参加。

武汉文献情报中心举办 2015 年 Springer 科技外文图书巡回展览

2015 年 10 月 19—23 日,武汉文献情报中心协助中国科学院文献情报中心和 Springer 出版社在一楼大厅举行了"2015 第十四届 Springer 科技新书巡回展览"活动。本届展览主要展出 Springer 出版社 2014—2015 年间出版的新书 500 余种,涉及的主题领域有:数学、物理、化学、地球科学、生物医学、生命科学、材料科学等。

武汉文献情报中心与武汉图书馆签订共建汤湖图书馆合作协议

2015 年 10 月 30 日,武汉文献情报中心与武汉图书馆就共建汤湖图书馆签署了合作协议。武汉文献情报中心将积极参与汤湖图书馆创新空间建设,充分发挥资源与服务优势,在汤湖图书馆建立文献情报服务站,共同为武汉经济开发区领导决策和企业单位开展信息服务和宣传工作。

中国科学院武汉文献情报中心

中国科学院兰州文献情报中心"十二五"事业发展报告

一、综述

过去的五年,是文献情报服务业快速转型发展的时期,更是各专业文献情报机构变革性发展的时期。在实现资源数字化、服务网络化的基础上,许多专业文献情报机构进一步向集成化、个性化、咨询化知识服务转型升级,并进而向专业知识咨询、专业科技智库转型升级和跨越发展。尤其是在开放创新和大数据驱动发展的大背景下,中国科学院兰州文献情报中心适应形势发展和用户需求变化,及时优化调整战略定位,明确新时期发展目标,研究制定完善的事业发展规划,配套关键发展措施,加强人才队伍建设和学术研究能力建设,积极多方面争取发展资源,从而保证了单位各项业务的持续快速健康发展。

第一,面向宏观战略决策的情报研究与咨询服务取得显著成绩。近5年来不断创新情报研究范式,提升研究与咨询服务能力,组织完成了面向国家和中国科学院党组宏观决策的战略咨询建议报告70余份;其中,23份报告分别被《中办信息综合专报》或《国办专报信息》采纳,9份咨询建议报告得到国家领导人批示。还组织完成了一系列支撑国家和部委科技规划的情报调研报告,嵌入重大研究项目的情报研究与咨询服务能力大大提升,承担竞争性研究项目与任务的能力也不断提高。

第二,面向科研创新的学科知识咨询服务不断取得新的突破。在继续做好基础的面向科研创新一线的基本文献信息保障服务的同时,积极探索开展面向研究所、重点实验室、创新团队及个人的绩效评价和科研竞争力分析评估服务,积极探索开展面向研究所和创新团队的专利价值评估等知识产权分析评价服务。

第三,面向区域发展的战略咨询与产业情报服务不断深入。5年来相继组织完成了多项面向地方政府的科技战略研究与咨询服务工作,同时培育和发展了面向区域战略性新兴产业的竞争情报服务能力,组织完成了多项地方政府或大型企业委托的产业发展战略与路线图研究任务。

第四,先进知识管理与知识服务技术研发及示范应用取得明显成效。尤其是在机构知识资产集成管理与共享服务、开放知识资源发现与集成组织服务等方面取得显著成效。

第五,传统优势业务与科学文化传播工作取得新的进展。5年来不断创新理念和工作方式方法,大力推进文献信息资源建设、原文传递、读者服务、科技查新、论文收录与引证等传统业务和科学文化传播工作。不仅业务的数量不断增长,服务的质量也不断提高,读者与用户满意度、社会公众的评价均持续提升。

第六,网络基础设施和信息化应用推进工作成效显著。5年来持续加强在网络基础设施和信息化应用方面的投入,重视加强网络关键设备与信息安全建设,同时重视加强相关管理制度与规范建设,确保了基于网络的科研信息化与管理信息化工作取得长足进步。在连续6年的中国科学院全院信息化建设成效评估中,兰州文献情报中心连续5次获得全院支撑系统排名第一的好成绩,并被评为甘肃省信息化先进单位。

第七,学术期刊质量和影响力持续提升。主办的《地球科学进展》(月刊)、《天然气地球科学》(月刊)、《遥感技术与应用》(双月刊)、《黄金科学技术》(双月刊)均入选中文科技核心期刊,《地球科学进展》连续多年被评为优秀科技期刊和最有影响力的学术期刊,《天然气地球科学》被美国《工程索引》(EI)、美国《化学文摘》(CA)、美国《石油文摘》(PA)等国际检索工具收录。还积极探索学术期刊新的作为空间,依托期刊联合举办专题学术研讨会,促进学术交流,并借以扩大刊物影响力。

第八,单位学术能力建设取得长足进展,学术成果产出量和影响力稳步提升。多年来,坚持倡导依托研究任务培育学术研究能力、以学术研究促进知识服务创新发展的理念,引导广大职工积极开展富有创新的图书馆学、情报学创新理论与创新方法的研究探索,力争通过理论创新和方法创新,促进战略情报研究、学科情报研究、产业竞争情报研究、知识管理与知识服务等核心知识服务业务的快速转型发展。

第九,不断优化调整核心业务结构与科研布局,完善工作组织机制,加快推进建设新型科技智库。尤其是在资源环境领域的战略问题研究与决策咨询服务方面,不断推出具有重要决策参考价值的咨询报告产品,专业型智库建设正在深入推进。

二、主要业务工作及进展

1. 面向宏观决策的科技战略与政策研究咨询服务持续发展

(1)情报研究与咨询服务范式不断创新

随着大数据时代的来临,科学研究的发展转向数据驱动的科学研究范式,作为科研重要支撑的情报研究也从基于文献资料的编译报道服务向基于知识挖掘、知识计算的情报分析服务转变,从基于传统经验的定性分析向基于规范规则的定性定量综合分析转变,从简单的研究背景资料提供向提供针对问题的解决方案转变。基于这样一种发展形势与背景,时任兰州文献情报中心主任的张志强研究员适时提出了"专业型、计算型、战略型、政策型、方法型""五型融合"的情报研究新范式,并以"五型融合"的情报研究新范式为指导,推进建设新型的"决策知识服务"模式,以便高效率地满足宏观科学决策的战略情报需求。

在具体实践中,兰州文献情报中心从"学科组—创新团队—研究中心—服务体系"4个层次加强战略情报研究服务能力建设,即:围绕重点目标用户群体和学科领域组建学科组,围绕学科组建设战略情报研究创新团队,围绕创新团队建设研究中心,围绕研究中心建设情报研究服务体系。在兰州文献情报中心建设了环境变化与灾害、大气与海洋、固体地球与能源矿产资源、生态与水资源、区域可持续发展、资源环境科技评价与知识计算等学科研究组,建设了生态与环境、资源与海洋、科技评价与知识计算等战略情报创新团队。在此基础上,建设了全球变化研究信息中心、西部区域发展研究中心,建设了资源环境科技战略情报研究服务体系。

(2)直接服务宏观决策的咨询建议工作取得显著成绩

依托兰州文献情报中心在战略情报研究领域多年来形成的特色与优势,高效地组织力量和配置资源,深入关注国家重大战略需求,重点围绕应对地震与滑坡泥石流等重大自然灾害、全球气候变化、能源与资源开发、生态环境保护、环境污染与治理、低碳经济与循环经济等重大战略性科技问题,通过自主组织选题开展研究与积极承担重要委托任务相结合,主动支撑和服务于国家以及相关部委的宏观战略决策。

5年来完成的面向国家宏观战略决策的咨询建议报告,被《中国科学院专报信息》《领导参阅材料》等采用70余篇,其中,23份报告被《中办信息综合专报》《国办专报信息》采纳,9份咨询建议报告得到国家领导人批示。

2010年,参加了中国科学院牵头的国务院"舟曲灾后重建资源环境承载力评价"专家组的情报支撑工作,提供了80余份专业图件、数据和文本资料,直接支撑了提交国务院的《舟曲灾后重建资源环境承载力评价报告》的研制工作。

2010年,组织完成了《美国总统气候行动计划的新建议及其对我国的借鉴意义》《俄罗斯森林大火原因与影响评述》《城市排水系统规划与建设的国际经验》《美国智库发布报告称中国大型水坝建设威胁下游国家》《国际能源署发布第二代生物燃料可持续性生产报告分析主要经济体及发展中国家的潜力与前景》《全球沙尘暴多发区的沙尘暴防治措施》《国内外专家关于青海玉树地震的成因分析及思考建议》《近年国际间气候变化议题新动向》《世界主要温室气体排放国气候谈判立场》《世界观察研究所研判我国可再生能源和能效现状及前景》等咨询建议报告18份。

2011—2012年,组织完成了《日本海啸的全球预警情况》等咨询建议报告5份。2012年兰州文献情报中心情报专家还作为研究组主要成员合作完成了中国科学院地球科学部咨询报告《三江源区生态保护与可持续发展咨询建议》,温家宝总理批示"建议很有价值,请发改委参考、研究,并对三江源生态保护和建设总体规划及相关政策措施予以充实和完善";刘延东国务委员批示"请……对三江源区生态保护高度重视,从教育、科技方面制定特殊政策和措施予以大力支持"。

2013年,组织完成了《〈自然〉杂志评论称中国页岩气开发潜力巨大但应谨慎推进》《国外媒体高度关注中国芦山地震》《雅安地震应急救援工作》《国外长输管道安全管理的经验及对我国的启示》等咨询建议报告7份。

2014年,组织完成了《发达国家长输管道安全管理的经验及对我国的启示》《国内外机构普遍预测2014年将发生厄尔尼诺事件会对我国降雨和气温产生影响》《关于我国石化产业布局的分析及优化建议》《国际石化产业布局及其发展经验》《中科院专家关于我国清洁能源产业发展的建议》《我国能源生产与水资源供需矛盾及其对策分析》《发达国家粉尘防爆的实践经验及对我国的启示》等咨询建议报告20份。

2015年又相继完成了《关于美国稀土产业现状政策选择及其未来趋势的分析》《关于积极采取措施降低厄尔尼诺年农业风险的建议》《近年来国际典型船舶事故及对我国航运安全的启示》《经济合作与发展组织发布报告分析我国城镇化挑战与改善城市管理的举措》《中科院专家关于国外稀土资源利用现状分析及发展我国稀土产业的建议》《国外危险化学品安全管理经验及其对我国的启示》《从自然指数评估结果看亚太地区科研竞争与合作格局以及中国的表现》《尼泊尔地震后喜马拉雅地区地震风险及启示》《加强新疆地区气候变化适应的冰雪灾害防灾减灾工作的建议》等咨询建议报告20份。

近5年期间完成的《德国科技管理的借鉴意义》《加强流域水资源管理严控河流污染》《我国应谨防养殖物种多样性降低的潜在风险》《国际智库评全球页岩气革命前景》《美国稀

土产业现状及政策选择》等报告,在《中国科学报》"智库"和"观点"栏目公开发表。完成的研究报告《兰州市近30年空气质量变化趋势分析与防治对策》被甘肃省科技厅《科技决策参考》采用,提交甘肃省委省政府参阅,并被《兰州晚报》详细报道。

近年来还相继承担了国家自然科学基金委员会委托的若干综合管理研究与咨询项目。例如,承担了国家自然科学基金委综合管理项目"地球科学领域国家杰出青年科学基金实施20年评价分析"任务,系统调研分析了近20年来地球科学领域国家杰出青年基金获得者的学科分布、年龄结构、学历结构、职称结构、性别结构以及在受资助前后的学术产出、科研影响力、学术任职等变化情况,并基于分析结果提出了对策建议;承担了国家自然科学基金委学部综合管理项目"地球科学资助战略与发展态势"任务,通过对国际地球科学研究资助战略的较长时间尺度发展变化规律的深入分析、国内外地球科学研究经费投入规模的对比分析、科研产出和发展态势的文献计量分析,为我国科研管理和资助部门、研究机构的地球科学研究决策和管理提供重要依据,研究报告已正式出版,并被《中国科学报》专题报道,获得多个机构和研究人员的好评。

受中国科学院办公厅政策调研室委托,还组织开展了信息技术、先进制造、纳米材料、空间技术、生命科学、海洋科技、深部探测、新能源科技等重要领域的科技发展趋势与主要的科技安全和风险分析,以及国际重点实验室运行与管理机制调研分析工作,完成并提交了《国际科技发展趋势及其本质特征》《国际主要科技领域发展态势分析》《主要的科技安全和风险领域与方向》和《国际重点实验室运行与管理机制》等研究报告,为相关决策提供了情报支撑。

还围绕国内外资源环境领域的重大科技问题与科技需求,组织开展了面向具体问题的学科战略研究和政策研究工作,先后围绕稀土资源、气候变化、页岩气、关键带和土壤重金属污染等主题完成战略研究报告21份,如《中国科学院在油气资源领域的展现状及竞争态势》《稀土矿产资源开发利用前景》《地球系统科学研究发展历史、现状与争论焦点》《从科学研究、社会认知到决策依据:协同推广机制研究报告》《资源环境科技发展报告2014:科技政策促进资源环境管理》《巴黎气候大会形势分析》等,有力地支持了科技部、基金委、国家地调局和中国科学院等部门的科学决策和科技规划工作。

组织部署和参加主编出版重要战略研究报告《国际科学技术前沿报告2015》,承担完成了《城市化研究国际发展态势分析》和《海底热液系统研究国际发展态势分析》两篇报告。组织翻译和主编出版了由未来地球计划过度小组编著的《未来地球计划初步设计》一书,全面介绍了未来地球计划的研究框架、管理机构、交流和参与战略、资助战略实施路线图等内容,具有重要的参考价值。

(3)嵌入中国科学院及国家重大研究项目的战略情报研究与咨询服务进展良好

及时关注中国科学院和国家在资源环境科学领域的重大项目任务,积极策划、主动联系、早期介入,争取承担中国科学院战略性先导科技专项、国家重大专项等的相关战略情报研究任务,及时满足重大研究项目实施的情报需求。先后承担了中国科学院"碳专项""海洋专项""页岩气专项"3个专项的4个课题研究任务;承担了国家自然科学基金委员会黑河流域科学计划重点项目1项,开展了针对性的战略与政策研究服务工作。

主持承担的"碳专项"课题"区域碳排放与减排配额"和"国别排放与政策分析数据库",开展了我国居民生活碳排放评估、国内外经济社会发展碳排放趋势与情景分析、国际碳减排政策与排放数据分析等方面的研究,取得多项重要进展。"区域碳排放与减排配额"课题组在《科学通报》、*Energy Policy* 等国内外重要刊物发表论文 20 多篇,完成咨询建议报告 4 份(被《中国科学院专报信息》采用上报中办、国办后,其中有 1 份被《中办信息综合专报》采用,并获国家领导人批示)。"国别排放与政策分析数据库"课题开发完成了数据库系统平台,发表期刊论文 13 篇,完成咨询建议报告 6 份(6 份均被《中国科学院专报信息》采纳,其中 2 份被《中办信息综合专报》采用)。同时还完成了国际温室气体排放数据系统的可视化展示平台研发。

2014 年起承担的"海洋专项"的"热带西太平洋海洋系统综合信息集成"专题任务,开展了海洋科技前沿监测、发展态势分析、装备技术发展分析等战略研究与咨询服务,完成《世界主要海洋研究机构概览》编著,编发《海洋科技前沿扫描》快报 12 期,还组织完成了《国际海岛权益维护、生态保护与可持续发展研究态势分析》等报告和咨询建议多份,参与完成了《海洋创新指数评估报告 2014》。还依托"海洋专项"情报服务工作,拓展了为国家海洋局的战略研究服务。

2014 年起承担的中国科学院 B 类科技专项"勘探开发基础理论与关键技术"子课题"页岩气专项情报支撑及相关政策研究"的任务,开展了页岩气开发环境影响评价、经济可行性评价、开发技术发展咨询建议等,围绕专项实施的情报需求完成了《主要国家页岩气开发的环境影响评价》《国际页岩气资源评价及方法研究进展》专题研究报告和 5 份咨询建议报告。

2014 年还承担了国家科技支撑计划"气候变化国际谈判与国内减排关键支撑技术研究与应用"专题任务,积极组织开展国际气候变化科技合作战略研究。重点研究了美国、欧盟、日本和澳大利亚等重点国别区域的气候变化国际科技合作政策、行动以及实施机制,结合我国气候变化国际科技合作基础,分析提出我国与这些重点国家和地区开展气候变化国际科技合作的重点领域和实施机制,完成《主要国家应对气候变化国际科技合作政策与实施机制及其对我国的启示与建议》《基于计量的国际应对气候变化科技影响与作用分析》报告。

2014 年起还承担了国家科技重大专项"大型油气田及煤层气开发"的"深层油气成藏规律、关键技术及目标预测"项目的专题任务"盆地深层流体性态及低渗砂岩储层形成的流体—岩石相互作用关系",重点围绕盆地深层油气、盆地深层条件下流体物理化学性质及相态系统、塔里木盆地深层油气、准噶尔盆地深层油气、致密砂岩油气资源和页岩气资源等进行了深入分析和系统专题情报调研,完成了《盆地深层油气研究进展》《盆地深层条件下流体物理化学性质及相态系统研究进展》等研究报告,并在 2015 年 11 月底通过了专项专家组的专题任务结题验收。

(4)支撑科技发展战略与规划的情报研究与服务继续深化

承担了科技部改革与发展专项"科技支撑引领新疆跨越发展战略研究"的专题研究任务,2012 年完成了研究报告《科技支撑引领新疆跨越发展的实现途径和重点选择》,成为公开出版的《科技支撑引领新疆跨越发展战略研究报告》(2012 年)的重要组成部分,并在新疆维吾尔自治区政府组织的论坛上进行大会报告。

2012 年参加了中国科学院"科技发展新态势与面向 2020 的科技战略选择"战略研究组,组织人员参与撰写《科技发展新态势与面向 2020 的战略选择》总报告,承担完成研究报告《未来竞争:世界主要国家面向 2020 年的科技战略》,报告得到白春礼院长批示肯定。

参加了国家基金委—中国科学院"2011—2020 年我国学科发展战略研究"任务,兰州文献情报中心专家直接参加编写完成《未来10年中国学科发展战略:地球科学》和《未来10年中国学科发展战略:资源与环境科学》2本研究报告,指导基金委"十二五"学科资助战略。

2014年完成的国家自然科学基金委员会委托的学科战略研究报告《关键带研究战略分析报告》,支持了基金委"关键带研究双清论坛"和相关科学计划设计。

承担了国家基金委综合管理项目"国际地球科学、海洋科学和大气科学研究发展态势分析"和学部综合管理项目"地球科学发展科学评价与现状分析"2项课题,针对基金委地学领域"十三五"学科发展战略研究和科学基金资助布局的需求,系统调研分析了主要国家或国际组织科学基金资助机构,以及这些基金资助机构的地学资助情况与资助战略,目前完成了《国际科学基金组织地球科学资助战略分析》《资源与环境科学发展现状与发展布局》《国际地球科学海洋科学大气科学研究发展态势文献计量分析》等研究报告,提交基金委及地学部开展"十三五"学科发展战略研究。

完成的中国科学院前沿局委托的学科战略研究《中国科学院地球科学领域学科建设分析报告》,系统分析了中国科学院地球科学学科建设情况与竞争发展态势,提出的中国科学院地球科学学科建设建议,得到中国科学院相关院局领导肯定。

承担了中国地质调查局发展研究中心"国外地质科学学科进展监测与分析"任务,组织开展了固体地球科学与矿产资源领域重要进展分析和发展态势研究,先后完成了《2014年国际地球科学领域发展态势》《2015年国际地球科学研究进展与态势》报告;此外,还完成了《61国地调机构SCIE收录论文及其引用分析》《美国地质调查局业务结构演化分析》《中国地质调查局业务结构演化分析》《加拿大地质调查局业务结构演化分析》等11个报告,为中国地质调查局建设世界一流机构提供了决策参考。

自2000年以来,每年发布的《中科院资源环境类研究所论文与引文统计》《中科院生物类研究所论文与引文统计》报告,提交中国科学院相关业务局和研究所领导和管理部门参考,对相关学科建设与发展态势分析评价,发挥重要咨询价值。

(5)承担竞争性战略研究与决策咨询项目任务的能力不断增强

围绕资源环境科技战略研究、资源环境政策研究,以及知识管理、知识计算等主要业务方向,积极策划、争取承担了国家自然科学基金项目、国家社会科学基金项目、国家科技支撑计划项目专题、中国科学院知识创新工程重要方向项目、中国科学院"西部之光"项目,以及地方科技计划项目等,一方面增强了队伍承担竞争性任务的能力,另一方面研究成果有力地支撑了国家、中国科学院和地方政府的科学决策,提升了开展决策咨询服务的影响力。近5年来,不仅争取的竞争性项目任务数量和经费总额不断增加,项目实施能力也不断增强。例如,主持完成的国家自然科学基金委黑河流域科学计划重点项目"流域文化变迁与生态演化相互作用对流域水生态政策影响的机理研究——黑河与墨累—达令河对比研究",就是与澳大利亚墨尔本大学澳中水资源研究中心合作,通过研究流域水文化变迁、水政策变革与生态环境演化的相互作用,服务流域水资源管理政策创新,开拓了流域水文化、水政策、水环境变迁耦合研究的新方向,项目发表论文10篇(其中SCI论文2篇)。同样,许多类似项目的实施也都日益增强了与系统外单位,甚至国外机构的开放合作,有效地增强了项目实施的效率与水平。

2. 支撑科研创新的学科知识咨询服务不断取得新突破

在面向科研创新的学科知识服务工作方面,大力推行"个性化、专业化、全程化、协同化、咨询化"的"五化贯通"的服务理念,一方面不断强化基础性服务,另一方面着力拓展增值型服务。通过深化需求调研、服务任务策划、服务项目示范等,努力围绕中国科学院研究所"一三五"发展规划、创新单元和团队评价、研究所分类改革等发展的新态势,积极把握新变化、对接新用户、发现新需求、承担新任务,大力拓展面向研究所一线科研创新的服务空间。

(1)不断夯实面向科研创新一线的基础信息服务

通过网络服务、到所服务等多种形式,为科研人员提供文献检索利用指导培训、资源与服务宣传推介、先进知识分析工具使用培训、基本信息素质培训等普遍服务,全面夯实面向科研一线的学科知识服务。5年来学科馆员累积共为责任研究所相关科研团队提供各类专题信息调研资料1990多份;提供专题跟踪调研报告、学科领域态势分析报告、信息资源保障分析报告等600多份;兰州本地到所服务1100多人次,赴陕西、青海、新疆、山东以及东北等外地所服务500多人次;组织研究所现场培训423场次,培训9840多人次;通过各种方式解答用户咨询39 800余人次。其中,仅2015年一年便完成本地到所服务221次,外地到所服务247次;集中培训67场,培训1841人次;另外还开展了大量个别培训;面向305个课题组开展了服务,服务科研人员数目累计4116人次,完成资源保障分析报告5份,学科情报分析报告36份,构建用户群组平台26个,编发专题信息快报36份,承担研究委托任务10项。

(2)不断完善面向研究所一线科研用户的知识服务需求把握机制

全面深入责任研究所,调研了解其对文献情报服务的需求,以便根据需求部署针对性的服务,积极推动深层次服务发展。由中心领导带队,对责任研究所进行走访调研,向研究所领导、管理人员、科研人员介绍知识咨询服务内容和进展,扩大和加深学科知识咨询服务在研究所的影响,促进学科知识咨询服务团队与所图人员的协作协同,明确服务重点和服务方式等,有力推动学科知识服务的深层次发展。

建立了较全面的责任研究所用户档案系统,系统搜集整理了重点学科用户的基本信息,有计划地开展预约培训服务、新入所员工的资源与服务宣传、培训,建立了可持续的用户基本信息发收集与更新维护长效机制,为动态把握一线用户需求、及时组织推进科研信息服务奠定了基础。

(3)持续扎实推进协同化学科知识咨询服务

与责任研究图书馆馆员合作,共同策划和联合承担"研究所群组知识集成平台建设""研究所情报分析能力建设"两类中国科学院文献情报新增能力建设项目。2011年,合作完成了8个责任研究所的文献资源保障分析,结合责任研究所承担的重大项目和重点研究方向,完成了《氮循环发展态势分析报告》《森林甲烷与氧化亚氮态势分析报告》《土壤固碳态势分析报告》《草地植物多样性发展态势报告》《低熟气国际发展态势分析》《海岸带研究所文献计量分析》《湿地研究SCI文献计量分析(1970—2010)》《黑河流域研究进展文献计量分析》《冰芯及相关研究领域文献计量分析》《近代物理所论文统计分析报告》《黄土与第四纪国家重点实验室科研竞争力分析报告》《锂电解质研究进展分析报告》等深层次学科化服务报告;同时还通过加强与研究所图书馆、科技处、研究室秘书、研究生、科研人员的协作,共同推进建设面向特定用户群组的专业知识环境,在5个研究所启动了机构知识库建设,在中国科学院近代物理研究所、中国科学院新疆理化研究所、中国科学院国家授时中心启动部署建设9个用户群组信息平台。

2012年,与中科院寒旱所、兰州化物所、东北地理所、西高所等9个研究所图书馆员合作申请并实施了9项中国科学院文献情报新增能力建设项目;与沈阳应用生态所学科信息专员合作编辑完成了《林业生态信息快报》《中科院沈阳应用生态研究所科研动态比较分析报告(2000—2010年)》等,得到了该所领导的肯定;与中国科学院新疆理化研究所、中国科学院烟台海岸带研究所等8个责任研究所的图书馆员合作完成了相关研究所资源保障分析和规划研究工作,提交了研究报告;与中国科学院新疆生态地理研究所图书馆合作推进中亚特色情报分馆建设项目,合作完成了3期《中亚科技信息监测快报》,同时合作在中国科学院近代物理研究所、中国科学院新疆理化所微纳米环境友好功能材料与技术实验室等机构搭建了19个群组知识环境,有效地促进了课题组、研究室的知识环境建设和应用。

2013年,兰州文献情报中心的学科馆员与责任研究所的学科情报专员合作,完成了20余份学科发展态势分析与研究所竞争力分析报告,为18个课题组提供了课题跟踪服务,为8个研究所的23个研究室搭建群组知识平台。

2014年,兰州文献情报中心的学科馆员与责任研究所的学科情报专员合作,又新建群组平台9个,完成情报分析报告7份,简报10期;其中承担的寒旱所973项目青藏高原重大冻土工程基础研究搭建的平台项目得到项目负责人、所领导的书面表扬。

目前,兰州文献情报中心与责任研究所的学科信息专员合作已在责任研究所构建学科群组知识平台70多个。

(4)积极探索开展评估评价型知识服务

近年来,兰州文献情报中心面向研究所发展规划评估、研究单元发展态势评估、团队或个人科研影响力评估分析的深层次知识服务不断取得突破。尤其是兰州文献情报中心的学科馆员团队围绕研究所"一三五"发展规划评估、重点实验室评估开展了科研影响力评估分析;围绕研究所发展定位与方向、学科布局与规划等开展了针对性研究与咨询;围绕部分研究所的研究员绩效评价,开拓了承担研究所科研人员绩效评估的第三方评价工作。

例如,2013年完成了"中国科学院寒区旱区环境与工程研究所六大领域学科发展态势与科研影响力分析"评价任务,提交了6大学科领域国际发展态势与寒旱所科研影响力分析报告,定量分析了研究所6大学科领域在国际上的学术地位、学术影响力,获得所领导和研究室的书面表扬;针对近物所参加"一三五"国际评估的需求,系统分析了近五年该所各个研究方向论文产出和影响力情况,获到研究所书面感谢信。

2012年,还完成了中国科学院对地观测与数字地球科学中心委托的"国际对地观测、遥感与数字地球研究发展态势分析"项目任务,完成了《空间对地观测学科发展态势》《空间对地观测国内外相关研究机构分析》《近50年国际对地观测主要国际学术组织发展调研》等研究报告,支持了研究所整合和发展规划、战略布局和发展定位等的决策,获得研究所书面表扬。

2013年,围绕中国科学院国家授时中心重大科研仪器设备研制专项资助的"新一代时间频率系统"项目的需求,以国际原子钟领域为主,主动设计推送领域内的最新科研资讯及动态,开展了原子钟领域的国际发展态势分析服务,并为该项目组搭建了群组专业知识集成服务平台。

2012 年，承担了中国科学院成都山地灾害与环境研究所委托的"国外山区管理政策与发展战略分析"项目，完成了《国际山区发展研究与战略分析》《国际山区发展政策与制度分析》《国际山区灾害科学研究与减灾战略分析》《国际山地科学研究战略分析——重点领域与进展》《山地科学发展战略》等研究报告，还编辑完成了《近五年来山地科学领域重要著作名录》，有力地支撑了该研究所"一三五"规划制订和山地科学研究"973 计划"项目的策划争取工作，获得该研究所的书面表扬。

2013 年，紧密围绕中科院西安光学精密机械研究所的"一三五"战略规划中的重大突破领域，通过对研究所和国际期刊 nature photonics 近五年的发文分析，完成热点研究领域的对比和研究所重点领域的突破方向建议；并且借助文献计量方法和工具，完成该所瞬态光学与光子技术国家重点实验室部分学科方向国内外影响力分析；配合该研究所参与的国家重大专项"嫦娥三号"的任务开展，调研提供了关于全景相机和星敏感器光学系统研究的专题资料。

2015 年，配合中国科学院国家授时中心时间频率基准重点实验室的"新一代时间频率系统"专项实施评估，完成了《光纤时间频率传递技术发展态势及学科影响力分析》《e-Loran 国际发展现状及应用调研报告》。

在支撑实验室评估的服务中，探索了提供精准的个性化评估型知识服务的新模式和新方法，深入分析挖掘相关研究所实验室的研究成果和发展亮点，充分揭示实验室近年来的发展实力和竞争优势，帮助实验室自我评估，及时发现发展中的薄弱环节，为实验室科学规划未来发展提供决策支持和参考。2015 年先后组织完成了《黄土与第四纪地质国家重点实验室论文产出与科研影响力分析》《面向有机地球化学国家重点实验室评估的信息支撑服务》《冻土工程国家重点实验室论文产出与科研影响力分析》《冰冻圈国家重点实验室论文产出与科研影响力分析》《中科院大气物理所大气科学和地球流体力学数值模拟国家重点实验室评估分析》等报告，及时精准地支持了重点实验室与研究机构的评估工作，得到相关研究机构的好评。

2015 年，还针对中国科学院海洋研究所"十三五"规划研制的情报需求，组织完成了海洋科学领域战略分析报告；针对中国科学院沈阳应用生态研究所申报特色研究所的需求，组织完成了该研究所 5 大优势领域科研竞争力分析报告；配合中国科学院西北高原生物研究所申报特色研究所的规划编制工作，组织完成了该所 4 个研究方向的文献调研分析、研究所建所以来的发文统计分析和重点期刊的发文情况分析；配合中国科学院近代物理研究所"一三五"国际专家组诊断评估，收集提供了关键基础数据报告，支持了研究所的国际化评估工作。此外，还为相关研究所开展关键技术与重点学科领域的发展态势分析的系列研究报告，如重离子治癌国际发展态势分析报告、QTT 关键技术预研进展分析调研报告、射电天文学全球研究热点分析报告、大口径射电望远镜关键技术发展态势分析报告等，科研影响力评估分析的知识咨询服务持续深入。

（5）积极探索开展人才培养绩效评价服务

承担完成了中国科学院人事局委托的"青促会发展情况评估及管理机制优化建议"项目，深入研究所开展问卷调研，完成《首批青年创新促进会成员个人成长情况分析》《首批青年创新促进会成员科研产出分析》《青年创新促进会发展成效及优化管理研究调查问卷结果分析》《国外主要基金组织的青年人才资助战略分析》等报告，详细分析了中国科学院各研究所首批青促会成员的成长状况,并最终与中国科学院人事局合作完成《中国科学院青促会发展情况评估及管理机制优化建议》报告,提交领导参阅。此外,还应中国科学院青海盐湖研究所委托,组织完成了青海盐湖所研究员科研绩效评价的方案设计及评价工作。

3. 面向区域创新体系的决策咨询与集成信息服务不断扩大

在区域与产业发展咨询服务方面,以"需求驱动、开放协同、联合集成、支撑发展"的服务理念,聚焦区域创新发展中的重点或关键服务对象,重点开展面向政府部门的区域决策咨询服务、面向产业的竞争情报服务、面向区域科技创新的集成知识服务。把握重点咨询服务需求,明确重点任务突破,不断拓展服务的面和领域。及时研究制订了单位面向地方和区域的专项业务规划,(又称院地合作规划),用于指导和推动相关业务的发展。积极组织策划跨部门、跨单位的联合与合作,推进与甘、青、宁、新等省区的重点服务对象建立长期的建制化的合作关系。在面向区域与产业发展的服务中,逐步建立起了服务地方政府部门、科研院所和高校、创新型企业的网络体系和服务联盟,扩大了在区域发展与产业服务中的影响力和社会效益。

(1)面向地方政府部门的战略研究与决策咨询服务持续加强

继续强化与地方政府部门的科技合作关系,积极承担地方政府部门的战略规划研究与决策咨询服务任务,先后承担完成了多项地方政府委托的专题研究任务。

2011年参与甘肃省发改委项目"酒泉—嘉峪关区域经济一体化发展规划"研究,参加编写并出版著作《区域经济:一体化理论与酒嘉实践》,相关研究成果以省级规划印发执行,并获得了2011年度甘肃省科技进步奖三等奖。

2012年针对青海省科技厅产业科技发展决策需求,完成了《盐湖镁锂提取技术国际发展态势分析》报告,并在由中国科学院科技促进发展局、兰州分院和青海省科技厅联合举办的"盐湖资源和油气资源技术对接会"上进行大会交流。

2012—2013年承担完成了兰州市科技局委托的"科技引领支撑兰州率先跨越发展若干关键问题研究"项目任务,完成了有关科技发展的体制机制分析、企业创新能力评价、战略性新兴产业发展等系列研究报告。

2014年,完成了新疆维吾尔自治区水利厅委托的"西北国际河流水资源开发利用与规划调研"任务,提交了《西北国际河流哈国流域数字资料汇编》等重要资料、分析报告和数据库。

2014年,还参与承担完成的《甘肃省节能环保产业发展规划(2014—2020年)》,由甘肃省政府审议通过并颁布实施,用于指导甘肃省节能、环保和资源综合利用产业的布局与发展。

2014年,还主持完成了《宁夏回族自治区彭阳县国家可持续发展实验区建设规划》,支撑彭阳县成功申报了国家可持续发展实验区。

2015年,参与了《宁夏环境保护与生态文明建设进展及存在问题分析》任务,完成了《宁夏主体功能区生态文明建设指标体系构建》报告。

2015年,还组织承担了"甘肃省知识产权智库建设与重点领域知识产权分析"项目,完成了《甘肃省知识产权"十三五"规划》,得到郝远副省长批示;组织完成了国家知识产权强国战略之《甘肃省知识产权强省建设方案》;组织承担了"甘肃省知识产权强企建设方案"项目;组织完成了《甘肃省战略新兴产业生物产业专利预警分析报告》《甘肃省战略性新兴产业信息技术产业专利预警分析报告》,系列知识产权分析项目与报告搭建了中科院与地方在知识产权成果转移转化方面的桥梁,对地方知识产权工作发挥了重要决策咨询作用。

(2)面向区域科研院所的科研创新知识服务持续推进

依托国家科技图书文献中心(NSTL),以"全国科学院联盟"建设为契机,深入推进覆盖甘肃、新疆、青海、宁夏4省30余个地方科研机构、高等院校、医院、科技型企业的信息资源宣传与保障服务。与甘肃省科学院、陕西省科学院、沈阳科学技术总院等建立了共享文献情报服务合作关系,加强了面向甘肃科学院、陕西省科学院的建制化知识服务,在文献信息保障、科技决策咨询、科研用户培训、专业文献情报人员培训等方面建立了完善的合作机制,并推动在这些机构建立了NSTL用户管理平台,帮助引进国家平台资源与服务,充分保障了省科学院科研一线信息资源保障与知识服务能力。2011—2015年多次获得国家科技图书文献中心(NSTL)颁发的"NSTL服务推介工作先进单位""优秀服务三等奖""服务进步三等奖是""特殊贡献奖"等。2012—2013年,合作完成了《甘肃省科学院科技竞争力分析报告》《陕西省科学院科技竞争力分析报告》专题报告。2014—2015年又承担完成了陕西省科学院委托的任务——《我国生物农业发展现状、趋势与对策研究》报告,为编制《陕西省生物农业"十三五"发展规划》提供参考。2015年还承担了沈阳科学技术总院"中央驻沈科研院所运行分析与产学研合作平台建设"项目,完成了《中央驻沈科研机构科技竞争力分析》报告。

自2012年起与西北师范大学签署合作协议,合同化推进双方在西部区域发展研究中心建设、文献信息资源服务、学科知识咨询服务、用户信息素质教育、专业技术人才交流培养、地理学博士学位点建设等方面的长期合作。

从2013年起与甘肃省祁连山水源涵养林研究院签署了文献信息服务合作协议,为该研究院承担国家重大科研项目持续提供全流程专题情报调研与服务。

此外,近年来还加强与甘肃省治沙研究所、宁夏农林科学院、石河子大学、塔里木大学、兰州理工大学、甘肃农业大学、兰州交通大学、青海大学等高校图书馆的合作,联合面向所在学校师生开展用户信息资源培训、科技查新、专题情报调研等服务。

(3)面向创新型企业的产业技术与竞争情报服务不断拓展

近年来,主动采取各种措施,积极组织开展面向创新型企业的产业情报服务。与周边省区的多家重点大型企业建立了长期的建制化的合作关系,初步形成了以有色金属新材料、能源装备制造、生物医药与生物化工、新能源、节能环保产业等为特色优势的产业情报研究网络,建立了覆盖产业信息资源、产业技术情报以及产业战略咨询的多层次产业情报研究与咨询服务体系。

例如,在实施承担的中国科学院与甘肃金川集团公司联合支持的院地合作项目"金川镍钴新材料产业发展路线图及循环经济发展战略研究"的基础上,与金川镍钴研究设计院签订长期合作协议共建"镍钴新材料产业情报中心",共同面向该公司用户开展从科技创新信息资源保障、产业动态监测分析、产业技术情报分析、产业发展路径规划咨询等全方位、多层次的产业情报服务。2015年与金川集团兰州科技园公司合作完成了《汽车尾气净化催化剂回收利用技术与工艺》《银粉生产与应用技术分析》调研报告;与金川集团镍钴研究设计院合作承担完成了中国工程院重大咨询项目"我国镍铜钴铂族贵金属资源开发与可持续发展战略研究"的第四课题,提交了《我国镍铜钴铂族贵金属高性能材料可持续发展战略》报告。

在与兰州兰石集团能源装备研究院合作开展"甘肃省能源装备制造业发展战略研究"项目的基础上,双方签订合作协议共建"能源装备制造产业情报中心"。2015年合作完成了能源装备制造产业动态监测快报、能源装备制造产业发展态势分析、产业专利技术分析、产业发展战略规划、产业重点方向遴选等多项产业情报任务,完成了《能源装备制造业发展态势及兰石装备制造板块2015年生产任务规划》《能源装备制造业最新动态》《农业机械行业最新动态》《能源装备领域重点专利技术分析》《中国合成氨工业现状分析》《生物质能产业技术路线与发展态势研究》《生物质能专利技术发展态势分析》等专题调研报告。

再如,积极组织开展面向新疆乌鲁木齐经济技术开发区内相关科技型企业的个性化知识服务。2013—2014年,根据宝钢集团新疆八一钢铁股份有限公司转型发展、计划开拓汽车用钢市场的需求,重点进行了汽车用钢产业发展调研和相关专利技术的分析,调研了国内外在汽车用钢生产领域主要的企业及其产品结构、市场占有情况、产品流向及竞争力、所拥有的优势技术及产品等;系统地调研了在汽车用钢生产方面的专利技术发展情况,理清了其中的主流技术、新兴技术和可能对未来产业发展产生重大影响的技术,以及这些技术的拥有者,完成的《汽车用钢产业发展态势分析》《汽车用钢专利技术发展态势分析》等报告,受到了企业销售、技术研发部门领导的一致肯定。2015年,又根据宝钢集团新疆八一钢铁股份有限公司计划开拓中亚五国钢材市场的需求,调研了中亚五国钢材生产领域主要的企业及其产品结构、市场占有情况、产品流向及竞争力、所拥有的优势技术及产品等,完成了《中亚五国钢材市场发展态势分析》报告,受到了企业销售部、技术研发部领导的一致肯定。

根据新疆金风科技股份有限公司的需求,重点开展了国内外风电专利技术及其竞争态势的调研分析和重点企业发展状况的调研,系统分析了国内外风电技术的发展态势、重点专利技术及其所有权人、核心技术竞争格局、行业领先企业及其优势技术与产品体系、当前市场竞争态势及未来前景等,在2014年组织完成《国内外风电产业及关键技术发展态势分析》《国内外主要风电企业及其竞争力分析》的基础上,2015年又组织完成了《国内外储能技术与产业发展态势分析》《储能专利技术发展态势分析》等报告,受到公司技术研发部门的高度关注。在回访中,用户提出希望进一步围绕风电装备制造新技术、新产品开展科技创新信息资源保障、产业关键技术分析、产业发展动态监测等全方位产业情报服务。

根据新疆绿色使者空气环境技术有限公司技术研发、生产与维护服务的需求,组织开展了干空气能蒸发制冷空调技术专利调研与分析,2014年完成的《干空气能蒸发制冷空调专利技术研发态势分析》,受到该公司领导的高度好评。2015年,又根据该公司的创新发展需求,又完成了《国内外绿色数据中心建设标准研究》等报告,目前正在组织开展产业前景分析、产业未来走向预测、产业技术路线图研究等工作。

另外,还针对乌鲁木齐开发区内其他一些企业用户(如新疆维吾尔制药、新研股份等)的需求,开展了小批量的文献传递服务。

在宁夏回族自治区,2013—2014年,在宁夏石嘴山市政府支持下,联合宁夏石嘴山市科技情报研究所,共同组织开展了多项面向当地高新技术产业园区建设和战略性新兴产业发展的技术情报服务。一方面,应市科技局和园区管委会的要求,围绕该高新技术产业园区的规划研制开展了相关的情报调研,为园区产业发展规划与战略制订提供情报支撑;另一方面,围绕宁夏银晨太阳能科技有限公司的知识产权战略规划提供了专利技术分析与调研服务,同时广泛走访了宁夏兴平精细化工股份有限公司、宁夏贝利特化工有限公司、宁夏光惠矿山机械设备修理有限公司、宁夏环益废弃资源利用有限公司、宁夏大林科技有限公司、宁夏鑫睿通矿山机械设备有限公司、石嘴山市瑞宁煤矿机电设备有限公司、宁夏英力特化工股份有限公司等,深入了解了这些企业在产品和技术研发中的情报需求,并积极组织开展有针对性的产业专利技术分析及关键专利技术遴选推介服务。

此外,2012—2013 年,根据青海盐湖集团、晶洁镁露科技有限公司等盐湖资源开发企业的需求,先后组织完成并提交了《盐湖制氢氧化镁阻燃剂产业分析》《国外盐湖钾锂镁主要生产企业扫描》《食品级氯化镁市场及产品升级概述》《盐湖专用设备调研报告》等系列产业情报报告,为相关企业的技术创新和新产品研发、关键生产装置设计制造等提供了参考;2015 年,根据沈阳华晨汽车工程研究院轻量化技术研发需求,组织完成了《国际汽车轻量化技术发展态势研究》《汽车轻量化技术专利发展态势分析》等系列报告,企业一致认为这样的技术情报工作对于汽车轻量化技术创新和产品布局研发、关键生产装置设计制造等具有很大的参考作用。

4. 先进知识管理与知识服务技术的研发及示范应用取得显著成效

始终坚持"聚焦需求,技术支撑,内容集成,引领应用"的开发服务理念,以促进知识管理、支撑知识服务工作为己任,围绕多类型知识资源的集成组织、知识发现与分析的数字知识组织模式构建,促进知识管理服务系统平台的系列化发展。

(1)持续大力推进机构知识库网格建设

中国科学院机构知识库网格(CAS-IR Grid)是在 2009 年起动建设的中国科学院研究所机构知识库建设项目的基础上发展起来的,获得了中国科学院文献情报系统新增能力建设项目的资助。项目秉承边建设、边服务的工作理念,不断完善系统功能,以发展机构知识集成管理与共享能力为目标,支持所有系统用户机构快速实现对本机构知识资产的系统收集、集成管理、长期保存、合理传播利用,积极建设对知识内容进行捕获、转化、传播、利用和审计的能力,逐步建设包括知识内容分析、关系分析和能力审计在内的知识服务能力,开展综合知识管理与服务。截至 2015 年年底,已经在中国科学院 114 家研究所建成机构知识库(IR),其中 96 家支持开放服务。CAS-IR Grid 收集各类科研成果数量已达 69.4 万份,含全文成果数量达 51.79 万份;累计访问量 11 018.35 万次,累计下载量 1382.54 万篇次。

同时,对研究 IR 系统平台不断进行升级、扩展相关应用,2015 年正式发布 CSpace4.0 版,建立了元数据模式规范和应用指南、NTM 管理、知识图谱、个人主页、数据集成、权益管理、iSwitch 数据采集集成、iAuthor 关联集成、存储审计、统一认证、开放接口(API)等功能模块的扩展升级等功能模块,优化了知识资产管理过程全方位的适应性。不断丰富和强化了系统的知识管理与知识服务功能,增强了系统对图形图像、音频视频等非文本数据的管理与服务功能,增强了对缩略图导航、幻灯片在线浏览、图像文字 OCR、图像集索引及按例检索的支持,以及对卫星观测数据等的自动监测、管理与服务的支持。还积极提供面向中国科学院的 110 多家研究所 IR 的应用技术保障服务,通过建立研究所 IR 自动升级服务机制、建设中国科学院 IR 服务社区网站等新措施,持续完善了研究所 IR 技术服务保障体系。CAS-IR Grid 现在是全球最大的机构知识库,《中国科学报》《光明日报》等专门进行了采访报道。系统平台也已经推广到了有关高校、社会科研机构。

2015 年还启动建设了中文开放知识库集成服务系统,完成了内地及港澳台地区的 308

家开放知识库元数据的采集集成,初步建立了中文开放知识库集成检索和发现服务平台,目前数据规模已达 184 万余条,访问量达 495.9 万余次。

(2)持续加强开放知识资源发现与组织建设

于 2009 年启动建设的"开放知识资源登记系统(IRSR)",不论在系统功能和数据建设规模上都不断推进。2015 年,该系统新增资源 6.2 万余条,使得系统资源总量达到 15 万余条,基本覆盖了自然科学重要学科领域的各类开放知识资源;同时,从系统的可持续发展考虑,建立了稳定的学科专家推荐、机器自动监测更新、用户开放推荐、人工质量控制的资源可持续更新机制;系统功能进一步得到扩展和完善,2015 年重点对开放资源自动发现与采集、链接检测、开放接口等功能模块进行了优化升级,为资源的有效采集、访问利用和开放集成服务提供了更加有效的保障。随着资源量的增加和功能的升级优化,系统的应用服务与影响力也不断增强,系统浏览访问量持续增长,终端用户访问总量已达 970 多万人次,其中 2015 年增 310 万人次。同时,该系统还在全院 31 个研究所的 127 个用户群组平台中实现嵌入服务,为相关群组平台组织学科资源提供了便捷支持。

于 2014 年启动的"开放资源元数据集成服务系统"(Open Academic Resources Engine-OpenARE)也已经实现了对重要开放期刊、学术会议、科技报告、开放图书、会议演示文稿、数据仓储等开放资源系统元数据的采集和集成,建成了开放知识资源一站式检索发现平台。目前,该平台已集成开放资源总量 20 多万条(其中全文 19 万多条),系统从 2015 年 4 月开始上线提供服务,目前累积浏览量已达 54.89 万次,累积全文下载量 17.47 万篇次。

(3)持续加强了专门性知识资源组织与服务系统建设

一是针对科研过程对科研项目信息利用的需求,启动了专门收集和集成全球重要国家和基金组织的科研项目信息的服务系统建设。截至 2015 年年底,已完成了全球主要发达国家的 28 个重要基金组织的科研项目数据的初步采集,累计发布项目数据信息 17 万多条,并开发了全球科研项目知识库检索和分析实验应用系统。

二是升级完善了核心期刊名称规范库,实现了对国内外重要核心期刊数据的完整覆盖,包括 SCI/SCIE、SSCI、EI、中文核心期刊要目总览、CSCD、CSCI、CSSCI 以及中国科技论文统计源期刊等认定的核心期刊,期刊总量达到 16 864 种;该系统除了提供规范名称查询服务外,还提供刊名变化信息、OA 期刊浏览、投稿指南服务,以及基于开放接口面向第三方系统提供规范刊名及期刊影响因子调用服务等。

5. 新型服务空间建设与科学文化传播工作持续得到加强

(1)不断推进服务空间优化建设,支持开展多元化信息服务活动

积极创新阵地服务,推进新型知识服务空间建设。2012 年在兰州教育基地建成了面向研究生用户的学习共享空间(LC),构建起了嵌入研究生学习、生活环境的服务机制。2012 年还完成了科研综合楼信息共享空间(IC)的升级改造和研究共享空间(RC)的建设,进一步优化了对外服务交流的新型服务空间。2012 年还探索开展了图书漂流活动、新东方多媒体学习库公益讲座、举办年度外文图书展、IC 室资源使用培训、世界读书日知识服务演讲比赛年度活动等,取得良好效果,并受到用户欢迎和好评。

(2)建成园区科学文化广场,支持开展各种专题的科学文化传播活动

2014 年在中国科学院科学传播局和兰州分院的支持下,在兰州文献情报中心所在园区

内建成了兰州分院创新文化广场,并依托该广场举办了"兰州分院建院 60 周年主题展""兰州分院研究所创新发展成就展""兰州分院两院院士风采展""分院研究所代表性科研成果展"等专题的展览。还组织举办了"中外重大科技创新进展 2009""大奖、大师、大智——诺贝尔奖巡礼""《中国现代化报告》10 年回顾展""生物多样性保护——我们共同的使命"等主题展览。

2015 年,"走进宁卧庄科学城"主题科普网站建成上线,使中心的科学文化传播在线上线下同时为用户服务,成为科学传播和文化活动的优质平台。

2015 年还成功申报甘肃省科普教育基地(2015—2019),成为甘肃省科普教育基地联盟成员,为下一步开展工作提供良好的平台。

在 2015 年度"世界读书日"期间,兰州文献情报中心信息服务部组织开展了"读书有你、参与有礼"有奖问答等系列活动。在 2015 年度甘肃省"科技活动周"期间,与兰州市教育局校外教育办公室联合主办了"走近科学家"科普活动,邀请中小学生代表参观大科学装置,把展览和讲座送进校园;在甘肃定西师范专科学校举办了"低碳科技生活"主题展览。

近年来还配合年度甘肃省科技活动周,相继组织举办了《清洁绿色能源及利用——风能与太阳能》《湿地——人与自然和谐共存的家园》《煤的清洁利用与转化》等专题展览,收到良好效果。

(3)文献信息资源建设和传统优势业务稳步发展

基于业务发展定位和主要用户需求,针对性地做好原版外文图书、电子期刊数据库、电子图书数据库、数字学位论文数据库等信息资源建设,不断增强文献信息资源的保障能力。如表1、表2 所示。

表 1 兰州文献情报中心近年来印本馆藏建设情况

	中文图书 (种/册)	外文图书 (种/册)	中文期刊 (种/册)	外文期刊 (种/册)	中文会议录 (种/册)	外文会议录 (种/册)
2011	77 058/183 791	123 089/147 845	5217/403 110	6683/895 042	47 035/85 459	15 182/15 182
2012	77 944/184 798	124 422/148 977	5217/403 110	6683/896 444	47 035/85 459	15 192/15 192
2013	79 230/185 968	125 279/150 151	5224/409 410	6683/896 945	47 058/85 482	15 242/15 242
2014	81 577/188 355	126 772/151 760	5224/409 410	6688/898 860	47 075/85 499	15 425/15 425
2015	83 188/190 043	127 794/152 787	5224/409 410	6688/901 052	47 098/85 522	15 487/15 487

表 2 兰州文献情报中心近年来开通使用的电子资源变化情况

	数据库 (个)	外文电子资源						中文电子资源		
		期刊 (种)	图书 (种)	工具书 (种)	会议录 (卷)	学位论文 (篇)	行业报告 (篇)	期刊 (种)	图书 (种)	学位论文 (篇)
2012	150	16 259	39 748	5102	31 841	404 206	1 477 239	14 000	411 199	1 836 385
2013	155	17 997	45 948	6026	35 718	414 772	1 833 078	14 168	338 468	2 150 366
2014	153	17 620	98 532	6554	38 464	484 838	1 632 361	16 689	352 093	2 473 101
2015	153	18 248	105 446	31 044	40 757	543 086	1 677 811	16 918	353 854	2 789 057

在不断提升文献信息资源保障能力的同时,也不断地改进和加强传统文献信息服务,读者接待量、图书借阅量、文献传递量、科技查新与论文收录引证服务量、专题检索服务量等都在稳步增长(如表3所示)。2014年,兰州文献情报中心被国家知识产权局专利管理司批准为专利价值分析试点工作单位。

表3 兰州文献情报中心近年来的基础文献信息服务情况

	接待到馆读者(人次)	网络用户月均访问量(万次)	文献流通量(册/件)	读者咨询(人次)	专题检索(项)	科技查新(项)	论文收录引证(项)
2010	22 990	66.0	12 721	14 479	10	150	250
2011	22 165	72.0	12 869	16 555	57	177	487
2012	39 036	71.7	10 556	20 123	264	162	575
2013	27 536	61.5	9896	28 754	48	137	776
2014	25 668	123.2	8198	31 951	15	165	766
2015	21 595	135.3	7301	11 349	10	240	646
合计	158 990	–	61 541	123 211	404	1031	3500

6. 网络基础设施建设和信息化应用推进工作成效明显

近年来,兰州文献情报中心一直通过多种方式筹集资金,加强在网络基础设施和信息化应用方面的投入,同时重视加强相关管理制度与规范建设,各项工作取得明显成效。

建立了规范化的网络运行管理机制,定期监测分析中心系统网络运行状态,及时发布中心系统网络月度运行报告,督促所有网络用户合理使用网络。

持续加强国家科技图书文献中心(NSTL)服务站及几个用户管理系统平台的运行维护,确保相关系统全年联通率保持在97%以上;负责维护的中国科学院馆际互借与原文传递系统、中心专题数据库群等各类应用服务系统运行正常,保障了相关服务平台的可靠运行和服务。

2015年又组织实施完成了"知识服务信息基础设施升级改造专项"工程,完成基于OpenStack框架的云计算平台、网络准入控制系统、网络安全扫描检测系统、机房空调系统及UPS电源系统扩充等任务的设备工程招标及初步实施。

持续的投入与建设极大促进了兰州文献情报中心信息化建设与应用工作水平。在2010—2015年中国科学院全院信息化建设评估中,兰州文献情报中心获得了5次全院支撑系统排名第一、1次排名第二的好成绩。另外,在2010年年底的中国科学院网络科普优秀栏目评选活动中,兰州文献情报中心机构网站的科普栏目获得全院优秀网络科普栏目提名奖,也是全院支撑系统中唯一的获奖单位。在2014年甘肃省信息化建设评估中,兰州文献情报中心获得全省信息化工作先进单位,承建的"中国科学院机构知识库网格(CAS-IR Grid)"被评为全省信息化优秀项目。

7. 学术期刊质量和影响力持续提升

兰州文献情报中心与相关科研机构合作,主办有《地球科学进展》(月刊)、《天然气地球科学》(月刊)、《遥感技术与应用》(双月刊)和《黄金科学技术》(双月刊)4 种学术期刊,多年来始终坚持贯彻"质量立刊、开放办刊、人才兴刊、专家编刊"等办刊理念,坚持"专业化、数字化、集群化、国际化、精英化"的发展目标,大力推进资源环境科技期刊集群化出版与学术信息集成化交流。

(1)狠抓期刊学术质量建设,促进提升刊物影响力

通过建立刊物质量控制指标体系、规范编审校流程、扩大审稿专家队伍建设、充分发挥编委会作用、推行论文预出版和即时出版服务、主办联办协办专题学术论坛、加强编辑出版人才队伍建设等一系列有效措施,落实"质量立刊"方针,4 种刊物的影响因子稳步提高,全部进入 CSCD 数据库,刊物质量和学术影响力持续提高。2015 年,《地球科学进展》《天然气地球科学》和《遥感技术与应用》期刊再次入选北京大学《中文核心期刊要目总览》(第七版)和武汉大学中国科学评价研究中心"RCCSE 中国核心学术期刊(A)"。《天然气地球科学》(月刊)很早就被美国《化学文摘》(CA)和《石油文摘》(PA)收录,2013 年又被《工程索引》(EI)收录,成为国际上有影响的学术期刊。据 2015 年版的《中国科技期刊引证报告(核心版)》,兰州文献情报中心主办的 4 种刊物各项评价指标均较 2014 年有大幅度提升,其中,《地球科学进展》影响因子 1.432,在 15 种地球科学综合类期刊中排名由 2014 年的第 5 位上升至第 3 位;核心总被引频次 3284 次、排名第 3 位,综合评价指标排名第 3 位。《天然气地球科学》影响因子 1.540,在 38 种石油天然气类期刊中排名由 2014 年的第 10 位跃升至第 5 位,核心总被引频次 2163 次排名、第 5 位,综合评价指标排名第 7 位。《遥感技术与应用》影响因子 0.747,在 13 种测绘科学技术类期刊中排名第 3 位,核心总被引频次 1189 次、排名第 7 位,综合评价指标排名第 3 位。《黄金科学技术》影响因子 0.590(据 CNKI),与往年基本保持稳定。

(2)积极创新办刊模式,促进拓展办刊资源渠道

兰州文献情报中心始终重视发挥期刊的学术思想传播与交流功能,重视挖掘期刊的学术交流传播平台与纽带的作用,借助办刊加强与相关学术研究单位、科技管理部门、社会机构等的多形式合作,探索形成了政府部门资助、企业研发部门资助、学术共同体资助、科研项目资助等多种资助模式,稳定和拓展了办刊经济资源渠道。据不完全统计,2015 年与 2010 年相比,办刊经费增长 70%,年度增长 15% 左右。

此外,还积极依托刊物合作举办专题学术研讨会,借此扩大刊物影响和作为空间。例如,《黄金科学技术》杂志自 2008 年以来,已经连续多年依托刊物组织举办相关专题的学术论坛或研讨会,已经在业内产生了广泛影响。早在 2008 年 7 月,《黄金科学技术》编辑部就在甘肃嘉峪关组织举办了"第一届黄金科学技术论坛暨黄金市场与找矿研讨会";2010 年 10 月,在福建福州组织举办了"第二届黄金科学技术论坛暨勘采选冶新理论新技术研讨会";2012 年 8 月,在山东烟台组织举办了"第三届黄金科学技术论坛暨黄金及贵金属深部探测技术与理论研讨会";2013 年 10 月,在福建厦门组织举办了"第一届黄金及贵金属关键冶炼技术与装备创新研讨会";2014 年 8 月,在贵州贵阳组织举办了"第四届黄金科学技术论坛";2015 年 9 月,又在青海西宁举办了"第二届贵金属冶炼关键技术创新研讨会"。这一系列的专题论坛或研讨会,为冶金科技工作者搭建了良好的学术交流平台,增强了期刊编辑与业界专家、同行企业间的紧密联系,并提升了期刊和学术论坛在业界的影响力。2015 年,《遥感技术与应用》编辑部也在北京举办了"观测我们的星球专题研讨会",邀请国内著名业

内专家围绕新卫星观测计划、人类活动与全球变化研究、数据同化与融合、自然灾害与环境变化、大数据主题进行讨论。同样,《地球科学进展》编辑部、《天然气地球科学》编辑部也都积极参与国内重要行业会议的联办工作,《天然气地球科学》作为会议合作媒体,参与了中国科学院武汉岩土力学研究所承办的"China Shale Gas 2015—an ISRM specialized international conference"国际会议,通过举办学术会议,提高了期刊的知名度和影响力。

(3)持续推进"资源环境科技期刊集群平台"(LoRES)建设

从2013年起,兰州文献情报中心组织承担了中国科学院科学出版基金专项"资源环境科技期刊集群建设试点"项目,目前已经初步建成"资源环境科技期刊集群"平台(LoRES),平台中加盟期刊已达42种,收录期刊全文数据3.1万篇,收录期刊论文元数据4.9万条,发布图件3万多幅,专家库收录了3000多位专家的数十万条信息。平台实现了期刊文献和数据信息的开放获取、深层次学术交流服务。今后LoRES平台将进一步扩大加盟期刊数量、完善平台功能等,同时通过微信公众平台等扩大宣传,强化品牌创建,实现可持续发展目标。

8. 单位的学术研究产出和影响力稳步提升

5年来,主编、合作主编或参编公开出版了专编译著近26部。其中,《三江源区生态保护与可持续发展》得到国家领导人批示;《未来10年中国学科发展战略:地球科学》《未来10年中国科学发展战略:资源与环境科学》等,作为国家自然科学基金委员会地球科学部"十二五"学科战略规划报告;《地球的起源和演化:变化行星的研究问题》《地球科学新的研究机遇》等重要译著得到中国科学院有关领导、业务局、学部局充分肯定,送中国科学院业务局和国家基金委地学部参阅,中国科学院学部局还向所有地球科学学部的院士发放;《人才与发展——国立科研机构比较研究》有关内容得到白春礼院长的批示。

5年来共计公开发表核心期刊论文348篇(其中,SCI论文7篇,EI论文5篇),其中第一著者单位核心期刊论文219篇。提交会议论文53篇(其中参加大会报告及分组专题发言的32篇),撰写完成研究报告282篇(表4)。

表4 兰州文献情报中心近年来学术论著产出统计

	合作出版著作(种)	核心期刊论文				会议报告		研究报告(篇)
		总数	第一作者论文	SCI论文	EI论文	总数	其中大会或分组会议发言	
2011	6	51	35	2	5	8	2	32
2012	4	53	35	4	0	13	7	55
2013	4	66	26	1	0	6	4	70
2014	5	90	71	0	0	11	8	100
2015	7	88	52	0	0	15	11	25
合计	26	348	219	7	5	53	32	282

5年来兰州文献情报中心共获得甘肃省科技进步奖二等奖2项、三等奖2项;甘肃省社会科学优秀成果奖一等奖1项、二等奖1项、三等奖4项;甘肃省科技情报学会科学技术奖一等奖2项、二等奖1项、三等奖1项;甘肃省第二届图书馆学情报学学术成果奖二等奖1

项、三等奖 1 项。有 5 项知识管理系统软件取得国家版权局计算机软件著作权登记证书。

9. 旨在加快科技智库建设的业务结构与布局日益完善

（1）正在规划建设适应科技智库发展的开放创新业务单元

坚持目标导向和需求牵引，围绕国家、中国科学院以及中国西部生态环境资源开发、产业转型升级、社会经济发展等的重大科技需求，正在大力推进建设资源环境科技战略研究中心、全球变化研究信息中心（未来地球研究信息中心）、西部区域发展研究中心、资源环境科技评价与知识计算中心、产业情报中心、联合科技查新中心、语义化知识管理开放研究中心、LoRES 平台中心等若干跨部门、对外开放的创新业务单元，并依托这些新型开放创新平台广泛组织开展具有鲜明学术特色的科学论坛，联合承担重要战略研究与决策咨询任务，加快推进建设专业型科技智库能力体系。

（2）不断拓展智库类服务产品传播渠道

对单位宣传网站进行立体改造，2015 年又组织完成了 7 个子网站的升级改造及新版内网、服务网站迁移，同时还积极拓展新媒体平台，建成了 4 个微信公众号、1 个微博网站，并在百度、soso、360 等百科词条名片中积极宣传本单位。另外，通过对单位网站的 SEO 技术改造，加强了网站的对外宣传推广，提升了单位宣传平台和资源服务的社会知名度和曝光率。目前已形成单位网站发布的新闻，在 4 个小时内即可被各大搜索引擎 spider 收录并引导至用户。

充分利用新媒体，通过微信、网络、主流报纸等传播渠道，发布情报研究相关成果，扩大情报研究产品和机构的影响力。例如，开通"全球变化信息研究中心"（微信号：CICGCS）和"资源环境科技战略研究中心"（微信号：CRES-LLAS）两个微信公众平台，发布内容影响力逐渐扩大，阅读和转发量逐渐上升。

同时，积极通过科学网、《中国科学报》《中国社会科学报》等媒体转载或发表战略情报研究成果或智库观点类文章。

三、主要创新措施与做法

1. 重视加强规划引领

面对大数据时代信息环境和服务模式深刻剧烈调整和重构、用户信息与知识服务需求的多样化、复杂化及个性化变化，加快发展面向科技创新和经济社会发展全价值链的知识咨询服务业已经成为现代文献情报机构的重要发展方向和必然选择。

面对新形势、新需求和新任务，兰州文献情报中心全体职工积极树立开放、创新的知识服务新思维，以"重新思考""重新定位""重塑发展""优化队伍""重组结构""不断创新"的"6R 战略"，主动调整战略定位、目标愿景、发展战略和业务模式，积极适应外部信息环境的变化，不断创新发展思路和服务模式，重新设计发展战略，重新构建核心业务体系，实现从数字图书馆建设向综合数字知识集成服务的转型发展。坚持走特色化发展之路，突出特色、强化优势，全力推进建设资源环境科学专门知识咨询服务中心，努力建设一流的资源环境科技智库和区域发展战略咨询中心。

（1）研究制订"一三五"规划,重构新时期发展战略

经过反复研讨,研究制定了单位事业发展的"一三五"规划纲要,明确了"一个战略定位""三个重点突破领域""五个重点培育方向"。"一个战略定位"是:建设现代综合科技知识集成服务中心和资源环境科技战略研究中心,努力建成国内领先、国际一流的开放型综合科技知识集成服务、战略研究与决策咨询服务能力体系。"三个重点突破领域"是:①面向战略决策的情报研究服务能力极大提升,产出一系列有重要影响力的战略情报产品与服务案例;②面向科研创新的学科知识服务不断深化,产出一批有重要影响力的学科情报产品与服务案例;③建成面向区域发展的决策咨询与产业情报服务能力,产出一批有重要影响力的产业情报产品与服务案例。"五个重点培育方向"是:①培育区域发展战略与政策研究能力,建设区域发展战略研究中心;②培育资源环境科技评价与知识计算能力,建设资源环境科技智库;③培育语义化知识资产管理与服务能力,建设语义化开放知识研究中心;④培育开放式协同知识咨询服务能力,建设开放协同知识咨询服务中心;⑤培育知识服务人才国际化培养能力,建设专业型智库人才培养基地。为了确保"一三五"规划的顺利实施,还配套制定了人才队伍建设、目标与过程管理、激励政策机制、文化环境建设4个方面的保障措施。通过"一三五"规划纲要,明确了兰州文献情报中心"十二五"时期的创新发展方向,有力地推动了单位知识服务的转型跨越发展。

（2）积极贯彻"率先行动"计划,加快推进专业科技智库建设

近年来,国家深化科技体制机制改革、实施创新驱动发展战略、推进中国特色新型智库建设的新形势,为科技咨询服务业的跨越发展提供了难得而重大的发展机遇;中国科学院实施"率先行动"计划,又为文献情报事业和专业知识咨询服务业的深化发展提出了新的更高的要求。面向国际科技发展新态势,面向科技决策、科研创新、区域发展的新需求,为贯彻落实《中国科学院"率先行动"计划暨全面深化改革纲要》精神,兰州文献情报中心及时组织召开多层次的战略研讨会,结合单位发展特色和优势,研究制定了《兰州文献情报中心贯彻落实院"率先行动"计划实施意见》(以下简称《实施意见》)。该《实施意见》提出争取到2020年基本建成有影响力的资源环境科技智库,在服务创新驱动发展战略、服务"率先行动"计划方面,不断做出有影响力的科技战略研究与决策咨询服务新贡献。该《实施意见》提出要进一步加强支撑宏观决策的科技战略与政策研究能力,进一步加强支撑科研创新的学科情报研究与咨询服务能力,进一步加强支撑区域与产业发展的战略研究与咨询服务能力,进一步加强先进知识管理与服务技术的研发与示范应用,进一步加强新型科学出版传播与学术交流能力;同时也提出了保障《实施意见》中规划的重点任务落实的管理机制和工作措施,包括丰富和发展品牌情报产品体系、加强跨部门跨机构的开放型知识服务创新单元建设、加强关键优秀人才的引进培育和创新团队建设、强化重要产出导向的评价激励机制等。

2. 重视加强机制完善

（1）不断完善工作组织机制,保证重点规划任务目标的实现

①坚持分类管理、目标管理的原则,强化科学管理。加强业务发展的年度计划与系统设计,不断提高业务发展管理的计划性,发挥年度计划的导向性作用。每年年初组织召开专题工作会议,研究年度计划、重点任务、发展措施等,制订实施《年度工作计划》,增强年度工作计划的指导性、约束性和可操作性、可考核性。

②加强年度工作计划和重点任务的分解落实和合同化管理。多年来,兰州文献情报中心一直推行重点任务合同化管理机制,于每年年初与各部门签订《部门年度工作任务合同书》,将单位年度工作计划中的重点任务分解、部署到各部门,确保任务分解科学合理、责任明确、落实到人,同时分层次量化部门和团队的工作考核目标责任,并最终在年终考核中予以体现,与绩效挂钩。

（2）不断调整优化重点业务布局,持续强化核心业务竞争力

为了加快推动单位发展规划和重点任务目标的实现,切实加强面向宏观战略决策的情报研究与咨询服务、面向科研创新的学科知识咨询服务、面向区域发展的战略研究与情报服务等三个核心业务领域的力量配置和业务布局,有计划地调整和优化了部门设置及职能定位,形成了核心业务分工明确、高效协同、联合发展的能力体系。例如,2011年组建了学科咨询服务部,有针对性地加强了面向研究所科研一线的学科知识服务和学科情报支撑服务；2014年又新成立了区域发展咨询部,有针对性地加强了面向区域发展和地方战略性新兴产业的战略咨询和产业竞争情报服务。

同时,通过创新工作组织机制,加强部门间的业务协同能力建设,进一步强化了中国科学院兰州查新咨询中心等传统优势业务单元的创新发展能力,积极推进了全球变化研究信息中心、西部区域发展研究中心、科学文化传播中心等开放型知识服务单元的建设,进一步扩大了业务覆盖面和社会服务影响力。

3. 重视加强创新人才队伍建设

在队伍建设方面,兰州文献情报中心始终坚持"严格控制数量、提升人员层次、优化队伍结构、发展核心业务"的人员引进与人才队伍建设原则,从完善人才管理政策、招聘引进具有科技专业背景的硕博士人才、加强职工继续教育与专业培训、加强中层干部队伍建设、促进人才国际交流等多个方面多措并举,整体促进人员队伍的结构优化和能力提升。

（1）完善人才管理政策,吸引稳定优秀青年人才

研究制定和发布了《知识服务创新型人才培养计划》,通过举办高层次专家特邀学术报告、专题领域高层次学术研讨会、支持骨干人才参加国际专业学术会议、以国际基地化培养方式派出访问学者深造学习等方式提升人才队伍的素质和能力。制定《青年创新促进会小组管理办法》《中心主任基金管理办法》等,通过推选中国科学院创新促进会会员、公派出国访问进修学习、择优组织申报"西部之光"项目、支持在职攻读硕博士学位、设立主任基金前瞻项目等多种方式,不断创新和完善促进知识服务人才成长和发展的政策机制。

制定发布《引进优秀人才与关键重要岗位人才实施办法》《引进优秀人才与关键重要岗位人才住房保障暂行办法》《关于招聘新进博硕士青年人才的支持政策》等,通过设立科研启动项目经费、发放租房补贴、项目特聘政策等方式,加大吸引优秀人才的力度。

（2）优化人员队伍结构,提升人员队伍能力素质

适应开展创新型专业化知识服务的业务发展对人才队伍的要求,大力引进具有科技专业背景的硕博士青年人才,持续推进人才代际转移和结构动态优化。

过去5年共引进和稳定了34名有具有科技专业背景的硕博士青年人才。截至2015年末,兰州文献情报中心有在职职工114人,其中各类专业技术人员89人,职员15人,工人10人。中心各类专业技术人员中正高级人员11人,副高级人员24人,初中级人员54人,分别

占专业技术人员总数的 12%、27% 和 61%。

在职人员中,35 岁以下人员 51 人,36—40 岁 10 人,41—45 岁 12 人,46—50 岁 21 人,51—55 岁 11 人,56—60 岁 9 人。在职人员中,博士 12 人,硕士 53 人,大学本科 37 人;硕、博士人员占在职人员的 57%。

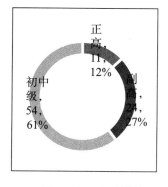
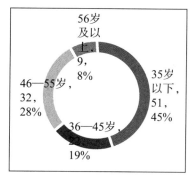
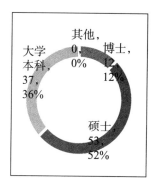

图 1　职工职称结构　　　　图 2　职工年龄结构　　　　图 3　职工学历/学位结构

（3）优化人才成长环境,重视培养领军型人才

关键领军型人才是带领知识服务团队开展创新型知识服务的学术带头人。近 5 年来,兰州文献情报中心根据事业发展的需要,积极引进优秀人才并争取各类人才项目支持,优化人才成长机制,促进领军型人才不断脱颖而出,并能够带领团队开拓新业务、产出新成果、创造新贡献、形成新影响。5 年内兰州文献情报中心有 1 人入选甘肃省领军人才第一层次人才并在第一个三年执行期满考核为优秀、2 人获批中国科学院特聘研究员、1 人获批院期刊出版领域优秀人才、2 人获得院王宽诚西部学者突出贡献奖、2 人获得国务院政府特殊津贴;有 8 人入选院"西部之光"人才计划、4 人入选院"青年创新促进会";有 1 人获甘肃省科协十佳优秀科技工作者、1 人获甘肃省青年科技奖、1 人获兰州市青年科技奖。在中国科学院和国家自然科学基金委的国际人才计划支持下,先后引进 1 位澳大利亚的优秀专家和 1 位美国的优秀青年专家来兰州开展合作研究。

（4）完善干部聘用制度,加强中层干部队伍建设

中层干部队伍是贯彻落实单位发展规划、组织落实重点任务的核心骨干力量。为了进一步规范中层干部队伍建设,兰州文献情报中心制定了《中层干部选拔聘用实施办法》,严格民主测评、资格审查、竞聘答辩、组织考察、拟聘公示、党政联席会议决策等程序。2010 年以来,新提任 9 名部门负责人,4 人轮岗交流,加强了干部队伍的发展策划能力、组织协调能力、业务执行能力。同时,注重调动各年龄段干部的工作积极性。

（5）完善绩效激励机制,促进提升队伍的研究咨询能力

本着"以学术研究促进知识服务、以知识服务带动学术研究"的工作思路,推动业务人员持续加强学术研究能力建设,促进高质量学术研究成果的产出。制定实施并不断完善了《学术成果奖励办法》《信息宣传工作奖励办法》等,以强化形成以知识服务重要任务、重要成果产出、重要影响效果为导向的考核评价和激励政策机制。

在学术成果奖励方面,重点加强了对获得各种科技奖的成果、单位所有业务领域的学术研究成果(专编译著、期刊论文、软件系统等)、对上重要决策咨询建议报告等的配套奖励,以促进出成果、出思想、出人才,对强化单位的学术研究氛围、提高队伍的研究咨询能力、培

养研究与咨询业务骨干等,起到了良好的引导和激励效果。

(6)加强职工继续教育,持续提升创新发展能力

有重点、分层次、多途径开展职工继续教育培训,集中的团队式业务培训就有每年组织的战略情报研究培训班、学科馆员培训班、电子信息资源使用培训班等。近5年来,中心职工参加各类培训、学习和业务进修5690多人次,其中参加各类管理或专业培训班2200多人次,参加各类学术研讨会3400多人次。

(7)实施开放发展战略,加强人才队伍国际交流

兰州文献情报中心历来重视业务骨干人才的国际化培养。通过积极申报争取国家留学基金、中国科学院短期留学计划项目、国科图群星计划项目以及有关国际合作研究项目等,鼓励业务骨干出国参加国际学术交流和访问学习,开拓学术视野。

近5年来,兰州文献情报中心有66人次出国参加国际学术会议、专题进修培训、访问学者交流、项目合作研究等。仅2015年,全年共派出16人次到国外出访交流学习,其中1人次受院文献情报中心"群星计划"资助出国进修学习、2人次受日本樱花计划资助出国访问交流、8人次在中国科学院"创新人才培训计划"关键技术专项培训项目支持下赴美国开展科技智库建设调研、1人次在中国科学院短期留学访问计划资助下赴澳大利亚进修、1人次获得国家留学基金项目资助赴美国进修、1人次获中国科学院青年研修项目资助赴美国学习交流。

近5年来,兰州文献情报中心共计接待15人次的国外学者来访,开展学术交流和合作研究。其中,1人次获中国科学院外籍青年科学家计划项目资助、2人次获中国科学院外籍专家特聘研究员项目资助,1人次获中国科学院"国际访问学者"项目支持。

(8)加强研究生教育,培养未来后备人才

中心现有博导3人、硕导7人。通过中国科学院大学招收图书馆学情报学博士、硕士研究生,并与西北师范大学共建有人文地理学博士学位点。

在研究生教育方面,采取一系列措施,包括:组建研究生导师组以提高研究生培养质量和培养后备研究生导师、组织举办"情报学领域基础知识强化系列讲座"、聘任研究生担任研究助理、组织研究生学术研讨交流会、改善研究生学习室环境、组织丰富多彩的文化考察学习等,加强对研究生的学习指导和综合素质培养,以及人生观价值观教育,通过对研究生的全程化教育,提高培养质量。5年来共举办面向研究生学术讲座30多次,组织研究生学术研讨交流会20多场次。

5年来,共计有2名人文地理学博士生、9名情报学博士生、30名情报学硕士生顺利毕业并成功就业。目前在读图书馆学情报学博、硕士生17名。

5年来,兰州文献情报中心硕、博士研究生由于表现优秀,先后获得了多项奖励。其中,2人次获国家奖学金,1人获中国科学院院长优秀奖,6人次获得各种冠名奖学金(1人次获得朱李月华优秀博士生奖,1人次获得李炳穆一等奖,2人获李炳穆二等奖,2人次获得大顾敏优秀学位论文奖);21人次获中国科学院大学三好学生,1人次获得中国科学院大学三好学生标兵,4人次获中国科学院大学优秀学生干部,6人获中国科学院文献情报中心优秀研究生,4人次获得中国科学院文献情报中心优秀研究生干部;1人获中国科学院兰州分院优秀学生干部。

4. 重视发展资源争取工作

（1）单位总体经费和固定资产不断增加

经费收入年均增长率保持在 8% 以上，经费总量和人均经费均逐年增加（图4、图5）。对外争取项目任务经费比例不断提高，增强了单位创新发展实力。在常规事业经费难以维持单位日常运转的情况下，有计划地加强了横向经费的争取工作。在对外争取的经费中，战略研究与咨询项目经费、知识服务课题任务经费、科技期刊出版经费增长明显，有力地促进了重点核心业务的快速发展。

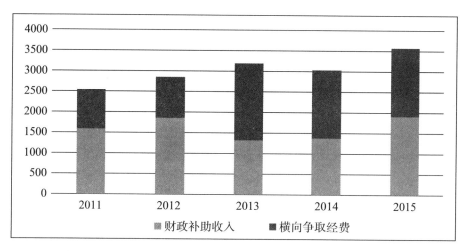

图4　兰州文献情报中心近年来总体经费变化情况（单位：万元）

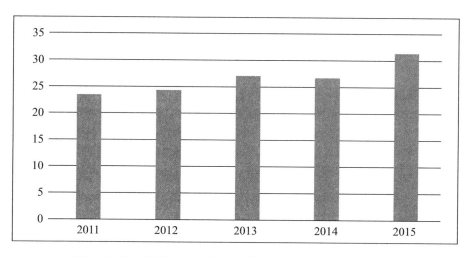

图5　兰州文献情报中心近年来人均经费变化情况（单位：万元）

单位固定资产总额年均增长超过 10%，从 2011 年的 8000 多万元增长到 2015 年的 1.54 亿元（图6）。

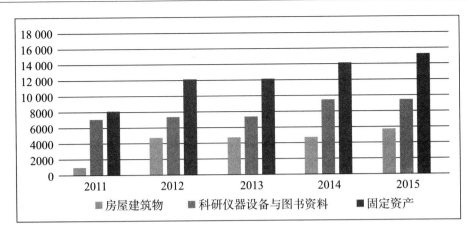

图6　兰州文献情报中心固定资产变化情况

（2）不断拓展渠道加强项目任务争取

兰州文献情报中心历来重视研究型课题和服务项目的争取工作,认为研究型课题和服务项目是单位经济资源的重要来源,是单位发展的动力、发展的依托。因此,领导班子高度重视、坚持不懈地抓研究型项目、服务型任务等发展资源的争取工作,不断壮大促进发展的动力和经济基础,取得了较好的成效,争取承担竞争性研究与服务项目任务的能力明显提高,有力地支撑了知识服务核心业务的发展。

近年来,兰州文献情报中心共计从文献情报系统外争取承担了各类研究项目、服务任务、人才项目等161项。其中:国家部委项目26项(自然基金项目18项、社科基金项目1项、973计划子课题1项、科技支撑计划项目子课题1项);院项目42项(先导专项课题/子课题7项、"西部之光"18项、青促会项目4项、"外籍青年科学家"项目2项、知识创新工程重要方向项目4项、院其他项目6项);地方政府、院外研究机构和大型企业委托项目31项;院属研究所委托课题62项。图7显示了兰州文献情报中心近年来新增的各类课题项目情况。

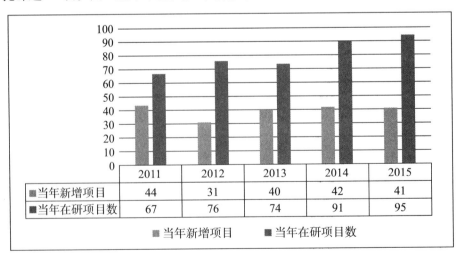

图7　兰州文献情报中心近年来课题项目情况

5. 重视加强科学规范管理

（1）不断完善管理制度体系，促进科学规范管理

近5年来，在综合管理、业务管理、财务资产管理、人才队伍建设等方面修订和制定了64项规章制度，其中，修订18项，新制定46项，强化了科学管理的制度基础，形成以制度管人管事的良好氛围。

在综合管理方面，有工作考核奖励、馆务公开、公务接待、节约单位建设、信息宣传、车辆使用等管理办法。在业务管理方面，有学委会工作制度、对外合作委托项目管理、中心主任基金管理、课题项目管理、学术成果奖励、网站建设、网络安全管理等方面的制度。在人才队伍建设方面，有优秀人才引进及住房保障、青年人才支持政策、职工继续教育与培训、研究生教育管理等的制度。在财务资产管理方面，有稿酬及编审费开支管理、劳务费发放、会议费管理、差旅费报销、评审费发放、设备资产管理、设施设备维修改造等方面的制度。

（2）不断完善决策议事制度，促进民主科学管理

重视建立健全各项制度和流程规范，加强民主决策、依法依规办馆的力度。制定了《领导班子工作务虚会制度》《领导接待日制度》《馆务公开实施办法》，以常态化机制保障领导班子的议事、决策过程民主化、制度化、科学化。

重视发挥职代会和学委会等各类组织的作用。对职代会主席团与工会委员会进行分设和充实调整，涉及主任任期目标、年度工作计划、相关重要规章制度等，交由职代会充分讨论，实质性地发挥职代会的民主管理和民主监督作用。

重视加强中层干部的教育监督管理，促进提高中层干部的执行力。制度政策引导健全部门工作会议机制和职工利益事项的民主公开程序。结合半年度工作检查交流、年度工作考核，推行对部门负责人工作情况的部门职工满意度调查评价，并与管理绩效津贴挂钩。党支部书记、工青妇负责人按季度交流工作并与党群工作者兼职津贴挂钩。

充分利用馆务平台加强馆务公开，凡是不涉密、涉及大多数职工利益及办事程序的文件制度规定均在内网公开。

（3）不断完善工作组织机制，强化关键责任落实

①坚持推行《月度工作计划》管理措施，通过月度时间节点督促部门落实相关重点工作任务。每个月初对主要工作任务进行计划和安排，明确工作内容、责任部门、责任人、完成的时间节点要求等，月底对照计划进行检查，督促提高重要工作的计划性与执行力。

②建立和完善矩阵式协同化责任落实机制。推动部门和服务团队建立和完善业务研究、管理服务工作的矩阵式、协同化管理机制，合理规划相关人员的能力与任务布局，形成重要工作方向和任务的多角色、互补式、小组化强化支撑机制，推动重点工作任务的落实和工作目标的实现。

③坚持实行半年度部门工作进展检查汇报和交流制度。制度化地组织开展半年度的部门工作进展检查汇报和交流研讨，检查各部门承担的重要研究与服务工作进展、重要服务项目任务策划与争取、重要决策咨询与知识服务产出及影响、年度工作任务目标的落实情况等，促进全年重要工作目标任务的实现。

四、存在的主要问题与不足

过去的5年里,在全体职工的共同努力下,兰州文献情报中心的业务与管理工作都取得了长足的进展,有重要影响力的情报产品不断增加,用户评价满意度不断提升,争取承担和实施重要咨询任务的能力也得到了进一步加强,为未来发展奠定了良好基础。但是,发展中也还存在问题和不足。例如:

(1)优秀人才引进困难,仍然缺乏吸引和稳定高端人才的优势条件

随着文献情报服务的转型发展,开展深层次的知识服务,特别是科技战略与政策研究、学科情报研究与咨询、区域发展战略咨询、产业情报研究与咨询等,都需要相应专业背景的智库型高层次人才。但是,由于兰州文献情报中心地处内陆欠发达地区,在高层次优秀人才的引进与稳定方面存在极大困难。即使在博士层次的青年人才的招聘引进方面,也无法与专业研究机构和大学竞争,存在很大困难。

(2)人员队伍能力素质不适应专业型科技智库发展新要求

尽管近年来按照发展专业型知识服务的要求,大力推进了人员队伍的能力转型升级,人员队伍的知识结构、专业结构、能力结构都得到显著优化,远远超越了传统图书馆时代。但是,与国家实施创新驱动发展战略和建设新型高水平科技智库的新形势、与国家发展现代科技咨询服务业的新要求相比,兰州文献情报中心人员队伍的整体能力还有较大差距,还存在着较大的能力瓶颈约束。尤其是缺乏高端科技智库所需要的专业型、思想型、战略型人才。

(3)具有重要决策咨询价值的成果产出仍然较少

由于智库型专业人才引进困难,缺乏国内有重要影响的科技战略研究与咨询人才团队,因而争取承担国家层面重要战略科技问题研究任务的能力仍然不足,在科技战略与规划研究、科技发展态势研判、学科战略咨询、区域战略与产业规划咨询等方面的重要决策咨询成果仍然不够多,形成重要决策咨询影响的成果产出能力仍然需要进一步加强。

五、未来发展展望

"十三五"期间,将是国家深入实施创新驱动发展战略、深化科技体制机制改革、加快建设中国特色新型智库、全面推进发展现代科技咨询服务业的重要战略机遇期,也是大数据信息环境和知识服务环境持续快速变化、用户信息需求日益个性化复杂化发展的时期,文献情报事业发展将面临诸多发展机遇和重大挑战。面对新形势、新环境、新机遇,需要我们前瞻思考和系统谋划"十三五"发展战略,精心规划新时期文献情报业务的发展方向与重点,进一步推进建设和完善面向科技决策、科研创新、区域发展和产业创新的覆盖创新全价值链的精准情报服务体系。

在"十三五"时期,兰州文献情报中心将以中国科学院"三个面向、四个率先"的新时期办院方针为指导,坚持贯彻"创新、协调、绿色、开放、共享"的发展理念,坚持"服务科技决策、支撑科研创新"的服务理念,面向科技决策、科研创新、区域发展,建设具有鲜明专业特

色、有显著影响力的专业型科技智库。争取到 2020 年,基本建成有影响力的资源环境科技智库,在服务国家创新驱动发展战略、服务中国科学院"率先行动"计划和区域自主创新战略中不断做出新贡献。为此将重点从以下几个方面推进发展:

(1)进一步加强支撑宏观决策的科技战略与政策研究。重点针对国家、中国科学院的重大决策咨询与战略需求,组织开展科技战略与政策研究,巩固和提升资源环境科技战略研究的特色优势,建设资源环境和区域发展领域的专业化计算型的情报分析知识资源体系,研究和开发先进的情报分析方法、模型、工具和集成服务平台,大力提升专业知识咨询、政策分析和决策咨询的能力,不断产出有重要决策参考价值和影响力的战略研究成果。

(2)进一步加强面向科研创新的学科情报研究与咨询服务。及时准确地把握一线科研创新活动过程中,科技决策用户、科研管理部门、科学家及团队、工程技术人员等在科研决策、科技管理、科学研究、技术研发、成果推广等创新价值链各个环节的需求,组织开展针对性强、直接面向问题解决的学科知识咨询服务,包括学科领域态势分析、前沿动态跟踪、科研绩效评估、科研竞争力评价、知识产权分析评议等服务。

(3)进一步加强支撑区域发展的战略研究与决策咨询服务。面向西部区域地方政府决策需求,重点围绕区域生态环境资源问题、西部区域可持续发展问题、区域创新体系建设、国家"一带一路"战略实施等,组织开展广泛、深入的战略研究,为地方政府的重大问决策、战略规划制订、重大工程项目实施等提供情报支撑和咨询建议。

(4)继续深化产业技术与产业竞争情报服务。重点围绕区域产业结构转型、产业布局调整、产业高端化发展等提供及时、准确的政策情报、技术情报和市场情报支撑;组织建设区域产业大数据集成服务平台。

(5)进一步推进智库型知识资源体系建设。面向资源环境领域科技智库建设需求,建立支持资源环境科技智库发展的专题数字知识资源体系。重点加强面向资源环境学科领域的专题知识资源自动化采集、集成的方法、技术研发与示范应用,构建资源环境学科领域大数据知识资源平台,建设自动化智能化的信息处理和知识分析系列工具,支持对相关数据进行自动发现和筛选采集、结构化处理和知识化组织、计算化发现和可视化分析等处理,建设系列专题开放知识资源库群。

(6)进一步拓展科技查新与知识产权分析评议服务。以甘、青、宁、新四省区为重点,以共建科技查新工作站的方式,培养协作团队,不断扩大中国科学院兰州查新咨询中心的业务覆盖面和影响力。整合文献资源的传递服务、用户培训及宣传推广服务,在科技查新、论文收录引证检索等传统优势业务的基础上,依托国家知识产权局专利价值评估服务试点工作与国家知识产权局知识产权分析评议服务示范创建机构,建立技术、经济、法律专家合作网络,探索开展专利咨询、代理、知识产权分析评议等服务。

(7)加快推进新型学术出版与传播交流能力建设。推进 LoRES 平台二期工程建设,实现科技期刊数字内容的深度挖掘和知识发现,面向用户提供一站式的数据服务,推动期刊数字内容的长期保存;积极实践新型出版技术,探索富媒体出版;与国内相关科研大数据中心联合,开展期刊数据联合出版。继续以期刊为平台策划组织主办专业领域高层次学术论坛,建设具有资源环境专业特色的科学出版与学术交流传播中心,形成对科技智库发展的强大学术支撑。

(8)加强高端科普资源与传播平台建设。依托周边研究所的科研力量,以甘肃省科普教育基地和中国科学院兰州分院创新文化广场为依托,深入挖掘中国科学院兰州分院所属研究所及地方科研机构的科技成果,设计制作独具特色的高端科普产品。升级科普网站、建设科普图书馆、开发传播平台、组织传播活动、形成传播品牌,成为甘肃省科普教育基地联盟核心成员,条件成熟时申报国家级科普教育基地,争取更多社会资源支持,面向社会开展更多的服务。

中国科学院兰州文献情报中心　吴新年

中国科学院成都文献情报中心"十二五"事业发展报告

一、"十二五"期间事业发展综述

"十二五"期间,中科院成都文献情报中心(以下简称"中心")紧跟国家创新驱动发展战略要求,围绕我院"创新2020"发展规划,认真学习和贯彻落实《中国科学院"率先行动"计划暨全面深化改革纲要》精神,加强战略研究,凝练发展目标,着力创新突破,培育重点方向,在业务创新拓展与深化、人才队伍建设、机制改革与管理创新、党建工作与创新文化等方面取得显著成绩,为我院科技创新和地方区域科技、经济与社会发展做出了突出贡献。

二、"十二五"期间事业发展基本统计数据

"十二五"期间,中心在文献资源建设、咨询与服务量、承担重要项目方面都取得了较快发展。具体表现在以下方面。

表1　文献资源数量

	2011 年	2012 年	2013 年	2014 年	2015 年
数据库(个)	97	86	87	90	104
印本资源(册)	205 035	206 602	207 689	219 963	226 542
微缩制品等(份)	90 518	90 518	90 518	90 518	90 518
自建数据库(个)	19	17	21	22	22

表2　读者服务数量

	2011 年	2012 年	2013 年	2014 年	2015 年
读者注册数(人)	11 155	11 442	11 652	11 808	11 995
到馆读者(人)	180 122	177 215	181 637	186 836	180 574
书刊流通量(册次)	22 242	17 959	17 604	17 931	11 659
IC/LC 交流室(人次)	15 452	14 519	13 048	10 112	9765
原文传递量(篇)	18 427	17 169	16 576	25 215	28 405
馆际互借(册次)	133	141	133	142	150

表3 网络文献服务量

	2011 年	2012 年	2013 年	2014 年	2015 年
网络文献点击量	241 209	253 269	260 867	271 302	274 015
网络文献下载量	143 969	146 848	154 190	163 442	166 711

表4 咨询服务量

	2011 年	2012 年	2013 年	2014 年	2015 年
参考咨询量(人次)	2332	2973	7529	7136	5312
科技查新量(项)	850	1312	1185	1310	1440
专题信息服务(项)	67	334	393	412	223
研究咨询服务(项)	7	42	53	62	42

表5 信息化建设

	2011 年	2012 年	2013 年	2014 年	2015 年
计算机数量(人次)	163	184	166	179	195
网络状况(带宽)	2.5G	2.5G	2.5G	3.5G	3.5G
UPS 电源(kW)	40kW	62kW	65kW	75kW	100kW
网站建设(万次)	153	182	196	201	214
电子阅览室(万机时)	3	3.2	3.3	3.3	3.5

表6 从业人员情况

	2011 年	2012 年	2013 年	2014 年	2015 年
从人员数量	83	84	87	88	95
专业技术人员数	69	70	73	76	83
专业技术人员占比	83%	83%	84%	86%	87%
硕博士以人员占比	48%	54%	57%	60%	66%

表7 承担重要项目数

	2011 年	2012 年	2013 年	2014 年	2015 年
国家级项目	1	2	1	2	2
省部级项目	6	9	12	15	19

表8 编辑出版

	2011 年	2012 年	2013 年	2014 年	2015 年
期刊种类、期数	2 种 14 期	2 种 18 期	2 种 19 期	2 种 18 期	2 种 18 期
快报种类、期数	2 种 48 期	3 种 60 期	3 种 60 期	5 种 80 期	7 种 147 期

表9　科普活动

	2011 年	2012 年	2013 年	2014 年	2015 年
科普巡展（场）	6	8	12	15	16
科普讲座（报告）	1	3	4	4	6

三、"十二五"期间开展的主要工作及发展特点

1. 制订和落实中心"一三四"战略发展规划

中心根据科学院"创新 2020"实施方案的要求,在《中国科学院"十二五"文献情报系统发展规划》框架下,结合成都文献情报中心的具体情况及地方区域发展的需求,通过多次战略研讨,分析发展的机遇与挑战,凝练发展目标,制订了中心"一三四"战略发展规划,并在近几年的工作中持续推进实施。"一三四"战略发展规划具体表述如下:

一个战略定位:面向科技决策一线、面向科研教育一线、面向区域发展一线,构建支撑科技决策、融入科研过程、促进科技成果转化的新型知识服务体系,为科技创新提供国际一流、国内领先的基础性战略性信息支撑服务。

三个重点突破:重点突破支撑重大科技决策的战略性前瞻性情报研究能力,建立可靠的战略情报服务体系;重点突破知识化服务能力,推动科研教育一线文献情报服务工作转型发展;重点突破区域发展创新服务能力,推进社会需求分析、信息平台建设、知识产权与技术转移等信息服务。

四个重点培育方向:重点培育文献情报理论方法的研究与创新,全面提升战略情报研究的核心服务与支撑能力;重点培育学科知识发现与环境的研究与应用,多方位提升科研教育一线知识化服务能力;重点培育知识产权理论与平台的研究与建设,建立全院知识产权信息分析与服务示范体系;重点培育智能化泛在网络技术应用与实践,提升信息技术支撑服务能力和信息化水平。

2. 战略性前瞻性情报服务

五年来中心主要围绕信息科技领域、工业生物技术领域及知识产权领域,通过加强情报分析工作的工具、方法研究,拓展战略情报研究覆盖领域,使情报研究能力有了显著增强,情报分析服务水平有了较大提升,为我院及国家有关部委提供专业型、政策型、战略型科技情报产品,发挥了良好的支撑保障作用。

五年来,重点加强了社会网络、复杂网络、可视化技术、交叉学科理论等在情报研究工作中的应用,形成了"发展学科前沿热点""技术成熟度理论模型""主题词表""机构竞争力""专利价值评估""专利技术深度挖掘"等几个特色研究方向,构建了基于 Duckling 的虚拟组织管理工具、领域信息动态监测平台、情报研究工作平台等,有效提高了情报研究能力。

作为全院科技支撑体系的重要组成部分,通过多种方式积极为科技决策提供全面的科技情报支撑。一是持续支持我院战略研究,支持我院相关领域重大发展规划的研究与制订,策划并主持承担中国科学院"十二五"战略情报服务项目,包括院重要方向项目或重点部署

项目"工业生物技术知识服务研究与应用"等,同时继续为院相关领域"十三五"规划研究提供情报支撑。二是根据国家及我院各相关部门的战略研究需求,承担情报研究任务,为科技部先进制造专项"十二五"发展规划专家组提供战略情报,为中国科学院学部工作局、国家保密局等提供战略情报支持。

中心通过近年来的不断探索和完善,逐步形成了覆盖服务院领导、院机关、重点领域的具有特色和影响力的产品体系。主要包括:领导参阅材料系列,每年多篇被中办、国办、院办采用,如"美国大数据研究与开发计划对我国的启示"等。领域态势分析报告系列,如"工业酶制剂领域国际发展态势分析""量子信息技术国际竞争态势"等。专题报告系列,涵盖信息科技、信息化、生物科技等三大主题领域,如"美国'棱镜'监听计划"等。监测快报系列,包括"息科技研究与动态""信息化研究与应用"等七种。咨询动态系列,院士《咨询参考》(月报)、《信息安全情报》(月刊)、《保密情报》(月刊)等。

五年来累计完成各类研究报告、专题报告和调研资料近800份,2000余万字,多篇研究报告获得院领导批示。其中,《中国工业生物技术白皮书》成为中国工业生物技术发展高峰论坛的重大研究报告,"国际科研信息化发展战略"成为香山科学会议第445次学术讨论会议的主题报告之一。

3. 科研一线的知识化服务

五年来,中心面向责任所,不断探索开展嵌入重大项目的知识服务,多方位提升自身和责任所(所图)的知识化服务能力,示范试点在责任所建设普惠的综合知识化服务模式。同时,面向研究生,深化开展信息素质教育。截至2015年3月,中心责任所已覆盖西南、华东横跨6个省8个城市的18个研究所(院)和成都研究生教育基地、国科大昆明生命科学学院等。

中心探索性建立了融入重点课题组特色服务体系,多方优化构建嵌入科研过程的知识化服务模式。学科馆员为主重点开展了面向重点项目的专利分析、学科领域前沿分析、竞争力分析等方面的学科情报咨询服务,完成"微型加热器的气体传感器技术发展趋势分析"等各种报告160份、动态快报97份。根据责任所重大课题组需求,为16个责任所的100多个课题组建设群组知识环境,并与所图共同开展了研究所资源保障分析,为研究所评价资源利用与保障提供了可靠的依据。

强化学科馆员与研究所图书馆建立嵌入研究所科研教学活动、课题组科研创新活动的服务机制,建制性建立了与责任所研究生部、研究生教育基地、科技处的服务联系机制。同时,积极指导、帮助责任所图书馆人员处理日常服务问题和能力提升,推动所图人员参与各种培训,解决他们的日常问题上千项,支持、指导和参与研究所图书馆申报院各类项目近30项,受到研究所领导和所图的好评。

面向18个责任所、成都研究生教育基地等博硕士生,组织开展了多维度的信息素质提升活动100多次,包括在责任所或教育基地每年度新生入所、新员工入职培训上做培训讲座;在贵阳地化所等开设有学分课程;在生物所等开设小课堂邀请国外学者或责任学科馆员举办个性化信息利用提升讲座;举办"信息检索利用大奖赛""你读书我买单"等系列活动,全方位提升博硕士生信息素质。

4. 区域发展一线创新服务

中心围绕三个面向的定位,围绕中科院服务国民经济主战场的要求,密切政、产、研三螺旋的结合与互动,加强数据、工具、人才的凝聚,以用户为中心、以需求为牵引,以平台建设和分析咨询为工作抓手,推动区域合作发展服务的深化和创新。2014年为了进一步推动区域合作发展服务,设立区域合作发展部,主要是面向地方政府、企事业单位等开展平台建设和分析咨询服务。

中心在"政""研""学""产"等方面的合作都有了较大的拓展,区域合作网络初步形成。在"政"方面,中心在继续保持与四川省科技厅、成都市科技局、西藏自治区科技局等地方科技主管部门开展合作的基础上,先后与四川省知识产权局、四川省经信委、四川省发改委、成都市知识产权局、成都市经信委、成都市高新区科技局、德阳市科技与知识产权局等建立了初步的合作关系,并以项目为依托,开展了实质性的合作。在"研"方面,中心与地方研究机构的合作也不断深化和加强。与四川省科技信息研究所合作共建"四川省科技文献信息资源共享服务平台""中科院(四川)科技成果信息服务平台""四川省生物医药公共信息服务平台";与四川省社会科学院签署"合作共建天府智库战略协议"。同时,中心与重庆科技信息研究所、四川草原科学研究所等都建立合作关系。

在"学"方面,中心近年来先后与西南民族大学、西南科技大学、电子科技大学、绵阳师范学院等签署了战略合作协议,并与四川大学、电子科技大学、西南交通大学、西南财经大学、四川农业大学等几所大学图书馆合作共建"区域文献服务联盟"。在"产"方面,中心与东方电气中央研究院、东方汽轮机厂、四川维尼纶厂、西南油气田公司下属机构、光明光电集团公司、成都四威高科技产业园有限公司等签署合作协议,并为企业提供战略情报和竞争情报服务。此外,也与四川宏华石油、青岛海尔集团等建立了初步的合作意向。

通过中科院新增能力建设项目"面向区域创新的知识服务平台建设",进一步整合面向区域创新的知识服务方法、工具、数据等,形成核心竞争能力。中心依托该项目,整合地方政府的支持,构建一系列的管理平台和特色数据库,不断完善面向区域核心能力的构建和培育。平台建设方面近年来先后承担的项目包括"四川省科技文献资源共享服务平台""四川省工业企业技术创新信息平台"等12项,形成的主要数据库包括科技成果数据库、科技政策数据库、专家数据库及专家维基评估系统、专题文献数据库、经济数据库等9个专业数据库,核心竞争能力框架基本成型。

中心围绕区域科技发展决策、产业转型与提升和我院科技成果转移转化,在构建核心服务能力的基础上,不断探索深化分析咨询服务。完成"四川省专利信息传播利用基地建设战略研究""德阳重大装备制造产业知识产权(专利)发展战略研究"等系列分析报告,获得地方政府及企业的好评。同时,参与成都分院承担的中共四川省委四川省人民政府决策咨询委员会的课题任务"四川省建立以企业为主体的技术创新体系""四川省关于落实《中共中央国务院关于深化体制机制改革加快实施创新驱动发展战略的若干意见》的实施意见"等。

通过建设服务分支机构,进一步延伸服务触角。2013年12月,中心与成都高投置业公司合作共建的"中科天府生命科技园信息服务中心"在天府生命科技园正式挂牌。2014年1月,中心与绵阳市科技城管委会合作共建的"中国科技城技术转移信息服务中心(军民融合)"授牌。2014年2月,中心与成都天河生物医药科技园有限公司合作共建"科技查新生物医药科技园服务站点"。2014年7月,中心与成都高新区技术创新中心签署合作共建"中科成都高新区信息服务中心"协议。2015 年 3 月,与西南科技大学合作共建中国科学院科技查询咨询西科大服务站等。

中心自 2013 年先后与广西、上海、重庆等三个地方科学院建立合作关系。两年来,先后为地方科学院开展培训 6 场次,373 人次,原文传递 648 篇,完成地方科学院委托的调研与分析类项目 10 项,包括"东盟科技发展潜力报告""燃料乙醇国内外产业分析"等,提高了中心在地方科学院的影响力。

5. 知识产权信息服务

五年来,中心围绕知识产权信息分析特色服务能力建设,通过强化意识、拓展合作、提高能力、形成品牌等,逐步强化中心在知识产权信息分析方面的特色能力,成为非法人单元院知识产权信息服务中心重要依托单位,组织全院的知识产权信息分析服务工作。

为进一步提升知识产权信息服务能力和质量,中心对知识产权信息分析方法与工具应用部署了一些探索性研究,重点围绕"建立全院知识产权全过程管理的工作系统与规范",开展了面向科研项目的知识产权信息利用、知识产权(专利)评价指标体系、专利信息分析方法与工具创新等方面的探索性研究,如"基于本体的专利文献技术挖掘"等,研究成果在国内外取得一定的学术影响。

中心通过编制上报领导参阅材料,承担重要任务,在知识产权信息分析服务方面全面支撑我院重大科技决策。其中,近两年共上报领导参阅材料 3 份,其中"我院专利有效与失效状况及工作建议"等获得白院长批示。中心参加原院计划财务局主持的《中国科学院"十二五"知识产权工作推进计划研究制定》的研究工作,承担并完成了有关分专题的研究任务。结合专业局与领域科技创新的规划部署,为院职能局与专业局提供重点技术领域专利深度分析,包括"纳米传感器专利分析""微/纳型发电技术专利分析"等。自 2012 年,中心持续承担我院原计划财务局、条件保障与财务局下达的中国科学院知识产权信息服务专项任务,包含知识产权动态、系列分析报告、中科院年度专利分析报告、领域深度分析报告、专题技术分析报告等。2014 年中心的知识产权信息分析工作也进入"率先行动计划"的 STS(科技网络)计划择优支持序列。承担了 STS 项目"氨基酸行业发展战略研究"。

根据院知识产权管理委员会顶层设计,在院"十二五"信息化建设的总体框架下开展了"中国科学院知识产权信息服务平台与网络"建设。中心承担了中国科学院知识产权网的建设和运行维护任务。经过多年建设和运营,目前知识产权网已形成了中国科学院知识产权数据库群、知识产权在线分析系统、知识产权专员在线培训系统、知识产权信息系统、知识产权法律法规平台等五大功能板块、十余个功能系统,并建设了基于先导专项知识产权态势分析数据库和重点领域专利信息深度分析数据库群。据统计 2015 年全年,知识产权网访问量108 万人次,网页访问 6000 万次,成为院符合政府网站标准的 23 个网站之一。

为促进知识产权信息的传播和推广利用,中心通过多种方式和途径宣传和推动。第一,2012 年配合院计划财务局完成《中国科学院知识产权工作指南》的编制并发布,成为中科院知识产权工作的重要指导文件。第二,组织《知识产权动态》的编撰发布,该内刊由计划财务局指定为全院各届知识产权培训班的辅导教材。第三,积极支持我院知识产权培训工作,多次承担授课任务。2012 年方曙入选首批国家知识产权局专利信息利用领军人才,张娴入选首批国家知识产权局专利信息利用师资人才。2014 年中心被国家知识产权局授予"知识产权分析评议服务示范创建机构"。

6. 技术研究与开发

中心作为中国科技网成都分中心,持续探索和推进信息技术研究与应用。近年来,中心瞄准移动技术应用,2011 年,与电子科技大学计算机学院合作成立"知识科学研究与应用联合实验室",主要从事知识发现、知识应用等相关的技术研究与实践。2012 年,在中心主任基金的支持下,联合实验室首个项目"基于移动终端的文献信息资源智能推送系统"顺利完成,"CLAS MOBILE"移动 APP 通过 Apple App Store 的审核并发布。2013—2014 年以此为基础,为院文献情报系统开发了移动版文献信息服务平台,支持主流移动平台的 Web 浏览。

为了加快 IPv6 网络的部署,为知识服务的开展提供高速的网络保障,中心通过组织实施国家发改委部署的 CNGI(中国下一代互联网)项目,对中国科技网成都分中心的设备进行了全面的升级。同时积极参与院网络信息中心 CNGI 成都分中心核心设备升级,完成各研究所出口设备升级。2013 年依托院网络中心建设的中科院科学数据成都分中心正式开通启用,目前拥有 300T 存储空。2015 年,中心与中科院高能物理研究所合作,承担高海拔宇宙观测线数据中心成都分中心的建设任务。

中心坚持信息技术开发服务中心应用,承担中国科学院数字图书馆二期先期启动项目"重要会议开放资源采集与服务系统"的系统开发及集成。对数字资源长期保存相关技术进行调研,重点调研了基于 iRODS 系统的技术与应用,并在成都中心和院中心之间进行了安装测试。承担国家科技部重点科研项目——"面向外文科技文献的知识组织体系建设"子项目。为支持青海玉树地震灾区抗震救灾活动,配合中国科技网和中国科学院对地观测中心,搭建高速网络直通链路,及时完成灾区地质观测数据的传输,为中央领导进行科学决策和科研单位开展科技救灾发挥了重要保障作用。

在专利技术挖掘与语义分析研究领域,在理论方法、技术路线与流程、实践应用等方面都取得重要研究成果,包括基于语义 TRIZ 的专利技术挖掘。在词汇树、本体、专利分析等知识发现技术方面的研究与应用取得了些许进展,试点建设了部分应用系统。

7. 资源建设与服务

五年来,坚持全年 365 天开馆,平均每年接待读者 18 万人次、书刊借阅 1.5 万册次、文献咨询服务六千余次、举办培训讲座二十余次。调整印本文献馆藏重点和馆藏政策,继续重点建设电子资源,开展电子阅读器等新型资源试用,截至 2015 年年底电子出版物和数据库共 106 个。2013 年 6 月完成对现有自动化管理系统升级工作。通过多方式开展文献保障,如"全院文献保障月活动"等,利用 CSDL 和 NSTL 两个系统,累计提供全文 34 万篇文献全文,文献满足率 96%。

五年来先后在四川省原子能研究院、重庆邮电大学、西南科技大学等开展信息资源与服务宣传推广活动 20 场次,重点介绍"中科院国家科学图书馆""NSTL""四川省科技文献信息共享服务平台"三方面的资源和服务的类型、内容特征和获取方式。

2010 年在 NSTL 成立十周年大会上,成都镜像站被授予"NSTL 服务贡献奖"。2011 年在 NSTL 两站(镜像站、服务站)工作会议上,成都镜像站荣获"先进单位"称号。2012 年在国科图全文传递协调会上,成都镜像站获得"突出贡献奖"。2014 年 NSTL 通报了对 40 多家服务站 2013 年度服务工作情况的考核评议结果,成都服务站荣获"特殊贡献奖"。

8. 科学传播与展览

中心先后组织制作了"三峡工程",将数据事实和各方面专家不同的观点客观地呈现给公众;"科学养生,健康生活——科学认识冬虫夏草",旨在揭开这块西部瑰宝神秘面纱;联合中国科学院地理科学与资源研究所水资源研究中心策划制作了科普展览"中国水资源微观察",揭示了西南地区水资源特点、概况以及西南地区重要河流和水利工程,聚焦国内外水资源相关热点问题;联合广西科学院国家非粮生物质能源工程技术研究中心策划制作了"生物质能源那些事儿"科普展览,介绍了生物质资源的发展概况及利用现状,取得了良好反响。

中心利用本馆科普空间先后组织巡展"中外重大科技创新进展""生物多样性保护——我们共同的使命"等五十余场次,参观人数 2600 人次。在中心网站科普专栏先后推出 12 个展览,如"中外重大科技创新进展 2013""心理与健康"等,网络点击量 5000 余次。中心联合中科院成都分院青年联合会、致公党省委等共同组织和策划了"科学文化传播走进校园""走进机关"系列活动,先后在成都外国语学校、成都电子科技大学、省级机关民主党派大楼、西南科技大学、西南民族大学、成都七中等举办展览 40 余场次,展览共计参观人数 5.6 万人次,深受在校师生和机关人员的好评。2013 年中心结合学科化服务的开展,组织开展"科学文化传播走进研究所"系列活动,在成都生物所、重庆绿色智能技术研究院等开展科普巡展活动。

2013 年在院中心统筹协调下,中心着手"院士文库"的建设工作,近年来先后采集获得了多种院士珍贵史料,包括经福谦院士著作的珍贵手稿共计 2 本,院士亲笔签名题词著作 2 本、院士其他纸质著作 16 本,重要工作照片和生活照片 172 张、院士同事及学生回忆文章 38 篇,和部分院士新闻报刊等;另外,还收集整理了院士基本信息 18 分,录入院士相关期刊目录摘要信息 2271 条。

此外,在"公众科学日"举办了科普展览、科普专题讲座、博物馆参观学习、院士书展等多项科普活动。成功组织丰富多彩公众科学日等科普活动,获得好评。2014 年,四川省科学技术厅、四川省委宣传部和四川省科学技术协会联合发文授予中国科学院成都文献情报中心"四川省科普工作先进集体"荣誉称号。

9. 期刊编辑与出版

《世界科技研究与发展》双月刊,2014 年按照国家出版管理条例非独立法人不能担任主办单位要求,主办单位由原中国科学院成都文献情报中心、中国科学院院士工作局、中国科学院综合计划局和中国工程院学部工作局变更为中国科学院成都文献情报中心。调整栏目设置原则,设立"研究论文""科技政策""综述",突出刊物报道的重点。

《天然产物研究与开发》自 2012 年从双月刊转为月刊。从 2012 年连续三年获"中国国际影响力优秀学术期刊"称号,入选 2013 年中国科学院科学出版基金科技期刊排行榜期刊,影响力在中文期刊中继续得到同行的肯定。

2014 年,积极引进新的出版模式,完成"天然产物研究与开发"微信出版平台建设;实施开放获取与高质量论文优先发表等出版方式,在期刊网站上采取全文实时开放获取;完成清华同方集团 DOI 注册申请;探索在中文版的基础上,针对天然产物领域科研及市场需要适时孵化网络版英文刊。承办了"2010 科技期刊数字出版及版权保护培训班",组织召开了"天然产物研究与开发第七届编委会"等。

10. 人才队伍建设

人才是创新的根本和源泉,是事业发展的重要保障。中心坚持以人为本,坚持实施引进优秀人才、培养骨干人才、储备战略人才等全方位的人才战略,根据事业发展和学科布局需要,不断优化队伍结构、提高人员素质和能力。

五年来,累计招聘博士(博士后)9 名,硕士 22 名,其中国外大学毕业的硕博士 4 人。同时,鼓励在职职工积极参加研究生教育,累计 7 人报考或完成在职研究生教育。截至 2015 年底,中心拥有在编职工 95 人,硕博士占 66%。人员结构得到优化,素质得到提高,形成若干核心业务团队和优化的管理团队。

截至 2015 年年底,中心现有新世纪千百万人才工程国家级人才 1 人,国务院政府特殊津贴获得者 2 人,中科院特聘研究员 2 人,四川省突出贡献优秀专家 1 人。

五、未来展望

"十三五"时期新一轮科技革命和产业变革蓄势待发,颠覆性科技创新突破和新的知识技术的经济社会应用,促进科技革命和产业变革发展,新的产业模式、商业模式不断涌现,产业和行业"跨界竞争"、分享型经济模式等不断调整全球产业和经济结构以及国家和区域竞争版图。

"十三五"时期国家全面实施创新驱动发展战略,对科技创新提出强烈而紧迫的要求,将更加重视科技对经济社会发展的实质性创新贡献。国家加快发展覆盖科技创新全价值链的科技服务体系,重点发展各类专业科技服务和综合科技服务,特别是科技咨询服务、知识产权服务和综合科技服务,新型市场化的科技服务机构、科技集成服务商等将不断涌现和发展壮大。国家全面推进中国特色新型智库建设和高端智库建设试点,国家决策科学化民主化潮流对发展的战略问题、政策问题的研究与咨询服务提出了强烈需求,为科技智库建设提供了重要发展机遇。科技战略情报研究与决策知识服务工作,必须面向国际科技发展前沿领域、面向国家科技决策的战略与政策需求、面向经济社会发展对科技创新成果的应用与发展,开展前瞻性科技战略研究、储备性科技政策咨询研究、态势趋势分析型科技发展前沿动态监测与战略分析研究、区域与产业竞争发展战略与竞争战略管理研究与决策咨询服务。着眼未来,科技战略情报研究与决策咨询机构将向专业型科技智库全面转型升级发展。

"十三五"时期中心将坚持"创新、开放、协同、跨界、共享、和谐"的科技战略情报研究与决策咨询知识服务发展理念,全面推进覆盖科研创新价值链的信息服务和知识服务体系建设,重点围绕专业领域知识数据资源体系建设、情报研究分析方法探索创新、服务网络建设与工具平台开发等,全面加强文献情报研究能力建设和服务拓展,建设成为国内领先、国际一流的科技文献情报知识服务机构。重点围绕信息科技、生物科技、知识产权战略政策与信息、区域与产业发展战略与政策研究咨询等特色研究领域,构建覆盖"决策—创新—发展"价值链的新型知识服务体系,全力推进从专业科技情报中心向专业型科技智库转型升级发展,全力参与中科院高端科技智库建设,至 2020 年,初步建设成为有显著影响力的、科技领域专业特色鲜明的专业型科技智库。

"十三五"时期,中心将在宏观科技战略决策的战略情报研究咨询服务、学科领域方向知识创新的学科知识分析服务、区域与产业发展的集成性竞争情报分析服务等三个方面取得重点突破。五个重点培育方向包括科技战略学、科技政策学和科技战略与政策研究,科学计量学与科学分析评价研究,学科信息学与领域知识发现研究,竞争情报学与竞争发展理论研究,语义知识组织与数据分析方法技术工具开发与系统平台建设。

附:大事记

2011 年

1月10日,成都分馆举办四川省图书情报界联谊会,中国科学院国家科学图书馆副馆长、成都分馆馆长方曙做了题为"开拓创新、跨越发展"的主题报告,四川省和省内各地市州的主要图书情报机构负责人参加了本次联谊会。

1月12日,业务处处长肖国华受成都分馆馆长方曙委托,随成都分院院长袁家虎、党组书记王学定、副院长赵永涛,与我院成都各研究所副所长或处长,赴省科技厅与彭宇行等七位厅长及各处室负责人会谈"十二五"省院合作协议内容,提出科技成果转化信息平台建设、战略性新兴产业信息平台建设和科技决策情报服务三项内容。

1月13—14日,成都分馆馆长方曙、副馆长杨志萍、业务处处长肖国华、信息服务部主任鄢小燕参加四川省图书馆学会第七次会员代表大会。

3月17日,中科院院办公厅信息处处长陈明奇一行来访,座谈信息化工作。

3月21日,成都市科技局副局长马良乾、成都物联网产业研究发展中心主任张一红、市科技局社会发展与科技普及处处长毕涛等一行7人到成都分馆进行交流洽谈合作。

3月29日,成都分馆参加成都市武侯区全民科学素质工作领导小组办公室主办的武侯区第十六届"科技之春"科普宣传月启动活动。

3月29日,陈茜通过国家知识产权局知识产权信息高级技能考试,获得知识产权信息高级技能职业证书。

3月30日,成都分馆参加四川(成都)生物医药公共服务平台建设协调会,和与会共建单位就下一步建设任务达成了统一的意见。

4月6日,台湾大学图书馆副馆长林光美、政治大学图书馆馆长刘吉轩、高雄大学图书馆馆长陶幼慧、成功大学吴密察教授、台湾大学蔡炯民博士、台湾大学陈光华教授一行6人到成都分馆访问考察并座谈交流。

4月18日,国科图成都分馆推出电子阅读区租借体验活动。

5月,国科图成都分馆科学文化传播展览在成都七中初中部展出。

6月1日,成都市科技局副局长丁小斌与四川省科技信息研究所、成都市科技情报研究所主要负责人一行6人到成都分馆就四川省生物医药信息服务平台建设洽谈合作。

6月3日,美国佐治亚理工学院公共政策学院、科技政策评估中心教授 Alan L. Porter 应邀访问成都分馆,并以"技术挖掘与研究评估(Technology Mining and Research Assessment)"为主题作专题报告。

6月8日,成都分院党组书记王学定、副院长赵永涛、成都分馆馆长方曙一行在西藏拉萨与西藏科技厅厅长马胜杰等厅领导一起,对在西藏科技信息研究所挂职担任副所长的肖国华进行两年挂职援藏工作总结考核。肖国华顺利通过考核并获得西藏科技厅及相关处室和西藏科技信息所领导和广大职工的广泛好评。

6月14日,成都分馆业务处处长肖国华因其在西藏担任科技副职期间的工作贡献,被评为中国科学院院地合作奖先进科技副职一等奖(科发院地字〔2011〕71号)。

6月22日,成都分馆馆长方曙、业务处处长肖国华与成都分院党组书记王学定、副院长赵永涛及我院成都各所负责人出差武汉,与武汉分院和我院武汉各研究所共同研讨长江中上游生态环境与产业升级创新集群方案,并参与创新2020的组织学习。中国科学院副院长丁仲礼与会。

6月27日,全球第四大制药公司赛诺菲－安万特(Sanofi Aventis)专利检索团队负责人、美国专利商标局注册专利代理人、美国化学文摘社ACS联合委员会委员Sunny Wang(王旭红)女士应邀访问成都分馆,并做了"研发工作中的专利信息分析"专题报告。

7月8日,中国科学院国家科学图书馆武汉分馆党委书记陈丹、副馆长王卫兵带领武汉分馆各部门负责人抵达成都,就"十二五"发展规划与成都分馆进行研讨交流。

7月8日,成都分馆与重庆绿色智能技术研究院签订合作协议。

7月12日,成都分馆业务处肖国华在成都分院副院长赵永涛带领下,与德阳科技局召开院地合作交流座谈会。

7月27日,成都分馆与内江市科技情报所所长黄跃签订合作协议。

8月3日,四川省财政厅、科技厅领导、专家一行7人到成都分馆,就成都分馆承担的2010年度四川省科技文献信息资源共享服务平台项目进行了现场绩效评价。

9月14日,中科院院长白春礼视察成都分院,并听取中国科学院成都各研究所的"一三五战略规划"汇报。成都分馆党委书记曾文华向白春礼院长汇报了创新三期主要业务进展和取得的成效,以及"一三四"战略规划等情况。

9月14日,中科院计划财务局综合处处长杨兴宪到成都分馆考察交流。

9月16日,中科院计划财务局副局长曹凝到成都分馆视察与座谈,肯定了成都分馆关于知识产权转移转化的工作思路。

9月20日,深圳中科院知识产权投资有限公司总经理一行到成都分馆交流座谈知识产权工作。

9月24日,情报研究部侯鲁川参加中科院第五届职工田径运动会。

10月12—16日,成都分馆承办中国科学院知识产权信息服务工作研讨会。院计划财务局副局长曹凝、知识产权处副处长吕连清等,成都分馆馆长方曙、业务处处长肖国华、知识产权信息服务团队张娴、文奕、赵亚娟等参加了会议。

10月21日,四川生物医药技术创新公共服务平台正式启动。在启动仪式上,成都分馆馆长方曙、信息服务部主任鄢小燕被聘为平台责任专家。方曙代表成都分馆在平台建设单位签约仪式上签字。

10月24—28日,国科图成都分馆协助中国图书馆学会专业图书馆分会在成都分馆电子阅览室举办"学科文献(科学数据)检索、跟踪、管理及利用"培训班。

11月7日,成都分馆馆长方曙一行到成都市高新技术开发区科技局进行调研,与高新区科技局局长林涛、副局长苏昶座谈交流。

11月23日,以"感知成都、智慧之都"为主题的2011中国(成都)国际物联网峰会(China IOT 2011)在成都双流川投国际酒店隆重召开。成都分馆作为本次峰会会刊《物联网》的主办单位之一,受邀参加了本次峰会。《物联网》在本次峰会上推出创刊号。

11月30日,成都分馆与四川省科技信息研究所在成都南湖会议中心召开战略合作座谈会。会议开启了双方全面开展战略合作的新篇章。参加会议的双方为成都分馆馆长方曙、党委书记曾文华、副馆长邓勇及各部室主任,四川省科技信息研究所所长程劲、纪委书记郭林原、副所长黄来军、副所长刘清及各部室主任。

12月,由国科图成都分馆组织建设的中科院重要开放会议资源采集与服务系统域名:or.clas.ac.cn正式开通。

12月7—8日,中国科学院院地合作局、成都分院和中共绵阳市委、市政府联合主办的"中国科学院支持绵阳科技城建设成果对接会"在绵阳成功召开。成都分馆积极支持绵阳科技城建设和发展,与西南科技大学和绵阳师范学院达成了关于科技文献信息资源共享与服务、知识产权信息服务、专业人才培养等方面工作的合作意向,成都分馆馆长方曙在对接会上与西南科技大学校长肖正学、绵阳师范学院校长魏成富分别签订了合作协议。

12月7—10日,成都分馆副馆长邓勇一行3人参加2011年度四川省情报学会年会。

12月27日,成都分院党组书记王学定、副院长赵永涛一行到成都分馆与馆长方曙、副馆长杨志萍座谈研讨我院长江中上游生态环境与产业升级创新集群相关调研与规划分析工作。

2012 年

2月21日,中科院国家科学图书馆成都分馆在反腐倡廉量化评价中取得93.77分,在中科院属成都地区各创新单位中名列第一。

3月2日,中科院信息化情报服务工作研讨会在国科图成都分馆召开。

3月7日,成都市科技局副局长马良乾,成都物联网产业研究发展中心主任张一红,双流县物联网推进办公室副主任徐雪峰等一行6人到成都分馆就《物联网》资料及物联网信息平台建设事宜进行工作交流研讨,成都分馆馆长方曙,情报研究部主任房俊民等人参加了会议。

3月12日,西南科技大学副校长卢忠远率该校科技处处长、图书馆馆长、重点学科学院的书记、院长一行8人到国科图成都分馆访问交流,并与成都分馆馆长方曙、副馆长杨志萍等进行了座谈。

4月1日,国科图成都分馆馆长方曙、副馆长杨志萍等一行6人受西南民族大学校长赵心愚的邀请,赴西南民族大学签署合作协议。

4月1日至30日,成都分馆积极响应国科图的号召,以满足"用户需求"为服务宗旨,以"CSDL文献传递与馆际互借服务系统"为平台,开展"文献传递免费月"活动。

4月28日,中国国际航空股份有限公司西南分公司飞行部赵阳总经理一行9人到国科图成都分馆就信息化建设进行调研交流,并与成都分馆馆长方曙以及信息服务部、信息技术部、业务处和办公室等部门主任等进行了座谈。

5月25日,国科图成都分馆与上海图书馆正式签署文献传递和馆际互借合作协议,开展馆际互借与文献传递服务。

3月至5月,成都分馆联合中国科学院成都分院青年联合会共同组织和策划了2012"科学文化传播走入校园"系列活动,并与成都七中初中部建立了合作关系,在该校开展了为期三月的"2011年中外重大科技创新进展"科学展览。

7月11日,成都分馆业务处处长肖国华一行赴德阳市科学技术和知识产权局洽谈合作,这是中心首次与德阳政府部门在知识产权领域开展合作。

7月16日,国家科学图书馆馆长助理、总馆信息技术部张智雄主任一行到访成都分馆,交流科技信息自动监测系统项目。

9月10日,成都分馆馆长方曙入选国家知识产权局首批全国专利信息领军人才(33人),进入全国专利信息专家库,成为中国科学院唯一进入全国专利信息专家库的专家。成都分馆情报部副主任张娴入选首批全国专利信息师资人才(100人),进入全国专利信息师资库。

9月13日,成都分馆信息服务部主任鄢小燕、副主任任波等一行访问中国工程物理研究院,并与该院科技信息中心图书馆签署了文献传递协议,建立了馆际互借关系。

9月13日,成都分馆信息服务部主任鄢小燕、副主任任波等人赴西南科技大学图书馆交流访问,并签订了科学文化传播联合巡展合作协议。

9月17—18日,国家科学图书馆馆长张晓林、新任党委书记何林到成都分馆调研指导工作。

10月15日,2012年度中国科学院知识产权信息服务工作研讨会在成都召开。

11月23日下午,四川省人民政府副秘书长蔡竞在中科院成都分院党组书记王学定、副院长赵永涛的陪同下到成都分馆调研。

12月26日,中国学术期刊电子杂志社、中国科学文献计量评价研究中心与清华大学图书馆在京发布首份全面评价我国学术期刊国际影响力的名单——2012年度中国最具国际影响力学术期刊和中国国际影响力优秀学术期刊,成都分馆《天然产物研究与开发》杂志被评为该年度"中国国际影响力优秀学术期刊",

在入选的科技期刊中排名 299 位,中宣部、新闻总署等有关领导为其授牌。

12 月 28 日,成都分馆开发的移动应用 CLAS MOBILE 通过苹果公司审核在 app store 上正式发布。

2013 年

1 月,国科图成都分馆团支部被共青团四川省委授予 2012 年度四川省"五四红旗团支部"荣誉称号。

2 月 25 日,成都分馆副馆长杨志萍荣获"中国科学院第四届十大杰出妇女"提名奖。

3 月 5 日,成都分馆副馆长邓勇、信息服务部副主任任波、情报研究部陈云伟一行访问东方汽轮机有限公司,签订 2013 年企业竞争情报服务合同。

3 月 28 日前后,根据《NSTL 服务站 2011—2012 年度工作考评通报》对全国 41 家服务站 2011～2012 年度服务工作考评的结果,NSTL 成都服务站荣获 2011 年"优秀服务二等奖"及 2012 年"优质服务三等奖"。

4 月 19 日,中科院信息化工作领导小组办公室在北京召开《中国科学院信息化工作动态》第一届编委第四次全体会议,成都分馆情报部主任房俊民应邀参会并被聘任为《中国科学院信息化工作动态》第二届编辑委员会委员。

4 月 26 日,成都分馆积极响应中共四川省直工委号召,发扬"一方有难八方支援"的精神,由分馆党委、工会组织全馆党员、职工群众及离退休干部开展向雅安地震灾区捐款活动,活动共募集爱心捐款 15350 元,爱心捐款上交到四川省财政厅救灾捐款资金专户统筹调拨。

4 月 1—30 日,为了庆祝中国科学院文献传递与馆际互借服务系统(CSDL 系统)开通十周年(2003—2013),成都分馆积极开展了"文献保障服务月"活动。

5 月 3 日,成都分馆团支部被共青团四川省委授予 2012 年度四川省"五四红旗团支部"荣誉称号。

5 月 31 日,成都分馆信息服务部主任鄢小燕及重庆科学技术研究院的责任馆员柴苗岭于赴重科院就"全国科学院联盟"中的文献资源服务工作进行走访调研,实现了成都分馆与重庆科学技术研究院的工作对接。

6 月 17 日,中科院党组成员、秘书长邓麦村在成都分院党组书记、常务副院长王学定等的陪同下到国科图成都分馆调研指导工作。

6 月 25 日,中共国科图成都分馆第九次党员大会召开。成都分院党组书记、常务副院长、直属单位党委书记王学定出席会议。国科图馆长助理、总馆人力资源处处长李春旺、成都分院组织人事处处长陈永波、监审处处长田敏、成都分馆副馆长邓勇、杨志萍以及分馆全体党员参加了会议。经过全体党员无记名投票,大会选举产生了新一届党委、纪委委员。

6 月 27 日,四川省第七次归侨侨眷代表大会在成都召开,会议选举产生了省侨联七届委员,杨志萍当选常委委员。

7 月 10 日,开放会议资源服务系统正式嵌入兰州近代物理所群组平台,正式开通服务。

7 月 15 日,中科院条件保障与财务局(筹)信息化工作处处长陈明奇与业务主管马晓莉到成都分馆交流信息化情报服务工作情况。

7 月 17 日,国科图与广西科学院签署共享文献情报服务合作协议,并建立国科图广西科学院文献信息共享服务站,标志着国科图和广西科学院在文献情报工作领域建立了全面合作关系,成都分馆副馆长杨志萍、成都分馆工作人员参加服务协议签字暨揭牌仪式,并参与了随后举办的第一期培训讲座。

7 月 25 日,由中国科学院成都分院、四川省科学技术厅、德阳市科学技术局、中国科学院国家科学图书馆成都分馆等主办,德阳各地市州科技局承办的中国科学院—四川省重大技术装备科技成果巡回发布会完满结束。

7 月 29 日,中国科学技术信息研究所所长贺德方访问成都分馆。

8 月 16 日,山东省医药卫生科技信息研究所所长甄天民一行到访成都分馆。

9 月 14 日,成都分馆在四川省知识产权局会议室与四川省部分企业与中介机构举行专利信息传播利用座谈会,正式启动四川省专利信息传播利用系列调研活动。

9 月 17 日,中科院国科图馆长张晓林、党委书记何林等一行 4 人到成都分馆调研党的群众路线教育实践活动开展情况,并召开座谈会。

9 月 18 日,中科院成都分院党组书记、常务副院长王学定等一行代表中科院党组到成都分馆宣布国科图成都分馆第九届党委、纪委组成的决定:曾文华任成都分馆党委书记,邓勇任成都分馆纪委书记。

9 日 22 日,国科图与上海科学院共享文献情报服务协议签字暨文献情报服务站揭牌仪式在上海科学院正式举行。成都分馆党委书记曾文华出席了签约揭牌仪式,成都分馆信息服务部主任鄢小燕、责任馆员韩红参加了仪式。

9 月 27 日,"你读书 我买单"图书推荐及抽奖活动(第一期)在成都分馆落幕。

10 月 24 日,中科院国科图馆长张晓林、副馆长刘细文以及国科图馆长助理、成都分馆副馆长杨志萍等一行走访了中科院重庆绿色智能技术研究院。

10 月 24 日,国科图与重庆市科学技术研究院"共享文献情报服务"协议签字暨服务站揭牌仪式在重庆举行。中科院国科图馆长张晓林、副馆长刘细文以及国科图馆长助理、成都分馆副馆长杨志萍等参加了仪式。

10 月 25 日,成都分馆离退休党支部举行了换届后的第一次支部生活会,全体党员参加了会议。

10 月 28 日,广东省科技图书馆馆长李宏荣、副馆长姜晓虹等一行 7 人到成都分馆交流访问。

10 月 31 日,成都分馆馆长方曙研究员被山东省医药卫生科技信息研究所聘为客座教授。

12 月 6 日,由中国科学院成都文献情报中心(中科院国家科学图书馆(筹)成都分馆)和天府生命科技园合作共建的中科天府生命科技园信息中心开业仪式暨生命科学信息服务研讨会在天府生命科技园园区会议中心举行。

12 月 30 日,《天然产物研究与开发》继 2012 年首届入选后,再次入选 2013 年度"中国国际影响力优秀学术期刊"。

2014 年

1 月 16 日,成都文献情报中心主任方曙带领责任学科馆员田雅娟到中科院福建物质结构所进行走访调研。

1 月 23 日,成都文献情报中心召开党的群众路线教育实践活动总结大会,成都分院党组书记、常务副院长王学定,分院督导组陈胜利,监审处处长田敏与会。

2 月 21 日,中国东方电气集团有限公司中央研究院副院长王政、科技管理部副主任张晓光到访成都文献情报中心,确立了不同层面的具体合作内容。

2 月 18 日,成都文献情报中心副主任邓勇、信息服务部任波副主任一行赴德阳市国家高新技术骨干企业东方汽轮机有限公司,代表双方签订了 2014 年企业竞争情报服务合同。至此,成都分馆与东方汽轮机有限公司的合作已跨入第一个十年。

3 月 31 日,国家科技图书文献中心(NSTL)通报了对 40 多家服务站 2013 年度服务工作情况的考核评议结果,成都服务站荣获"特殊贡献奖"。

4 月 3 日至 4 日,重庆市科学技术研究院技术评估与转移服务中心主任杨帆、副主任杨建华一行到访成都文献情报中心,交流和探讨在"文献信息共享"协议基础上进一步开展文献情报合作。

4 月 17 日,成都文献情报中心和天府生命科技园园区联合组织策划的首场专题服务活动——中科天府生命科技园信息中心科技查新服务宣介活动在天府生命科技园管理服务中心顺利举行。

5 月 27 日,西南科技大学校长肖正学一行在成都分院副院长赵永涛、科技合作处副处长董微和绵阳市政府副秘书长杨凯雷的陪同下,访问成都文献情报中心,与中心党委书记曾文华、副主任邓勇、副主任杨志萍及业务部门中层干部进行了交流座谈。

6 月 6 日,由成都文献情报中心和西南交通大学图书馆联合发起,由中国科学院成都文献情报中心、四川大学图书馆、西南交通大学图书馆、电子科技大学图书馆、西南财经大学图书馆、四川农业大学图书馆等组建的四川文献信息服务联盟正式成立。

6 月 11 日,中科院信息化情报服务工作交流会在成都文献情报中心召开。成都文献情报中心主任方曙、中科院条件保障与财务局信息化工作处处长陈明奇参加了会议。

6月12日,中科院2014年度知识产权信息服务工作座谈会在成都文献情报中心召开。中科院成都文献情报中心主任、中科院知识产权信息服务中心服务主任方曙,中科院科技促进发展局知识产权管理业务主管崔勇参加了座谈会。工作会议进一步明确了2014年知识产权信息服务工作目标和推进方向,取得了良好的效果。

6月25日,成都文献情报中心与广西科学院签署了《木质纤维素生物转化系列报告》服务合同。

7月10日,雅安市科技情报所所长王勤一行访问了成都文献情报中心,在科技信息资源共享服务、知识产权信息服务、科技成果转化与技术转移、科技创新决策咨询、科学文化传播和人才培养等方面达成合作意向。

7月11日,中国科学院大学人文学院法律系主任李顺德、副教授唐素琴、罗先觉等和中科院科技促进发展局知识产权管理业务主管崔勇一行访问成都文献情报中心。

8月1日,成都文献情报中心与中国东方电气集团有限公司正式签署合作协议。

8月28日,成都文献情报中心召开本中心第二届老科协会员大会,推选许志强、熊树明、刘远玲、魏尉等为第二届老科协理事会成员,新任会长许志强宣布聘请方曙、曾文华、邓勇、杨志萍出任中心第二届老科协理事会顾问。

9月5日,中科院党组成员、秘书长邓麦村在成都分院党组书记、常务副院长王学定陪同下到成都文献情报中心调研。中心领导班子、中层干部等参加了调研座谈会。邓麦村对中心的工作表示肯定,尤其是知识产权方面出色的工作。鼓励成都文献中心拓展业务范围,面向市场开展产业情报分析,围绕产业链开展专利分析等工作。

9月18日,国家知识产权局规划司司长龚亚麟、处长刘菊芳,四川省知识产权局副局长杨早林,成都市知识产权局副局长吴健一行参观了中科天府生命科技园信息中心。

10月9日,成都市科学技术局(知识产权局)副局长吴健、知识产权管理处处长孙长智、成都市科技情报所所长郑健一行到访成都文献情报中心调研知识产权工作开展情况。

10月22日,中国科学院条件保障与财务局副局长曹凝一行到成都文献情报中心调研。

11月6日,四川省经济和信息化委员会副主任翟刚、技术创新处处长张盛俊、副处长姚若冰、四川省技术创新服务中心主任谢行一行在中国科学院成都分院党组书记、常务副院长王学定、副院长王嘉图、科技合作处副处长董微的陪同下专程赴中国科学院成都文献情报中心调研,初步达成共识:由四川省经信委和中科院成都分院积极促进、成都文献情报中心与四川省技术创新服务中心具体承办,搭建四川省产业技术创新信息数据中心。

11月10日至12日,在中国图书馆学会第六届青年学术论坛中,成都文献情报中心情报部许海云副研究员做"学科交叉趋势探测及交叉主题识别方法研究"的主题沙龙报告和专题报告,获得"青年学术之星"称号。

12月16日,中国科学院科技服务网络计划(STS计划)择优项目"氨基酸产业知识产权发展战略研究与应用示范"项目启动会在中国科学院成都文献情报中心顺利召开。

12月23日,2014年四川省科学技术厅、四川省委宣传部和四川省科学技术协会联合发文授予成都文献情报中心"四川省科普工作先进集体"荣誉称号。

2015 年

3月10日,成都文献情报中心副主任邓勇、信息服务部副主任任波和谢黎赴德阳市东方汽轮机有限公司营销处,双方签订了2015年服务合同。

3月18日,"中国科学院成都文献情报中心"微信公众号正式上线,并对外提供咨讯服务。

3月13日,四川省社会科学院党委书记李后强教授、副院长盛毅研究员率8个研究所和科研处、党政办等职能部门负责人一行访问成都文献情报中心,拟出双方战略合作的框架性协议,迅速推进全面合作。

3月17日,成都文献情报中心主任方曙与四川省社会科学院党委书记李后强代表各自单位共同签署了《共建天府智库战略合作协议》。

3月26日,四川省产业技术创新信息数据中心建设方案专家论证会在成都文献情报中心召开。

3月26日,成都文献情报中心副主任杨志萍与西南科技大学党委常委、副校级调研员杨世源代表各自单位共同签署《中国科学院成都文献情报中心与西南科技大学科技查新服务合作协议》和《西南科技大学与中国科学院成都文献情报中心馆际互借/原文传递合作协议》。

4月20日,成都文献情报中心召开领导班子换届考核大会。中心主任方曙代表本届领导班子作述职报告。

5月23日,打造"一带一路"有机衔接的重要门户(广西)科技合作交流会在西安举行,会上,成都文献情报中心与贺州市人民政府签订战略合作协议,加快落实"双核驱动"发展战略。

5月27日,上海科学院副总工程师、规划研究处处长沈跃栋一行到访成都文献情报中心,就上海科学院信息化系统建设与科技发展动态分析平台项目合作等事宜进行交流与洽谈。

6月15日,由成都文献情报中心和西南交通大学图书馆牵头组织的四川区域文献信息服务联盟第二次理事会议在西南交通大学图书馆顺利召开。

6月29日下午,四川省经济和信息化委员会组织召开《四川省产业技术创新"十三五"规划》承办机构竞争性谈判会议,成都文献情报中心在谈判中获胜。

6月30日,为庆祝中国共产党建党94周年、中国人民抗日战争暨世界反法西斯战争胜利70周年,在由中国科学院成都分院主办、分院工会承办、院属成都地区各单位党委、工会协办的"颂歌献给党同圆中国梦"歌咏比赛中,成都文献情报中心所表演的《献礼七一革命歌曲联唱》荣获二等奖。

7月10日,美国肯特州立大学(Kent State University)图书情报学院曾蕾(Marcia Lei Zeng)教授应邀来访作题为"智慧(大)数据"(Smart〔Big〕Data)的学术报告。

9月6日,成都文献情报中心副主任杨志萍在成都举行的"中国发展论坛·2015——创新驱动建设西部开放高地"上做题为"科技创新战略对区域经济发展的影响研究"的论坛发言,为国家区域发展建言献策。

10月16日,在院发展规划局的领导下,由文献情报中心牵头组织,成都文献情报中心协办的院文献情报系统"十三五"规划西南地区研究所座谈会于在成都文献情报中心顺利召开,推进了中国科学院文献情报工作的服务创新发展以及院文献情报系统"十三五"规划的制订。

11月2—3日,成都文献情报中心副主任杨志萍和研究馆员陈漪红、中科院生物所研究员罗应刚等一行8人前往巴中20万亩木本油料基地进行了科技扶贫调研。

11月5日,成都文献情报中心区域合作发展部主任肖国华一行前往德阳市与东方电气集团东方汽轮机公司就"重型燃机专利战略和专利布局研究"项目进行会谈并正式签订技术合同书。

11月11日下午,成都文献情报中心召开党委中心组学习暨"三严三实"教育活动专题学习会。成都分院党组副书记、纪检组长王嘉图出席会议并进行指导;中心领导班子成员、中层干部、党支部书记参加会议,中心党委书记曾文华主持会议。

11月17日,南充市科技情报研究所所长何永录、副所长郑有一行3人访问成都文献情报中心。双方就在"大众创业、万众创新"的时代背景下合作推进南充市的科技服务事业开展交流,区域合作发展部主任肖国华参加了座谈。

11月18日至20日,由中国科学院科技战略咨询研究院战略情报研究部、文献情报中心系统战略情报研究工作协调组主办,成都文献情报中心承办的"战略情报研究学术论坛2015"在成都举行。

11月23日,成都文献情报中心召开新一届领导班子宣布大会。张志强任成都文献情报中心主任,邓勇、杨志萍任成都文献情报中心副主任。

11月24日,《中华智库影响力报告(2015)》发布会在四川省社会科学院举行。该报告由四川省社会科学院、中科院成都文献情报中心联合成立的"中华智库研究中心"发布。

12月11日,四川省科技情报学会2015年年会在都江堰市召开,成都文献情报中心主任张志强研究员在年会上做题为"国际智库发展趋势特点及我国新型智库建设"的大会特邀报告。

12月11—12日,在中国科学院科技促进发展局和中国生物工程学会主办,中国科学院天津工业生物技术研究所等单位承办的"第八届中国工业生物技术发展高峰论坛"上,成都文献情报中心副主任邓勇研究员带领生物科技战略情报研究团队成员,代表"工业生物技术知识服务研究与应用"项目组以大会报告形式发布了《中国工业生物技术白皮书2015》。

12月17日,成都文献情报中心与四川省人民医院"科技信息服务合作协议"签字仪式在四川省人民医院举行。

12月18日,中科院高能物理所计算中心主任李卫东、中科院高能物理研究所高海拔宇宙观测站研究员白云翔、四川大学原子核科学技术研究所副所长杨朝文等一行7人到成都文献情报中心访问,开展有关合作座谈和交流,重点调研了解在成都文献情报中心建设高海拔宇宙观测站(LHAASO)数据分中心的基础设施情况。成都文献情报中心主任张志强、信息技术部主任文奕、副主任胡正银、业务处处长助理张邓锁参加了座谈。

12月25日,绵阳市人民政府副市长孙福全一行到成都文献情报中心访问。

12月29日,四川省技术创新服务中心主任谢行、副主任刘青、成都瑞航投资咨询有限公司总经理袁萍一行四人访问成都文献情报中心,研讨在四川省重大产业技术创新专项"四川省产业技术协同创新信息数据中心"(以下简称"联创通")框架下关于科技成果评价的相关工作。

附图:

图1　中科院工业生物技术知识服务专家研讨会在成都召开

图2　中科院成都文献情报中心开发的移动APP

图3　2013年6月17日,中科院邓麦村秘书长到成都分馆调研

图4　2013年5月9日,中科院国科图成都分馆举办职工乒乓球选拔赛

图5 2013年7月,国科图成都分馆协助组织重大技术装备成果对接发布会

图6 2013年9月,国科图成都分馆"你读书、我买单"活动启动

图7　2014年10月,中科院条件保障与财务局副局长曹凝到成都分馆调研

图8　2013年12月,中科天府生命科技园信息服务中心揭牌

图9　2015年12月,"中科院成都科技查新咨询中心四川省人民医院科技查新服务站"揭牌

图10　2016年5月,成都分院副院长王嘉图与成都文献情报中心主任张志强到乐山高新区调研

图11　2012年12月,四川省人民政府副秘书长蔡竞视察成都分馆

中国科学院成都文献情报中心

中国科学院高能物理研究所文献信息部"十二五"事业发展报告

中国科学院高能物理研究所是我国从事高能物理研究、先进加速器物理与技术研究及开发利用、先进射线技术与应用的综合性研究基地。1973 年 2 月，根据周恩来总理的指示，在原子能研究所一部的基础上组建。其战略定位是：国际领先的高能物理中心之一，具有世界先进水平的大型、综合性、多学科研究基地。高能所现有职工约 1400 人，其中专业技术人员约 1100 人，包括院士 9 人，国家"千人计划"、国家杰出青年科学基金获得者等领军人才及高层次研究骨干近百人。

中国科学院高能物理研究所文献信息部是本所的重要支撑部门，围绕机构科研创新中心工作，部门主要承担以下工作：①研究所文献资源保障，具体包括制定图书馆发展规划和图书经费年度预算，合理配置印本和数字资源；审订中西文图书、期刊、数据库的购置计划；负责国内外科研机构各类到馆资料的收存管理；负责高能所机构知识仓储中各类数字文献资源的采集、上传以及数据维护工作。②书刊流通服务工作，具体包括到馆文献资源的编目入库；读者的办证接待、书刊借阅；部分文献资料的原文传递及馆际互借。③学科化知识服务工作，具体包括对读者需求信息及文献利用的分析与研究，为研究所文献资源建设和服务创新提供信息和参考依据；开展面向科研管理、科研一线、年轻科研群体的论文引证与科技查新、学科情报服务工作。④信息系统平台支撑，具体包括对 OPAC、网络级发现系统、机构知识库系统、国际高能物理信息动态监测系统、高能所群组知识平台等系统的日常运营维护工作。⑤期刊出版发行工作，包括 *Chinese Physics C* 和《现代物理知识》杂志的组稿和全部待发稿件的组织协调、编辑整理和出版工作，以及负责编委会及相关学术会议的承办组织工作。⑥其他工作，包括与上级有关部门的联络、沟通，组织馆际协作活动。应用新的技术手段，不断拓展服务项目。

一、"十二五"期间事业发展综述

高能物理所文献信息部围绕着研究所的"十二五"总体目标，在"十二五"期间经历了自纸质服务为主、到数字化信息资源服务为主、再到基于先进文献计量方法和工具的知识服务的转变。目前图书馆馆舍面积 2300 平方米，纸版藏书 14 万余册，中外文纸质在订期刊 160余种，各类数据库 100 余个，数字资源 10 亿余条，国际先进的学术资源集成与发现系统亦已建成开通。近年来该部门致力于国家研究机构科研一线学术信息服务能力国际化水平提升建设，围绕高能物理主流学科领域在数字资源组织、信息情报服务、开放获取资源应用实践等方面进行了卓有成效的实践，得到机构管理者和科研人员的高度肯定。同时，积极与国际高水平研究机构学术信息服务部门合作，成为高能物理大型信息系统中方参建代表，并为 SCOAP[3] 在国际范围的顺利实施、实现国际权威粒子数据表在亚洲的首次印制做出了贡献。

"十二五"期间,高能物理所文献信息部致力于打造所内学科知识环境,实现海量数字文献、最新科研动态信息、在线文献服务的无缝整合。建成高能所学术信息服务系统—科海搜索,一站式涵盖研究所所有馆藏,包括物理馆藏、机构知识库数字资产、研究所订购的所有远程电子资源和数据库。同时每日收割汇集高能物理科研用户最常用的 arXiv.org 预印本;实时收割采集数百个国际高能物理同行机构、大型学术媒体、科技新闻网站的动态新闻;平台还无缝整合了馆际原文传递及图书互借服务。为科研用户提供了强大的信息服务平台与资源获取环境。加上移动图书馆的上线,使大科学装置异地建设用户也拥有了远程资源获取能力。

与此同时,部门着重构建符合研究所需求的学科情报服务建设,其具体表现在:系列分析报告在研究所一三五国际化评估中获得国外专家高度肯定;年度《期刊论文及专利统计分析报告》获得所学术委员、各重点实验室的认可,也曾发送众多北京地区研究所文献情报服务同行参考;从无到有地承担起为研究所提供权威的文章发表数据统计的工作,在服务研究所科研管理方面发挥重要作用。

"十二五"期间,文献信息部完成了业务国际化拓展,自 2013 年起积极推动并最终使得团队于 2014 年正式加入了 INSPIRE 国际合作。使高能所成为亚洲首个合作机构,与德国 DESY、美国 SLAC、美国 Fermilab、欧洲 CERN 一起共同建设国际高能物理最强大的信息服务平台。

而在团队建设与人才培养方面,2011 年至 2015 年期间,文献信息部积极引进信息管理(1 名)、计算机技术(1 名)、情报学(1 名)、英语(1 名)专业毕业的人才,充实文献情报服务团队。同时注重团队成员的专业培训和学术素养提升,多次派遣成员参加院文献情报系统交换馆员培训、引进电子资源培训、学科情报专员和学科信息专员培训、认证检索员和认证查新员培训等;同时积极参加高校、专业图书馆分会组办的各类学术会议。

二、"十二五"期间事业发展基本统计数据

1. 文献总藏量及各年度新增情况

表 1　高能物理所文献信息部"十二五"期间纸版文献总藏量和年度增长统计表

	纸版文献总藏量(册数)	年度增长(册数)
2011 年	138 722	2583
2012 年	140 891	2169
2013 年	143 205	2316
2014 年	147 916	4711
2015 年	148 315	400

表2　高能物理所文献信息部"十二五"期间新开通数据库资源年度统计表

年度新开通数据库资源	
2011 年	新开通 RSC 数据库、Taylor & Francis 数据库、中国光学期刊数据库;
2013 年	新开通 OUP 现刊数据库、万方数据库、超星数据库平台、台湾科学学位论文及期刊论文数据库
2014 年	新开通 ACM 美国计算机协会数字图书馆、CCDC 剑桥结构数据库、SPIE 国际光学工程学会全文数据库
2015 年	新开通 AGU 美国地球物理联盟数据库、Springer 电子书(6727 + 4338)物理学与天文学包库和化学与材料学

2. 年度读者服务数量

表3　高能物理所文献信息部"十二五"期间读者注册数量和到馆读者数量年度统计表

	读者注册数量(人数)	到馆读者数(人次)
2011 年	206	12 215
2012 年	193	11 216
2013 年	194	9573
2014 年	171	10 599
2015 年	172	12 178

表4　高能物理所文献信息部"十二五"期间书刊流通数量年度统计表

	到馆书刊流通数(册数)	网上续借数(册数)	流通总数(册数)
2011 年	19 510	2493	22 003
2012 年	17 361	6132	23 493
2013 年	14 178	5964	20 142
2014 年	11 882	5066	16 948
2015 年	11 709	5710	17 419

3. 网络文献服务量

表5　高能物理所文献信息部"十二五"网络文献下载情况年度统计表

	国外数据库下载量	中文资源下载量
2011 年	222 961	–
2012 年	214 354	–
2013 年	222 612	–
2014 年	594 240	164 520
2015 年	361 247	253 088

4. 科技查新服务、专题信息服务及研究咨询服务报告

表6 高能物理所文献信息部"十二五"所完成各项信息服务报告年度统计表

	引证报告（篇）	查新报告（篇）	研究咨询报告（篇）
2011 年	11	–	2
2012 年	20	11	2
2013 年	50	5	2
2014 年	35	3	2
2015 年	45	2	3

5. 各年度信息化建设

表7 高能物理所文献信息部"十二五"期间计算机数量新增年度统计表

	计算机年度增长（台数）	服务器年度增长（台数）
2011 年	3	2
2012 年	5	1
2013 年	1	3
2014 年	1	–
2015 年	2	–
	计算机总量：32 台	服务器总量：8 台

2013 年文献信息部网站英文版上线，2015 年年底完成文献信息部网站改版更新。拥有一个电子阅览区，图书馆内实现无线网络全覆盖。

6. 各年度从业人员情况

表8 高能物理所文献信息部"十二五"期间从业人员情况年度统计表

	从业人员（人数）	专业技术人员（人数）	管理人员（人数）	专业人员比例
2011 年	13	12	1	92.3%
2012 年	15	14	1	92.9%
2013 年	16	15	1	93.3%
2014 年	16	15	1	93.3%
2015 年	15	14	1	92.9%

7. 期刊出版统计

表9 高能物理所文献信息部"十二五"期间所属期刊年度出版论文统计表

	《Chinese Physics C》发文（篇数）	《现代物理知识》发文（篇数）
2011 年	222	200
2012 年	197	98
2013 年	238	108
2014 年	228	100
2015 年	276	105

三、"十二五"期间开展的主要工作及发展特点

1. 资源建设

2011 年至 2015 年,高能物理所文献信息部坚持以保障科研人员的文献获取需求,提高科研信息的获取效率为目标,不断丰富所内包括纸本图书、期刊以及各类电子资源在内的多种科研文献资源。其中图书以科研人员推荐为主、辅以流通统计数据的科研导向型采购方式为主。每年购买的纸本图书在 1500 册左右,而在注重传统的纸本图书采购的同时,还在不断增加电子版图书的数量,特别是外文电子版图书,例如 2015 年购买了 10 000 余本与物理学等相关领域的 SPRINGER 电子书,能够帮助科研人员更加便捷的获取相关领域图书或专著。

而科研期刊作为专业图书馆最重要的信息资源,高能物理所文献信息部持续为全所开通有影响力、高质量的电子期刊数据库。这些数据库既涵盖了 Elsevier、SPRINGER、NATURE、Science 等大型综合性期刊数据库,也包含了 APS、IOP、ACS、NRC 等涉及物理化学不同学科的专业期刊数据库。并且,每年开展针对这些数字资源使用情况和科研文献需求的统计和分析,在此基础上陆续增订了多个数据库,除了商业数据库,在科研文献资源建设方面,高能物理所文献信息部还引入大量 OA 资源,如 arXiv、INSPRIE、ADS、CDS 等,进一步提高了所内科研文献的覆盖范围。

2. 图书馆相关信息服务

2011 年至 2015 年,高能物理所文献信息部开展了面向科研一线和科研管理不同方向的文献信息服务活动:

为更好满足科研一线研究人员的科研文献获取需求,弥补科研文献资源覆盖的不足之处,文献信息部开展了原文传递和馆际互借等基础文献服务活动。每年通过原文传递方式提供的论文数量达到 2000 余篇,馆际互借的图书每年则有 200 余本。原文传递和馆际互借为所内科研人员提供了一条重要的科研文献资源的获取途径,并在此基础上实现了所内科研文献资源获取满足率超过 95%。

为了进一步提高科研人员搜索、获取和处理科研文献及相关信息的能力,每年春季和秋季两个时段,文献信息部都会定期举办"文献小课堂"的信息素养培训课程。在这些课程中会向科研人员和在校学生介绍图书馆各种馆藏资源以及服务,指导其查询论文的收录和引用情况,讲解文献管理软件的使用方法和技巧,介绍科研信息搜索和分析的方法和工具,以及期刊投稿的注意事项等,紧紧围绕科研人员及在校学生的需求。每年课程数量达到 16 次以上,参与培训的人次可达到 500 人。

为了方便高能物理所科研人员申报各种奖项(百人计划、杰出青年基金、特聘教授、课题组申报奖项)、实验室验收、职称评定、学位申请等工作提供客观、准确、权威的依据,文献信息部经过长达 2 年的酝酿及知识积累,于 2011 年 6 月起与中国科学院文献情报中心合作正式推出"论文收引检索"服务。由于该项服务流程中数据库收录与引用检索结果的查询是以获得认证资质的高能物理所图书馆工作人员为主,之后报经中国科学院文献情报中心相关

部门审核,这样不仅大大提高了高能物理所科研人员论文收录和引用检索工作效率,也同时可以让科研人员能够近距离的亲身感受到图书馆贴心服务。

除论文收引检索服务外,2012年起文献信息部推出了科技查新服务,为所内不同研究部门的多个研究课题组或是科研人员提供了近20份查新报告。2013年则推出了面向科研一线的提供多种学科化情报服务产品,例如与科研一线人员合作,针对其所研究领域的专利信息进行跟踪,并对相关专利数据进行统计分析,形成专利分析报告供其参考;2014年推出了高能所群组知识平台,以CASIIP平台为主,整合图书馆已有的科研文献资源及其他上线的多个与科研信息资源相关的信息系统,为科研人员提供个性化的科研信息集成化服务,帮助所内的多个课题组和研究团体建立了其服务其所属特定研究领域的信息平台。

在为一线科研人员提供多种信息服务的同时,文献信息部在"十二五"期间开展了面向科研管理的学科情报服务,最初以高能物理所科研产出,主要是期刊论文和专利数据为基础,利用多种信息搜集手段和数据统计分析方法,经过数据收集、加工处理和统计分析,完成了针对研究所整体科研产出统计分析工作。之后,随着统计报告的产品常态化和年度化,分析报告和统计数据逐渐作为研究所的年度报告、参与国际评估活动及所内各个研究部门年度考核的重要参考,同时这些数据还被应用到重点实验室评估、科研人员申报奖项的过程中。这些基础数据也是高能物理所机构知识库的重要数据源,并且为了实现数据保存和共享,2014年"高能所期刊论文统计数据库"系统,为所内的人员查询数据提供了便捷的途径。

3. 基础条件平台建设

2011年至2015年期间,高能物理所文献信息部不断进一步扩大馆舍,加强与科研人员的互动交流。2012年,在高能物理所办公楼设立"卫星阅览室",这主要是基于高能物理所的研究科室分散,高能物理所文献信息部在所内处于一个相对独立的建筑物中,物理距离在一定程度上阻碍了图书馆开展近距离的信息服务,因此选择在高能物理所办公楼设立"卫星阅览室",该阅览室布置了大量图书和定期更新的期刊,实现了科研人员走出办公室即能进入图书馆的状态,进一步拉近了图书馆与科研人员的物理距离。

2014年开始对原有的阅览室进行了改造,通过减少购置纸版期刊和重新调整阅览室布局,将其改造成为一个更加适宜科研人员研读和思考的舒适空间。2015年2月,根据高能物理所东莞分部的要求,完成了其图书馆的设计以及建设工作,仅用数月时间实现了异地建设研究所的科研文献纸质资源整合和电子资源异地无缝获取。

"十二五"期间,高能物理所文献信息部继续提供电子阅览室服务,在继续保持现有规模的基础上,实现了无线网络在馆内全覆盖。同时,文献信息部网站在2011年时完成全面改造,并在此后的五年内不断根据需求进行更新升级,先后加入了中英文两个"一站式"检索平台的接入口,重新整合信息服务的接入口,增加了数据库的相关介绍,并加入科研快报的网页化发布模块,不断提升网站的易用性和便捷性;2014年,为了服务所内日益增多的国外访问学者,设立了专门的英文网站,有助于国外学者在所内也可以无障碍的获取所需的科研文献和信息服务。

高能物理所文献信息部高度重视工作人员的服务能力建设,五年间,年均参加各类培训和再教育活动达到30次左右。尤其重视对信息资源相关发展趋势的跟踪、鼓励人员加强在各类信息资源检索和分析、新型信息服务方式以及各类相关信息处理的工具及方法等方面的学习,积极创造机会,通过"请进来、走出去"多种学习和交流的方式,借鉴其他专业图书馆的在信息服务方面的成功经验,不断改进研究所信息服务模式。

4. 新技术应用：系统平台建设、工具建设、新突破

"十二五"期间,高能物理所文献信息部陆续上线了不同规模的多个信息系统平台。

2011 年 9 月,参与中国科学院机构知识库项目的同时,建设了属于高能物理所的机构知识库系统,建库初期数据量即达到 8300 余条,此后数据量逐年增加,在 2015 年机构知识库系统升级前,数据量总量达到 5 万余条,浏览总量达到 191 万次左右,下载总量超过 11 万次。2015 年年底,对现有的机构知识库进行了进一步升级,保存的数据种类从之前的期刊文献、学位论文、会议论文、专利、年报、演示报告等 17 种扩展到 28 种,增加了图像、影音以及数据集等多个新的内容类型,数据量也在进一步增加。

2012 年 4 月,经过近一年的酝酿和建设,专属于高能物理所的一站式检索平台——"科海搜索"正式上线,数据量超 5 亿条。该平台不仅仅能够多个商业数据库资源的一站式检索,同时还将图书馆的纸质馆藏资源、高能物理所机构知识库、arXiv 等多个馆内外的相关数据资源纳入该系统,同时还将原文传递的服务也嵌入了系统中,为科研人员打造了一个获取全方位资源的统一入口。2013 年,为了进一步扩展以及重新整合图书馆的中文资源,"超星发现"正式上线。2014 年图书馆主页的核心位置嵌入这两个一站式检索平台,真正实现了图书馆主页一站式接入信息资源的功能。

2012 年至 2014 年,经过两年的建设,HEPinfo 高能物理信息检测平台正式上线。该平台以高能物理领域的主要研究机构的网站以及相关科研信息或文献网站的动态作为监测目标,及时抓取高能物理领域中重要机构、实验室、合作组、相关会议的各类信息,分类整合统一发布。同时该平台建成时即与科海搜索平台相连接,同时将数据共享给搜索平台以便更好地利用。

除了以上提及的几个大型新系统之外,2014 年至 2015 年间还上线了中科院集成信息平台 CASIIP,面向科研一线的研究团体搭建了多个课题组和研究小组的网站。利用该系统自身所具有的能够满足研究所、项目组和科研用户建立信息集成与交流共享平台的需求的功能特点,为科研用户进行信息加工、组织和发布提供相关的服务。同时为了方便所内科研人员和管理人员查看所内的产出数据,2015 年高能所期刊论文统计数据库。

5. 人员队伍建设

"十二五"期间,高能物理所文献信息部人员队伍有了进一步扩展,2011 年 7 月,一名情报学博士加入;2014 年 4 月,一名英国国籍的物理学博士加入;2014 年 6 月,一名计算机专业人才加入。这些新成员的加入,进一步优化了文献信息部的人员结构,提升了文献信息部学科情报服务、期刊管理及编辑出版和图书馆信息化水平都有着至关重要的作用。

6. 科普工作

"十二五"期间,高能物理所文献信息部继续坚持围绕着《现代物理知识》杂志开展多种形式的科普工作。《现代物理知识》隶属于中国物理学会高能物理学会分会,由中国科学院高能物理研究所主办,是我国物理学科的一份中、高级科普性期刊。其内容涵盖高能物理、核物理、等离子体物理、原子分子物理、凝聚态物理、光物理、天体物理、宇宙学以及与物理学相交叉的其他学科等,着力于现代物理知识和先进科学技术的普及和推广,对促进物理学交叉学科的发展和教育现代化方面起了积极的作用。2011 年至 2015 年,《现代物理知识》坚持科普期刊科学性和阅读性并重的原则,在内容上涵盖了物理领域各类重大发现和研究成果,推出了多期的专题或是专刊,如 2012 年第三期的《大亚湾反应堆中微子实验》专题,2013年第六期的《2013 年诺贝尔物理学奖》专题,2015 年的《2015 年诺贝尔物理学奖——中微子物理》专刊等。形式上则采用了科普论文与科普彩插相结合的方式,使科普文章的内容能够以更生动直观的方式展示给读者。

在此基础上,《现代物理知识》编辑部还于 2011 年 1 月至 2012 年 6 月,举办了"诺贝尔物理学奖 110 年知识竞答"活动。活动参与者近 3000 人次,收到有效答题 1300 多份。参与者覆盖 20 多个省市,十几个单位组织集体参加。2012 年 7 月,组织第二届"现代物理与 STS教育研讨会"。

7. 参与的国际合作项目

"十二五"期间,2014 年,高能物理所文献信息部正式加入了 INSPIRE 国际合作,共同致力于建设出世界上具有重要影响力的高能物理研究学术信息服务系统,促使部门进一步尝试在管理机制与业务内容上逐步与国际高能物理研究机构对口部门水平接轨,承担起高能物理主流学科方向的文献信息支撑服务。

高能物理所文献信息部主要负责 INSPIRE 数据库中涉及的中国人名作者的信息完善以及相关的用户反馈处理工作和高能物理所科研人员 ORCID 号码的申请工作。文献信息部负责该项目的工作人员利用每周的定期例会,保持与 INSPIRE 外方团队的密切合作,并通过人员之间的互访学习加强合作的深度,不断扩大工作范围。截至 2015 年,已完成作者信息数据整合近 3126 人。完成 INSPIRE 用户相应 RT ticket 工作 1495 个。完成 DayaBay 学位论文上传 26 篇,文章作者机构添加、文章参考文献数据完善等工作近 1005 篇。新建或更新机构数据 131 条。新建或更新学术会议记录 78 条;发布 JOBs 记录 40 条;新建大型实验记录 2 条;为全所科研人员申请 ORCID 号共计 1567 人,已在文献信息部网站可以检索到。

8. 科研项目

2009 年至 2011 年参加中国科学院高能物理研究所机构知识库建设项目。

2011 年至 2013 年参加中国科学院文献情报中心主持的"科研一线知识服务能力建设专项子项目"——研究所情报分析可持续服务能力建设(第一期)。

2012 年至 2014 年成功争取到中国科学院高能物理所谢家麟基金项目——高能所重点研究领域信息情报服务平台建设项目。

2013 年至 2015 年参加中国科学院文献情报中心主持的"科研一线知识服务能力建设专项子项目"——研究所群组知识平台可持续能力建设(第三期)。

2014 年至 2015 年参加中国科学院文献情报中心主持的"研究所科技文献资源保障分析与规划建设二期项目"。

9. 成果展示

表 10 高能物理所文献信息部"十二五"期间成果展示列表

序号	成果名称
1.	2002—2011 年度国际高能物理领域七大研究机构科技论文与专利产出比较分析报告
2.	2006—2010 年度高能所科技论文和专利产出统计分析报告
3.	高能所 2011 年度期刊论文和专利产出统计分析报告
4.	高能所 2012 年度期刊论文和专利产出统计分析报告
5.	高能所 2013 年度期刊论文和专利产出统计分析报告
6.	高能所 2014 年度期刊论文和专利产出统计分析报告
7.	高能所 2015 年度期刊论文和专利产出统计分析报告
8.	高能所 2010 年度文献资源保障分析报告
9.	高能所 2013 年度文献资源保障分析报告
10.	高能所 2014 年度文献资源保障分析报告
11.	高能所正电子湮没和正电子成像在材料和原子领域的应用方向科技成果和影响力分析
12.	环球 ADS 研发动态资料汇编(2012 年)
13.	乳腺 CT 技术专利分析报告(2013 年)
14.	2011 年科学研究动态快报(12 期合订本)
15.	2012 年科学研究动态快报(12 期合订本)
16.	2013 年科学研究动态快报(12 期合订本)
17.	2014 年科学研究动态快报(12 期合订本)
18.	世界四大脉冲式散裂中子源装置相关产出分析报告——(CSNS/ISIS/JSNS/SNS)(2014 年)
19.	CT 技术专利分析报告(针对 CT 技术截止到 2014 年 3 月公开的相关国内外专利进行分析)
20.	PET/CT 技术专利分析报告(对 PET/CT 技术截止到 2014 年 3 月公开的相关国内外专利进行分析)
21.	PET 技术专利分析(对 PET 技术截止到 2014 年 3 月公开的相关国内外专利进行分析)
22.	CL 专利分析报告(2014 年)
23.	高能所东莞分部资源保障分析报告(2014 年)
24.	散裂中子源的经济影响(2014 年)
25.	ILC 项目事前评估成果对 CEPC 项目的启示和影响(2015 年)

图1　环球 ADS 研发动态资料汇编及乳腺 CT 技术专利分析报告的照片

图2　高能所科技论文和专利产品分析报告等相关报告的照片

四、"十三五"时期的发展趋势及未来展望

"十三五"期间,高能所文献信息部依然以建设全面覆盖高能物理所的学科知识环境为目标,进一步深入开展学科情报服务,进一步拓展与国外专业图书馆的合作,进一步加强图书馆人员的队伍建设。其具体目标如下:

（1）学科文献资源建设目标：在已有的商业数据库和自建数据库的基础上，加大开放获取数据库的接入力度；同时加强高能物理领域的大量的非正规出版灰色文献的收集和数字化、元数据整理与编目、长期化存储等工作，进一步丰富图书馆的馆藏资源。同时，秉承文献信息部在文献管理方面的特长，主动承担科研团队学术文档资料、机构科技报告整理排版，更好地履行其机构特色数字资产的管理的重要职责。

（2）学科知识环境建设目标：在先期形成本机构全面知识仓储的基础上，建成高能物理研究所学术信息服务系统（IHEP Academic Information Service System）。快速、全面搜集与本研究所专业相关的最新科研信息，嵌入该信息系统，形成一个资料丰富、组织有序的知识资源。该系统同时为情报研究和战略决策咨询工作的开展提供底层支撑。

（3）学科情报建设目标：围绕研究所重要科学研究领域，重点比较研究国际学科布局与优先发展领域、学科前沿热点与变化趋势、学科发展战略，为研究所及科研团队的学科建设与发展、科研立项与评估提供支持。形成具有粒子物理与核技术学科特色的情报研究机制及模式。充分利用专业数据库（SCI、EI、ISTP、DII 等）和情报分析软件（TDA、CiteSpace、Aureka、SPSS 等）进行文献计量和情报分析，形成若干与研究所发展战略相吻合的战略和学科情报研究服务产品。及时推送至研究所科研团队、决策部门，以及院馆战略情报研究成果共享平台，供全院同行参考。

（4）国际交流和合作目标：持续推进高能物理大型信息系统 INSPIRE 的合作开发，"十三五"期间，除了集中投入力量处理该系统中的中国人名部分信息完善和产出清理工作，特别在与国内高能物理研究领域重点院校和研究机构的科研人员相关的部分，增加与该系统的数据共享和数据复用等技术方面的合作；还将通过多种宣传方式进一步扩大 ORCID 在研究所的影响，争取科研人员了解认可 ORCID，推进 ORCID 在论文发表过程中的广泛使用。

附：大事记

2011 年 6 月，与中科院文献情报中心合作正式推出"论文收引检索"服务。

2011 年 1 月—2012 年 6 月，《现代物理知识》编辑部成功举办了"诺贝尔物理学奖 110 年知识竞答"活动。

2011 年 7 月 25—27 日，《现代物理知识》编辑部成功组织第二届"现代物理与 STS 教育研讨会"。

2012 年 4 月，科海搜索正式上线，数据量超 5 亿条。

2012 年 7 月，*Chinese Physics C* 成功入围 CERN 主导的 SCOAP3 计划的拟资助期刊。

2012 年 10 月，高能物理所图书馆成为中国机构知识库推进专家组成员。

2012 年 12 月，*Chinese Physics C* 被评为"2012 中国国际影响力优秀学术期刊"。

2013 年，与 CERN 正式建立了高能物理大型信息系统 INSPIRE 的建设合作关系，实现部门自建制以来的首次实质性国际合作。

2013 年 12 月，*Chinese Physics C* 被评为"2013 中国国际影响力优秀学术期刊"。

2014 年 3 月，*Chinese Physics C* 竞标成功粒子数据表 PDG Review of Particle Physics 和 Booklet 的出版权，发往 60 多个国家和地区。

2014 年 6 月，正式加入 INSPIRE 国际合作，促使部门进一步尝试在管理机制与业务内容上逐步与国际高能物理研究机构对口部门水平接轨,承担起高能物理主流学科方向的文献信息支撑服务。

2014 年 12 月,*Chinese Physics C* 被国内权威评价单位评为"2014 中国最具国际影响力学术期刊"。

2015 年,*Chinese Physics C* 编辑部实现先进的在线投稿和审稿平台 SCHOLARONE 上线,加强 *Chinese Physics C* 杂志的国际宣传和国际稿件的约稿。

2015 年,正式与 ProQuest 公司正式签署 Alma 系统上线合同,将稳步提升个性化知识服务水平。

2015 年,配合东莞分部完成分部图书馆建设,进一步完善东莞分部的文化建设。

2015 年 12 月,*Chinese Physics C* 被国内权威评价单位评为"2015 中国最具国际影响力学术期刊"。

中国科学院高能物理研究所文献信息部

中国科学院上海生命科学信息中心"十二五"事业发展报告

一、"十二五"期间事业发展综述

中国科学院上海生命科学信息中心(以下简称"信息中心")整合组建于 2002 年 6 月,由原中国科学院上海文献情报中心(创建于 1953 年)和中国科学院上海生命科学创新基地的信息服务支撑单元整合建立,是中国科学院为支撑全院生命科学领域的科研创新,进行的一项信息服务支撑系统的重要改革部署,系中国科学院上海生命科学研究院(以下简称"上海生科院")的成员单位之一。

信息中心致力于建设成为我国生命科学及其交叉学科领域国内一流、国际知名的信息研究机构,聚焦国家战略、学科前沿和社会经济发展,保障科学研究不断进步的信息需求,做好为上海生科院乃至中国科学院生命科学研究领域与沪区各研究所以及上海地区社会化的科技信息服务工作。

"十二五"时期正值中国科学院全面实施"创新 2020"规划和"率先行动"计划之际,基于这样一个重要的发展转型期与机遇期,以及我们的愿景和使命,信息中心在"十二五"期间提出了"三个重大突破"和"六个重点培育"目标,即努力实现"科研一线基础信息服务体系""科技情报研究与服务体系"和"学术期刊国际影响力"三个方向的重大突破,着力培育"情报研究中心""科技文献服务中心""生命科学学术期刊集群""数字资源服务系统""学会联办平台",推进本机构各项事业的可持续发展。

经过五年的改革与创新,信息中心集成了科技文献、科技情报、学术期刊出版、网络计算机、档案、学术团体等优势资源、服务与技术,在服务国家、中国科学院和地方政府、企业等多个层面,打造了一批科技信息服务与学术出版优质品牌,积累了较为丰富的信息资源和高水平的科技情报与产业技术情报服务"产品",业务规模不断拓展,人才队伍不断壮大,发展水平不断提升。

至"十二五"末,信息中心成建制的设有生命科学图书馆、情报研究中心、生命科学期刊社、网络计算机中心、档案馆、学会联合办公室六个业务板块和联合办公室一个管理职能部门。生命科学图书馆是围绕我国生命科学研究与发展需求建设的专业图书馆,馆藏以生物科学、医学、化学、农学及相关学科为特色,设置有馆藏文献服务、学科馆员服务、文献传递等主要业务职能,自主建设中国生物学文献数据库(以下简称 CBA)等特色资源,开展知识挖掘研究。情报研究中心下设三个研究部,在战略情报、学科情报、产业技术情报、科技查新等方面形成生命科学与生物技术情报研究与服务体系,为国家战略、学科发展和区域技术创新需求提供卓有成效的信息支撑和情报服务。生命科学期刊社承办 5 种 SCI 收录英文期刊(*Cell Research*、*Molecular Plant*、*Journal of Molecular Cell Biology*、*Acta Biochimica et Biophysica Sinica*、*Neuroscience Bulletin*)、1 种开放获取英文期刊(*Cell Discovery*)和 6 种中文期刊(《生理学报》《植物生理学报》《中国细胞生物学学报》《生命科学》《生命的化学》《中国生物学文摘》),涉及生命科学的各个研究领域,尤其在分子与细胞生物学、生物化学、植物生理与分子生物学、生理学与神经科学等学科领域形成了各自不同的特色,同时合作出版 1 种 SCI 收录英文期刊(*Science Bulletin*)。网络计算机中心承担上海生科院及下属 13 个研究所/中心、5个园区的网络技术支撑与 IT 项目开发职能。档案馆承担上海生科院的档案管理职能(根据中国科学院的总体要求,档案馆在 2015 年 7 月划归上海生科院机关序列)。学会联合办公室有挂靠上海生科院的 4 个国家级学会(中国生物化学与分子生物学会、中国细胞生物学学会、中国神经科学学会、中国植物生理学会)和 6 个地方学会(上海生物化学与分子生物学会、上海细胞生物学学会、上海神经科学学会、上海植物生理学会、上海昆虫学会、上海生物工程学会)秘书处联合办公。

至"十二五"末,信息中心有在职职工 123 人,平均年龄 37 岁,其中高级专业技术岗位人员 50 人(占 40.7%),具有博士学历人员 28 人(占 22.8%)、硕士学历人员 53 人(占43.1%),10 人具有海外学术经历,设有科技期刊博士后流动点和生物情报学硕士研究生培养点,拥有一支知识化、年轻化、专业化的人才梯队。

信息中心现为中国图书馆学会理事单位、中国图书馆学会专业图书馆分会常务理事单位、中国索引学会常务理事单位、中国科技情报学会竞争情报分会会员单位、中国科学院自然科学期刊编辑研究会副理事长单位、中国科学院自然科学期刊编辑研究会上海分会理事长单位、上海市图书馆行业协会副会长单位、上海市图书馆学会副理事长单位、上海市科技情报学会副理事长单位、上海市科技期刊学会理事长单位、上海市期刊协会常务理事单位、上海市出版协会常务理事单位。

通过"十二五"的建设,信息中心初步具备了同行业较高水准的核心竞争力,已逐步发展成为中国科学院生命科学研究领域重要的综合性科技信息支撑和服务基地。

二、"十二五"期间事业发展基本统计数据

表 1 "十二五"基本数据统计

机构名称	中国科学院上海生命科学信息中心				馆舍面积		11 227 平方米	
机构网址	www. sicls. ac. cn				电子邮箱		sicls@ sibs. ac. cn	
从业人数(人)		专业职称(人)				学历结构(人)		
在编	非在编	正研	副研	中级	初级	博士	硕士	本科	其他
123	0	18	32	55	15	28	53	35	7
馆藏量								
印本资源	藏量(种/册)	"十二五"新增	电子资源	数量(个)	"十二五"新增			
中文图书	121 218/178 733	509/710	中文电子书	1	0			
外文图书	166 874/239 906	627/1065	西文电子书	5	1			
中文期刊	5877/444 258	3/31 666	中文电子期刊	2	0			
西文期刊	7511/1 568 541	0/9482	西文电子期刊	20	3			

续表

馆藏量					
印本资源	藏量(种/册)	"十二五"新增	电子资源	数量(个)	"十二五"新增
报　刊	-	-	中文网络数据库	4	0
古　籍	4228/78193	0/0	西文网络数据库	23	1
视听文献	3145	502	自建数据库	1	0
缩微制品	23	0	其他	-	-

科研项目("十二五"期间在研的部级以上科研项目)	
项目级别/来源	项目数量(项)
国家科学技术部	4
国家自然科学基金委员会	11
中国科学院	54
中国科学技术协会	3
中共中央宣传部	1
国家开发银行	1

主要情报产品(成果形式:动态快报、光盘/视频、数据库、出版物、专著等)	
成果形式	数量
出版物/专著(本,含参与编著)	18
自建数据库(个)	1
自建信息平台(个)	16
动态快报(本,含参与编辑)	2
发明专利/软件著作权(项)	2

图书馆学、情报学专业硕士、博士学位授予单位(请划√)				
图书馆学、情报学专业硕士授予单位	是	√	否	
图书馆学、情报学专业博士授予单位	是		否	√

表2　2011—2015年文献总藏量及各年度新增情况统计

类别	2011年		2012年		2013年		2014年		2015年	
	累计量	当年新增量	累计量	当年新增量	累计量	当年新增量	累计量	当年新增量	累计量	当年新增量
图书、资料小计(种)	286 956	0	287 288	332	287 558	270	287 863	305	288 092	229
图书、资料小计(册)	417 503	639	417 835	332	418 105	270	418 410	305	418 639	229
中文图书(种)	120 709	0	120 869	160	120 930	61	121 078	148	121 218	140
中文图书(册)	178 224	201	178 384	160	178 445	61	178 593	148	178 733	140
外文图书(种)	166 247	0	166 419	172	166 628	209	166 785	157	166 874	89

续表

类别	2011 年		2012 年		2013 年		2014 年		2015 年	
	累计量	当年新增量	累计量	当年新增量	累计量	当年新增量	累计量	当年新增量	累计量	当年新增量
外文图书（册）	239 279	438	239 451	172	239 660	209	239 817	157	239 906	89
其中西文图书（种）	122 906	0	123 078	172	123 287	209	123 444	157	123 533	89
其中西文图书（册）	174 089	438	174 261	172	174 470	209	174 627	157	174 716	89
其中日文图书（种）	11 298	0	11 298	0	11 298	0	11 298	0	11 298	0
其中日文图书（册）	22 143	0	22 143	0	22 143	0	22 143	0	22 143	0
其中俄文图书（种）	32 043	0	32 043	0	32 043	0	32 043	0	32 043	0
其中俄文图书（册）	43 047	0	43 047	0	43 047	0	43 047	0	43 047	0
期刊小计（种）	17 175	0	17 178	3	17 178	0	17 178	0	17 178	0
期刊小计（册）	2 397 990	9913	2 407 958	9968	2 416 786	8828	2 423 554	6768	2 429 225	5671
中文期刊（种）	5874	0	5877	3	5877	0	5877	0	5877	0
中文期刊（册）	420 396	7804	428 132	7736	434 917	6785	440 056	5139	444 258	4202
西文期刊（种）	7511	0	7511	0	7511	0	7511	0	7511	0
西文期刊（册）	1 561 168	2109	1 563 400	2232	1 565 443	2043	1 567 072	1629	1 568 541	1469
其中西文原版期刊（种）	5258	0	5258	0	5258	0	5258	0	5258	0
其中西文原版期刊（册）	1 093 450	2109	1 095 682	2232	1 097 725	2043	1 099 354	1629	1 100 823	1469
日文期刊（种）	2434	0	2434	0	2434	0	2434	0	2434	0
日文期刊（册）	199 302	0	199 302	0	199 302	0	199 302	0	199 302	0
其中日文原版期刊（种）	1948	0	1948	0	1948	0	1948	0	1948	0
其中日文原版期刊（册）	159 442	0	159 442	0	159 442	0	159 442	0	159 442	0
俄文期刊（种）	1356	0	1356	0	1356	0	1356	0	1356	0
俄文期刊（册）	217 124	0	217 124	0	217 124	0	217 124	0	217 124	0
其中俄文原版期刊（种）	814	0	814	0	814	0	814	0	814	0
其中俄文原版期刊（册）	130 275	0	130 275	0	130 275	0	130 275	0	130 275	0
会议录及科技报告小计（册）	97 292	0	97 292	0	97 292	0	97 292	0	97 292	0
科技报告（册）	97 292	0	97 292	0	97 292	0	97 292	0	97 292	0
其中外文科技报告（册）	97 292	0	97 292	0	97 292	0	97 292	0	97 292	0
其他小计	187 770	–	188 962	1192	189 712	750	189 986	274	190 635	649
学位论文（件）	1570	93	1915	345	2166	251	2440	274	3089	649
微缩制品（盒/张）	23	0	23	0	23	0	23	0	23	0
音像制品（盒/张）	2838	251	3089	251	3145	0	3145	0	3145	0
古籍（种）	4228	0	4228	0	4228	0	4228	0	4228	0
古籍（册）	78 193	0	78 193	0	78 193	0	78 193	0	78 193	0
其他（件）	105 146	–	105 742	596	106 185	0	106 185	0	106 185	0
合计（件）	491 901	14 324	493 428	1527	494 448	1020	495 027	579	495 905	878

表3 2011—2015年文献信息服务数量

		2011 年	2012 年	2013 年	2014 年	2015 年
文献借出（册）		2297	3555	3156	2737	3807
文献借出（次）		1349	2347	2231	1568	2510
馆际互借	借出（册次）	56	20	6	56	59
	借入（册次）	1	67	31	58	0
全文传递	对外请求量（篇）	725	2890	2210	2508	4239
	对外提供量（篇）	12 950	15 174	145 141	42 043	62 868
	接受请求量（篇）	12 079	17 343	16 784	44 620	82 568
复制文献（张）		8756	105 742	78 483	54 574	63 289
本所图书馆主页点击量（次）		23 549	25 072	23 197	31 245	30 244
读者咨询（按形式分）	网上咨询（次）	1384	726	879	925	1022
	到馆咨询（次）	4512	2000	890	2332	2311
读者咨询（按内容分）	学科咨询（次）	660	305	794	1985	1479
	一般咨询（次）	5236	2421	975	1272	1854
文献信息加工	文摘（篇）	4848	23 461	4862	4827	4870
	数据库数据加工（条）	5764	23 461	4978	4886	4337
学科馆员到所培训（次）		6	4	2	5	2
学科馆员到所培训规模（人次）		630	418	582	678	125
本馆内举办文献相关培训（次）		24	20	21	17	23
本馆内举办文献相关培训过目（人次）		431	512	132	253	292

表4 2011—2015年情报咨询服务数量

	2011 年	2012 年	2013 年	2014 年	2015 年
战略情报与学科情报在研项目（项）	11	23	23	32	20
其中新争项目（项）	7	13	9	12	11
科技查新课题（项）	6036	7070	7176	8324	7592
引文检索（项）	801	840	882	919	843
产业技术情报服务（项）	25	36	35	22	21
专利信息服务（项）	17	29	52	42	46

表5 2011—2015年从业人员情况统计

	在岗人数（人）	学历分布（人）				岗位分布（人）					平均年龄（岁）
		博士	硕士	本科	大专及以下	正高级	副高级	中级	初级	职员	
2011 年	112	18	40	36	18	12	28	52	17	3	38
2012 年	116	20	42	38	16	12	32	54	15	3	38

	在岗人数（人）	学历分布（人）				岗位分布（人）					平均年龄（岁）
		博士	硕士	本科	大专及以下	正高级	副高级	中级	初级	职员	
2013 年	118	21	47	37	13	17	31	51	16	3	38
2014 年	124	23	54	38	9	17	32	55	16	4	37
2015 年	123	28	53	35	7	18	32	55	15	3	37

表 6　2011—2015 年承担研究项目情况统计

	2011 年	2012 年	2013 年	2014 年	2015 年
在研项目（项）	22	36	41	53	32
其中新争项目（项）	17	16	21	21	17

三、"十二五"期间开展的主要工作及发展特点

"十二五"期间,信息中心不断凝练发展目标,全面实施各项重点建设任务;全力推进研究型信息支撑服务机构的建设,积极承担国家、中国科学院和地方科技任务;重点开展面向科研一线的知识服务创新和知识平台建设,加快传统文献服务转型发展;重点构建科技情报研究与服务体系,形成一定支撑战略研究与学科发展决策和产业技术创新的能力;重点打造国内高端学术期刊集群,努力提升精品学术期刊的国际影响力;加强网络、档案、学会等综合信息保障;加强人才队伍建设和创新文化建设;使信息中心各项事业蓬勃发展。

1. 加快传统服务模式转型,提升科研一线知识服务能力

信息中心以"科研一线知识组织与服务"为重点,推动信息服务转型发展,构建网络环境下的知识服务阵地,建设一批学科领域知识平台(库),不断提升资源保障能力和知识获取能力,着力提升学科知识服务水平。

(1)信息资源建设与保障

信息中心以科研需求为导向,建设结构合理、利用高效的数字资源,在中国科学院的总体资源建设规划和支持下,截至 2015 年年底,已开通数据库 55 个,其中全文数据库 28 种、工具型数据库 6 种、索引数据库 10 种,开放到研究人员桌面的电子期刊 22 786 种、电子图书 201 449 种。

引入了"用户驱动电子书采购模式(PDA)",有效探索现有纸本图书订购时滞长、用户使用效率不佳以及用户使用需求及时性、广泛性特征下,图书订购模式的转变问题。目前 EBL 平台已推向用户,用户使用反馈积极并评价能有效满足其对图书需求中时效性强,使用广泛的需求。

重构了信息组织与揭示体系,通过 360Link 工具,将本馆馆藏资源无缝嵌入与连接 Pubmed 检索系统,开设了上海生科院专属 Pubmed 链接(http://pubmed.sibs.ac.cn),使用

户在检索 Pubmed 时,更有效查找和利用到本馆资源。

搭建了智能文献网络传递服务平台,打通了生物学、医学及生物医学应用的文献需求链,5 年内累计接收中国科学院各研究所文献请求 12 572 篇,完成请求率 96%。

参与承担了国家科技支撑计划"面向外文科技文献的超级科技词表和本体建设(ST-KOS)"生命科学部分词表加工。通过概念范畴分类、同义词环归并、翻译及释义等步骤开展理学领域生命科学部分的知识组织和加工,为深入开展知识利用和服务提供扎实的基础,共完成 6 万余条加工任务。

参与承担了中国科学院"研究所科技文献保障分析与规划"等资源建设项目,通过项目对现有资源利用进行评估,同时开展深入的科研需求调研,发掘用户需求的重点与特点,为制定更为合理的资源保障体系提供有效的数据支撑。

(2)知识服务平台建设

信息中心构建网络化科研信息环境,完成了"植物领域科学家网络知识平台""上海生科院神经科学研究所机构知识库""昆虫博物馆集成知识平台"3 个知识服务平台建设,完成了"乙型肝炎专题知识库的构建与信息挖掘整合技术的应用"项目的研究。

其中,"植物领域科学家网络知识平台(http://ske.slas.ac.cn/ske/)"创新性地将实验视频融入科研知识环境建设中,在知识存储和共享方面尝试了一条新的途径,入选了 2013 年"中国图书馆学会年会"示范展览项目。项目组经过认真思考、组织、探索和实践,建设了面向中国科学院上海辰山植物科学研究中心知识发现需求的植物领域科学家网络总平台与 8 个面向课题组的分平台。通过对底层本体、应用界面、实验视频拍摄等关键技术的研究与开发,初步形成了以实验视频知识库为个性化特色的植物领域知识环境并在用户中逐步推广使用。

"上海生科院神经科学研究所机构知识库"快速实现对本机构知识资产的收集、长期保存、合理传播利用,积极建设对知识内容进行捕获、转化传播利用和审计的能力,逐步建设包括知识内容分析、关系和能力审计在的知识服务能力,开展综合管理。截至 2015 年年底,累计存储研究所建所以来的全文 840 篇,浏览使用共计 290 851 人次,下载全文 50 732 篇。

"昆虫博物馆集成知识平台(http://www.shem.com.cn/)"个性化开发和建设了基于上海昆虫博物馆特色资源的综合科研知识服务平台,三维昆虫标本知识库、昆虫生态图片库和昆虫科普视频库已成为平台特色与对外服务亮点。昆虫生态图片库参考三维立体昆虫标本库的构建方法,以昆虫分类学科进行树形结构的展示;科普视频库则大大丰富了平台多媒体资源,成为昆虫博物馆科普宣传和对外展示的重要途径受到用户的好评。

(3)个性化学科知识服务

信息中心针对课题组不同需求层级开展针对性服务,创新学科服务模式,嵌入课题组做科学家的"信息官",得到了课题组的认可。

为"空间生物学""细胞库"等多个课题组个性定制、持续提供信息支撑,五年来累计提供定制数据近 4700 条。

与中国科学院上海巴斯德研究所抗体研究课题组建立服务伙伴关系,深入支撑课题组各项服务需求,在《治疗性抗体创新靶点的筛选平台建立和抗体的功能验证》研究项目中,作为"信息情报"子课题参与科研研究各环节,开展商业化市场及可行性分析、产业技术与知识产权前景分析、知识产权布局的建议的相关研究任务。

与中国科学院上海生科院植物生理与生态研究所合作开展"研究所情报可持续能力建设"项目,目前已形成《研究所竞争力分析报告》《重点实验室竞争力分析报告》等系列报告,报告结果成为科研管理人员的重要参考;构建的面向研究所科研竞争力分析指标体系在数据验证中效果良好。

参与完成了"上海市重点研发领域个性化知识服务体系建设与完善"项目,运用新的信息技术探索个性化服务模式,面向上海市的重点领域的研发企业,跨学科、跨领域整合各资源和服务,有效满足上海市重点领域的个性化学科知识服务需求。

协同中国科学院文献情报中心为上海科技大学生命学院、免疫所以及 iHuman 所提供基础及深入的学科文献服务,包括用户需求调研与分析、生命科学领域文献资源利用培训、各类综合参考咨询等;协同复旦大学遗传与发育协同创新中心为其实验室评估、科研成果评价等提供大量统计与分析工作,均受到了用户好评,充分体现了信息中心学科知识服务的能力与水平。

此外,信息中心还深入各研究所开展科研人员信息资源利用、研究生信息素养培训等,五年内累计培训 4053 人次;承担了中国科学院文献情报中心参考咨询服务网络(生物学)、上海中心图书馆知识导航咨询网络(生命科学、化学、图书馆学情报学)的在线学科咨询服务,两年内累计提供咨询 4936 次。

（4）特色资源开发与建设

信息中心自主建设 CBA 数据库,截至 2015 年年底,累计在库数据量达到了 465 796 万条,完成了"CBA 信息整合技术的研发与应用"项目研究,并继续与欧洲生物信息中心（EBI）在 CiteXplore 平台上开展信息整合与关联的合作,带动 CBA 功能与服务升级。

开展馆藏珍贵中医药古籍数字化保护,截至 2015 年年底,10 种古籍被《国家珍贵古籍名录》收录,3 种古籍被《中国中医古籍孤本大全》收录,40 种古籍被《上海市珍贵古籍名录》收录,是上海市首批古籍重点保护单位。2014 年,承担了上海市新闻出版局"中科院珍贵古籍数字化开放应用平台建设——中医善本专题"专项,通过该项目建设,中科院珍贵古籍数字化开放应用平台即将向社会提供开放服务;成功开展了珍贵中医古籍再出版工作,《本草拔萃》即将出版。

2. 情报服务支撑能力提升,优秀研究成果不断涌现

作为推进科技情报研究与服务体系建设,加快培育科技情报业务新增长点的重要改革举措,2012 年底信息中心将情报业务从图书馆的工作职能中分离出来,单独设立了开放型的"情报研究中心"业务板块。

"情报研究中心"成立后发展态势良好,面向国家战略需求、学科发展前沿和国民经济主战场构建"战略情报、学科情报、产业技术情报、科技查新"情报服务链,形成了干细胞与再生医学、合成生物学、工业生物技术、健康产业等几个有一定影响力的研究领域和团队,培育了生物安全、精准医学、微生物组、老龄化、知识产权评议等几个具有潜力的研究领域和团队,提供了卓有成效的情报服务,产出了一批高质量研究成果,创建了一批信息中心主导的情报产品,基本建立了以生命科学与生物技术为特色的情报研究与服务体系。

（1）战略情报与学科情报服务

信息中心为国家、中国科学院战略决策提供服务和支撑,积极参与到相关部委的规划编制及决策咨询工作中;面向"率先行动"计划的重大需求,主动对接、加强部署,积极投入到中国科学院生命科学及相关学科领域、上海生科院的情报支撑需求工作中,2011 年以来新增承担或参与各类战略情报和学科情报项目共计 51 项(其中国家部委项目 6 项、中国科学院项目 35 项、地方项目 10 项),实现到账经费 1275.1 万元,较"十一五"时期实现了较大幅度增长,已经形成了一定的服务中国科学院、国家有关部门及地方政府战略研究和学科发展决策的能力。

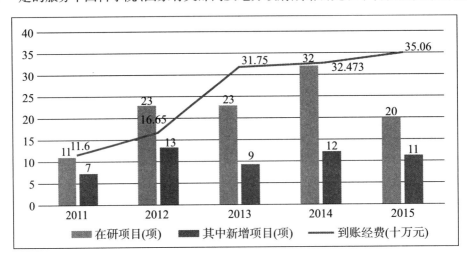

图 1　2011—2015 年承担战略情报和学科情报项目及经费统计图

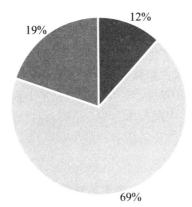

图 2　2011—2015 年承担战略情报和学科情报项目来源分布图

　　其中,承担和参与了一批国家部委情报项目,主要有:科技部"863"专题项目"微生物数字资源知识管理系统构建及关键技术研究"、科技部科技支撑计划项目"生物技术领域专利信息应用示范"、科技部项目"进一步发挥重大科学研究计划作用及机制问题研究"、国家自然科学基金委情报专项项目"合成生物学发展战略研究"、中国科协创新战略研究项目"我国生物医药领域创新力评估初步研究"、国家开发银行项目"生物产业趋势调研"等。

　　承担和参与了一批中国科学院重点部署(重要方向)项目、先导项目和学部咨询项目,主要有:"现代农业科技发展与资源环境保护政策支持研究""整合生物学战略研究""生物资源与生物多样性领域战略研究""工业生物技术信息服务与情报研究""人口健康领域科技发展路线图战略研究""生命科学战略决策咨询研究""国际科学技术前沿报告""干细胞与再生医学先导专项战略情报服务与研究""合成生物学发展战略研究""生命医学伦理研究""植物代谢组与人类营养健康的战略研究""维护老龄健康面临的挑战与对策""疆域安全情报调研"等项目。

承担和参与了一批上海市项目,主要有:"重大新药创新路线图""生物能源产业关键技术""研发情报支撑系统研究""德国科技创新体系研究""高技术出口目录分析""专利机构从业及服务规范研究"等项目。

(2)产业技术情报与科技查新服务

信息中心科技查新服务辐射广泛,以长三角地区为主设有 20 个省级或市级科技查新合作分中心,以良好的服务质量,赢得了高校、科研院所和高新技术企业用户的信任和好评,近年来已经发展成为我国有一定影响的大型科技查新机构之一。

在此基础上,近五年信息中心不断地开拓新的服务领域,2012 年成立了"产业与技术情报研究中心",大力发展产业技术情报、企业竞争情报、专利检索与专利评价等业务,承担多项上海市科技发展研究基金软科学研究项目,开展战略新兴产业技术路线图的研究与绘制,内容涉及新药创制、干细胞治疗、医学影像、生物服务等,有力支持了区域产业技术发展对情报服务的需求,分析、提炼科技创新型企业的信息与情报需求,有针对性开展企业技术情报和专利情报咨询,获得了研究院所及企业用户的一致好评。

 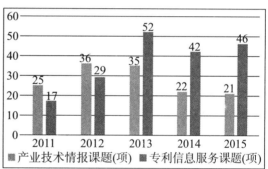

图3 2011—2015 年科技查新、产业技术情报服务统计图

(3)产出一批优秀情报研究成果

信息中心产出的一批情报研究成果得到了各级领导、管理部门和科研人员的肯定。由信息中心主要参与撰写的《维护老龄健康面临的挑战与对策》报告由中国科学院院长白春礼签署发布,并得到国家领导人批示。

信息中心撰写的 7 篇报告被《中国科学院专报信息》采纳报送中办、国办,分别是:"欧美精准医学部署情况及对我国的启示""美国加强和改革生物医学创新系统的主要措施及对我国的启示""中科院专家关于 IBM 食品供应链基因测序联盟食品安全应对策略的分析及对我国食品安全监管的建议""美国提高政府运作效率选拔利用'体制外'企业高端人才""美国国家研究理事会《会聚:加快生命科学、物理科学和工程学以及其他学科的跨学科整合》报告简析""美国政府推行科技激励新模式'创新挑战赛奖',可能改变全球科技资源利用格局""中科院专家关于关注'两用研究'加强生物安全监管的建议"。其中,以"美国提高政府运作效率选拔利用'体制外'企业高端人才"为基础撰写的《美国"创新伙伴计划"与政府效能建设》一文于 2016 年 3 月 3 日在中央党校《学习时报》刊载,之后在《求是》理论网、中央编译局"马克思主义理论研究和建设工程"频道、国务院发展研究中心中国智库网、北京市委前线网、中央党校中国干部学习网、中共江苏省委宣传部"江苏大讲堂"、中国改革论坛网等转载。

撰写的"美国生物防御蓝带研究组提出生物防御战略蓝图呼吁变革生物防御领导体系"和"美国全面加强生物安全监管及对我国的启示"两篇报告被《中国科学院领导参阅材料》录用。

自主创办了情报快报 *BioHorizon*,设置了 5 个主要栏目,围绕创新链、产业链和价值链,呈现生命科学研究、生物产业领域具有重要参考价值和洞察力的信息和情报。该刊主要推送中国科学院内管理部门和科研人员。

自 2012 年参加评选"上海科学技术情报成果奖"以来,信息中心连续 4 年均有情报研究成果获评一等奖,另有 5 项成果获得了二等奖、3 项成果获得了三等奖。分别为:"生命科学与生物技术战略决策研究"(2012 年)、"发达国家对中国高技术出口管制目录的分析与研究"(2013 年)、"我国合成生物学发展战略研究"(2014 年)、"工业生物技术战略情报研究与服务"(2015 年)获上海科学技术情报成果奖一等奖;"生物产业决策支撑系统的建设与应用"(2012 年)、"聚乳酸产业发展战略分析"(2013 年)、"流感情报服务与信息平台建设"(2014 年)、"功能微生物企业竞争分析"(2014 年)、"非编码 RNA 领域战略情报研究"(2015年)获上海科学技术情报成果奖二等奖;"战略性新兴产业重点领域发展趋势研究——以生物服务产业为例"(2015 年)、"金山区工业项目科技创新能力预评估"(2015 年)、"智能电视固定终端产业生态研究"(2015 年)获上海科学技术情报成果奖三等奖。

在"2014 年华东地区科技情报成果奖"评选中,信息中心的"干细胞与再生医学战略情报研究与服务""生命科学与生物技术战略决策研究""生物产业决策支撑系统的建设与应用"三个项目获得了三等奖。

"十二五"期间,信息中心共参与编撰出版了情报专著 18 部:《工业生物技术发展报告》(共出版 5 本,2011 年至 2015 年每年度出版 1 本)、《中国生物技术与产业发展报告》(共出版 5 本,2011 年至 2015 年每年度出版 1 本)、《生物资源与生物多样性战略研究报告》(共出版 2 本,2010—2011 年度和 2012—2013 年度各出版了 1 本)、《维护中国老龄健康面临的挑战与对策》《会聚观:推动跨学科融合》《国际科学技术前沿报告2015》《世界新兴产业发展报告》《专利战术情报方法与应用》《上海市科协学科发展报告(2015)》。

此外,面向科技企业开展的情报咨询服务也取得了显著效益。比如,2013 年信息中心受国内某半导体高新技术企业委托开展"高端 MOCVD 设备研发及产业化"知识产权评议和侵权分析,在该项目研究中应用了技术谱系分析方法,进行了核心专利识别,为客户建立了高风险专利规避策略,最终帮助客户在国际专利侵权诉讼中获得 4 胜 1 平,为我国高新技术企业发展占据了有利地位。

3. 建设高端期刊集群,提升中国学术期刊国际影响力

信息中心抓住体制机制改革之机开展期刊集群化建设,持续推进学术期刊改革试点,期刊国际化、集群化建设都取得了突破性进展,并且相继成功创办了开放获取期刊(以下简称OA 刊)、启动建设英文期刊数字发布平台等一系列学术期刊创新业务发展,从战略高度不断增强期刊的可持续发展能力。

(1)期刊国际影响力不断提高

Cell Research(以下简称 CR)2014 年度影响因子(以下简称 IF)为 12.413,IF 再创新高,

在 SCI 收录的 184 种国际细胞生物学领域期刊中影响因子排名第 13 位,继续在亚洲同领域学术期刊中排名第一,其学术水平已与 *Nature* 子刊 *Nature Structural Molecular Biology*、*Cell* 子刊 *Molecular Cell* 接近或相当,已位居世界一流学术期刊行列。

Molecular Plant(以下简称 MP)2014 年度 IF 为 6.337,在 SCI 收录的 200 种国际植物科学领域期刊中影响因子排名第 9 位,继续在亚洲同领域学术期刊中排名第一,已跻身国际植物科学领域主流研究类期刊之列,高度展示了国内外植物科学研究的成就。

Journal of Molecular Cell Biology(以下简称 JMCB)2014 年度 IF 为 6.870,在 SCI 收录的 184 种国际细胞生物学领域期刊中影响因子排名第 31 位,逐步成为国内外细胞生物学及其他生命科学核心领域的科学家相互交流与展示的优秀学术平台。

CR、MP、JMCB 三刊 IF 均处于了 Q1 水平。

Acta Biochimica et Biophysica Sinica(以下简称 ABBS)2014 年度 IF 为 2.191,在国内同领域期刊中排名第一。

Neuroscience Bulletin(以下简称 NB)2014 年度 IF 为 2.509,是我国神经科学类最优秀的期刊,在亚洲神经科学学术期刊中处于领先地位。

表6 2002—2014 年度期刊 SCI 影响因子统计表

	2002 年	2003 年	2004 年	2005 年	2006 年	2007 年	2008 年	2009 年	2010 年	2011 年	2012 年	2013 年	2014 年
CR	1.958	1.729	1.936	2.161	3.426	4.217	4.535	8.151	9.417	8.19	10.526	11.981	12.413
MP	–	–	–	–	–	–	–	2.784	4.296	5.546	6.126	6.605	6.337
ABBS	–	–	0.36	0.505	0.931	1.017	1.086	1.482	1.547	1.376	1.807	2.089	2.191
JMCB	–	–	–	–	–	–	–	–	13.4	7.667	7.308	8.432	6.87
NB	–	–	–	–	–	–	–	–	–	1.311	1.365	1.832	2.509

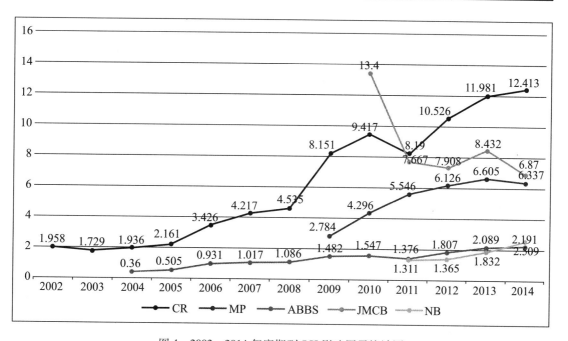

图4 2002—2014 年度期刊 SCI 影响因子统计图

2015 年 4 月 28 日,新创办的 *Cell Discovery*(以下简称 CD)正式上线。该刊以英文发表生命科学研究领域高质量原创性研究成果,是中国第一本广谱的生命科学类 OA 刊。截至2015 年底,CD 共发表 38 篇文章,已经以其发表的高质量文章在科学家群体中产生了非常好的影响。

此外,根据清华大学中国学术文献国际评价研究中心发布的"2015 中国学术期刊国际引证年报",CR 位居"2015 年中国最具国际影响力学术期刊(自然科学与工程技术)排行榜"第一,MP、JMCB、ABBS、NB 分列第 3 位、第 11 位、第 19 位、第 43 位(总 175 种期刊入选),《生理学报》位居"2015 年中国国际影响力优秀学术期刊(自然科学与工程技术)排行榜"第51 位(总 175 种期刊入选)。

信息中心承办六种英文期刊分别与《自然》出版集团(NPG)、《细胞》出版商(Cell Press)、牛津大学出版社(OUP)和斯普林格出版社(Springer)开展了国际合作,借助国际知名出版平台,提升国际影响力。其中,CR 与 NPG 继 2006 年首次合作以来,双方在 2014 年续约合作,CR 已经成为 NPG 在亚太地区合作出版的典范,此次续约之后双方将再度携手共进,努力为全球科学界奉献质量一流的学术期刊。同时,NPG 也在 nature.com 上推出双方合作出版的全新期刊 CD,共同推动 OA 刊发展,以利于通过互联网让科学研究成果能够快速自由传播。MP 与 Cell Press 也于 2014 年签订了国际出版合作协议,标志着 MP 进入国际生物学领域顶尖学术期刊的出版和发行渠道,这也是 Cell Press 在亚洲的第一本合作期刊,对加快实现 MP 办成国际植物科学领域顶尖学术期刊的目标具有战略意义的重要举措。另三种英文期刊 JMCB、ABBS 和 NB 分别与 OUP 和 Springer 开展了国际出版合作。

(2)高端期刊集群基本形成

信息中心建设一个国内生命科学学术领域的高端期刊集群已初步成型,期刊集团优势和影响力逐步显现。五年来,获得各类国家政府、部委和全国性奖项 16 项次,其中有 1 种期刊荣获"第三届中国政府出版奖期刊奖"、1 种期刊荣获"第二届中国政府出版奖期刊奖提名奖"、2 种期刊分获中国科协"优秀国际科技期刊奖"一等奖和二等奖、6 种期刊入选"2012 年中国最具影响力优秀学术期刊"、5 种期刊入选"2013 年中国最具影响力优秀学术期刊"、1种期刊入选"2013 年中国国际影响力优秀学术期刊";获得各类基金资助 11 项次,主要有中国科学院"期刊改革试点项目"、中国科协"精品科技期刊工程项目"、中国科协等六部委"中国科技期刊国际影响力提升计划"、国家自然科学基金委员会"重点学术期刊资助项目"、上海市"促进文化创意产业发展财政扶持资金"。

信息中心的办刊实践得到了各级领导的肯定和媒体的关注,2012 年 11 月 12 日,《人民日报》刊发专题报道"这两本期刊为什么行?——《分子植物》和《细胞研究》组成的'双子星座'一扫国产期刊的灰霾之气,崛起为国际上响当当的字号"。2014 年年初,中国科学院白春礼院长、李静海副院长在反映信息中心期刊集群建设进展的领导参阅材料《树立国际化办刊理念,建设精品科技期刊集群》上做了重要批示,充分肯定了信息中心办刊工作取得的优异成绩。上海生科院李林院长在 2014 年的中国科学院工作会议期间,应邀在全院所领导会议上介绍了上海生科院打造一流高端生命科学期刊集群的过程。

2012 年 9 月中旬,在国家新闻出版总署、中国科学院、国家自然科学基金委、中国科协和中国期刊协会的大力支持下,信息中心成功举办了全国性的学术会议——首届"精品国际科技期刊建设和发展座谈会",并公开出版了《探索建设精品国际科技期刊之路》一书,全面地展示我国科技期刊国际化发展水平,广泛、深入地交流国际化办刊经验。此外,CR 已经成功颁发了六届"Sanofi-*Cell Research* 优秀论文奖",MP 成功举办 The 1st Molecular Plant International Symposium:From Model Species to Crops 会议,期刊社的高端期刊集群品牌也逐步赢得了科学家和国外出版商的高度认可,这些都极好地显示了期刊社在国内外学术界和期刊界目前的影响力。

2014 年 8 月 21 日,我国科技期刊重要的品牌和代表《科学通报》与信息中心成功签约组建《科学通报》(英文版)上海分编辑部",借助信息中心办刊经验,共同加快该刊国际化程度和提升刊物的国际学术水平及影响力。中国科学院李静海副院长高度重视上海分编辑部建设,出席了合作签约仪式。*Science Bulletin*2014 年度 IF 为 1.579。

4. 加强综合信息保障,稳步推进网络、档案和学会工作

（1）网络计算机管理与服务

建立了直接面向课题组的网络计算机服务体系,承担上海生科院的网络系统管理、ARP 运行维护、网站开发、软件开发等技术服务,完成了中国下一代互联网示范工程、邮件迁移工程、园区基建项目光纤与弱电配套工程、ARP 二次开发工程等多项工程,为科研工作创造了良好的网络信息环境。

（2）档案管理与服务

完成了各年度的文书档案、财务档案、科研课题档案、基建档案、设备档案、名人及声像档案等收集整理及日常管理工作,目前馆藏文书纸质档案 1112 卷 16890 件、电子档案 5996 件,科研课题纸质档案 1062 卷、电子档案 1101 件,基建档案 1431 卷,设备档案 81 卷,大科学工程项目纸质档案 1243 卷、电子档案 391 件,财务档案 21738 册,声像档案 105 件,名人纸质档案 2405 件、电子档案 5499 件。期间,还完成了沈允钢、尹文英、李载平、张友尚、刘新垣、吴孟超、陈宜张等 7 位院士的老科学家学术成长采集工程的档案编目工作。

（3）学会服务

进一步深化 10 个挂靠上海生科院的学会联办机制,为学会发展提供良好的服务平台,联合举办"上海地区生命科学口学会会员日"等科普活动,联合申报"中国科协秘书长沙龙"、"党建强会计划十百千特色活动"等项目并获得优秀组织奖,联合在"上海市英特尔青少年科技创新大赛"上设立了"上海市生命与自然科技创新奖",在促进学术交流、集聚专家资源和举荐优秀人才等方面发挥了重要作用。

5. 积极争取科技任务,推进研究型信息服务机构建设

（1）承担科技任务

信息中心面向国家战略需求和区域科技发展,积极承担国家、中国科学院和地方科技任务,争取项目数量总体保持平稳向上态势,承担大项目能力显著提升。整个"十二五"期间,新争取到各类项目 92 项,其中国家各部委项目 20 项、中国科学院项目 50 项、地方及其他项目 22 项。

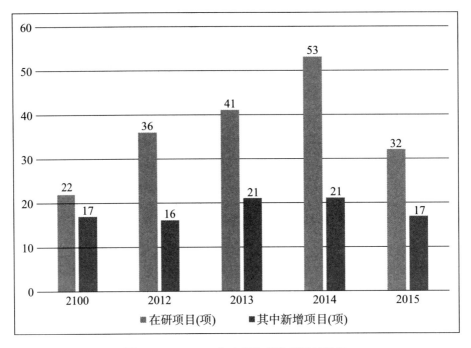

图 5　2011—2015 年在研和新争项目统计图

(2)科研产出(论文、专利)

"十二五"期间,信息中心职工共发表论文 246 篇,其中 SCI(含 SSCI)、EI 论文 6 篇。

表 7　2011—2015 年职工发表论文统计表

	2011 年	2012 年	2013 年	2014 年	2015 年
公开发表论文	34 篇	48 篇	63 篇	52 篇	49 篇

较有代表性的文章有:

许咏丽,孙继林. 国际生物医学领域学术评估新利器——Faculty of 1000 [J]. 图书馆, 2011(5):61 - 63.

程磊,李党生. 自然出版集团纯网络刊办刊模式的研究[J]. 中国科技期刊研究,2012,23 (5):743 - 746.

游文娟,孙继林,张永娟,于建荣. 浅析转化医学期刊现状及发展趋势[J]. 中国科技期刊研究. 2012,23(6):944 - 948.

陈大明. 食品安全研究的文献计量分析[J]. 食品安全质量检测学报,2012,3(2):145 - 150.

Xiao feng Cui,Sheng Luan. A New Wave of Hormone Research:Crosstalk Mechanisms. [J]. Mol. Plant,2012,5(5):959 - 960.

李殷,钱俊龙. 科技期刊伦理学:从农业和食品安全角度的思考[J]. 中国科技期刊研究, 2012,23(6):961 - 965.

刘晓,王慧媛,王方,熊燕."人造生命"展现诱人前景[J]. 中国科学院院刊,2013,28 (5):556 - 559.

苏燕,孙继林,于建荣,徐萍. 生物医药领域文献计量评价的创新和改进[J]. 图书情报工作,2013(7):134 - 138.

陈大明,毛开云,江洪波.全球禽流感研究的发展态势:文献计量分析[J].第二军医大学学报,2013,34(6):607-611.

Da-ming Chen, Kai-yun Mao, Lu Yang and Hong-bo Jiang. Status of Anti-Lung Cancer Drug Patents Applications in China from 2003 to 2012[J]. Recent Patents on Anti-Cancer Drug Discovery,2014,9(2):221-240.

李殷,钱俊龙.路在何方——中文科技期刊可持续发展刍议[J].中国科技期刊研究,2014,25(9):1127-1131.

Li Wei, Cui Xiaofeng. A special issue on plant stress biology:From model species to crops. Mol Plant. 2014;7(5):755-757.

陆娇,陈大明,江洪波,王冰.发达国家技术出口管制政策对中国的影响与启示[J].科学,2015,67(6):39-42.

毛开云,杨露,王恒哲,陈大明.生物技术药物市场现状与发展趋势.中国生物工程杂志,2015,35(1):111-119.

熊燕,刘晓,赵国屏.合成生物学的发展:我国面临的机遇与挑战[J].科学与社会,2015,5(1):1-8.

周成效,沈东婧.基于用户需求的交互式专业图书馆主页设计——以上海生命科学图书馆主页为例[J].现代情报,2015,35(7):134-138.

授权发明专利1项:中文文献数据库的蛋白质知识挖掘和发现的方法、装置、系统。发明人:陈恒,孙继林,张永娟等。专利号:ZL201110028066.8。授权日期:2014.04.09。

软件著作权登记1项:一种用于文献知识数据库自动赋词标引的计算机应用程序。作者:陈恒、赵衍、赵何、张永娟等。登记号:2014SR201961。登记日期:2014.12.19。

6. 面向"十二五"规划,提升人才队伍创新发展能力

信息中心十分重视人才队伍建设,不断创新人才工作思路,优化人才发展环境,提升队伍创新发展能力,在选才、用才和激励机制等方面进行了积极的探索和实践,保障"十二五"规划全面实施。2011年以来,信息中心积极引进优秀人才,共招录45人,其中博士13人(6人具有海外学术经历,6人具有博士后经历)、硕士22人,充实到信息支撑服务队伍中来。

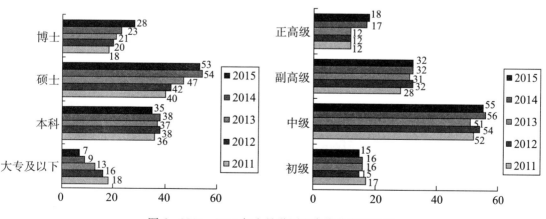

图6　2011—2015年人员学历和岗位分布统计图

在引进同时,还十分注重发挥好引进人才作用、培养好青年人才和培育出优秀团队。2011 年以来,先后有 1 人次入选"中宣部全国文化系统'四个一批'人才"、2 人次入选"中国科学院文献情报和期刊出版领域引进优秀人才计划择优支持"(至 2015 年年底共有 4 人次入选该计划)、1 人次入选"国家知识产权局全国专利信息领军人才"、1 人次入"国家知识产权局全国专利信息师资人才"、1 人次入选"上海市浦江人才计划"(至 2015 年年底共有 3 人次入选该计划)、1 人次入选"上海专利情报研究中心首席分析师"、1 人次入选"上海专利情报研究中心高级分析师";有 19 人次和 2 个团队获得各级各类奖项和荣誉,其中 1 人次获得"第三届中国出版政府奖优秀出版人物奖"、1 人次获得了"第五届谈家桢生命科学创新奖"、2 人次获得了"中国科学院文献情报工作创新服务优秀个人"、1 人次获得"上海出版人奖"、1 人次获得"上海市档案工作先进个人称号"、2 个团队获得了"中国科学院文献情报工作创新服务优秀团队"等国家、省部级和全国性奖项。

7. 创新文化建设

信息中心坚持弘扬"服务至上,和谐奋进"的核心文化理念,"十二五"期间在党总支领导下不断加强创新文化建设,以文化建设促进中心工作,推动信息中心各项事业科学发展和每位职工个人发展。

2011—2015 年,信息中心通过丰富多彩的创新文化活动,引导职工关心单位的发展,找到自己的位置,热爱自己的岗位,发挥自己的作用,营造积极向上的创新文化氛围。充分发挥工青妇群众组织的作用,开展职工喜闻乐见的文娱体育活动等。例如组织职工骑行、徒步、羽毛球,乒乓球比赛、"五四青年节"主题团活动、女职工瑜伽练习、年终职工联欢会等。信息中心情报研究一部、二部还被授予了"上海市科技系统三八红旗集体"称号和"上海市巾帼文明岗"。

8. 基础条件建设情况

信息中心馆舍坐落于上海繁华的徐家汇地区,总建筑面积 11 227 平方米,分为三个部分,书库建于 1953 年,A 楼建于 1958 年,B 楼建于 1983 年,2003 年进行过馆舍改造。

整个建筑以人为本、布局合理、功能完善、兼具开放性、专业性、数字化与多功能。馆舍分公共阅览区、学术交流区、展览区、计算机机房、办公区五大分区。公共阅览区设有一个开放的数字化 STUDY ROOM 和一个现刊阅览室,以及一栋 6 层楼的藏阅合一的开架式中西文书刊书库,大大增加了阅览区域面积。学术交流区设有一个科学家俱乐部,配置小型会议区域、咖啡吧和桌球、羽毛球健身设施,为科学家学术交流营造了优雅的环境。此外,学术交流区还有一个能容纳 200 人的报告厅、一个能容纳 50 人的圆桌会议室、一个电子教室和一个专家会客室。展览区设在中厅,为一个 300 平方米的玻璃穹顶的大厅,扩展了读者阅读、交流的共享空间。馆舍还容纳了一个计算机机房、一个档案馆库房、一个古籍书库以及学术期刊出版、情报研究、学会等其他功能模块。整个馆舍配备了适应现代化、数字化图书馆发展需求和现代化管理的计算机网络信息技术平台,以及先进的安全系统。

馆舍与整个中国科学院上海分院园区和上海生科院岳阳路园区浑然一体,体现了文化与科学的交融,为科研人员、研究生和社会读者营造了一个优雅静谧的公共空间。

四、展望未来

创新驱动发展战略已上升为国家发展全局的核心之一,上海也提出了"建设具有全球影响力的科创中心"的目标,相继出台了《中共中央、国务院发布关于深化体制机制改革加快实施创新驱动发展战略的若干意见》和《中共上海市委、上海市人民政府关于加快建设具有全球影响力的科技创新中心的意见》,强调科技创新是提高社会生产力和综合国力的战略支撑,势必引领科技事业跨入全新发展阶段。

同时,我们所处的行业正在发生深刻变化。其一,科技智库已成为科技决策信息利用的重要平台,新型科技智库的建设面临科技创新与经济社会发展深度融合的新要求。其二,科技期刊已成为科技成果交流的重要载体,科技期刊出版集群化、国际化、数字化、规模化、市场化已经成为当今学术出版的主流。其三,知识产权已成为科技成果向现实生产力转化的重要桥梁和纽带,知识产权分析评议已成为科技服务业发展的关键节点之一。其四,科学知识的传播与交流正在"互联网+"的环境下呈现出新的发展态势。其五,科技数据的管理和应用正面临着"大数据"时代下的发展新机遇。其六,科技学会在国家创新体系建设中将发挥更重要作用。

国家战略和行业变革为信息中心未来发展打开想象空间,特别是今后五年将是国家第十三个五年规划阶段,也是中国科学院基本实现"四个率先"目标的关键时期,机遇与挑战并存,对我们提出了更高的发展要求。

2015年信息中心完成了"十三五"规划的编制工作,精心描绘了新一轮发展蓝图,将启动实施"一二三"战略,即:一个目标定位——为国家创新驱动发展战略、中国科学院"率先行动"计划和上海科创中心建设提供卓有成效的信息支撑服务,全面推进生命科学及其交叉学科领域内国内一流、国际知名的信息研究机构建设;二个重大突破——打造生命科学及其交叉学科特色"智库"和高国际影响力期刊集群;三个重点培育——培育生命科学领域科技评价系统、中英文学术期刊采编发数字化出版平台和知识产权评估体系。

可以预见至"十三五"末,信息中心将在"智库"建设方面,重点聚焦若干学科领域,集成情报研究能力、科技文献资源、数据计算分析技术、专家资源等,能初步形成领域内有重要影响力的系列深度情报产品,形成情报研究重要的工具体系,建立基于生物产业的创新链、价值链和产业链的产业咨询服务体系,逐步实现情报研究对部分研究领域的评价与预测功能,初步体现科技"智库"在生命科学及交叉学科领域中的前瞻性和影响力。在学术出版方面,能建设一个拥有优秀学术期刊品牌、具有强大国际影响力和竞争力的中国生命科学期刊集群,CR进入国际顶级期刊行列并能与 Cell、Nature 子刊同台竞争,MP进入国际植物学领域顶级期刊行列并能与 Plant Cell 同台竞争,CD建设成国际一流的 OA 网刊并引领国内英文期刊发展的新模式,NB成为迅速崛起的国际神经科学研究领域的一线知名期刊,JMCB、ABBS成为在各自学科领域内与自身学术地位相称的权威或高质量期刊,在中国科学院学术期刊出版领域发挥引领示范作用。通过自主研发,能培育出一套适用于我国生命科学领域的科技评价系统,有科学的多级指标体系和可视化分析技术,建设成为有核心知识产权的国内高水平的评价数据库知识产品,并在国内拥有一定的知名度,产生良好的社会效益;培育出一个有自主知识产权的学术期刊采编发数字化出版平台,与学术期刊的联动,满足学术期刊的个性化需求,改善国内目前缺乏具有国际影响力的英文学术期刊数字化平台、优秀英文学术期刊多租用国外出版商平台进行数字出版、中文学术期刊数字化出版平台无法满足刊物个性化要求等现状;培育出一套知识产权评估体系,促进知识产权评估的系统化、模块化、流程化和标准化,形成有影响力的《健康产业专利分析系列报告》系列。

在未来五年,信息中心还将形成一支规模适当、结构合理的人才队伍,有5—10名将帅式人才或学科带头人,有一支50人左右的业务骨干中坚力量和具有发展潜质的青年人才梯队,有生物情报学硕士研究生和期刊博士后培养作为人才储备,既具备先进理念和专业技术,又具有研究与创新的能力,活跃于科技文献、科技情报、学术出版、网络计算机和学术团体服务等领域,能满足一系列国家战略、科学研究和经济与社会发展对信息服务的重大需求,成为实现信息中心发展蓝图的生力军。

附:大事记

2011 年

2011 年 1 月 17 日,信息中心召开"2010 年度总结表彰大会暨迎新联欢会"。

2011 年 1 月 4 日,信息中心召开"生命科学期刊社第二次理事会会议"。

2011 年 1 月 7—8 日,"中国科学院上海地区文献情报系统 2011 年业务发展交流研讨会"在江苏溧阳召开,会议围绕资源建设、学科服务、情报咨询研究、图书馆管理等多个议题展开。

2011 年 3 月 25 日,信息中心召开"2011 年度生命科学图书馆理事会扩大会议"。

2011 年 3 月 29 日,CR 荣获"第二届中国出版政府奖期刊奖提名奖"。

2011 年 4 月 25 日,信息中心召开"2011 年学术年会",会议主题为"数字时代的知识服务"。

2011 年 4 月 28 日,信息中心与上海辰山植物园共建生命科学图书馆辰山植物学分馆合作签约暨揭牌仪式在中国科学院上海辰山植物科学研究中心举行。

2011 年 6 月 28 日,THOMSON REUTERS-ISI 公布 2010 年度《期刊引证报告》,CR 最新 IF 9.417,MP 最新 IF 4.296,ABBS 最新 IF 1.547,JMCB 初步 IF 13.4,其中 CR、MP 继续保持在 Q1 水平。

2011 年 9 月 7 日,信息中心召开领导班子届中考核大会,常务副主任汤江代表班子作述职报告。

2011 年 9 月 26—28 日,信息中心参与主办的第二届全国"图书馆个性化知识服务研究与实践"学术会议在山西太原召开,会议主题为"个性化知识服务中的技术发展"。

2011 年 10 月 18 日,来自 THOMSON REUTERS-ISI 的通知,NB 通过了严格评估,被科学引文索引(Science Citation Index Expanded,SCI-E)、Neuroscience Citation Index、Biological Abstracts(BA)、Biosis Previews(BP)收录,自 2009 年以来出版各期文献全部纳入 Web of Science 及上述数据库。

2012 年

2012 年 1 月 13 日,信息中心召开"2011 年度总结表彰大会暨迎新联欢会"。

2012 年 1 月 4 日,信息中心召开"生命科学期刊社第三次理事会会议"。

2012 年 3 月 1—3 日,信息中心召开"2012 年发展战略研讨会",会议的主要任务是研讨推进实施"一三五"战略的具体落实举措。

2012 年 3 月 11 日,"中国科学院上海地区文献情报系统 2012 年业务发展交流研讨会"在江苏扬州召开,会议主题为信息服务助力"十二五"科研创新。

2012 年 3 月 15 日,信息中心召开"2012 年度生命科学图书馆理事会会议"。

2012 年 6 月 28 日,信息中心隆重举行整合运行十周年庆祝活动暨学术报告会。

2012 年 6 月 29 日,THOMSON REUTERS-ISI 公布 2011 年度《期刊引证报告》,CR 最新 IF 8. 190,MP 最新 IF5. 546,JMCB 首个正式 IF7. 667,ABBS 最新 IF 1. 376,NB 首个 IF 1. 311,其中 CR、MP、JMCB 处在 Q1 水平。

2012 年 9 月 12—13 日,信息中心参与主办的"精品国际科技期刊建设和发展座谈会"在西安召开,这是国内首次就如何打造更多中国人主办的国际一流科技期刊所举行的高端学术研讨。

2013 年

2013 年 1 月 24 日,信息中心召开"2012 年度总结表彰大会暨迎新联欢会"。

2013 年 3 月 13 日,信息中心召开"生命科学期刊社第四次理事会会议"。

2013 年 3 月 15 日,信息中心召开"2013 年发展战略研讨会",会议的主要任务是检验前一阶段"一三五"规划实施进展,完善下一步战略部署和落实举措。

2013 年 4 月 3 日,"中国科学院上海地区文献情报系统 2013 年业务发展交流研讨会"在上海召开,会议就各所在"十二五"期间信息服务工作计划及进展进行探讨。

2013 年 6 月 20 日,THOMSON REUTERS-ISI 公布 2012 年度《期刊引证报告》,CR 最新 IF 10. 526,MP 最新 IF 6. 126,JMCB 最新 IF 7. 308,ABBS 最新 IF 1. 807,NB 最新 IF 1. 365,其中 CR、MP、JMCB 继续保持在 Q1 水平。

2013 年 8 月 6 日,首届上海科学技术情报成果奖颁奖,信息中心开展的"生命科学与生物技术战略决策研究"项目荣获一等奖,"生物产业决策支撑系统的建设与应用"项目荣获二等奖。

2013 年 10 月 24 日,上海生科院院长李林调研信息中心。

2013 年 12 月 30 日,CR 荣获"第三届中国出版政府奖期刊奖"。

2014 年

2014 年 3 月 26 日,信息中心召开领导班子换届考核大会,主任于建荣代表班子做述职报告。

2014 年 6 月 30 日,上海生科院院长李林与 Cell 主编 Emilie Marcus 代表合作双方签订 MP 与 Cell Press 合作协议。

2014 年 7 月 3 日,中国科协党组成员、书记处书记沈爱民调研在信息中心调研学会工作。

2014 年 7 月 8 日,信息中心召开"2014 年度生命科学图书馆理事会会议",会议产生了新一届理事会理事,推选了新一届理事长、副理事长,表决通过了新一届理事会章程。

2014 年 7 月 16 日,信息中心新一届领导班子宣布:于建荣任主任,李翌任党总支书记兼副主任,李党生、缪有刚任副主任。

2014 年 7 月 30 日,THOMSON REUTERS-ISI 公布 2013 年度《期刊引证报告》,CR 最新 IF 11. 981,MP 最新 IF 6. 605,JMCB 最新 IF 8. 432,ABBS 最新 IF 2. 089,NB 最新 IF 1. 832,其中 CR、MP、JMCB 继续保持在 Q1 水平。

2014 年 8 月 21 日,《科学通报》(英文版)上海分编辑部合作组建签约仪式在京举行。

2014 年 9 月 1 日,熊燕、朱海刚任信息中心主任助理。

2014 年 10 月 20 日,"2014 年上海市科学技术情报成果奖"颁奖,信息中心开展的"我国合成生物学发展战略研究"项目荣获一等奖,"功能微生物企业竞争分析"项目和"流感情报服务与信息平台建设"项目荣获二等奖。

2014 年 11 月 18 日,信息中心、上海生科院生物化学与细胞生物学研究所、中国细胞生物学学会签约共同创办 OA 刊 CD。

2014 年 11 月 18 日,上海生科院院长李林与麦克米伦科学与教育集团首席执行官 Annette Thomas 代表合作双方签订 CR、CD 与 NPG 合作协议。

2015 年

2015 年 1 月 27—28 日,信息中心召开发展战略研讨会,会议主要任务是研讨制定信息中心"十三五"规划。

2015 年 1 月 30 日,上海市新闻出版局徐炯局长调研信息中心科技期刊出版工作。

2015 年 2 月 6 日,信息中心召开党总支换届大会,于建荣、李翌、熊燕、江洪波、孙晓丽 5 位同志当选新一届党总支委员。

2015 年 4 月 28 日,开放获取期刊 CD 正式创刊出版上线。

2015 年 6 月 18 日,THOMSON REUTERS-ISI 公布 2014 年度《期刊引证报告》,CR 最新 IF 12.413,MP 最新 IF 6.337,JMCB 最新 IF 6.771,ABBS 最新 IF 2.191,NB 最新 IF 2.509,其中 CR、MP、JMCB 继续保持在 Q1水平。

2015 年 7 月 5—6 日,由信息中心、中国科学院南京紫金山天文台共同举办的中国科学院沪苏皖三地研究所文献情报工作交流会召开,会议主题为"'十三五'文献情报发展与思考"。

2015 年 8 月 5—8 日,由信息中心参与主办的首届"《分子植物》国际研讨会:从模式植物到作物"在上海召开。

2015 年 8 月 10 日,信息中心召开"十三五"规划专家论证会。

2015 年 9 月 13 日,CR、MP 入选国家新闻出版广电总局 2015 年"百强报刊"。

2015 年 10 月 20 日,信息中心开展的"工业生物技术战略情报研究与服务"项目荣获 2015 年上海科学技术情报成果奖一等奖,另有一个项目荣获二等奖、三个项目荣获三等奖。

中国科学院上海生命科学信息中心

中国医学科学院图书馆"十二五"发展报告

一、概述

"十二五"期间,国家加快转变经济发展方式,更加关注民生和社会事业,是我国医药卫生事业与医学科技发展的重要战略机遇期。医药卫生体制改革继续深化,科学决策需求更加突出,信息支撑作用更加凸显。中国医学科学院(简称医科院)图书馆坚持以邓小平理论和"三个代表"重要思想为指导,深入贯彻落实科学发展观,深刻认识并准确把握医学学科发展新变化新特点,充分发挥国家医学图书馆职能,加强文献资源建设,特别是加快数字图书馆建设,开拓创新医学信息服务模式与水平,发挥医学信息支撑与服务职能。不断优化资源结构,提高医学信息资源保障能力;基本实现各级各类医学信息资源的整合、集成、链接和获取,开拓新型医学信息服务网络,提升医学知识管理与服务能力,为医学科研、临床诊疗、管理决策、公众健康提供数字化、个性化、便捷及时的信息支撑与服务。建立并完善信息分析与评价理论及研究体系,开展文献计量学、科学计量学、信息计量学、生物信息学、知识发现等理论与方法在医药卫生领域的应用研究;开展知识组织技术、信息服务技术的应用开发研究,开发系列新型数据库和数据库检索系统;加强医学情报调研理论与方法研究,重点做好重大疾病防治信息和医学科技发展战略研究,形成医药卫生领域的系列分析评价报告,为医学科技创新提供有力支撑。围绕卫生事业改革发展需要,利用现代信息技术,整合卫生政策信息资源,完善和推广卫生政策研究知识服务平台,构建开放式的卫生政策分析和决策支持体系,服务卫生事业改革发展,发挥思想库作用。加强人才队伍建设,提升研究团队科研能力。加强硕士研究生培养,做好北京协和医学院本科和研究生教学,提高研究生培养层次和水平,更好地发挥人才培养基地的作用。积极开展与国内外知名大学、科研机构的科学研究与人才培养合作,承办和参与多种形式的学术交流活动,发挥人才培养和学术交流中心作用。

二、主要工作进展

1. 优化医学文献资源建设格局,战略保障作用凸显

提升国家医学信息资源的战略保障和科研支撑作用。加强资源建设的研究和评估,优化资源结构,进一步调整和扩展文献资源数量和品种,形成具有印本、本地数字化和网络文献信息的多元化文献资源保障体系。到 2015 年,外文印本期刊达 3590 种(其中 2088 种为国内独家刊),外文电子期刊达 8000 余种,电子图书总量达 20 万册。加强事实型、数据型以及多媒体资源建设,能够满足国内用户的基本需求。学科资源结构和配制逐步优化完善,馆藏特色更加突出,有效提高了学科资源保障率,充分发挥国家医学图书馆的作用。

加强数字资源整合与组织揭示,推进数字资源建设。开展馆藏书目数据库的规范化及回溯建库工作,提高馆藏书目数据的完整性和准确性。在一站式信息服务平台的基础上,进一步扩充可利用的数字化资源,加强与馆藏资源的整合、揭示,提升资源的可获取性。积极推进古籍、医史、图谱等特色馆藏文献的数字化,建设协和医学专家库和院校医学知识库等特色数据库。开展数字资源的长期保存研究,建立数字资源的灾备机制。利用国家平台、院校合作、领域合作、区域合作等多种形式,切实加强资源共建共享、服务协同合作。

(1)深入调研用户需求,印本文献资源建设稳步推进。

加强对各类文献出版态势的跟踪调研,不断优化文献资源结构,增强资源保障能力。调研医药领域重大专项信息需求,收集一线用户的意见和建议,并确保文献能析出上网提供服务和长期保存。依据国家中长期发展规划和国家"十二五"规划中对医学领域建设的要求,关注创新主题、重点项目及重点专项的建设;关注知名出版社及学协会出版的刊物;依据不同学科的资源增长比率采选刊物;依据国家科技文献服务中心对新刊采集的要求,完成期刊新增工作。根据中心新增文献的原则,通过学科专家推荐及学科馆员自主遴选的方式进行此次新增推荐工作。为提高订购资源的到货率和到全率,加强与代理公司的沟通联络,坚持定期催缺制度。

(2)积极筹措资源建设经费,加大数字资源保障力度。

随着数字资源环境的发展和用户需求的变化,所馆通过对资源结构的不断优化,逐步加强数字资源建设。重点调研、评估用户需求普遍、学术质量较高的期刊全文、电子书、分析工具型数据库,调整扩展部分数据库的开通范围。创新培训方式,从泛化的培训发展为针对用户群体培训、特定数据库培训等专场培训。采用多种方式解决用户电子资源使用中的问题,电子资源使用率逐年提升。

2. 创新服务模式,推动信息服务跨越式发展

深入开展多层次、专业化服务,打造医学信息服务体系。加强医学信息服务理论、方法研究,提升综合服务能力和水平,积极拓宽服务范围与服务领域,实现以提供文献为主向提供事实数据和知识为主的服务模式转变。面向新药创制、传染病防治等重大科技专项和院校重点学科,开展学科发展态势、学科与产业相关性、技术专利分析等个性化、知识化信息服务。建立以学科馆员、学科联络员为核心的服务模式,融入教学、科研和临床一线,推进与院所协同的学科化服务机制,逐步形成多层次服务集成的多元化医学信息服务体系。

(1)提高全文服务质量与效率,为全国医药卫生人员提供文献保障

作为国家医学图书馆,为全国医药卫生专业人员提供信息保障是医科院图书馆的基本职能。借助于国家医学信息资源保障体系,细化文献服务流程,完善管理办法,提高医学全文服务质量。"十二五"期间共完成原文提供服务175.17万篇,完成课题委托检索1309项,服务相关咨询1.2万余人次。

(2)组织专门团队,面向重点学科领域提供专业化信息咨询服务。

加强与科研人员的交流沟通,以用户需求为出发点,针对不同研究领域用户需求特点,开展文献资源保障、学科发展态势、学术影响力分析等学科化服务。跟踪课题研究领域最新进展,针对基础医学院医学分子生物学国家重点实验室课题组的需求,利用文献计量学方法,对关注的领域研究态势进行分析,为课题组了解学术前沿动态、把握科研选题方向、优化

科研路径提供重要的决策依据。在课题组内开展专题讲座,推介网络获取全文技巧、实验室指南数据库利用等。以面向"重大新药创制""重大传染病防治"的专业化信息服务专项工作为抓手,以"重点领域信息门户"建设为依托,开展领域信息自动监测与推送以及前沿热点跟踪、学科态势分析等信息咨询服务。参与"国家人口与健康科学数据共享平台—药学数据中心"项目建设,对"创新药物研究专题服务"栏目进行创新药物库、药物靶点信息的数据维护与更新。跟踪、组织、发布国内外最新药物靶点、在研药物、核心专利、上市药物、FDA 审批新药等信息,为新药物研发人员及时了解国际发展动态提供信息支撑服务。

(3)积极开展培训讲座,加大服务宣传与推广力度。

持续加强宣传培训工作,提高信息资源的知晓度,充分发挥所馆的生物医学文献资源保障作用。编写《文献资源介绍与使用指南》,向广大用户免费发放;开展新生入职、新生入学等培训,介绍图书馆电子资源及使用方法;开展"午间一小时"系列讲座,提高用户的信息素养。组织出版商开展数据库专题培训。通过走访、组织座谈会等形式加强与用户沟通、互动交流,深入了解需求,深入科研单位,开展具有学科针对性的个性化培训。通过图书馆服务宣传周、专题讲座、沙龙等形式开展资源宣传与服务推广活动。承担"医学信息援疆援藏服务"专项任务,对西藏大学医学院、西藏人民医院、西藏藏医院、新疆医科大学等医疗科研单位的医学文献服务需求进行了调研,在西藏自治区科技信息研究所、西藏自治区人民医院、新疆维吾尔自治区图书馆举行了信息检索与利用的专题讲座。与西藏人民医院建立对口支援关系,积极推进西藏医学信息服务中心建设,以及新疆医科大学图书馆对口交流等公益性服务援助工作。

(4)面向企业技术创新群体的信息服务受到好评。

为医药企业定期推送《新药研发动态》,受医药企业委托提供多份专题咨询报告与文献检索服务。邀请北京、南京、山东、沈阳等新药研发企业的科研人员参加药学数据资源使用培训。从企业新药研发的需求出发,结合药学数据中心的特色信息资源,系统介绍综合利用药学信息资源服务新药研发的方法与技巧。《新药研发动态》受到山东绿叶制药集团等用户的好评,希望《新药研发动态》能持续办下去,为国内从事仿制药物研究的企业提供了更好的跟踪药物目标和信息。

3. 加强基础信息平台建设,提升图书馆智能化水平

基于先进的信息基础设施条件,陆续建设了一站式医学信息服务平台、卫生政策研究知识服务平台、公众健康知识服务平台等系列应用平台,突破了原来馆藏文献本地化内容服务模式,面向科研人员、社会公众和卫生决策人员,基于互联网提供网络化信息服务和个性化知识服务,取得良好效果。在文献信息服务方面,通过一站式医学信息服务平台,初步实现了网络化集成化联合服务,实现了对全院校覆盖的中外文全文期刊的统一检索和集成浏览,以及对文献检索、在线全文获取、联合目录查询、文献传递、参考咨询等服务的开放链接,建立了覆盖全院校、连接国内外信息服务机构的馆际互借与文献传递系统,平台的共享效益明显,成效显著。建设基于 RFID(无线射频技术)的图书馆智能管理系统,在图书馆全面应用RFID 智能识别技术,构建虚拟立体的 RFID 馆藏文献定位系统,实现高效、灵活、精确的智能馆藏管理和全方位的自助服务,改变传统图书馆的借阅服务和典藏管理模式,提高图书馆智能化管理水平。

4. 进一步深化科技体制改革,促进所馆人才队伍的建设和发展

以科技体制改革为契机,对机构、岗位及人员进行科学合理的设置与调整,逐步完善"按需设岗、公平竞争、择优录用、契约管理"的用人机制,实现人员由身份管理向岗位管理的转变。以学科建设为导向,营造人才成长的良好环境,建立有利于吸引优秀人才、使人才脱颖而出的培养、使用、评价、激励机制。构建人才成长平台,激发人才活力,促进创新型研究团队的建设。以提升创新能力和专业技术水平为核心,加大人才引进和培养力度。截至 2015年年底,所馆具有博士学位人员 46 人,硕士学位人员 117 人,初步形成学科带头人、科研骨干和基础人员布局合理的人才队伍。

三、未来展望

医科院图书馆将紧密围绕国家医药卫生事业改革发展和 NSTL"十三五"规划的需求,全面提升科学研究、决策支持、社会服务和人才培养整体水平,努力推动各项工作科学发展、跨越发展和持续发展,为政府、社会各界和广大科技人员提供一流的、全方位、多层次的医学信息服务和决策咨询,在国家卫生事业改革发展与医学科技创新中发挥思想库、信息库作用。

积极配合"院校北区建设项目",全力做好图书馆新馆建设。打造面向 E-Science 环境下的数字图书馆,建设新型信息交流与创新空间,充分体现国家医学图书馆特有的服务理念、技术条件、发展潜质,并彰显协和特色;持续加强信息资源保障能力,大力推进信息资源的数字化整合揭示,组建专业化服务团队,为医、教、研发展与创新提供深层次、知识化、数字化的信息服务支撑。

加强人口健康科学数据共享平台工程技术中心建设,深化数据规范管理与共享服务,加速推进平台资源和标准规范建设,研究科学数据与科学文献之间的关联发现等数据分析相关技术。加强科技评价理论和方法研究,打造多元化产品体系,构建面向学科、机构、人员和项目等医学科技与公共卫生评价体系。开展前沿性、方向性专题情报研究,持续提供决策支撑。加强信息基础设施及安全体系建设,建设适应"互联网 + "及大数据环境的科研云平台。

中国医学科学院图书馆

中国中医科学院图书馆"十二五"事业发展报告

一、发展综述

中国中医科学院图书馆,即中国中医科学院中医药信息研究所。中国中医科学院中医药信息研究所/中国中医科学院图书馆(以下简称中国中医科学院图书馆)隶属于中国中医科学院,为中医药信息研究与教学馆所合一的二级独立法人单位。中国中医科学院图书馆是文化部授予的"全国古籍重点保护单位""全国中医行业古籍保护中心""国家级古籍修复中心",首批"北京中医药文化旅游示范基地"单位之一,世界卫生组织(WHO)传统医学临床与信息合作中心单位之一,国家科技基础条件平台—国家人口与健康科学数据共享平台中医药学科学数据中心,国家中医药管理局中国中医药文献检索中心,全国中医药图书情报工作委员会主任单位,中国中医药信息研究会中医药信息数字化专业委员会、中国中西医结合学会信息专业委员会、世界中医药学会联合会信息专业委员会的主任委员单位。本所/馆下设八个研究室、两个中心,分别为:文献资源研究室、古籍资源研究室、科学数据研究室、信息技术研究室、情报研究室、多媒体资源研究室、中医药信息原理与标准研究室、临床应用信息研究室、中国中医科学院中医药统计中心及杂志出版中心。其中中医药信息原理与标准研究室、临床应用信息研究室及中国中医科学院中医药统计中心是我所/馆"十二五"期间为适应中医药信息事业发展需要新增设的业务科室。

"十二五"期间,中国中医科学院图书馆坚持以中医药文献资源建设、中医药信息标准研制、中医药信息数字化、中医药信息统计、中医药临床应用信息建设及中医药战略情报研究为工作重点;以国家中医药管理局的"中医药信息应用方法学重点研究室"及"中医药信息数字化三级实验室"为纽带,重点加强中医药信息学的学科建设,全面推进中医信息学博士、硕士学位授予点,图书馆、情报与档案管理硕士学位授予点以及全国首家中医药信息学博士后工作站——中国中医科学院中医药信息研究所博士后工作站的建设工作;充分利用图书馆与研究机构馆所合一的体制优势,以科学研究促进服务模式转型,由传统的借阅服务转向信息化的知识服务,提升服务能力和服务水平。

在图书馆服务上,一是改变服务模式和服务方式,使服务更方便快捷。在传统图书馆服务模式的基础上,积极运用信息化技术,实现所购电子资源与自建数据库资源的一站式全天候服务,充分利用移动图书馆、微信等新型服务模式推进知识的快速传播,科技查新工作采用网上流转缩短服务时间,在行业内形成快速情报服务及科技论文评价的品牌优势,大幅提升对外合作及服务能力。二是加强中医药特色资源建设。继续购置中医药相关的中外文图书、期刊和电子资源,推进中医药古籍数字化、文本化进程,加强多媒体资源及中医药相关数据库建设,在丰富图书馆馆藏的同时为建设基于知识服务的创新平台奠定基础。三是充分发挥行业中心作用,推进中医药古籍保护工作及数据库建设工作。开展全国范围内的中医药古籍普查工作,举办面向全国中医药行业的古籍普查与保护培训班,率领中医药行业开展

《中华医藏》编撰工作,全面开展馆藏古籍清查修复工作,加强专业人才队伍建设;完善国家人口与健康科学数据共享平台——中医药学中心建设,加强中医药学科学数据服务。

在科学研究上,以社会需求为导向,加强与企业、高校等机构开展合作,促进研究成果的落地和转化。一是改善基础设施建设,提升信息加工处理服务能力。通过图书馆改扩建工程和修缮购置项目的实施,极大地改善和提高我馆的信息化建设软硬件条件和服务模式,顺利完成了由传统借阅服务模式向知识服务模式的转型。二是抢占中医药信息标准的国际制高点,促进中医药国际交流和应用。中医药学语言系统语义网络框架、中医药文献元数据、中医药信息标准体系框架与分类、针刺操作的语义分类框架标准成为国际标准,更新维护中医药学主题词表、中医药语言系统、中医临床术语系统,奠定了中医药信息互联互通的发展基础;研制推广中医古籍文献分类标准,建设完善古籍后控词表,打造方便读者查阅的中医古籍阅览平台。三是开展图书馆建设系列科研课题,以适应信息化智能化知识化图书馆发展的需要。围绕中国中医科学院图书馆知识服务模式,基于微信新媒体的图书馆移动信息服务方式和方法,基于循证的中医药知识服务平台建设、当代中医药图书数据库建设、中医药图书馆关联数据服务的构建与应用研究、民国图书和中国中医科学院学位论文服务平台建设等开展具体而翔实的研究,为全面提升中国中医科学院图书馆的知识服务能力和水平奠定了坚实的基础。四是继续加强已有数据库和平台建设,提升智能化信息化自动化处理能力和水平果。自1984年,中国中医科学院图书馆联合全国30余家中医药科研院所以虚拟研究院形式共同开展中医药期刊文献数据库建设,以此为基础,完成中医药共建共享系统升级改造,实现数据库间互联互通;建设并提升大数据分析处理、数据挖掘、智能检索、自动建库能力,巩固了中国中医科学院图书馆在中医药行业信息化建设中的领先水平。

截至"十二五"末,藏书总计40万余册。馆藏古籍8000余种10万余册,其中中医古籍6000余种,约占存世中医古籍的50%;中文图书8万余种20余万册;外文图书1.2万余种1.4万余册;中文期刊2650余种4.6万余册;外文期刊200多种2.7万余册;内部资料1506种2459册;民国图书1793种2000余册;民国期刊239种1231册;中外文电子资源18种,自建各类数据库60余种,总数据量达150G,建立了中医药数据远程共建共享平台;已发布中医药信息国际标准4项。"十二五"期间总计申报各级各类课题319项,立项124项,中标率达39%,其中国家级课题9项,省部级课题23项;各级各类项目结题115项,其中国家级课题11项,省部级课题6项,结题项目均按任务书要求完成并顺利通过验收;发表期刊论文468篇,其中SCI论文16篇、EI论文12篇;专著10部;获省部级以上奖励3项,其中二等奖2项;获软件著作权25项。

二、基本统计数据

1. 各年度图书馆基本统计数据变化

2011年度中国中医科学院中医药信息研究所总收入6130.91万元,其中财政拨款5079.59万元。获批2项中央预算单位修缮购置项目总经费930万元,年度图书购置经费240万元。新增科研立项12项(含10项中国中医科学院中医药信息研究所第五批基本科研业务费自主选题项目),在研课题共计47项,结题验收课题18项;发表论文85篇(含SCIE

论文 2 篇、EI 论文 1 篇);招收硕士研究生 2 名、博士研究生 1 名,4 名硕士研究生、2 名博士研究生毕业,1 名博士后出站;举办全国性会议 6 次,所内学术交流与培训 16 次;完成国家中医药管理局继续教育项目 4 项;我所古籍研究室共接待外宾参观 6 批次 20 余人;完成图书编目审校中外文图书 3012 种、中文过刊编目 2009 年合订本 410 种 1030 册、中外文图书签到并上架 3011 种 11 937 册、中外文期刊签到并上架 762 种 8246 本、中文期刊过过刊上架 1000 余册,收录中国中医科学院 2011 年研究生学位论文全文 150 篇、收录并标引 2010 级博硕士研究生毕业论文 175 本,中文期刊数据库 MC 数据新做 20 种并补充修改 260 种、完成内部资料回溯建库 111 种期刊 119 册的加工、中外文期刊装订标引并录入 738 种 2036 册、打印标签 23 874 个、登记随书光盘计 72 种 290 张。

2012 年度中国中医科学院中医药信息研究所总收入 4586.51 万元,其中财政拨款 3523.97 万元。获批 4 项中央预算单位修缮购置项目总经费 1785 万元,年度图书购置经费 230 万元。新增科研立项 10 项(含 5 项中国中医科学院中医药信息研究所第六批基本科研业务费自主选题项目),在研课题共计 35 项,结题验收课题 19 项;发表论文 124 篇(含 SCIE 论文 3 篇、EI 论文 1 篇),2 项科研成果获奖;招收硕士研究生 4 名、博士研究生 1 名,3 名硕士研究生、2 名博士研究生毕业;1 名博士后进站;举办全国性会议 2 次,所内学术交流与培训 8 次;完成国家中医药管理局继续教育项目获批 5 项;完成图书编目审校中外文图书 71 种、中文期刊编目并上架 409 种 731 册,收录我院 2012 年研究生学位论文全文 175 篇、完成内部资料回溯建库 20 种期刊 21 册的加工、打印标签 4502 个、登记随书光盘 40 种 131 张及 6 套《黄帝内经》光盘。

2013 年度中国中医科学院中医药信息研究所总收入 4259.64 万元、其中财政拨款 3043.14 万元。获批 2 项中央预算单位修缮购置项目总经费 1151.90 万元,年度图书购置经费 230 万元。新增科研立项 38 项(含 29 项中国中医科学院中医药信息研究所第五批基本科研业务费自主选题项目),在研课题共计 64 项,结题验收课题 13 项;发表论文 86 篇(含 SCIE 论文 6 篇、EI 论文 5 篇),科研成果获奖 1 项,获软件著作权 1 项;招收硕士研究生 3 名、博士研究生 1 名,4 名硕士研究生、1 名博士研究生毕业,2 名博士后出站;举办全国性会议 3 次、国际性学术交流会 1 次,所内学术交流与培训 3 次;完成国家中医药管理局继续教育项目 4 项;收录中国中医科学院 2013 年研究生学位论文全文 174 篇,完成 2009—2012 年度、2010—2013 年度的博硕士学位论文 264 本的分类、标引及录入。

2014 年度中国中医科学院中医药信息研究所总收入 5492.94 万元、其中财政拨款 4642.37 万元。获批 3 项中央预算单位修缮购置项目总经费 2540 万元,年度图书购置经费 260 万元。新增科研立项 35 项(含 20 项中国中医科学院中医药信息研究所基本科研业务费自主选题项目),在研课题共计 81 项,结题验收课题 30 项;发表论文 98 篇(含 SCIE 论文 2 篇),出版著作 4 部,科研成果获奖 2 项,获软件著作权 8 项,国际标准化组织(ISO)发布中国中医科学院中医药信息研究所牵头研制的标准 2 项;招收硕士研究生 3 名,5 名硕士研究生、1 名博士研究生毕业,3 名博士后进站、1 名博士后出站;举办全国性会议 1 次,所内学术交流与培训 10 次;完成国家中医药管理局继续教育项目 1 项;接待泰国参赞一行 4 人来访并就中医药数据研究领域展开交流讨论;完成中外文期刊签到 896 种 9972 册、2013 年度中外文期刊装订 1701 册 8168 本,收录中国中医科学院 2014 年研究生学位论文全文 193 篇、2011—2014 年度的博硕士学位论文 180 余本,中国中医科学院图书馆官方微信用户 863 人,发布微信 107 期 442 条。

2015 年度中国中医科学院中医药信息研究所总收入 4629.62 万元、其中财政拨款 3207.54 万元。获批 1 项中央预算单位修缮购置项目总经费 850 万元,年度图书购置经费 260 万元。新增科研立项 50 项(含 23 项中国中医科学院中医药信息研究所基本科研业务费 自主选题项目),在研课题共计 88 项,结题验收课题 23 项;发表论文 75 篇(含 SCIE 论文 3 篇、EI 论文 5 篇),出版著作 6 部,科研成果获奖 1 项,获软件著作权 14 项,国际标准化组织 (ISO)发布我所牵头研制的标准 2 项;签订横向合作协议 43 分;招收硕士研究生 4 名、博士 研究生 2 名,4 名硕士研究生毕业,2 名博士后进站、1 名博士后出站;举办全国性会议 3 次, 所内学术交流与培训 10 次;完成中国中医科学院继续教育项目 8 项;新书上架 495 种 1727 册、中外文期刊签到并上架 899 种 10 487 本,收录中国中医科学院 2015 年研究生学位论文全 文 192 篇,2014 年度中外文期刊装订 1574 册。

2. 文献总藏量及各年度新增情况

2011 年,新增古籍 39 种 111 册,中文图书 2673 种 11 603 册,外文图书 339 种 339 册,中 文期刊 617 种 1056 本,外文期刊 134 种 234 本;中外文数据库共计 39 个,其中外文数据库 13 个,中文数据库 26 个;"中医古籍阅览系统"数据库共有古籍 2000 种,其中可在线阅读古 籍 800 种;自建数据库 50 种,数据增量 94 790 条(主表条数),共建部分数据约占 120GB;建 立两个新系统,一个是中医个案数据采集新平台,一个是方剂数据汇交平台;扫描古医籍图 片 2000 余叶;转换中医古籍扫描图片 6100 余页;提供古籍图像服务,遴选图片 14 500 余页; 采集北京地区中医药视频资源数据 2084 条。

2012 年,馆藏图书总计 284 718 册,新增中文图书 1465 种 7301 册,外文图书 1004 种 1004 册,中文期刊 620 种 11 517 本,外文期刊 160 余种 1439 本;"中医古籍阅览系统"新增 古籍数据 227 种、90 663 页,可在线阅读古籍 1019 种;自建数据库数据增加 67920 条数据。

2013 年,新增图书 2276 种 4150 册,中文期刊 614 种 11 004 本,外文期刊 71 种 505 本; 中外文数据库共计 34 个,其中外文数据库 15 个,中文数据库 19 个;"中医古籍阅览系统"共 收录中医古籍元数据信息 2300 种,可在线阅读古籍 1220 种;自建数据库增加 65 033 条 数据。

2014 年,新增图书计 3300 种 14 085 册,其中古籍 4 种 28 册、中文图书 2904 种 13 649 册、外文 375 种 375 册;中文期刊 617 种 8583 册,外文期刊 279 种 1389 册;中外文数据库共 计 20 个;编辑制作会议资料片 15 部集、学术专题讲座 31 个,片长共 3340 分钟;图片 18 组 1500 幅,制作光盘 72 张;自建数据库增加 44 364 条数据。

2015 年,新增影印版古籍 3 种,图书 1737 种 7215 册,中文期刊 615 种 10 100 余本,外文 期刊 284 种 1434 册;中外文数据库共计 33 个;缩微古籍 100 种;视频资料片 25 部集,制作光 盘 75 张,制作视频片长总计 3620 分钟;采集中医药学术专题讲座 21 个,采集图片资源 16 组,1500 余幅;自建数据库增加 26 158 条数据;自建图书馆特色馆藏知识服务库。

3. 年度读者服务数量

2011 年共接待读者计约 5580 人次,其中古籍阅览读者 580 人次,查阅古籍 5060 函, 4322 册;古籍特藏部接待各级领导及国内外团体参观 15 次,102 人;现代图书阅览读者 2566

人次;接待新生等参观人员 260 余人次;期刊阅览 500 余人次;电子阅览室读者 1654 人次;流通部读者借还书上架计 7000 余册,阅览室为读者查询、检索图书 1200 余册,整理阅览室图书 2500 余册,提还刊 500 余册。

2012 年 1 月到 2 月,接待读者计 300 余人次,其中古籍阅览室读者 80 余人次,阅览古籍近 200 函;古籍特藏部接待上级主管部门领导及外宾等参观 2 次;现代图书阅览读者 150 人次,期刊阅览 23 人次,电子阅览室读者 50 人次;流通部读者借还书上架计 800 余册,阅览室为读者查询、检索图书 500 余册,提还刊 36 册。

2012 年 2 月—2015 年 5 月,中国中医科学院图书馆楼加层改造工程实施,暂停图书馆实地检索查借阅服务。

2015 年,接待读者计 660 余人次,其中古籍阅览室接待读者 336 人次,查阅古籍 352 函 862 册;古籍特藏部接待参观并讲解 4 次;古籍阅览室解答读者咨询 10 次,实地版本鉴定和中医古籍书目和文献查询 5 次;现代图书阅览读者 120 人次,期刊阅览 84 人次,电子阅览室 120 人次;流通部借还书 400 余册,提还刊上架 50 余册。

4. 网络文献服务量

2011 年,外购电子资源总访问量 459 233 次,全文下载量为 138 823 篇;"中医古籍阅览系统"注册用户 240 人,累计在线阅读古籍 3847 种次。

2012 年,外购电子资源总访问量 1 342 289 次,全文下载量为 179 907 篇;"中医古籍阅览系统"注册用户 311 人,累计在线阅读古籍 6031 种次。

2013 年,外购电子资源总访问量 6 236 227 次,全文下载量为 575 740 篇;"中医古籍阅览系统"注册用户 344 人,累计在线阅读古籍 6649 种次;中医药科学数据中心活动数 1 193 457 次,访客 134 744 人次、访问数 191 224 次。

2014 年,外购电子资源检索 7 492 875 次,下载 560 159 篇;"中医古籍阅览系统"注册用户 367 人,累计在线阅读古籍 7402 种次;中医药学科学数据中心活动数 958 547,访客 117 189,访问量 156 599。

2015 年,外购电子资源检索 7 940 608 次,下载 701 796 篇;"中医古籍阅览系统"注册用户 367 人,累计在线阅读古籍 8739 种次;中医药学科学数据中心活动数 834 097、访客数 103 627、访问数 159 689。

5. 咨询服务量

2011 年,解答读者咨询共计 950 余人次,其中流通部接待读者咨询 190 余次;古籍阅览室解答读者电话咨询 30 余次、发读者电子邮件 80 余封、签署复制合同及收发来自全国各中医药高等院校及港台地区快递 20 余封;现代图书期刊阅览室接待电话咨询 70 人次;期刊部为读者提供期刊电话查询服务 40 余次;指导读者使用馆藏资源,解答读者提出的问题,辅导读者使用电子资源共 520 余人次。

2011 年,查新报告 282 项(含加急 186 项),引文检索 29 项,检索 18 项,检索证明 1 份;提供中医学、传统医学、补充替代医学在国内外发展现状的相关专题报告 17 份;《中医药国际参考》第 1—12 期,《肠出血性大肠杆菌信息专辑》第 1—5 期,《手足口病疫情和防控信息专辑》第 6—7 期,《发热伴血小板减少综合征(蜱叮咬病)》信息专辑第 1—4 期,2011 甲型

HINI 流感信息专辑(第 30 期)。

2012 年 1—2 月,解答读者咨询共计 160 余人次,其中流通部接待读者咨询 100 余次;古籍阅览室解答读者电话及电子邮件咨询 10 余人次;现代图书期刊阅览室接待电话咨询 30 人次、期刊部为读者提供期刊电话查询服务 5 次、指导读者使用馆藏资源,解答读者提出的问题,辅导读者使用电子资源共 20 人次。

2012 年,完成查新 307 项(含加急 238 项),引文检索 24 项,检索证明 12 项;完成中医学、传统医学、补充替代医学、传统药物生产等领域在国内外发展现状的相关专题报告 21 份;完成《中医药国际参考》2012 年第 1—12 期,编辑印制《流感信息》《日本流感流行信息》《手足口病疫情以及新型冠状病毒防控信息》专辑各一期;完成《中医药月度统计资料》及《中医药卫生统计报告》。

2013 年,完成查新报告 189 项(含加急 139 项),引文检索 28 项(811 篇,7147 次),检索 14 项(4271 条,原文 321 篇),检索证明 4 项;完成中医学、传统医学、补充替代医学、传统药物生产等领域在国内外发展现状的相关专题报告 5 份;完成《中医药国际参考》2013 年第 1—12 期,《中医药月度统计资料》2013 年第 1—12 期。

2014 年 7 月 16 日,中国中医科学院图书馆官方微信正式申请成功。7 月 18 日图书馆微信平台正式开通运行,发布第一条微信信息。截至 2014 年 12 月 31 日,微信关注用户 863 人,总计发布微信 107 期 442 条。

2014 年,完成查新 158 项(含加急 68 项),引文检索 37 项,加急 15 项;检索及检索证明 15 项;完成中医学,传统医学、补充替代医学、传统药物生产等领域在国内外发展现状的相关专题报告 10 份;完成《中医药国际参考》2014 年第 1—12 期,《中医药月度统计资料》2014 年第 1—12 期;对外提供全文服务 238 篇、文摘 2671 条。

2015 年开通图书馆微信、图书馆微博等新的信息推广服务模式,自 2015 年 1 月 1 日至 12 月 31 日发布图书馆微信共计 224 期,981 条消息;截至 2015 年 12 月 31 日,微信用户数为 1912 人。

2015 年,完成查新报告 180 项(其中加急 162 项),引文检索 58 项(加急 23 项)检索证明 6 项;完成中医学,传统医学、补充替代医学、传统药物生产等领域在国内外发展现状的相关专题报告 24 份;完成《中医药国际参考》2014 年第 1—12 期,《中医药月度统计资料》2014 年第 1—12 期。

6. 各年度信息化建设

2011 年,拥有两个互联网出口——中国科技网 63M 和中国联通 60M,中国科技网出口在工作时间段的使用率约为 80%、联通出口在工作时间段的使用率约 95%;内网为千兆互联网,建设并维护了中医药在线和中医药信息研究所两个网站,更新电子阅览室使用超过 5 年的电脑设备。

2012 年,拥有两个互联网出口——中国科技网 63M 和中国联通 60M,中国科技网出口在工作时间段的使用率约为 90%、联通出口在工作时间段的使用率约 95%;内网为千兆互联网,建设并维护了中医药在线和中医药信息研究所两个网站。

2013 年,拥有两个互联网出口——中国科技网 75M 和中国联通 80M,中国科技网出口在工作时间段的使用率约为 90%、联通出口在工作时间段的使用率约 95%;内网为千兆互联网,建设并维护了中医药在线和中医药信息研究所两个网站。

2014 年,拥有两个互联网出口——中国科技网 80M 和中国联通 80M,中国科技网出口在工作时间段的使用率约为 90%、联通出口在工作时间段的使用率约 95%;内网为万兆互联网,建设并维护了中医药在线和中医药信息研究所两个网站;新建电子阅览室,更新阅览室计算机 30 台。

2015 年,拥有两个互联网出口——中国科技网 90M 和中国联通 80M,中国科技网出口在工作时间段的使用率约为 90%、联通出口在工作时间段的使用率约 95%;内网为万兆互联网,建设并维护了中医药在线和中医药信息研究所两个网站。

7. 各年度从业人员情况

2011 年,在职职工 79 人,专业技术人员 76 人,其中正高 8 人(10.53%)、副高 24 人(31.58%)、中级 34 人(46.05%)、初级 8 人(10.53%)、未定职称 2 人(2.63%)。

2012 年,在职职工 85 名,专业技术人员 82 人,其中正高 8 人(9.76%)、副高 26 人(31.71%)、中级 34 人(41.46%)、初级 10 人(12.20%)、未定职称 4 人(4.88%);管理岗位 2 人,高级工 1 人。

2013 年,在职职工 87 名,其中 45 岁以下 62 人(71.3%),硕士 35 人(56.5%)、博士 17 人(27.4%);专业技术人员 82 人,其中正高 10 人(12.2%)、副高 26 人(31.7%)、中级 33 人(40.3%)、初级 8 人(9.8%)、未定职称 5 人(6.1%)。另外,管理岗位 4 人,高级工 1 人。

2014 年,在职职工 89 名,其中 45 岁以下 64 人(71.19%),45 岁以下硕士 34 人(53.13%)、博士 19 人(29.69%);专业技术人员 85 名,其中正高 12 人(14.12%)、副高 28 人(32.94%)、中级 31 人(36.94%)、初级 10 人(11.76%)、未定职称 4 人(4.71%);管理岗位 3 人,高级工 1 人。

2015 年,在职职工 87 名,其中硕士 37 人(42.53%)、博士 22 人(25.29%);专业技术人员 83 名,其中正高 13 人(15.66%)、副高 27 人(32.53%)、中级 31 人(37.35%)、初级 9 人(10.84%)、未定职称 3 人(3.61%);另外,管理岗位 3 人,高级工 1 人。

8. 承担国家重大研究项目

"十二五"期间,中国中医科学院图书馆在古籍整理、挖掘与研究,中医药信息服务及数据建设、中医药发展战略研究等方面获得 20 项国家重大研究项目支持,资助金额总计 2681.76 万元,详见表 1。

(1)中医药古籍与方志的文献整理项目

该项目为近年来科技部支持的文献整理类基础性工作中力度最大的项目。由中国中医科学院牵头,中国中医科学院中医药信息研究所、中国中医科学院基础理论研究所、中国民族医药学会等单位共同承担。本项目主要是对古代医家学术思想及代表古籍进行系统的整理和深度加工,发掘民族医学传统诊疗思想及有效方药,对流失海外的中医古籍进行调查、回归、整理和编辑,对历史方志中医药重要文献资料的辑录进行整理。研究目标包括 80 部珍善本中医古籍系统整理加工,流散欧美中医古籍复制与回归,50 名代表性古代医家学术思想发掘,京族、仫佬族、毛南族 3 个民族医药学术思想整理与研究等。

(2)国家人口健康科学数据共享平台——中医药学科学数据中心

该中心是由科技部—科技基础条件平台持续滚动支持建设项目。人口健康平台承担起国家科技重大专项、科技计划、重大公益专项等人口健康领域科学数据汇交、数据加工、数据存储、数据挖掘和数据共享服务的任务。为扩大科学数据的使用范围,造福国计民生,我中心开拓思路,积极寻求与高校、科研单位、基层医院、药厂企业等各级各类单位机构、组织在中医药科学数据应用方面的合作项目,发挥已有数据的科研价值、产业价值、公益价值。目前积极推进的两个合作方向是:与医院开展的临床数据服务,与企业药厂开展的基础数据服务。

(3)350 种传统医药传统医整理与深度加工——中医善本典籍整理

该项目为国家科技基础性工作专项子课题。通过项目的实施,有机结合了现代信息技术与传统的古籍整理方法;选择 168 种中医古籍进行扫描、识别、校对繁体文体、填写校对错误列表,对简体文体进行校勘、句读、考证等古籍整理研究,撰写内容提要和点校说明;运用基于知识元的中医古籍知识表示方法对古籍进行深度加工,建立了 330 种传统医籍的知识库系统。

(4)基于《中华医藏》的养生类古籍保护及知识挖掘示范研究

此项目为科技部行业专项任务。项目以《中华医藏》选目中的养生保健类古籍为切入点,开展养生类珍贵古籍的再生性保护研究,探索中医古籍中养生保健知识的组织方法,深度整理挖掘古籍中养生保健技术与方法,以丰富当今中医"治未病"方法体系。

表 1 中国中医科学院图书馆"十二五"期间承担国家重大研究项目

序号	项目类型	负责人	项目名称	研究周期	经费（万）
1	2009 年科技基础工作专项	曹洪欣	中医药古籍与方志的文献整理	2009.12—2014.12	820
2	科技基础工作专项	范为宇	350 种传统医药传统医整理与深度加工——中医善本典籍整理	2008.12—2013.12	140.8
3	国家科技重大专项	曹洪欣 崔 蒙	国家科技重大专项子课题任务合同书——重大新药创制—新药信息技术平台研究—新药信息化研究技术平台	2010.01—2011.04	43.96
4	科技部—科技基础条件平台建设计划	崔 蒙	国家人口健康科学数据共享平台数据中心运行服务——中医药学科学数据中心运行服务与升级改造	2011.11—2012.06	50
5	科技部—科技基础条件平台建设计划	崔 蒙	中医药学 2011 年数据中心后补助协议书 NCMI-AED04—201112	2011.12—2012.12.	50
6	公益性行业科研专项	崔 蒙	中医药科技信息公共服务平台及文献数据库规范建设研究	2012.01—2013.12	180
7	科技部—科技基础条件平台建设计划	崔 蒙	中医药学 2011 年数据中心后补助协议书 NCMI-AED04—201205	2012.05—2013.05	70
8	科技部—科技基础条件平台建设计划	崔 蒙	中国方剂数据库 2011 年专题服务后补助协议书 NCMI-AES05—201206	2012.06—2013.06	30

续表

序号	项目类型	负责人	项目名称	研究周期	经费（万）
9	科技部—科技基础条件平台建设计划	崔蒙	中医药学 2011 年数据中心后补助协议书 NCMI-AED04—201211	2012. 11—2013. 11	33
10	科技部—科技基础条件平台建设计划	崔蒙	中医药学 2012 年数据中心后补助协议书 NCMI-AED04—201212	2012. 12—2013. 12	121
11	科技部—科技基础条件平台建设计划	崔蒙	中国方剂数据库 2012 年专题服务后补助协议书 NCMI-AES05—201310	2013. 10—2014. 10	40
12	科技部—科技基础条件平台建设计划	崔蒙	中医药学 2013 年数据中心后补助协议书 NCMI-AED04—201312	2013. 12—2014. 12	87
13	科技部—科技基础条件平台建设计划	崔蒙	中医药学 2013 年数据中心后补助协议书 NCMI-AED04—201406	2014. 06—2015. 06	60
14	科技部—科技基础条件平台建设计划	崔蒙	中国方剂数据库 2013 年专题服务后补助协议书 NCMI-AED04—201409	2014. 09—2015. 09	40
15	科技部—科技基础条件平台建设计划	崔蒙	中医药学 2014 年数据中心后补助协议书 NCMI-AED04—201411	2014. 11—2015. 11	42
16	科技部—科技基础条件平台建设计划	崔蒙	中国方剂数据库 2014 年专题服务后补助协议书 NCMI-AES05—201412	2014. 12—2015. 12	55
17	科技部—科技基础条件平台建设计划	崔蒙	中医药学 2014 年数据中心后补助协议书 NCMI-AED04—201412	2014. 12—2015. 12	106
18	国家中医药管理局重点项目	李宗友	中医药"一带一路"发展战略研究	2015. 01—2015. 12	200
19	公益性行业科研专项	张华敏	基于《中华医藏》的养生类古籍保护及知识挖掘示范研究	2015. 06—2018. 05	374
20	科技部—科技基础条件平台建设计划	崔蒙	中医药学 2015 年数据中心后补助协议书 NCMI-AED04—201506	2015. 06—2016. 06	55
21	科技部—科技基础条件平台建设计划	崔蒙	中医药学 2015 年数据中心心脑血管、肿瘤专项资源后补助协议书 NCMI-AEE04—201507	2015. 07—2016. 07	39
22	科技部—科技基础条件平台建设计划	崔蒙	中国方剂数据库 2015 年专题服务后补助协议书 NCMI-AES05—201507	2015. 07—2016. 07	45
合计					2681. 76

9. 其他反映专业图书馆事业发展的其他重要统计数据

（1）国家级古籍修复中心建设

2011 年，修复古籍 230 册，其中溜口 44 册，补撕裂 14 册，补虫蛀 10 册，补破损 2 册，固边 21 册，接后背 5 册，包角 48 册，单衬 5 册，金镶玉 1 册，补（裱）皮 55 册，补（裱）首页 10 册，接线订 18 册，上皮 19 册；照相 24 种，登记 63 条。

2012 年，修复古籍 60 册，其中溜口 12 册，补撕裂 2 册，补虫蛀 4 册，补破损 2 册，固边 12 册，订线 31 册，并拍照、登记。

2015 年，修复古籍共 80 函 212 册，共 11 846 叶（善本 17 函 69 册），其中金镶玉 29 册 1204 叶、包角 106 册、加皮 25 册。

（2）期刊出版

2011 年，《中国中医药信息杂志》如期完成 12 期的编校出版，全年共收到稿件 2400 余篇、刊载论文 656 篇、用稿率为 26.3%，其中基金论文 287 篇、基金论文比 0.44；《国际中医中药杂志》如期完成 12 期约 216 万字的编校出版，全年共收到稿件 1462 篇、刊载论文 478 篇、文献刊载率为 32.7%，其中基金论文 123 篇、基金论文比为 0.26；《中国医学文摘—中医》如期完成了 6 期 100 余万字的编校出版，完成 6 期标引工作及每期的第一著者索引编制工作，全年收录期刊 1080 册、制作文摘 2770 条，其中基金文摘 1348 条、占总文摘量 48.66%。

2012 年，《中国中医药信息杂志》如期完成 12 期 400 万字的编校出版，全年共收到稿件 2400 篇、刊载论文 628 篇、用稿率为 26.10%，其中基金论文 312 篇，基金论文比 0.49；《国际中医中药杂志》如期完成 12 期 218 万字的编校出版，全年共收到稿件 1532 篇、刊载论文 480 篇、文献刊载率为 28.30%，其中基金论文 136 篇（国家级 45 篇），占全年所刊登稿件的 28.3%，较上年同期增长了 2.50%；《中国医学文摘—中医》如期完成 6 期约 100 万字的编校出版，2012 年引用期刊 111 种，其中中医药期刊 104 种，包括中国科技核心期刊 62 种，制作文摘 2674 条，其中基金论文 1348 条，占总文摘量的 50.41%。

2013 年，《中国中医药信息杂志》如期完成 12 期 340 万字的编校出版，全年共收到稿件 2729 篇、刊载论文 602 篇、用稿率为 20%，其中基金论文 315 篇，基金论文比为 0.52；《国际中医中药杂志》如期完成 12 期的编校出版，全年共收到稿件 1692 篇、刊载论文 520 篇、文献刊载率为 30.70%，其中基金论文 156 篇、基金论文比 0.30；《中国中医药图书情报杂志》2013 年第 2 期正式更名，如期完成 6 期约 100 万字的编校出版，保留原有文摘，并刊载一次文献 17 篇，其中各类基金资助文章 11 篇，基金论文比 0.64。

2014 年，《中国中医药信息杂志》如期完成 12 期 326 万字的编校出版，全年共收到稿件 3300 篇、刊载论文 556 篇、用稿率为 16.80%，其中基金论文 360 篇（国家级基金 211 篇），基金论文比为 0.65；《国际中医中药杂志》如期完成 12 期约 150 万字的编校出版，全年共收到稿件 1420 篇、刊载论文 381 篇、文献刊载率为 26.80%，其中基金论文 142 篇、基金论文比 0.37；《中国中医药图书情报杂志》如期完成 6 期约 75 万字的编校出版，收稿 180 篇，发文量 106 篇，用稿率 58.89%。

2015 年，《中国中医药信息杂志》如期完成 12 期 300 万字的编校出版，全年共收到稿件 3327 篇、刊载论文 499 篇、用稿率为 16.64%，其中基金论文 357 篇、占全年发文的 71.54%，其中国家基金资助 179 篇,占基金论文的 50.14% ;《国际中医中药杂志》如期完成 12 期约 180 万字的编校出版,全年共收到稿件 1439 篇、刊载论文 333 篇、文献刊载率为 23.14% ,其中基金论文 128 篇、基金论文比为占全年发文的 38.44% ;《中国中医药图书情报杂志》收稿 147 篇、发文 100 篇、用稿率 68.03% ,基金论文 62 篇、基金论文比 0.62。

三、主要工作及发展特点

1. 中医药文献资源建设

"十二五"期间,重点围绕全国中医药行业古籍保护中心、国家级古籍修复中心、国家科技基础条件平台—国家人口与健康科学数据共享平台中医药学中心等工作任务和工作重点,开展相关资源建设工作。

（1）古籍资源建设

①古籍购买与出版。采购中国中医科学院图书馆未藏古籍资源共计 87 种 90 册,其中孤本占 70 种,稿抄本 75 种,未藏版本 12 种,获得未藏古籍电子版 15 种,可在线阅读《中华再造善本》账号 2 个;扫描古医籍图片 2000 余叶,转换中医古籍扫描图片 6100 余页;开发"中医古籍书目数据库"网络版,完成《中国中医古籍总目》电子版、《民国时期书刊联合目录》;完成《走方医抄本研究》《草泽医抄本研究》撰写工作;出版第八批、第九批《中医古籍孤本大全》及《孤本医籍叙录集》,完成《欧美收藏中医古籍联合目录》《欧美收藏稀见中医古籍及研究》撰写工作,复制回归国内失传中医古籍 30 余种;完成全国 59 家藏书单位的 1370 种孤本书目调研出版《中国中医孤本古籍总目提要》,其中点校出版 37 种入《中医药古籍珍善本点校丛书》。

②中医古籍知识库构建。完成古籍文本化 282 种、古籍分词 7 万余条,古籍缩微复制 100 种约 10 万页,构建了中医古籍文献数据库;中医古籍疾病知识库已完成系统研发并入库古籍 450 种,完成古籍分词分类 12 900 条;中医古籍养生知识库加工整理完成 10 种养生古籍文本数据,制定了古籍养生知识的框架、养生概念类型和语义关系,完成并关联 2 万余条古籍养生知识术语;中医古籍方剂知识库已选定方剂书目、明确数据库设计方案,完成方剂数据 1 万余条。

（2）多媒体资源建设

采集北京地区中医药视频资源数据 2084 条,全国中医药多媒体资源 7950 条（上海中医药大学 2345 条、广州中医药大学 2546 条、南京中医药大学 2560 条、互联网调研全国高等中医院校的多媒体资源 499 条）;采集中医药及传统医学学术专题讲座 158 个,如"2012 中韩传统医学研讨会""2012 中医药继承创新发展高峰论坛"、国家中医药管理局第三期中医药文化科普巡讲专家培训班讲座、"第二十五届名老中医临床经验高级师承班"——沈绍功国医名师讲病案、刘文龙老中医讲授临床经验、"第二十六届名老中医临床经验高级师承班""中药临床药理协同创新方证会议"专题讲座、"首届骨科微创与外固定研讨会"专题讲座等;采集中医药非物质文化遗产相关文本资料 200 多个,相关图片 2000 余幅,视频资料 300 余部集;采集图片资源 34 组,3000 余幅;拍摄各级各类会议、发布会等 37 次,编辑制作会议资料片 40 部集,片长共 6960 分钟;制作光盘 147 张;完成《2014 年中医药事业发展新闻掠影》汇编一部;构建基于三维虚拟技术的人体经络穴位可视化 APP。

（3）现代文献资源建设

"十二五"期间,图书购置经费总计为 1220 万元,其中近现代文献资源购置经费为 1164 万元,占图书总购置经费的 95.41%;电子资源购置经费为 653 万元,占总经费的 53.52%,占近现代文献资源购置经费的 56.10%;新购置图书入库 12 850 种 47 094 册,期刊 600 余种 5 万余本;开展中国中医科学院研究生论文库建设,新增收录论文 700 余本。

（4）中医药数据资源建设

①多库融合平台资源建设。新增中文期刊文献 422 941 条,现共有数据 1 367 333 条;新增英文期刊文献 51 883 条,15 个专题文献 396 255 条;数据总计 180 万余条,总量达 22GB。

②中医药学科学数据中心资源建设。新增数据 20 万条,数据总计约 130 万条,其中结构化数据约 25 万条,数据总量达 130GB;建设中医个案数据采集新平台与方剂数据汇交平台。

③中医临床数据建设。完成名医案例信息采集 1000 例,临床诊疗规范信息 50 个疾病,名家经验信息 50 位;构建中医临床知识库服务平台,包含诊疗规范、名家经验、典型案例、方剂、古籍等类数据 13 000 条;继续开展嵌入式服务模式研究。

2. 中医药知识服务

（1）文献服务

"十二五"期间,为国外读者提供文献服务 45 次,提供全文文献 792 篇、文摘 2671 条,涉及中医药治疗乙型肝炎、艾滋病、肝癌、传染病、怀孕及胎儿性别、中医眼科等诸多方面内容;为馆外读者完成查询、复印、核对、邮寄/传送等一条龙服务 2 次 22 篇;完成 SCI 查询及全文服务,读者电话、电邮相关检索查询服务;下载"复方丹参滴丸""通心络胶囊"等临床试验相关文献 3241 条;检索金银花、山银花国内外化学成分、药理学与毒理、不良反应的文献;检索完成针灸实验研究相关文献 9200 余篇、针灸临床研究相关英文文献 7400 余篇;调研国外假针刺临床试验研究文献。

（2）专业化知识服务

①中医药维基百科。在互联网上发布基于中医药学语言系统的中医药知识图谱与基于中医药语义的中医药维基网站,网址为:http://www.tcminformatics.org/wiki/。中医药维基百科收录了 600 多种中药单味药。

②中国中医药主题词表网络版。完成中国中医药主题词表网络版的互联网发布,网址为:http://tcmesh.org/。该版本可通过账户权限与期限管理,实现其互联网上的付费使用。中国中医药学主题词表的建设,走出了一条科学研究与基础工作相结合、知识产权保护与市场化相结合,最终成为具有自主知识产权的、可获得潜在的经济效益的科研产品。并积极推进了本产品的授权使用工作。

③中医药多库融合平台服务。中医药多库融合平台为我所从 20 世纪 80 年代开始建设的中医药数据库检索系统,为全世界中医药及传统医学用户提供相关服务。"十二五"期间,客户制作数据库检索光盘 16 张(其中 2008—2010 年文献库更新光盘 6 张,2010 年、2011 年文献库数据检索光盘 6 张、中国方剂光盘 2 张、中国中药光盘 1 张、疾病诊疗检索光盘 1 张,);新开账户 80 个(其中试用 52 个),续费 68 个,改 IP 范围或延期 47 次;为客户统计检

索情况 57 次、解答用户 E-mail 咨询等。

④课题文献支撑服务。为科技部的"中医药科研项目绩效评估与体系建设研究"课题提供"韩国科研评估资料";为《百年中医史》课题组提供《中韩传统医学交流百年史》素材;为北京中医药大学检索分析疲劳外文文献;为北京中医药大学发展规划处提供《中医药院校近年国际合作资料集》176 篇;为天津同仁堂提供信息检索服务;西班牙欧洲中医基金会 CHETCH 项目提供相关文献支持;完成广安门医院项目"慢性萎缩性胃炎的临床文献整理研究";完成西苑医院—"APEC 中医药防控空气传播传染病的现代文献整理";为中医局"十二五"课题新药创制提供新药开发相关文献 1596 篇、成果 277 条、专利 1061 条;为西苑医院基础药理实验室提供以冠心病、心绞痛、心肌梗死、心律失常、心力衰竭、高血压、心脏病、脑梗、脑出血、颅内栓塞、心动过缓为关键字在《中医临床诊疗文献数据库》(2000—2007 年)中筛选文献 10 631 篇;进行国际中草药专利文本聚类分析。

⑤数据挖掘分析服务。完成西苑医院"中风""冠心病""老年性痴呆"和"出血性痴呆"4 种疾病文献统计并进行证候、症状、中药的统计和关联规则分析;协助西苑医院实验中心进行中药药效和药理作用的数据清洗以及通过功效预测药理作用的研究;完成新疆 7 个病种(白癜风、溃疡性结肠炎、子宫平滑肌瘤、稳定性心绞痛、银屑病、膝骨关节炎、子宫颈糜烂)2100 条数据统计分析;与无限极公司合作开展组分中药研究相关的信息分析及数据挖掘,探索治疗疾病的组分与疾病、证候指标等多者之间的内在联系;为临床所进行证候复杂网络相关分析;与北京科技大学合作建设智能医案数据分析软件,实现数据的相关智能化统计和处理分析;为基础所横向课题"60 年成果数据库建立"建立数据库并提供了数据统计分析;为广安门医院"基于临床评价的中医证候关键技术研究——文献检索及技术统计"及临床所"气虚血瘀证临床评价文献分析"提供服务。

⑥数据库及平台建设服务。为广安门 973 横向课题"量效关系经典文献相关基础研究"建设"量效关系经典文献相关基础研究文献数据平台";与宣武中医院合作开发消化古籍数据库;与黑龙江中医药大学附属第一医院妇科合作构建黑龙江基地项目"多囊卵巢综合征"文献库;与天津中医药大学第一附属医院冠心病国家中医临床研究基地合作建立"中医心病"的现代期刊文献数据库及古代文献数据库;与湖北省中医院肝病研究所肝病研究基地合作建设肝病文献信息平台;与长春中医药大学附属医院合作建设"心病及中风相关疾病"文献信息平台;与北京中医药大学东直门医院合作建设"脑病相关 16 个疾病"古代文献、现代文献、英文文献数据库;与中国中医科学院基础研究所合作"心病"药理数据库建设;与中国中医科学院临床基础所合作建设"高血压"数据库检索系统;为针灸所 WHO 项目"缺血性中风的针灸治疗文献评价"搭建文献检索平台,收集文献 2000 余篇,评价中英文献 500 余篇;临床基础所项目"服务于老年公寓的健康知识服务系统"研发了"面向老年公寓的健康知识服务系统";为西苑医院项目"中法中医药合作委员会中方工作支撑项目"搭建"法国及东盟中药药理研究和中药上市法规研究文献库";为无限极公司建设"中草药种植加工储存新技术信息采集、分析与检索平台";广安门医院项目"北京地区中医皮肤科达标流派学术思想传承和文献整理挖掘"完成了名医知识库和知识地图建设;广安门医院项目"基于名医医案的决策支持系统"完成系统开发;广安门医院项目"中医药信息学重点学科网站建设"完成网站建设;广安门医院项目"中医哮喘诊疗技术知识库的构建";与山东麦德森、北京英富森合作开发"博览医书"系统,搭建平台、构建 3 个知识模型;与西苑医院合作开发"功能性胃肠病

中医临床知识库";与长春中医药大学附属医院合作建立骨科疾病古今文献数据库和呼吸科疾病古今文献数据库。

（3）情报服务

①情报监测及对上服务。"十二五"期间，积极开展中医药情报的对上服务，监测、追踪国内外中医药、传统医学、补充替代医学发展动态，累计提供与传统医学相关的对上快速反应资料129条、国内外传统医学专题调研报告77份、传统医学专题调研资料122篇、国内外传统医学热点资料871篇约60万字（其中英文、韩文及日文相关资料344篇），发布传染性疾病专题信息16期；每年出版《中医药国际参考》12期，总计60期约160万字；搭建"信息研究基础数据库—中医药国际参考"数据库，累计数据量达4000余条；建设"中医药国际交流合作信息平台"，汇聚整合国内外中医药、传统医学及补充替代医学相关信息及数据达4400余条。收集翻译"日本救心丹、小柴胡汤及韩国牛黄清心液资料""传统医学领域知名学者和专家"信息收集（120条），翻译专利分类号，完成中药专利适应征国家排序柱状图，完成中医药相文献数据库检索PPT，翻译《植物药专利分析》论文。

②开展中医药数据统计工作，为中医药行业提供相关的数据支撑。从2012年9月起，每月发布《中医药月度统计资料》，年末发布《全国中医药统计摘编》；截至"十二五"末，累计发布36期《中医药月度统计资料》《2014年全国中医药统计摘编》工作；完成《2014年中医药事业发展统计提要报告》；编撰完成2014年第一、二季度《中医药统计内参》，包括2014年第一、二季度中医药资源、服务及费用相关统计报告；完成了《中医药政策与管理参考》（2014年11月，第1期）的组稿与编辑工作（由《中医药统计内参》改版）；2015年起，不再发行纸质版的《中医药政策与管理参考》，转变为建设中医药政策与规划知识库平台。

（4）行业平台建设

中国中医科学院中医药信息研究所被国家中医药管理局确实为首批中医药国际合作专项建设单位，建设中医药国际交流合作信息平台，建立了国内外中医药、传统/补充替代医药信息监测机制；中医药国际交流合作信息平台更新信息至700条。完成中医药多媒体资源管理系统的建设并已开始应用；中医药全媒体平台处于系统应用调试阶段。与万方数据合作共建中医药临床知识服务平台。"沃云·健康云移动健康管理平台中医药健康管理领域专业技术合作"建立中医养生知识服务平台，整理中医养生文献，整合中医养生知识，包含中医养生原理、中医养生方法和中医养生应用等数据共10 000余条，报纸、期刊、书籍类养生知识20 000余条，实现知识地图展示。

3. 基础条件平台建设

（1）馆舍条件建设

通过《中国中医科学院中医药信息研究所图书馆楼加层改造工程》，中国中医科学院图书馆原有建筑面积5971平方米，增加2801平方米，建成后总面积将达到8772平方米。

（2）信息化条件建设

完成机房的改扩建，由原有的1个机房80平方米扩增至2个机房160平方米；新增服务器15台，硬盘200TB，内存1600GB；旧服务器20台，硬盘20TB，内存80GB；1套集中存储设备，150TB；2台磁带机；1套数据保护设备。机房配有4台40kVA和2台80kVA山特UPS，可以保证机房供电中断情况下，机房内计算机设备2个小时的正常运行。

在软件运维方面,对 103 个应用程序进行日常维护、程序备份,并进行程序的日常监控,及时对报警进行处理;曙光高性能刀片集群具 50 个计算节点,2 个数据库节点,1 个 I/O 节点,1 个管理节点,一个登录节点,共计 55 个节点,存贮达 4T 容量,峰值浮点计算能力 11800 亿次/秒,实测并行性能 8600 亿次/秒。

(3)中医药门户网站建设

"中国中医药信息网""中医药在线""中医药科学数据共享平台"三个大平台和"亚健康中医药文献系统""中国方剂信息专题服务平台"等多个子网站组成,新增"亚健康中医药文献系统""中国方剂信息专题服务平台""中药新药发现,新药设计和信息平台"等中医药科研成果的展示与应用系统。中医药门户网站采用统一的一站式登录的方式,方便用户登录访问数据资源。"十二五"累计 200 余家单位用户,1390 名个人用户;用户主要来源于国内外中医药及传统医学研究机构、其中港澳台单位用户为 20 余家。

(4)联合实验室建立

"十二五"期间,中国中医科学院中医药信息研究所与新疆维吾尔自治区维吾尔医药研究所建立"中医/维医科学数据应用联合研究室",与中科院大连化物所建立"中药新药(化学数据)筛选联合实验室",与西苑医院建立"中药新药(药理数据)筛选联合实验室",与北京英富森软件公司建立"中国中医药信息转化应用联合实验室",共同研发基于中医药信息相关应用产品,实现成果的落地转化。

(5)"北京市文化旅游示范基地"建设

中国中医科学院古籍资源特藏部始建于 1955 年,不仅是我国最早成立的中医专业古籍特藏部门,同时还是中国乃至世界收藏中医古籍珍善本最为丰富的单位。2011 年,我所古籍资源特藏部作为特色文化展示单位申报"北京市文化旅游示范基地",并由北京市卫生局、北京市中医药管理局颁布挂牌。中国中医科学院古籍资源特藏部开展了各类中医古籍工作和中医文化交流活动,包括:持续开展的"海内外中医古籍资源调研与收集"工作、"中医古籍抢救与发掘"工作、"中医古籍保护与修复的技艺和规范"工作,以及与国家图书馆、国家古籍保护中心合力组织的《中华医藏》编纂工作;同时还多次联手国家图书馆、国家古籍保护中心、湖北李时珍纪念馆等单位,共同举办"世界记忆与《本草纲目》、《黄帝内经》"特展(历时 20 天,展区面积 1000 平方米)、"中医珍贵典籍与文化展"(历时 30 天,展区面积 3000 平方米)等。并且以中医古籍资源特藏作为对外展示和文化交流的窗口,组织接待了大批国际中医药界、文化界团体,扩大了中医药文化和知识的普及,在促进中医药文化国际宣传与建设中起到了示范作用。

(6)Primo 一站式检索系统

为方便读者快速、准确、有效地在海量学术信息中查找和获取所需信息,中国中医科学院图书馆推出"一站式学术资源发现与获取平台",实现馆内文献资源的一站式检索。该检索平台为读者提供了全新的用户体验,可以在该平台检索到图书馆收藏的纸质资源、自建电子资源以及订购的电子资源。

——馆藏目录:图书馆收藏的纸质图书、报刊、光盘等。

——电子资源:图书馆订购及部分免费的期刊、会议论文,学位论文,电子书,报纸,参考资料,图片,多媒体等。

4. 新技术应用

（1）中医医案大数据智能处理挖掘平台

该平台以深入挖掘海量、异构、多源、多格式、非结构化中医医案文本为研究目标,利用大数据技术,构建中医医案知识预处理、整合、挖掘、发现、服务一体化大数据平台。利用该平台已完成北京中医医院妇科委托的妇科医案挖掘分析、云南中医学院委托的《吴佩衡医案》挖掘分析、江西中医药大学委托的脾胃病医案挖掘分析及北京中医药大学东直门医院委托的脑病科医案挖掘分析工作。

（2）中医医案知识服务与共享系统

该系统已实现医案数据采集、清洗、加工、集成并提供快捷服务和知识共享,提高临床中医医师的诊疗水平。目前已拥有数据 20 000 余条可提供医案服务。

（3）中药新药研发探索

完成了"中药新药辅助研发系统"的开发,实现了从临床医案数据出发,经过数据挖掘算法(关联规则和聚类方法)并结合专家智慧得到有开发前景的新药处方。"十二五"期间,利用该系统为西苑医院提供了冠心病、糖尿病视网膜病的新药处方筛选;完成了针对中风恢复期的新药"参丹注射液"的处方筛选,并完成了相关药理实验和毒理实验的研究,有望作为新药青苗进行推广。

5. 人员队伍建设

（1）鼓励职工参加学历教育,提高创新能力;做好高校毕业生接收工作

"十二五"期间,共接收高校毕业生 23 名,在职攻读学位 15 人、毕业 6 人,在职进入博士后流动站工作 9 人、完成工作站任务出站 2 人。在职人员学历教育情况见表 2。

表 2　中国中医科学院图书馆"十二五"期间在职人员队伍建设情况

年度	在职人员	高校毕业生接收			引进人员	调入人员	报考博士		在职攻读学位		在职攻读毕业		博士后	
		本科	硕士	博士	博士后	博士	博士	录取	硕士	博士	硕士	博士	在站	出站
2011	79		3		1									
2012	85		5	1	1	1								
2013	87		6				5			5	1	2	4	
2014	89	1	2				4	2	2	4	1	1	3	1
2015	86	1	3		1	1	4	2		4	1		2	1

（2）强化配套服务,加大创新人才培养和引进力度

"十二五"期间,不断强化各类配套措施,扩大创新人才培养渠道,加强对人才的培养、扶持和紧缺人才的引进力度。一是选派人才进行深造,提升专业技能。2015 年,选派 1 名人员脱产学习 2 月,参加"第十九期全国古籍修复技术培训班",学习古籍防虫杀虫技术,保护环境、古籍修复配纸、染纸、染线、淀粉提取与糨糊制作,古籍装帧形式,古籍修复技法,修复档案的建立等。二是以现有需求为导向,扎实开展中医药信息研究工作。返聘高级研究人员

10 人。三是聘用客座研究员。为促进科研工作的快速发展,加强科研队伍的建设,吸引和凝聚国内外优秀人才,提高科技竞争力,先后聘请浙江大学吴朝晖校长、军事医学科学院网络信息中心赵东升主任为客座研究员。四是外聘业务科室副主任。2015 年 5 月,中国中医科学院统计中心才成立,根据工作需要,聘请北京中医药大学洪宝林为中心副主任。四是引进人员,引进博士后出站人员 3 名,博士 1 名。

6. 主持或参与的重要工程与项目

(1)《中华医藏》工程

①启动准备工作阶段。全国中医行业古籍保护中心(中国中医科学院中医药信息研究所)与国家古籍保护中心共同成立了《中华医藏》编纂筹备组。2011 年 3 月 22 日,召开了《中华医藏》编纂方案及选目论证会;2011 年 4 月 26 日召开《中华医藏》选目会,选出了《中华医藏》第一编(医经、藏象、骨度、经络、养生、医史)目录 523 种;2011 年 5 月 18 日,在"中华珍贵医药典籍展"上正式宣布《中华医藏》启动。

②《中华医藏》工程编纂审定阶段。2012 年 2 月 2 日,确定《中华医藏编纂》选目工作方案、选目审定专家与选目工作组,并进行《中华医藏》出版目录选目审定。2012 年 5 月 16 日,召开选目工作总结会,确定《中华医藏》出版书目。2012 年 8 月 24 日,召开《中华医藏》编纂工作会议。

③《中华医藏》工程开展阶段。2012 年,《中华医藏》工程项目获中国中医科学院 50 万元经费资助。2013 年,全国中医行业古籍保护中心(中国中医科学院中医药信息研究所)与国家图书馆撰写《中华医藏》编纂方案,制定《中华医藏》出版方案,并分别向文化部和国家中医药管理局汇报;基本完成书目遴选和方案制订。2014 年,完成《中华医藏》500 种古籍内容提要的撰写,登记部分古籍保存现状。2015 年,国家中医药管理局行业专项支持"基于《中华医藏》的养生类古籍保护及知识挖掘示范研究",完成 70 种养生类古籍选目及审定。

(2)中药资源普查数据平台

通过科技论文检索,对中药资源 7 个子领域的科技人员进行全面筛选、分类,建立中药资源的"科技人才—中文论文"数据平台。其中《中药资源科技人才—中文论文数据普查平台》整合期刊论文题录数据共 120 814 条,涉及论文作者共 170 484 位,题录时间范围为 1915—2015 年,涉及中药资源领域包括 7 个子领域,分别为中药鉴定、质量标准、中药栽培、采收加工、市场开发、资源保护、资源管理。本平台进行了领域专家、高产作者、高被引作者、7 个子领域及 82 味中药材进行标注,方便用户检索使用。

(3)美国伊利诺伊大学"Napralert 天然产物数据库"

NAPRALERT® 数据库是经美国国会论证后建立的专门从公开发表的文献中收集来自植物、微生物和动物提取物的化学成分、药理活性和临床研究的数据库。其有别于我国现有药理化学数据库的传统模式,可为使用者提供去粗取精、专业性强、内容明确的文章信息提取报告. 数据库拥有全球天然产物领域大量宝贵的结构化数据基础,具有巨大的商业价值和应用前景。2013 年 4 月 9 日,中国中医科学院中医药信息研究所与香港浸会大学签署关于 NAPRALERT® 的谅解备忘录。该谅解备忘录列明了双方之间关于分享知识产权事宜以及持续开发大学 NAPRALERT® 数据库事宜。中国中医科学院中医药信息研究所于 2015 年 11 月,邀请伊利诺伊大学的 James 教授和香港科技大学的姚娉教授来我所,对该数据库的相关数据管理员、加工员进行了为期两周的培训,针对改版升级后的数据库进行了详细的讲解,更好地促进了双方的合作,为该数据库的有序建设奠定了良好的基础。

(4)中医药优秀论文评价工作

2015 年 12 月为中国中医科学院建院 60 周年,为了更好地评价我院的科技论文水平,受中国中医科学院委托,中国中医科学院中医药信息研究所承担了"关于 60 周年院庆中国中医科学院近 10 年百篇最具影响优秀论文评选"工作。该项工作于 2015 年末顺利完成并在院庆 60 周年进行发布。完成了"中医药优秀论文遴选发布平台"的搭建工作;起草了《优秀论文专家团队组建方案》;通过预检索测试,进一步完善了论文检索方案;完成 2008—2012年全国中医药优秀论文的定量筛选工作;完成了中国中医科学院近十年(2005—2014)最具影响力优秀学术论文评选及其颁奖相关工作,并评选出 2005—2014 年中国中医科学院最具影响优秀学术论文 51 篇。

7. 科研项目

(1)获中国中医科学院院级及以上科研项目概况

"十二五"期间,共计获得中国中医科学院及以上项目 72 项,资金资助 3789.795 万元。资助涵盖馆藏古今文献的整理挖掘及开发利用、中医药信息标准研制、中医药情报战略研究、中医药数据平台建设等诸多研究领域,为本所在"十二五"期间有序发展、重点提升奠定了良好的科研基础。

中医药文献资源研究方向是中国中医科学院图书馆稳定持续的研究方向之一,尤其在中医药古籍资源的调研、保护和利用方面开展大量而深入的研究。目前开展了中医药古籍定级标准、中医药古籍书库的基本标准、中医药古籍破损定级标准、中医药古籍修复技术规范与质量标准、中医古籍数字化标准、数字中医古籍标注标准等研究。本单位在利用现有古籍资源的基础上,从古籍结构型数据库的数据挖掘和古籍本体构建两个方面,先后对温病古籍、本草古籍、养生古籍等进行了示范性的挖掘整理,探索了中医古籍深度利用的方法,从而为利用中医药古籍进行知识发现提供示范。通过对整个研究过程参与人员的专业结构、合作模式等分析,也提出了中医古籍利用创新团队的建设模式。该方向先后承担了国家科技部基础性工作 3 项、院级项目 5 项。

中医药科学数据研究方向:针对中医药数据建设、共享与利用的需求,开展中医药数据集分类研究和中医药数据集模型研究,建立中医药数据集分类框架与标准和适用于中医药文献信息特点的数据集模型。针对计算机中医临床决策支持与新药辅助开发需求,开展中医药科学数据挖掘研究和中医药数据网格研究,建立基于数据的中药化学组分配伍模式,高性能计算平台在中医药领域的应用。针对中医药知识服务的需求,开展中医药知识共享方法学研究和中医药知识服务模式研究,建立中医药知识共享平台和计算机辅助中医药知识服务模式。该方向近五年完成了国家级课题 4 项、局级课题 1 项,包括 863、973、"十一五"科技支撑项目等国家级课题。

中医药情报研究方向是我学科历史悠久的研究方向,在 20 世纪 80 年代侯召棠等老一辈情报专家带领下开展了大量的中医药政策与战略研究以及专题情报研究,为国家中医药管理局等政府部门提供了大量的情报服务和决策支撑。近年来除了开展传统的情报研究之外,并开展了中医药发展战略研究、国外传统医药动态检测、中医药情报方法学、竞争情报分析研究等研究,以探索适合于中医的发展现状和特点的情报学研究方法和模式,从情报学角度为中医的现代化研究和发展提供思路和服务。该方向近5年承担课题国家级2项,局级3项。

中医药信息标准研究是我馆根据中医药信息化发展的实际需要近年新确立的研究方向,先后编写了与美国国立医学图书馆Mesh词表对接的中国中医药学主题词表、主题词表分类框架与代码标准;构建了与美国国立医学图书馆UMLS对接的中医药学语言系统;与SNOMED对接的中医临床术语系统等;并在此基础上研制了中医药学术语标准编制规则等一系列相关标准。同时开展了中医药科学数据元标准、中医药信息分类框架、中医药信息标准体系表等一系列研究。在中医药信息标准研究方面一直保持领先地位,具有鲜明的特色,参与了国际标准化组织健康信息标准委员会(ISO/TC215、TC249),承担ISO/TC 249—ISO/TC 215联合工作组(JWG1)的秘书工作。近5年完成课题局级3项,正在承担国家项目5项。在中医药信息标准研制方面始终处于全国领先地位。

(2)中国中医科学院基本科研业务费自主选题项目概况

"十二五"期间,共计设立92项中国中医科学院基本科研业务费自主选题项目,资金资助1439万元,发表论文351篇,建立数据库45个,建立平台15个。其中支持图书馆资源建设及工作模式探索性研究10余项,具体内容:

①基于数字缩微技术抢救性保护整理中医古籍基础专项。该项目利用缩微—数模转换技术对甄选300种中医古籍进行缩微和数字化加工,以解决古籍工作中长期存在的"藏用"矛盾,最大化延长古籍寿命;并通过该项目的实施制定较为完备的相应古籍缩微工作流程与制度。

②当代中医药图书数据库的建设。通过对1949—2007年间国内外出版的中医药图书进行调研、整合,完成新中国成立以来国内出版的中医药图书数据库建设及北京地区各图书馆收藏海外出版的中医药图书数据库建设;建成的标准化、数字化、网络化的当代中医药图书数据库,实现全国乃至世界范围内中医药信息资源最大化有效利用和共享。

③中国中医科学院图书馆知识服务模式研究。通过文献分析、实地调研、专家咨询等方式,在全面了解国内外知识服务发展的基础上,调研国内中医药图书馆发展现状,构建了适合中医科学院图书馆发展的知识服务模式,为中医药图书情报领域知识服务研究的开展做有益探索,并为未来本馆工作的展开起到指导和借鉴作用。

④基于循证的中医药知识服务平台探索研究。通过梳理和分析国内外循证医学综述知识服务系统平台研究进展,特别是国外的UpToDate,MD Consult和DynaMed等较为成熟的循证医学综述知识服务平台,分析其结构框架、数据内容、数据特点以及服务方式等方面,以具体乙型肝炎为实例探索中医药循证医学综述知识服务平台的构建,为提供中医药循证知识服务进行探索性研究。

⑤中国中医科学院图书馆学科化服务模式研究。通过文献调研、实地考察和实证研究等方法,对国内图书馆开展学科化服务的现状进行调研分析,结合中国中医科学院信息需求和我馆实际情况,开展学科化服务的实证研究,从服务对象、沟通机制、共性工作、个性服务等方面总结归纳我馆学科化服务的基本模式,从而改善图书馆的服务现状,提高图书馆为临床与科研服务的能力。

⑥中医药图书馆关联数据服务的构建与应用研究。通过梳理国内外关联数据在图书情

报领域的研究与应用进展,以语义网络和关联数据构建与开发相关技术为主要研究方法,构建和发布中医药图书馆书目关联数据,并开发中医药图书馆关联数据的应用服务。

⑦民国图书、期刊与中国中医科学院中医药信息研究所研究生学位论文服务平台建设。民国文献因为具有极高的文献价值、历史价值及经济价值而成为当前研究的热点。民国中医药文献前人留给我们的一笔不可再生、无比珍贵的财富,对其进行数字化加工和开发利用,不仅可以最大限度地延缓文献的自然老化过程,而且还使得中医药学术及文化的延续和传承。通过该项目的实施,将建立我馆特色文献资源数字化检索、管理平台,实现中医药民国文献和学位论文检索查询、数字化保存、用户在线全文浏览等功能的数据平台。

⑧基于微信新媒体的图书馆移动信息服务探索研究。该项目调研了国内图书馆移动信息服务的模式及现状,建立完善了中国中医科学院图书馆微信信息服务平台的功能,未来将实现信息推送、馆藏查询、读者借阅信息、图书的预约续借催还、新书通报、问题解答、图书荐购、借阅指南、学术资源检索阅读等服务。

8. 成果

(1)图书馆硬件设备跃上新台阶

"十二五期间",我图书馆顺利完成改扩建工程,将图书馆建筑面积由原来的5971平方米增加到8772平方米,极大地改善了图书馆的环境和硬件设施条件。完成电子阅览室设备、软件安装调试,2015年7月正式对用户开放,具体包括:40台电脑的安装调试、40个电脑保护卡的安装、金盘电子阅览室管理系统安装调试。图书馆购置安装6台OPAC查询机、3台自助借还机、1台立式自助办证机、2台点检车、4台读报机、4套门禁系统以及复印机、扫描仪、打印机等设备。

(2)图书馆服务能力稳定提升

中国中医科学院图书馆以学术活动周、图书馆宣传日等形式,广泛宣传中国中医科学院图书馆服务功能与主要资源,邀请超星、汤森路透、迈特思创、艾利贝斯等公司介绍中国中医科学院中医药信息研究所购买的资源的具体使用方法。利用多种渠道(图书馆网站、图书馆微信、图书馆微博、图书馆电子邮箱、即时聊天工具(QQ)、张贴纸质通知等)介绍图书馆的最新动态,并宣传推广图书馆资源,特别是电子资源;提供读者接待及日常服务;提供读者咨询和文献传递服务;提供读者赠书服务等;举办民国图书期刊的展览和现代图书与期刊的展览,通过电子资源易拉宝等形式,介绍电子资源的使用;设计和制作图书馆的宣传介绍材料(三折页),对馆藏的近现代中外文图书、中外文期刊资源以及中外文电子资源进行宣传。积极参加中国图书馆学会专业图书馆分会活动,宗友所长做会议发言,介绍中国中医科学院图书馆基本情况及主要开展工作,与兄弟单位交流经验。

(3)古籍修复设备到位,人员接受专业化培训

"十二五"期间,中国中医科学院图书馆通过积极向上级部门申请,购置了现代化修复设施及设备,如古籍修复高清工作台,古籍除尘洗涤机、古籍拷贝台、古籍恒温恒湿真空展示柜、古籍修复多功能柜、古籍压平机、古籍纸浆补书机等,使古籍修复工作由传统的单一的人力手工修复,逐渐向现代化、科学化、专业化修复方法过渡与发展,大大提高了修复质量与效率。与此同时,进一步加大古籍修复人才队伍建设,选派古籍工作人员参加了国家古籍保护中心举办的"古籍修复基础班",系统学习和掌握了古籍修复技能,壮大了中国中医科学院图

书馆古籍修复力量。

（4）知识服务主动出击，打开市场

中国中医科学院图书馆主动走进各科研院所、高校等，宣传优秀科研成果，逐步打开知识服务市场。服务范围包括数据库研制、数据分析、某领域/行业的热点分析、网站建设等。如与英富森软件股份有限公司共建的中国中医药信息转化应用联合实验室，与上海融达信息科技有限公司开发中医药知识库服务应用系统，与北京慧云智数科技有限公司开展的沃云·健康云移动健康管理平台中医药健康管理领域专业技术合作，北京中医医院妇科委托的妇科医案挖掘分析、云南中医学院委托的《吴佩衡医案》挖掘分析、江西中医药大学委托的脾胃病医案挖掘分析及北京中医药大学东直门医院委托的脑病科医案挖掘分析等。

（5）中医药信息标准研制取得突破性进展

中医药信息标准作为中医药信息化的基础支撑，在中医药国际化发展中也起到重要的作用。在国家中医药管理局、国家标准化管理委员会和中国中医科学院的大力支持下，由我国主导研制完成的四项中医药信息国际标准已由国际标准化组织（International Organization for Standardization，简称 ISO）发布，这四项标准的牵头单位均为中国中医科学院中医药信息研究所。

1）ISO. TS 19738:2014 *Health informatics—semantic network framework of traditional Chinese language system*（健康信息学——中医药语言系统语义网络框架）。该技术规范于 2014 年 6 月 15 日由 ISO 出版发布，其以中医药学语言系统为基础，描述和定义了中医药学语言系统语义网络框架。该框架定义了中医药学语言系统的 98 个语义类型以及它们之间的 58 个语义关系，并对其进行了详细的定义。该标准的提出不仅规范和支持了中医药学语言系统的建设，还为中医药学术语系统和本体创建提供了语义标准，为中医药学语言系统和统一的医学语言系统的映射提供了支持，对于中医药学术语信息的交换具有重要的意义。

2）ISO. TS 17948:2014 *Health informatics—Traditional Chinese medicine literature metadata*（健康信息学——中医药文献元数据）。该技术规范于 2014 年 7 月 15 日由 ISO 出版发布，其为中医药学的文献资源提供了一套通用的描述元素，是一套专门针对中医药文献的元数据技术规范。该项标准规定了中医药文献元数据标准化的基本原则和方法，覆盖中医药学领域具有共性的全部元数据内容，为中医药学的文献资源提供了一套通用的描述元素。它能够规范、科学、合理地描述中医药学文献，提供有关中医学科学文献的标识、内容、分发、质量、限制和维护信息，以支持中医药文献的收集、存储、检索和使用，促进中医药文献资源的交流与共享，对于中医药文献资源的系统保护和深度利用具有重要意义。

3）ISO. TS 18790-1:2015 *Health Informatics—Profiling Framework and Classification for Traditional Medicine informatics standards development-Part* 1 *Traditional Chinese*，*Japanese and Korean medicine*（健康信息学——中医信息标准体系的框架和分类）。该项国际标准于 2015 年 5 月 1 日由 ISO 出版发布，其对"中医药信息标准"的范围进行了清晰界定，规定了中医药信息标准体系的三维框架，即业务域维、信息化要素维和特异度维，建立了中医药信息标准应用和内容描述的共识，区分出不同信息标准的制定过程及其相互关系。该标准对中医药信息标准体系进行了顶层设计，有助于中医药行业内部共识及其与大健康信息标准之间的衔接，对于中医药信息标准体系建设、信息标准制修订、规划计划制订等具有重要和深远意义。

4）ISO. TS 16843-2:2015 *Health Informatics—Categorial structures for representation of acupuncture-Part2*：*Needling*（健康信息学——针刺操作的语义分类框架标准）。该项标准于 2015

年 12 月 15 日由 ISO 出版发布,其以"针刺相关领域的术语系统"为核心,界定其范围,规范其定义及语义连接,建立针刺领域的语义核心模型,使之和其他信息模型之间的知识一致性交融更为便利。

(6)获奖

2014 年,中国中医科学院中医药信息研究所/图书馆获文化部颁发的"全国古籍保护工作先进单位";薛清录研究员在 2012 年中国图书馆年会上,荣获"2012 中国图书馆榜样人物"称号。"十二五"期间,以中国中医科学院中医药信息研究所为第一完成单位的科研成果获院级及省部级奖项共 6 项,其中中华中医药学会科学技术二等奖 2 项(详见表 3)。

表 3 "十二五"期间中国中医科学院中医药信息研究所获科技奖项一览表

项目名称	奖项
辅助中药新药研发的文献分析系统及建立与应用	2011 年度中华中医药学会科学技术奖二等奖
中医文献资源评价方法及应用研究	2011 年度中国中医科学院科技进步三等奖
中医药科学数据网格建设与服务应用	2012 年度中国中医科学院科技进步三等奖
中医药知识密集型数据利用模式及应用	2013 年度中国中西医结合学会科学技术奖三等奖
语义网环境下中医药信息标准化方法	2014 年度中国中医科学院科学技术奖二等奖
语义网环境下中医药信息标准化方法	2015 年度中华中医药学会科学技术奖二等奖

(7)论文论著

"十二五"期间,累计发表学术论文 468 篇,其中 SCI 收录论文 16 篇、EI 收录论文 12 篇;出版著作 10 部。其中围绕我所重点学科建设编著的"十二五"国家重点图书出版规划项目《中医药信息学》系列丛书第一册《中医药信息学》一书于 2015 年 1 月 1 日由科学出版社出版;出版中医孤本大全 57 部,《中医药古籍善本点校丛书》一套,共 37 种。获得软件著作权 25 项。

9. 重要活动及重大事件

(1)组织申报《本草纲目》和《黄帝内经》入选《世界记忆名录》

从 2008 年开始,组织中国中医科学院图书馆馆藏《本草纲目》(明万历金陵胡承龙刻本)和国家图书馆馆藏《黄帝内经》(元后至元五年胡氏古林书堂刻本)先后申报《中国档案文献遗产名录》《世界记忆亚太地区名录》和《世界记忆工程名录》的工作。2010 年 3 月 9 日,联合国教科文组织世界记忆工程亚太地区委员会在澳门宣布,两部著作入选《世界记忆亚太地区名录》。

2011 年 5 月 23 日至 26 日,在英国曼彻斯特召开的联合国教科文组织世界记忆工程国际咨询委员会(IAC)第十次会议上,中国中医科学院图书馆馆藏《本草纲目》(明万历金陵胡承龙刻本)和国家图书馆馆藏《黄帝内经》(元后至元五年胡氏古林书堂刻本)成功入选《世界记忆名录》。

(2)全国中医行业古籍保护中心建设

1)古籍普查工作。按时填报第四批《国家珍贵古籍名录》,普查 23 种,申报 5 种;将我馆 3000 余条数据经整理查重后导入全国古籍普查平台。完成《中国中医科学院古籍普查登记目录》的编制出版工作,该书收录本馆收藏成书于 1911 年以前的所有线装古籍 6005 种;主要普查项目有书名卷数、责任者、版本(带补配)、版本年代、版刻类型、册数、本馆索书号,普查分类号等。举办古籍普查与保护培训班,为行业培养后备人才、加强专业人员队伍建设、提升技术人员能力和水平。

①全国中医行业古籍普查与保护培训班。2011 年 8 月 2 日至 8 月 11 日,国家古籍保护中心、全国中医行业古籍保护中心(中国中医科学院中医药信息研究所)、安徽中医学院在安徽合肥联合举办"全国中医行业古籍普查与保护培训班暨 2011 年国家中医药管理局继续教育项目",来自全国 32 家单位 56 名学员参加此次培训。培训邀请全国范围内 14 名专家担任授课,围绕中医古籍普查、保护与文献研究等开展,深入贯彻落实《国务院办公厅关于进一步加强古籍保护工作的意见》(国办发〔2007〕6 号)、《国务院关于扶持和促进中医药事业发展的若干意见》国发〔2009〕22 号文件精神,加快古籍保护队伍建设,推进全国古籍普查工作,使中华古籍保护计划全面顺利实施。

②第十二期全国古籍普查管理人员与中医古籍整理高级培训班。2012 年 7 月 8 日至13 日,国家古籍保护中心、全国中医行业古籍保护中心(中国中医科学院中医药信息研究所)与长春中医药大学在吉林长春联合举办"第十二期全国古籍普查管理人员与中医古籍整理高级培训班",来自全国 32 家单位 62 名学员参加培训。培训范围包括古籍普查与编目、中医古籍整理与研究、《中华医藏》编纂工作等相关内容。培训教材由国家古籍保护中心统一提供。培训邀请全国范围内 8 名专家担任授课,培训形式为专家授课和上机实践相结合,课程安排非常紧凑,授课专家都是经验丰富的学者,授课内容实用性很高,学员们也开展了广泛的交流,普遍反映对今后实际业务工作的开展有很大的帮助。特别是本次培训班学员年龄明显年轻化,学历也明显提高,为古籍普查和整理工作增添了新的力量,有利于今后古籍普查和整理工作的不断延续以及工作效率的进一步提高。

2)中华珍贵医药典籍展。2011 年 5 月 18 日—6 月 30 日,全国中医行业古籍保护中心(中国中医科学院中医药信息研究所)与国家图书馆共同承办了大型"中华珍贵医药典籍展"。来自文化部、卫生部、国家中医药管理局、国家图书馆、国家古籍保护中心、中国中医科学院等领导出席了开幕仪式并剪彩,全国古籍保护工作部际联席会议成员单位、国家档案局的领导及专家学者、参展单位代表参加了开幕仪式。

①出版著作。全国中医行业古籍保护中心(中国中医科学院中医药信息研究所)组织编写《灵兰集萃——中华医药典籍展图录》,组稿 60 篇,收集图书及相关图片 150 幅。该书由国家图书馆出版社于 2011 年 5 月 1 日出版。

②展览内容及形式。展览共展陈 90 余种中医药善本古籍、60 余件药具实物及多种药物标本。共分四个部分:第一部分为中医古籍保护的成果,介绍新中国成立以来,古籍保护和中医古籍事业的发展;第二部分为珍贵中医典籍展示,按时代顺序展陈各时期代表的中医药著作和民族医药著作;第三部分为中医典籍的传承与国际影响,介绍中医古籍的海外流传和收藏情况、早期朝鲜刻本、日本刻本、中医外文译本等;第四部分为药具、药物标本、模拟药房等实物展示。展览期间配合国家非物质文化遗产日展示中药炮制过程、模拟药房等,并播放中医发展简史、《本草纲目》和《黄帝内经》申遗纪录片等视频节目。

(3)古籍影印出版及点校出版

"十二五"期间,《中医孤本大全》丛书对 57 种中医孤本古籍由中医古籍出版社进行了原版影印出版;校注出版《中医古籍孤本丛刊》,对 37 种中医孤本古籍进行点校并由学苑出版社正式出版。详见表4、表5。

表4 中国中医科学院图书馆"十二五"期间影印出版中医孤本古籍一览表

序号	书名	著者	版本	收藏馆
1	本草图谱	(明)周祜(淑祜),周禧(淑禧)绘,周仲荣(荣起)撰文	明彩绘本	国家图书馆 中国中医科学院图书馆
2	李氏医案	(清)抱灵居士撰	清道光三十年庚戌(1850)德良氏抄本	中国中医科学院图书馆
3	脉症治三要六卷	(清)孔胤(八桂)撰	清光绪十八年壬辰(1892)长白山人隆竹轩抄本	中国中医科学院图书馆
4	徐氏四世医案合编	(清)徐养恬等编	清抄本	南京图书馆
5	古今录验养生必用方	(宋)初虞世撰著	(清)陆以湉抄本	南京图书馆
6	金匮要略阐义	(清)汪近垣编	抄本	南京图书馆
7	吴氏医方类编	(清)吴杖仙撰	清乾隆九年甲子(1744)晚香堂抄本	南京中医药大学图书馆
8	医学经略	(明)赵金(字淮献,号心山)编著	明天启三年(1630)缪希雍校订本	中国科学院上海生命科学研究所生命科学图书馆
9	墨宝斋集验方	(明)郑泽编集	万历三十八年(1610)刻本	中国科学院上海生命科学研究所生命科学图书馆
10	辨证入药镜	(明)唐相原编、唐昌胤校辑	抄本	上海中医药大学图书馆
11	丹溪秘藏幼科捷径全书四卷	原题(元)朱震亨(彦修、丹溪)藏(明)傅绍章校	清初文林阁刻本	上海图书馆
12	汇生集要三十四卷	(清)陈廷瑞著	清道光甲午十四年刻本	上海图书馆
13	支氏女科枢要	(明)支秉中(改斋)撰	明万历九年辛巳(1581)刻本	上海图书馆
14	敬修堂医源经旨八卷	(明)李日宣编	明崇祯四年辛未(1631)刻本	上海图书馆
15	女科切要	(清)秦之桢(皇士)撰,须用恒编,陈曰寿增订	清康熙五十六年丁酉(1717)抄本	上海图书馆

序号	书名	著者	版本	收藏馆
16	寿世良方	(清)李士麟编	清康熙四十二年癸未(1703)敬恕堂刻本	上海图书馆
17	续貂集	(清)桐溪张正文	清乾隆五十五年庚戌(1790)序刻本	中国中医科学院图书馆
18	外科备要	(清)易风翥编	清光绪三十年甲辰(1904)刻本	中国中医科学院图书馆
19	雪蕉轩医案	佚名撰,陈钟元、元琦校	清光绪十六年庚寅(1890)抄本	中国中医科学院图书馆
20	医林正印十卷	(明)马兆圣(无竟)撰	明万历四十四年丙辰(1616)著者自刻本	国家图书馆
21	脉荟	(明)程伊(宗衡、月溪)撰	明嘉靖三十一年壬子(1552)刻本	国家图书馆
22	太素脉要	(明)程大中撰	明万历刻本	国家图书馆
23	养生君主论	(明)汪琥(苓友)撰	抄本	中国中医科学院图书馆
24	幼儿杂症说要	(清)孙丰年著	清乾隆五十年乙巳(1785)刘葆初刻本	中国中医科学院图书馆
25	胎产大法	(清)程从美编	清道光二十六年丙午(1846)文星堂刻本	上海图书馆
26	赤崖医案	(清)汪廷元(攒禾、赤崖)撰	清乾隆四十七年壬寅(1782)刻本	浙省中医药研究院
27	玄机活法二卷	(清)沈尧封(又彭)撰	抄本	上海图书馆
28	医林口谱六治秘书	(清)周笙古编	清康熙三十七年戊寅(1698)抄本	浙江省中医药研究院图书馆
29	叶天士辨舌广验	原题(清)叶桂(天士、香岩、南阳先生)撰	清咸丰五年乙卯(1855)抄本	国家图书馆
30	舌鉴十三方	佚名	清抄本	国家图书馆
31	脉法的要·汤散征奇	(明)间丘煜(芝林、参微子)编	清间丘氏树德堂抄本	国家图书馆
32	伤寒神秘精粹录	(清)吴谦(六吉)编	抄本	国家图书馆
33	伤寒述微三卷	(清)李杙撰	清南益堂刻本	上海中医药大学图书馆
34	徐氏活幼心法六卷	(清)徐恂甫著,何君娱(大湳)录	清光绪二十年甲午(1894)抄本	国家图书馆

续表

序号	书名	著者	版本	收藏馆
35	幼科杂病心得二卷	(清)陆九芝删校,陆润庠抄录	稿本	国家图书馆
36	眼科启明	(清)邓鸿勋(捷卿)撰	稿本	广东省立中山图书馆
37	祁氏家传外科大罗	(清)祁坤纂辑,祁文锦述录	清乾隆十年抄本	首都图书馆
38	纪效新书二卷	(清)黄堂(云台)撰,黄寿南(福申、沁梅)编	抄本	中国中医科学院图书馆
39	性原广嗣	(清)王宏翰(惠源、浩然子)撰	清康熙三十年辛未(1691)刻本	云南中医学院图书馆
40	存真环中图一卷	(宋)杨介撰	清抄绘本	国家图书馆
41	活命慈舟八卷	(清)修真子等撰	清同治八年己巳(1869)夏思义刻本	成都中医药大学图书馆
42	高注金匮要略	(清)高学山(汉峙)注	稿本	中国中医科学院图书馆
43	太医院纂集医教立命元龟七卷	(明)朱儒著	明万历十八年闽建潭城书林余成章刻本	甘肃省图书馆
44	考证注解伤寒论	(明)黄甲撰	明嘉靖二十四年乙巳(1545)刻本	甘肃省图书馆
45	三丰张真人神速万应方	(明)孙天仁编	抄本	日本东京博物馆
46	食物本草	佚名	明抄彩绘本	国家图书馆
47	杏苑生春八卷	(明)芮经纪梦德编,龚廷贤(子才、云林、悟真子)校正	明金陵蒋氏石渠阁刻本	南京中医药大学图书馆
48	幼科秘书	(清)孟河(介石)撰	清康熙宝光阁刻本	中华医学会上海分会图书馆
49	医学心传·历年医案	(清)王明德(筑溪居士)撰	抄本	浙江图书馆
50	伤寒类证解惑	(清)张泰恒撰	清光绪十五年己丑(1889)邓州张炳义刻本	中国医学科学院图书馆
51	妇科宗主四卷	(清)崔建庵(秉铣)撰	清道光二十八年戊申(1848)存诚堂刻本	湖北中医药大学图书馆
52	杂病治例	(明)刘纯(宗厚)撰,萧谦(子豫、易庵居士)校正	明成化十五年己亥(1479)刻本	辽宁中医药大学图书馆

序号	书名	著者	版本	收藏馆
53	辨证玉函四卷	（清）陈士铎（敬之、远公、大雅堂主人）撰 王之策订	清刻本	中华医学会上海分会图书馆
54	武林陈氏家传仙方	（明）陈楚良（益元道人）编	明万历十六年戊子（1588）刻本	北京大学图书馆
55	（新刊）京本活人心法	（明）朱权（臞仙、玄洲道人、涵虚子、丹丘先生）撰	明嘉靖二十年辛丑（1541）朝鲜罗州金益寿刻本	北京大学图书馆
56	太乙离火感应神针	（清）虚白子传	清道光十六年丙申（1836）刻本	上海中医药大学图书馆
57	凌门传授铜人指穴	佚名	清乾隆抄本	中国中医科学院图书馆

表5　中国中医科学院图书馆"十二五"期间点校出版中医孤本古籍一览表

序号	书名	著者	版本	收藏馆
1	黄帝内经始生考三卷	（明）阴秉旸撰	明隆庆元年丁卯（1567）刻本	中国中医科学院图书馆
2	难经古注校补	（清）力钧辑	清稿本	中国中医科学院图书馆
3	女科心法	（清）郑钦谕（三山、保御）撰	清康熙三十六年丁丑（1697）嘉庆堂抄本	辽宁中医药大学图书馆
4	胎产大法二卷	（清）程从美编	清道光二十六年丙午（1846）文星堂刻本	上海图书馆
5	新刻幼科百效全书三卷	（明）龚居中（应园、如虚子、寿世主人）撰	明崇祯建阳刘大易刘龙图刻本	上海图书馆
6	幼科辑萃大成十卷	（明）冯其盛编	明万历二十三年刻本	中国中医科学院图书馆
7	白驹谷罗贞喉科	（清）罗贞撰	清抄本	中国中医科学院图书馆
8	眼科六要一卷附方一卷	（清）陈国笃（厚溪）撰	清咸丰元年辛亥（1851）贵州胡淼刻本	中国中医科学院图书馆
9	士林余业医学全书六卷	（明）叶云龙撰	明万历刻本	北京大学图书馆
10	医学脉灯	（清）常朝宣（浣枫、妙悟子）撰	清乾隆十四年己巳（1749）家刻本	中国中医科学院图书馆
11	灵兰社稿	佚名	清稿本	中国中医科学院图书馆
12	太素心法便览四卷	（明）宋培（太素）编著，王永光删正	明崇祯刻本	中国中医科学院图书馆

续表

序号	书名	著者	版本	收藏馆
13	医家赤帜益辨全书十二卷	(明)吴文炳(绍轩、光甫、沛泉)撰	明万历熊氏种德堂刻本	中国中医科学院图书馆
14	医学原始四卷	(清)王宏翰(惠源、浩然子)撰	清康熙刻本	中华医学会上海分会图书馆
15	明医选要	(明)沈应旸(绎斋)编集,何燉参订裴世恩订正	明天启三年癸亥(1623)刻本	中国中医科学院图书馆
16	医林口谱六治秘书	(清)周笙古编	清康熙三十七年戊寅(1698)抄本	浙江省中医药研究院
17	神效集一卷	佚名	清嘉庆二十二年丁丑(1817)青村草堂刻本	中国中医科学院图书馆
18	新刻经验积玉奇方二卷	(明)艾应期撰	明万历三十一年癸卯(1603)大业堂周文炜刻本	天津中医药大学图书馆
19	脉症治方四卷	(明)吴正伦(子叙、春岩子)撰	清康熙十二年癸丑(1673)澄溪倚云堂刻本	中国中医科学院图书馆
20	汇生集要三十四卷	(清)陈廷瑞撰	清道光十四年甲午(1834)山邑湖塘星聚书屋刻本	上海图书馆
21	悬袖便方四卷	(明)张延登编	明崇祯二年己巳(1629)刻本	中国医学科学院图书馆
22	要药分剂补正	(清)沈金鳌(芊绿、汲门、尊生老人)原辑,刘鹗(铁云)补正	稿本	中国医学科学院图书馆
23	鲁峰医案三卷	(清)鲁峰撰	清抄本	山东省图书馆
24	倚云轩医案医话医论七卷	(清)方仁渊(耕霞)编	清光绪二十五年己亥(1899)稿本	中国中医科学院图书馆
25	续名医类案四十卷	(清)许勉焕(陶初)撰	清乾隆二十四年己卯(1759)稿本	中国中医科学院图书馆
26	敬修堂医源经旨八卷	(明)李日宣编	明崇祯四年辛未(1631)刻本	上海图书馆
27	崇陵病案	(清)力钧原著	清光绪稿本	首都图书馆
28	婺源余先生医案	(清)余国佩著	清咸丰元年辛亥(1851)刘祉纯抄本	安徽中医学院图书馆
29	两都医案二卷	(明)倪士奇(复贞)撰	明崇祯刻本	浙江图书馆

续表

序号	书名	著者	版本	收藏馆
30	冰壑老人医案	(明)金九渊(少游、长鸣、冰壑老人)撰,吴天泰(谧生)薛行(楚玉)、朱茂晖(子若)等编	明崇祯刻本	中华医学会上海分会图书馆
31	东皋草堂医案	(清)王式钰(仲坚、翔千)撰	清康熙刻本	中华医学会上海分会图书馆
32	太素脉要	(明)程大中撰	明万历刻本	国家图书馆
33	伤寒选录八卷	(明)汪机辑,陈桷编辑,程镐校正	明万历三年敬贤堂刻本	中国中医科学院图书馆
34	金匮方论衍义三卷	(元)赵以德(良仁)撰	清同治十二年癸酉(1873)抄本	中国中医科学院图书馆
35	高注金匮要略	(清)高学山(汉峙)注	稿本	中国中医科学院图书馆
36	罗遗编	(清)陈廷铨(隐莽)撰	清乾隆二十八年癸未(1763)刻本	中国中医科学院图书馆
37	卫生要诀	(清)高士钥撰	清嘉庆十七年壬申(1812)汉皋三隽堂刻本	浙江中医药大学图书馆

四、中国中医科学院图书馆"十三五"展望

1. 总目标

到 2020 年,建立起与中国中医科学院图书馆功能定位相适应的、代表"国家队"水平的实力与规模的中医药信息与应用的馆所合一科研院所。中医药信息科学研究能力进一步增强,中医药信息学理论更加完善,学科建设规模不断扩大,突破一批中医药信息加工的关键技术和方法,研制一批支撑信息化建设的中医药信息标准;开发一批能够推广的中医药信息特色资源、数据库和知识库等产品,市场覆盖率大幅提高;培养并推出一批行业信息领军人才,培育形成一批代表信息化最高水平的创新团队;中医药期刊、图书及电子资源种类更加齐全,信息服务能力显著增强,巩固我所在中医药信息学发展中的主导地位,发挥在中医药行业内信息化建设的引领作用,基本实现建设国家中医药(数字)图书馆的目标。

2. 具体目标

(1)打造国家级中医药古籍保护与利用平台

在加强全国中医行业古籍保护中心建设的基础上,建立全国统一标准、适时更新、动态管理的中医药古籍保护与利用共建共享服务系统,推进中医药古籍的数字化和文本化,实现对中医古籍的保护及开发利用。

（2）打造国家级中医药综合统计信息服务平台

依托全民健康信息化保障工程，建立中医药综合统计信息分析系统，为中医药的科学决策和推进中医药传承创新提供理论依据。

（3）打造国家级中医药科技情报分析及评价平台

在加强国家中医药管理局检索中心建设的基础上，开展对中医药学术论文的评估，系统评价中医药的学术进步，引导中医药学术发展方向，为中医药机构提供情报服务。

（4）打造国家级中医药知识创新服务云平台

基于云计算、大数据分析等信息技术，实现中医药数据库群、电子资源、图书资源等的"云"上服务，面向中医医疗、科研、教育、产业及社会公众等提供知识服务。

（5）打造国家级中医药信息标准研究与推广平台

在加强我所三大标准建设的基础上，紧紧围绕中医药信息化发展需求，开发系列标准及其产品，引领中医药信息标准发展方向，打造中医药信息标准研究与推广平台。

3. 重点任务

（1）加强中医药信息学科建设，支撑信息化发展

加强国家中医药管理局中医药信息学重点学科建设，紧紧围绕提高中医药防病治病水平和推动中医药学术繁荣发展，深入开展信息技术在中医医疗、保健、科研、教育、产业、文化"六位一体"应用的理论与方法学研究，加强中医药信息的获取、处理、传递和利用的规律性研究，促进中医药信息学术交流，进一步丰富和发展中医药信息学理论体系，推动中医药信息学发展，提高中医药在国家经济社会发展中地位和作用。

（2）攻克技术难关，提高中医药信息加工处理能力

依托国家中医药管理局重点研究室和中医药科研三级实验室，加强海量非结构化数据处理技术开发及应用，统一格式和标准，提高数据质量；加强中医药自动标引、加工、选词、智能挖掘等技术的研究，提高工作效率。加强数据之间隐含规律挖掘及可视化展示研究。通过文本挖掘技术获取语义关系，实现数据间的关联，通过聚类以及关联关系展示技术进行可视化展示，服务于中医药临床、科研等语义检索的需要。

（3）加强特色资源建设，增强我所发展后劲

加强中医药文献数据库建设，加大中医药信息资源的数字化、文本化工作力度，建设一批中医（针灸）优势病种、名医名家诊疗经验、中医药特色疗法、中药及养生保健等古今文献专题数据库；建设一批以名医名家教学、诊疗、特色疗法、中医药非物质文化遗产实录等影像资料为核心的多媒体资源数据库。加强中医电子书刊、图书资源的购置，满足读者多样化的需求。

（4）围绕中医药发展需求，探索知识服务的新模式

基于"云技术"，建立中医药知识创新服务云平台，面向中医药机构提供可以进行数据挖掘分析的工具，实现对数据、标准、工具进行个性化知识定制服务的功能。选取中医药内、外、妇、儿科等优势病种，包括中医诊疗指南、相似医案、专家经验等中的知识与规则，实时反映相关研究的最新进展，形成业界认可的权威知识发布平台，并嵌入电子病历之中，让医生即时获得决策支持。加强中医药多媒体资源采集、整理、发掘与二次创编，适应新需求，提供新服务。

（5）建立中医药综合统计信息分析系统，为政府决策服务

加强中医药统计指标体系研究，开展中医药统计信息服务工作。跟踪全球重点国家、重要国际组织的战略规划、重要政策、研究进展、发展动态等内容，面向中医药科研、临床、产业的信息需求，提供国内外相关情报调研和专题情报分析服务。

（6）面向社会需求，提供有权威性的中医药健康信息服务

开发互联网应用、移动 App 等面向多种客户端的应用程序，从而实现灵活、多样、普适的知识服务系统，使得社会大众可以随时、随地使用相应设备获取疾病防治知识，为大众解答健康疑惑，辅助提升中医药养生保健知识水平。进一步完善"中医药在线"，提供科普问答（养生保健）等知识服务。

（7）加强信息标准建设，支撑中医药信息化发展

加强中医药信息标准建设，开展与临床、科研、产业等机构业务协同，动态推动中医药主题词表、中医药临床术语集、中医药语言系统建设与维护，通过对中医药领域各个层面的本体建设研究，采用术语融合技术，构建基于本体的中医药术语知识库，构建完整的中医药知识组织系统。根据临床、科研、产业发展等需求，开发一批支持中医药信息化建设的标准产品。

（8）加强中医古籍保护与利用，创建品牌优势

加强全国中医古籍资源普查，开展中医药古籍数字和缩微保护工作，实现中国中医科学院中医药信息研究所中医古籍的全部数字化和文本化，构建中医古籍保护与利用共建共享平台，实现善本书库馆藏古籍自动化管理与应用，以及提供在线阅读服务。加强中医后控词表、中医古籍的语义、知识组织及知识服务等研究。加强国内外中医古籍及民间中医古籍的收集，丰富我所中医古籍馆藏。

（9）加强中医药学术论文评价，引导学术发展方向

本着引导学术发展方向，建立中医药学术评价体系，开展对中医药不同学科的科研成果、论文的科学评估，选出一批对中医药发展有影响力的论文和成果。在论文、成果评估的基础上，围绕重大疾病、慢性非传染性疾病，进行系统的数据挖掘和情报分析，面向临床、科研及产业发展提供有价值的情报服务。加强对《中国中医药信息杂志》《国际中医中药杂志》和《中国中医药图书情报杂志》的管理，提高办刊质量和水平，创建学术精品期刊。

（10）创新图书馆服务模式，开展学科化知识服务

以读者需求为导向，加快图书馆转型，逐步建立以电子资源在线服务为主，纸质借阅服务为补充的新型服务模式，合理调整中医药书刊等资源购置结构，加大研究生论文、学术会议及电子资源收集和购置力度，丰富图书馆馆藏。充分利用信息化技术，推动数字图书馆建设，实现一站式服务。

附：大事记

2011 年

2011 年 3 月 3 日，中华人民共和国教育部《关于下达 2010 年审核增列的博士和硕士学位授权一级学科名单的通知》（学位〔2011〕8 号），中国中医科学院由原"情报学"硕士学位二级学科授权单位变更为"图书

馆、情报与档案管理"硕士学位一级学科授权单位。

2011 年 5 月 18 日—6 月 30 日,与国家图书馆共同承办"中华珍贵医药典籍展"。展览共展陈 90 余种中医药善本古籍、60 余件药具实物及多种药物标本,分为中医古籍保护的成果、珍贵中医典籍展示、中医典籍的传承与国际影响、药具及药物标本等实物展示四部分。

2011 年 5 月 23—26 日,联合国教科文组织世界记忆工程国际咨询委员会(IAC)第十次会议上,中国中医科学院图书馆馆藏《本草纲目》(明万历金陵胡承龙刻本)和国家图书馆馆藏《黄帝内经》(元后至元五年胡氏古林书堂刻本)成功入选《世界记忆名录》。

2011 年 8 月 2—11 日,国家古籍保护中心、全国中医行业古籍保护中心(中国中医科学院中医药信息研究所)、安徽中医学院在安徽合肥联合举办全国中医行业古籍普查与保护培训班,共有 32 家单位 56 名学员参加此次培训。

2011 年 9 月 8—10 日,在安徽亳州召开世界中医药学会联合会信息专业委员会成立大会暨首届国际中医药信息学术交流会议,中国中医科学院中医药信息研究所/中国中医科学院图书馆为该专业委员会的挂靠单位。

2011 年 12 月 9 日,北京市中医药管理局和北京市旅游发展委员会联合发文——《关于确定首批"北京市中医药文化旅游示范基地"的通知》(京中医科字〔2011〕285 号),中国中医科学院古籍特藏部获批成为首批"北京市中医药文化旅游示范基地"。

2012 年

2012 年 3 月,由中国中医科学院中医药信息研究所崔蒙研究员作为第一完成人,中国中医科学院中医药信息研究所、福建中医药大学、上海中医药大学、山西中医学院与河南中医药研究院等单位共同完成的"辅助中药新药研发的文献分析系统的建立与应用"成果获 2011 年中华中医药学会科学技术二等奖。

2012 年 6 月 30 日,挂靠在中国中医科学院中医药信息研究所的国家中医药管理局重点研究室"中医药信息应用方法学研究室"顺利通过项目评估验收。

2012 年 8 月 24 日,由国家图书馆和我所承办,文化部、国家中医药管理局主办的《中华医藏》编纂工作会议在京召开,文化部党组副书记、副部长赵少华、卫生部副部长、国家中医药管理局局长王国强、国家图书馆馆长、国家古籍保护中心主任周和平等领导出席会议并讲话,会议由文化部公共文化司司长于群和文化部公共文化司巡视员刘小琴主持,全国古籍保护工作部际联席会议成员单位负责同志,《中华医藏》规划指导委员会、编纂委员会、专家委员会的委员,各省(自治区、直辖市)文化厅(局)长、公共文化处处长,省级图书馆馆长及中医药行业的专家等近 200 人参加了会议。

2012 年 7 月 8—13 日,国家古籍保护中心、全国中医行业古籍保护中心(中国中医科学院图书馆)与长春中医药大学在吉林长春联合举办"第十二期全国古籍普查管理人员与中医古籍整理高级培训班",共有 32 家单位 62 名学员参加此次培训。

2012 年 10 月 19—26 日,在西班牙与意大利两地举办了"世界中医药学会联合会信息专业委员会第二届学术年会暨中欧中医药信息论坛(2012)"。会上世界中医药学会联合会国际事务服务部、罗马 SAPIEN-ZA 大学、中国中医科学院中医药信息研究所、罗马 PARACELSO 研究院、上海中医药大学信息科学中心与罗马 AIAM 社团六家单位共同签署了意大利文化与科研合框架协议(五年);旨在学者、教师、学生和博士生的互访,科研项目,共享科研信息、文件资料以及出版物,协议相关主题开展学术会议、研讨会和课程四个方面相互促进。

2012 年 11 月 8 日,根据新闻出版总署文件"关于同意《中国医学文摘—中医》更名为《中国中医药图书情报杂志》的批复(新出审字〔2012〕941 号)",原刊号 CN71—2371/R 作废,新编国内统一连续出版物号为CN10—1113/R。

2012 年 11 月 22 日,在广东省东莞市召开的 2012 年中国图书馆年会上,薛清录研究员荣获"2012 中国图书馆榜样人物"称号。

2013 年

2013 年 4 月 15 日,《中国医学文摘—中医》从 2013 年第 37 卷第 2 期开始更名为《中国中医药图书情报杂志》,由二次文献变为一次文献。

2013 年 4 月 9 日,中国中医科学院中医药信息研究所与香港浸会大学签署关于 NAPRALERT® 的谅解备忘录。该谅解备忘录列明了双方之间关于分享知识产权事宜以及持续开发大学 NAPRALERT® 数据库事宜。

2013 年 6 月 19 日,中国中医科学院中医药信息研究所与浙江大学在基于双方合作十年的基础上,为更好地推动双方长期深入合作研究,推进中医药信息化,为中医药科研机构、教学机构、中医药企业提供中医药知识服务,签署合作协议书。

2013 年 6 月 19—21 日,中国中医科学院中医药信息研究所在杭州组织召开了全国中医药信息学重点学科带头人会议,对当前学科存在的问题及未来发展趋势进行了深入的交流与探讨,为中医药信息学全面健康地快速发展起到了积极的推进作用。

2013 年 12 月 2 日,中国中医科学院中医药信息研究所作为"基于语义图的知识服务技术及中医药应用"的主要完成单位、崔蒙研究员作为项目主要完成人(排名第四)获教育部 2013 年度高等学校科学研究优秀成果奖(科学技术)技术发明奖一等奖。

2014 年

2014 年 4 月 1 日,中国中医科学院中医药信息研究所刘培生、李鸿涛编著的《中國中醫科學院圖書館古籍普查登記目錄》由国家图书馆出版社出版。该书收录中国中医科学院图书馆馆藏 1912 年以前的印本、刻本、活字本、抄本、稿本等古籍 6000 余种。

2014 年 6 月 15 日,ISO 发布了由中国中医科学院中医药信息研究所崔蒙研究员牵头研制的 ISO. TS 17938:2014 *Health informatics—Semantic network framework of traditional Chinese medicine language system*(《ISO. TS 17938:2014 健康信息学——中医药学语言系统语义网络框架》)国际标准规范。该项标准规定并定义了中医药学语言系统的语义类型、语义概念以及它们之间的语义关系。

2014 年 7 月 15 日,ISO 发布了由中国中医科学院中医药信息研究所崔蒙研究员牵头研制的 ISO. TS 17948:2014 *Health informatics—Traditional Chinese medicine literature metadata*(《ISO. TS 17948:2014 健康信息学——中医药文献元数据》)国际标准规范。该项标准规定了中医药文献元数据标准化的基本原则和方法,覆盖中医药学领域具有共性的全部元数据内容,为中医药学的文献资源提供了一套通用的描述元素。

2014 年 8 月 22 日,中国中医药信息研究会中医药信息数字化换届选举工作会在甘肃兰州召开,会议通过选举产生了第三届中医药信息数字化专业委员会,中国中医科学院中医药信息研究所/图书馆为挂靠单位。

2014 年 8 月 22 日,中国中西医结合学会信息专业委员会换届选举工作会在甘肃兰州召开,选举产生第二届信息专业委员会,中国中医科学院中医药信息研究所/图书馆为挂靠单位。

2014 年 9 月 25 日,根据文化部办公厅文件《文化部办公厅关于表扬全国古籍保护工作先进单位和先进个人的通知》(办公共发〔2014〕21 号)中国中医科学院中医药信息图书馆获"全国古籍保护工作先进单位"。

2015 年

2015 年 4 月 27 日,根据中国中医科学院文件《关于成立中国中医科学院中医药统计中心的批复》(中科办〔2015〕67 号)同意中国中医科学院中医药信息研究所成立中国中医科学院中医药统计中心。

2015 年 5 月 1 日,ISO 发布了由中国中医科学院中医药信息研究所李海燕研究员牵头研制的《ISO. TS

18790-1：2015 *Health informatics—Profiling framework and classification for Traditional Medicine informatics standards development—Part* 1：*Traditional Chinese Medicine*(《ISO. TS 18790－1：2015 健康信息学——中医药信息标准体系框架与分类》)国际标准规范。该项国际标准清晰界定了"中医药信息标准"的范围,规定了中医药信息标准体系的三维框架,即业务域维、信息化要素维和特异度维,建立了中医药信息标准应用和内容描述的共识,区分出不同信息标准的制定过程及其相互关系。

2015 年 5 月 12 日,中国中医科学院图书馆楼竣工,新楼开馆。

2015 年 8 月 27 日,中国中医科学院中医药信息研究所与北京英富森软件股份有限公司共建"中国中医药信息转化应用联合实验室"。

2015 年 11 月 19 日,世界中医药学会联合会信息专业委员会理事会换届改选大会在深圳召开,会议选举产生第二届世界中医药学会联合会信息专业委员会理事会,挂靠单位为中国中医科学院中医药信息研究所。

2015 年 11 月,国家中医药管理局"十一五"中医药重点学科建设验收,挂靠在中国中医科学院中医药信息研究所的"中医药信息学"重点学科通过验收。

2015 年 12 月 15 日,ISO 发布了由中国中医科学院中医药信息研究所崔蒙研究员牵头研制的《ISO. TS 16843-2：2015 *Health Informatics—Categorial structures for representation of acupuncture—Part*2：*Needling*(《ISO. TS 16843－2：2015 健康信息学——针刺操作的语义分类框架标准》)国际标准规范。该项标准以"针刺相关领域的术语系统"为核心,界定其范围,规范其定义及语义连接,建立针刺领域的语义核心模型,使之和其他信息模型之间的知识一致性交融更为便利。

2015 年 12 月 16 日,由中国中医科学院中医药信息研究所崔蒙研究员作为负责人、中国中医科学院中医药信息研究所研制完成的"语义网环境下中医药信息标准化方法"获 2015 年中华中医药学会科学技术奖二等奖。

中国中医科学院图书馆

解放军医学图书馆"十二五"事业发展报告

一、"十二五"期间事业发展综述

解放军医学图书馆始终坚持服务为本，以全军卫生单位和卫生科技人员的信息需求为牵引，围绕军事医学科技创新、国防和国家安全的医学保障等重大任务，依据解放军医学图书馆"十二五"建设规划要求，解放思想，攻坚克难，聚力创新，各项事业取得了长足进步，全馆建设呈现出稳步发展的良好局面。在资源保障体系方面，形成了集军事医学特色资源、生物医学核心全文数据库、高影响力期刊、学科分析工具、自主研发信息平台和第三方联合服务为一体的文献资源保障机制，信息资源保障能力显著提升。在知识服务体系方面，率先在国内医学图书馆推行学科化服务，建立"资源到所、服务到人"服务机制，"融入一线、嵌入过程"的个性化服务效能明显增强。专门组建情报研究队伍，围绕军事医学前沿动态、发展趋势和产出评价等重大问题，积极开展面向决策、面向科研的情报研究服务，科技查新数量质量均在全军名列前茅。在网络平台建设方面，率先引进业界一流的资源整合发现系统，推出"卓越学术搜索"，开通"掌上军图"App 和微信图书馆，强化了泛在服务能力。升级全军远程医学信息访问系统，部署军综网网站系统平台，有效提升了面向官兵的文献信息服务保障能力。率先在全军开展机构知识库研究应用，完成军事医学科学院机构知识库研发，研建军事医学专题信息平台，数据库研发水平继续保持行业引领优势。学科人才建设方面，科研学术工作稳步发展，人才规划管理逐步加强，整体学术能力和行业地位显著提升。

二、"十二五"期间事业发展基本统计数据

1. 馆藏文献数量

馆藏文献总量 100 万余册。"十二五"期间，文献数据库采集数量有所增加，达到 72 种，中外文图书、期刊基本保持了较为平稳的采集数量，共采集中文图书 17 184 种，外文图书 2135 种，学位论文 16 913 册，"十二五"末，年采集外文纸质期刊 828 种，外文电子期刊 6229 种，中文纸质期刊 1451 种，中文电子期刊 7156 种（统计数据见表 1、图 1）。

表 1 "十二五"期间各类文献采集情况

年度 ＼ 类别	2011 年	2012 年	2013 年	2014 年	2015 年
数据库（种）	69	69	72	71	72
外文纸质期刊（种）	843	857	882	855	828
外文电子期刊（种）	5300	6628	6686	6512	6902

续表

年度 \ 类别	2011 年	2012 年	2013 年	2014 年	2015 年
中文纸质期刊(种)	1604	1582	1533	1409	1451
中文电子期刊(种)	8801	7842	7315	7412	7156
中文图书(种)	4861	3259	2890	3307	2867
外文图书(种)	269	646	329	639	252
学位论文(册)	3095	4021	3335	3002	3460

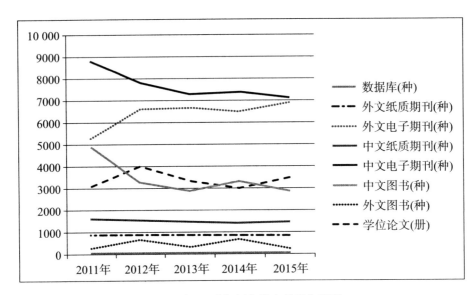

图 1　"十二五"期间各类文献采集情况

2. 读者服务情况

远程信息服务和数字化网络化文献服务增长较快,文献传递数量增长迅速,2015 年完成文献传递 10 179 篇,是 2011 年文献传递数量的近三倍。"十二五"期间,来馆读者共计 46.23 万人次,近年有所减少;借还图书 16.41 万册,办理借阅证 9795 个,均呈下降趋势(统计数据见表 2、图 2)。

表 2　"十二五"期间读者服务情况

年度 \ 类别	2011 年	2012 年	2013 年	2014 年	2015 年
到馆读者(人次)	87 000	93 300	100 000	100 000	82 000
借还图书(册)	44 400	34 900	34 000	28 400	22 400
办理借阅证(个)	2217	2108	1930	1549	1991
文献传递(篇)	3663	5105	8557	14 789	10 179

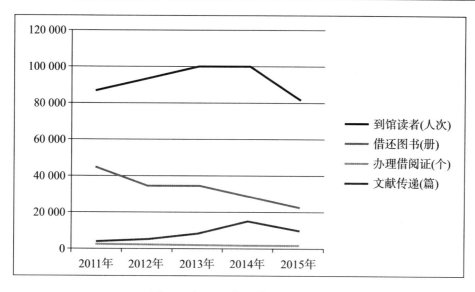

图2 "十二五"期间读者服务情况

3. 网络服务情况

"十二五"以来,解放军医学图书馆网络服务能力得到不断提升。2010 年,开通远程信息访问系统,面向全军二级疾控中心和医药卫生科技查新站,提供网络信息服务;2013 年,为全军卫生单位免费开通文献传递和馆际互借服务,文献保障率高达 94%;2014 年,建立"掌上军图"移动图书馆平台;2015 年,建立图书馆微信服务平台,泛在化服务范畴不断拓展。目前,远程信息服务平台年点击量 1200 余万次,文献下载量 40 余万篇。

4. 知识服务情况

"十二五"以来,解放军医学图书馆引进 LibGuides 学科服务平台,建立药学、生物安全、认知科学、环境医学、信息素养教育等 5 个学科专题信息平台,为全军 22 家卫生单位 40 多项课题,提供覆盖科研全过程的情报研究服务,完成科技查新项目 2721 项,查收查引项目 769 项,完成"埃博拉文献收集"等应急专题信息服务 100 多项,搭建埃博拉专题信息服务等 5 个信息服务专栏。

5. 信息化建设情况

"十二五"期间,解放军医学图书馆完成了图书馆互联网网站系统升级,引进应用"卓越"学术搜索平台,推出"掌上军图"移动图书馆系统及微信平台,数字资源整合与发现水平不断提升,检索界面和网站服务功能不断优化,现有互联网服务器 27 台,互联网存储设备 3 台,互联网存储容量 72TB,互联网带宽 200M。完成图书馆军综网网站平台研发部署,发布 35 种军事医学相关数据库,数字资源达 54TB。引进刀片服务器等网络硬件设备和上网行为审计系统等网络管理软件,升级防火墙等网络防护系统,有力确保了网络系统的安全运行,现有军综网服务器 6 台,军综网存储容量 120TB,军综网带宽 100M。全馆计算机数量 320 余台。

6. 从业人员情况

解放军医学图书馆现有人员 108 人,设有办公室、政治部、业务处 3 个机关部门和知识服务中心、读者服务中心、资源建设中心、编辑部 4 个业务中心部门,其中,知识服务中心下设学科化服务部、情报研究服务部、用户教育部、科技查新部 4 个部室,读者服务中心下设图书服务部、期刊服务部、数字化服务与培训部 3 个部室,资源建设中心下设资源采集部、知识组织部、平台研发部、网络系统部 4 个部室。

7. 承担重要研究项目情况

申获科研项目和任务 19 项,获准经费 957 万元,其中全国性项目 3 项,全军性项目和任务 13 项,院级项目 3 项。申获军队科技进步二等奖 2 项、三等奖 6 项。

三、"十二五"期间开展的主要工作及发展特点

1. 军事医学特色资源建设显著增强

加大化学、药学、流行病学、生物工程、兽医学等学科资源建设力度,积极探索开放获取资源建设模式,馆藏文献数据库达 72 种,年采集外文期刊 7000 余种,中文期刊 7200 余种。引进应用"卓越"学术搜索平台,馆藏资源揭示达到发现级水平。根据数字化军事医学科学院建设要求,积极开展军事医学科学院自有知识资源建设,完成院机构知识库的软件研发及数据采集工作,数据条目总量达到 53 686 条。研建"全军卫生训练教材库"等 6 个军事医学专题信息平台,改进《中国生物医学文献数据库(简称 CMCC)》系列数据库产品的生产加工流程并新增入库数据 185 万条,完成《中国生物医学期刊引文数据库——机构知识版》和《引文在线搜索整合平台》的软件研发,完成了《中国疾病知识总库(CDD)》的"疾病数据库""手术学数据库""循证医学数据库""药品数据库""医保药品数据库""国内外临床医学指南数据库"等模块的数据更新与功能完善工作,与人民军医出版社签订《中国疾病知识总库(简称 CDD)》合作协议,数据库研发水平继续保持行业引领优势。积极开展解放军医学图书馆和三所军医大学图书馆生物医学外文期刊联合订购工作,全军高引用率外文期刊保障率达 97%,IF10 以上外文期刊保障率达 92%。积极加强与国家级、地区级文献保障系统的协作共享,引进开通 CALIS"e 读"与外文期刊网(CCC)服务,向 CALIS 上传我馆馆藏 3000 余种纸质刊目数据,成功实现与解放军医学图书馆 OPAC 系统的衔接,提供 800 余万种中外文图书和 10 万种外文期刊馆藏题录信息,其中 36 万余种图书可免费阅读全文。面向全军开展免费文献传递服务,现有全军注册用户 5300 多个,面向军事医学科学院文献满足率达 96%,形成了以军事医学为特色、以数字资源为主体的生物医学文献资源保障体系。

2. 知识服务体系建设逐步完善

积极推行学科化服务,面向军事医学科学院和解放军总医院科技人员,大力开展资源推广、文献保障、咨询培训等普遍服务,以国家和军队重大项目和重点实验室为重点,深入开展信息跟踪调研服务,逐步建立了"资源到所、服务到人"的服务机制,引进应用学科化服务软

件平台 LibGuides，整合领域内动态信息、资源导航、RSS 聚合等各类信息资源，推出药学、生物安全和认知科学 5 个学科专题信息平台，动态嵌入科研过程的个性化知识化服务模式日臻完善。着力加强面向决策的专题情报研究服务，积极为总部和院所机关提供决策咨询服务，先后为全军 22 家单位 40 多项课题，提供覆盖科研全过程的情报研究服务，完成"合成生物学领域调研报告""国外卫生信息化建设情况调研""国外疾病预防控制体系发展现状调研""褪黑素的临床研究报告及褪黑素副作用的专题报告""全军医院专利分析及年度 SCI 论文分析"和"军事医学科学院年度 SCI 收录论文统计分析"等研究报告。建立合成生物学情报服务平台，帮助科研人员更好地了解该交叉学科领域。积极做好面向应急任务的信息服务，先后完成埃博拉文献收集、禽流感防治和雅安抗震救灾等信息服务 100 多项、搭建埃博拉专题信息服务等 5 个信息服务专栏。"十二五"以来共完成科技查新项目 2721 项，查收查引项目 769 项，解放军医学图书馆科技查新站被评为军队医药卫生科技查新工作先进单位，2015 年进入中华医学科技奖评审指定查新咨询单位名录。积极开展流动图书服务，为天津四所和七所开设流动服务箱，为三防医学救援大队"十八大"备勤期间提供流动图书和期刊 643 册，丰富了一线官兵文化生活，受到广泛好评。积极开展用户教育工作，采取邮件推送、橱窗展览、发放宣传手册等方式大力加强图书馆资源和服务的宣传与推广，建立信息素养教育平台，帮助读者提高信息利用能力。每年组织举办"世界读书日"活动，开展馆藏军事医学史料展、合成生物学主题展、"读书之星"评选、名家讲座、新技术互动体验等系列活动，进一步扩大了解放军医学图书馆影响力。组织举办"科技文献获取与利用""英文科技论文写作"等现场培训和网络培训，受到"两院"科技人员的一致欢迎。"十二五"以来，接待来馆读者 46 万余人次，借还图书 16.41 万册。

3. 网络服务平台建设卓有成效

引进应用超星移动图书馆产品，推出"掌上军图"移动图书馆系统，积极利用手机等移动终端平台开展馆藏信息资源的获取与利用等应用服务，读者可以通过手机等移动终端设备，随时随地获取解放军医学图书馆的资源与服务，开启了泛在服务的新模式。完成馆互联网网站系统升级，数字资源整合与发现水平不断提升，检索界面和网站服务功能不断优化。完成军综网网站平台研发部署，发布 35 种军事医学相关数据库，数字资源达 54TB，提升了为官兵服务的能力。升级全军远程医学信息访问系统，为军事医学科学院"三防"医学应急救援大队等科技人员提供即时远程信息服务，数据流量 1545GB，文献下载量 40 余万篇，远程信息保障能力持续提升。完成汇文图书馆自动化集成管理系统从 3.5 版本到 5.0 版本的升级，显著提升了基础业务工作的信息化水平。引进深信服上网行为审计系统、LanDesk 内网桌面安全管理系统和 CDP 高可靠连续快速数据备份和恢复系统，升级防火墙等网络防护系统，网络安全体系更为稳固可靠。引进 NetApp 高端存储设备，集成刀片机和虚拟服务器系统，构筑云模式硬件资源架构，网络应用系统运行效能得到大幅提升。

4. 科研学术水平显著提升

"十二五"以来，申获科研项目和任务 19 项，获准经费 957 万元，其中国家社科基金军事学项目 3 项，全军"十二五"医学科研计划面上项目 6 项，全军"十二五"青年项目 1 项，全国教育科学国防军事教育学科"十二五"规划 2011 年度军队重点课题 1 项，军队心理卫生应用性科研课题 1 项,总参军备控制对策研究课题 1 项,军事医学科学院科研课题 3 项;"卫生训练教材库建设项目"、军队院校教育项目"RFID 智能医学图书管理系统建设项目""2110"工程建设项目军事药学学科专业领域点教学科研条件建设子项目各一项。为进一步促进全馆科研能力建设,组织进行 16 项馆科研课题立项工作,拨付经费 58.5 万元。申获军队科技进步二等奖 2 项、三等奖 6 项,《中华医学图书情报杂志》成功入选"中国科技核心期刊","医学文献信息与分析实验室"被批准列入全军后勤科研实验室体系,成为全军同行业第一个科研实验室。每年组织召开全军医学文献信息资源共享工作暨医学图书情报专业学术研讨会、中国图书馆学会医院图书馆委员会学术年会,举办《中华医学图书情报杂志》创刊 20 周年暨创新医学信息服务研讨会,进一步促进了军内外医学图书情报行业的学术交流。

5. 教育培训工作有序开展

不断加强军队高等教育自学考试经济与行政管理专业考区建设,组织举办 27 期考前辅导班,认真做好相关考务工作,圆满完成总后北京地区考生的自考任务。不断加强研究生培养与教学工作,增列硕士研究生导师 1 名,录取 4 名计划外委托培养研究生。不断加强医学信息检索教研室建设,开展"医学信息检索"和"医学文献信息组织与分析"两门课程的教学改革,进一步突出了课程教学的实用性和学术性,2 人被评为院优秀教师,1 人被评为院优秀教育工作者,2 人荣获院研究生教学示范课评比三等奖和优秀奖。不断加强科技培训工作,组织开办"军队晋升职称英语考试培训班综合类""军队晋升职称英语考试培训班医学类""军队晋升职称计算机考试培训班""博士研究生入学考试英语考前强化班"等培训班 81 期,参训人数达 4100 余人。不断加强地方院校教学实习基地建设,共接收吉林大学、中国医科大学等院校医学信息系统与信息管理系学生 80 余人来馆实习,教学工作得到校方一致肯定与认可。

6. 人才队伍建设稳步推进

积极推进"十二五"人才发展规划和"512"人才工程的落实,围绕建好学科馆员、情报研究和技术保障"三支团队",坚持"立足当前、着眼长远,普遍提高、重点培养,公平竞争、合理使用"的人才建设原则,压担子、壮胆子、搭梯子,积极为人才的成长铺路架桥。全面推行竞聘上岗、双向选择,14 名年轻骨干走上了中心、部门领导岗位,绝大多数同志按照个人意愿找到了自己理想的工作岗位,确保了让合适的人在最合适的岗位发挥最大的作用。积极开展岗位培训练兵活动,"十二五"共举办全馆性业务讲座 100 余次,选送 12 名馆员攻读博硕士;组织 300 多人次参加国内外学术会议;与中科院图书馆建立长期战略合作关系,每年选派 2—4 名骨干进行为期三个月的学习,提升了人才的能力素质和培养的起点质量。全馆本科以上学历比例比"十一五"提高了 20%;1 人被评为 2012 年"全国优秀科技工作者",1 人被国家文化部评为"2013 中国图书馆榜样人物",1 人被遴选为院硕士研究生导师;目前,解放军医学图书馆 2 人任国家一级学会常务理事、理事,1 人任国家、军队二级学会主任委员,解放军医学图书馆是中国图书馆学会常务理事单位、中国索引学会常务理事单位、白求恩精神研究会副会长单位、中国图书馆学会医院图书馆委员会主任委员单位、中华医学会医学信息学分会副主任委员单位、中华预防医学情报学会副主任委员单位、中国老年学会老年医学会副主任委员单位、全军卫生信息学专业委员会副主任委员单位、全军医学图书情报分委会主任委员单位和国际图书馆联合会机构会员,在国内外图书馆行业具有较高的影响力。

7. 行政管理工作保障有力

始终坚持党委集体领导,健全组织机构,强化教育引导,加强建章立制,建立了横到边、纵到底的管理体系,实现了行政管理工作制度化和规范化,较好地保证了正常工作和生活秩序。扎实开展"爱岗敬业、团结协作、无私奉献""尽职责、讲回报、正风气""岗位建功立业、服务助力打赢"等教育,全馆人员求真务实、开拓创新的精神更加振奋,履职尽责意识更加牢固,发展方向和服务方向更加明确。始终坚持突出安全管理,认真开展经常性安全教育,不断增强全馆人员"人人是安全的主人,安全是人人的责任"的思想意识。严格责任落实,实现"三个明确":机关责任明确、部室责任明确、个人责任明确,达到了"事事有人管,人人有责任"。狠抓重点部位,做到既管点,又抓面,抓面不漏点,抓点带动面。始终坚持可持续发展,投入经费近 600 万元,先后完成了生活区平房屋面防水翻修、A 楼屋面防水维修改造、A 楼配电系统改造等 12 项关乎安全和民生的工程。大事大抓,完成了 A 楼改扩建工程立项,项目获批经费 2.04 亿元。

四、未来展望

1. 面临形势

分析当前的形势,解放军医学图书馆面临着"四大机遇""四大挑战"和"四大问题"。

（1）"四大机遇"

一是知识馆内涵的确立,为图书馆转型超越提供了新方向。根据打造"未来知识馆"的指示要求,经过前期充分调研论证,初步明确了知识馆的建设理念、发展路径和目标方向,为解放军医学图书馆未来的创新发展奠定了理论基础。二是 A 楼改扩建工程的启动,为图书馆转型超越提供了新契机。A 楼改扩建工程是解放军医学图书馆发展历程中一次千载难逢的重大机遇,新的物理空间和虚拟空间建设,为全力推进服务理念的创新、服务方式的变革和服务水平的提升奠定了空间基础。三是新信息技术的发展,为图书馆转型超越提供了新手段。大数据、云计算、三网融合等新技术已成为影响图书馆发展最深刻的环境因素,不仅为知识信息组织和应用提供了新的途径和方法,也为再造服务模式奠定了技术基础。四是和谐向上的环境,为图书馆转型超越提供了新沃土。全馆上下心齐气顺,风清气正,干事创业、兴馆强馆的强烈愿望和责任担当,为推进解放军医学图书馆转型超越奠定了人文基础。

（2）"四大挑战"

一是军队卫生事业发展战略对聚焦服务打赢提出新要求。军队卫生事业发展、军事医学发展转型、重点前沿技术方向探索的深入推进,要求我们必须着眼全军卫生事业发展的新要求,切实担当起服务军事卫生事业发展的使命和任务,不断强化军事医学特色建设,提供更高效的信息支撑和强有力的服务保障。二是数据密集型科学研究对知识服务保障提出新需求。大数据引擎已成为军事医学科技创新的核心驱动力,现代军事医学研究需要基于数据来思考、设计和实施,这就要求我们必须构建系统化的知识服务体系,实现对海量数据、信息、知识等资源的集成整合和深度挖掘,完善嵌入科研环境、融入科研过程的知识服务机制,提高问题导向、决策驱动的情报研究服务能力,为推动军事医学科技创新提供直接支持科技创造和科学决策的知识服务。三是"互联网＋"时代对图书馆变革发展提出新命题。随着新一代信息技术的飞速发展，互联网的创新成果已深度融合于各领域之中，对图书馆变革发展将产生颠覆性的影响，这就要求我们必须主动适应和引领发展新常态，重塑信息资源体系，不断创新服务模式，努力实现技术与资源、技术与空间、技术与服务的高度融合，切实提升图书馆核心竞争力。四是军队改革对图书馆职能任务提出新定位。解放军医学图书馆作为全军最大的医学图书馆，担负着为全军医教研单位提供信息保障的职能任务。但是，军队卫勤保障体制的改革和保障力量的转型，要求我们必须重新定位职能任务，在为全军卫生事业创新发展做好信息保障的同时，不断拓展服务范围，主动把服务向基层卫生单位延伸，向关注基层官兵健康提升聚焦。

（3）"四大问题"

一是发展理念有待进一步转变。对图书馆建设发展方向的把握还不够前瞻，对事关长远发展重大问题的研究还不够深入，需要进一步强化对世界图书馆发展态势的判断和分析。二是发展质量有待进一步提高。现有的建设内涵、服务模式和管理机制还不能适应未来发展要求，针对重大项目、重要实验室和课题组的个性化学科化服务的层次还不够深入，支撑科技决策的情报研究服务能力仍需持续强化，需要进一步创新适应数字科研环境的服务内容和服务机制。三是发展手段有待进一步创新。大数据、云计算、物联网等技术在知识存储、知识检索、知识析取和知识挖掘等方面的实践尚处于初步应用阶段，需要进一步加大知识与技术集成融合的力度，加速推进移动化、泛在化和智能化知识环境的构建与应用。四是发展条件有待进一步加强。专业人才少、拔尖人才缺、结构不合理的问题依然存在，需要抓紧构建适应大数据环境和知识馆发展要求的馆员岗位内涵、能力结构和任职要求，加速人才的引进、培养和管理，强力推进能力素质转型；经费短缺与保障需求的矛盾依然突出。

2. 发展目标

总目标是以军队卫生事业发展、国防医学科技创新和新型智库建设需求为牵引，以问题为导向，以创新为驱动，紧紧围绕军队卫生事业发展，按照知识资源、知识服务和知识空间"三位一体"的建设布局，着力提升智慧化知识资源保障能力、前瞻性知识服务能力、交互式知识传播能力。到2020年，初步建成集知识资源中心、知识服务中心、激发创新中心、学习交流中心、文化传播中心为一体、国内一流、国防医学特色显著的"知识馆"；到2030年，建成国际先进的"知识馆"，成为深度支持军事医学科技创新的国防医学知识中心。

具体目标有以下几个方面：

（1）在知识资源建设方面：整合生物医学领域期刊不低于4500种，新增生物医学电子图书1万种，全面收集军事医学资源，形成集多来源、多类型、多层次的知识单位为一体的军事医学特色文献资源保障机制。初步形成适应大数据组织的军事卫生装备索引词表、传染病及疾控索引词表、生物安全词表等军事医学领域特色检索索引词表，为相关军事医学信息组织奠定良好基础。完成解放军医学图书馆互联网网站转型改版，加强资源有效检索功能，新增专题聚类呈现、兴趣主题定制、领域舆情态势及情报分析等功能，为知识服务提供有力的网络系统支撑。建成国防医学文献数据库、应急处突与疾病防控知识平台、战伤救治卫生训练知识库、卫生装备使用培训系统、军事医学知识库、百科库等特色资源平台，形成军事医学特色信息智慧化保障系列平台。《中国生物医学期刊文献数据库（CMCC）》系列数据库、疾病知识库等现有自主研发信息产品将继续深挖不同层次、角色的需求,去粗取精、补缺创新,初步形成图书馆自己的覆盖较全面的生物医学数据库产品体系,成为业界信息服务、知识服务保障的有力工具。

(2)在知识服务建设方面:围绕科研方向,及时调整学科服务及情报服务重点,不断拓宽服务广度,做到反应迅速、服务高效。建成生物安全、认知科学、药学、环境医学与卫生学、用户信息素养教育与新媒体培训等学科领域专业知识环境与交互平台。建成集流行病学知识库、训练损伤知识库等为一体的军综网网站服务平台。建立面向军事医学智库的服务保障机制和面向课题组的科学数据管理服务模式和方法。形成《前沿快报(月报)》《跟踪研究报告》《态势分析报告》《竞争力分析报告》等专题领域情报研究产品体系。医药卫生科技查新站继续保持引领全军的地位。

(3)在知识空间建设方面:完成 A 楼改扩建工程建设,打造智慧化精品工程、环保型绿色工程和休闲式人文工程。建设全面感知、立体互联、共享协同的智慧环境,实现图书馆业务管理形态智能化发展和读者服务模式的创新转型。建成科研群组研讨空间、生物医学创客空间、新技术体验空间、学习共享空间和军事医学虚拟仿真实验室等知识服务空间。

(4)在学科人才建设方面:引进学科带头人 2 人,培养馆后备人才 5 名,发展军事医学科学院"四类人才创新工程"培养对象 1 名;继续加强人才扶持计划,采取送学等方式培养人才10 名;搭建年龄结构,学历层次,专业符合,学科交叉的均衡人才框架,形成"环保型"可持续发展的学科人才建设模式。

(5)在科研学术建设方面:力争承担 16 项国家和军队科研课题,取得 8 项科研成果。在核心期刊发表论文 120 篇以上,出版具有行业高影响力的学术专著 5 部以上。继续保持在全军医学图书馆的龙头地位,办好国家级和全军级的医学图书情报学术年会。《中华医学图书情报杂志》继续保持"中国科技核心期刊(统计源)",力争成为《中文核心期刊要目总览》(北京大学核心期刊)和中国科学引文数据库(CSCD)来源期刊。

3. 发展原则

强特色。始终坚持"姓军为兵",突出军事医学重点,坚持军事医学特色,始终确保军事医学资源与服务的独特性,以特色强馆,以特色取胜。

转基础。始终坚持"需求牵引",突出个性化学科化知识化,重构以海量数据为基础的知识大数据服务平台和服务模式,以变革促发展,以转型促超越。

提能力。始终坚持"服务打赢",突出支持知识创造、支持科技创新、支持决策咨询,全面提升专业化系统化个性化知识服务能力,以优质高效的服务打造核心竞争力。

求突破。始终坚持"创新驱动",牢固树立大数据思维,全面实施大数据战略,积极推进大数据技术在图书馆知识资源、知识服务和知识空间建设中的融合应用,以大数据创新增活力、助跃升。

4. 发展重点

(1)大力推进资源保障体系转型

着眼大数据环境下科技信息创造、传播与应用模式转型发展的新趋势,整合集成国防医学各种来源、类型、层次的信息资源,建立基于自组织和可计算的知识大数据平台,构建深度支撑数据挖掘、知识发现、情报分析和个性化服务的知识资源保障体系,推动资源保障模式从以文献为主,向以多来源、多类型、可计算、可视化的知识数据资源为主的保障模式转型。

(2)大力推进知识服务模式转型

着眼军事医学研究和国防医学创新需求,建立融入科研团队、以解决问题为中心、覆盖创新全过程的新型知识服务范式,推动服务模式从以文献保障、动态跟踪、情报分析为主,向以探索构建问题解决方案、挖掘预警科技创新演变方向为主的"嵌入式""伙伴型"知识服务转型。

(3)大力推进服务空间功能转型

以新馆建设为契机,融合人、技术、服务与空间,实现科研群组研讨空间、创客空间、新技术体验空间、学习共享空间等多元空间的弹性组合,构建知识共享、创新协作、自由活跃的知识服务空间体系,推动物理空间从以典藏、阅览为主,向多形态信息交互、多类别人员合作、多形式服务融汇的创造型空间转型。

5. 主要任务

(1)全力构建知识资源体系

坚持以需求驱动、全面整合、深度挖掘为目标,大力推进资源保障体系转型,形成全方位、深层次、有效支持国防医学科技创新信息保障能力。一是重构资源建设基础。建立基于需求驱动的资源采集和利用评估机制,增强资源建设的计划性和针对性。改变以单纯文献为主的资源保障模式,将业务重心转向对非文本资源、富媒体资源、开放获取资源、原生数字资源、免费网络资源的遴选、规范、关联、整合和揭示,实现对多来源、多类型、多层次"海量"资源的高效管理和创新发现;加强新型科研信息化工具类资源、支持决策分析和科研评估的竞争情报类资源的发现、遴选、采集和配置。强化国防医学数据安全,继续推进军事医学科学院机构知识库建设;积极参与国家数字文献资源长期保存计划,全面争取商业数字文献资源的存档、处理和服务权益。二是强化国防医学特色。围绕军事医学科研需求,突出"三防"医学、疾病防控、生物革命等核心资源,加大力度,拓展渠道,稳步推进全军医学文献信息资源共建共享;突出国防医学资源整合,重点抓好国防医学文献数据库、应急处突与疾病防控知识平台、战伤救治卫生训练知识库、卫生装备使用培训系统等专题信息平台建设,研发构建军事医学知识库、百科库等特色平台,确保国防医学特色核心馆藏的连续性收藏、数字化集成和高效率利用。三是构建大数据知识平台。加强知识组织理论与技术研究,抓好国防医学语料库建设,完善适应大数据发展要求的国防医学检索词表、词典及语义关联网络,推进资源数据标准化自动化体系建设,构建国防医学重点关注的领域本体,形成语义化知识揭示和组织工具体系。全力打造国防医学大数据知识平台,综合运用人工智能、云计算、大数据、物联网等技术,实现对各类信息资源的数据捕捉、数据抓取、数据整合、数据挖掘、智能计算、情报监测、兴趣分析、知识发现、知识推送、可视化利用和个性化服务,建成深度支撑知识创造、科技创新、决策咨询的国防医学大数据知识资源保障体系。

(2)全力构建知识服务范式

坚持以嵌入过程、支持创新、服务打赢为目标,大力推进知识服务模式转型,全面提升专业化系统化个性化知识服务能力,通过即时高效优质的服务凝练和打造核心竞争力。一是建立"嵌入式""伙伴型"知识服务模式。推动知识服务向重点领域、重大项目、重要团队聚力,融入科研、疾控、教学、医疗创新的全谱段,提供从支持问题解决方案探索构建,到支持科技创新演变方向挖掘预警的深层次个性化服务,使图书馆员成为科技人员的合作伙伴,共同实现知识的创新。建立面向学科、创新团队、课题组的专业知识环境与交互平台,全力支持跨学科跨领域的知识共享、合作研究、协同创新,完成生物安全、认知科学、药学、环境医学与卫生学等学科领域专业知识环境与交互平台建设。积极争取科学数据管理政策支持,探索建立科学数据管理服务的模式和方法,帮助研究人员制订数据管理计划,为科研数据的利用、共享和复用提供支撑。注重创新型人才的科技信息素质培养,深化嵌入式信息素养、数据素养服务,建立覆盖信息获取、利用、评价和管理全过程的、从综合到学科的教育内容体系;借助 MOOC 等互联网＋教育手段,构建用户信息素养教育与新媒体培训平台,不断提升科研人员自助学习、终身学习的能力。二是完善"智库型""决策型"情报研究机制。以科学数据分析和科学计量评价为基础,以大数据挖掘与分析为手段,提升情报研究队伍能力,建立情报监测服务平台,形成快速反应和深度分析相结合的学科情报和战略情报服务体系。加强决策情报研究服务,围绕生物医学科技创新发展的重要关键问题,围绕决策层关注的重要问题,基于国际发展态势,形成《前沿快报(月度)》《信息专报(不定期)》等对上决策咨询情报研究产品。加强学科情报研究服务,围绕重点领域进行数据挖掘、动态追踪,加强对热点重点、创新点的态势监测和预警分析,大力培育《跟踪研究报告》《态势分析报告》《竞争力分析报告》等精品化情报研究产品。加强应急处突情报研究服务,围绕重大疫情、自然灾害、远航维和等非战争军事行动,前瞻信息储备,构建综合信息平台,形成快速反应能力。三是提升"为基层""为官兵"远程服务能力。结合军队改革,以关注基层官兵健康素养提升为重点,全面调研基层官兵的医学信息需求,完善为基层、为官兵远程服务的工作机制。全面完善和提升我馆军综网远程信息服务功能,建立集流行病学知识库、训练损伤知识库、疾病知识库、卫生训练知识库、卫生装备知识库、高原医学数据库、心理认知平台、健康教育平台等为一体的信息服务平台,为全军基层医院和广大官兵提供医学信息服务。

(3)全力构建知识空间环境

坚持以多元融合、创新协作、人文智能为目标,大力推进服务空间功能转型,努力打造互联、高效、便利的创造型知识空间,全面提升推进交互式学习、研究、创新和传播的服务能力。一是高质量抓好新馆建设。瞄准大数据环境和知识馆未来发展需求,突出智能、绿色、人文的理念,全力以赴抓好新馆建设。坚持智能化系统设计与建筑结构的配合协调,按照管理科学、高度自控的原则,前瞻规划部署综合布线、通信网络、安防监控、智能照明、温湿度智能控制、智能楼宇管理等系统,实现建筑与技术的有机结合和创新,竭力打造智慧化精品工程。坚持把"绿色生态"理念贯穿到新馆设计、施工、装修全过程,在建筑材料、通风采光、设施设备上充分体现低碳、节能、环保,充分考虑人、自然、建筑的和谐统一,竭力打造环保型绿色工程。坚持人本思想,构建具有国防医学特色的知识馆文化内涵和文化景观;注重人文关怀,在功能布局、导引指示、家具设备上突出人性化设计;增设咖啡厅、视听室、健身房等休闲场所,努力营造激发创新、自由活跃、方便舒适的环境氛围,竭力打造休闲式人文工程。二是高标准抓好智能化服务环境建设。着眼个性化需求,融合资源、服务、技术、空间多种元素,努力打造全面感知、互联互通、泛在高效的智能化服务环境。运用射频识别、无线网络与传感网络技术,对读者、馆藏、设备信息进行一体化标识与关联,构建智能化的感知网络,实现馆藏资源智能管理、读者身份自动识别、图书文献自助借还,推动业务管理模式智能化。建立用户大数据,运用系统整合对用户网络行为全程记录,构建用户行为偏好模型,综合分析用户学科领域、学科背景、学术成果等研究属性,主动提供前瞻性个性化服务,推动知识服务方式智能化。应用移动互联网技术,结合手机、平板电脑、穿戴设备等移动终端,构建移动化的服务环境,形成无时不有、无所不在的泛在化服务能力。三是高起点抓好新型知识服务空间建设。着眼跨学科、跨领域合作研究和协同创新需要,构建多形态信息交互、多类别人员合作、多形式服务融汇的柔性交互信息服务空间集群,实现人、技术、服务、空间的高度融合。抓好科研群组研讨空间、生物医学创客空间、新技术体验空间、学习共享空间、智慧化教室等服务空间建设。

附:大事记

解放军医学图书馆第四次党员大会在馆学术厅隆重召开

2011 年 1 月 13 日,解放军医学图书馆召开了第四次党员大会。大会认真总结图书馆第三次党员大会以来的工作和基本经验,确定今后五年的工作目标和任务,选举产生中共解放军医学图书馆第四届党的委员会和纪律检查委员会。

陈锐馆长当选为全军医学科学技术委员会卫生信息学图书情报分委会主任委员

2011 年 3 月,解放军医学图书馆陈锐馆长当选为全军医学科学技术委员会卫生信息学图书情报分委会主任委员。

"学科化服务进百室"活动启动仪式在院学术厅举办

2011 年 3 月 25 日,解放军医学图书馆在军事医学科学院办公楼三层学术厅举行了"学科化服务进百室"活动启动仪式,院部领导、科技部相关处领导、政治部宣传处领导、院各直属单位领导或科技处领导,以及图书馆领导、机关领导、各业务部室主任、全体学科馆员等近 60 人参加了活动。

解放军医学图书馆与人民军医出版社签署合作协议

2011 年 4 月 29 日,解放军医学图书馆陈锐馆长与人民军医出版社石虹社长分别代表图书馆和出版社签署了《中华医学资源核心数据库》研发与营销合作协议。图书馆赵星政委和出版社曾星、杨援朝、李君副社长、姚磊主编出席了签约仪式。

解放军医学图书馆引进以色列艾利贝斯公司 MetaLib/SFX 资源整合系统

2011 年 5 月,解放军医学图书馆引进应用以色列艾利贝斯公司 MetaLib/SFX 资源整合系统,实现了分布环境下馆藏资源的深入揭示、科学管理和有效利用,满足了科技人员对更广范围文献信息的高效查找、定位和获取需求。

解放军医学图书馆龙旭梅副研究馆员赴美考察

2011 年 5 月 22—26 日,解放军医学图书馆龙旭梅副研究馆员访问美国科学出版社位于新泽西州的总公司,并参加 2011 年美国图书展览会。

解放军医学图书馆郝继英处长赴美培训

2011 年 6 月 22 日—7 月 20 日,解放军医学图书馆郝继英处长赴美国伊利诺伊大学—香槟分校参加中国图书馆员暑期培训班。

《中华医学图书情报杂志》创刊 20 周年暨创新医学信息服务学术研讨会在漠河召开

2011 年 6 月 28—30 日,由解放军医学图书馆编辑部主办的纪念《中华医学图书情报杂志》创刊 20 周年暨创新医学信息服务学术研讨会在黑龙江漠河隆重召开。中华医学会医学信息学分会副主任委员、《中华医学图书情报杂志》副主任编委、山东省医药卫生科技信息研究所所长刘亚民教授,全军医学编辑专业委员会秘书长、人民军医编辑部王敏主任,山西医科大学信息管理系主任贺培风教授和中华医学图书情报杂志编委刘岩教授等领导、专家和来自全国 13 个省、自治区、直辖市的代表共 40 人出席了这次会议,其中上海中医药大学科技信息中心的施毅教授率领 8 人的团队出席了这次会议。

解放军医学图书馆赵星政委赴美培训

2011 年 6 月 30 日—7 月 20 日,解放军医学图书馆赵星政委赴美国参加出版发行市场开拓培训。

全军医学文献信息资源共建共享工作暨第十二届医学图书情报专业学术研讨会在延吉召开

2011 年 7 月 25 日至 28 日,解放军医学图书馆在吉林延吉组织召开了全军医学文献信息资源共建共享工作暨第十二届医学图书情报专业学术研讨会。此次会议主题是加强全军医学文献信息资源共建共享工作,促进军队医学科技进步和卫生事业发展。主要任务是总结部署全军医学图书情报专业分委会工作,研讨军队医学图书情报工作,进行学术交流。会议安排了 5 个专题报告、9 篇大会发言和 6 项新技术、新产品介绍。来自全军各大单位卫生部、军医大学、各医院和疾病预防控制中心的卫生信息中心(科)主任(图书馆馆长)以及部分论文作者共计 90 余人参加了会议。总后卫生部信息中心领导、军事医学科学院科技部领导出席了会议,并做了重要讲话。

解放军医学图书馆申获国家社会科学基金军事学项目 1 项

2011 年 7 月,解放军医学图书馆承担的《中国周边国家军事医学文献信息资源研究》科研课题申获国家社会科学基金军事学项目。

解放军医学图书馆张文举研究馆员赴美国和波多黎各参加会议

2011 年 8 月 8—18 日,解放军医学图书馆张文举研究馆员赴美国和波多黎各参加中美图书馆研讨会及第 77 届国际图书馆联合大会。

中国图书馆学会医院图书馆委员会第 19 届学术研讨会暨 2011 年学术年会在厦门召开

2011 年 8 月 22—26 日,解放军医学图书馆在福建厦门组织召开了中国图书馆学会医院图书馆委员会第 19 届学术研讨会暨 2011 年学术年会。来自全国各地医院图书馆、医院信息中心、全国医学和科技出版社、数据研发企业的代表共计 150 余人出席这次会议。会议由医院图书馆委员会副主任委员、山东齐鲁大学党委书记周日光同志主持,医院图书馆委员会主任委员、解放军医学图书馆馆长陈锐致开幕词,中国图书馆学会学术研究委员会常务副主任、国家图书馆首席专家、北京大学信息管理系教授、博士生导师李国新应邀到会,并代表中国图书馆学会向大会致辞。会议审议通过了主任委员陈锐代表常委会所做的医院图书馆委员会 2010—2011 年度工作报告。会议对在学会建设和医院图书馆建设中表现突出的地方医院图书馆分会、医院图书馆和个人进行表彰,全国有 5 个地方分会、38 个医院图书馆和 52 名个人受到表彰;此次会议共收到论文 50 篇,有 6 名优秀论文代表作了大会学术交流,有 4 家业内专业公司作了各自的产品介绍。

"图书馆数字资源组织、利用与存储技术"培训班在厦门举办

2011 年 8 月 24—26 日,由解放军医学图书馆主办的"图书馆数字资源组织、利用与存储技术"培训班在福建厦门举办。此次培训班的主要培训内容是:图书馆信息共享空间的建立,图书馆员的服务能力和亲和力,图书馆数字资源的云存储,数字资源整合平台的建设与实践,引文数据库资源利用及文献计量方法,数据库资源与网络资源的开发利用等,最后张文举研究员还介绍了科研课题的申请和实施方法。来自全国各地的 20 多名学员参加了培训班。

解放军医学图书馆向某部赠书并开通远程数字图书馆

2011 年 9 月 27 日,解放军医学图书馆陈锐馆长、赵星政委和盖起刚副馆长带队向某部官兵赠送图书。此次赠送的书刊包括 130 册新书和 457 册社科刊合订本,并安装了远程数字图书馆访问系统,可通过网络访问图书馆丰富的数字馆藏信息资源。在赠书仪式上,陈锐馆长代表图书馆全体人员问候全体官兵,表示图书馆全体人员要学习该部忠诚敬业、艰苦创业、实干兴业精神,全力做好面向一线科研人员文献信息服务工作。同时,以此次赠书为开端,进一步加大对该部图书室建设的帮扶力度,努力丰富图书室的藏书。部队领导代表全体官兵对图书馆心系基层、服务官兵的举措表达了感谢,称赞送的是"精神大餐",并表示将充分利用这些书刊,深入推进学习型军营建设。

A 楼卫生训练教材库装修改造工程和宿舍区平房屋面防水翻修工程顺利完工

2011 年 10 月,解放军医学图书馆 A 楼卫生训练教材库装修改造工程和宿舍区平房屋面防水翻修工程按期完工。

解放军医学图书馆申获国防军事教育"十二五"重点课题 1 项

2011 年 11 月,解放军医学图书馆承担的《军事医学人才信息素养评估与提升模式研究》科研课题申获国防军事教育"十二五"重点课题。

解放军医学图书馆申获军队"十二五"科研课题 2 项

2011 年 11 月,解放军医学图书馆承担的《军事医学科研机构知识库及数字资源长期保存机制的研究》《军队医学信息服务新模式与新技术支撑体系研究》2 项科研课题申获全军医学科研"十二五"面上课题。

解放军医学图书馆 2 项科技成果荣获军队科技进步三等奖

2011 年 12 月,解放军医学图书馆承担的《全军医学图书馆分布式数字资源统一检索平台》和《数字化医学图书馆研究》2 项研究成果荣获军队科技进步三等奖。

解放军医学图书馆赵进武同志赴巴黎参展

2011 年 12 月 8—11 日,解放军医学图书馆赵进武同志参加了法国巴黎举办的艺术展。

解放军医学图书馆 3 名同志荣立三等功

2011 年,解放军医学图书馆学科化服务部程瑾、网络管理中心黄文、办公室吕慧杰 3 名同志因工作表现突出荣立个人三等功。

解放军医学图书馆获 BALIS 联合信息咨询中心表彰

解放军医学图书馆被 BALIS 联合信息咨询中心评为 2011 年联合信息咨询服务先进集体三等奖和宣传推广优秀馆二等奖。

解放军医学图书馆部室被总后评为科学文化教育先进单位

2011 年,解放军医学图书馆培训与文印部被总后评为科学文化教育先进单位。

解放军医学图书馆积极拓展军事医学特色文献采集渠道

2012 年 3 月—10 月,为满足军事医学科学院"两型一流"建设目标和"三大计划"的信息需求,解放军医学图书馆新订《意大利军医杂志》、*Medecine Aeronautique et Spatiale*(《法国航空与空间医学》)等 26 种军事医学外文期刊,新购 *Detection of biological agents for the prevention of bioterrorism* 等 98 种军事医学外文图书。

解放军医学图书馆陈锐馆长参加中新、中澳数字图书馆研讨会

2012 年 4 月 11—20 日,解放军医学图书馆陈锐馆长赴新西兰奥克兰、澳大利亚堪培拉参加中新、中澳数字图书馆研讨会。

张绍雨同志任解放军医学图书馆政委

2012 年 6 月,张绍雨同志被任命为解放军医学图书馆政治委员、馆党委书记。

解放军医学图书馆郝俊勤研究馆员赴澳参加生物电磁学会年会

2012 年 6 月 17—22 日,解放军医学图书馆郝俊勤研究馆员赴澳大利亚昆士兰布里斯班,参加第 34 届生物电磁学会年会。

全军医学文献信息资源共建共享工作暨第十三届医学图书情报专业学术研讨会在西昌召开

2012 年 6 月 11 日至 15 日,解放军医学图书馆在四川省西昌市组织召开全军医学文献信息资源共建共享工作暨第十三届医学图书情报专业学术研讨会。此次会议主题是加强全军医学文献信息资源共建共享工作,促进军队医学科技进步和卫生事业发展。主要任务是总结部署全军医学图书情报专业分委会工作,研讨军队医学图书情报工作,进行学术交流。来自全军各大单位卫生部、军医大学、各医院和疾病预防控制中心的卫生信息中心(科)主任、图书馆长以及部分论文作者共计 90 余人参加了会议。总后卫生部科训局李云波副局长、军事医学科学院科技部孙岩松副部长、成都军区总医院金小岚副院长出席了会议。

解放军医学图书馆申获国家社会科学基金军事学项目 1 项

2012 年 7 月,解放军医学图书馆承担的《国际维和文献信息服务系统的研究与构建》科研课题申获国家社会科学基金军事学项目。

解放军医学图书馆郝继英处长、何玮副研究馆员赴芬兰参加国际图联大会

2012 年 8 月 11—17 日,解放军医学图书馆郝继英处长、何玮副研究馆员赴芬兰赫尔辛基参加世界图书馆信息大会—第 78 届国际图书馆联合大会。

中国图书馆学会医院图书馆委员会第 20 届学术研讨会暨 2012 年学术年会在呼和浩特召开

2012 年 8 月 27—31 日,解放军医学图书馆在呼和浩特组织召开中国图书馆学会医院图书馆委员会第

20届学术研讨会暨2012年学术年会。来自全国各地医院图书馆、医院信息中心、全国医学和科技出版社、数据研发企业的代表共计150余人出席这次会议。会议由医院图书馆委员会副主任委员、山东齐鲁大学党委书记周日光同志主持,医院图书馆委员会主任委员、解放军医学图书馆馆长陈锐致开幕词。本次会议的主要内容:召开医院图书馆委员会常委会;研讨医院图书馆信息服务工作和医院图书馆的建设发展;开展科研基金课题阶段性工作汇报、评估和交流。

解放军医学图书馆 B 楼五层会议室装修改造工程完工

2012年8月,解放军医学图书馆B楼五层会议室装修改造工程按期完工,投入经费总额为160.4万元,该会议室具备电视电话会议、评审等功能。

解放军医学图书馆申获军队"十二五"科研课题 3 项

2012年9月,解放军医学图书馆承担的《阅读对军人心理生理疾患的治疗研究》科研课题申获军队心理卫生应用性科研课题,《生物威胁和生物防护相关技术预见与评估》《全军医学期刊的军事医学影响力评价》2项科研课题申获全军医学科研"十二五"面上课题。

北京高校数字图书馆 2012 年学术年会在北京燕郊召开

2012年10月12—13日,解放军医学图书馆成功举办北京高校数字图书馆2012年学术年会。此次会议的主题为"开放、关联、智能、泛在:数字图书馆大趋势",解放军医学图书馆陈锐馆长以及中国科学院国家科学图书馆孙坦副馆长、清华大学图书馆姜爱蓉副馆长等部分高校图书馆领导出席会议并致辞,北京地区41个高校的图书馆代表及部分企业代表共138人参加了会议。会议交流案例评选出一等奖2项、二等奖5项、三等奖11项。

解放军医学图书馆申获军队院校教育项目 1 项

2012年10月,解放军医学图书馆承担的《RFID智能医学图书管理系统建设》科研课题申获2012年度军队院校教育项目。

解放军医学图书馆张文举研究馆员获第五届"全国优秀科技工作者"称号

2012年12月14日,解放军医学图书馆张文举研究馆员获第五届"全国优秀科技工作者"称号,由中国科协组织的"全国优秀科技工作者"评选活动已组织了四届,评选范围是在自然科学、技术科学、工程技术以及相关科学领域从事科技研究与开发、普及与推广、科技人才培养或促进科技与经济结合,并在第一线工作的科技工作者。本次评选全国973名专家获此殊荣,军队75名专家榜上有名。

解放军医学图书馆 1 项科技成果荣获军队科技进步二等奖

2012年12月,解放军医学图书馆承担的《在e-Knowledge机制下的军事医学信息保障研究》成果荣获军队科技进步二等奖。

解放军医学图书馆 4 名同志荣立三等功

2012年,解放军医学图书馆资源建设部王璇、读者服务部王青春、信息服务部王桂枝、业务处孙长征4名同志因工作表现突出荣立个人三等功。

解放军医学图书馆王伯秋主任被评为全军自学考试先进工作者

2012年,解放军医学图书馆培训与文印部王伯秋主任被评为全军自学考试先进工作者。

解放军医学图书馆面向军队卫生单位免费开展文献传递与馆际互借服务

2013 年 3 月—12 月,解放军医学图书馆开展文献传递与馆际互借服务,面向军队 20 多家单位近 4000 名用户,免费提供文献 1.24 余万篇,满足率达 96%,较好地保障了科研人员的信息需求。

解放军医学图书馆开展"快乐阅读　幸福人生——4.23 世界读书日"活动

2013 年 4 月 16 日至 29 日,解放军医学图书馆开展"快乐阅读　幸福人生——4.23 世界读书日"活动。活动内容包括:军事医学资料图片展览、活动专题网页发布、院"读书之星"评选表彰、活动现场签名、问卷调查、图书漂流、书刊赠送、资源使用培训、文献传递服务推广、数据库产品介绍、学科化服务推送和名家讲座等十余项内容。《解放军报》、中国军网、人民网和新华网等 20 多家大型网站以"解放军医学图书馆开展'世界读书日活动'"为题,对解放军医学图书馆"世界读书日活动"进行专题报道。

全军卫生训练教材库在"军综网"上开通运行

2013 年 5 月 1 日,解放军医学图书馆研发的《全军卫生训练教材库》在"军综网"上开通运行,于 7 月 1 日在"全军卫星远程医疗网"上部署运行,面向全军基层卫生单位提供服务。

解放军医学图书馆陈锐馆长、郝继英处长赴美参加美国医学图书馆学会年会

2013 年 5 月 3—8 日,解放军医学图书馆陈锐馆长、郝继英处长赴美参加美国医学图书馆学会 2013 年学术年会。

全军医学文献信息资源共建共享工作暨第十四届医学图书情报专业学术研讨会在西安召开

2013 年 5 月 28 日至 31 日,解放军医学图书馆在陕西省西安市召开全军医学文献信息资源共建共享工作暨第十四届医学图书情报专业学术研讨会。此次会议主题是加强全军医学文献信息资源共建共享工作,促进军队医学科技进步和卫生事业发展。主要任务是总结部署全军医学图书情报专业分委会工作,研讨军队医学图书情报工作,进行学术交流。会议安排了 5 个专题报告、7 篇大会发言。来自全军各大单位卫生部、军医大学、各医院和疾病预防控制中心的卫生信息中心(科)主任(图书馆长)以及部分论文作者共计 80 余人参加了会议。总后卫生部科训局李云波副局长、总后司令部军训局张立军参谋、军事医学科学院科技部孙岩松副部长、第四军医大学训练部张俊沧副部长出席会议并做了重要讲话。

解放军医学图书馆 2 人列为军事医学科学院科技人才创新工程—图书馆后备人才

2013 年 6 月,解放军医学图书馆 2 人列为军事医学科学院科技人才创新工程—图书馆后备人才。

解放军医学图书馆祝业副研究馆员赴美培训

2013 年 6 月 2—22 日,解放军医学图书馆祝业副研究馆员赴美参加洛杉矶南加州大学 KECK 医学院举办的医学信息管理培训班。

解放军医学图书馆盖起刚副馆长赴新加坡参加国际图联大会

2013 年 8 月 17—23 日,解放军医学图书馆盖起刚副馆长赴新加坡参加第 79 届国际图联大会。

中国图书馆学会医院图书馆委员会
第六次会员代表大会/第 21 届学术研讨会暨 2013 年学术年会在宁波召开

2013 年 8 月 27—30 日,解放军医学图书馆作为主任委员单位,在浙江省宁波市组织召开了中国图书

馆学会医院图书馆委员会（以下简称医图委）第六次会员代表大会/第21届学术研讨会暨2013年学术年会，来自全国150余家医院馆180余名代表出席了本次会议。医图委主任委员、解放军医学图书馆陈锐馆长主持召开了医图委第五届第五次常委会议，审议通过了医图委第六次代表大会的会议筹备工作文件，研究确定了2014年学术年会的会议主题为"服务创新——发展中的医院图书馆"。大会开幕式由周日光同志主持，陈锐同志致开幕词，中国图书馆学会秘书处吴悦同志代表中国图书馆学会领导宣读了贺信。

解放军医学图书馆举办首届生物医学外文新书展

2013年9月2日，解放军医学图书馆举办了首届生物医学外文新书展。此次书展紧紧围绕"以读者为中心，满足读者需求"的主题，共展出 Elsevier、Springer、Lippincott Williams & Wilkins、Human Press、John Wiley & Sons Inc.、Mosby Publisher、McGraw-Hill Education 等众多国际知名出版社最新生物、医学类进口原版图书2600余册。

美国霍普金斯大学资深图书馆系统专家张甲教授来馆讲学

2013年9月13日，解放军医学图书馆邀请美国霍普金斯大学资深图书馆系统专家张甲教授作题为"华丽的外表到华丽的转身，图书馆服务空间的升级"学术报告。

《中华医学图书情报杂志》入选中国科技核心期刊

2013年9月27日，由解放军医学图书馆主办的《中华医学图书情报杂志》成功入选中国科技核心期刊，这是创刊20年来首次进入核心期刊。

解放军医学图书馆与人民军医出版社签署合作协议

2013年10月9日，解放军医学图书馆陈锐馆长与人民军医出版社余化刚社长分别代表图书馆和出版社签署了《中华医学资源核心数据库》研发与营销合作协议。图书馆张绍雨政委和出版社曾星副社长、数字出版部秦新利主任出席了签约仪式。

陈锐馆长被评为 2013 中国图书馆榜样人物

2013年11月7日，解放军医学图书馆陈锐馆长被国家文化部评为"2013中国图书馆榜样人物"，是全国获此殊荣7人中的唯一军人代表，也是两届共15名榜样人物中唯一的军人。其事迹被解放军报、中国军网、人民网、新华网等20多家媒体宣传报道，为军队近300家图书馆赢得了荣誉，也为我军的卫勤保障事业争了光。

中央军委委员、总后勤部赵克石部长视察解放军医学图书馆

2013年12月4日，中央军委委员、总后勤部赵克石部长视察解放军医学图书馆，对解放军医学图书馆在为实现军事医学科学院"二次腾飞"、出大成果、出大师级人物的地位作用给予了充分肯定。

《中国生物医学期刊引文数据库(电子版)》出版发行

2013年12月18日，解放军医学图书馆编辑制作的《中国生物医学期刊引文数据库(电子版)》，完成全年12期出版，该库是经新闻出版总署批准出版的连续型电子出版物(ISSN 1672-9625,CN11-9267/R)，每月一期，由中华人民共和国卫生部主管，中华医学电子音像出版社出版。

解放军医学图书馆 1 项科技成果获军队科技进步三等奖

2013 年 12 月,解放军医学图书馆承担的《全军医学信息资源综合集中管理与战时信息保障平台的研究》成果荣获军队科技进步三等奖。

解放军医学图书馆陈锐馆长荣立二等功

2013 年,解放军医学图书馆陈锐馆长因工作表现突出荣立个人二等功,学科化服务部张晓燕荣立三等功。

解放军医学图书馆获 BALIS 联合信息咨询中心表彰

解放军医学图书馆被 BALIS 联合信息咨询中心评为 2012 年 BALIS 联合信息咨询服务先进集体三等奖、2012 年宣传推广优秀馆、2012 年宣传月摄影优秀奖及 2013 年 BALIS 原文传递最佳服务奖。

解放军医学图书馆开展"书韵留香、成就梦想——4. 23 世界读书日"活动

2014 年 4 月 23—30 日,解放军医学图书馆开展了以"书韵留香、成就梦想"为主题的系列读书活动。通过学术搜索系统开通"读书之星"评选、专家讲座等丰富多彩的活动,带动全院科研人员走进图书馆、利用图书馆,多读书、读好书,浓厚全院阅读氛围。同时,以此为契机,推介我馆优质资源与服务,提升服务质量、扩大我馆影响。

全军医学文献信息资源共建共享工作暨第十五届医学图书情报专业学术研讨会在武汉召开

2014 年 6 月 4—6 日,第十五届医学图书情报专业学术研讨会于在湖北省武汉市召开。来自全军各大单位卫生部、军医大学、各医院和疾病预防控制中心的卫生信息中心(科)主任、图书馆长以及部分论文作者共计 100 余人参加了会议。总后卫生部科训局王达林副局长、军事医学科学院科技部孙岩松副部长、广州军区武汉总医院浦金辉院长、樊光辉副院长出席会议。王达林副局长、孙岩松副部长在开幕式和工作会上做了重要讲话。

解放军医学图书馆郝俊勤研究馆员赴南非参加国际生物电磁学会与欧洲生物电磁学协会联合会议

2014 年 6 月 8—13 日,解放军医学图书馆郝俊勤研究馆员赴南非参加 2014 年国际生物电磁学会与欧洲生物电磁学协会联合会议。

中国图书馆学会医院图书馆委员会第 22 届学术研讨会暨 2014 年学术年会在丹东召开

2014 年 8 月 6—8 日,中国图书馆学会医院图书馆委员会第 22 届学术研讨会暨 2014 年学术年会在辽宁省丹东市召开,来自全国 110 余家医院图书馆和其他医学信息机构的 150 余名代表参会。会议总结了 2013—2014 年度工作情况,部署安排了下一年度的工作任务,审议通过了《关于表彰优秀网站通讯员的通报》和《2013 年度财务收支情况报告》,通报了 2013—2014 年度医图委委员单位参与学会工作情况和 2014 年学术年会筹备情况,商议确定了 2015 年学术年会的主题为"医院图书馆服务创新:发展战略与最佳实践"。

解放军医学图书馆陈锐馆长赴法国参加国际图联大会

2014 年 8 月 13—22 日,解放军医学图书馆陈锐馆长赴法国参加第 80 届国际图联大会。

解放军医学图书馆郝继英处长赴台湾参加医学图书馆工作人员年会暨 2014 年海峡两岸医学图书馆馆长会议

2014 年 8 月 23—31 日,解放军医学图书馆郝继英处长赴台湾参加第 36 届医学图书馆工作人员年会暨 2014 年海峡两岸医学图书馆馆长会议。

解放军医学图书馆杨晓茹副研究馆员获军队院校教学观摩竞赛一等奖

2014 年 9 月,解放军医学图书馆杨晓茹副研究馆员获军队院校图书馆信息素质教育课观摩竞赛一等奖。

解放军医学图书馆申获全军后勤科研实验室

2014 年 10 月,解放军医学图书馆申请的"医学文献信息与分析实验室"被批准列入全军后勤科研实验室体系,这是全军同行业第一个科研实验室。

解放军医学图书馆 2 项科技成果获军队科技进步三等奖

2014 年 10 月,解放军医学图书馆承担的《生物军控与履约综合文献信息集成研究》与《军事医学信息组织的研究》2 项研究成果荣获军队科技进步三等奖。

解放军医学图书馆申获国家社科基金军事学项目与军队"十二五"科研课题

2014 年 10 月,解放军医学图书馆承担的《特殊作业环境官兵表观遗传改变卫勤文献信息服务系统的研究与构建》课题申获 2014 年度国家社科基金军事学项目,《军事医学科研机构产出的知识资源的文献计量与知识图谱分析研究》《基于知识体系组织的便携式军事卫生装备使用培训数据系统》课题申获军队"十二五"面上课题。

王绍良同志任解放军医学图书馆政委

2014 年 12 月,王绍良同志被任命为解放军医学图书馆政治委员、馆党委书记。

解放军医学图书馆改扩建工程获批

2014 年 12 月,解放军医学图书馆改扩建工程获总后正式批复,工程总建筑规模 36 467 平方米,总经费为 2.0366 亿元。

解放军医学图书馆 2 名同志荣立三等功

2014 年,解放军医学图书馆信息服务部何玮、办公室吕巧莉 2 名同志因工作表现突出荣立个人三等功。

解放军医学图书馆读者服务部获 BALIS 原文传递先进集体二等奖

2014 年,解放军医学图书馆读者服务部获 BALIS 原文传递先进集体二等奖。

解放军医学图书馆开展机构整合

2015 年 1 月,为更好地开展信息服务工作,加强服务力量的团队化和规模化,解放军医学图书馆组织进行了业务机构整合,将原来的 8 个业务部门整合为知识服务中心、读者服务中心、资源建设中心 3 个中心,以及《中华医学图书情报杂志》编辑部,形成了简洁、高效、协调的扁平化组织机构。

解放军医学图书馆被评为"首都文明单位"

2015 年 3 月,解放军医学图书馆被评为"首都文明单位"。

解放军医学图书馆举办"4.23 世界读书日"系列活动

2015 年 4 月 20—30 日,解放军医学图书馆组织开展了以"博学追求卓越、读书成就梦想"为主题的"4.23 世界读书日"系列活动。活动主要包括合成生物学主题展、3D 打印和体感互动等新技术展示、赠刊荐书、外文图书特惠展销及名家讲座等内容,激发了全院科研人员的阅读热情。

谢锋仁同志任解放军医学图书馆政委

2015 年 6 月,谢锋仁同志被任命为解放军医学图书馆政治委员、馆党委书记。

全军医学信息资源共建共享工作暨第十六届医学图书情报专业学术研讨会在福州召开

2015 年 6 月 16 日,解放军医学图书馆主办的全军医学信息资源共建共享工作暨第十六届医学图书情报专业学术研讨会在福建福州隆重开幕,会议的主题是"推进知识服务创新,提升服务保障能力",全军各大单位信息中心主任,军队各医学院校图书馆馆长,各医院和疾病预防控制中心信息科主任、图书馆馆长、全军医药卫生科技查新站负责人以及部分图书馆学情报学专家,共 90 余人参加了会议。

陈锐馆长当选为中华医学会医学信息学分会第七届委员会副主任委员

2015 年 6 月 17 日,解放军医学图书馆陈锐馆长在中华医学会医学信息学分会委员会换届选举中当选为第七届委员会副主任委员。同期,由中华医学会、中华医学会医学信息学分会共同主办的中华医学会第二十一次全国医学信息学术会议于 6 月 17 日至 19 日在郑州市召开,来自全国各地医学信息机构、医学专业图书馆和医院信息部门的学术同仁近 500 人出席会议。

陈锐馆长当选为中华预防医学会预防医学信息专业委员会副主任委员

2015 年 7 月,解放军医学图书馆陈锐馆长当选为中华预防医学会预防医学信息专业委员会第五届副主任委员。

中国图书馆学会医院图书馆委员会第 23 届学术研讨会暨 2015 年学术年会在贵阳召开

2015 年 8 月 5—7 日,解放军医学图书馆主办的中国图书馆学会医院图书馆委员会第 23 届学术研讨会暨 2015 年学术年会在贵州省贵阳市召开,会议围绕"医学图书馆服务创新与发展:发展战略和最佳实践"的主题,安排了专题报告、工作研讨、经验交流、论文交流和技术交流等多个版块的内容。来自全国 113 家医院图书馆和其他医学信息机构的 130 余名代表参会。

解放军医学图书馆陈锐馆长、郝继英处长赴南非参加国际图联大会

2015 年 8 月 15—18 日,解放军医学图书馆陈锐馆长、郝继英处长赴南非参加第 81 届国际图联大会。

解放军医学图书馆冯占英副研究员赴英国参加国际索引联盟峰会和英国索引协会年会

2015 年 9 月 2—8 日,解放军医学图书馆冯占英副研究员赴英国参加国际索引联盟峰会和英国索引协会年会。

陈锐馆长当选为全军医学科学技术委员会卫生信息学委员会副主任委员

2015 年 12 月,解放军医学图书馆陈锐馆长当选为第十届全军医学科学技术委员会卫生信息学委员会副主任委员。

解放军医学图书馆深入基层部队卫生队开展医学信息服务

2015 年 10 月,解放军医学图书馆组建专家队伍先后到 27 集团军某旅、吉林省军区某边防团、海军南海舰队等单位旅团卫生队,面向一线卫生人员开展信息服务,共为 12 个单位安装开通了图书馆自主研发的《全军卫生训练教材库》《中国疾病知识总库》《中文生物医学期刊/会议文献数据库》《中文生物医学期刊引文数据库》等 4 种数据库产品,配发了军队卫生训练教材,为医护人员现场办理了掌上军图和文献服务使用账号。通过服务活动进一步了解了基层部队医学信息资源获取和利用情况,为部队训练提供了医学信息保障。

《中华医学图书情报杂志》成为医学信息学领域唯一科技核心期刊

2015 年 10 月,由军事医学科学院主管、解放军医学图书馆主办的《中华医学图书情报杂志》经过多项学术指标综合评定及同行专家评议推荐,第三次入选中国科技核心期刊,本次入选,使该刊跃升为医学信息学领域唯一的科技核心期刊,对该刊的稿源和学术影响力将产生更加积极的作用。

解放军医学图书馆 1 项科技成果获军队科技进步三等奖

2015 年 11 月,解放军医学图书馆承担的《生物安全信息分析研究》成果荣获军队科技进步三等奖。

《中华医学图书情报杂志》官方微信平台"中华医图情"正式上线

2015 年 11 月 5 日,《中华医学图书情报杂志》的官方微信平台——"中华医图情"正式上线运行。"中华医图情"微信平台是《中华医学图书情报杂志》继纸质期刊和网站后,面向广大读者推出的又一种新型服务手段,实现了与期刊、网站服务的无缝对接。"中华医图情"上线运行后,将弥补期刊不能移动服务的不足,打造了期刊发展的新引擎。

解放军医学图书馆申获军队医学科技青年培育项目

2015 年 12 月,解放军医学图书馆承担的《全天候"三防"医学虚拟仿真实验室关键技术研究》课题荣获 2015 年军队医学科技青年培育项目。

解放军医学图书馆 3 名同志荣立三等功

2015 年,解放军医学图书馆知识服务中心薛晓芳、编辑部杨春华、政治部刘雪涛 3 名同志因工作表现突出荣立个人三等功。

解放军医学图书馆　张利　郝继英　陈锐

国家农业图书馆"十二五"事业发展报告

一、"十二五"期间事业发展综述

国家农业图书馆作为国家唯一重点支持的国家级农业图书馆,拥有全国最丰富的农业科技文献信息资源,是国家农业科学数据中心,是国家科技图书文献信息中心(NSTL)的农业分馆,不仅承担 NSTL 国际农业科技文献数字化和馆藏文献数字化加工任务,还肩负着国内外农业科技文献资源体系建设、全国农业科研系统电子资源共建共享体系建设以及全国农业科研系统电子资源集团引进工作。

"十二五"期间是国家农业图书馆快速发展时期,国家农业图书馆不断拓展和创新服务方式,努力提高公益服务能力。2011—2013 年,在新馆建设暂停到馆服务的情况下,积极调整图书馆资源,加强网上服务,积极开展远程文献传递、参考咨询、引文检索、定题服务,扩大用户宣传培训的范围、增加宣传培训的场次,开展援疆援藏服务和院士服务,使农业科技文献信息服务工作得到有效推进。2013 年年底国家农业图书馆新馆开馆,以新馆启用为契机,大力提升了图书馆的服务水平和核心竞争力,推进了数字资源建设为核心的数字图书馆建设,进一步创新图书馆服务,把图书馆建设成为支持学术交流和研究的文献信息保障基地。

一是馆藏资源不断丰富,资源结构不断优化,础薄弱学科、新兴学科和交叉学科资源建设得到加强和完善,中外文电子文献资源种类大幅度提升,保障能力显著增强。

二是继续开展资源需求分析、效用评价、联合保障和共享机制策略研究,开展各类载体文献资源揭示描述、组织及规范控制技术研究。

三是深化知识化资源组织与加工模式,提升农业资源数字化和特色数据库研建能力,在加强数据质检的基础上推动加工模式转型,保障了农业科技资源的质量。

四是利用新型数字化技术、网络技术、移动服务技术等,建立个性化、集成化、知识化的信息服务平台和系统,实现图书馆科技信息服务与科研人员创新活动以及互联网信息环境的无缝衔接与有机融合,完善农科图网络服务平台,实现远程多功能知识服务的提供。

五是利用知识组织工具、信息分析工具、知识服务技术对馆藏资源和网络资源进行揭示、挖掘和融合,结合专业人员的个性化服务需求建立农业专业领域专业服务系统,开展面向专业领域的领域科技信息监测、学术关系网络分析、关联数据构建与发布服务和领域科研信息环境等多类型知识服务;

六是积极开展农业综合数字资源的长期保存研究与实践,加强数字资源长期保存的规范化建设,开展异构、分步式数字资源的存储模式以及数字资源对外提供可用服务研究。

二、"十二五"期间事业发展基本统计数据

1. 资源采集情况

（1）印本文献采集

1）中外文期刊

"十二五"期间，外文期刊按照国家科技图书文献中心（NSTL）要求"控制印本增长数量、提升印本资源质量"，着力从文献资源内容的学术质量、到货文献的加工揭示服务和利用情况等方面进行深化评估、优化调整。在新增遴选方面，注重一线科研创新的需要，面向新兴学科、交叉学科、边缘学科择优选择，积极开拓遴选渠道。2011—2015 年共新增外文期刊191 种。由于注重优化结构，外文期刊总的品种数有所下降，2015 年订购品种为2307 种。

中文期刊也不断地从学科、学术质量等方面进行优化调整。由于国家农业图书馆目前已订购了清华同方、万方及维普中文三大全文期刊数据库，中文印本期刊除保留31 种社科休闲类期刊外，其他均已停止订购。

2）中外文图书

外文图书：根据创新工程、国家重大科研专项及一线科研人员的需要进行采集，重点采选农业相关学科领域内知名的、公认的、具有权威性的各类国际性、国家级、专业学协会等重要学术著作；在农业相关学科领域内著名的具有重要国际影响的各类科研机构、学术组织等学术出版物；国际公认的著名学术出版机构出版的高水平学术出版物，2011—2015 年共采集外文图书 6500 余种。

中文图书：针对本馆图书复本量不足，社科人文、交叉科学、优秀教材等图书品种缺失等现状，采取科学技术图书全面采集、社会科学类重点采集、人文休闲精确采集、教材精确采集等原则，全面采集近年来出版的优秀中文图书资源。2011—2015 年共采集中文图书 31 201 种，33 137 册，极大地丰富了馆藏文献资源。

（2）电子资源采集

"十二五"期间，国家农业图书馆电子资源建设能力大幅度提升，建立了"制订采集计划、需求分析、供应分析、资源评估、方案谈判、协议签署"等规范流程。电子资源建设原则与目标是建设服务于中国农业科学院科研创新的电子文献资源保障体系，增加中外文电子期刊、图书、分析工具型数据库等电子资源类型，满足科研人员基础理论及应用研究的需求，为培养创新型人才、推动科技成果转化提供支撑。

采用引用分析、发文分析、使用分析、一线需求调查、相关学科高质量文献分析等方法开展电子文献需求调研，综合引用量、拒访量、回溯数据、一线推荐、学科匹配度、需求强度和广度、经济性、资源可供应性，以及经费可执行性等因素进行资源调整与增订。多渠道寻求订购经费。2011 年，共订购中外文数据库 36 种、外文全文期刊 3500 种、外文电子图书 580 种，至 2015 年底，增加到中外文数据库 70 个、外文全文期刊 8500 种、外文电子图书 7500 种。到 2015 年底中文电子期刊保障率达 98% 以上，外文电子期刊保障率 80% 以上。"十二五"期间中外文全文期刊下载量超过 1500 万篇。目前，国家农业图书馆的电子文献资源已成为中国农科院直属机构不可或缺的支撑服务内容之一。

2. 资源数字化加工情况

馆藏科技文献数字化不仅是数字时代国家农业图书馆资源保存和信息服务的需要,而且是深化和拓展文献信息服务工作的重要支撑。通过数字资源的有效积累,及时、准确传播农业科技文献信息,为做好农业信息服务奠定了坚实的基础。随着文献计量学的发展,期刊、机构等评价工作的不断推进,农业科技文摘和引文数据库建设和利用越来越广泛,及时、准确传播农业科技文献信息越来越重要。在新加工方式的推行下,提高了数据加工质量和效率,2011 年至 2015 年文摘与引文数据加工量达 2242.39 万余条,其中中文库总数据量达 360.5 万余条。通过对《中国农业科技文献数据库》的字段设置、期刊源、现有数据情况、数据发展方向进行分析,对一些数据项不全或需要增、删、改内容进行了认真研究,清洗了库中已有数据,增强了揭示数据核心内容及描述能力。"十二五"期间,农科图外文文摘加工量为 107.09 万条,其中期刊文摘数据 99.25 万条,会议 3.83 万条,文集汇编 1.4948 万条,科技丛书 2.04 条,中文学位论文 4714 条,各年度加工量如表 1。通过加工流程优化改造,引文数据加工的时差由原来的 3—4 个月,缩短为 1—2 个月,引文加工的时效得到提高。"十二五"期间,农科图外文引文数据加工量为 1963 万余条,各年度加工量如表 2。

表 1　外文文摘数据加工量　　　　　　　　　　　　　　（单位:条）

年份	计划量	实际完成量	实际完成占年计划量
2011	195 000	202 997	104.10%
2012	205 000	223 274	108.91%
2013	199 700	216 574	108.45%
2014	197 700	213 018	107.75%
2015	198 200	215 029	108.49%
2015（引进西文文献）	108 000	110 654	102.77%
合计	1 103 600	1 181 546	107.06%

表 2　外文引文数据加工　　　　　　　　　　　　　　（单位:条）

年份	计划量	实际完成量	完成百分比
2011	3 300 000	3 560 000	107.88%
2012	3 800 000	4 058 539	106.80%
2013	3 800 000	4 059 506	106.83%
2014	3 800 000	4 104 889	108.02%
2015	3 800 000	3 853 865	101.42%
合计	18 500 000	19 636 799	106.14%

3. 读者服务数量

国家农业图书馆从 2009 年 7 月开始闭馆改造,并于 2013 年年底新馆开馆。至 2014 年年底新馆读者注册数量共计 644 个,到馆 5250 人次。2015 年读者注册数量 498 个,到馆 9330 人次。书刊流通情况见下表 3。

表 3　书刊流通量 （单位：本）

	外借	归还	续借	预约
2014 年	2198(图书)	1600	852	517
2015 年	38 932(书刊)	3724	1185	52

4. 文献服务情况

文献提供服务是文献信息服务工作的重要组成部分。"十二五"期间，国家农业图书馆通过更新人员队伍、加强文献请求服务的宣传工作、认真建立作业程序、建立灵活的工作机制、服务人员培训经常化、改善硬件条件等举措，扩大了服务范围，提高了工作效率和服务质量。五年间服务量总计 126 083 篇，较"十一五"服务量(89 693 篇)增长 40.57%。除 2012 年因为 NSTL 加大知识产权保护力度，万方订单大幅减少导致 NSTL 系统服务量下降外，之后几年订单数量持续平稳增长。加上 NSTL 系统外其他形式所提供的全文文献，累计为全国用户提供远程文献全文传递近 15 万篇，题录信息 42 780 条。文献传递服务保持着良好的上升之势。

表 4　文献提供服务完成情况 （单位：篇）

	2011 年	2012 年	2013 年	2014 年	2015 年	合计
NSTL 系统全文	31 301	20 577	22 096	25 117	26 992	126 083
NSTL 系统外全文	4542	7655	5118	2278	4029	23 622
题录信息	2030	8064	7000	7524	18 162	42 780
合计	37 873	36 296	34 214	34 919	49 183	192 485

5. 咨询服务

（1）参考咨询

国家农业图书馆通过网络、邮件、电话、即时短信息等多种方式，面向用户提供各类咨询服务，为用户解答农业科技文献信息查询利用等相关问题，并在咨询服务中积极宣传 NSTL 及国家农业图书馆的各种资源及服务。2011 年 8 月在新浪网注册开通了国家农业图书馆官方微博，这是中国农科院系统开通的第一个获新浪认证的官方微博。利用该平台，不仅可以回答博友有关国家农业图书馆到馆服务和数字资源检索提问，还可以发布包括农业信息所新闻、网上数据库培训通告、涉农书评及相关博文等信息。该项服务是利用基于 Web 2.0 SNS 拓展国家农业图书馆服务的重要探索，取得了不错效果。

表 5　参考咨询服务 （单位：次）

	2011	2012	2013	2014	2015
NSTL 系统	239	348	229	144	117
NAIS 平台	64	49	60	14	0
图书馆官方微博	26	289	49	61	0
电话、到馆等其他	720	700	859	1300	1368
合计	1049	1386	1197	1519	1485

（2）定题与引文检索

定题服务主要是以农业及生命科学、农业经济等学科领域为范围用户提供服务。

引文检索服务主要以 SCI-E、EI、中国科学引文库（CSCD）、JCR 期刊引证报告为检索范围为用户提供收录、查引以及统计等服务。

表6　定题与引文检索服务　　　　　　　　　　　　　　（单位：次）

	2011	2012	2013	2014	2015
定题服务	58	69	56	49	43
引文检索	17	11	20	79	134
合计	75	80	76	128	177

"十二五"期间，国家农业图书馆为多个院士团队提供跟踪式定题与引文检索服务。2011 年，根据袁隆平院士的科研团队的研究领域和开展的科研课题，采集整理了一批有关水稻转基因、水稻杂交育种等相关内容的外文期刊文章和专利文献，刻制成两张光盘，和转基因科技文献信息服务指南、转基因科技资讯等资料通过湖南省农科院余应弘副院长转交袁隆平院士。2011—2015 年，密切跟踪庞国芳院士团队、中国农业科学院茶叶所陈宗懋院士、中国农业大学唐文华院士（ATSE 外籍院士）需求，提供定题与引文检索服务。

（3）宣传培训

为了提升科研人员与研究生查获文献资源的能力，助力科研，更好地发挥国家农业图书馆的科研支撑作用，并宣传 NSTL 这一公益性、普惠性服务举措，提升本馆馆藏资源利用率，国家农业图书馆每年都要面向中国农科院下属各研究所科研人员及科研管理人员、新入学全日制研究生、农业推广硕士开展培训。同时根据援疆援藏工作的实际需要，每年赴新疆或者西藏，面向当地研究院所或者高校用户开展培训。培训形式主要包括文献检索课和下所：

作为新入学全日制研究生、农业推广硕士文献检索课程内容的一部分，是每年的固定项目；通过邮件联系、接受邀请，定期走进农科院各研究所提供各类型培训活动。同时，结合培训工作的理论与实践，2015 年编辑出版了图书《农业信息资源的发现与获取》，帮助用户提升信息获取能力。"十二五"期间宣传培训情况见表7。

表7　宣传培训情况

年份	场次	人次	课件制作	试用卡
2011	23	1760	–	–
2012	12	860	7	–
2013	11	2000	5	200
2014	18	1170	–	1323
2015	16	1020	–	1060
合计	80	6810	–	–

6. 图书馆自动化软件、硬件环境和系统管理维护

图书馆网络化平台服务器及其应用服务系统是国家农业图书馆面向社会公众提供信息

服务的基础,服务设备数量近 60 台套,现已实现对内部业务的有力支撑,服务公众及国内多家科研院所,以及处理突发事件的灾备存储系统。为保障各服务系统稳定运行,除了加强监控管理、排除硬件故障、备份系统升级及相应数据等,还通过云计算虚拟化平台,实现硬件资源的充分利用,构建了 7 台服务器、1 台中央存储、2 台光纤交换机组成的服务器集群,整体运行稳定。

7. 产品、成果

"十二五"期间,独著或第一作者身份公开发表论文共计 62 篇,其中核心期刊 11 篇,被 ISTP 收录 1 篇,EI 收录 3 篇。出版专著(编著)3 部,件著作权登记 28 项;科技成果获奖 2 项:农业科学数据共享平台构建与应用服务获中国农业科学院 2014 年度科技成果二等奖 1 项和中国商业联合会科学技术奖全国商业科技进步奖二等奖 1 项。

8. 文摘期刊编辑出版工作

以现有期刊集群为基础,调整优化各类期刊发展定位,不断提高编辑水平和期刊质量,努力创新办刊方式,突出办刊特色和期刊品牌,积极探索经营模式和运行机制,并初步实现期刊出版的数字化和网络化,全部期刊成为国内核心期刊或国内主流期刊,1—2 种期刊进入国际主流期刊行列。"十二五"期间,国家农业图书馆严格按照学术标准、编辑标准、出版标准和规范要求,对 13 种期刊开展了选题、编辑、校对、出版、发行及宣传工作,为国内外农业科研工作者搭建了良好的学术交流平台,也推动了农业科研成果的传播与利用。

三、"十二五"期间发展的主要工作及发展特点

1. 国家农业图书馆新馆馆舍建设

国家农业图书馆新馆于 2009 年 11 月 18 日动工兴建,于 2013 年年底重新开馆,历时四年建成。2013 年 11 月 18 日,国家农业图书馆举办了新馆首展活动,标志着国家农业图书馆新馆的正式启用。新馆建筑面积 3.19 万平方米,图书馆大楼具有公益服务、科技创新、学术交流三大主体功能,是亚洲第一大、世界第三大农业图书馆。新馆藏书面积 7000 多平方米,包括 1—4 层 14 个馆藏区域,其中开架区域约 4000 平方米,约占总面积的 60%。开架区域包括 3 层西/北借阅区、2—3 层中央书库南北区,共 2 层 6 个馆藏区域。闭架区域包括 1 层中央书库、2 层古籍书库/古籍阅览室、2—4 层东密集书库、4 层中央书库南北区,共 4 层 8 个馆藏区域。馆拥有丰富的文献资源,现有藏书 210 万余册,33 万余种,拥有 40 多种中外文全文、文摘数据库,其中的古籍图书是新馆特色馆藏资源,目前有宋、元、明、清代古籍万余种,特别是《齐民要术》等为国内珍贵孤本。此外,新馆引进了国外先进的图书馆自动化集成管理系统和资源统一发现与获取系统,装备了 150TB 的高端磁盘阵列、虚拟磁带库等相关软硬件设备近 200 台套,健全了到馆服务、现场一线服务和网络化服务协同发展的综合服务保障体系。新馆的正式启用,将为建设世界一流的现代科研院所,提供强大的条件支撑。同时它将以一流的服务,迎接国内外农业科技界的朋友们,在此开展科技创新,学术交流,知识传播,努力建设成为全国农业图书资源战略保障中心、全国农业信息科技研究中心以及国际农

业信息交流与服务中心,为我国的现代农业发展与"四化同步"提供强劲的动力。

2. 资源建设

(1)深化资源分析,优化资源结构

根据资源的出版特点及科研人员科技创新的需求,对文献资源的载体类型、学术质量等进行深化评估,不断优化资源结构。例如对文摘型数据库及全文数据库进行综合分析,对价格昂贵、近年来利用率不断降低的 BIOSIS Previews 数据库利用和采购成本进行分析,对情报人员和科研人员新增推荐的 Scopus、Essential Science Indicators 数据库的需求、内容质量和未来利用预期进行评价,调整新增了工具型数据库。

(2)加强需求与保障分析

电子资源、开放获取、机构仓储等全新资源形式不断涌现,并已成为用户利用的主要内容,为适应这一变化,在资源建设过程中,持续开展国外文献需求和保障水平的分析,分析方法或内容分别为:问卷调查、发文和引用分析、薄弱学科和交叉学科优秀国外文献分析等。

(3)文献资源种类增加,保障能力显著增强

中文图书印本资源极大丰富,社科休闲等类型图书大幅增长;电子文献资源品种类型齐全,海外农业研究中心所需电子资源有一定的基础。到 2015 年年底中文电子期刊保障率达98%以上,外文电子期刊保障率 80%以上。"十二五"期间中外文全文期刊下载量超过 1500万篇。

(4)文献资源的编目与质量控制工作

按照资源建设工作流程和质量要求,按时按质中外文印本文献到货验收、到货量统计、MARC 编目、数据上传等工作。

农科院图书馆 2014 年年初实施图书馆自动化系统由原金盘向 ALEPH 系统迁移,借助新系统使用之际,协助完成系统设置、馆藏编目数据的清洗工作,通过数据清理需求分析、数据核查、系统培训等过程,完成馆藏书目数据中 30 多个 MARC 字段、47 939 条日俄文图书编目数据、6606 条会议文献和非刊文献数据清洗等遗留问题的规范性检查与数据修正。解决了长期遗留的数据质量问题,提高了编目数据质量,确保新系统顺畅运行。

3. 资源加工

(1)加强加工系统运行管理,提升农业资源数字化和特色数据库研建能力

从单一的馆藏文献扫描与数字化加工扩大至科技文献、科学数据、科研实体、OA 资源、专业术语等综合科技资源建设,实时监控加工进度改进提升加工效率,提升数据加工能力至千万级。不断梳理和优化本地数据加工流程,增强和改进自动化拆分系统的功能,实施农科数字化加工业务的精细化管理,建立加工过程的实时监控机制,提高数据加工的管理水平、加工效率和数据质量。同时,重视加强数据加工队伍建设,加大对数据加工人员的培训、管理和关怀,提高数据加工组成员积极性和团结协作力。加大对《中国农业科技文献数据库(CASDD)》《国外农业科技文献数据库(FASDD)》《中国农业科学引文数据库(CASISC)》《国外农业科学引文数据库(FASISC)》等有特色的农业科技数据库建设和开发利用的支持力度,不断扩大《中国农业科技文献数据库》及《中国农业科学引文数据库》的影响,并做好推广应用和开发、宣传等工作。

（2）深化知识化资源组织与加工，为文献情报服务深化奠定基础

在大规模科技文献资源数字化加工过程中，引入了智能化的加工处理流程和技术，基于深入分析大量农业科学引文著录规律的基础上，提出了14种典型的引文著录类型，建立了基于特征词分类和期刊名称知识库的计算机自动批量拆分软件及配套的质检程序和批量修复工具，显著提高了数据加工的效率和质量，确保引文数据每年的加工能力在500万条以上。同时，引入了流程监控、精细化管理理念与方法，研建了"文献资源数字化智能加工与精细化管理技术平台"，把数据加工规范、流程管理以及协同工作环境等集于一体，实现了网络环境下数据加工全程跟踪管理、多人协同加工、质量控制以及流程监控等。在深度加工方面，通过智能拆分、精细化与碎片化等不同方式加工不同数据和科研实体，形成多类型资源知识组织与多维语义关联。将分散的数据管理，通过资源管理与存储系统，实现数据仓储管理。

（3）重视数据质量核检工作，推动加工模式转型和保障农业科技资源质量

作为NSTL数据质检专项牵头单位，组织开展了历年的中外文数据质量检查与监控预警专项工作，制定了NSTL中外文数据质量检查工作专项实施方案和总体质检工作流程，确定了主要质检对象和数据抽样标准，设计并按需更新核心质检指标体系，促进了科技文献加工模式和方法的创新、各专业图书馆科技资源质量的提升。

为规范、固化各类型文献数据的质检流程和标准，提高质检效率，为后续数据质量检查工作可持续地开展，设计并开发了"NSTL数据质量检查网络协同工作平台"，支持对各类母体、文摘和引文数据的在线查询浏览和协同质检，提供了按加工单位、加工年份和典型错误类型进行各类质检结果的查询统计，可实时掌握各文献类型质检进展情况和单位的质量情况。

为确保质检样本随机抽样的科学性，在参考分层抽样和国家标准《计数抽样检验程序》（GB/T 2828.1—2003/ISO 2859-1:1999）的基础上，从联合数据加工系统抽取的近三年各类母体、文摘和引文数据进行本地加载和统计分析，作为样本抽取和后续质检的数据基础，开发了配套的"网络质检系统随机抽样平台"，支持在线按加工单位、加工年份、文献类型、抽样类型等条件进行组合分层随机抽样。

同时研发了分中心"数据质量实时监控预警子系统"，实现监控预警参数管理、加工进度监控、典型错误监控、加工实效性监控，以及待加工台账管理等功能，并在各单位进行了本地化安装和部署。

推进农业分中心数据加工模式和加工流程的转变和改造。对于购买的数据启动新的元数据标准，开发了基于OAI-PMH协议的WOS数据收割及解析工具，确保新旧文摘数据顺畅入库。同时，对新数据进行人工、实物专项质检工作，从内容规范准确性、加工元素完整性、对应关系准确性和加工进度时效性等方面，通过随机抽样完成两批次质检和统计分析，保证数据质量。

（4）农业科学数据共享平台服务农业科技创新

农业科学数据是从事农业科技活动所产生的基本数据，以及按照不同需求而系统加工、整理的数据产品和相关信息，是农业科技创新的重要基础资源。农科图利用已开发的多种计算机软件系统及工具（农业科学数据分布式加工、汇交、质检等），形成了一套完整涵盖农业科学数据高效采集、加工、组织、管理和共享服务等各方面工作的标准规范体系和高效、稳

定的农业科学数据共享平台和服务体系,包括数据主中心、7个数据分中心、10个省级服务分中心、31个数据节点在内的农业科学数据共享网站群,为我国最大的农业科学数据库群。照"学科—主体数据库—数据集"三级模式整合总数超过3TB的数据,有效盘活、挖掘、抢救和保存农业科学数据资源,实现农业科学数据的共享与集成应用,为农业科技创新与发展提供基础支撑与保障。科学数据平台已为国家重大科学工程、"973"专项、国家863课题等提供支持和支撑。

（5）建设开放数字资源体系和数字资源长期保存体系

加大对开放获取资源的收集和整理,初步建立开放数字资源体系。通过深入调研国外,尤其是发达国家、国际组织、著名或国家级学术机构开放获取会议资源情况,掌握具有权威性、可靠性、学术性和时效性的开放获取会议信息资源资源仓储的情况。分析筛选有价值的开放获取信息资源,提高收录的开放获取会议信息资源的质量;编制开放获取资源的搜集规范、数据加工规范以及资源存储入库规范,使开放获取会议信息资源系统与其他系统可兼容、可互操作、可持续发展;定期审核已有资源,剔除无效链接、更改期刊网络地址及变成收费期刊,保证数据的有效性和准确性。在"十二五"期间,中英文开放期刊700余种、开放获取会议信息1500余个,完成4万余篇开放获取会议文献数据信息的录入和整理。

建立农业OA期刊关联数据检索系统和开放资源集成检索系统,提高资源的使用率及系统语义揭示能力,并从两个角度进行探索:一是把相关数据转换为RDF,然后通过AGRO-VOC建立关联;二是通过深度机器学习手段自动发现大规模孤立的数据之间潜在的复杂语义关联关系,利用深度机器学习技术进行大规模语料的语义挖掘,以实现关联数据的复杂关系半自动构建,其关联关系发现的准确率及语义空间相关度与传统的方法相比具有明显优势。

4. 网络服务体系

"十二五"期间,自行研发了"中国农业科技文献与信息集成服务平台"（NAIS）等多类型功能服务平台,以提升用户信息获取与利用效率为目的,以国家农业图书馆的资源和服务、研究所知识资源为基础,进行资源重组和服务集成,建立基于院所协同的、面向一线的服务机制,以个性化、学科化、知识化服务为手段,构建针对学科研究需要、功能完善、界面友好、使用便捷的数字化科研辅助与信息服务支撑平台,面向全国提供"一站式"农业科技信息查询与获取,为全国农业科技、教育、管理等领域用户提供全方位、多层次文献信息服务,实现科研人员创新活动与图书馆科技信息服务以及互联网信息环境的无缝衔接与有机融合,最大限度满足科研人员对嵌入科研过程的深层次知识服务的需求,以优质的服务理念、坚实的技术功底支撑着国家农业图书馆网络信息服务的桥梁。

（1）馆藏揭示系统开发

农业科研系统馆藏资源集成揭示系统是基于现代网络技术构建的分布式馆藏目录集成管理与服务系统,通过地理位置分散的农业科研系统成员单位汇交自有图书与期刊目录、网络数据库、电子图书、光盘资源、特色馆藏等数据,从而逐渐形成具有一定规模的农业领域文献资源中心,并向广大农业用户提供文献资源查询与定位服务。

（2）农业科技信息共享Web Service服务

针对国家农业图书馆的资源与服务,开发新的Web Service服务中间件,提供对新旧接口的登记、管理与监控,增强已有系统资源与服务使用灵活性,加快资源与服务在新的服务系统中的快速部署,促进农业科技信息资源的拓展应用,便利为用户提供的信息服务,同时也有利于国家农业图书馆及时掌握各系统接口服务与资源利用情况。通过调用第三方通信接口,开发了短信网关接口,开通了短信通知服务。已经在国家图书馆登记手机号的读者,可通过手机短消息接收国家农业图书馆的资源与服务推送、借阅提醒等服务。同时,开发移动图书馆客户端,方便读者随时随地享受图书馆服务,实现通过手机、iPad、Kindle3、iPod 等各种移动设备登录。

（3）自动化系统及资源发现系统实施

对引进的以色列艾利贝斯(Ex Libris)公司的图书馆软件套装进行了集中实施,图书馆各项业务和服务工作得到更有力的支撑。组织完成自动化系统从金盘系统到 Aleph 系统的迁移,并推出新版馆藏书目检索系统(OPAC);通过对资源发现系统(Primo)和学术资源链接系统(Sfx)的实施,推出了"农业学术搜索系统",为读者提供不同来源、不同结构的各类学术资源的"一站式"发现与获取服务;原文传递、馆际互借、定题及论文收引检索等服务提供在线提交订单和网络费用结算,及参考咨询系统实现了实时在线解答;以及基于 Sfx 的期刊导航、基于 Metalib 的跨库检索等功能,都展现了全新的用户体验。

（4）构建院所机构知识库

以 Dspace 为系统原型构建了"集中揭示、分布部署"的院所两级机构知识库网络系统,满足对院所各类知识资产的数字化、网络化管理需求,实现全院科研学术成果的统一管理、长期保存和知识共享,显著提升农科院科研人员学术成果的可知性、可见性和可获得性,为最终提高我院科研人员和研究所的学术影响力提供新的途径。"十二五"期间对农科院机构知识库系统研建和升级改造,不断完善与加强系统信息检索、资源管理与统计等功能,并对农科院所属机构科研产出数据进行收集与整理,完成量已超过 4 万余条,统一存储在院级机构知识库系统,避免全院知识资产的流失,提高农科院科研产出效率和全院各所的学术可见度与学术影响力,扩大全院学术交流与科研合作机会,成为首批"中国机构知识库推进工作组"成员单位之一。

（5）图书馆微信服务

伴随移动媒体时代的到来,微信作为一种新型的社会化媒体,成为继微博之后又一高效的服务应用。为更好地宣传和推广图书馆资源与服务,国家农业图书馆开通了官方微信服务,提供本馆介绍、服务公告、农业学术搜索、馆藏书刊目录、电子期刊导航、网上咨询、教育培训、专题信息等。充分利用微信公众服务,优化与读者沟通渠道、拓展信息呈现方式、提升用户信息资源利用率的有效途径。国家农业图书馆官方微信现关注用户已超过 1300 人。专题中已经发布了一期服务部做的转基因技术知识科普,后续将制定相应管理办法,争取打造成精品服务。

（6）重点领域网络信息服务平台

参与 NSTL 热点门户与重点领域网络信息服务平台的建设工作,为农业领域的专门用户群体集中提供和推荐网上农业相关科技信息资源的有效信息。多年来,农业热点门户积极地为农业领域的相关用户提供了大量热门信息,为用户提供统一的入口,查询检索不同网站的所需信息,这种便捷的信息个性化服务模式,受到全国有关领域的农业科技信息用户的欢迎。同时,随着信息技术和网络化信息资源的发展,信息热点和信息服务也在不断发生着变化。根据国家重大科研专项和研究领域的信息需求,根据 NSTL 的政策对原有热点门户进行了调整及优化,进一步分析和细化了资源的服务对象,修正不同对象的资源跟踪源,完善监测本体、关键词和领域术语,扩大、丰富和精准监测机构及监测内容,以可视化的方式对资源集进行揭示和动态展示,包括重要对象、重要术语、资源类型、热点主题、热点术语等内容,协助用户便捷及时获取某个机构的重要主题、研究进展、相关政策及资源发布等情况。2014 年起至今,主要围绕食物与营养、农业立体污染防治、转基因生物新品种培育三个领域开展信息采集推送工作,围绕国内外 300 多个相关机构(政府机关、科研机构、学协会、科技企业、学术会议、个人主页等)网站,自动搜集、遴选、描述、组织和揭示各机构发布的重大新闻、研究报告、科研活动等信息的自动采集约 11 万余条,深加工和推荐领域重要跟踪信息上千条,同时根据用户和专业领域特点编制了各类情报产品。

(7)专业领域知识服务工具与系统研发

以提高一线科研人员信息利用能力和科研创新能力为目标,围绕研究机构、创新团队、课题组、重点实验室、科学家个人的科研活动,构建集知识发现与获取、科研交流与协作、知识管理与共享、知识关联导航、学科组信息环境、研究所机构知识库、学术空间等于一体的数字科研信息环境,实现用户科研过程、图书馆信息服务以及互联网信息环境的有机融合,为农业科研人员的科研创新提供有力支撑。

1)领域知识服务系统

领域知识服务系统是面向特定学科领域或重大专项的专业服务平台,围绕农业科研用户的个性化、知识化服务需求,通过应用、集成和优化信息自动采集、大规模数据智能处理、知识组织以及集成融汇等知识服务关键技术,构建以面向科研人员提供一站式公共集成服务。基于对领域动态、领域专家、科研机构、科研项目、科技文献、科学数据以及科研设施等知识资源的搜集整理和知识化组织,以及对国家农业图书馆馆藏结构化和非结构化数据资源进行分析与挖掘,从中发现特定专业学科领域的知识,并将这些知识经识别、理解、筛选、格式化抽取形成领域知识库,通过对利用领域知识库对农业科技领域内的主题、机构、人员、文献等知识对象的关联、集成,实现国家农业图书馆馆藏科技资源的关联推荐、知识展示与推送等功能。

2)科研交流与协作系统

科研交流与协作系统面向全院各专业研究所、新型农业科研创新团队、学科带头人等,通过科研协作核心功能模块和应用插件,集成网络环境中科研人员、科技文献、科学数据、科研信息和知识等各类资源,建立有效支持学术搜索、知识共享、学术交流、科研协作、动态追踪、开放获取等一体化的数字知识环境,打破传统系统单向信息流动的壁垒,为其开展科研协作提供资源共享和协同平台。

3)学科组科研信息环境搭建

与各科研团队紧密合作,构建基于 Web 2.0 的知识获取与交流的个性化科研信息环境,汇聚团队成员信息、科研成果、科研项目、科研进展、领域专家等资源,提供资源存储共享功能,为嵌入式科研服务提供支撑。通过领域内的各方面科研人员共同参与,实现科研知识的共建共享,为中国农科院的科研创新活动提供高质量的信息和服务保障,推动全院科研信息化进程。目前,已经完成院所科研信息环境技术支撑平台的开发和包括作物所、畜牧所等在内的 10 个研究所个性化科研信息环境的示范系统部署,未来将通过学科化服务推动其应用与服务的完善。

5. 夯实基础服务,推进文献情报服务多样化

(1)文献服务

国家农业图书馆文献服务主要包括文献流通服务和网络文献提供服务。网络获取文献已经成为目前获取文献方式的主流。"十二五"期间,国家农业图书馆通过 NSTL 原文传递服务量稳定增长。通过资源宣传与培训,提高用户对于 NSTL 系统的认知度,提升本馆文献提供的服务量。

(2)专业化服务

国家农业图书馆在夯实传统文献服务的基础上,积极推进学科化、知识化服务的发展。加强一线用户信息需求调研,组织学科化团队为院士和重点课题组提供文献信息服务,确保用户的需求可以得到及时响应。针对服务对象研究领域,主动或根据要求推送最新进展文献和数据库资源。

"十二五"期间,迅速推进服务宣传与资源培训工作的开展。服务范围覆盖中国农科院京内外研究所和援疆援藏服务对象;培训人员包括研究生、科研人员和科研管理人员;培训形式灵活多样,包括研究生选修课、入所培训、小规模辅导等多种形式。通过宣传培训,提升了图书馆在中国农业科学院下属几十个研究所内的知名度和影响力,提高了馆藏文献资源的利用率。

国家农业图书馆不断探索服务的新方式。2011 年开通国家农业图书馆新浪微博官方服务账号利用基于 Web 2.0 SNS 拓展国家农业图书馆服务的重要探索,取得了不错效果。2012 年 2 月响应中央一号文件,国家农业图书馆利用国家农业图书馆官方微博作为服务平台开始为广大地方乡镇农业局、农术推广站、动植物疫病防控站、种植养殖企业等机构或涉农个人快速提供中文农业实用技术文献查询和网络传递服务,收到了来自基层农业机构、农村合作社和种植养殖户等用户的积极响应和大量好评。人民日报社《民生周刊》2012 年第 24 期以《农业文献"微"传递》为题详细报道了本项基于移动社交网络的图书馆信息服务实践,随后农业部网站和中国政府网也都以新闻稿的形式报道了此项农业创新信息服务模式。

(3)专题信息服务

1)面向转基因重大专项专题信息服务

在国家科技图书文献中心(NSTL)的支持下,国家农业图书馆启动了面向"转基因生物新品种培育重大专项"的专题信息服务工作。本项工作以 NSTL 和国家农业图书馆丰富的科技文献资源为依托,针对国家"转基因生物品种培育"重大专项,对相关文献信息资源进行系统采集、发现和挖掘;通过建立专题信息服务平台,深化相关文献资源的组织开发,向该重大专项各课题,主动跟踪提供有针对性的、准确便捷的多层次信息服务。服务内容主要包括:服务资源指南、文献传递、信息咨询、用户培训、专题信息收集与推送、学科情报调研、研究态势分析等,进而全面满足转基因科技重大专项各种类型和层次的信息需求。"十二五"期间,除了对转基因重大专项课题开展常规的文献提供服务,编辑并向课题承担机构发送了8 期《NSTL 转基因生物新品种培育科技资讯》和《面向"转基因生物新品种培育"科技文献信息服务指南》(第一辑)。

2)农产品质量安全信息监测服务

每天向农业部提供农产品质量安全信息监测服务。2011、2012 年分别提交《农产品质

量安全动态信息摘编》244 期和 225 期;2011 年度提交双汇"瘦肉精"事件专题、蔬菜放射性物质超标专题、"问题豆芽"专题、西瓜膨大剂专题、大米镉超标专题、"皮革奶"事件专题、"染色黄鱼"事件专题、德国"毒蔬菜"疫情专题、河北"瘦肉精羊"专题、超级沙门氏菌专题和台湾污染食品塑化剂 DEHP 等重大食品安全事件专题综述 12 篇,2012 年完成并提交世界动物卫生组织对施马伦贝格病毒的最新研究进展专题综述 1 份。

3)农业科技热点网络监测服务

实现对新闻网页、论坛、博客、期刊等网络资源的精确采集和解析,根据不同热点专题设定条件提供多角度的统计分析功能,对信息进行聚类展示,同时提供信息检索功能,便于用户全方位、多视角游览农业领域热点网络信息的监测情况,辅助决策支持。为用户提供粮食安全、食品安全、"一带一路"、转基因、学科动态、院所动态、国外动态 7 个专题服务。2014年增强关联网络舆情信息的分析和预测,把服务的重点从单纯的收集有效网络数据向对热点网络舆情的深入研判拓展,聚焦分析领域热点,对于热点进行持续追踪,通过趋势分析图和传播链分析图等技术帮助用户了解专业领域热点事件的报道趋势以及来龙去脉,做出最佳研判。

4)专题服务平台及院士专题推送服务

与院士团队紧密配合,围绕院士及团队研究领域、专业方向和需求建议,开展专业领域资源的挖掘与分析,通过聚焦领域前沿热点、跟踪领域科技发展、国内外研究状况及相关领域各国和国际组织政策规划与发展,及时为该领域研究人员提供相关领域政策规划和科研最新进展。建立日常化服务机制,构建起院士主动推送与专题平台服务、管理决策服务等典型服务模式,"线下 + 线上"综合服务初见成效,完成粮食安全、蔬菜育种、茶学研究、动物营养、农资信息工程及农牧信息等领域简报各 28 期,向院士及其团队推送信息 853 条。同时,基于农科图领域知识库资源的有效集成,构建了粮食和食物安全专题服务平台,面向粮食安全和食物安全研究领域的研究室、课题组及科研人员,以云服务方式提供粮食和食物安全领域的前沿资讯、学术文献、政策法规、研究报告、专业期刊及国际组织和研究机构的专业会议、科研项目和成果专利、态势分析等全方位、多样化的专业知识服务,以及便于学术积累与共享的知识管理工具,为粮食和食物安全的科学研究提供全面有力的信息保障。

(4)特色服务

1)面向西部地区积极开展援助

西部地区农业发展加强了其对农业信息资源和服务的需求,"知识农业"战略进一步提升了这一需求。面向以新疆、西藏、宁夏农业科学研究院等为代表的西部地区农业科研与信息服务机构,以及由此延伸的代表性农业生产经营单位,通过资源、技术及服务能力的建设和相应培训提升服务对象的可持续农业信息资源建设与服务能力,促进农业科技信息资源在西部地区的广泛传播与有效利用,协助他们面向全区农牧业科研创新、农业生产和社会经常提供有力的科技信息支撑作用。"十二五"期间,通过开展资源数字化建设,实现新疆、西藏数字馆藏零的突破,为盘活本地各类馆藏及特色资源,实现资源共知、共享,研究制定了元数据标准规范、数字化加工流程、管理模式和共建共享机制,为西藏农业科技创新、农业生产发展奠定坚实的科技文献与数据支撑基础;协助其搭建数字化平台,实现科技信息资源建设与服务的跨越式发展,为农业科技信息资源的建设提供了手段,也为新疆农业科技信息资源的共享提供了新的平台;联合成立信息化研究中心,加强与本地的项目合作与学术交流,带动当地信息机构信息队伍建设,推动地区自我建设。

2)农业古籍保护与利用

国家农业图书馆现有古籍共 1194 种,合计 12 770 册。自 2013 年年底开馆至 2015 年,古籍书库共接待国内外各研究机构、政府部门、高校领导参观讲解 72 场,2600 人次。依托这些资源,国家农业图书馆开展了古农书文摘信息汇编工作。研究本馆重点古农书的收藏版本、出版年等情况和古农书的主要内容,对现有的文献信息进行整理、加工,初步完成编写部分古农书文献摘要信息汇编。

3)快速响应建立抗震救灾专题信息平台支援灾区

2013 年 4 月 20 日,四川省雅安市芦山县发生 7.0 级地震,给当地人民造成重大人员伤亡和财产损失。为普及防震、抗震知识,支援灾区人民重建家园并尽快恢复生产,农科图迅速、积极行动起来,搭建了抗震救灾专题信息平台,提供抗震救灾相关文献检索与咨询服务,充分发挥国家农业图书馆馆藏资源丰富的优势,从研究所研建的中国农业科技文摘数据库(CASDD)中抽取抗震救灾相关中外文科技文献,建立了抗震救灾专题文献数据库;通过对新闻门户网站的监测,实时采集地震救援动态新闻,形成了抗震救灾网络信息库;并通过搜集有关防震抗灾、地震救援、灾后农业生产恢复和疫情防治等信息,建立了抗震科普知识库。这些资源将为广大群众了解地震发生及救援情况提供信息支持,为政府部门抗震救灾决策提供参考。

4)编撰《农业信息资源的发现与获取》图书

国家农业图书馆拥有全国最丰富的农业科技文献信息资源,为了方便读者快速、准确、有效地发现和获取所需农业信息,在多年农业信息查询、资源培训和讲授"农业文献检索课"的基础上,编撰《农业信息资源的发现与获取》一书。

本书引导读者在海量的信息中,以丰富的途径、现代的手段,快速定向获取自己所需农业信息资源的实用型图书。以提升信息素养为目标,通过对信息与信息资源相关概念、信息检索原理的介绍,直观生动地描述农业不同学科案例的检索过程,使读者掌握信息检索的基础知识和基本方法,了解国家农业图书馆的印本资源、数字网络资源以及 NSTL 系统资源的覆盖范围与功能特色,快速掌握其检索技能与分析方法。内容以实际操作为主,在各个网络资源介绍中,侧重检索的实用技术,图文并茂地通过实例展示主要资源的检索技巧、结果分析和文献获取全过程,有助于提高读者的文献查询能力、信息获取能力和信息分析能力。

6. 机制创新与学科研究进展

(1)中国农业科学院电子资源共建共享机制建立

为了满足科技人员对电子文献资源不断增长的旺盛需求,确保电子文献资源建设持续健康发展,保障科技创新工程的顺利推进,在深入调研、汲取兄弟单位建设经验的基础上,根据我院学科建设与建制特点,按照"谁使用谁付费"原则,积极推进了电子文献资源共建共享机制的建立,并于 2012 年年底开始实施。通过需求调研与分析、分担方案设计、收费管理办法等一系列实施流程与规范的起草,在领导与各个研究所的大力支持下,形成了院级(图书馆)投入带动、院属各单位费用共担的投入机制与模式,实施电子文献资源建设管理办法,成立了"中国农业科学院电子文献专家咨询委员会",加快了电子文献资源建设步伐,确保了"十二五"图书馆国外文献保障目标的实现,快速提升了科技人员即查效率。截至 2015 年年底,共有22个中外文数据库纳入直属机构共建,各机构对共建数据库的选取工作越来越重视,科研人员参与度不断提高,参与共建的研究所达到35个,初步缓解了电子资源经费短缺与科技人员对电子文献资源不断增长的旺盛需求之间的矛盾,确保了电子文献资源建设持续健康发展。共建所次逐年增长,达到542个所次,每年的共建费用约453万元。

(2)全国农业科研系统电子资源集团采购

农业科研系统电子资源建设与服务联盟(以下简称"农科联盟"),是由农业科研系统信息服务机构(图书馆)共同发起成立的,旨在依托国家农业图书馆文献资源,合作开展数据库资源集团采购、电子资源共建共享,业务培训和学术交流。"十二五"期间,主要完善联盟规章制度、扩大采购规模和开展学术交流活动。争取NSTL和农业部国合司采购补贴,电子资源集团采购初具规模。集团引进国外数据库10种,参加集团采购的成员单位达33家、127个馆次,总经费达828万元。开展了8次学术研讨及专题培训活动,参加活动的机构覆盖了省级农业科学院所、中国水产科学院、中国检疫检验科学院、中国林业科学院、中国热带农业科学院等30余家农业科研信息机构,参加会议和培训的人员超过500人次。初步形成了全国农业科研文献信息共建共享服务体系,提升了国家农业图书馆在全国农业科研系统文献资源建设与服务方面的影响力,受到广泛欢迎。

(3)大规模文献数字化与智能处理

随着计算机技术、通信技术和网络技术的发展,借助信息技术开展农业信息资源整理,实现农业信息数字化已成为必然趋势。农业科技数字知识体系主要由自建资源(文摘、引文)、网络资源、科学数据、购买资源及其他资源,以及相应的数字化加工、采集、组织、存储、整合和管理平台组成。在农业科技文献资源数字化加工过程中,引入工作流、流程监控、精细化管理等理念与方法,设计构建了"文献资源数字化智能加工与精细化管理技术平台"。该平台将数据加工规范、任务流程管理以及协同工作环境等集于一体,实现网络环境下数字化加工全程跟踪管理、多人协同加工、质量控制以及流程监控等。在大规模中外文引文数据加工过程中,引入智能化的加工处理流程和技术,在深入分析大量引文著录规律的基础上,提出十余种典型的引文著录类型,设计了自动批量拆分的工作流程,建立了基于特征词分类和期刊名称知识库的计算机自动批量拆分软件及配套的质检程序和批量修复工具,显著提高了数据加工的效率和质量,确保引文数据每年的加工能力在500万条以上。同时,通过梳理在文献数字化加工和处理方面已有的技术方法和工具系统,对科技文献数据处理工具、外文引文数据智能拆分工具、数字化业务流程管理系统、数据质量网络协同质检平台、数据加工监测预警子系统、网络信息采集智能处理系统和专业领域数据深度加工平台等平台工具的进行了集成整合。

(4)农业信息组织与知识关联技术研究

与联合国粮农组织(FAO)开展广泛合作,完成了农业多语种叙词表(AGROVOC)的中英文翻译任务、AGROVOC与农业科学叙词表概念映射(Mapping)等工作,为充分整合利用国际范围内的农业科技资源奠定了语义资料基础。采用W3C推荐的本体描述语言RDF、OWL及SKOS等,对农业科学叙词表中的6万多个叙词及13万多条词间语义关系进行不同形式的规范化描述,开发了叙词表向本体转化的自动批量转化工具,构建了更适合网络环境下开展应用的轻量级农业本体。同时,开展大数据环境下海量农业综合科技资源的知识化组织技术、方法、模型和构建工具研究;基于农业综合数字知识仓库的知识关联技术研究。

建立各类农业科技数字资源的关联模型,并发布关联数据。针对国家自然科学基金项目、美国自然基金项目、欧盟基金项目、联合国全球贸易数据、国际开放获取期刊和学位论文等网络资源,研制了采集、解析和处理的专用工具。

(5)农业综合科技数字知识仓库系统研建与集成

通过梳理、整合和凝练数字图书馆研究与建设部多年来的数据加工经验和建设成果,建立健全农业综合科技数字资源保障体系和全生命周期一体化管理技术体系,为开展基础性信息保障服务和多类型知识化服务提供数据、信息、情报和知识基础保障。"十二五"期间,开展了各类资源元数据标准规范和数据库结构的研究制定,搭建了农业综合科技数字知识仓库系统的技术开发框架,指导技术开发人员开展各类资源的核心管理功能的开发。该系统已初步实现了对已有各类资源的集成管理、查询浏览和编辑维护功能,同时完成部分网络资源如开放获取期刊、开放学位论、美国自然基金、欧美基金项目及近五年全球贸易等数据的采集、解析和本地入库管理,以及对馆藏中外文期刊母体与文摘数据的清洗与入库。

7. 国家"十二五"科技支撑项目"面向外文科技文献信息的知识组织体系建设与示范应用"项目(STKOS)

参与由 NSTL 组织完成的国家"十二五"科技支撑项目"面向外文科技文献信息的知识组织体系建设与示范应用"项目,其中作为课题六"基于 STKOS 的知识服务应用示范"的主持人,以及课题二"科技知识组织体系的协同工作系统与辅助工具开发"、课题三"科技知识组织体系共享服务平台建设"和课题五"信息资源自动处理、智能检索与 STKOS 应用服务集成"的子课题负责人承担专项工作的研制和完成。"十二五"期间,以 NSTL 海量科技信息资源和项目建成的 STKOS 为基础,从 STKOS 中进行知识片断的抽取,形成领域知识库与应用本体实例库,在此基础上,进行了热点主题识别、突发主题识别、知识结构与知识演化分析、学术关系网络分析、科研本体等知识挖掘分析算法和模型研究,集成了数据清洗、数据挖掘和可视化等通用技术和工具,建立了面向不同专业领域的通用框架与功能模型,完成了相关工具组件及支撑技术平台的设计与开发,通过系统平台部署、个性化配置、数据规范化处理和数据装载,搭建了面向肿瘤、水稻、植物多样性等多个示范领域的应用示范系统,提供了领域科技信息监测、领域知识结构和演化分析、学术关系网络分析、关联数据构建与发布服务和领域科研信息环境等多类型知识服务。科研成果在以下几方面具有一定创新性:

(1)基于 STKOS 的文献资源和知识抽取工具,构建热点、突发主题监测模型,对领域内的研究主题进行抽取、识别、追踪和可视化展示。

(2)以 NSTL 科技文献及 STKOS 为数据基础,改进了基于名词词组的语义抽取算法,聚类及优选簇选取算法,知识演化现象识别算法,并在此基础上构建了知识结构与知识演化分析模型,为基于 STKOS 的知识结构与知识演化分析的应用研究奠定了理论基础。

(3)从新发现、新方法、新观点、新术语的事实型实例句的角度揭示在最近时段内领域学术研究所取得的实质性进展,利用 STKOS 中概念层级关系、属性关系将离散的、碎片化事实信息实现知识化组织、关联和汇聚,为领域学术关系网络的揭示分析探索了新路径。

(4)基于科研本体驱动,研究设计了可扩展的领域科研信息环境体系结构和构建工具,支持面向不同学科领域进行快速应用部署与推广。

(5)在科技文献资源领域,首次以 RDF 三元组大规模发布科技文献的知识节点和知识关系链接,实现多类型、多来源的海量数据基于知识节点的数据融合,以 SPARQL 引擎实现科技文献数据的开放复用与智能查询,解决和突破知识关联网络的构建、存储、组织、索引和检索等关键问题。

领域科研信息环境示范系统,结合国家"十二五"重大专项,根据中国农业科学院学科建设与发展的实际,选取水稻领域,经过水稻领域专业资源采集与应用本体实例库建设、示范系统本地化部署等步骤,初步完成了水稻领域科研信息环境的搭建,为开展水稻领域的科研研究提供了更专业、深度的知识化服务。

8. 人员队伍建设

员工队伍能力是图书馆建设的核心,也是提高文献资源建设与服务能力和水平的根本保证。积极开展在岗员工能力提升,持续优化队伍结构,先后通过在业务工作、科研工作和学术交流等方面加强员工能力培养,在员工任务完成水平和数量上提要求,从关心青年员工发展机会上创造公平条件。使队伍凝聚力、战斗力和服务保障力得到明显提升。近年来,农科图人才资源总量呈增加趋势、人才结构趋于合理、人才素质显著提高、人才配置机制也日益完善。2011 年至 2015 年部门员工共参加培训活动 77 人次、学术会议 184 人次,并支持 8 名员工攻读在职博士研究生。

四、未来展望

当前,科技信息资源和数字环境正在发生革命性变化,以移动互联网、云计算为标志的信息技术逐渐成熟,新的知识创造、组织、传播和利用形态正在形成,科技创新发展对专业化、个性化、知识化的科技信息及服务需求更加迫切。专业图书馆必须以知识和信息为基本单位、运用关联数据等技术,聚合数量繁多、类型庞杂的资源,细致分析和挖掘有用信息的数据化生产模式,将海量资料建成系统、有序、实用的数据库,完善资源服务深度与广度。通过学术研究成果的随时发布、资源共享,传播速度的及时化、全时化,传播效用的最大化,有力推动学术研究的整体进程,给研究人员提供有效的、更为专业化的服务。

1. 继续加强各类型学术资源保障

文献资源建设要围绕扩展科技信息保障与知识服务、建立协同式数字科研知识环境的发展总目标,完善和加强中国农科院创新工程所需数字文献资源保障体系建设,持续提升资源保障能力,实现各类型学术数字资源品种齐全,中文学术全文数据库即查即得保障率达到 100%,外文电子期刊即查即得保障率达到 90%,国外文献 24 小时文献传递服务保障率达到 95% 以上的目标。

2. 全面推进学科化服务转型发展

在需求调研、用户培训、专题服务、参考咨询、个性化信息平台建设等基础服务时,全面建立研究生新生入学培训和新员工入职培训制度,全面开设基于研究生院、专业研究所的信息检索利用课程,积极推进用户参与的信息素质能力开放发展。全力推进学科馆员制度,推进各类所级学科化服务能力建设项目,通过能力培训、定期交流、院所反馈沟通等措施,保障可持续服务能力和服务效果。

3. 积极打造图书馆信息共享空间提供集成信息服务

从馆舍空间、硬件设备、工具资源以及图书馆员四个方面,全方位打造一个集成化、现代化的信息共享空间。对于信息共享空间理念和服务模式的本地化应用,尽管其构成要素与服务内容会有所不同,但其基本理念是一致的,即集成的、一站式的服务模式。信息共享空间建设要以农科院科研人员和研究生的信息需求为核心,实现图书馆空间、资源、技术和设备的重组;不断优化和无缝集成各要素,并使之相互协同;建立配置灵活、动态维护、响应快速的新型信息服务模式;为科研人员及研究生的思考、规划、研究及最终成果产出这一系列过程提供环境支持,一站式完成科研和学习过程中的信息获取、汇聚、组织、分析、管理、创造、记录和传递工作。

4. 大力加强人才队伍结构优化和能力建设

结合新一轮岗位聘任,按照学科化服务发展的要求,加大对图书馆运营结构和队伍结构的改造迁移力度,按照学科化服务服务机构的任务和能力,提高学科馆员服务岗位比例,优化业务流程,调整传统业务结构和岗位要求,切实支持"十三五"发展。加强关键业务组织岗位领军人才的引进,加强学科背景新鲜力量引进,推进队伍的新换代。加强团队能力建设,使每个员工明确自己在基础服务能力上的深度服务能力,建立学习与培养计划,为打造具有明确化职业发展目标的人才队伍打下基础。

附:大事记

2011年6月27日至29日,"CAB Abstract数据库使用与服务培训"在新疆召开,培训主要内容是CAB Abstract网络数据库使用和增值服务,来自全国22家省级以上农业科研信息机构的领导和图书馆员共52位代表参加了培训。

2011年11月3日,"国外图书评介暨文献采选专家咨询会"在京召开,来自中国农业科学院部分京区研究所、中国林科院、中国水产科学院的书评专家、学科咨询专家、图书信息工作负责人及资源发展部采访人员等20多人出席会议。

2012年7月10日,"农业电子文献信息资源使用培训班"在银川由中国农业科学院农业信息研究所与宁夏农林科学院联合举办,来自10多个单位200余名科研人员参加了培训。

2013年6月6日至7日,由中国农业部支持、联合国粮农组织(FAO)和经合组织(OECD)联合主办、中国农业科学院农业信息研究所承办的2013世界农业展望大会在北京召开。这是世界农业展望大会第一次在FAO和OECD总部以外的国家召开,也是第一次在亚洲国家召开。

2013年9月27日,2013年中国科技论文统计结果发布会在京召开,《中国农业科学》获得"2012年百种中国杰出学术期刊"称号。

2013年11月18日,中国农业科学院国家农业图书馆新馆正式启用。图书馆于2009年11月在原址改扩建,2013年建成并交付使用,是国家唯一重点支持的国家级农业图书馆,面积超过31 900平方米,阅览座位650多个,藏书容量可达330万册,所有到馆的文献均实行开架阅览,现有馆藏文献210万余册,33万余种。

2014年3月11日,信息所"新疆南疆农业信息化研究中心"揭牌仪式在新疆塔里木大学举行。"新疆南疆农业信息化研究中心"是信息所对口支援塔里木大学开展农业信息学科建设,以研究新疆南疆农业信息化、智能化和数字化为主要任务而成立的校级科研平台,依托于该校信息工程学院。该中心的成立为信息所农业信息科技成果的落地实施与提升开辟了新渠道,为促进新疆南疆农业信息化发展提供了有力的技术支撑与保障。

2014年5月12至14日,由农业科研系统电子资源建设与服务联盟、中国农学会农业图书馆分会联合主办的"农科联盟科研竞争力评价课题学术讨论与培训"在国家农业图书馆举办,来自全国23个省(市)农业科研信息机构的图书馆长、课题负责人等60余位代表参加了活动。

2014年10月15—16日,由中国农学会科技情报分会主办、江苏省农学会智慧农业分会协办、江苏省农业科学院农业经济与信息研究所和金陵科技学院共同承办的"2014农业信息科技前沿技术与应用学术年会暨农业大数据、物联网与智慧农业研讨会"在南京召开,来自全国各省、自治区、直辖市农业科研院所和高等院校的150多名农业信息科技领域的专家、科技人员和企业同仁参会。

2014年11月18—20日,信息所举办了农业开放数据创新应用编程马拉松(Hackathon)竞赛。本次竞赛是在全球农业研究论坛(GFAR)、农业研究与发展信息共享体系(CIARD)、联合国粮农组织(FAO)资助下,由信息所青年工作委员会、全球农业发展青年论坛(YPARD)亚洲办公室主办。

2015年4月24日,国家科技图书文献中心(NSTL)网络工作组网络技术研讨会在信息所召开。研讨会主要围绕大数据背景下的信息化基础设施建设技术问题开展讨论与交流。中国农科院信息所、中信所、中科院文献中心、医科院信息所等9个NSTL成员单位20余位网络技术人员参加了研讨会。

2015年5月7日,由中国农业科学院农业信息研究所、中国农学会图书馆分会共同主办的"第六届农业科研系统电子资源建设与服务联盟学术研讨会"在重庆召开。研讨会围绕新信息环境下电子资源出版和发展现状、学科化情报研究与知识服务等内容进行专题研讨,期间组织了第二期农科联盟优秀课题的汇报和交流活动,并对获奖课题进行颁奖。

2015年10月29日,"2015年国外图书评介暨文献资源建设专家咨询会"在国家农业图书馆召开,来自中国农业科学院部分京区研究所、中国林科院、中国水产科学院的书评专家、图书信息工作负责人及信息所负责资源建设的工作人员等20多人参会。

2015年10月22—23日,由中国农学会农业图书馆分会主办、山西省农业科学院农业科技信息研究所承办的"2015农业图书馆分会学术年会暨大数据环境下农业知识服务与创新研讨会"在太原召开。来自全国各省、直辖市、自治区农业科研单位、高等院校从事农业图书情报工作的130多位专家、学者参加了此次学术研讨会。

2015年11月14至15日,由中国农科院农业信息研究所、新疆生产建设兵团第一师阿拉尔市和塔里木大学联合主办的第二届"新疆南疆农业信息化论坛"在塔里木大学召开。来自中国农科院农业信息研究所、浙江大学、中国农业大学、华中师范大学、东北农业大学、石河子大学、中国热带农业科学院以及山东、河南、云南、广西、新疆、兵团等地方农科院的专家学者、农业信息化企业管理及技术人员和塔里木大学师生共100余人参加了论坛。

2015年12月7日,"2016年新增电子文献资源采购方案专家论证会"在国家农业图书馆召开,来自15家机构15位代表参加会议。

中国农业科学院农业信息研究所/国家农业图书馆
孟宪学　赵瑞雪　叶飒　王婷　徐倩　续玉红

中国林业科学研究院图书馆"十二五"事业发展报告

一、概述

中国林业科学研究院图书馆(以下简称"中国林科院图书馆")成立于1958年,属于林业专业图书馆,以林业及其相关学科的文献为图书馆收藏特色,现有馆藏文献40余万册,其中包括中外文期刊约2700种(8万余册),中外文图书21万余册,中外文科技资料约10万册,还收藏有一些珍贵的中国林业历史文献、著名林学家著作等。多年来,中国林科院图书馆一直被作为我国林业行业的文献收集存储以及检索中心。目前,图书馆与世界上37个国家的145家科研单位、林业院校保持着文献交换关系。

"十二五"对于中国林科院图书馆而言可谓意义非凡,2012年,"十二五"的第二年,图书馆就迎来了新馆的落成,开始从运行使用了30多年的藏阅分离模式的旧馆迁入新馆,2013年1月新馆正式开馆迎接读者。新馆以方便用户、便于管理、高效服务和开放型、多功能、现代化为基础,增加了多项自助服务设施,利用先进的技术手段,充分体现信息服务的个性化、信息资源数字化、信息传递网络化、信息利用共享化等服务功能,从此中国林科院图书馆又开始了一段新的篇章。"十二五"期间中国林科院图书馆的各项工作始终围绕"服务现代林业建设,服务林业科技创新"的总体方针展开,结合林业基础研究和科研热点,优化馆藏结构,改善并提高服务手段,在文献资源建设、信息服务、系统平台建设等方面都得到了稳步发展和提升,扎实而稳步地推动图书馆走上新的台阶。

资源保障体系建设方面,印本文献收集与数字资源引进协调发展,逐渐加大数字资源的建设力度。目前,图书馆共引进了26个国内外数据库,其中全文数据库23个,文摘库3个,包括图书、期刊、标准、会议资料、学位论文及专利等各类数字化的中文林业科技文献全文7000多万篇,外文文摘数据6000多万条,电子图书13万余册,网络版学术期刊850种,数据总量达40TB。在经费有限的条件下,开辟经费渠道,通过申请中央级科学事业单位修缮购置专项经费,保证了引进数字资源更新的连续性。整合图书馆馆藏的印本文献和国内外电子图书、网络版学术期刊等数字资源,建成了林业数字资源统一检索平台,为用户提供"一站式"全文检索服务,提高了资源的利用率和科研读者的检索效率。在引进国内外资源的同时,注重对林业特色资源的建设,已建成了80个拥有自主知识产权的数据库,每年更新数据达20余万条。依托中国林业信息网,图书馆通过引进国内外印本文献、数字资源,结合自建的特色数据库群,建成了中国林业数字图书馆,为林业行业的科技创新提供了可靠的信息支撑与资源服务。

网络服务平台建设方面,中国林业信息网(www. lknet. ac. cn)作为中国林科院图书馆的基础平台,"十二五"期间,搭建国家林业科技信息共享平台,完成了图书文献和网络信息资源建设方面的科研项目共17项,整合国内外林业科技信息资源,提高标准化、规范化程度,组织制定了林业科技信息数据采集与数据库建立的标准和规范以及数据分类指标体系,建立了以共享为核心的管理制度和数据质量保证体系,解决了不同类型结构数据库的建库技术、网上数据库的分级分类管理和全文检索等关键技术,重点建设和完善国家林业科技基础数据中心、林业行业科技文献信息平台、林业科研项目管理信息系统,逐步建成了国家级林业图书文献信息资源采集、数据库建设和数字化加工基地。"十二五"期间,通过申请中央级科学事业单位修缮购置专项,对网络中心的软、硬件设备进行了全面的升级、更新和改造,提高了网络的运行能力,确保网络系统安全运行。

中国林业信息网主服务器实现双机互备,配备了爱数大容量实时备份系统和异地容灾备份系统、下一代防火墙、入侵检测系统、网络流量管理设备、网络综合审计系统、机房监控系统、机房环境动力监控、恒温恒湿空调等,建立了网络信息安全保障体系。科信楼和图书馆新馆的网络实现了100M统一专线接入,图书馆、科信楼无线网覆盖,建立了科信云存储管理系统,提高了办公效率。2013年建成了林业行业的云数据中心,提高了云数字图书馆平台的服务能力和水平。

2015年,承担了中国工程科技知识中心建设项目——林业专业知识服务系统的建设,林业专业知识服务系统服务的重点是要求能提供系统全面准确的各类科学数据和文献资料,数据来源可靠;能提供国内外文献和历史资料原文,使用户能方便快捷地获取;能提供各类统计数据并进行专业化的分析、能提供主要技术领域的专利预警分析、重大政策规划制定的相关建议和咨询、国外相关领域的发展动态信息和热点跟踪分析、重大项目文献层面的综述和信息服务等,项目建设期为2015—2017年。

文献服务建设方面,图书馆传统服务工作稳步开展,2013年随着中国林科院图书馆新馆的启用,图书馆的接待能力有了显著的提升,近三年每年到馆读者人数都比上一年平均上升了30%以上,2014年起增加了晚间开馆,进一步满足了院内读者的阅读和学习需求。在以到馆借阅、原文传递、代查代借、科技查新、参考咨询等方式,为科研人员提供基础性公益信息服务的基础上,根据科研读者的需求,增加了收录引证服务。为使图书馆资源得到更广泛的利用,每年通过举办资源使用培训,提高资源的使用效率和科研读者的信息意识。2014年图书馆在全院范围内对科研用户进行了信息需求、信息行为等方面的调查,对调查结果进行统计分析后,从信息资源配置、文献保障体系、资源整合、开拓服务方式等方面提出了相应的服务对策。通过建立RFID图书自助借还系统、林业移动图书馆以及开通短信提醒服务等方式提升图书馆的技术服务水平和服务效率,同时,为读者创造了一个更为人性、便捷、高效的信息环境。

专业性服务研究方面,承担2项国家科技基础平台建设项目,2010年以来承担国家科技基础条件平台子项目《国家林业科学数据平台—文献中心》的建设任务,从2015年开始承担中国工程院的中国工程科技知识中心建设项目—林业专业知识服务系统建设任务,初步建成了林业专业知识服务系统网站。依托中国林业信息网,建成了林业科技信息汉英双向机器智能翻译系统、林业科技热点网络监测与跟踪分析系统以及林业专利信息预警分析系统,开展林业重点领域专利预警分析研究,主持编写并出版了《世界林业行业专利技术现状与发展趋势》《木地板锁扣技术专利分析报告(2010)》《木地板锁扣技术、采暖木地板技术专利分析报告(2014)》和《人造板连续平压机专利分析报告(2015)》。

2012年4月经国家林业局批准,依托中国林科院林业科技信息研究所,国家林业局知识产权研究中心成立暨揭牌仪式在中国林科院举行,主要从事林业知识产权相关问题研究和信息咨询服务工作。在开展林业知识产权相关研究的同时,中国林科院图书馆负责每年《中国林业知识产权年度报告》的组织和编印出版工作,每年编印《林业知识产权动态》6期。

二、"十二五"期间事业发展基本统计数据

1. 文献资源建设

林业是一个综合性的生态建设部门,重点是生态林业和民生林业建设,涉及生态、环境、工程、材料等多个领域,对信息资源的需求范围较广,自然资源、遥感影像、气象、环境等各方面的科学数据和文献资料均有较大需求。中国林科院图书馆作为林业专业图书馆主要以林业及林业相关学科为收藏重点。图书馆现有馆藏文献 40 余万册,其中:中外文期刊约 2700种(8 万余册);中外文图书 216 219 册;中外文科技资料 105 489 册。"十二五"期间,中国林科院图书馆在资源建设方面依据林业基础研究、研究热点及用户需求,不断优化馆藏结构,合理使用经费,在保证印本文献专业保障性收藏的基础上,调整印本与数字资源的采购比例,逐渐加大了数字资源的采购力度。2011 年至 2015 年,中外文印本图书的采购数量下降了 20%,外文原版期刊由 2011 年的 244 种 2015 年减少为 162 种。

随着数字资源的作用越来越重要,图书馆逐渐加强了对数字资源建设。目前共引进中外文数据库 26 个,其中,全文数据库 23 个,文摘型数据库 3 个。2011—2015 年间,新引进的有方正电子图书、工具书;超星电子图书、超星读秀、百链;超星移动图书馆;知网经济与社会发展统计数据库;Airitilibrary 台湾学术文献数据库;Annual reviews 期刊全文数据库;CABI 电子图书。截至 2015 年年底,图书馆拥有各类数字化的中文林业科技文献全文 7000 多万篇,外文文摘数据库 6000 多万条,电子图书 13 万余册,网络版学术期刊 850 种,数据总量 40TB,林业数字图书馆的作用得到了加强。

表 1　文献总藏量统计表

印本资源	总馆藏(册)	2011—2015 年新增	电子资源(个)	数量	2011—2015 新增
中文图书	121 909	4320	中文网络数据库	17	8
外文图书	94 310	1306	西文网络数据库	9	2
中文期刊	33 020	6345	自建数据库	80	3
外文期刊	47 422	1111			
缩微制品	40(盒)	—			

表 2　中外文数字资源引进一览表

		数据库名称	使用方式
1		中国学术期刊网络出版总库	镜像
2		中国博士学位论文全文数据库	镜像
3	中国知网	中国硕士学位论文全文数据库	镜像
4		中国重要会议论文全文数据库	镜像
5		中国年鉴网络出版总库	镜像
6		中国统计年鉴数据库	镜像

续表

	数据库名称		使用方式
7	重庆维普	维普学术期刊全文库	镜像
8		维普期刊资源整合服务平台	网络授权
9	万方数据	万方博硕士论文全文库	镜像
10		万方数据知识服务平台	网络授权
11	Apabi 数字资源平台	电子图书全文数据库	镜像
12		工具书全文数据库	镜像
13		年鉴全文数据库	镜像
14	超星	电子图书	镜像
15		读秀	网络授权
16		百链	网络授权
17	书生之家电子图书		镜像
18	Airitilibrary 台湾学术文献数据库		网络授权
19	Annual Reviews 期刊全文数据库		网络授权
20	ProQuest 学位论文全文数据库		网络授权
21	ProQuest 农业与生物科学数据库		网络授权
22	ScienceDirect 农业与生物学期刊全文数据库		网络授权
23	CABI 农林数据库	CAB Abstract	网络授权
24		Agris	网络授权
25		Agricola	网络授权
26		CAB 电子图书	网络授权

2. 读者服务建设

2013 年 1 月图书馆新馆正式投入使用,在环境、设施及管理水平上都有了整体的提升,接待能力大大提高,近三年到馆读者平均每年增加 30%,各类资源的使用效率也有很大提升。2013 年图书馆以超星读秀和百链为基础搭建了林业统一检索和林业发现,使图书馆资源得到极大补充,通过统一检索平台,图书馆未引进的资源,读者都可以申请原文传递的方式获得所需文献,基本代替了原来的人工委托服务方式。从表 4 可看出自 2013 年起,图书馆原文传递的数量增长巨大。

表 3　2011—2015 年读者服务统计

年份	读者注册数量	到馆读者数(人次)	书刊流通数
2011	287	2545	5676
2012	126	2016	4540
2013	164	3927	5208
2014	317	7552	6359
2015	235	10 376	6624

表4　2011—2015年网络文献与咨询服务统计

年份	网络浏览点击（万人次）	网络文献下载（条）	原文传递（篇）	引证、查新（项）
2011	341	260万	414	60
2012	400	300万	319	36
2013	450	320万	4190	38
2014	540	340万	46 426	44
2015	670	350万	68 551	68

3. 基础条件平台建设

在基础条件平台建设方面，"十二五"期间，中国林科院图书馆通过申请中央级科学事业单位修缮购置专项，对原有的网络中心和中国林业信息网从硬件到软件都进行了全面的升级和改造，增加图书馆云架构所需的基本软硬件资源，建成中国林业云数字图书馆，为用户提供网络化、虚拟化、个性化的服务，提高了图书馆的海量数据处理能力和存储能力、各类异构资源整合能力、稳定运行的能力以及读者的个性化服务与员工高效管理能力。

目前配备了高性能的惠普HP服务器25台，大容量磁盘阵列系统19套，HP MSA60磁盘扩展柜10套，HP MSL2024磁带备份库系统2套，VPN接入设备2套，UPS电源系统7套（表5）。

表5　网络中心主要设备一览表

序号	分类	名称	数量
1	云数据中心	云平台刀片服务器 HP BL680C G7	2台
		HP 3Par M6720 3.5寸盘柜	1套
		HP 3Par 7200 机头2.5寸盘柜	1套
		微软虚拟化软件 Windows Server 2012 Datacenter、虚拟机访问许可50个。	5套
2	服务器	HP ProLiant DL980G7 服务器	3台
		HP DL580Gen8 服务器	4台
		HP DL580G7 服务器	6台
		HP DL580G5 服务器	5台
		HP DL580G4 服务器	1台
		HP DL380G5 服务器	1台
		HP DL380P Gen8 服务器	2台
		HP BL460C Gen8 服务器	1台
3	存储设备	HP P2000G3 SAS（AW592A 双控）磁盘阵列柜	4套
		P2000G3 FC（AP836A 单控）磁盘阵列柜	3套
		HP MSA2024 磁盘阵列柜	2套
		HP MSA1000 FC 磁盘阵列柜	1套
		HP MSA60 磁盘阵列柜	5套
		HP D2600 SAS 磁盘阵列柜	2套
		HP MSA60 磁盘扩展柜	10套
4	备份系统	HP MSL2024 磁带备份库系统	2套
		爱数备份一体机 VX1200（36TB）	2套

中国林业信息网主服务器实现双机互备,配备了爱数大容量实时备份系统和异地容灾备份系统、下一代防火墙、入侵检测系统、网络流量管理设备、网络综合审计系统、机房监控系统、机房环境动力监控、恒温恒湿空调等,建立了网络信息安全保障体系。2013 年建成了林业行业的云数据中心,提高了云数字图书馆平台的服务能力和水平。网络中心设在图书馆 2 层,中国电信网络 100M 专线接入,建成了林业科技信息的高速网络平台,解决不断增长的大容量林业数字资源的保存、检索和备份问题,提高了系统的安全性、稳定性和可靠性。

4. 项目及学术研究

"十二五"期间,中国林科院图书馆完成了网络和林业信息资源建设方面的科研项目共17 项,其中林业行业公益性项目 1 项、国家科技基础条件平台建设课题 2 项、948 课题 1 项、国家林业局重点项目 13 项,组织制定了林业科技信息数据采集与数据库建立的标准和规范、数据分类指标体系,建立元数据库,培养和锻炼了一支稳定的人员队伍,建立了以共享为核心的管理制度和数据质量保证体系,解决了不同类型结构数据库的建库技术、网上数据库的分级分类管理和全文检索等关键技术,逐步建成了国家级林业图书文献信息资源采集、数据库建设和数字化加工基地。

2015 年承担了中国工程科技知识中心建设项目——林业专业知识服务系统的建设。目前已完成林业专业知识服务系统建设的需求分析及调研和林业专业知识服务系统的整体设计,包括系统开发方案、系统所需软硬件设备、林业数据库资源建设的规范和标引。此外,开展了世界森林资源数据库建设研究,林业学科分类的规范和标准研究,对科技文献、科学数据、林业专利、林业成果等数据库进行自动分类标引的研究。

三、"十二五"期间开展的主要工作及发展特点

1. 优化资源结构,加强资源保障建设

文献资源是图书馆服务的基础和依托,合理的资源配置与学科结构更是专业图书馆能否服务好科研的关键。随着数字化网络化信息环境的发展,科研读者对数字资源的依赖也越来越大,数字资源已成为图书馆信息资源建设的重要组成部分,如何使印本文献与数字资源相互协调、相互补充,是图书馆在资源建设中需要解决的重要问题。"十二五"期间,图书馆在印本文献的建设方面,注重保证对林业及林业相关学科文献的采集,夯实馆藏文献资源基础。中外文图书维持在每年 1000 种左右,中文期刊每年 480 种左右,结合经费情况,在保证对国外林业核心期刊收藏的基础上,逐年减少外文原版期刊的订购数量,已从 2011 年的244 种减少到 2015 年的 162 种。同时,加强了对老旧馆文献的数字化加工,首先对入藏以后一直没有进行数据加工的老旧文献进行了全面数据加工与处理,主要包括俄文文献以及 20世纪 70 年代以前非正式出版的资料,其中,俄文图书 25 031 种,中文资料 32 681 种。今后,通过图书馆馆藏书目查询系统,可以方便地检索到这些"沉睡"了很多年的文献,也进一步提高了这部分老旧文献的利用率。2015 年开始对馆藏历史中文资料进行数字化处理,扫描、加工、建库,这些资料中有很多早期有价值的林业研究报告,数字化后,林业科研人员将可以很便利地使用这些宝贵的历史文献。在数字资源建设上,图书馆的力度在逐渐加大,2011—

2015年新引进了8个中外文数据库,截至2015年年底,图书馆拥有各类数字化的中文林业科技文献全文7000多万篇,外文文摘数据库6000多万条,电子图书13万余册,网络版学术期刊850种,数据总量40TB,成为服务林业科研有力的信息支撑。

为保证引进资源的质量,图书馆加大了对文献资源的甄选力度,主要依据林业基础研究和科研热点,并结合各个研究方向首席科学家的推荐,重点对国外期刊进行了调整和优化。同时,对使用率低下,与林业相关内容越来越少的数据库不做后续的更新。在既做到了合理、有效使用有限的经费,也保证了林业科研读者在科研创新工作中的信息需求。

结合国外印本和数字资源的采购即将纳入中央政府采购的范畴,按照中央财政国外仪器设备采购的有关规定,为建立资源采购机制,规范采购管理,合理地使用有限的经费,从2011年起,图书馆对本年度即将引进的国外印本和数字资源都组织相关专家进行项目论证和预算报批。此外,组织了二次针对国内印本书刊及电子资源供货商的招标,最终,有11家供货商被纳入图书馆采购供货商名单。

作为全院科研创新体系建设的重要组成部分,图书馆一方面重视并加强对国内外重点资源的引进,另一方面根据林业专业特点、学科特点、需求状况等,组织系统收集和整理国内外与林业相关的主要科学数据和文献资料,构建林业科技文献资源的组织、收集和整合建设机制,加强对国内外林业科技论文、博硕士论文、会议文献、科技报告、政策法规、林业科技成果、林业专利、标准、实用技术、林业术语、科技动态、森林资源、木本植物资源、林产品贸易等信息资源的采集和数据库建设,最大限度满足专业学术研究和专题文献的服务需求。在维持原有自建数据库的更新外,"十二五"期间,新增加了中国林产品贸易数据库、中国林业科技专家库和中国林业机构名录库3个数据库,目前,图书馆拥有自主知识产权的数据库已达80个,自建库累计信息量达500多万条(其中:文本数据量10 GB,PDF文件1.2TB),已数字化加工入库的数据量占国内外同类核心数据资源总量的75%以上。

合理的资源结构是图书馆为科研读者提供专业服务的质量保障,图书馆信息资源建设质量的高低是图书馆信息服务职能与读者利用功能能否得到充分发挥的重要体现。中国林科院图书馆由印本文献、中外文数据库以及自建林业特色资源组成文献保障体系,已成为林业科研读者开展科技创新强有力的信息支撑。

2. 加强基础平台建设,提高信息服务水平

中国林业信息网(http://www.lknet.ac.cn)是中国林科院图书馆开展网络信息服务的信息支撑平台,在这个平台下,共有中国林业科技网、中国林业数字图书馆、林业科技基础数据分中心、中国林业信息网虚拟专网系统、林业行业科技文献信息支撑系统、速生丰产林建设科技支撑信息系统、林业知识产权网等10多个网站,为科研读者提供数据共享服务。2011年中国林业信息网建成并开通全球林业信息服务网GFIS中文频道,负责每日林业新闻的动态更新,利用RSS和XML技术将林业资源链接到GFIS网站上,实现了林业科技信息资源的全球共享和有效利用。

随着图书馆数字资源的不断增加,为便于读者更有效地使用图书馆的信息资源,2013年中国林科院图书馆以引进的超星读秀、百链为基础,对馆藏的纸质图书、中外文期刊及CNKI、维普、万方、超星等镜像站点数据库资源和国内外电子图书、网络版学术期刊等数字资源进行整合,建成了林业资源统一检索平台,为用户提供"一站式"全文检索服务,图书馆

未购的资源也可通过 E-mail 实现原文传递,在很大程度上满足了科研读者的信息需求,并极大提高了科研读者对图书馆资源的使用效率。

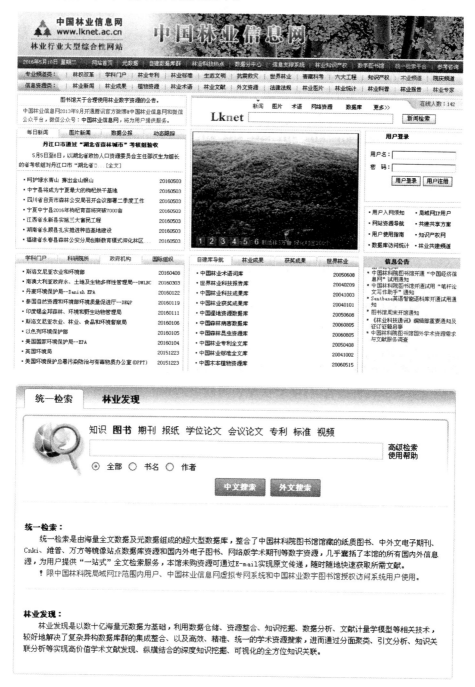

随着图书馆林业数字资源的迅猛增长,为解决海量数据存储问题,2013 年中国林科院图书馆初步建成了林业行业的云数据中心,这是一个能综合现有的服务器资源、存储能力以及网络能力的,具有自主操作、自助服务、动态资源管理和分配、计算资源的优化以及保护和实时的监控等功能的动态数据中心。它解决了传统林业数据中心的网络架构问题、安全性问

题,以及海量数据处理与存储问题、软硬件资源整合问题、异构数据源的统一访问和统一管理问题,大幅提高了林业数据中心的可用性、高效性和安全性,为中国林业信息网的各项应用服务提供网络保证,同时提高了云数字图书馆平台的服务能力和水平。

在网络信息安全保障体系的建设上,通过申请中央级科学事业单位修缮购置专项经费,对网络中心进行软硬件升级。目前配备了高性能的惠普 HP 服务器 25 台,大容量磁盘阵列系统 19 套,HP MSA60 磁盘扩展柜 10 套,HP MSL2024 磁带备份库系统 2 套,VPN 接入设备 2 套,UPS 电源系统 7 套。中国林业信息网主服务器实现双机互备,配备了爱数大容量实时备份系统和异地容灾备份系统、下一代防火墙、入侵检测系统、网络流量管理设备、网络综合审计系统、机房监控系统、机房环境动力监控、恒温恒湿空调等,提高了网络信息安全保障能力。2015 年图书馆网络出口带宽扩充到 100MB,建成了林业科技信息的高速网络平台,解决不断增长的大容量林业数字资源的保存、检索和备份问题,提高了系统的安全性、稳定性和可靠性。图书馆内实现无线 WiFi 网络覆盖,全面提高了网络平台的服务性能。

2015 年中国林科院图书馆承担了中国工程科技知识中心建设项目——林业专业知识服务系统的建设,项目建设期为 2015—2017 年。林业知识服务以林业信息服务为基础,利用先进的信息技术和服务理念为用户提供有针对性的、快捷有效的林业知识,帮助用户解决实际问题,是对林业信息资源的全面开发和综合利用。它是林业信息服务的延伸和深化,是更深一层次的林业信息服务,也是信息服务的高级模式。林业专业知识服务系统的建设,将有助于全面整合和梳理国内外林业信息资源,有助于挖掘和传播林业领域的隐性知识,大大提高我国林业信息资源的利用率,提高整个林业行业的信息服务质量。2015 年年底完成了林业专业知识服务系统建设的需求分析及调研和林业专业知识服务系统整体设计,包括系统开发方案、系统所需软硬件设备、林业数据库资源建设的规范和标引;开展了世界森林资源数据库建设研究,林业学科分类的规范和标准研究,对科技文献、科学数据、林业专利、林业成果等数据库进行自动分类标引的研究。

3. 创新文献服务模式,提高文献管理及流通效率

2012 年年初中国林科院图书馆新馆落成,2013 年 1 月正式开馆迎接读者。与旧馆相比,图书馆新馆改变了维持几十年、陈旧的封闭式管理,完全建立在开放、便捷、多功能、现代化的基础上,书刊阅览室全面开放,馆内实行一卡通管理,增加了自助借还、自助文印、远程打印、电子阅览室自助上下机、触摸屏展示及读书读报机等自助设施。新馆地下书库配备了智能型密集书架及恒温恒湿设备,在更好地利用有限空间的同时,也为读者高效利用文献及妥善保存老旧文献提供了条件。图书馆新馆无论是藏书环境、阅览环境、服务设施、服务方式以及接待能力上都得到了全面改善和提升。2014 年 1 月起为更好地发挥图书馆的学习功能,周一至周五增加了晚间开馆,近三年每年到馆读者人数都比上一年上升了近 30%。

2015 年图书馆将原有的磁条模式的自助借还系统升级为 RFID 图书自助借还系统,对现有的业务流程、管理手段进行了优化,加快了馆藏文献的清点速度,大幅度降低了文献清点和查找的工作量,将图书馆工作人员从繁杂的重复性劳动中解放出来,便于更有效和针对性地进行读者个性化服务,提升图书馆的服务质量。同时,也简化了读者的借阅流程,实现了读者对于馆藏文献的自助服务,提高了文献提供效率及文献流通周转速率,推动图书馆服务走上智能化之路。

为使科研读者可以不受地域、时间限制,随时随地获取所需信息资源,2013 年中国林科院图书馆引进超星移动图书馆,方便读者随时可以通过智能手机、iPad 等手持移动终端设备,搜索、浏览、下载和阅读数字信息资源,完成自助查询和图书馆预约、续借等业务。林业移动图书馆的开通,提供了面向科研一线的林业数字资源保障与服务,帮助用户建立起随时随地获得全面信息服务的现代图书馆移动服务平台,深受读者的欢迎。

服务手段的便捷与人性化,是图书馆提高服务水平的一个重要方面。为更好地提升图书馆的读者服务水平,方便广大林业科研读者及时查询、了解自己的文献借还状态,2015 年,开通了短信服务平台及电子邮件自动催还服务,短信平台具有的图书到期提醒、图书超期提醒、预约续借等功能,可及时通过短信和电子邮件提醒读者归还所借文献,服务更人性化,在方便读者更好地利用图书馆文献的同时也确保了图书馆文献流通的正常快捷。

随着数字图书馆建设的加强,网络服务已成为主要服务模式。图书馆网络服务主要依托建设的中国林业数字图书馆为科研读者提供全年"7×24"不间断、安全、稳定的在线检索服务。根据各数据资源服务器后台数据统计,2015 年度用户访问量累计达到 450 多万人次,其中智能手机移动端用户访问量达到 143 万人次,全院用户累计下载文献原文达到 350 多万篇,统一资源整合服务平台和林业移动图书馆为全院用户提供国内外文献原文传递 7.25 万篇,解决了广大科技人员快速获取国内外文献原文的难题,为全院及各所、中心开展科研工作提供了不可或缺的文献支撑平台。通过读者到馆服务与网络服务的互补、实体文献与数字资源的无缝连接,逐渐将中国林科院图书馆建设成复合型图书馆。

图书馆开展文献服务离不开人才队伍的建设,中国林科院图书馆现有职工 24 人,专业涉及图书情报学、林学、森林经理、木材工业等。2011—2015 年新引进人才 4 人,其中,本科生 1 人、硕士研究生 3 人。图书馆在人才队伍的引进方面,注重了对图书情报专业之外的林业相关学科人才的吸收和引入,以适应服务林业科研的专业需要,为今后更好地开展学科服务和知识服务创造条件。

4. 加强信息分析建设,推动专业性服务创新

中国林科院图书馆承担的林业行业公益项目"林业行业科技文献信息支撑系统"(2007—2011),于 2011 年完成全部科研任务,通过了现场查定和验收。依托中国林业信息网,建成了林业科技信息汉英双向机器智能翻译系统、林业科技热点网络监测与跟踪分析系统以及林业专利信息预警分析系统,开展了木地板锁扣技术专利预警分析研究。这些都为今后进一步开展林业信息分析研究打下了基础,也为推动图书馆向科研读者提供专业化的服务创造了条件。

从 2000 年开始参与科技基础性工作专项基金项目,承担《林业科学数据平台—文献中心》的建设任务,充分利用我所的自建数据库资源,文献平台与《中国林业信息网》整合,统一对外提供服务。文献中心以运行服务为主,目标是提高服务质量、服务水平、增加用户服务数量,重点进行数据整合与数据共享服务工作,提供灵活多样的信息推荐、原文传递和数据定制等个性化服务。国家科技基础条件平台实时监测网站运行。

2011 年,中国林科院图书馆承担了国家林业局"知识产权战略实施与管理—信息平台与预警机制研究"项目,负责组织开展林业知识产权发展战略与政策研究,林业植物新品种保护制度和对策研究,国际知识产权制度与规则研究,为林业主管部门和国际履约提供决策

支持。以项目为契机,参与国家林业局的《林业知识产权"十二五"发展规划》和《中国林科院知识产权发展战略》的编制工作,编写印发了《2010林业知识产权年度报告》,在此基础上建成并开通了"中国林业知识产权网"(http://www.cfip.cn),2015年年底"中国林业知识产权网"入库记录累计达到60多万条。

2012年4月经国家林业局批准,依托中国林科院林业科技信息研究所成立国家林业局知识产权研究中心,主要从事林业知识产权相关问题研究和信息咨询服务工作。4月24日,国家林业局知识产权研究中心成立暨揭牌仪式在中国林科院举行。

"十二五"期间,中国林科院图书馆积极参加每年的全国林业知识产权宣传周系列活动,参与完成全国林业知识产权成就展览,并负责每年《林业知识产权年度报告》的组织和编印出版,现已连续5年完成《林业知识产权年度报告》的出版工作。此外,开展林业重点领域专利预警分析研究,跟踪国内外林业知识产权动态,实时监测和分析林业行业相关领域的专利动态变化,做好专利数据统计和分析,建立林业知识产权预警指标体系和应急机制,主持编写并出版了《世界林业行业专利技术现状与发展趋势》《木地板锁扣技术专利分析报告(2010)》《木地板锁扣技术、采暖木地板技术专利分析报告(2014)》和《人造板连续平压机专利分析报告(2015)》。

为破解林产品出口的技术贸易壁垒提供支撑,2012年10月开始负责编印《林业知识产权动态》内部刊物,双月刊,主要跟踪国外林业知识产权动态、政策、学术前沿和研究进展,提供林业知识产权信息服务。

2011—2015年,开发的"林业知识链接门户系统""林业知识产权管理信息系统"(登记号:2014SR112769)、"基于云计算的森林多目标管理软件"(登记号:2015SR053268)获得软件著作权登记证书。

四、未来展望

展望"十三五",中国林科院图书馆将以科研用户需求为起点、为导向,推进不同类型文献资源的协调发展,创新图书馆服务。以现有的图书馆实体空间为基础,打造以数字图书馆为核心的文献信息网络空间,实体与虚拟空间互为依托,全方位提升图书馆的信息服务水平。利用最新的信息技术和服务手段,设计有效的知识管理和服务系统,为广大林业科技人员提供有效的林业知识服务工具和服务模式,实现个体信息组织化、隐性知识显性化、零散知识系统化、知识服务专业化,为全国科技人员提供高质量的林业专业知识服务。

1. 推进图书馆从传统的文献服务向知识服务转型

以用户需求为导向创新图书馆服务。第一,调整馆藏资源结构,加大数字资源建设,使目前数字资源和纸质资源的经费结构4∶6的比例,达到5∶5的目标。第二,加强馆藏基础薄弱的新建学科和交叉学科资源建设,如城市林业、生态环境地理学、森林环境信息、林业信息工程等,为林业科研、教学和管理服务提供必要的文献资源支持。第三,引进多媒体资源,逐步建立支持林业科研、兼顾教学/学习的多媒体资源体系,加强对科研过程数据与科研成果数据的系统存储与获取。第四,扩大馆藏获取渠道,积极参与开放获取运动,推动信息资源的开放和共享,为科研用户提供个性化集成知识。第五,加强文献的保护与利用,探索数字资源长期保存的有效方法和途径,对有价值的馆藏老旧文献进行数字化加工及深度开发,提高利用率。第六,深入科研单位宣传馆藏资源、调研科研动态,尝试融入科研一线、嵌入科研过程。

2. 建设行业领先的林业云数据中心

围绕云计算和云图书馆发展方向,研究构建林业行业云数据中心的信息安全控制技术,增加云架构所需的软硬件设备和数字资源,建成具有动态资源池的虚拟高可用的林业云数据中心和数字图书馆。加强存储备份、服务器、基础软件等资源整合和设施集群,提高数据中心基础环境的集约化水平和服务能力。加强数据本地备份和异地备份场地与环境建设,研究探索云计算、云存储、云共享、云安全等云服务模式。

3. 建设国家林业科技信息共享平台(中国林业数字图书馆)

围绕林业科技创新和科学研究对文献的新需求,加强国家林业科技信息共享平台的建设和运维管理。维护和管理中国林业信息网、中国林业知识产权网、中国林业数字图书馆、林业科学数据平台—文献中心、中国林业信息网授权访问系统等十多个网站,做好网站的日常维护和数据共享服务工作,保证网站的安全稳定运行,对80个林业数据库进行及时数据更新。开展国内外林业数字资源的遴选和合理利用技术研究,实现国外75%、国内90%以上各类林业科技文献资源的有效共享;林业数字资源整合和统一检索技术研究,建成书、刊、网、库结合的公共林业科技文献共享平台;开发智能终端APP应用系统,实现读者可通过智能手机、平板电脑等来下载和阅读图书馆丰富的林业数字资源;开发林业云数字图书馆VPN授权访问系统,解决院外专家有效使用图书馆资源的难题。

4. 建成林业专业知识服务系统平台

围绕国家科技创新和林业发展对科技的需求,在中国工程院"中国工程科技知识中心"建设项目的支持下,充分利用大数据、虚拟化、云计算、数据挖掘、知识关联分析与可视化技术,整合林业行业丰富的科学数据和信息资源,规范化林业数据库资源建设,进行知识挖掘和深加工,实现从数据库内容管理到知识管理的过渡,实现基于林业知识的相互关联和网络化获取,2017年建成林业专业知识服务系统,面向院士和广大科技工作者提供全面、便捷、智能的多维度林业知识服务。

5. 加强林业科技信息与知识产权管理研究

按照《国家知识产权战略纲要》和现代林业发展的总体要求,立足国际视野,围绕国家林业局知识产权研究中心的4项基本职能,开展林业知识产权政策研究、林业知识产权公共信息服务平台研究、林业重点领域知识产权预警机制研究和林业知识产权宣传与培训,为林业科技创新和政府决策提供支撑。一是完善和建设林业知识产权基础数据库,维护和管理"中国林业知识产权网"和"中国林业植物新品种保护网",开展林业知识产权信息化示范。二是开展林业知识产权相关政策研究,为政府部门和企事业单位提供信息咨询服务,编辑发行《林业知识产权动态》内部双月刊刊物。三是研究建立林业重点领域知识产权预警机制,提高我国林业行业的知识产权保护水平。四是探索建立林业知识产权评估机制和交易平台，为林业企业和科研机构搭建桥梁，促进林业科技成果转移转化，帮助林业企业引进高新技术。

附：大事记

2011 年年底，中国林业信息网建成并开通全球林业信息服务网 GFIS 中文频道，负责每日林业新闻的动态更新，利用 RSS 和 XML 技术将林业资源链接到 GFIS 网站上，实现了林业科技信息资源的全球共享和有效利用。

2012 年 4 月，经国家林业局批准，国家林业局知识产权研究中心依托中国林科院林业科技信息研究所成立，主要从事林业知识产权相关问题研究和信息咨询服务工作。4 月 24 日，国家林业局知识产权研究中心成立暨揭牌仪式在中国林科院举行。

2013 年 1 月，中国林业科学研究院图书馆新馆正式开馆迎接读者，新馆改变了原有的封闭式管理，建立在开放、便捷、多功能、现代化的基础上，书刊阅览室全面开放，馆内实行一卡通管理，增加了自助借还、自助文印、远程打印、电子阅览室自助上下机、触摸屏读书读报机等自助设施，在服务方式、阅览环境及各项设施方面得到全面改善。

2013 年建成了林业行业的云数据中心，提高了中国林业数字图书馆平台的服务能力和水平。

2013 年建成并开通林业移动图书馆，实现了林业行业用户和读者均可通过智能手机、iPad 等移动终端来浏览、下载和阅读林业数字图书馆丰富的国内外数字资源，真正实现数字图书馆最初的梦想：任何人、在任何时间、任何地点获取所需要的任何知识，提供面向科研一线的林业数字资源保障与服务。

2013 年建成并开通中国林业数字图书馆统一资源整合服务平台，包括两方面的主要内容：统一检索和林业发现。整合了图书馆馆藏的纸质图书、中外文电子期刊、CNKI、维普、万方等镜像站点数据库资源和国内外电子图书、网络版学术期刊等数字资源，几乎囊括了本馆的所有国内外信息源，为用户提供"一站式"全文检索服务。图书馆已采购的数字资源与元数据库挂接，读者可直接获取原文。本馆未采购的资源均可通过 E-mail 实现原文传递，随时随地快速获取所需文献。

2014 年 4 月开通 RFID 图书自助借还系统。全部开架图书资料实行 RFID 自助借还与管理，对现有的业务流程、管理手段进行优化，提高了读者服务水平及提高文献提供效率，推动图书馆服务走上智能化之路。

2015 年，开通了短信服务平台及电子邮件自动催还服务，短信平台具有的图书到期提醒、图书超期提醒、预约续借等功能，可及时通过短信和电子邮件提醒读者归还所借文献，服务更人性化，在方便读者更好地利用图书馆文献的同时也确保了图书馆文献流通的正常快捷。

中国林业科学研究院图书馆　孙小满　张慕博

军事科学院军事图书资料馆"十二五"事业发展报告

一、"十二五"期间发展综述

军事科学院军事图书资料馆（以下简称"军科图书馆"）前身是军委四局图书资料室，1950年改编为军事图书馆，先后转隶于军委训练部、训练总监部，1958年军事科学院成立时转隶该院。军科图书馆的主要任务是为军事科学院军事科研和教学提供信息服务，同时面向军委总部、全军院校、科研院所及部队开展信息服务。是全军规模最大、馆藏最丰富、数字化程度较高的图书馆。是全军军事科研信息中心，全军唯一的国家古籍重点保护单位，中国国家数字图书馆全军首家分馆。

在建设过程中，军科图书馆始终坚持以党的创新理论为指导，牢固树立科学发展理念，坚持改革创新，突出专业特色，聚焦知识服务，拓展服务模式，为军事科研繁荣和发展做出了较大贡献，成为全军乃至全国图书馆中功能齐全、特色突出的专业图书馆。

"十二五"期间，军科图书馆的职能和业务范围发生了较大变化。2010年承担了军事科学院赋予的兵书珍品展厅建设任务，前后一年多时间完成方案设计、施工、布展，于2011年10月份竣工并正式开展，成为军事科学院对外展示和交流的重要窗口。从此，军科图书馆打破了传统图书馆单纯信息服务的职能，成为集"藏、借、阅、展"为一体的具有军科特色的多功能图书馆。在业务机构上，根据新时期军事科研需求和自身发展的需求，在原有采访编目室、典藏流通室和信息网络室的基础上，新建了古籍保护室和音像资料室。

"十二五"期间，在建设发展上，军科图书馆始终坚持以军事科研需求为牵引，紧紧围绕军事科学院科研方式转变，秉承"紧贴军事科研创新发展谋服务"的信息保障理念，按照"资源数字化、服务网络化、保障专题化"的原则，以信息化建设为重点，推进"服务线、管理线、研究线"全面发展。进一步加强了以数字资源为重点，纸本资源、音视频资源、特色资源为主体，各类型资源相互补充、突出重点、协调发展的馆藏文献资源体系建设。积极拓宽资源采集渠道，调整馆藏结构，完善馆藏资源，本着"军事采全、社科采精"的原则开展图书资料采访工作，发挥军事科学院的优势，积极到军委、总部机关、军兵种、各军区、军队院校及科研机构收集资料。合理调整馆藏布局，特别是兵书珍品展厅建成后，对开架阅览区做了较大调整，充分利用馆舍特点，合理布局，提高资源利用率，方便读者使用。积极推进信息化建设，扩大了数字资源采购范围和数量，大力开展自建数据库建设和馆藏资源数字化，推动系统平台建设，拓展了网络化信息服务内容和手段，建立了一批科研专题数据库，升级信息服务平台，更换图书馆业务系统，全面启动了网络化信息服务体系建设；持续开展紧贴科研课题的专题信息保障，并突出院内、军队和国家重大重点科研项目，提供从课题开题、立项、研究撰写到结题的全过程的嵌入式信息服务。积极推动馆藏古籍的保护和利用，按照国家古籍保护中心"关于在全国开展古籍普查"的工作部署，有效开展了馆藏古籍普查工作。积极推动音像资料建设及服务，拓展音像资料收集渠道，扩大收集范围，建设音像资料库，为全院学术会议和学术活动提供摄像服务。积极做好所承担的军委总部及军事科学院赋予的课题研究工作。

二、"十二五"期间发展基本统计数据

1. 文献采集统计

2011 年采购中文图书 11 618 册、港台图书 177 册、外文图书 672 册,订阅中外文期刊报纸 1365 种。

2012 年采购中文图书 11 858 册、港台图书 328 册、外文图书 1298 册,订阅中外文期刊报纸 1365 种,接收密级资料 379 册,接收赠送图书 383 册。

2013 年采购中文图书 12 826 册、港台图书 392 册、外文图书 327 册,中外文期刊报纸 1365 种,接收密级资料 115 册,接收赠送图书 593 册。为院首长推荐精品图书目录 12 期,购买精品图书 132 册。

2014 年采购中文图书 11 458 册、港台图书 300 册,订阅中外文报纸杂志 1365 种,接收密级资料 749 册,研究生论文 164 册,接收赠送图书 396 册。为院首长推荐精品图书目录 12 期,购买精品图书 1126 册。

2015 年采购中文图书 10 468 册、港台图书 439 册,订阅中外文报纸杂志 1365 种,接收密级资料 9153 册,接收赠送图书 1462 册。为院首长推荐精品图书目录 12 期,购买精品图书 1126 册。

2. 读者服务统计

2011 年因兵书珍品展厅施工,部分时间闭馆,全年接待读者 3991 人次,借阅各类书刊资料 13 764 册。

2012 年接待读者 6500 余人次,借还图书 18 000 余册,配合研究生部开展品读经典图书活动,接待学员 900 余人次。

2013 年接待读者 11 300 余人次,借还图书 19 000 余册,配合研究生部开展品读经典图书活动 30 次,接待学员 910 人次。

2014 年接待读者 9158 人次,借还图书 14 000 余册,配合研究生部开展品读经典图书活动 30 次,接待学员 900 余人次。

2015 年接待读者 9840 人次,借还图书 18 471 册,配合研究生部开展品读经典图书活动 30 次,接待学员 900 余人次。

3. 咨询服务统计

2011 年为院重大重点课题提供论文题录 3523 条、书目 646 条、电子书目 487 条、全文资料 438 份、图书 25 本。接待读者咨询 70 人次,查询报纸 12 240 版、提供报纸 634 版、全文资料 2231 份、光盘资料 16 张、题录书目信息 4425 条。

2012 年为院 2 个课题建立专题数据库,提供论文 20 000 条、书目 4000 条、电子书目 4000 条、全文资料 6000 份。专题资料服务 35 项,提供题录 5061 条、全文资料 3178 份。

2013 年为院 6 项重大课题、12 项重点课题、8 项一般课题提供论文题录及书目 26 799

条、全文资料 14 029 份。为总部机关和部队查阅专题资料 17 991 条、全文资料 26 972 份。

2014 年为院 2 项重大课题、16 项重点课题、9 项一般课题提供论文题目及书目 21 189 条、全文资料 13 108 份。为总部机关和部队查阅专题性资料 5967 条、全文资料 9381 份。为研究人员日常咨询提供论文题录及书目 10 908 条。

2015 年为院 8 项重大课题、24 项重点课题、10 项一般课题提供论文题录及书目 30 108 条、全文资料 15 231 份。

4. 信息资源建设统计

2011 年采购各类数字资源 157.8 万条(篇),新建"军事学术专题数据库""外文图书总库""解放军报"等数据库,自建数据库更新数据 26.8 万篇。

2012 年新增电子图书期刊等各类资源 100 余万篇,自加工数据 10 万余条,标引军事期刊和论文题录数据 15 万条,新建院科研专题数据库 24 个,新建南海问题数据库。新建数据加工中心,对民国时期报刊、军事图书进行数据加工,加工期刊 848 册、报纸 3786 期。

2013 年新增电子期刊等各类数字资源 800 余万篇,自加工数据 130 万条,标引军事期刊和论文题录数据 14 万条。更换了图书馆业务系统,由 ILAS 更换为金盘系统。对清华学术期刊、硕博论文等全文检索系统进行了升级,对"解放军报读报系统"进行升级,引进《人民海军》等 13 类军兵种报。新建专题数据库 31 个、收录数据 8 万多篇。

2014 年新增外购资源 502 万篇,新购《中国大百科全书(第二版)》《中国政报公报期刊文献》《中国党建期刊文献》等,更新"学术期刊全文""硕博论文"等数据库。标引军事期刊和论文题录数据 9.3 万篇。

2015 年丰富完善"中文图书总库""外文图书总库""军事期刊全文数据库""学术期刊数据库",续建"南海问题数据库""军事历史文献资源总库""军事科研学术成果资源总库"。购买电子图书 25 万册,更新期刊论文 200 余万篇,标引军事论文题录 85 278 条,加工图书期刊数据 25 928 条。

5. 古籍保护工作及兵书展厅建设统计

2011 年新建兵书珍品展厅,完成设计、施工、布展工作。共 7 个展厅,各类展品 6390 册(件),创作 3D 动画片《平定伊犁受降图》,制作电视片《军事图书资料馆古籍兵书、历史资料珍品撷珍》。接待军内外参观 32 批、543 人次。

2012 年完成全军国有可移动文物普查工作。对馆藏 1911 年以前品相较好、价值较高的 586 套古籍进行了普查,逐条录入馆藏文物信息。对《古今图书集成》520 函、5544 册进行了普查,为《中华大典·军事典》课题提供古籍 108 函、300 余册。接待军内外参观 78 批、1232 人次。

2013 年完成古籍普查 692 种、3455 册。其中《孙子集注》《重刊嘉祐集》《文山先生全集》3 部古籍被国务院收录第四批《国家珍贵古籍名录》。接待军内外参观 34 批、383 人次。

2014 年完成古籍普查 3577 部、25 589 册,选送 25 部古籍申报第五批《国家珍贵古籍名录》,为《中华大典·军事典》课题拍摄古籍 79 部、231 册、17 004 个筒子页。接待军内外、国内外人员参观 172 批、2479 人次。

2015 年编辑出版《兵书展厅简介》,对兵书展厅 1000 余件陈列品进行仿真制作,完成古籍普查 1915 部、22 272 册,制作书影 120 册、5115 张。新建《馆藏古籍服务系统》。接待军内外参观 27 批、188 人次。

6. 音像资料建设统计

2011 年收集军事训练教材片 3129 盘,新增各类视频 1823 条。

2012 年收集音像资料 9000 余条。为首届"军地高端战略论坛"研讨会、第四届香山论坛等学术会议及活动提供摄像保障,制作专题录像片。

2013 年收集音像资料 11 000 余条。为"军地高端战略论坛"第二次分论坛、全国孙子兵法研讨会等学术会议及活动提供摄像保障 37 次,制作专题录像片 11 部。

2014 年收集音像资料 600 部、照片 9 万多张。为第五届香山论坛、第三届"军地高端战略论坛"等学术会议及活动提供拍摄保障 44 次,在院网发布学术活动视频 1100 多部。

2015 年购买视频资源 3800 部,网络采集视频资源 3400 部。为第六届香山论坛、第四届军民融合发展论坛等学术会议及活动提供拍摄保障 42 次,在院网发布学术活动视频 180 多部。

7. 承担科研项目统计

2011 年完成"馆藏古籍珍品考证与研究"课题,组织了课题鉴定会,起草了结题报告。

2012 年承担总参军训部"军事历史文献资源总库"项目建设任务。

2013 年承担总参军训部"军事科研学术成果资源总库"项目建设任务,承担军事科学院课题"馆藏古籍信息服务系统""馆藏音像资源信息服务系统"建设任务。

8. 出版图书期刊统计

2011 年出版图书《馆藏珍品图录》,编辑出版《综合信息》12 期、《军事期刊论文索引》6 期、《新书通报》12 期。

2012 年编辑出版《综合信息》12 期、《军事期刊论文索引》6 期、《新书通报》12 期。

2013 年编辑出版《综合信息》12 期、《军事期刊论文索引》6 期、《新书通报》12 期。

2014 年编辑出版《综合信息》12 期、《军事期刊论文索引》6 期、《新书通报》12 期。

2015 年编辑出版《兵书展厅简介》,编辑出版《综合信息》13 期、《军事期刊论文索引》6 期、《新书通报》12 期。

三、"十二五"期间主要工作及发展特点

1. 兵书珍品展厅建设

因丰富的馆藏尤其是珍贵文献和古籍珍品,军科图书馆一直是军事科学院对外交流的重要窗口。根据军事科学院领导指示要求,2010 年起军科图书馆开始筹建兵书珍品展厅,项目重点是展陈馆藏古籍善本尤其是丰富的古兵书,打造军科品牌。军科图书馆成立了专门的筹建小组,展开调研论证工作。先后赴故宫博物院、首都博物馆、国家图书馆、宁波天一阁、浙江省博物馆、浙江省图书馆及上海、江苏、辽宁、陕西等地相关单位调研。先后多次邀

请故宫博物院专家、北京大学等高校相关专业教授、军事科学院资深研究员座谈、论证,多渠道、多角度征集专家的意见和建议,结合自身实际情况,形成建设思路,进行方案设计。展厅于 2011 年 2 月开始施工、装修、布展,于 2011 年 10 月底竣工,正式开放。

整个兵书珍品展厅面积约 1000 平方米,除序厅和结束厅外设 7 个主题展厅。

第一展厅:中华古籍瑰宝。主要展出军科图书馆 2011 年之前入选《国家珍贵古籍名录》的 14 部古籍善本。如宋刻元明修本《十三经注疏》,明洪武元年抄本《五火玄机》,明成化二十二年刻嘉靖十六年重修本《武经直解》,明天启元年闵氏刻朱墨套印本《兵垣四编》等。

第二展厅:历代兵家大学。主要展出先秦至清朝末年馆藏兵书,包括军事类书、军事训练与兵器类兵书、军制类兵书、军事地理类兵书、注释类兵书、名将传记、阵法阵图、舆图与战场实景画等。如明代以来各种版本的《孙子兵法》《武经七书》《练兵实纪类钞》《筹海图编》等;清代战图、阵图和兵器图如《御题平定伊犁战图》《御题平定台湾得胜全图》等。

第三展厅:战争年代文献。主要展出我党我军老一辈无产阶级革命家、军事家在革命战争年代中手稿、批示、题词以及盖章、签字确认的作战命令等珍贵历史文献。如 1933 年 2 月 8 日毛泽东、朱德给第 19 路军总指挥蔡廷锴的信、1934 年 2 月朱德批改的《红一方面军广昌战役作战命令》、1935 年 7 月周恩来起草的《松潘战役第二步计划》、1942 年 6 月 10 日毛泽东起草的《中央军委关于成立联防军司令部的通令》等。

第四展厅:百年历史钩沉。主要展出晚清至明国年间大臣奏折、名人传记、家书、手迹及历史照片、杂志等珍贵资料。如未出版的《曾国藩家书(密件)》《冯玉祥自传》、蒋介石亲笔墨稿《参谋团大事记》等。

第五展厅:红色军事经典。主要展出马克思、恩格斯、列宁、斯大林等世界无产阶级革命家,毛泽东、邓小平、江泽民、胡锦涛等党和国家领导人的军事理论著作。

第六展厅:外国军事著作集锦。主要展出美、俄、英、法、德、日等国家军事著作,内容涉及军队建设、体制编制、教育训练、战略战术、军事历史、名将传记等。

第七展厅:成果精品荟萃。主要展出军事科学院建院以来科研教学取得的丰硕成果。

建成后,兵书珍品展厅成为军事科学院对外交流的重要平台,弘扬中国古代军事文化和研究中国古代军事思想的重要基地。先后接待国内外、军内外个人及团体参观 343 批、4825 人次。

2. 馆藏资源建设

依托丰厚的历史渊源和几十年的专业坚持,军科图书馆的馆藏文献资源丰富、独具特色。一是军事类书、刊、报收录齐全。包括丰富的近现代中外军事著作、教令、教范、条令、军事报刊等。二是革命战争时期领导人的手迹、电报文稿、档案资料丰富。包括我党我军老一辈无产阶级革命家毛泽东、朱德、周恩来、彭德怀、邓小平等在战争时期的手稿,我党我军各个历史时期的电报和资料等。三是古籍善本极其珍贵。馆藏古籍 9400 余种,10.7 万余册,古代和近代兵书 1778 种,5544 册(件)。已有 17 部古籍被国务院收入《国家珍贵古籍名录》。四是外文书刊收藏广泛。包括英、俄、日、法、德外文书刊 20 余万册。经过 60 多年的建设,馆藏资源建设已形成了以军事科学文献为主体、中外文文献比较齐全、能适应全军军事科研教学和部队建设需求的、具有专业特色的馆藏体系,是全军馆藏文献数量最多的图书馆。

"十二五"期间,共采购中文图书58 228册、港台图书1636册、外文图书3184册,订阅中外文报纸杂志1365种,接收密级资料12 693册,接收赠送图书2834册。

3. 典藏流通建设

军科图书馆新馆于2009年5月正式投入使用,建筑面积达1.4万平方米,包括中心服务区、开架阅览区、电子阅览区、信息发布区、学术交流区、古籍展区、多功能厅等区域。

馆舍分为东西两个区域:东区为读者中心服务区和藏阅借一体式开架阅览区。开架阅览区面积达3500平方米,分电子阅览区、报刊阅览室、军事图书阅览区、社科图书阅览区、外文图书阅览区等。实现了现代图书馆藏、阅、管功能一体化的要求,改善了借阅环境,方便了读者,提高了服务效率。西区为古籍特藏、军事历史档案资料、过刊及辅助藏书区。主要提供古籍阅览、历史档案资料查阅和过刊借阅服务等。2011年新馆二层开架阅览区调整新建兵书珍品展厅,对馆藏布局做了较大调整。

"十二五"期间,共接待读者4.1万余人次,借还图书、资料8.4万余册(件)。为研究生学员专题学术活动提供了相应服务。

4. 信息化建设

军科图书馆信息化建设具有良好的基础,起步较早,20世纪80年代后期起即开始数据库建设,始终走在军队数字图书馆建设的前列。较早建成了"图书馆自动化集成系统",实现了业务流程的自动化和网络化;建成了以"军事论文题录""军事期刊全文""军事专题全文"等为主的拥有上百万条数据的大型自建专业数据库;建成了"数字图书综合检索系统",含70余万种可全文检索的电子图书;建成了覆盖全军网络的即时信息采集系统。形成集数字图书、数字期刊、数字报纸、专题数据库、即时信息、音像资料为一体的全方位信息服务平台。国家数字图书馆军事科学院分馆的建设使军科图书馆的信息化建设实现了跨越式发展,尤其是对非军事类资源形成了强有力的补充。

"十二五"期间,军科图书馆信息化建设的思路是紧贴军事科研、结合自身特点,突出"特色",加强数字信息资源建设,尤其是加大学科资源建设力度,推进服务方式转变,拓宽和提高信息服务的范围、质量和效益。

根据军事科学院关于加快军事科学院科研成果转化的要求,重点建设了军事科学院科研成果系统,该系统包括4个子系统,分别为院内刊物、专家文库、军事百科全书军事著作库和院硕士博士论文库。院内刊物子系统收录军事科学院出版发行的《中国军事科学》《军事学术》《军事运筹与系统工程》等9种期刊自创刊以来的全部全文数据。专家文库子系统收录建院以来164位专家的简介、学科方向、科研成果及个人所发表的所有论文及著作全文数据,并与相关期刊库及电子书库互相关联。军事百科全书军事著作库以电子版的形式反映了百科二版军事著作分册的原貌,提供了百科条目浏览,拓展了条目原著的全文浏览,关联了条目原著作者在馆藏军事期刊上发表论文情况,开发了条目原著与馆藏纸质版信息链接。新建了"军事图书总库""中文畅销图书总库""外文图书总库""馆藏外文期刊目录数据库"等数据库,并形成一定的规模。新建了当天报纸、当月期刊系统,及时提供海量报刊信息,研究人员每日上班即可浏览近200份当天报纸和200余种期刊,使即时信息服务跨上新台阶,同时大大节约全院订阅报刊经费。为配合理论学习,及时推出"两会回放""军队高中级干部学习规划推荐书目"及"学习型党组织建设"专栏。根据每年科研任务,建立军事学术专题数据库,涉及军事战略、国防和军队建设、国家安全等专题,完成并发布涵盖馆藏图书、期刊、论文等全文数字信息,保障了院课题研究任务对深层次专业信息和相关知识信息的需求。紧贴战略热点问题研究,建立南海问题数据库,围绕南海自然情况、中国对南海拥有主权等6个专题,完成22个子库的建设任务。为满足对军队改革的研究的信息需求,新建了"军队改革数据库"。更新维护网络采集平台,采用网络信息挖掘技术,通过自动采集处理、敏感词过滤、专题聚焦和信息发布等手段,完成了6个专题的互联网信息采集。升级解放军报读报系统,引进解放军报及人民海军、人民军队等13种军兵种报,为科研人员提供解放军报自1956年创刊至今导航、检索及全文阅读服务。升级CNKI知网全文检索系统,更新中国学术期刊、博士学位论文、优秀硕士学位论文、重要报纸等数据库数据,提升了知网信息资源的网络服务能力,满足了科研人员对信息资源方便快捷的使用需求。

完成了业务管理系统的更换。根据总参关于军队院校图书馆统一配发使用金盘图书馆业务集成管理系统通知要求,引进应用金盘GDLIS NET系统,完成馆藏47万种、66万条数据转换,重新部署包括采访编目、典藏流通等11个业务子系统。

完成了无线射频识别智能管理系统建设。根据总部下达的任务要求,制订建设方案,公开招标建设公司,安装5台自助借还和盘点设备,贴电子标签40万个。

进一步加强国家数字图书馆军事科学院分馆建设。除追加国家图书馆自建资源外,针对军事科研需求,进一步加强军事科研数字资源的定制与利用,修改完善军科定制信息的选文标准、范围和数量,突出专题的综述性、思想性和时效性,定制并发布全文信息共计270期、3万余篇;扩大了触摸屏电子报阅读系统电子报刊数量,精选电子报刊种类,并利用已建成的读报终端,及时推送200多种电子报纸和200多种电子期刊,为科研教学人员提供方便快捷及海量的实时资讯。国家数字图书馆分馆服务系统以其量大质优的数字资源,满足了军事科研对非军事类以及敏感信息的需求,丰富完善了军科图书馆馆藏资源体系。

完成了总参军训部下达的"军事历史文献资源总库""军事科研学术成果资源总库"数据库建设任务。

5. 古籍保护工作

2007年9月,国家文化部将军科图书馆列为全国古籍保护试点单位后,军事科学院各级领导高度重视,多次做出重要指示,强调一定要按照国家古籍保护中心的要求做好环境改造和古籍普查工作。重新装修了古籍特藏库,更新了书柜,安装了恒温恒湿系统、空气净化系统、消毒杀虫设备、火灾报警系统、自动灭火系统、安全监控系统等。2011年兵书珍品展厅建成,形成了现代化古籍展藏中心。

根据国家古籍保护中心的古籍普查要求,军科图书馆对馆藏古籍进行了普查、登记和著录工作。通过普查,现馆藏古籍9400余种、10.7万余册,其中1795年前的善本古籍650余种。"十二五"期间,共完成其中6700余部、5.7万余册古籍的普查登记工作,同步制作了版本书影。先后向国家古籍保护中心填报申报书300余部。其中17部被收录《国家珍贵古籍名录》。部分珍贵古籍参加了国家文化部组织的"国家珍贵古籍特展"。

古兵书是军事图书资料馆馆藏古籍的一大特色,共收藏古代和近代兵书1778种、5544册(件)。不但历史悠久,卷帙浩繁,而且内容极其丰富,为军事科研提供了全面的资源保障。

"十二五"期间,全面保障了《中华大典·军事典》大型课题的古籍保障工作。

"十二五"期间,完成了全军国有可移动文物普查工作,编辑出版了《军事图书资料馆馆藏珍品图录》《兵书展厅简介》,新建了《馆藏古籍服务系统》。

6. 音像资料建设

为进一步满足军事科研需求,根据军事科学院指示要求,军科图书馆专门成立了音像资料室,加强音像资料建设。主要任务包括收集整理科研音像资料,由本院逐步扩大至全军乃至地方与军事科研相关的音像资源,对音像资源进行采集、编辑加工、编目标引,建设流媒体数据库,实现音像资料的永久化保存、智能化管理和网络化服务。同时,为军事科学院重要学术会议和学术活动提供摄像保障,并制作视频资料。

音像资料系统主要分为三个功能模块:采集编辑、数据库及资源发布。采集编辑部分主要是对音频、模拟视频、数字视频、电视节目等各种音像资源的采集、压缩和编辑。部署了多格式数字放像机、高性能终端、高清数字编辑录像机、标清数字编辑录像机、非线性编辑系统、高清监视器、刻录系统等设备。数据库部分主要是对采集、编目后完整的音像资源进行组织和管理。配置了高性能服务器及相关数据库软件,大容量、高性能的存储系统等。资源发布部分主要是对信息资源进行发布,达到高效使用资源的目的。部署了专业的视频管理、发布平台。

建成后的音像资料室主要提供以下服务:一是借阅服务。针对网络使用不便及有特殊需求的读者提供传统的面对面借阅服务。二是网络服务。以千兆网络为基础,提供在线检索和网络点播服务,提高资源利用率和工作效率。三是重点课题专项服务。扩大传统参考咨询业务范围,形成纸质信息、数字信息和音像资源等全方位的信息服务。四是资料制作。根据科研需要制作视频资料片,便于资料收藏和进行网络服务。

"十二五"期间,共收集音像资料3万余部、照片9万多张,保障了军事科学院多次重大学术会议和学术活动,并制作了学术视频资料。

7. 特色服务建设

(1)为国家重点项目《中华大典·军事典》提供资源服务保障。《中华大典》是1990年国务院批准立项的国家级重大科研项目,2006年被列为国家文化发展纲要重点出版项目。《中华大典·军事典》作为分类典之一,由军事科学院负责全部6个分典编撰工作。军科图书馆承担了为《军事典》编撰提供信息保障的任务。为此,军科图书馆挑选了具有军事历史及古籍研究功底的馆员组成《军事典》信息服务保障组,并有一名馆领导加入到课题组,在参与课题研究的同时,为编委会与信息保障组之间架设沟通、交流、服务的桥梁;为编委会开辟专用工作室,为编撰人员查阅古籍提供便利条件;为配合《军事典》目录普查和资料普查,首先进行了古籍资源目录准备,并主动与编委会编订的大典《通用书目》和各分典《专用书目》进行比对,提供了详细的馆藏古籍目录,开展了各分典所需古籍的普查和辑录等工作,为嗣后的分类编撰、复查及编写"引用书目"做好了前期准备。军科图书馆还利用与全国众多图书馆间的良好合作,尤其是与国家图书馆的合作共建关系,协助编撰人员到多个图书馆查阅相关古籍。分馆信息资源服务系统也为《军事典》编委会提供了方便快捷查阅平台。在提供古籍查阅服务的同时,指定专人为《军事典》拍摄典籍照片。

（2）科研课题服务。军科图书馆作为全军科研信息中心，承担大量的参考咨询任务。"十二五"期间改进了咨询服务模式，更好地为科研课题提供了服务。一是主动服务。改变以往由课题或研究人员提出需求的"坐等"服务方式，深入各研究部尤其是重大课题组，调研学科和课题的信息需求，有针对性、有重点地进行信息准备和主动服务。二是参与课题。由单一提供信息转为参与科研课题，指定人员全程参与到科研课题中去进行点对点服务，作为课题的信息服务员和资料保管员。既有利于信息服务人员全面了解课题需求，更好地提供信息服务，培养研究型馆员，又有利于课题资料的收集，课题结束后资料收馆典藏，既可上网共享，又避免流失。三是信息定制及推送服务。开发了信息订制平台，使读者能根据学科、关键词等自行订制相关信息。开发了信息推送平台，针对不同学科、不同研究方向及研究员研究课题的不同需求，在第一时间将相关信息进行主动推送。四是在线咨询服务。利用邮箱和在线咨询平台，及时给读者解答，提供信息咨询服务。

（3）专家服务。军事科学院大量科研资源分散在各单位和个人手里，研究人员外出参加学术活动、演习等收集的大量有用资料分散存放，科研课题使用的大量图书、资料分散管理。形成图书资料跟人走、跟课题走的现状。尤其是一些资深研究员和专家，个人收藏积累大量各专业珍贵资料，随着退休离岗等情况，极易造成流失。既不利于信息共享，又不利于保密管理。对科研工作和信息交流都是很大的损失。针对此种情况，军科图书馆深入研究部，深入课题组，广泛接触研究人员，尤其是各学科专家，进行一对一的图书资料收集工作，进行数字化，同时为课题组及科研人员建立个人数字图书馆，定制数据库，返还电子版数据。在增加馆藏、实现共享、拯救资源的同时，研究员使用数字资源较之纸质资源，科研效率得到有效提高。

四、存在的主要问题

（1）发展理念与创新能力，与事业发展需求有距离。数字图书馆是21世纪图书馆的发展趋势，是基于现代高新技术的数字信息资源系统。数字图书馆的建设已经成为当前评价一个国家信息基础水平的重要标志，也是军队信息化建设的重要基础。我们必须有适应数字图书馆发展的理念与创新能力，在这一点上，还存在着很大差距的。

（2）人员配置少，与不断提升的服务要求差距较大。人员少是军队图书馆普遍存在的客观实际。军科图书馆馆藏文献资源280余万册（件），现有工作人员与馆藏量及岗位需求相差较大，与提供高质量、主动性服务的要求极不适应。同时，缺乏专业人才尤其是图书馆专业、计算机网络专业和外语专业人才，与图书馆可持续发展的要求不相适应。

（3）经费投入不足，与图书馆建设与发展的基本需求不相适应。尤其是信息化建设需要大量经费作支撑，经费不足将成为事业发展的瓶颈。

（4）数字资源建设与服务，与军事科研信息需求的变化不相适应。新时期的科研工作，对信息服务的需求和依赖越来越高，对数字资源的广度和精度要求越来越高，对服务手段和质量要求越来越高。目前，离需求的高度还有相当大的距离。

五、展望

"十三五"期间,是我军重大改革和调整时期,是军事科学院建设中国特色新型智库的重要时期,科研任务将异常繁重,对信息服务提出了更高的标准和需求。军科图书馆将以《军事科学院"十三五"建设规划》为指导,认真贯彻落实院首长关于图书馆建设的指示要求,着眼长远发展,坚持科学建设,坚持以建设中国特色新型军事智库为牵引,坚持以军事科研创新需求为根本,坚持以"四个体系"建设为抓手,积极吸收引进军内外图书馆建设经验与技术,力争将军科图书馆建设成为数据标准规范,信息资源海量,网络系统先进,服务手段便捷,存储安全可靠,馆藏特色鲜明,国内一流,全军领先的数字图书馆,发挥好全军军事科研信息中心、数字资源仓储中心、兵学文化交流中心、服务保障示范中心作用。

军事科学院军事图书资料馆　刘晓兰　骆建成

中国科学技术信息研究所国家工程技术图书馆"十二五"事业发展报告

一、"十二五"期间发展综述

国家工程技术图书馆主要承担国家科技文献资源建设与服务保障的任务,是国家学位论文及博士后出站报告、会议论文、科技报告、期刊论文、院士著作等文献资源的收藏、研究和服务中心,同时也是国家科技图书文献中心(NSTL)资源建设工作组组长单位,承担 NSTL 用户服务中心管理职责,主要负责国家工程技术文献资源建设与服务任务,同时开展数字图书馆、知识组织体系构建、信息资源管理、用户研究与资源分析、科技计划项目档案,以及基于引文的知识链接分析等研究工作。

科技文献资源建设方面,通过"十二五"期间的建设,国家工程技术图书馆已成为国内最大的工程技术领域专业图书馆,灰色科技文献馆藏数量居国内首位,资源建设类型覆盖面广泛,涉及中外文期刊、会议录、学位论文、科技报告、检索和参考工具书等多种类型,同时收藏中国科学院和中国工程院 1100 余位院士捐赠的 5200 多部著作,拥有知识链接数据库、高被引论文库、中英文术语数据库、中国新方志数据库等特色数据库。

科技信息服务方面,国家工程技术图书馆在"十二五"期间重点加强以数字化、网络化手段向社会提供智能化、个性化、知识化的公益信息服务,开展专题文献检索、收录引证和科技查新服务,推进嵌入科研环境的知识服务平台建设,开展面向用户的文献计量分析和知识评价服务;承担 NSTL 资源采购协调管理、资源评估专题研究、用户宣传推广和服务站管理等工作;负责中国科技情报学会资源建设专业委员会组织工作;是北京市"2013—2015 年度科普教育基地"。

科学研究与学科建设方面,国家工程技术图书馆共有各类研究开发、信息加工编辑和咨询服务人员 50 余人,其中拥有博士学位的 8 名、硕士学位的 33 名,以及多名在站博士后和在读研究生。"十二五"期间,先后承担国家科技支撑计划、国家社科基金项目、国家自科基金项目、国家软科学项目、国家科技基础条件平台等各类项目 29 项;承担"图书馆学"学科建设工作,开展信息资源管理相关的理论研究与教学工作;主办专业学术刊物《数字图书馆论坛》,为 CSSCI 核心刊物(扩展版);承担全国信息与文献标准化技术委员会秘书处工作,对口 ISO TC46 进行国际交流管理,开展文献信息标准化研究,并承办 ISO/TC46 2015 年全会,取得圆满成功。"十二五"期间,国家工程技术图书馆重点围绕《汉语主题词表》(工程技术版)改造修订重大任务、"面向外文科技文献的英文超级科技词表建设"等国家科技支撑计划课题开展合作研究。同时,为加快建立统一的科技报告制度,重点围绕科技报告政策法规与标准制定、国家科技计划科技报告组织体系、国家科技报告服务系统、科技报告培训与宣传等方面开展国家科技报告体系建设工作。

通过"十二五"期间的发展,进一步增强了国家工程技术图书馆的资源建设、科研和服务能力,图书馆的各项工作取得明显成效,出色完成"十二五"期间预定目标。

二、"十二五"期间事业发展基本统计数据

1. 馆藏资源统计

表1　中文馆藏资源统计

文献类型	文摘数量（条）	全文数量（个）
中文期刊	55 727 911	55 713 242
中文会议	2 246 805	2 244 341
中文学位	3 126 960	3 126 834
地方志	37 457	37 457
中文专利	7 317 751	－
中文标准	435 588	－
中文法规	12 189 512	－

表2　外文馆藏资源统计

文献类型	文摘数量（条）	全文数量（个）
西文期刊	10 315 393	－
西文会议	5 274 774	－
西文学位	463 085	463 020
科技报告	1 717 421	1 712 324
西文专利	27 058 209	－

表3　中文知识链接统计

年份	年增量
2011	15 034 461
2012	17 003 730
2013	18 821 365
2014	12 069 155
2015	10 021 347

表4　西文引文统计

年份	年增量
2011	2 908 587
2012	3 356 941
2013	3 678 391
2014	4 063 349
2015	3 013 534

2. 文献传递服务

表5　文献传递量

年份	原文传递量
2011	140 937
2012	143 696
2013	150 417
2014	157 442
2015	160 145

3. 学术科研

表6　"十二五"期间重要科研产出概况

国内核心期刊论文	155
SCI/ISTP/EI 数据库收录论文	5
硕士生培养	25
博士后进站培养	11
自科基金/社科基金	9
博士后基金	7
国家科技支撑计划	2
国家软科学项目	1
发明专利	2
软件著作权	64

表7　"十二五"期间主持的国家级课题

项目名称	项目来源
基于科研关系网络的信息服务融合研究	博士后基金
面向叙词表构建的知识组织生态系统研究	国家社会科学基金
机构规范文档结构及构建方式研究	国家社会科学基金
基于叙词表语义关系的智能检索模型研究	博士后基金
中国博士后培养质量测度方法研究	博士后基金
基于引文的科研关系组织及其服务研究	博士后基金
海量数字资源知识聚合及其服务研究	博士后基金
基于知识组织体系的社会化标注实现方法研究	博士后基金
国家叙词库构建方式与发展机制研究	国家社会科学基金
面向共享的科技计划项目元数据框架研究	国家社会科学基金

续表

项目名称	项目来源
基于海量数字资源的科研关系网络构建研究	国家自然科学基金
学术关系可视化方法与系统研究	博士后基金
中国科技报告资源体系构建研究	国家社会科学基金
基于知识组织的术语服务研究	国家社会科学基金
面向文献相关性度量的共词与引文综合分析方法研究	国家社会科学基金
我国文献信息标准体系框架研究	国家社会科学基金
面向外文科技文献的超级科技词表和本体建设	"十二五"国家科技支撑计划
汉语主题词表(工程技术版)与英文超级科技词表的映射研究	"十二五"国家科技支撑计划
科技报告制度法律问题研究	国家软科学项目

表8 "十二五"期间全国文献与信息标准化项目统计

年份	立项	批准发布项目数	国际投票
2011	9	2	20
2012	8	2	28
2013	5	3	22
2014	5	4	22
2015	4	6	28

三、"十二五"期间开展的主要工作及发展特点

1. 资源建设

通过近60年的资源积累,尤其是"十二五"期间的资源建设,国家工程技术图书馆顺应时代变革,在资源类型、内容、使用等方面不断贴近用户,积极创新变革,为我国的科研创新活动提供保障和支持资源建设原则及成效。"十二五"期间,国家工程技术图书馆资源建设以战略性、整体性、需求性、节约性和合理匹配为资源建设的指导方针,集中收集体现国家利益,根据国家发展需要,收藏和开发工程技术领域的科技文献信息资源,在资源建设过程中积极开拓信息源,加强对资源的监控、遴选、评估,优化结构,做到资源建设决策的科学性、持续性、及时性,在工程技术类资源采购数量、特色资源建设、满足重点用户资源需求等方面都取得积极成果,目前国家工程技术图书馆收集的国内外各种类型文献,印本量超过600万册,以参考性强、价值高的灰色文献为馆藏特色。通过"十二五"期间的资源建设,外文期刊从3800种增加到目前的4400种左右(其中日、俄期刊约为200多种),外文会议录每年2000多种,西文学位论文近40万册;此外,引进国外高质量事实型、工具型、全文型数据库50多个,自主建设科技术语库、美国政府四大报告数据库等重要特色资源及一批工程技术热点领域的学科库。

表9　国家工程技术图书馆印本文献保障概况

文献类型		累计收藏	年度新增	起始收录年
学术/科技期刊	外文	16 000 余种	4200 余种	1968 年
	中文	11 000 余种	9000 余种	1977 年
学术会议	外文	130 000 余册	2000 余种	1958 年
	中文	70 000 余册	3000 余种	1984 年
学位论文	外文	450 000 余篇	40 000 余篇	1967 年
	中文	2 000 000 余册	200 000 余册	1963 年
科技报告	美国	1 500 000 余份	23 000 余份	1959 年
	其他国家	400 000 余册/份	200/1000 余种	1958 年
中文图书	院士著作	5000 余部	–	2004 年
	其他	500 余种	70 余种	1998 年
国外检索/参考工具书		320 000 余册	500 余册	1964 年

"十二五"期间,国家工程技术图书馆的资源建设主要体现在如下几个部分:

(1)明确馆藏定位,建立科学的采访原则和方法

在资源建设过程中,坚持做到"四个清楚",即相关学科国外文献出版情况清楚,相关学科国外文献国内需求与采购情况清楚,出版商、学协会的情况清楚,出版物自身的情况基本清楚。开发了资源遴选系统,按不同文献类型划分为核心集条件、扩展集条件、边缘集条件三个层次级别,按照优选采购核心集、重点采购扩展集、选择性采购边缘集文献的层次级别实施。在遴选分层指标中,主要考虑的指标有:是否被权威数据库收录;是否世界著名出版机构出版;被国外同类著名图书馆收藏情况;JCR 影响因子值及在 WOK 被引用情况;国内缺藏情况;是否属于收藏薄弱学科;被专家、学者推荐情况等。除根据遴选分层指标进行计算排名之外,还对语种、文献载体、出版地区、出版周期等进行综合考虑;重点会议录要保证其系统性、连续性、完整性收藏。保证馆藏核心期刊、常用刊以及重要文献的连续性和学科的完整性;对学术性、实用性差和利用率低的文献,根据学科重点的范围、质量水平的程度、出版机构的权威性等多种因素做出评价,根据情况做相应的优化调整;对缺期多、不按时出版,以及出版周期过长(三年以上)的文献,综合调查分析,确认需要,做相应调整。

(2)加强差异性资源建设与历史资源回溯,提高图书馆的资源竞争力

"十二五"期间,国家工程技术图书馆订购的印本国内独家外文期刊 600 多种,国外印本会议录等文献的国内独家订购率为 90% 以上,收藏整套纸本简氏工具书、CountryReport、Country Forecast、Industry Briefings、ESDU 等一系列重要独家文献。在特色资源建设方面:牵头与国内 30 多个省级查新机构建成了超过 35 万条查新数据的全国查新事实数据库;建设的中文知识链接库每年更新数据量超过 1800 万;建成超过 500 万个术语的科技术语库。对馆藏历史文献,如:20 世纪 80 年代之前的西文资料进行清理,对 20 世纪 70 年代之前的 28 万份科技报告进行数字化修复,这些资源大部分是国内独家的珍贵资源;对国内低使用率、低保障的小众专业文献加强保障,确保小众专业研究人员能有途径获取到相应的科技文献,以体现对小众专业科技文献的国家保障能力。保障了一批如国际直升机协会、美国定向能

协会等的出版物。与国内专业图书馆进行资源核对,互通有无。例如:与相关单位进行 30 多万册的科技报告交换;与部分院所开展历史文献的目录交换,建立特定专业的回溯目录。

(3)以用户需求为中心,多层面满足用户资源需求

资源建设与服务相结合,通过用户使用日志及用户引用关联分析,发现国内保障缺失的文献。"十二五"期间国家工程技术图书馆在工程技术领域,对国内高引用的外文期刊(以引用频次 10 次为基准)的保障率达到 90% 以上。为支持电动汽车、3G、新能源等科技部重大专项研究采购全文本专利数据库;为支持国家铁路建设,购买了北美隧道协会等一批关于隧道的连续性会议录。

(4)顺应开放运动大势,推进开放学术资源库建设

开放资源的发展和使用越来越逼近主流学术资源,目前国内还没有机构对各种类型的重要开放学术资源进行采集、组织和揭示。在 NSTL 的支持下,国家工程技术图书馆在"十二五"期间牵头启动 NSTL 开放学术资源库的建设工作。提出了国家开放学术资源建设的总体框架,拟定了政府资助成果开放呈缴、协同构建国家知识库、国家开放资源登记、国家开放出版基金建立、开放资源建设标准规范等工作内容,并划分不同的建设阶段,根据"有所为,有所不为"的原则逐次开展开放学术资源建设工作。"十二五"期间,重点启动对期刊、图书、会议录、课件、报告、学位论文 6 种类型高质量开放资源进行集成揭示与保存,构建开放资源集成服务平台。

2. 信息服务

国家工程技术图书馆网站(www. istic. ac. cn)是面向用户科研学习环境的网络化知识服务平台。在馆藏资源数字化基础上,通过加强数字资源的网络揭示,集成印刷版、光盘版资源与网络版、镜像版资源于一体,提供读者自助式、个性化和功能模块化的数字化服务方案,成为全国工程技术领域文献信息保障与数字化服务基地。为国家科技计划基金项目、高等院校的学科建设、科研院所的自主创新、公司企业的科技进步,提供科技文献保障和服务。

"十二五"期间国家工程技术图书馆把知识服务能力建设作为服务工作的重点。一方面通过基础知识资源建设,为开展知识服务打造稳固的基础;另一方面下大力气开展知识资源的分析和关联,持续打造新型知识服务能力。基于学术论文间的引用关联,研发了中文知识链接服务系统,为用户提供论文、机构、基金、地区、期刊等多个知识检索入口;基于中外文高被引论文数据,研究开发机构成果分析、学科成果分析等多个集成分析系统,基本确立了国家工程技术图书馆的核心知识服务体系。

(1)规范用户审核机制,普惠公益服务能力持续增强

为了更好地向国内高校、研究院所等科研用户提供工程技术领域内科技文献,促进文献合理使用,保护作者及出版商的合法权益,在开展对国内外文献信息服务机构服务策略、版权保护、用户分级制度等相关政策研究基础上,深入贯彻落实知识产权管理规定和要求,开展了用户清理及审核工作,完成了用户相关文档、用户注册信息表等信息的清理与实名制审核;完成注册流程、服务公约、公益性机构用户和企业机构用户的服务协议等的制定、修订工作,提高了用户的版权意识。

2011 至 2015 年期间,累计完成原文传递 73 万余篇,完成代查代借服务 2 万余篇。开展图书馆参考咨询服务,累计完成用户电话咨询 174 219 人次,E-mail 咨询 14 700 人次,为用

户搭建有效沟通的桥梁和渠道。

NSTL以国家授权方式购买的国外网络版电子期刊、综合文献和事实型数据库,采取IP地址认证方式,为我国大陆学术型、非商业性用户提供免费在线使用,通过大力宣传NSTL全国开通数据库,接收用户申请并协调数据库商开通访问权限,截至2015年年底,对国家授权电子资源,国内学术及科研用户累计达698家。

（2）面向机构用户服务,创新服务模式

为使机构用户方便快捷地使用馆藏文献资源,推出了用户管理平台、接口服务等个性化创新服务模式。用户管理平台方便了高校、科研院所等机构对其内部个人用户进行管理,将资源与服务融入用户使用环境。通过安装在机构本地的管理软件,机构可以对其内部个人用户进行身份认证、权限管理、费用分配等方面的管理,个人用户在机构许可的范围内使用资源与服务,所发生的费用由机构统一结算。"十二五"期间,先后接收处理并协调为河南工业大学等11个科研单位安装部署NSTL用户管理平台,累计部署安装26家用户管理平台。

通过向有技术开发能力,但缺乏文献资源的机构,推出接口嵌入服务,有效地将图书馆资源引入机构,使那些资源不全、资金不充分的机构能更加便捷地获取NSTL资源,融入用户熟悉的使用环境,对于全国的文献服务机构形成了有效的技术和资源支撑能力。"十二五"期间通过积极拓展,加强联络,协调解决用户申请、信息获取、系统部署以及开通服务过程中出现的问题,先后为CALIS等15家单位开通接口服务。

（3）加大开展资源与服务宣传推广及用户培训活动

"十二五"期间,加大了"走出去"主动服务工作,构建主动的宣传推广体系。2011年以来,采取用户需求调研座谈、参加科技周或地方行业情报会议、与地方情报机构开展联合推广与用户培训的形式,有效推动馆藏资源的宣传和使用效果,组织各种用户培训活动超过百场,足迹遍布山东、天津、河南、宁夏、吉林、贵州、新疆、西藏等多个省市自治区。例如:通过参加济宁市科技活动周,与山东省情报所联合开展面向山东省的"科技文献服务山东科技创新"培训活动,在济南、烟台、潍坊等市举办多场宣传培训,在河南科技大学、河南工业大学、黄河科技大学举办用户培训,与云南省情报院联合举办"科技文献信息西部阳光行动昆明行暨云南省科技型中小企业科技服务培训会",进一步提升相关研究机构的科技文献信息保障与服务水平。

"十二五"期间,通过"NSTL走入高校文检课培训"系列活动,全面推进与高校合作,将大学生/研究生的信息素养培育与NSTL的资源建设服务推进结合起来,广泛发动高校的师资力量来讲授NSTL的服务,宣传推广NSTL。2011年"首届全国高等院校文献检索老师培训",向200多位老师发送NSTL资源手册及光盘,会议取得较大反响。会后,NSTL资源与服务课件被纳入20多部高校文献检索课教材,80余位高校老师担任NSTL兼职培训师。2013年,对参加过NSTL走入高校文检课培训座谈会的老师进行回访,涉及90多所高校131位教师,共收到34位教师的课件以及教材。在此基础上举办"NSTL走入福建高校文检课培训讲座"近80人参加讲座。2015年,携手CALIS,邀请CALIS各级中心和成员馆的馆际互借和文献传递及参考咨询工作负责人和工作人员参加"NSTL走入高校—高校馆员培训会"。

（4）挖掘用户需求,积极开展分析型服务

"十二五"期间,继续开展"用户分析与服务监测系统"研究工作,通过数据分析用户文献使用行为,开展用户信息管理方式与用户体验调查研究,对国内外公益性信息服务机构进行全面调研,开展公益性信息服务的宣传推广方式研究。同时,以专业领域文献数据为基础,使用 TDA、Ucinet 等分析工具,为用户提供知识化定制服务,不断探索新型专题检索、信息分析咨询等专题服务。例如完成军事医学科学院、首都机场、中车集团等机构的专题检索服务,与全国博士后工作管理委员会紧密沟通,完成《博士后制度实施 30 周年培养成效质量测评》报告,受到博管会好评。

(5)联合各方,推动全国科技查新成果共建共享体系建设

为集成整合全国科技查新事实型数据资源,共享利用科技查新成果,在"十二五"期间提出并实施全国科技查新成果共享服务体系建设项目,于 2011 年 10 月启动科技查新技术规范起草工作,制定科技查新技术规范,已经报国标委批准颁布。开展全国科技查新事实型数据资源的采集、加工和集成整合,初步建成科技查新事实型数据库,完善和推广完善科技查新成果共享平台,实现查新成果的及时汇交和数据共享。成立中国科技情报学会科技查新分会,加强全国科技查新机构的联合与合作。

2012 年在安徽合肥召开"2012 年全国科技查新工作交流会",参会代表 150 余名。2013年,召开"2013 年全国科技查新工作交流会暨科技查新专业委员会成立大会",参会代表 200余人,组建了全国科技查新专业委员会。2014 年召开"2014 年全国科技查新工作交流会",参会代表近 200 人。"十二五"期间全国科技查新事实型数据库建设,累计数据超过 40万条。

(6)深化资源组织加工,探索开展知识服务

"十二五"期间,国家工程技术图书馆推进知识服务加工及系统建设。建立知识服务体系架构,总体来说归为:三层数据、两种分析,一个窗口。

①三层数据。底层数据是国家工程技术图书馆采集和加工的中外文期刊论文及其引文、中外文学位论文、中外文会议论文、美国科技报告、全球专利全文等知识资源;中间层数据是日常应用且持续更新维护着的机构规范库、作者规范库、期刊规范库和基金规范库,以及汉语主题词表和分类表;上层数据则是从知识资源中抽取出的、经规范过的知识单元和要素,包括作者、机构、基金、期刊、主题词等。

②两种分析。第一种分析针对底层知识资源开展,经过实体识别、数据挖掘、语义分析等步骤,将有关的知识分析要素识别并抽取出来;第二种分析是关联分析,通过文献计量学特有的共被引、合著、引文耦合等关联方法,对抽取出的知识分析要素进行关联,并形成分析数据。

③一个窗口。上述所有的后台操作的结果最终都体现在国家工程技术图书馆网站的知识服务窗口上。

目前,知识服务体系中的知识链接、期刊指标、论文分析、作者分析和基金分析等功能上线服务(http://www.istic.ac.cn),学科科研状况分析、机构学术成果分析两个子系统进入内测状态。其中,学科科研状况分析系统以中文学术论文及引文作为分析数据源,结合中图分类法和各学科实际情况来划分学科,并分别统计学术论文的发表和被引情况,既从整体上展现学科内论文发表和被引的数量分布和地区分布等概况,又从期刊、作者、机构、图书、会议等方面反映学科内的学术影响力情况,还用共现、同被引以及合著等方法揭示各学术主体之间内在的主题关联。主要分析指标和分析项目有:

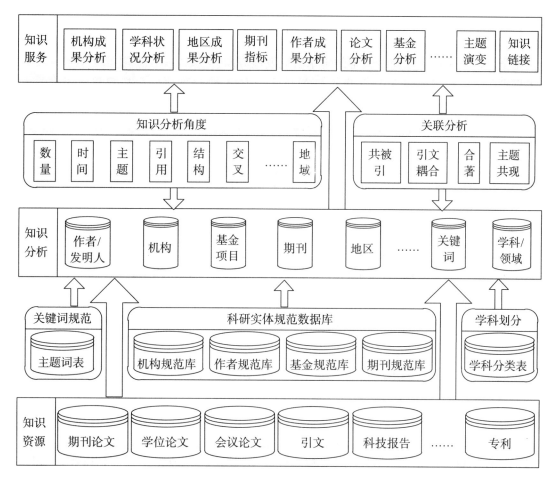

图1　国家工程技术图书馆知识服务架构

①发文/载文指标和被引频次指标。从实际数据统计来看,中文期刊论文的被引主要集中在发表后5年以内。因此,系统按学科划分来统计5年来的发文情况以及在最近1年的被引情况,分别从总量和学科内的角度统计作者、期刊和机构等对象的发/载文量、被引频次和相关的比例数据(被引率、篇均被引、影响因子等)。借助这些基本的统计指标,用户可以快速了解学科5年来的概况。

②高被引分析项目。按学科划分,从最近1年内发表的论文中统计各种分析对象的被引频次,首先按被引频次高低将前1%的论文定义为学科高被引论文,再进一步统计筛选出各学科内位列Top N的高被引论文、高学科影响力期刊、高被引作者、高被引机构、高被引图书、高被引学术会议录、高被引国外期刊以及h指数等项目。学科内的各类高被引对象反映了最近一年中科研人员热点研究主题的分布,以及学科内影响力较大的学者、期刊、机构、图书、学术会议和国外期刊,便于科研人员掌握最近一年学科的关注焦点及重要的科研主体。

③文献计量关联分析。从学科视角出发,借助关键词共现分析、论文共被引分析和论文合著分析等三种文献计量方法,分析、挖掘并揭示学科内科研主题间的潜在学术关联。

3. 学术科研

国家工程技术图书馆围绕既定的学术研究发展方向,采取以实践运用带动学术研究,以业务需求驱动学科发展的方式,不断凝练学科建设方向,强化理论研究与实践应用相结合,在学科建设方面取得进展。国家工程技术图书馆"十二五"期间以知识组织体系构建为重点,开展了《汉语主题词表》(工程技术版)编制、英文超级科技词表编制以及两者的映射研究,并以汉语主题词表的改造修订和英文超级科技词表编制为契机,开展了网络环境下叙词表的编制、维护与应用的理论和方法研究。

(1)面向外文科技文献信息的超级科技词表和本体建设

①英文超级科技词表的构建工作

"英文超级科技词表"(以下简称《英表》)的建设是"十二五"科技支撑计划"面向外文科技文献信息的知识组织体系建设与应用示范"的重要工作任务,具体目标是建设基础词库科技术语达到460万条以上,理工农医领域概念数量达到56万条以上。到2015年,经过领域间合并、去重和冲突检查处理,实际完成理工农医领域《英表》概念数量达到61.59万条。国家工程技术图书馆负责制定《英表》课题的总体工作技术路线,具体完成了工程技术领域的素材收集加工和存储、基础词库建设、领域内《英表》编制及参与完成理工农医四个领域英表的合并、去重、质量检查提高和总体实现工作。

作为英文超级科技词表的基础工作,国家工程技术图书馆也建设了以工程技术为主的术语基础词库,搜集整理了以工程技术领域为主的、具有较高质量和较丰富语义关联的各类词表。包括各类叙词表、术语表、关键词、用户检索词等。基础词库是《英表》的基础,分4层,分别为来源表术语层、基础术语层、规范术语层、基础概念层。来源表术语层以记录术语来源的词汇为单位;基础术语层以不同书写方法的词汇为单位;规范术语层是以经过词形规范的术语(包含不同写法的术语)为基本单位;基础概念层是经过同义词归并、同型词区分、词属性建立等规范化处理后生成的概念为单位。截止到2015年,基础术语约360万条。

②英文超级科技词表与汉语主题词表的映射研究

在网络时代,叙词表与其他知识组织体系的互操作,成为数字环境下实现知识组织与知识检索的重要途径,叙词表间的映射更是实现不同知识库的无缝融合的重要方法。课题开展了《汉语主题词表》(工程技术版)与英文超级科技词表工程技术部分的映射工作,从而探索从《汉语主题词表》(以下简称《汉表》)作为入口,用户同样能够检索和利用外文科技文献资源,达到对外文科技文献知识检索与知识发现的目的。为逐步推进面向中外文文献资源的联合,同步知识组织工作,实现中英文资源的集成揭示和跨语言检索,课题设计了两种语言词表的概念语义映射方法,提出了从《汉表》(工程技术版)向英文超级科技词表的概念映射模型,设计了概念映射的数据描述、机器辅助和最短距离的映射规则,给出了中英文词表的映射实施过程及中英文双语检索模型的系统设计。主要完成了《汉表》(工程技术版)与英文超级科技词表在概念层面的双向映射工作,这是开展双语检索必不可少的基础工作。作为工程性质的研究项目,制定了严谨的管理组织方案和实施程序,按专业筛选了14家协作单位,在专业分工基础上,经过多次培训和交流,对全部概念逐一进行了概念映射,并进行了相应的质量检查和控制。本课题研究具有涉及专业多、专业性强、知识密集、实践性强等特点,因此主要难点在于实施过程中如何从技术和管理等角度与各家协作单位建立有效的分布式协作机制和沟通机制,以保证课题顺利推进和对映射工作质量的控制。最终完成了全部英文超级科技词表约 20 万个概念和《汉表》(工程技术版)概念的映射工作。

(2)《汉语主题词表》(工程技术版)编制与应用示范研究

叙词表是一种文献信息组织和检索工具。在文献自动处理、智能检索、知识发现等方面具有较好地应用价值。鉴于《汉表》对我国情报检索语言发展的历史贡献,以及图书情报界对网络环境下新型《汉表》的期待,中国科学技术信息研究所于 2009 年启动《汉表》重编工作。总体规划是分四步逐步推进:首先完成工程技术部分的编制,其次是自然科学部分,再次是生命科学部分,最后是社会科学部分。

从 2009 年开始,《汉表》项目组采集加工各种语词资源,构建了 400 余万条术语的中文基础词库,包括多种中文叙词表、规范科技词表、术语标准、专业词典、在线百科、文献作者关键词、网络用户检索词等。按照学科分类遴选出工程技术专业的科技术语 125 万条,形成候选词汇集,同步开发了适宜于多单位多用户在线协同修订的《汉表》编表平台。《汉表》项目组基于国家标准 GB/T 13190—1991《汉语叙词表编制规则》制定了"《汉表(工程技术卷)》编制手册",之后参考 ISO 25964—1《信息与文献——叙词表及其与其他词表的互操作》国际标准以及近年来叙词表编制方面的最新研究成果进行改进,并基于《中国图书资料分类法》(第 4 版)(以下简称《资料法》(第 4 版))建立了《汉表》分类表。

2010 年,中国科学技术信息研究所组织 16 个单位参加《汉表(工程技术卷)》的编制工作,各单位在统一的编表平台上依据编制规则协同编制专业叙词表,主要工作包括词汇遴选、同义词归并、词汇分类、等级关系和相关关系构建。2012 年,将各参加单位按专业编制的叙词表逐步合并,解决合并中产生的概念冲突及逻辑关系错误。2013 年,对叙词表语词的关系进行全面审核,对优选词英文翻译、优选词分类进行逐一核查。2014 年全面完成《汉表(工程技术卷)》的最后审定并分 13 个分册正式出版:

第 I 分册	工程基础科学、通用技术、通用概念
第 II 分册	矿业工程、石油与天然气工业
第 III 分册	冶金工业、金属工艺
第 IV 分册	机械、仪表工业
第 V 分册	能源与动力工程、电工技术
第 VI 分册	武器工业、原子能技术、航空航天
第 VII 分册	电子技术、通信技术
第 VIII 分册	自动化技术、计算机技术
第 IX 分册	化学工业
第 X 分册	轻工业、手工业、生活服务业
第 XI 分册	建筑科学、水利工程
第 XII 分册	交通运输
第 XIII 分册	环境科学、安全科学

《汉表(工程技术卷)》共收录优选词 19.6 万条,非优选词 16.4 万条,总词量 36 万条,叙词表结构更趋合理,等同率为 0.84(非优选词数/优选词数);属分参照度为 2.14[(属项词

数＋分项词数）/优选词总数〕；相关参照度为 0.63（参项词数/优选词总数）；无关联比为 0
（无关联词数/优选词总数）。词族约 4300 个，平均每个词族含有 46 个概念，词族层级主要
分为 2—5 层。为了实现跨语言应用，每个优选词都配备一个或一个以上对应的英文译名。

《汉表（工程技术卷）》的主要特点有：①充分考虑网络环境下叙词表的编制和应用特
征，等同率高，收录的概念量远多于以往版本，1980 年出版的《汉表》收录正式主题词 91 158
条，非正式主题词 17 410 条，共计 108 568 条；1991 年修订出版的《汉语主题词表（自然科学
增订本）》，收录自然科学领域的语词共 81 198 条，其中正式主题词 68 823 条，非正式主题词
12 375 条。②基于文献数据库，全面考虑词频信息的作用，贯彻用户保障原则，兼顾术语规
范性。③基于语义计算、共现聚类等技术，促进词间关系的建立，语义关联更为紧密。④基
于《中国图书资料分类法》，全面修订和重新编制分类表，基本具备分类主题一体化应用功
能，形成分类表—基础词库—概念的体系结构。

《汉语主题词表》既可以运用于资源组织与知识关联，也可以支撑知识展示与数据服务，
通过有机地嵌入信息系统，实现基于《汉语主题词表》的机器标注和语义关联，直接应用到主
题标引、智能检索、自动聚类、热点追踪、知识链接、术语服务、科研关系网络构建等多个
方面。

（3）第 42 届 ISO/TC 46 全体大会在中国召开

2015 年 6 月 1 日至 5 日，国际标准化组织信息与文献技术委员会（ISO/TC 46）第 42 届
全体大会在中国科学技术信息研究所召开。来自中国、美国、法国、德国、日本、澳大利亚等
21 个成员国和相关机构代表共 120 余人参加了本次会议。会议周共举办了 31 场次工作会
议，同时举办了"数字环境下信息与文献标准化"开放国际论坛。

ISO/TC 46 工作领域涉及图书馆、档案、出版、博物馆、信息中心等，其所制定的 120 余项
国际标准覆盖信息与文献全生命周期，为国际文献信息资源的全球共享提供重要技术支撑。
中国科学技术信息研究所挂靠的全国信息与文献标准化技术委员会自 1979 年成立以来，长
期致力于信息与文献中国标准的制定及国际标准化活动的实质参与，近年来提交的三项中
国标准提案已全部进入国际标准出版阶段。本次会议是 1981 年我国承办 ISO/TC 46 南京
会议后，第二次承办该项会议，会议的成功召开标志着我国在信息与文献国际标准化领域取
得重要进展，极大提升我国信息与文献领域在国际标准化组织中的影响力。

4. 国家科技报告制度建设

2012 年 7 月，中共中央、国务院印发的《关于深化科技体制改革加快国家创新体系建设
的意见》（中发〔2012〕6 号）明确提出，要加快建立统一的科技报告制度，并依法向社会开放。
2012 年 12 月，科技部启动了我国科技报告的试点工作，委托中国科学技术信息研究所负责
科技报告制度体系建设的政策研究、平台建设和运行维护等工作。主要内容有：

（1）总体工作方案制订

基于对国内外科技报告制度建设现状和科研管理体系的充分调研与论证，分析研究我
国科技计划管理过程及其与科技报告管理目标间的契合并轨机制，努力将科技报告工作流
程嵌入科技计划管理过程。经过 10 多次交流咨询、意见征集和方案论证，提出与现有科技
计划管理体制相适应的总体制度框架，主要涉及政策法规、标准规范、组织管理以及共享服
务 4 个方面的体系建设，由国家、部门/地方以及基层科研单位三级组织管理体系构成。其

中,国家科技报告管理中心由科技部指定中信所负责运行,按照"谁立项、谁管理"的原则,逐步推进各部门(地方)构建科技报告管理体系,并明确基层科研单位在科技报告工作中的法人责任。与此同时,强化与各部门和地方的协调沟通,先后多次召开部际联络员会议,发改委、财政部、教育部、中科院、中国工程院、自然科学基金委等部门参加,就推进国家科技报告制度建设工作征求意见。2014 年 3 月,科技部成立国家科技报告制度建设咨询专家组,负责为国家科技报告制度建设的顶层设计、重点任务部署和具体工作实施提供咨询。同时,召开各省市(行业)情报所所长科技报告工作座谈会,为地方科技报告工作的启动建设奠定发展基础。

（2）试点工作实施

2013 年 4 月,科技部印发《关于在国家科技计划中开展科技报告试点工作的通知》,973 计划、863 计划、科技支撑计划等科技计划的主管单位相继启动本计划试点工作部署,相关业务司局和中心督导承担单位呈交科技报告。为确保试点科技计划科技报告的质量,中国科学技术信息研究所国家工程技术图书馆联合各省级科技信息机构组建了约 50 人的科技报告编辑改写专家队伍,分 4 批集中对科技报告进行改写编辑,为实现在 2014 年 3 月收录 1 万份高质量科技报告并上网服务的目标奠定资源基础。

（3）科技报告服务系统开通运行

科技部委托中国科学技术信息研究所开发国家科技报告服务系统。经过 4 个月的试运行和两个阶段的征求意见,国家科技报告服务系统(http://www. nstrs. cn)于 2014 年 3 月 1 日正式上线,收录的 1 万余份科技报告面向社会提供服务。截至 2015 年,国家科技报告服务系统已收录中央财政科技计划科技报告 3.75 万份,省级财政科技计划科技报告 3700 份,面向社会提供服务,实名注册用户达到 2.3 万人。

（4）全面开展宣传培训工作

科技报告制度建设与实施需要社会的广泛支持,特别是科技界的认同。科研人员不熟悉科技报告格式规范,报告撰写和数据提交存在较大难度,迫切需要针对承担国家科技计划项目的科研人员进行全面培训。为此,中国科学技术信息研究所国家工程技术图书馆在编制《科技报告工作手册》《科技报告体系研究文集》《国内外科技报告样例集》《科技报告撰写全文样例》等系列培训教材基础上,面向国家科技计划管理人员、基层单位科研管理人员、项目承担人员等开展科技报告培训工作。截至 2014 年年底,累计举办近 30 场较大规模的科技报告培训活动,参与人员万余人次,有效强化了呈交科技报告的意识,增强了科研人员撰写科技报告的技能。

（5）科技报告标准规范制定

为建立统一的科技报告制度,需要实现科技报告管理流程统一,科技报告撰写标准统一,科技报告数据互操作,科技报告系统互操作,科技报告服务互联互通。中国科学技术信息研究所组织专家完成了《科技报告编写规则》《科技报告编号规则》《科技报告保密等级代码与标识》《科技报告元数据规范》等国家标准的制修订工作,并得到国家标准化管理委员会批准颁布。同时,在全面落实年度执行报告、中期评估报告和结题验收报告等 3 个新模板的基础上,逐步将实验/试验等专题科技报告工作纳入国家科技计划项目合同管理。

四、未来及展望

"十三五"期间将以"国家工程技术数字图书馆""基于规范文档的知识链接服务系统""《汉语主题词表》术语服务系统"三个系统为主体,聚焦资源建设、学科服务与基础科研等主体业务,进一步提高服务能力设,提升服务效益,创新服务模式方向推进。

1. 统筹资源,强化国家保障之资源发现系统建设

继续强化资源的分析评价和文献信息基础建设,适应数字时代资源建设变革的潮流,大力开展 OA 资源、网络资源、文献元数据等采集和揭示,探索图书馆资源发现服务的新模式和新方法。扩大资源的获取渠道,建立多来源的元数据集成管理系统,通过多种方式,顺应用户需求,强化资源发现系统建设。

2. 继续推进汉语主题词表建设,强化应用研究与推广

大力开展《汉语主题词表》(自然科学版)编制工作,组织自然科学各学科领域的合作编表单位,构建自然科学领域专业词表,形成《汉表》(自然科学版)概念体系。探索汉语《汉语主题词表》在网络环境下应用服务方式,完善汉语主题词表网络服务系统的功能,加大推广宣传,大力发展词表用户。

3. 聚焦服务效益提升,推进服务体系建立

继续做好各项公益服务的基础上,以市场为导向向知识化服务转型,提高信息服务的附加值,满足文献信息多样性需求。形成系列具有竞争力的信息产品,加强信息服务推广能力,形成"产品—推广—服务"的良性发展。推进服务体系建设,加强服务宣传推广工作,定期举办宣传推广和用户培训活动。继续开展学科化和专业化服务,做好重点用户服务。继续办好院士报告会,加强院士著作和风采物品的收集,积极做好院士著作馆改扩建工程工作。做好 NSTL 用户服务中心工作,加强 NSTL 服务站、用户管理平台、专题镜像平台、集团用户、接口用户的发展和管理工作,加强用户分析和服务跟踪。

4. 强化基础研究能力,优化人才培养环境

坚持学科建设方向,切实做好在研课题的实施及课题申报。继续推进"知识组织与知识链接"学术交流。改组《数字图书馆论坛》编委会,提升刊物质量。以学术研究为纽带,在博士团队基础上,打造硕士团队。组织各种活动,活跃中心整体文化氛围,强化对年轻业务骨干培训。

附:大事记

2011 年,参与 NSTL"十二五"国家科技支撑计划项目"面向外文科技文献信息的知识组织体系建设与

应用示范"的申报工作,项目获批准并正式启动,承担项目中"面向外文科技文献的超级科技词表建设"和"汉语主题词表(工程技术版)与英文超级科技词表的映射研究"两个课题的研究工作。

2012 年 1 月 29 日,时任国务委员刘延东在全国政协副主席、科技部部长万钢,国务院副秘书长江小涓,科技部党组副书记、副部长王志刚等陪同下,到中国科学技术信息研究所,调研考察我国科技信息工作情况,并做重要指示。

2013 年 10 月 23 日在北京联合召开"2013 年全国科技查新工作交流会暨科技查新专业委员会成立大会",来自全国 90 多家科技情报机构的 150 余名代表参加了此次盛会,本次会议既是每年一度的"科技查新工作交流会",更是科技查新具有里程碑意义的一次会议,成立了"全国科技查新专业委员会"。

2014 年 9 月 30 日起,中国科学技术信息研究所成为中国博士后管理委员会指定的博士后出站报告呈缴收藏单位。

2015 年 6 月 1 日至 5 日,国际标准化组织信息与文献技术委员会(ISO/TC 46)第 42 届全体大会在中国科学技术信息研究所召开。来自中国、美国、法国、德国、日本、澳大利亚等 21 个成员国和相关机构代表共 120 余人参加了本次会议。

2010 年起,每年召开"全国知识组织与知识链接学术研讨",截至 2015 年已召开六届。该会议已经成为国内在知识组织领域重要学术会议,并具有较重要影响。

2014 年 9 月《汉语主题词表(工程技术卷)》正式出版,共计 13 册。该词表是为了适应网络环境下知识组织与数据处理的需要,由中国科学技术信息研究所主持,并联合全国图书情报界相关机构,进行协同编撰。

2014 年 3 月 1 日,"国家科技报告服务系统"正式上线运行。公众只要登录 www.nstrs.cn,就可检索或全文浏览国家科技计划项目科技报告,从而实现数万份科技报告向社会开放共享。该系统的开通,标志着我国科技报告制度建设取得实质性进展。

中国科学技术信息研究所国家工程技术图书馆

中国化工信息中心图书馆"十二五"事业发展报告

"十二五"时期是我国全面加快转变经济发展方式,实现科学发展的攻坚时期,是推动科技文化大发展大繁荣,提升国家科技文化软实力,也是大数据时代共建、共享、共赢的知识型文献服务体系建设的重要阶段。

中国化工信息中心是全国石油和化学工业综合性文献资源采集、技术研究、信息服务和计算机网络技术开发中心,也是国家科技图书文献中心成员单位之一(即化工分馆)。其主要任务是为保障中国化工信息中心(以下简称"中心")开展石油化学工业生产经营、科研咨询项目,提供科技文献信息采集,获取,收藏,文献二次加工利用的专业性图书馆;中心还肩负着全国石油化工行业期刊管理、中国石油和化学工业联合会化工情报信息协会、北京市生产力协会等部分政府管理职能业务;同时承担着科技部、商务部、国资委、工信部等国家科技成果信息服务平台、重点化工产品产业损害预警信息监测、重点行业产业损害预警数据中心、专利文献检索服务系统的建立与示范应用、企业知识产权战略和管理指南研究等国家重要课题项目任务。中心更是国内外知名度、荣誉度高的石油和化学工业技术咨询服务、网络技术开发和维护机构。

中国化工信息中心图书馆在石油和化学工业领域有着双重的信息使命:一是作为国家科技图书文献中心(NSTL)成员单位之一,承担着石油、化工、化学及相关领域国外科技文献信息资源建设,科技文摘数据库、引文数据库的加工,以及文献原文传递和信息技术咨询等多层次文献信息服务,是国家一级查新和专利技术中介机构;二是作为原化学工业部的科技图书馆,又承担着中国石油和化学工业行业的文献资源基础保障、共建共享、信息服务的重大任务。它是石油化工行业生产、科研、市场经营的文化产业支柱,承载着紧紧围绕石油化工行业科学发展的战略目标而开展文献馆藏建设工作的重担。并全方位多角度地将科学发展观的理念和方法融入科技图书馆的"十二五"规划之中,更好地为广大科研人员开展科学研究、生产实践、产品经营,提供学科信息传递服务,以最优质的获取高新科技文献馆藏为科学理论基石,是本馆面临的一项十分重要的任务。

一、馆藏资源建设的指导思想

本馆坚持以邓小平理论、"三个代表"重要思想和科学发展观为指导,坚持以知识型文献服务为科研创新采访理念,以"十二五"时期的文献信息服务模式创新为总体思路和发展目标,结合本馆资源建设原则,制定了"十二五"创新发展的愿景。

二、馆藏资源建设的具体目标

"十二五"时期,围绕 NSTL 科技文献资源建设发展的定位,根据石油和化学工业科研发展重点和战略规划,坚持"读者第一,服务至上"的办馆宗旨;以文献信息资源基础建设为出发点,建立健全与科研和学科专业建设发展相适应,纸质文献与电子文献互为补充的文献信息资源保障体系;以资源团队建设为核心,优化资源结构,提升员工素质,提高管理信息水平,加强数据库整合力度,提供学科化专业化知识化的信息服务。在"十二五"期间,努力把图书馆建设发展成为一个有着管理科学、服务优质和功能先进的现代化科技文献保障中心、知识组织中心、技术服务中心。

三、"十二五"时期规划的主要任务

"十二五"时期,面对"本中心"石油和化学工业科研生产经营发展的新局面、新观念和广大科技读者不断增长的基本文献信息需求。秉承"传承文明、服务社会"的宗旨,全面落实"人才兴馆、科技强馆、服务立馆"的发展战略,圆满完成了"十二五"规划确定的主要目标和任务。经过五年的努力奋斗,基础业务稳步推进,服务能力持续增强,在科技文献信息服务中的地位和影响力显著提升。五年来取得显著的业绩:

1. "十二五"期间各年度文献馆藏结构变化

自 2011 年年底,本馆馆藏资源突破 32 万册,年新增约 1.9 万册。馆藏国内外科技期刊20.3 万册;馆藏国内外会议录 4850 册;馆藏科学技术报告 8965 册;光盘、数据库、网络版资源等数据量超过 3641.9 万条记录;图书资料 10.01 万余册。

2012 年年底,馆藏资源 34.1 万册,年新增 2.1 万册。馆藏期刊 22.3 万册,馆藏国内外会议录 5130 册,馆藏科学技术报告、技术咨询报告 9221 册,光盘、数据库、网络版资源等数据量 3843.2 万条记录,图书资料 10.4 万余册。

2013 年年底,馆藏资源 35.9 万册,年新增约 1.8 万册。馆藏期刊 24.0 万册;馆藏国内外会议录 5767 册;馆藏科学技术报告 9484 册;光盘、数据库、网络版资源等数据量超过 4240万条记录;图书资料 10.08 万余册。

2014 年馆藏资源 37.9 万册,年新增 2.0 万册。馆藏期刊 25.7 万册,馆藏国内外会议录6540 册,馆藏科学技术报告、技术咨询报告 9689 册,光盘、数据库、网络资源版等数据量4350 万条记录,图书资料 10.10 万余册。

截止到 2015 年馆藏资源 39.8 万册,年新增 1.9 万册。馆藏期刊 27.5 万册,馆藏国内外会议录 7165 册,馆藏科学技术报告、技术咨询报告 9915 册,光盘、数据库、网络版资源等数据量 4757.7 万条记录,图书资料 10.12 万余册。

2. "十二五"期间各年度读者流通服务和网络浏览数量倍增

本馆统计 2011 年接待外部读者 2036 人次,电话咨询 1260 人次,文献外借 5624 册次,复印 85 万多页,文献请求 27 016 篇、代查代借 84 010 页,网站访问量达 2094 万人次。

2012 年接待读者 3100 多人次,文献外借 3264 册次,来函来电咨询 2000 多件次,复印22.6 万页,网络文献请求 23 251 篇、代查代借 2398 篇,网站访问量达 2132 万人次。

2013 年对外接待读者 4305 人次,电话网络咨询 1135 人次,文献外借 5172 册,复印 12

万页,网络原文请求 16 306 篇、代查代借 2819 篇 15 200 页,网络资源下载 9812 个文档,网站访问量达 2215 万人次。

2014 年对外接待读者 2800 人次,电话网络咨询 1200 人次,文献外借 5300 册,复印 13.2 万页,网络原文请求 24 841 篇、代查代借 1457 篇,网络资源下载 13 191 个文档,网站访问量 1805 万人次。

2015 年对外接待读者 2560 人次,电话网络咨询 983 人次,文献外借 6200 册,复印 11 万页,网络原文请求 40 944 篇、代查代借 728 篇,网络资源下载 25 697 个文档,网站访问量达 1200 万人次。

另外,为了读者便捷、及时浏览电子文献资源,本馆自 2011—2015 年开通了中、外文电子出版物个性化推送服务,把到馆的电子期刊按照专业读者个性化需求,分组分类定时发送到读者专指 AM 对话框或个人邮箱,读者可灵活机动的根据个人工作时间需求,时时下载保存本地阅览利用。

表 1   2011—2015 年中文电子期刊实行 AM 直接发送读者阅览

期刊名称	读者人数	发送期数
每日经济,日刊	53	6228
管理视野,周刊	27	546
石化汇编,周刊	33	545
每周财经,周刊	33	544
研究成果月刊	27	60
亚博石化(石化行业监测),半周刊	15	580
中国石油和化工经济数据快报,半月刊	67	110
环球每日电讯,日刊	53	2650
中华商务网大周报(18 种产品),周刊	56	7936
国内外化工行情,月刊	15	60
中国石油和化工经济分析,月刊	67	60

3."十二五"期间各年度二次文献加工利用及数据库建设稳健成长

2011 年自主组织加工科技文摘数据 32.8 万条,消息类数据 4.6 万条,网络资源下载 19.2 万篇,数据库整合 147 多万条记录。编辑出版国外化工科技文献精选 4 期,馆藏资源报道 4 期。

2012 年自主加工科技文摘数据 30.1 万条,消息类数据 3.2 万条,国外科学引文 263.2 万条,网络资源下载 16.8 万篇,数据库整合 138 万条记录。编辑出版国外化工科技文献精选 4 期,馆藏资源报道 4 期。

2013 年自主加工科技文摘数据 33.1 万条,消息类数据 3.8 万条,国外科学引文 273.3 万条,网络资源下载 17.6 万篇,数据库整合 152 万条,新建立专业化平台 5 个、企业竞争平台 18 家。编辑出版国外化工科技文献精选 4 期,馆藏资源报道 4 期,相关资讯 5 种 36 期,检索查新 800 项、定题跟踪 32 次,专题咨询服务 63 次。

2014 年自主加工科技文摘数据 34.1 万条,消息类数据 3.7 万条,国外科学引文 195.9 万条,网络资源下载 19.5 万篇,数据库整合 32 万多条。编辑出版国外化工科技文献精选 4 期,馆藏资源报道 4 期、检索查新 200 项。

2015 年自主加工科技文摘数据 32.8 万条,国外科学引文 297 万条,消息类数据 6.2 万条,网络资源下载 16.9 万篇,数据库整合 28 万多条。编辑出版国外化工科技文献精选 4 期,馆藏资源报道 4 期、检索查新 150 项。

四、"十二五"期间开展的主要工作及发展特点

2011—2015 年中国化工信息中心图书馆围绕以科技文献资源建设、信息咨询服务、刊物出版研究为重点的发展模式,全面推进石油化工行业资源保障能力和信息服务能力,标新,明意在文献信息资源采访中取得丰硕成果:

1. 本馆文献信息资源建设创新创优发展历程任重道远

(1)完成采访任务,文献资源结构进一步优化

①中文文献采访

2011 年订购中文期刊:纸质版 146 种,报纸 11 种,内部交换期刊 65 种(包括中心出版的);订电子期刊共计 30 种(含 17 种是赠阅),其中电子版 29 种,光盘版 1 种,订数据库网络版 5 种;2011 年订购年鉴 45 种;会议科技报告 122 种(包括赠送和复制);图书 248 多种;标准 77 个。

2012 年订购中文期刊:纸质版 133 种,报纸 8 种,交换赠阅刊 30 种,电子版 12 种,数据库 6 种(含知网 CNKI 镜像期刊)。2012 年期刊涨价幅度大,通过读者调研,减少读者使用率低的 13 种季刊(读者反映出版周期过长);2012 年订购中文年鉴 31 种,编目到馆 27 种;2012 年订购中文图书 5 种,全部编目到馆;2012 年收集中文会议文献 43 种,已全部编目到馆并同时发布阅览通告 5 次。

2013 年订购中文期刊:纸质版 128 种,报纸 8 种,交换赠阅刊 30 种,电子版 11 种,数据库 6 种。2013 年减少读者使用率低的 5 种刊(读者反映出版周期过长,利用率低);2013 年订购中文年鉴 30 种,编目到馆 25 种,因出版周期过长数据更新滞后,取消了《2012 年中国海关统计年鉴》;2013 年收集中文图书 4 种,全部编目到馆;2013 年收集中文会议文献 35 种,已全部编目到馆并同时发布阅览通告,利用 AM 发送中心领导和专业读者,并同时全部分批加载到 RS 资源共享平台,共计发布阅览通告 4 次。

2014 年订购中文期刊:纸质版 128 种,报纸 6 种,减少 2 种非专业性报纸,交换赠阅刊 26 种,电子版 10 种,数据库 10 种(其中 2014 新增海关数据、隆众资讯网、价格指数、投资指数 4 种);2014 年订购中文年鉴 31 种,编目到馆 41 种,(包括 2013 年延期出版);2014 年收集中文图书 13 种,全部编目到馆;2014 年图书采访执行个性化专题订购,收集中文会议文献 30 种,同时全部分批加载到 RS 资源共享平台,共计发布阅览通告 4 次。

2015 年订购中文期刊:纸质版 118 种,报纸 6 种,交换赠阅刊:22 种,电子版 9 种,《环球每日电讯》日刊,2015 休刊,数据库 10 种。2015 数字化资源日趋递增,为节约经费,减少资

源重复,合并纸质与电子并存学科利用低的纸本期刊 10 种;2015 年订购中文年鉴 31 种,编目到馆 45 种,(包括 2014 年延期出版);2015 年收集中文图书 18 种,已全部编目到馆;2015 年图书采访继续执行个性化专题订购收集中文科技会议文献 27 种;已全部编目到馆并同时发布阅览通告,利用 AM 发送中心领导和专业读者,并同时全部分批加载到 RS 资源共享平台,共计发布阅览通告 4 次。

②西文文献采访

2011 年订购国外科技期刊 1233 种,科技报告、会议文献等 418 套,数据库 17 个,年文献资源采集经费 2217 万元。

2012 年订购国外科技期刊 1224 种,科技报告、会议文献等 499 套,数据库 17 个,年文献资源采集经费 1966 万元。

2013 年期刊订购 1246 种,科技报告、会议文献等 479 套,停止订购 20 套;数据库续订 14 种文摘型、事实型数据库,3 种全文数据库,并配合中心服务组完成 3 种专利数据库及分析工具的新增订购工作;2013 向中心推荐 60 种期刊和 38 种(套)文献,基本涵盖了用户需求和所需要补充的学科领域。中心资源组批准订购 49 种期刊和 3(套)种文献。

2014 年度订购国外科技期刊 1169 种,会议录、科技报告、工具书等 371 套,事实性和全文数据库 20 种。同时优化学科结构,以资源利用为主,调整利用低和学术质量差的期刊 49 种、科技报告 3 种,停止三年来未到货和到货不好的期刊 38 种、会议录和科技报告 63 种;新增服务企业需要的信息类、市场类、统计类期刊和科技报告 42 种、数据库 3 种,学术质量和学科结构得到了进一步的优化;2014 年新增订购单种电子版、网络科技文献资源 62 种,网络资源总量达到 176 种,全部在单位内部开通使用,大部分协商解决了本地化保存的问题,完成了数字资源平台建设。

2015 年度期刊共计停止订购 48 种,续订 1121 种;文献共计停止订购 49 套/259 种,续订 322 套/736 种;共完成 14 种文摘型、事实型数据库,3 种全文数据库的续订、使用统计等工作,配合中心服务组完成 QUESTEL 专利元数据、QUESTEL Orbit 专利分析工具、Share Pat 中国专利数据的续订和付款工作。配合中心资源建设部完成 Karger、TAIR、Wiley 数据库合同签署和付款工作。

(2)实行"读者推荐"采访模式,调整文献资源结构

①确立了"读者推荐"的采访模式

依据"读者推荐"以重点学科领域为中心,在重点学科原始收藏的基础上,系统收藏边缘和交叉学科的会议文献、科技专题报告。采访人员一是通过科技人员、专家读者推举的专业会议信息,去与行业协会沟通购买;二是利用本中心一些专家在各行业领域的学术地位为采访人员搭建长期购买平台,使得会议文献,科技报告的收藏形成了一个连续性、学科性、系统性的特色模式。这一采访模式特别是在国内会议文献运用上,确实给本中心"咨询部"从事的科研课题,带来了重要的科技产值。如:新材料,有机硅,颜料、染料中间体色母粒,农药中间体,电子化学品,炼焦,乙醛酸,高分子材料等咨询科研项目。

②西文印本订单新增

2015 年中国化工信息中心图书馆向资源建设专家委员会中心推荐 23 种期刊、16 种会议文献,涵盖用户需求和所需要补充的学科领域。最终 9 种期刊、3 种会议文献通过了专家的认可。

以上续订及新增订单均与图书代理公司签署订购协议,并顺利发订。并在文献综合管理系统完成停订、续订确认和相关信息维护工作。

表1　2015年度国外印本文献续订新增数量统计表

外文印本期刊(品种)				外文印本文献(套/品种)			
续订		新增	合计	续订		新增	合计
增量	原存量			增量	原存量		
1093	28	9	1130	315/729	7/7	3/3	325/739

③电子资源开通下载

2015年度以印本方式订购的E-only期刊122种,均正常开通使用。年内本地化保存期刊25 697个文件,非期刊200多个文件,存储量达38.3G,E-only期刊登到2427期。

④文献到货核查

a. 期刊到货统计

为准确掌握2015年期刊到货情况,在今年11月份以2014年度订单为基础,全面核查了2015年到货,对比2013—2015三年同期核查到货统计(详见表2),2013—2015年到货率比较平稳,说明近几年通过资源优化工作,已剔除了很多到货不好的资源,资源结构比较稳定,到货也比较好。

表2　2013—2015三年同期核查期刊到货统计表

	2013年11月核查 2013年到货率	2014年11月份核查 2014年到货率	2015年11月份核查 2015年到货率
按品种数统计	93.3%	91.4%	91.7%

b. 文献到货统计

2015年12月份在文献综合管理系统中对2013年度发订,2014年执行的文献订单进行到货统计,并与前两年同期统计文献订单到货统计对比如表3。从表3看出2014年执行的订单到货率较之前有了提高,这说明订单的催缺和优化工作取得了一定的成效,保证了到货的及时性。

表3　2012—2014年非刊文献到货统计对比(按文献类型统计)

	2012年到货率	2013年到货率	2014年到货率
套(合计)	45.74%	52.66%	62.08%
种(合计)	68.95%	76.62%	84.81%

2. 本馆"特色"文献资源建设采访,给广大科技读者奠定了丰厚的科研效果

(1)西文技术咨询报告

美国斯坦福研究所、CMAI、CUR、Chem Systems、IHS等国际机构出版的高度专业化的技术咨询报告(如PEP、PERP、CEH、WA、SC)等,对国内的技术引进、技术开发、技术改造、国内外化工产品的市场情况、撰写工程项目建议书和可行性报告乃至基础设计、投资、人力、电力等,是非常有实用价值的借鉴资料和可靠的参考数据,数据和技术得到行业的认可,包括中科院研究院所的专家学者也常常光顾图书馆阅览,已经连续订购30多年。

- 《工艺经济大纲》(*Process Economics Program*,简称 PEP)和《工艺经济大纲述评》(*PEP Reviews*)(20 种/年)

PEP 报告主要从经济上评论和分析了重要化学品的工艺过程,从而确立工艺上可行的初步设计数据及操作条件。评价了传统工艺与 PEP 报告中所设计工艺的优缺点,并提出了改进办法和产品生产成本的估算方法。PEP 报告研究的不仅包括成熟的产品,也包括最近的新产品。PEP 报告叙述非常详细,资料来源可靠,可供化学工作者,尤其是设计、研究人员使用。其用途包括:①规划新的项目;②研究开发有关产品;③进行工艺技术比较;④引进国外技术时分析参考;⑤工艺预测算;⑥项目的可行性研究。

PEP 述评是 PEP 报告的一部分,述评就一种产品的某一种工艺方法进行评价,进行经济分析与比较,并与同类工业化工艺进行比较。

- 《工艺评价研究计划》(*Process Evaluation Research Planning*,简称 PERP)(15—20 种/年)

PERP 报告评价了世界上具有工业意义的技术进展,并将它与传统工艺进行技术经济比较。它提供了关于重要化学品和石油化学品生产经济的实际规划,以及世界各大公司工艺开发现状的情况。此外,还介绍了正在开发的技术。该报告同样适用于科技人员开发新项目、新产品选择最佳工艺和预测未来工艺等。

- 《化学经济手册》(*Chemical Economics Handbook*,简称 CEH)(12 期/年)

CEH 报告主要研究世界各国化学工业经济进展。报道化工所有专业的原材料及各种产品的技术经济信息,包括现状、展望、生产方法、生产公司厂址和生产能力、产量和销售量、消费量、价格和销售单价及贸易状况。并从今后对技术的要求和化学品的消耗量来剖析未来的市场发展趋向。此外,还提供整个化学工业在经济方面、化学品消耗工业,以及国际动态及其他有针对性的资料与统计数据。CEH 报告可供化学工作者,特别是设计人员、生产和贸易市场经营者使用。

另有 WA(石化产品分析报告)、SC(特种化学品)、TA(轮胎分析报告)、磷硫十年展望等技术报告。

(2)中文技术会议资料

完整收集建国初期到 20 世纪 90 年代,国内研究院所和大型企业内部出版的技术文献、咨询资料、统计数据、实验数据、会议文献等非公开发行的"灰色"资料,由于这些资料数据翔实可靠,至今在产品升级改造和节能减排等方面发挥重要的作用。

根据中心的科研、生产、经营的文献信息需求与特点,首先对于中文会议文献,科学地确立和实践了"读者推荐的采访模式"一是通过科技人员、专家读者推举的专业会议信息,去与行业协会沟通购买;二是利用中心一些专家在各行业领域的学术地位为采访人员搭建长期购买平台,使得会议文献,科技报告的收藏形成了一个连续性、学科性、系统性的特色模式。其次灵活地运用交换、复制多渠道,多角度的采访模式,利用本馆出版的《国外化工科技文献精选》与石油和化学化工各行业协(学)会建立交换、赠阅关系,实行"互换互赠制"。通过不懈的努力最终与 30 多个行业协(学)会实现了"刊与刊互换",在使一些专业协(学)会获得了国外优质的文献信息同时,本馆也从中获得了一些更具有针对性、计划性、实用性和前瞻性的科技会议文献。并给中心咨询部和报刊事业部等专业读者开发的科研课题,及时有效地提供了最佳的科技文献信息;另外是对一线科研专家、学者参加各个行业协(学)会的学术交流、专业研讨会带回的 U 盘、光盘报告集和分散的专题科技报告,进行分类、排版、整理,复制成册收为'内部'文献资料馆藏。这一新的理念、新的举措的成效,一是弥补了因文献经费不足,不能加入"行业会员制"获取会议文献的缺憾;二是补充了专业读者偏颇的,难得的会议学科文献;三是补全了大量缺少的重要会议文献,丰富了馆藏,并使学科结构更加合理,使这些来之不易的文献资源在科研生产实践中有章有序地发挥了"特色"的作用。如下表:

2011—2015 年中文会议文献和科技报告馆藏

馆藏号	文献名称	出版机构
CD53805	第九届中国有机硅学术交流会论文集	中国氟硅有机材料工业协会
CD53804	第十届中国有机硅学术交流会论文集	中国氟硅有机材料工业协会
CD54137	第十一届中国有机硅学术交流会论文集	中国氟硅有机材料工业协会
CD54377	第十二届中国有机硅学术交流会论文集	中国氟硅有机材料工业协会
CD54581	第十三届中国有机硅学术交流会论文集	中国氟硅有机材料工业协会
CD54260	第三届全国农药交流会论文集	中国农药工业协会
CD54395	第四届全国农药交流会论文集	中国农药工业协会
CD54455	第五届全国农药交流会论文集	中国农药工业协会
CD54562	第六届全国农药交流会论文集	中国农药工业协会
CD54830	第七届宁夏青年科学家论坛——2011 青年人才与石化产业创新发展论文集	石油化工应用杂志社
CD54880	第八届宁夏青年科学家论坛——2012 石化专题论坛论文集	石油化工应用杂志社
CD54894	第九届宁夏青年科学家论坛——2013 石化专题论坛论文集	石油化工应用杂志社
CD54912	第十届宁夏青年科学家论坛石化专题论坛论文集 2014	石油化工应用杂志社
CD54921	第十一届宁夏青年科学家论坛石化专题论坛论文集 2015	石油化工应用杂志社
CD53961	北京迈向国际化大都市纵横谈(第一集)2002	北京生产力学会
CD54089	北京迈向国际化大都市纵横谈(第二集)2003	北京生产力学会
CD54134	北京迈向国际化大都市纵横谈(第三集)2004	北京生产力学会
CD54278	北京迈向国际化大都市纵横谈(第四集)2005	北京生产力学会
CD54447	北京迈向国际化大都市纵横谈(第五集)2006	北京生产力学会
CD54577	北京迈向国际化大都市纵横谈(第六集)2007	北京生产力学会
CD54731	北京迈向国际化大都市纵横谈(第七集)2008	北京生产力学会
CD54762	北京迈向国际化大都市纵谈第八集 2009	北京生产力学会
CD54826	北京迈向国际化大都市纵横谈第九集"人文北京、科技北京、绿色北京"论文集 2010	北京生产力学会
CD54841	北京迈向国际化大都市纵横谈:第十集(2011)	北京生产力学会
CD54879	北京迈向国际化大都市纵横谈第十一集——2012 北京经济论坛论文集	北京生产力学会

续表

馆藏号	文献名称	出版机构
CD54900	北京迈向国际化大都市:纵横谈第十二集"北京经济论坛"论文集(2013)	北京生产学会
CD54914	北京迈向国际化大都市:纵横谈第十三集"北京经济论坛"论文集(2014)	北京生产力学会
CD54922	北京迈向国际化大都市:纵横谈第十四集(2015)	北京生产力学会
CD54901	中央级科研机构改革与发展情况调查分析报告 2007	科学技术部政策法规与体制改革司
CD54902	中央级科研机构改革与发展情况调查分析报告 2008	科学技术部政策法规与体制改革司
CD54903	中央级科研机构改革与发展情况调查分析报告 2009	科学技术部政策法规与体制改革司
CD54904	中央级科研机构改革与发展情况调查分析报告 2010	科学技术部政策法规与体制改革司
CD54905	中央级科研机构改革与发展情况调查分析报告 2011	科学技术部政策法规与体制改革司
CD54906	中央级科研机构改革与发展情况调查分析报告 2012	科学技术部政策法规与体制改革司
CD54907	中央级科研机构改革与发展情况调查分析报告 2013	科学技术部政策法规与体制改革司

(3)专业化数据库、企业竞争平台

随着图书馆文献信息数字化的发展进程,根据馆藏学科结构,充分采访专家学者提供的学科专业,自2006—2015年本馆中文电子期刊和文献数据库订阅数量增多,本馆仍坚持"读者推荐的采访模式"。深入各个学科文献数据库出版机构调研,了解各种文献数据的学科栏目内容及应用深度的"级别"范围,充分考虑本馆现有的购买经费,合理适度地采纳专家读者的学科需求,购入了一批对中心咨询课题、情报调研有重要参考价值的电子期刊和文献数据库。并针对读者群的个性化需求,本馆对这些文献数字化资源开展了"独特"的一系列文献传递服务。首先对电子期刊实行了多角度多模式的订阅和阅览方式,一是采用邮箱原版接收后直接发送读者的个人邮箱,二是每天把电子期刊统一转化格式后,加载到中心的信息资源共建共享平台(见下页图),读者可自行登录阅览,三是利用"本中心"的对话框(AM),为特定读者发送所需求的电子刊。其次对订购的文献信息数据库,严格实行控制 IP 段、用户名、密码,链接网上阅览,定期检查,修改密码,确保各种文献数据库正常合理使用。

本馆订购的中文电子刊有《安邦信息》日刊、《环球每日电讯》日刊、《中国石油和化工数据快报》半月刊、《亚博石化》半周刊、《中华商务网产品市场周报》周刊、《国内外化工行情》月刊和《中国石油和化工经济分析》月刊等;订购的文献数据库有中国同方知网中文全文期刊(http://cnki.cncic.cn/kns50)(加载在本馆的服务器上)、卓创资讯(www.chem99.com)、中国氯碱网(www. ccaon. com)、中国石油和化学工业联合会网(www. cpcia. org. cn)、国务院发展信息发展中心—国研网(www. drcnet. com. cn)、中华商务网(www. chinaccm. com)等。

CNCIC 中国化信—信息资源共建共享平台

另外,为了满足企业单位整合国内外科技文献资源的需要,近几年来本馆相继建成塑料、涂料、农药、有机硅、节能减排五个专业化资源平台,将我们订购和收集到的资料整合建库,提供集中一站式服务;为徐工集团、氟塑科技、中海油集团等 18 家企业建立了个性化的企业竞争平台,这些平台整合了订购的国内外几千种科技期刊、会议报告、数据库以及网络版资源的相关信息,将本企业关注的信息资源进行个性化整合,实现资源共享和信息分析等功能。

(4)国外重要科技文献出版机构

虽然资源逐年增加,但是还有许多资源无法得到保障。为此,从 2012 年开始,我们采取跟踪收集一些重要学术机构和知名学协会的出版物的出版情况,不定期报道他们出版的内部文献资源,一旦专家学者有急需,可以快速获取到。

表2　跟踪的主要出版者和学协会

1	Chlorine Institute Inc.	28	Gas Processors Association
2	Adhesive and Sealant Council.	29	IISRP
3	AICHE	30	Indonesian Petroleum Association
4	American Ceramic Society	31	ACS
5	American Association of Petroleum Geologists	32	International Fertilizer Industry Association(IFA)
6	International Association for Energy Economics	33	Federation of Societies for Coatings Technology
7	International Fertilizer Society	34	International Humic Substances Society
8	American Electroplaters & Surface Finishers society	35	International Peat Society
9	American Filtration & Separation Society	36	International School of Hydrocarbon Measurement
10	American Gas Association	37	Mary Kay OConnor Process Safety Center
11	American Institute of Chemical Engineers	38	National Petro-chemical & Refiners Association
12	American Oil Chemists Society	39	Offshore Technical Conference
13	American Plastics Council	40	Paint Research Association
14	American Society for Plastics culture	41	Chemical Markets Associates Inc.
15	API(the Alliance for the Polyurethane Industry)	42	Canadian Society for Chemical Engineering
16	Atlantic Hydrogen Inc.	43	Pressure Sensitive Tape Council
17	Center for Chemical Process Safety Publications	44	Pulp & Paper Technical Association of Canada
18	British Sulfur	45	RAPRA Technology Ltd
19	Polymer Processing Society	46	Royal Society of Chemistry
20	CANMET Energy Technology Centre	47	Society of Core Analysts
21	Biochemical Society	48	Society of Petroleum Engineers
22	TAPPI Press	49	Society of Plastics Engineers
23	Electrochemical Society	50	Society of the Plastics Industry,Inc.
24	Institute of Electrical and Electronics engineers,Inc	51	Petroleum Society Canadian Institute of Mining, Metallurgy & Petroleum
25	FAO	52	World Petroleum council
26	American Concrete Institute	53	石油学会,日本
27	Fertilizer Institute	54	纤维学会,日本

3. 优化馆藏资源结构亮点,确立文献资源需求的新举措

"十二五"期间,中国化工信息中心图书馆资源建设部年年会同数据加工部、阅览室流通部、文献服务部等业务单元对历年订购的文献资源,尤其是读者利用率低的、出版质量差的、OA保障的文献资源从学术质量、读者利用、学科保障、语种、开发获取等多方面进行评估,结合石油和化工行业发展需要及出版国家本学科发展水平等,提出科学合理的调整意见,提交资源建设专家委员会评审,确保资源建设经费发挥更大的使用价值。

(1)拓展文献采集渠道,补充馆藏资源的具体做法

按照"国家科技图书文献中心2015年文献资源建设工作安排意见",2015年的新增推荐工作主要参考前期已完成的订单优化结果和报告中所分析的NSTL三期服务平台和本地使用率高的文献学科,以及需要继续补强的馆藏薄弱学科、交叉学科与新兴学科等。同时针对本行业特点,除推荐与国家和省级相关科研课题研究、重大专项有关的文献资源外,还继续推荐化工产业相关的技术开发、市场咨询、产品服务等企业需要的文献资源,在对以上推荐资源进行搜集、分析、整理的基础上,遴选出符合NSTL订购要求的文献资源进行新增推荐。

年内共新推荐23种期刊,均是石化行业的科研院所、信息中心等行业专家推荐,并都有所在单位盖章的推荐信。例如上海化工研究院推荐了5种期刊,是该院专家承担了有关生物化工、新型材料、环境保护等国家或市级课题研究,需要了解国外相关领域的科研进展而提出推荐的。山东省化工信息中心此次推荐了7种期刊,是根据本院所承担的省级科研项目研究需要,以及本省石化企业有关科学研究、技术开发、市场咨询等实际需求而提出推荐的。

另外,针对国家提出的"一带一路"战略构想,中国化工信息中心图书馆此次还主动与宁夏石油学会等西部省份的本行业科研单位沟通,了解西部地区的文献资源需求,也希望能为国家发展战略,为西部的科技进步和经济发展贡献自己的绵薄之力。此次宁夏石油学会也推荐了11种期刊,都是该地区石油化工行业的工程技术人员、科研人员需要了解有关国外石油、天然气、化工行业最新科技成果与技术发展,以及新技术应用、新工艺、新设备、新产品、新用途等方面的科研动态和市场行情而推荐的。

(2)完成各年度文献编目和签到数据情况

①日常编目及上传

2011—2015年,完成文献编目4986条,维护修改期刊编目543种,完成到货资源签到10多万期。

②会议文献清洗

按中心要求,对联机编目系统会议文献书目数据继续进行清洗,主要工作内容包括对去年会议清洗中因各种问题造成会议名称不规范的数据,按要求重新规范,共核查会议总量2246条,有会议名称修改的625条,再次确认会议清洗书目数据中会议转化其他类型的77条。

③非刊物未加工数据核查

对2011—2013年化工非刊物疑似未加工揭示的1146条书目数据进行核查,对其订购情况、加工情况、非析出资源的特征(类型、目录、作者、章节、摘要等)多方面进行逐个核对确

认,为这些资源下一步的加工揭示提供了依据。

（3）改进加工流程,数据揭示时滞进一步缩短

自 2012 年调整加工揭示流程和增加人员以来,基本保证资源到馆一周内,完成资源的登到、编目、揭示、建库工作,提供网络检索服务。2015 年文摘加工时滞确保了到馆一周内完成,科学引文数据缩短到 10 个工作日,中文资源加工缩短到 3 个工作日。

①文摘和引文等数据加工任务的完成情况,在保证完成加工计划、提高加工质量和时效等方面采取措施。"十二五"期间累计完成自主加工国外科技期刊文摘数据 162.9 万条,引文数据 1203.7 万条;整合各种数据库文摘数据 700 多万条。

②在保证完成加工计划、提高加工质量和时效等方面采取措施:及时合理调配期刊、会议录等文献加工量以及引文加工量。合理安排人员,确保了加工计划,平稳实现;及时核对加工期刊卷、期等母体,查找未收到卷、期原因并解决,对没有收割到卷、期,审核各个阶段是否完成,是否登到"北邮系统",是否上传,联机编目中心是否接收到,是否审校,询问加工中心是否下发任务等多个环节;使用数据库方法提高加工过程中的重复修改效率,批量修改引文 DOI 错位问题和批量删除入错数据,减轻手工修改的劳动强度和效率;克服正式员工和外聘用人紧缺的困难(退休 1 名,辞职 2 名),增加网上招聘范围,及时跟踪招聘动态,主动联系合适人才,增补数据加工员工,汇总易错易漏字符,定期技术培训,提高数据识别效率。

③中心数据引文服务系统、开放获取期刊集成检索系统等任务完成情况:及时把校对文摘和引文的问题数据返回录入员修改,对已加工的文摘和引文采用人工和数据库的方式进行质检。并标出错误回退给加工人员修改,确保数据没有挂接错误;及时监控数据收割情况,有问题及时沟通,及时查看每日中心下发期刊卷、期情况,中心收割分中心数据情况,以及中心回退数据情况,发现问题及时沟通解决。

④联合数据加工系统运行、数据加工规范完善、数据质量控制检查等工作进展情况:针对今年加工组采用外购文摘数据的工作,调整本地加工流程,标注"汤森"的文摘加工期刊品种,分开外部导入和手工加工文摘品种。制定"汤森"期刊加工的管理流程,跟踪外购数据的导入情况,记录问题数据,及时反映问题,制定相应对策,减少对加工各个环节的影响;去除冗余环节,提高期刊分拣、还刊率,方便于找刊,启用"北邮"系统的期刊数据加工功能,标注多家馆藏不分配加工文摘的期刊品种、图表等不能加工期刊品种以及手工加工引文的期刊品种,提高分拣效率,及时发现和修改当日登到期刊漏登和错写架位,分批次记录加工返回的期刊,数据可共享,方便其他部门查找期刊,也减少了登到清单的打印纸张。

（4）提高服务意识,文献传递服务进一步改善

加强服务人员的爱岗敬业教育,规范原文传递服务流程和要求,定期进行案例分析,吸取以往经验和教训。据不完全统计,自 2012 年变更开馆时间以来,在周一至周三开馆的情况下,接待到馆读者同比逐年下降,但通过网络请求等方式复印和传递文献总量却增加 20%以上。

①原文请求服务量及措施

"十二五"期间累计完成网络请求

以 2015 年为范例全年完成全文传递 27 115 篇,同比增长 15.96%;代查代借完成 725 篇,同比略有下降。分析代查代借下降的原因,主要是随着购买回溯数据库的增加、读者获取渠道的多样化、读者对系统的熟悉了解等,代查代借不再是读者获取国外资源的唯一渠道。

为提高文献服务质量与效率采取的主要措施有提高认识,加强规章制度的学习。针对去年文献提供质量检查曾出现的问题,进行了深入分析,虽然有本馆库房改造、书刊打包搬迁等客观因素的存在,看似特殊时期的特殊问题,实际却反映出服务用户责任意识的放松与懈怠,为此多次召开专门会议,重申工作规范并采取措施并对照检查。此外,对于新到岗的员工,先期安排其对 NSTL 规范的学习,熟悉工作流程,以确保在人员交替之际原文传递工作有条不紊地无缝衔接。

扎实做好基础工作。借助年初库房改造,调整馆藏排架结构,按照语种、年代等重新对过刊进行排架,将利用率高、提取频繁的期刊陈列在平视、触手可及、利于回架的范围内,这样可以有效缩短提取文献资源的时间;每列贴有醒目标签,并建档入库,工作人员在工位上就可以准确定位提取某过刊的具体位置;狠抓扫描质量,工欲善其事必先利其器,为提高扫描质量,在软件硬件方面分别着手予以更新,购置扫描设备一台,安装了正规图文处理工具,本地安装的由 NSTL 统一配发的软件因种种原因不能正常使用后,服务部门自行网络下载了多种版本的图文处理工具,实践中发现没有一款能长期使用并有效地支持每日大量的文件处理工作,新软件安装后一改自行下载工具存在的弊端,为规范化操作奠定了基础;从细节出发让用户满意,本馆收藏资源既有核心期刊、文献也有行业信息资讯报道类新闻短篇,对于日刊日报等一页多篇的短讯文章,以高亮方式处理非图文型文章标题,突出重点方便了用户的查找阅读。

②落实知识产权有关规定过程中发现的问题和采取的措施

年内,发生多次用户超范围请求文献的情况,我们都耐心与读者电话沟通解释,大多数用户能够理解并撤销订单,但是也发生一次用户用其他用户名再次申请的情况,好在我们工作人员认真负责,及时发现了,并再次拒绝了用户的请求。这事也提醒我们,如何甄别不同用户名不同时间请求却是同一用户的特例。

③在扩大用户、用户需求研究、用户跟踪服务方面所做的研究和具体工作,研究成果运用在实际服务工作中的成效

注重对用户需求的调研和分析。通过实地走访、问卷调研等多种形式,前往中国工程物理研究院、中国石化、中国节能、中国兵器、航天科工、宝钢集团、中铝国际、上海烟草、徐工集团等 60 余家企业调研,开展企业情报研究现状和信息服务需求的专项调研,了解企业情报工作现状,收集企业信息服务需求。同时,在调研过程中,注重对 NSTL 文献传递服务的推广,宣传 NSTL 服务品牌。

五年来服务成效显著。为工信部电子情报所、中国工程院、北京市科技信息中心、天津市情报所、中国石化、中铝国际、徐工集团等十余家企事业单位提供信息服务体系的规划和实施服务。此外,结合中小企业的信息服务需求特点,积极推广面向中小企业应用的情报服务云平台服务,扩大企业信息服务覆盖面。目前在建和运维的农药知识服务平台、磷化工网、中国轻烃网等多个中小企业信息服务云平台已累计为近 2000 家企业提供服务。

④面向国家重大需求服务的突出进展和成效

我们在服务中,注重对国家重点支持产业或战略新兴产业的大型骨干企业和中小型企业的信息服务模式研究和探讨。为工信部电子情报所、中国工程院、北京市科技信息中心、天津市情报所等专业信息服务机构开展战略产业情报服务提供专业资源和工具。同时,我们为中国石化、中国节能、航天科工、中铝国际、徐工集团等国家重点支持的战略性企业提供

涵盖资源服务、情报系统建设以及专业技能培训等多方位的信息服务，多个解决方案已经成为行业典型案例，获得企业用户的广泛认可和关注。

⑤服务宣传推广的新模式、经验和建议

中国化工信息中心图书馆在2015年度，结合企业信息服务趋势和NSTL企业服务功能定位，开展企业信息服务模式研究工作。初步形成以"基础文献资源服务＋信息服务平台构建＋专业研究团队培养＋行业专家咨询支持"为主要内容的企业信息服务整体解决方案，以期进一步提升企业信息服务层次和水平，逐步实现由"文献搬运工"向"企业情报决策顾问"的角色转变。

注重开展企业信息服务工作研讨活动，以交流研讨促进宣传推广。我们围绕企业信息服务能力提升、情报研究新工具新方法、企业情报研究实务等主题，组织一系列主题研讨活动，邀请行业专家和专业讲师授课，取得良好效果。我们注重对成功案例的发掘和推广，邀请宝钢、国家电网、中海油、徐工、金发科技等典型企业代表走上报告席，分享成功经验，受到参会企业的欢迎。

（5）调整业务流程，工作成效得到进一步提高

2012年年底，我们重新进行了岗位的设置，明确了各岗位的任务要求和考核指标，并调整从资源订购、催缺、登到、编目、流通、目次扫描、刊名规范、数据加工、借阅、原文传递等业务环节的文献资源交接流程和工作流程，精简了业务环节，缩短了馆内流通时差，人员精简了，工作效率提高了。

五、"十二五"期间本馆积极参与多课题研究，文献馆员的业务能力得到进一步提升

"十二五"期间本馆参与商务部、国资委、工信部、科技部等下达的一系列科技文献资源建设项目。特别是中国化工信息中心图书馆作为NSTL国家科技图书文献中心文献资源建设主要成员之一，在"十二五"期间全体馆员积极参加NSTL的"国家战略保障新的资源建设模式""数字环境下文献资源信息建设格局与策略"、国外元数据的采集、开放资源的"获取和本地化保存""知识产权风险和规避政策"等课题，以及面向联合目录的本地自动化系统升级改造，综合管理系统的改造等多项目的市场调研、课题分析与研究，使馆员们既开阔了视野，又提升了实践能力，保障了文献资源，规范了文献数据，值此赢得了科技部领导的赞誉。

1. 国家科技成果网

2004—2014年在科技部的支持下，将全国各地区、各行业经省、市、部委认定的权威性科技成果80万余项，全部整合建库。实现了成果的查询、成果转让、技术洽谈、科研人才的查询、科研单位研究方向的查询、国家科技扶持政策的查询等服务。

科技成果：以网站拥有的内容丰富、权威的国家科技成果库为核心，配合先进、强大的搜索引擎功能，为用户提供科技成果、技术项目等方面的信息。

科研单位：提供国内各科研院所、高校、企业等所完成的科技成果的查询，基本体现各科研单位近几年的研发工作重点与能力，便于全面了解科研单位研发工作的规模、领域、水平，

有针对性地选择科研单位解决技术难题。

科研人才:提供国内科研人才的查询,体现科研人员的研发重点领域。

科技资讯:第一时间向用户报道及时、详尽的国内外科技产业发展动态、研究热点、行业科技进展等,并发布科技部等权威机构提供的科技要闻、政策导向等。

科技政策:收录我国政府、行政管理部门公布的科技法规、管理办法、通知、细则及其他相关重要法规。

统计分析:提供全国科技成果的年度统计报告及其他专题分析报告。

排行榜:由国科网独家权威推出,"中国科研业绩百强榜"等榜单,排名情况实时更新,依据各单位完成并向成果登记部门登记的成果数量进行排名,并提供排名情况自助检索功能。

供需平台:本栏目为用户提供技术供需需求信息、投资信息等的发布。

2. 依托于云平台的企业化服务模式创新

中国化工信息中心图书馆于 2015 年度承担 NSTL 企业服务工作组织与管理,依托于"云平台的企业化服务模式创新""大型油气田及煤层气开发重大专项情报跟踪服务""面向国家重大战略企业集群需求调研及服务支撑研究""科技成果、机构、人才的文献关联与评价"等专项课题。目前,已经按照任务书的要求基本完成各项工作。

(1)通过"NSTL 企业服务工作组织与管理"专项课题,开展企业服务需求调研,积极探索 NSTL 企业信息服务模式,推广 NSTL 企业服务,保证了 NSTL 企业创新服务专项工作的有序开展。

(2)在"依托于云平台的企业化服务模式创新"专项课题实施过程中,融入云服务理念,探索有效的企业信息服务模式,促进企业信息服务云平台的推广应用。目前,已经建立和运维农药知识服务云平台、信息技术知识服务平台、磷化工网、中国轻烃网等多个云平台,为近 2000 家中小企业提供信息支持,取得用户的积极认可。

(3)通过"大型油气田及煤层气开发重大专项情报跟踪服务"专项课题的实施,为国家大型油气田及煤层气开发重大专项提供情报简报和技术领域专利分析服务,并将研究成果向中石化、中海油、鲁西化工等企业宣传和推广,为用户开展情报研究提供有力支持。

(4)在"面向国家重大战略企业集群需求调研及服务支撑研究"专项课题实施过程中,开展国家重大战略企业集聚区的信息服务现状调研,了解国家重大战略企业情报研究现状和信息服务需求,为进一步优化企业信息服务工作,提升 NSTL 对国家重大战略企业集群的情报服务水平,提供参考借鉴。

(5)"科技成果、机构、人才的文献关联与评价"专题项目。首先,深入挖掘科技成果、科技文献相关的科研机构、科研专家信息,建立了科研机构的研发能力评价方法。采用了层次分析法(AHP)和线性加权综合评价法,同时将科研机构研发能力分为科研基础能力和科研创造能力。科研基础能力通过科研人员、计划项目指标项体现,科研创造能力通过奖励成果、科技成果、专利、期刊论文指标项体现。其次,已建立十个高新技术领域(包括电子信息,先进制造,航空航天,现代交通,生物医药与医疗器械,新材料,新能源与节能,环境保护,地球、空间与海洋,现代农业)的科研机构数据库(3 万项)、科研专家数据库(6000 项),并进行十个高新技术领域科研机构研发能力评价。通过对每个科研机构进行科研能力的全面统计分析,包括科研机构的科技成果、获奖项目、计划项目、科研人才、科技文献等的统计分析,对科研机构的研发能力进行了评价分析。包括数据分类筛选、单位规范、数据汇总统计、数据标准化、综合指标计算、结果排序和方法调整等。筛选、提取、加工、整合科技成果数据,建立了十个高新技术领域科技成果库,涉及科技成果 10 万多项。将 10 万项科技成果进行关键词标引、中图分类标引,给科技成果标注了专家、机构。同时筛选、提取、加工、整合科技文献数据,建立了十个高新技术领域科技文献库。包括中文期刊 760 万条、中文学位 90 万条、中文会议 70 万条、中国专利 490 万条、中国标准 1.9 万条、国外科技报告 1.6 万条、西文期刊 340 万条。

完成了科技成果、科技文献知识化关联服务平台升级的系统设计,引入新一代全新智能搜索技术——快速、精准、自动聚类、图表展示,现正在进行程序开发。技术平台提供科技成果分类浏览、科技成果查询、科技成果详细信息浏览(知识化关联)等功能。此外重点增加科研机构查询、科研机构详细信息浏览(知识化关联)、科研机构研发能力评价、科研专家查询、科研专家详细信息浏览(知识化关联)等应用。

预计到 2016 年 3 月底,项目组将完成课题任务中剩下的部分,包括科技成果、科技文献知识化关联服务平台的升级;科技成果与科技文献关联;将服务平台部署到国家科技成果转化服务示范基地进行示范应用;部署到国家科技图书文献中心进行服务应用等。

3.《NSTL 数字资源编目揭示与服务建设》项目

在 2015 年年初组建以化工为承担单位,医科、中科、计量有关老师参加的《NSTL 数字资源编目揭示与服务建设》项目组,通过国内外文献调研、实地考察、专家咨询、用户需求分析、数据分析论证等研究方法,结合 NSTL 文献资源揭示服务与管理的特点,完成《NSTL 数字资源元数据标准规范》手册和 NSTL 数字资源揭示与功能需求方案。

通过近一年的课题研究,主要的工作及成绩有:基本摸清了 NSTL 数字资源编目揭示与服务现状,重点调研了国内外图书馆联合目录系统数字资源揭示概况,制定了《NSTL 数字资源元数据标准规范》初稿,提出了《NSTL 数字资源编目揭示与服务建设功能需求分析》初稿。

完成了中心印本科技文献资源基于"NSTL 文献综合管理系统"业务平台的管理,淘汰了三年未到和利用较差的资源的订购,控制了涨幅较大资源的续订,完成了北大方正中文电子图书的遴选及订购、用户使用分析报告等。

六、"十二五"期间参加各年度业务培训与学术交流研讨活动常态化

中国化工信息中心图书馆十分注重各项业务培训和文献学术交流研讨活动的开展,目的就是为了提升服务团队的工作水平和服务技能。同时,结合自身工作特点,积极组织召开相关的业务研讨和新形势下文献资源建设新的采访模式、流通管理、文献传递和数据加工的推广活动,为 NSTL 成员单位、服务站和企业提供了交流空间。

另外,围绕企业信息服务能力提升、情报研究新工具新方法、企业情报研究实务等主题,先后组织开展《企业竞争情报系统构建实践》研讨会、《"一带一路"战略环境下竞争情报的机遇和挑战专题》培训会、《科技型企业信息服务能力》培训会、《企业知识产权及竞争情报服务》培训会等一系列主题研讨活动。邀请到近 30 位行业专家和专业讲师授课,NSTL 成员单位、服务站和相关企业代表共计 600 余人次参加业务培训和学术交流研讨活动,取得良好的业务交流成效。中国化工信息中心图书馆在活动中注重对成功案例的发掘和推广,邀请宝钢、

国家电网、中海油、徐工、金发科技等典型企业代表走上报告席,分享成功经验,受到参会企业的信赖与欢迎。

七、展望未来"十三五"时期百尺竿头,更上一层

2016 年是"十三五"开局之年,总结"十二五"时期的发展历程是为了更好迎接新的契机、新的挑战。只有不断努力学习深造,不断提高专业技能和文化素质,才能适应新形势,新环境专业图书馆文献资源建设工作新模式与新思想,利用多种手段、多种途径的采访模式,以求达到最优的文献采访效果,来完成"本中心"及科技部 NSTL 下达的文献资源建设和文献流通服务任务。有学者说,"文献馆藏资源建设是一个永恒的主题,文献采访工作又是一个动态发展的过程"。每一个图书馆的文献资源建设将伴随着社会文化知识需求的变迁和科学技术水平的提高不断创新,不断发展与变革。它同样激励着本馆的文献资源建设和文献信息服务也将与新信息时代相适应、相共融。

1. 国外科技文献信息资源保障体系

根据国家发展需求,结合国家科技图书文献中心的实际情况,国外科技期刊、会议文献、科技报告、科技丛书、科技工具书以及电子文献资源等科技文献资源,在未来几年内基本满足国内科技界对国外科技文献信息的需求,争取期刊达到 1600 种,会议文献达到 700 种,科技报告达到 50 套以上,行业主要国外科技资源收集基本齐全。

2. 国内科技文献信息资源保障体系

根据国家石油化工行业发展需要,重点收集国内出版的石油化工行业科技文献信息、统计信息、技术标准、专利、成果、年鉴等。国内科技文献资源的直接需求满足率达到 90% 以上,剩余的通过馆际互借和合作来满足。

3. "十三五"时期加大智库文献资源建设

2015 年国务院办公厅下发了《关于加中国特争新型智库建设的意见》。"依托大型国有企业的研究机构"的职责与文献定位,中国化工信息中心图书馆将加大网络版、电子信息资源的采集比例,争取到"十三五"时期,单种电子资源的采集比例占全部订购资源的 50% 以上,网络数据库全文期刊超过万种,开放期刊整合到数字资源平台,实现内部文资源集中共用、共享。

4. "十三五"时期本馆将大力加强文献人才培养、确立馆藏复合型人才队伍

我们将在"十三五"时期开展各年度加强人才团队的建设,逐步形成一支由项目管理人员、技术支持人员、服务推广人员组成的专业化团队,并将进一步明确工作分工和工作考核标准。

同时,我们将加强对 NSTL 服务团队成员的培养。计划邀请国内外信息服务领域的专家,分享信息服务先进理念和成功经验。鼓励团队成员参加国家科技图书文献中心、专业图书馆分会、中国科技情报学会等机构的各种培训活动,积极参加图书馆界和石油化工行业的

学术交流活动,促进团队成员工作水平和服务技能的提升。

积极参与 NSTL 岗位和人才培养计划,加强国际合作交流,定期安排图书馆内的岗位培训和讲座活动等。

继续坚持以人为本,培养、引进和吸纳高素质的复合型人才,造就一批能把握科技信息发展趋势,掌握现代信息技术的科技文献资源建设、信息研究、知识组织与技术服务等方面的复合人才队伍。

5. "十三五"时期本馆在业务与管理工作中改进、加强和拓展的设想和建议

(1)建议进一步整合 NSTL 信息服务资源

进一步整合 NSTL 的文献资源、技术和专家人才优势,拓展企业信息服务形式,打造以资源、平台、培训和专家咨询为主要内容的一站式多元化梳理方案。同时,在 NSTL 丰富文献资源的基础上,进一步整合企业决策所需的信息资源,补充企业广泛关注的商情信息资源,为企业提供信息资源一站式服务。

(2)建议进一步加强与 NSTL 成员单位和服务站的联系,探讨和优化合作模式,共同推广企业信息服务,打造企业信息服务生态圈

同时,加强与专业信息服务机构的联系,促进专业信息服务机构服务内容与企业需求的对接。

(3)建议加强 NSTL 服务的宣传与推广

通过走访调研、成果推广、会议研讨等多种形式,向企业积极宣传 NSTL 服务品牌。同时,建议拓宽与国内外优秀的信息服务机构的合作,围绕"企业信息服务能力提升"主办或联合主办相关的研讨和培训活动。邀请情报研究领域的专家和优秀企业代表,分享研究成果和成功经验。

附:大事记

2011 年 7 月 14 日,中国石油和化工行业信息与统计工作大会在北京召开,专业图书馆分会副理事长、中国石化联合会化工情报信息协会理事长揭玉斌先生主持大会并做重要讲话,中国石化联合会常务副会长李寿生先生,原国家统计局总经济师兼新闻发言人、国务院参事室特约研究员姚景源先生等多位领导出席了本届大会,并就国内经济形势、大家关心的热点问题、新闻出版动态和政策、石化行业发展方向和重点、行业统计的方法和重要性等方面做了重要的报告和指示

2011 年 8 月 4—9 日,全国化工科技文献共享协作网年会在乌鲁木齐召开。专业图书馆分会副理事长揭玉斌先生及 NSTL 成员单位、镜像站服务站、石化行业研究院所图书馆、科技信息服务部门的 50 多名代表参会。会议听取了副理事长的"新形势下欧洲数字资源的发展趋势和出版商的出版动态以及国内主要信息机构的应对措施",张俊明主任做的全国化工科技文献共享协作网开展科技文献服务、国外科技文献资源共建共享、文献资源保障等方面工作成效和经验的报告,与会代表分别介绍了本单位本地区资源建设和服务情况。

2012 年内分别在太原、黄山、宁波、绍兴组织召开信息服务会议 4 次,参会人数 216 人次,北京、上海、宁夏开展宣传培训班 6 次,受众人数 270 人,开展数据库使用培训 5 次,讲座 3 次,接待团体参观 18 个(国外团体 8 次),出访美国、加拿大国外出版机构、学协会、图书馆 1 人次。

2012 年 7 月 6 日,举办图书馆开发资源和电子资源使用讲座,来自单位 50 多位员工和到馆读者参加了本次讲座。大家在资源的采购政策、推荐流程、知识产权保护、合理使用等方面进行了现场提问,同时结合自身查找文献过程中遇到的有关问题进行了交流,会后还组织了部分读者到图书馆参观学习。

2012 年 8 月 30 日,由中国图书进出口(集团)总公司、中国图书馆学会专业图书馆分会、中国图书馆学会高校图书馆分会共同主办的第四届"中国图书馆馆长与国际出版社高层对话论坛"在北京举行。本次论坛是第 19 届北京国际图书博览会的重要文化活动之一,论坛主题是:学术出版与科学数据交流。出席本次论坛的有国家科技图书文献中心主任袁海波、中国科学院国家科学图书馆馆长张晓林、北京大学图书馆馆长朱强、中国图书进出口(集团)总公司总经理刘伯根以及来自国内外近 150 家公共、大学和专业图书馆的馆长和负责人、出版集团高层,国际知名出版社等机构的高管和代表也应邀出席,揭玉斌馆长成功主持了本届论坛。

2012 年 8 月 22 日,美籍华人 Ywonne Hu 女士在图书馆学习交流期间,举办了一场关于"提高英语听力与交流水平"的培训活动。她结合自身学习英汉双语的实际经验,以独特的视角介绍了关于学习英语的思路与方法,在多媒体技术不断进步和发展的背景下,重点介绍了一些依托于互联网学习的新方式。同时,她还根据生活感悟,在价值观、教育理念、饮食、着装、休闲娱乐等方面介绍了她眼中的中美文化差异。

2013 年内先后在西安、邹城、上海、北京、青岛、宜昌等地组织召开信息服务会议 6 次,上海、北京、乌鲁木齐、银川、宁波、天津、西安、广州、澳门等地开展宣传培训等活动 12 次,接待参观访问团体 16 个,其中国外团体 3 次,出访美国、加拿大等图书机构 2 人次,开展内部数据库使用培训 5 次,讲座 3 次,与国外出版商座谈 2 次。

2013 年 3 月 22 日与 DIALOG 公司签署系统联机服务事宜协议。合同要求购买的 DIALOG 国际联机检索系统,能够检索世界范围内的信息,采用年包库方式,IP 和用户名密码控制,在尊重知识产权前提下合理使用资源,年底提供检索使用情况清单。

2013 年 3 月 25 日,与 QUESTEL Orbit 公司签订专利元数据购买和分析工具使用协议。协议要求QUESTEL Orbit 专利分析工具,包含全球约 100 个国家的专利全文信息,能够实现专利全文检索、多语言检索、指令检索,可以对专利权人、IPC 分类号、出版年、优先权日及发明人进行 50 多种不同图表的表征分析,并提供人员培训和日常技术支持服务。

2013 年 4 月 1 日,国家科技图书文献中心(NSTL)袁海波主任等一行四人来我单位检查科技文献的馆藏与库房管理工作。图书馆负责人做了主题汇报,围绕馆藏总量、库房分布、库房陈列、库房排架以及安全管理等方面做了全面阐述,伴随着馆藏量的不断增加,并对未来 10 年科技文献的库房管理做了科学合理乐观的预测与评估。

2013 年 7 月 15—16 日,全国化工科技文献共享协作网年会暨国家科技图书文献中心资源宣传服务推广会在湖北宜昌召开。国家科技图书文献中心成员单位、NSTL 服务站、石化行业研究院所图书馆、科技信息服务部门、石化企业等单位的 46 名代表参会,共同探讨新时代图书馆发展方向。

2013 年 7 月 25 日,代表 NSTL 与北京合享新创信息科技有限公司签订 SHAREPAT 中国专利数据许可服务协议。协议规定,允许在 NSTL 网站上检索、浏览和分析被许可材料,NSTL 合法用户可以访问、检索,用户为了专利研究和分析,允许下载规定量内的被许可的材料,单不允许商业使用被许可材料。

2013 年 10 月 21 日,完成了 2013 年度国外科技文献资源的订购。侧重深化资源利用和质量分析,走访重点用户和研究院所,听取用户使用情况,对质量差、到货不好、利用率不高、已能够开放获取等情况的期刊,主动停止了续订。节省下来的经费用于订购读者推荐和新出版的高质量的资源,去年新增订购期刊 49种、会议文献 3 种。2014 年共订购国外科技期刊 1246 种,科技会议录、科技报告、工具书等 903 种,事实性和全文数据库 20 种。

2013 年 11 月 8 日,承担的面向联合目录的本地自动化系统升级改造主要是满足中国化工信息中心、机械工业信息研究院、冶金工业信息标准研究院、中国标准化研究院、中国计量科学研究院 5 家 NSTL 成员单位暨本地图书馆自动化系统应用及转型的需要。该系统采用主流的客户机/服务器及浏览器/应用服务器/数据库服务器体系结构,支持 SYBASE、ORACLE 等大型关系数据库,支持中心馆、分馆图书馆业务和数据交互要求,包括采访、期刊、编目、流通、典藏、公共检索(OPAC)、系统管理七个模块。在 NSTL 五家成员单位稳定试运行一年后,顺利通过 NSTL 组织的专家验收。

2013 年 12 月 20 日,与北京创讯未来软件技术有限公司签订 NSTL 会议文献数据清洗系统开发设计合同。合同要求对 NSTL 九家成员单位会议书目数据进行系统清查,梳理并分析其中存在的问题,提出有针对性的解决措施,完善会议编目规则和会议元数据规范,形成内容完整,规范准确,符合质量要求的会议元数据和规范文档。

2014 年 6 月 26 日,代表 NSTL 与 Phoenix Bioinformatics Corporation 签署 TAIR 数据库授权服务协议。

2013 至 2015 年,在北京临空皇冠假日酒店,揭玉斌馆长连续成功主持了第五至第七届中国图书馆馆长与国际出版社高层对话论坛。主题分别是"电子图书与图书馆""科学数据与共享""增强出版与图书馆服务转型",国内重要图书情报机构专家及国外出版集团高层,就数字出版和网络出版的趋势与战略,电子图书对图书馆的影响,电子图书的技术发展趋势、知识产权管理、科研数据管理、共享与服务的新趋势、科研数据面临的关键问题和挑战、数字出版未来、新型出版模式、知识化服务平台建设及开放创新信息服务等热点话题分别展开对话和讨论。

2015 年 12 月 8 日,代表 NSTL 与 Wiley Subscription Services,Inc.("Wiley")公司签署回溯期刊数据库授权服务协议。

2014—2015 年组织或参加的部分重要活动、会议图如下:

企业竞争情报系统构建实践培训会

科技型企业信息服务能力培训班

中国节能环保集团中高层人员情报素养培训

科技信息服务交流研讨会暨
"探索与实践"系列图书审稿会

中国化工信息中心图书馆　张俊明　刘兰英

冶金专业图书馆"十二五"事业发展报告

一、概述

冶金工业信息标准研究院(以下简称"冶金院"),始建于 1963 年 3 月 26 日,几经更名,并完成改制,现为国家级公益类科技信息研究机构。该院的定位是全国冶金行业集科技文献资源中心,科技信息、产品标准研究中心,国家甲级工程咨询中心,冶金标准化技术归口单位于一体、综合实力强大的信息和标准化机构。

作为国家科技图书文献中心(National Science and Technology Library,NSTL)成员单位之一,该院主要承担矿业、冶金、工程材料文献资源建设、数据加工和文献信息服务的任务。文献资源收藏范围包括:金属矿与非金属矿的采矿、选矿、矿山安全、环境保护等;钢铁和有色金属的冶炼、压力加工以及金属学与热处理。目前,外文期刊的年订购量为 1200 余种;外文会议录、科技报告、丛书和工具书的年订购量为 400 余种。此外,该院的主要任务还包括冶金科技、经济、政策信息研究与咨询服务,计算机网络信息服务,报刊及电子出版物,冶金产品标准体系建设和基础标准研究,冶金产品标准样品的研制、销售,冶金国际标准研究与国际技术合作服务,工程咨询、知识产权中介服务等。

该院的发展目标是成为一流的行业信息和标准化机构;形成一批具有自主知识产权和市场竞争力的品牌产品;管理制度更加规范和完善,运行机制更具效率和活力;领导班子和党组织的执政能力得到进一步加强;民主法制、公平正义、诚信友爱、充满活力、安定有序、人与自然和谐相处的社会主义和谐社会建设不断深入;职工生活质量普遍提高,离退休职工收入逐年增加,在岗职工收入每年增长 10% 以上;经营效益明显增长,收入(不包括事业费和文献采集费)每年增长 10% 以上;各产业和公司上缴院收入每年增长 10% 以上;整体经济实力不断增强,资产逐年增加。

"十二五"期间,重点发展方向为信息资源体系建设、信息研究体系建设、信息产品体系建设(包括产品品牌体系建设、国际合作平台建设、信息咨询体系建设、报刊出版物体系建设、图书资料出版体系建设和网络数据库体系建设)、行业标准化体系建设、市场营销体系建设、专业人才体系建设、长效机制体系建设。

冶金信息研究所和冶金标准化研究所是冶金院两大主营业务部门,其运行机制为事业单位机制,财务工作等由院里统一管理。后勤实业开发公司、北京曼特咨信科贸有限公司和北京冶金标准样品技术开发公司为院属公司,按企业化运营,是独立的法人公司。

目前冶金院产业部门组织结构如图 1 所示。

图1 2016年冶金工业信息标准研究院组织结构图

二、"十二五"期间改革创新举措

"十二五"期间冶金院领导班子提出专业化、立体化和市场化"三化"要求,重点推进信息产业的发展。

1. 专业化

作为主要产业部门的冶金信息研究所(简称"信息所")、《世界金属导报》社(简称"导报社")围绕"三化"要求,首先认真做好《世界金属导报》社和"冶金信息网"编辑研究队伍专业设置和部署,明确编辑研究人员的专业研究方向,要求专业人员按照自己的分工进行信息资源采集、技术跟踪研究、报刊编辑报道、课题专项研究、专业会议参与,使编辑研究人员的技术能力和素质得到一定提高,确保了报刊出版物、研究课题、专题项目、研究报告的内在质量。专业化在不同程度上推进了信息产业人才队伍的专业技能提升和职业化建设。

2. 立体化

信息所根据"三化"要求,积极推动全所人员转变观念、立体工作、提升效率、适应发展。冶金信息网主体编辑人员以"专业技术数据库"数据收集分类、加工入库为基础工作,采用立体化方式同时参与完成了《中国冶金文摘》《世界钢铁快讯》《钢材市场分析报告》《专业技术文集》的科技查新等工作。NSTL核心骨干人员以完成四个工作组任务为基础工作,采用立体化方式部分参与了工程咨询课题、科技查新、网络维护、跨组工作。导报社主体编辑研究人员基本实现全立体化工作,编辑研究人员以《世界金属导报》稿件组织和编辑出版为基础工作,采用立体化方式同时参与完成工程咨询课题、专题项目、研究报告等工作以及《冶金信息导刊》、*China Metals Weekly*(CMW)、*China Metallurgical Newsletter*(CMN)的编辑。

3. 市场化

冶金院以企业需求为导向、以技术支撑为依托、以专业人才队伍为保障,大力推进市场化的信息服务。"十二五"期间,冶金院对信息业务市场开拓给予高度重视,同时给予一定的经费支持,相关产品开发和市场经营人员走访企业、组织和参加行业会议,国际交流非常频繁,围绕"三化"要求,部署和落实信息产业市场化,提高了冶金院整体经营产值。

三、开展的主要工作及发展特点

1. 文献资源建设

"十二五"期间冶金采集工作紧紧围绕《国家科技图书文献中心资源建设工作方案》,积极探索新常态下的资源建设新模式,按照"深化评估、优化结构、控制数量、深入挖潜"的工作要求,深入开展文献质量的分析评估,加强资源的宣传与推广,尝试非单篇析出文献的深度揭示,建立资源建设与服务联合服务的模式,扩大自有经费的采集范围。

冶金院外文文献新增工作主要是根据 NSTL 新增资源推荐的有关规定,结合《钢铁工业"十二五"发展规划》钢铁工业发展规划思路,围绕冶金、矿业及工程材料学科领域,考虑用户推荐、馆藏资源学科分布,慎重推荐 2011 年度外文科技文献新增品种清单。

为了做好文献资源新增工作,冶金院采集工作人员根据 NSTL 成员单位文献采集学科划分表,围绕矿业、冶金和工程材料学科范围,结合《钢铁工业"十二五"发展规划》,对行业出版的资源进行了梳理,确定资源新增推荐原则,从中优选出部分文献资源,进行文献资源的新增推荐。优选原则如下:

①推荐新增资源首先考虑学科保障和用户需求,资源能发挥对行业的支撑和保障作用。

②推荐新增资源确保能订购到货且能为用户提供服务。

③推荐新增资源本身确属权威机构或知名出版机构,在行业内学术质量较高。

冶金院外文数据库新增工作主要是根据《NSTL2011 年度光盘数据库续订处理意见》的有关规定,结合《钢铁工业"十二五"发展规划》钢铁工业发展规划思路,围绕冶金、矿业及工程材料学科领域,充分考虑冶金院背靠冶金行业,如何为行业更好地服务,慎重续订"文摘型、事实型数据库",同时慎重推荐全文库新增品种清单。

为了做好"文摘型、事实型数据库"的续订工作和全文库的新增品种资源新增推荐工作,冶金院采集工作人员根据 NSTL 成员单位文献采集学科划分表,围绕矿业、冶金和工程材料学科范围,结合《钢铁工业"十二五"发展规划》,对行业出版的"文摘型、事实型数据库"和"全文数据库"资源进行了梳理,确定资源新增推荐原则,从中优选出部分数据库资源,进行数据库资源的新增推荐。优选原则如下:

①推荐新增资源首先考虑学科保障和用户需求,资源能发挥对行业的支撑和保障作用。

②推荐新增资源确保能订购到货使用,且能为用户提供服务。

③推荐新增资源本身确属权威机构或知名出版机构,在行业内学术质量较高。

④"文摘型、事实型数据库"对服务冶金领域能够提供良好、高效的支撑作用。"全文数据库"须起到及时补充资源作用。

⑤除了数据库本身的数据,同时向"满足冶金行业支撑知识产权咨询分析研究服务的需要"方面倾斜。

⑥订购数据库必须满足"能正常与数据库供应商、外汇支付代理商签署订购合同/协议和付款协议书,确保使用过程中的版权要求内合理使用"的原则。

"文摘型、事实型数据库"续订 7 种,数据库新增报送 16 种。并撰写了书面调查评估报告。该报告对资源的内容、数量、学科范围、代理商、提供服务方式、服务对象和范围、使用频次、下载全文数量(篇)等各方面均进行了翔实阐述。

(1)年度发订资源情况

表1 冶金历年国外文献资源量统计

年份	文献(种)	期刊(种)	合计(种)
1997 年	50	280	330
1998 年	60	367	427
1999 年	224	520	744
2000 年	224	890	1114
2001 年	224	930	1154
2002 年	224	950	1174
2003 年	224	970	1194
2004 年	224	1020	1244
2005 年	224	1050	1274
2006 年	224	1070	1294
2007 年	594	1121	1715
2008 年	637	1169	1806
2009 年	777	1267	2044
2010 年	1017	1145	2162
2011 年	1100	1143	2243
2012 年	1388	1151	2539
2013 年	1452	1047	2499
2014 年	1307	935	2242
2015 年	866	907	1773

(2)加大对资源的研究,形成《国家科技图书文献中心冶金矿业工程材料文献分析报告》

加大对资源的研究,特别是对一些特色资源、利用率高的资源,以及高价资源,深入研究文献内容,形成资源研究报告。邀请院士、技术研究院院长以及行业专家等参与,成立了国家科技图书文献中心冶金资源采集与利用专家委员会,对资源采集与利用进行把关,并于7月30日召开第一次专家大会,向专家汇报了中心冶金资源采集现状,听取专家对资源续订、新增以及利用建议。

(3)采取会议宣讲、企业拜访等多种形式,加大资源宣传推广

在多个行业会议及展会上进行了资源的宣讲与推荐,受众用户超过了5000人。全年组织在"十大钢信息所长会""互联网+冶金信息情报的服务新模式会议""冶金科技查新与情报检索分析培训""全国冶金院校图书馆研究会会员大会""中国钢铁年会""第二届中国有色金属学术年会""齿轮钢学术会议"等多个会议进行了专门针对资源的宣传介绍。参加了"第十五届中国国际冶金工业展"和"第十八届上海国际冶金工业展览会",通过多种方式吸引参观者了解 NSTL 的资源及服务方式。走访企业 80 余家,宣传推广资源,调研用户资源需

求以及如何更好地利用资源,多个企业提出了深度信息情报服务的需求。

(4)继续加强同出版商的联系交流

同出版商及代理商的谈判工作,同 AME、Platts、MB、CRU、Woodmackenzie、key to metals、BMI、Argus 等出版机构进行多轮业务沟通,就其服务中存在的开通问题、服务模式、订购价格等进行了协商、谈判及利益的争取并取得成效,在几个重要品种的订购上保证了价格不上浮,或同等价位上争取了更多的信息资源。邀请部分出版商来我馆交流并做相关培训。

(5)拓展文献采集渠道,补充馆藏资源的具体做法

交换刊 4 种,《钢铁》(月刊)、《有色金属工程》(原《有色金属》,双月刊)、《化学分析》(月刊)、《金属学报》(月刊),获取其提供的交换刊近 20 种。发往日本、马来西亚、德国、美国和俄罗斯 5 个国家的 11 个机构,其中,日本 7 个机构,俄罗斯、美国、德国、马来西亚各 1 个机构。

探讨通过参加矿业、冶金及工程材料相关的会议,或者依靠冶金行业优势,加入学协会成为会员,以便获得会议相关资料,补充部分馆藏。

国内一些图书馆(如国图、NSTL 成员馆等)进行交流,获取过刊的缺期期刊,补充馆藏文献。获得的这些期刊载体形态为电子版和印刷版两种。

国外出版机构、学协会网站获取免费信息,包括一些会议论文、统计数据、年鉴及其他一些免费资源,下载到本地,补充了馆藏资源。

2. 数据库建设(数据加工情况)

表2　各年年度平均文摘和引文等数据加工数量统计

文献类型		实际完成量(万条)
文摘	西文期刊	10
	日文期刊	1
	俄文期刊	1
	外文会议	4
引文		70

3. 网络系统建设

NSTL 冶金分中心机房的光纤接收器,华三 5500 会聚层交换机,5100 接入层交换机正常运转,全年没有出现软硬件故障。NSTL 千兆城域网的畅通,防火墙的正常运转,所有服务器、电脑全部部署 360 网络杀毒系统。服务器加工系统更换新服务器,前台加工系统客户端等软件的正常运行。北邮服务器编目系统服务端以及北邮的 oracle 数据库的正常运转。

4. 文献信息与知识服务

(1)原文服务

原文请求和扫描人员固定,原文请求工作人员实行轮流值班制,谁值班谁负责,负责的内容包括原文请求的时效、收发邮件、附件文章质量的检查等。为了保证文献传递服务质量,首先固定扫描人员,最大限度地保证扫描文件的质量。文件处理人员将文件进行去除黑

边、修正,严格控制扫描质量,不允许有歪斜,并且严格执行中心的裁边规定;对于一些装订后比较厚的刊,也要求必须保证扫描后无缺失文字。

固定接收请求时间和严把超时关,为了提高响应时间,每日接收订单要求至少每两个小时接收一次,同时分发给查号人员进行处理。对原文请求工作流程的每一个环节都有时间限制,确保以最快的响应速度发送给读者。同时,建立了时效考核制度,出现超时有处罚措施。

加强内部交流和培训,服务人员在做原文请求和代查代借的同时也负责阅览、检索等工作,通过开展相关业务培训,要求工作人员不断提高工作效率和质量。因此,冶金院利用业余时间加强内部交流,交流查号、裁边、修正的技巧,交流光盘、数据库的使用方法,同时撰写使用规范和使用工作笔记,使工作人员在遇到困难时有章可循。另外有定期和不定期的岗位培训,使服务工作人员对冶金专业图书馆的馆藏资源更加了解,更加精通,也就更能胜任服务工作。

(2)在扩大用户、用户需求研究、用户跟踪服务方面所做的研究和具体工作,研究成果运用在实际服务工作中的成效

2015年,冶金加大对企业用户的宣传力度。通过参加行业会议、走访企业,宣传和推介NSTL。作为行业内信息资源最丰富的科研院所,冶金立足于为行业服务,在开展查新、咨询及网站服务时,都在积极地向用户推荐中心丰富的文献资源,并得到了他们的认可。

为行业工程科技研究人员做"NSTL的资源与服务"报告,详细介绍了国家科技图书文献中心资源和网络系统使用方法,现场演示如何在网上获取文献的全文,推荐了冶金特色文献。用户们也提出自己的信息需求,尤其是科技文献需求。同时也为有色金属研究总院、中国钢研科技集团(原钢铁研究总院)、北京矿冶研究总院、中铝国际等研究院所服务。全年走访企业100多家,为企业用户讲解NSTL冶金分中心的资源和服务。

(3)面向国家重大需求服务的突出进展和成效

服务科技支撑计划冶金领域国际标准研制与培育项目,研制"索氏体检验方法"等6项国际标准,培育"球墨铸铁管件及配件的环氧涂层 技术要求及试验方法"1项国际标准,为项目提供国外技术现状及发展方向。服务质检公益性行业科研专项6项:重点领域(战略性新兴产业)标准化技术组织体系构建研究、高效安全承压设备用钢关键技术标准研究、耐腐蚀钢材关键技术标准研制、桥梁缆索用钢等23项国际标准研制、化解产能过剩关键技术标准研制、航空装备等重要制造领域49项基础及关键共性技术标准研究。

(4)服务宣传推广的新模式、经验和建议

通过将NSTL的服务宣传推广工作与冶金信息服务工作有机结合,将NSTL的宣传推广工作作为冶金的常态化工作,取得了一定的成绩,提升了NSTL服务系统原文请求的数量,提高了冶金信息服务工作的知名度和影响力。

企业科技查新服务:"十二五"期间,冶金院为相关企业及科研机构进行科技查新服务共1500项,为企业申报奖励、申请专利、开题立项进行文献检索,服务的相关企业及机构包括武钢、首钢、鞍钢、梅钢、钢研集团、清华大学、北京科技大学等几十家单位。

专利分析服务:冶金为武钢、宝钢、梅钢进行专利分析服务。完成武钢专利分析课题《薄带铸轧工艺及设备》,成果包括专利分析报告以及专利数据库,为武钢薄带连铸生产提供帮助。完成宝钢专利分析课题《新日铁住金专利的跟踪与分析》,分析与下载近10年新日铁申

请的专利,下载专利数量超过 5 万件,成果包括专利分析报告以及专利数据库,为宝钢跟踪新日铁公司的研发状况提供帮助。完成梅山钢铁专利分析课题《高速电镀锡(MSA)技术专利及科技文献分析研究》,成果包括专利分析报告以及专利数据库,为梅钢电镀锡生产提供帮助。

院士服务:为徐匡迪院士进行文献服务。按照徐院士要求,冶金三天时间内检索并下载了徐院士需要的有关模具钢、轴承钢相关国外文献超 300 篇,获得了徐院士好评。为王国栋院士服务 3 年来,为王国栋院士提供文献服务。按照王院士要求,冶金提供给王院士国家重大成果申报名录,并且满足王院士有关超快冷领域外文查询及下载要求。

(5)网络环境下冶金工业汉语主题词表体系服务

国家科技图书文献中心的七个专业服务平台(炼铁、炼钢、轧钢等专业平台)采用了"网络环境下冶金工业汉语主题词表体系研究"成果,将来自国家科技图书文献中心的庞大的文献集合按细分学科进行了科学的组织和分布,会自动将该术语所涵盖的文献资源罗列出来,有助于科研人员在浩如烟海的文献信息中,方便、快捷地找到所需要的文献资源,实现了文献服务向竞争情报、知识信息服务方向转变,对沙钢等钢铁企业的科技创新提供了有力的支持。

(6)研究课题完成情况

"十二五"期间,冶金开发专业化信息服务平台 7 个,炼铁、炼钢、轧钢、金属制品、有色、稀土、节能减排专业化服务平台。

对炼铁、炼钢和轧钢这三个钢铁行业主流程的专业化服务平台开展了钢铁企业的宣传和推广,提高了三个平台的使用效率。通过走访铝厂、锌厂、铜厂和碳素等有色行业企业,了解有色金属相关的信息需求现状,并为有色企业提供查新、咨询等项目。

①数据正常更新,科技文献每月更新,中心抽取数据;科技动态随时更新;

②各平台通过中心接口让企业用户可以通过平台发送原文请求,提高了 NSTL 的知名度和影响力;稳定了原文请求的数量;

③节能平台内容嵌入其他各个专业平台,让节能减排依托专业,以便更好地服务;

④翻译部分消息报道类,放入平台数据库中,充实数据库内容,发挥资源的优势。翻译国外文献人力和财力投入增加,所以建议增加平台维护费用。

其中,2015 年进一步推进专业化信息服务平台的建设工作,对炼铁、炼钢、轧钢、金属制品、有色、稀土、节能减排七个平台进行数据的更新和维护。具体更新数量如下表所示。

表3　冶金专业化服务平台维护及建设情况

序号	数据库	更新量	访问总量	点击量	服务量
1	金属制品专业服务平台	2413	5367	3235	2132
2	轧钢专业服务平台	12 228	3450	2135	1315
3	炼铁专业服务平台	1310	2920	1678	1242
4	炼钢专业服务平台	6067	1509	908	601
5	有色金属专业服务平台	48 325	507	354	153
6	稀土专业服务平台	12 687	389	234	155
7	节能减排专业服务平台	7897	2501	1568	933
	合计	90 927	16 643	10 112	6531

（7）新材料重大专项服务

在 NSTL 重大专项服务组的领导下，冶金在新材料领域对相关企业、科研机构、政府类机构以及重点实验室和个人进行了专项服务。共完成重大专项情报研究报告共 9 项，发送对象包括宝钢、武钢、北科大等企业或科研机构，获得了较好评价。

附：大事记

2014 年 3 月 21 日，中国钢铁工业协会"2020 年我国钢铁工业发展愿景及若干重大问题研究"报告会在我院举行，中国钢铁工业协会常务副秘书长、冶金院长兼党委书记张宇春主持会议。

2014 年 3 月 26 日至 27 日，冶金院在江苏省泰州市组织召开"2014 年全国钢标委、生铁及铁合金、铁矿石与直接还原铁技术委员会年会"，中国钢铁工业协会党委书记、副会长刘振江、国家标准化管理委员会工业一部主任丁吉柱、工业和信息化部原材料司副司长高云虎、江苏省质量技术监督局副局长张前、中国钢铁工业协会副秘书长迟京东、泰州市副市长贾春林到会并讲话，中国钢铁工业协会常务副秘书长、全国钢标委主任、冶金院院长兼党委书记张宇春主持会议。会上，三个技术委员会做工作报告，全国钢标准化技术委员会和七个分委员会进行了换届和表彰，200 多名代表参加了会议。

图 2　2014 年全国钢标委、生铁及铁合金、铁矿石与直接还原铁技术委员会年会

2015 年 7 月 20 日召开项目启动会，冶金院正式成为中国工程科技知识中心冶金分中心，承担冶金专业知识服务系统建设任务。

2015 年 7 月，信息所《冶金工业汉语主题词表体系研究》项目获得中国钢铁工业协会"冶金科学技术奖"三等奖。

7 月 24 日，"互联网＋冶金信息情报的服务新模式暨冶金信息网 2015 年会"成功召开，超过 160 名代表参加了会议。下图为冯超副院长讲话。

图3 互联网＋冶金信息情报的服务新模式暨冶金信息网2015年会

冶金工业信息标准研究院信息所

中国地质图书馆"十二五"事业发展报告

一、"十二五"期间事业发展综述

中国地质图书馆(中国地质调查局地学文献中心)是中国地质调查局所属的公益性事业单位,主要承担地学文献的收藏、加工和开发工作,开展相关研究和信息化建设,向社会提供地学文献信息服务。目前馆藏文献量已达 79 万卷(册),包括近代地质学启蒙时期以来近 200 年的国内外地学文献,世界各国地质图件 1 万余套,有 30 余个大型文献数据库,与 60 多个国家和地区的近 220 多个地学机构建立了文献交换及互借业务联系。中国地质图书馆是中国图书馆学会常务理事单位、中国科技情报学会理事单位、第一批国土资源科普基地。

"十二五"期间,中国地质图书馆以建设国际先进专业图书馆为中心,以不断提升为部局管理决策、科学研究、社会公众服务能力和水平,全面满足国土资源管理决策、地学科技发展和社会公众的全方位、多层次的需求为目标,部署和开展重大项目研究工作。先后承担科技部、国土资源部项目十余项,内容涉及地学文献资源建设、馆藏资源数字化、地学文献信息共建共享服务体系建设、地学文献信息服务集群化研究、地学文献计量研究、地学情报研究和地球科学文化研究、科普宣传,以及相关标准规范研究等多个领域,并取得较为显著的成绩。

中国地质图书馆是中国地质调查局文献信息资源的重要保障,创建了文献资源共建共享系统,并形成了《地质图书分类法》《地质学汉语叙词表》等可以推广的标准、规范成果,文献资源量持续、稳定增加,服务能力与范围不断扩大;在地学文献计量方面,地学科技文献计量指标体系初步建立,为地学学科评价、重大地学问题研究、人才队伍建设、科研绩效评价提供支撑;为部局地质调查成果做支撑,为体现国家地质科技成果,出版《中国地质调查》公开刊物;地学情报研究成果显著,创办《国外地学动态》《非常规能源信息》《海洋地质信息》《国外地质调查管理》四个内部刊物,为国土资源部、地调局,以及有关专家、学者提供国外地学最新、最前沿的信息,为政府部门、科研院所、相关企业和社会公众提供服务和参考;深入开展地球科学文化研究,出版成果《地球科学文化建设与发展研究报告》,创办《国土资源科普与文化》公开刊物,为弘扬地学文化、加强地质文化建设与创新、促进地学文化大发展、大繁荣增添了新生力量。

二、"十二五"期间事业发展基本统计数据

1. 各年度图书馆基本统计数据变化

"十二五"期间,中国地质图书馆以"有馆尤贵有书,有书尤贵有用"的馆训为指导,以"文化引领,服务创新"为主题,紧跟时代步伐,积极推进地学文化建设,创新服务理念、服务方式和服务技术,狠抓落实,努力提高执行力。通过多渠道采集国内外地学文献信息资源,

不断丰富中国地质图书馆文献资源库,加大书刊捐赠和开放获取资源采集力度,推进文献上缴和资料汇交,改进国际交换业务,加强联编工作,推动非书资料数据库建设,五年来图书馆文献数据量和访问咨询量逐年提升,社会影响力不断提升。详见表1、图1。

表1　2011—2015年中国地质图书馆服务能力和社会效益情况统计表

	2011年	2012年	2013年	2014年	2015年
馆藏量:万册	71	72	75	77.6	79
文献数据库:个	22	22	25	30	33
数据量:万篇	4300	4350	4890	5350	5900
到馆读者量:万	6	9.2	15.9	21.3	25
网上读者量:万	45	46	45	52	53
到馆借阅量:万	4	5.3	9.7	10.4	6
下载量:万篇	180	170	280	424	360
文献复印量:万	42	35	44	46	48
科技查新量:例	55	131	97	79	71
专题服务量:例	32	64	66	71	75
网站页面访问量:万	242	268	270	271	272
文献总数据量:TB	22.3	26.4	48.7	64.5	270
远程访问(VPN)用户数:个	4728	5504	6558	7142	7521

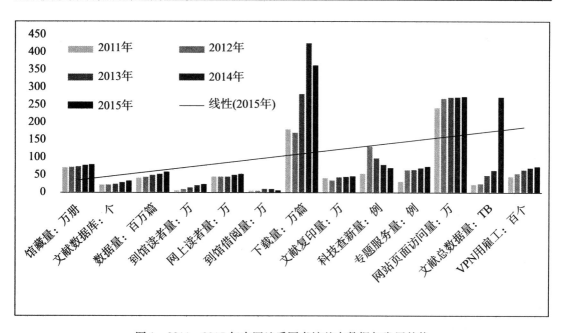

图1　2011—2015年中国地质图书馆基本数据与发展趋势

2. 文献总藏量及各年度新增情况

截至 2015 年年底,图书馆馆藏总量统计为 790 417 册,详见表 2,其中图书有 225 260 种/385 632 册,期刊有 16 580 种/387 981 册,地质图件有 9566 种/13 633 套,胶片/多媒体有 3032 种/3171 件。

表2 2015 年馆藏总量统计表(截至 2015 年年底)

	种数	册数
馆藏图书类	225 260	385 632
馆藏连续出版物	16 580	387 981
图件	9566	13 633
胶片/多媒体	3032	3171
合计	254 438	790 417

以下分别是中国地质图书馆文献采购、编目和资源共建相关业务数据数量(见表3)统计情况。

表3 文献采购、编目和资源共建相关业务数据统计表(2014—2015 年)

文献采购:	2014 年	2015 年
预定中文新书(种/册)	3292/3578	2031/2510
验收中文新书(种/册)	3838/4716	4184/5255
预定外文图书(种/册)	630/630	650/650
订购中文期刊(种/册)	472	418/428
订购外文期刊(种/册)	573/4362	556/3997
续订中文文献数据库(个)	5	5
新增中文文献数据库(个)	0	0
续订外文文献数据库(个)	10	11
新增外文文献数据库(个)	0	10
文献编目:		
中文图书编目(种/册)	5515/6911	4083/5106
日文图书编目(种/册)		111/111
中文地图编目(种/册)	241/473	42/78
西文图书编目(种/册)	426/426	568/571
外文新刊编目(种)	5	5
中文期刊装订刊编目入库(种/册)	522/1109	485/1150
外文期刊装订刊编目入库(种/册)	570/1457	570/1568
联机联合编目数据量(条)	37 186	56 800
网络资源采集(条)	5000	
非书资料(光盘、视频等)采集(条)	1018	880

续表

文献采购:	2014 年	2015 年
文献捐赠:		
接收捐赠文献（种/册）	470/579	1438/1494
接受上缴文献（种/册）	240/538	303/740
捐赠图书（种/册）	849/1103	690/921
赠送中文期刊（种/册）	39/404	37/414
上缴中文期刊（种/册）	70/1016	68/820

中国地质图书馆与 61 个国家和地区 220 多个单位进行书刊、地图和电子资源等资料的交换,2013—2014 年资料交换情况见表 4。

表 4　国际交换数据统计（2013—2014 年）

国际交换	2013 年	2014 年	2015 年
向国外发信（封）	135	215	182
收到和处理国外来信（封）	105	121	106
国外交换机构发刊（种/册）	46/2803	46/2728	42/2622
国外交换机构补刊（种/册）	10/148	8/65	8/18
收到国外交换图书（种/册）	86/102	84/95	66/144
收到国外交换光盘（份）	20	16	198/548
订购下一年度交换用刊物（种/册）	35/2322	32/2158	72
下载国外电子版书刊（种/册）	17/75	59	8

3. 年度读者服务数量

"十二五"期间,中国地质图书馆到馆读者从 2011 年的近 6 万人次到 2015 年增加到为 25 万余人次,借还书总量从 4 万余册增加到 6 万余册。到馆人数较 2014 年（213 683 人次）增长了 19%。借还书总量比 2014 年减少 42%。由于图书馆地学文献数字化项目完成了近 7 万册纸质图书数字化工作,并且已经可以网上阅览和下载,这项工作的完成为读者提供了在线阅读和下载的渠道,使得纸质图书的到馆借阅量逐步减少,详见表 5。

表 5　2011—2015 年读者服务量统计

服务内容	2011 年	2012 年	2013 年	2014 年	2015 年
到馆服务:					
接待到馆读者（人次）	58 792	47 157	94 200	213 683	254 293
借还书总量（册）	43 440	106 256	109 841	104 372	60 104
扫描复印量（页）	517 080	530 300	595 438	563 676	513 475
提供扫描复印单位数（家）	9	23	47	27	16

续表

服务内容	2011 年	2012 年	2013 年	2014 年	2015 年
远程服务全文传递文献量(页)	2076		14 391	4503	2327
远程服务全文传递人数(人/家)				119	
读者遗失图书(人次)				11	8
读者遗失图书(种/册)				11(中文)	7(中文);1(英文)
馆藏书刊数据补录(册)			7226 册		3299 种/5015 册
流动服务:					
上门服务单位家(次)				157	95(3 家/次)
接待读者(人次)				158	229
借还书(种/册)				2333 (包括自助 借还机)	1984
提供下载扫描复印件(页)				850	1253
检索文献(条)	400				
推送馆内刊物(种/册)	2534			1480	1742
办理一卡通(张)	2737	4597		3747	3760

4. 网络文献服务量

"十二五"期间,中国地质图书馆网络服务基础能力不断提升,网络基础环境及硬件配置逐年提升,承载能力不断增强,服务质量不断增强,网站访问量不断加大,具体数据见表6。

表6 网络服务相关业务工作数据统计表(2011—2015 年)

网络服务工作	2011	2012 年	2013 年	2014 年	2015 年
带宽(M)	60	80	100	150	160
门户网站 IP 访问量(万)	44.1	44.7	45	52	53
门户网站页面访问量(万)	242	268	270	271	272
当年文献下载量(万篇)	180	170	362	400	424

文献信息对外服务效果的门户网站访问量和文献下载量数据也显示,用户对集成了地学文献信息服务入口的图书馆门户网站关注度和依赖度不断增强,文献的下载量也稳步增长,详见图2。

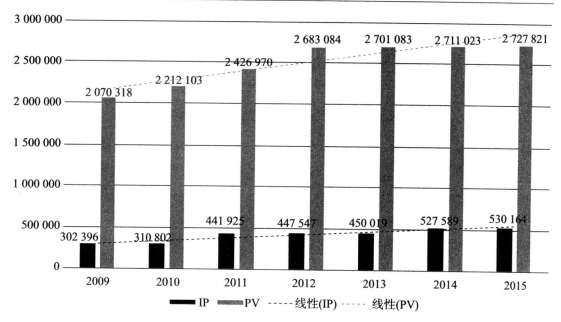

图 2　中国地质图书馆门户网站访问量数据统计表（2009—2015 年）

5. 咨询服务量

学科咨询服务是当前图书馆发展的一个重要方向。2011 年,中国地质图书馆,将学科咨询服务定位为中国地质图书馆业务发展的一重要方向。几年来,中国地质图书馆学科咨询上门服务和调研范围从 2011 年的 20 余家单位,逐步扩展到 2013 年的 81 家局属及地勘行业单位,业务进展明显。同时,每年为多家对口单位提供深度的学科服务,为对方项目提供了有效地学文献及情报支撑,详见表 7。

表 7　咨询服务相关业务数据统计（2011—2015 年）

	2011 年	2012 年	2013 年	2014 年	2015
学科咨询服务:					
上门服务的单位(家)	20	20	35	37	34
新签订共建共享协议(家)	13	10	18	8	28
深层次学科服务:					
专题文献服务(项)	4	12	6	4	5
横向课题(项)	7	14	8	8	1

2008 年,中国馆地质图书馆经批准成为"国土资源部地学科技查新站"。多年来,为扩大我馆科技查新站的对外影响,提高科技查新质量,加强科技查新站的规范管理,不断加大科技查新站的对外宣传力度,加强各项业务学习、积极参加科技查新业务培训,并对《科技查新管理办法》进行了重新修订。近 5 年来,随着大量国土、地调项目的开展实施,中国地质图书馆科技查新的业务量大幅增长。从查新内容来看,主要集中在钻探工程、物化探及遥感地质方法、油气勘探类及环境、矿产勘查方面、环境地质工程等方面,详见表 8。

表8 2011—2015 年科技查新量统计

	2011 年	2012 年	2013 年	2014 年	2015 年
国内查新(项)	30	38	31	44	43
国内外查新(项)	25	40	66	35	28
文献引证(项)	7	53	129	389	241

6. 各年度数字化建设

中国地质文献数据库是中国地质图书馆自建的文摘类特色数据库,以馆藏期刊、图书为主要数据源,收录中文地球科学、土地科学及相关内容期刊、专著、汇编、会议论文集等文献资料。收录范围主要包括:基础地质、矿产地质、各种地质勘查技术方法、国土资源管理、土地科学等内容。按地球科学及土地科学专业分为51类。数据库总数据量达40万余条,为目前国内包含地质专业种类最全、覆盖范围最大、数据量最多的地质文献数据库,详见表9。

表9 中国地质文献数据库建设相关业务工作数据统计表(2014—2015 年)

	2014 年	2015 年
中国地质文献数据库(中文):		
源期刊选题(册)	1775	1524
收录数据(条)	15 248	15 067
中国地质文献数据库(英文):		
源期刊选题(册)	415	325
收录数据(条)	6115	5555

同时,中国地质图书馆对馆藏图书和期刊进行数字化加工,截至2015年年底,馆藏图书数字化扫描加工共完成119 957 册;馆藏期刊数字化扫描加工共完成11 092 册、130 822 篇文献的727 511 页扫描,详见表10、表11。

表10 2011—2013 年馆藏图书数字化扫描加工统计

日期	中文(册)	西文(册)	俄文(册)	合计(册)
2011 年前	29 914	18 904	–	48 818
2011 年	2630	14 479	–	17 109
2012 年	2879	501	13 110	16 490
2013 年	117	17 653	6640	24 410
2014 年	4662	7294	0	11 956
2015 年	1174	–	–	1174
合计	41 376	58 831	19 750	119 957

表 11　2011—2015 年馆藏期刊数字化扫描加工统计

日期	中文（册）
2011 年	36 742
2012 年	11 431
2013 年	23 025
2014 年	10 272
2015 年	11 092
合计	92 562

7. 各年度从业人员情况

"十二五"期间,中国地质图书馆在用人政策上不断做出调整,从引进"一般人才",转向"高级人才"的引进。把资源开发的重心由"物质资源"向"人才资源"转移,加大人才资源开发投入的力度,抓好"预测与规划""培养与使用""配置与管理"三个环节。通过人事制度改革,实现人力资源的合理配置和科学管理。结合分配制度改革,加大项目上的支持力度,稳定业务骨干,吸引人才,增强自我发展能力和信息服务能力。

2011—2015 年共引进应届毕业生 17 人,均为研究生学历,其中硕士 13 人,博士 4 人,地质类专业占 93%;30 人取得高级职称,其中正高级职称 8 人。

同时,为贯彻落实上级党组加强人才队伍建设相关指示精神,一方面加大宣传力度,使全体职工深刻认识加强人才队伍建设的重要性和必要性。通过会议、培训、宣传屏幕等多种形式,使职工充分认识到,只有加强人才队伍建设,单位各项事业才能够得到长远的发展。另一方面,根据图书馆整体发展规划的总体要求,制订各类年度人才计划,如人才引进计划、培训座谈计划,此外出台各类人才选拔、管理和考评办法,配合收入分配办法,更好地加大人才激励力度,详见表 12。

表 12　中国地质图书馆 2011—2015 职工队伍变化情况

年份	总计	按学历划分						按职称划分				
		研究生		大学本科	大学专科	中专	高中及以下	高级		中级	初级	无职称
		博士	硕士					正高级	副高级			
2011 年	108	10	29	42	21	3	3	3	27	52	22	4
2012 年	115	12	36	43	18	3	3	7	25	57	15	11
2013 年	124	13	41	44	20	3	3	9	34	55	18	8
2014 年	127	15	41	47	20	2	2	13	37	58	16	3
2015 年	123	16	45	43	17		2	14	40	54	11	4

8. 承担国家重大研究项目

中国地质图书馆近年来,以建设国际先进专业图书馆为中心,以不断提升为部局管理决策、科学研究、社会公众服务能力和水平,全面满足国土资源管理决策、地学科技发展和社会公众的全方位、多层次的需求为目标,部署和开展重大项目研究工作。先后承担科技部、国土资源部项目多项,内容涉及地学文献资源建设、馆藏资源数字化、地学文献信息共建共享服务体系建设、地学文献信息服务集群化研究、地学文献计量研究、地学情报研究和地球科学文化研究、科普宣传,以及相关标准规范研究等多个领域,并取得较为显著的成绩。

（1）地质调查文献评价系统建设

中国地质调查局自成立以来地调文献成果丰硕,但缺乏客观、全面的评价平台,另外近年来期刊数据库制作商的垄断趋于严重,地质图书馆现有的文摘数据库难以满足地调文献成果的评价需求,建设客观全面的地质调查文献评价系统和建设自有知识产权的地学引文（全文）库就成了当务之急。本项目的建成,将是开展地质调查文献成果评价的数据资源基础,使得图书馆能够为地质找矿工作提供个性增值服务,并能有效克服期刊全文数据库制作商对学术资源的日趋严重的垄断行为。

项目成果应用在对十年地质大调查中涌现的地质成果的客观评价及今后对地质行业科技文献的整体评价与统计分析,将会产生巨大的社会效益与服务基础,不仅能在已有的工作基础上最大限度地实现文献资源的高效利用和共享,更好地服务于地质找矿事业,而且建立的集地质文摘、地学期刊全文数据库、引文数据库为一体的地质调查文献评价系统更是中国地质图书馆服务于地质大调查工作、为决策部门提供地质调查文献评价的数据基础。

（2）地学文献数据库建设

中国幅员辽阔,人口众多,信息汇聚数量庞大。知识的传递,完全靠印刷的方式,那是不可想象的。中国地质图书馆是有这近百年历史的专业图书馆,收藏有70万余册图书,这些资源是全国地质工作者的知识宝库。由于纸质资源地域的局限性和全国地质工作者分布的广域性的原因,必须建立数字图书馆才能刚好地服务于地质找矿事业,服务于国民经济的发展。

依托计算机网络技术,本项目完成的7万册图书和"十一五"期间完成的4.8万册图书已经全部实现了网上服务。以其高速高效检索、24小时全天候开放、最大限度信息资源共享,实现了读者与图书馆零距离接触、信息主动推送服务。这是传统图书馆所远远不能比拟的强大优势,得到地学界的高度重视,受到读者热烈欢迎。

4年工作的顺利开展使图书馆的地学数字资源保障能力得到增强,对外服务能力得到提高,取得较好的社会、经济效益。项目受益范围为国土资源部、中国地质调查局、中国地质大学、中国科学院,冶金、煤炭、有色、黄金、核工业部、建材、环保、公共工程等部门的从事与国土、地学有关的科研、管理、生产、教学等工作的人员。

（3）书目数据库和联合编目数据库建设

书目数据库建库及维护根据国家和国际文献相关著录标准、中文机读目录格式（CNMARC）和外文机读目录格式（USMARC）,利用《地质图书分类法》《中国图书馆分类法》《中国分类主题词表》《地质学汉语叙词表（2010）》、LCSH（*Library of Congress Subject Headings*）等标准规范对所采集的图书及期刊等进行分类、标引及编制机读目录。

联合编目数据库集成与整合国内地学类图书馆馆藏中外文地学文献目录信息,可以向读者时时提供各图书馆馆藏书目查询服务,实现地学文献资源的共建共享,为建设国家地学文献资源保障与服务体系奠定坚实基础,也为编制国家地质文献总目录,开展远程文献传递等工作提供具体的数据支撑。数据库可以通过IP控制向全国地勘行业及社会公众免费提供服务。

9. 地球科学文化与科普宣传

"十二五"期间,依托固定陈展区域和流动的"科普大篷车",开展了世界地球日、全国防灾减灾日、全国科技活动周开放日和全国科普日等主题宣传活动。"科普大篷车"不仅进入周边社区、学校,还扩展到京郊农村,影响力不断扩大。近5年来累计完成科普活动57次,其中科普展览28次,科普讲座29次。活动和讲座的内容涵盖地球科学、环境保护、生态文明等领域,详见表13)。

表13 2011—2015年地学科普与文化研究相关工作数据统计

	2011 年	2012 年	2013 年	2014 年	2015 年
地学科普讲座活动(场次)	2	14	6	3	4
地学科普讲座活动参加人数(人)	400		2680	370	890
地学科普展览(场次)	3	9	6	5	5
地学科普文化宣传报道(次)	10	42	113	37	16
地学科普文化作品(份)	1	1	4	5000	5000

10. 期刊与专题研究

2014年6月,国家新闻出版广电总局证实批准我馆2个刊物成功变更,即《国外科技资料目录—地质学》变更为《国土资源科普与文化》,《中国地质文摘(中文版)》变更为《中国地质调查》。目前,中国地质图书馆公开出版刊物有三个,分别是 *Abstracts of Chinese Geological Literature*、《中国地质调查》和《国土资源科普与文化》,这三刊成为展现国土行业科普文化和地质调查成果的崭新载体和媒介,为传播和宣传国土、地调行业的前沿知识搭建了重要的产品平台,出版情况详见表14。

表14 2011—2015年公开出版刊物编辑出版发行数据统计

名称	2011 年	2012 年	2013 年	2014 年	2015 年
《Abstracts of Chinese Geological Literature》					
编辑出版发行期数(期)/字数(万字)				3/90	4/120
发行量(册)				180	260
《中国地质调查》					
编辑出版发行期数(期)/字数(万字)				1/10.4	6
发行量(册)				1000	1000
《国土资源科普与文化》:					
编辑出版发行期数(期)/字数(万字)				1/13.6	4
发行量(册)				1000	1000
《国外科技资料目录》					
编辑出版发行期数(期)/字数(万字)	4/6.3	4/6.5	4/6.2	2/5.7	
发行量(册)	800	800	800	400	
《中国地质文摘》					
编辑出版发行期数(期)/字数(万字)					
发行量(册)					

图3 刊物封面

近年来,图书馆根据中心业务发展重点,倾力打造的具有较高质量的地学科技期刊(内部出版物)。主要为《国外地学动态》《非常规能源信息》《海洋地质信息》《地学文化动态》《地调舆情》《国外地质调查管理》6个刊物的编辑出版发行范围在不断扩大,发行量也在逐年稳步增长,均得到了国土资源与地勘行业单位的广泛好评,出版情况详见表15。

表15 内部刊物编辑出版发行数据统计表(2014—2015年)

	2014年	2015年
《国外地学动态》编辑出版发行:		
《国外地学动态》编辑出版发行期数(期)/字数(万字)	12/28	12/30
《国外地学动态》编辑出版发行文章篇数(篇)	55	42
《国外地学动态》发行量(册)	610	608
《非常规能源信息》编辑出版发行:		
《非常规能源信息》编辑出版发行期数(期)/字数(万字)	12/35	12/36
《非常规能源信息》编辑出版发行文章篇数(篇)	113	60
《非常规能源信息》发行量(册)	1000	900
《地学文化动态》编辑出版发行:		
《地学文化动态》编辑出版发行期数(期)/字数(万字)	11/13.6	9/23
《地学文化动态》编辑出版发行文章篇数(篇)	131	41
《地学文化动态》发行量(册)	6000	650
《地调舆情》编辑出版发行工作:		
《地调舆情》编辑出版发行(期)/字数(万字)	47/24	45/23
《地调舆情》编辑出版发行舆情条数(条)	1355	625
《地调舆情》发行量(册)	9000	12150
《国外地质调查管理》(期)/字数(万字)/发行量(册)		
《国外地质调查管理》编辑出版发行(期)/字数(万字)	11/23.27	12/26.73
《国外地质调查管理》编辑出版发行文章篇数(条)	18	23
《国外地质调查管理》发行量(册)	1760	2400

三、"十二五"期间开展的主要工作及发展特点

1. 广开采集渠道,夯实发展基础

一是多渠道地采集国内外地学文献信息资源,不断丰富我们的文献资源库;二是大力推进数字图书馆的建设,推进文献信息服务的网络化、数字化和信息化;三是推动地学文献信息资源的共建共享,推动集约服务和利用;四是加大地学文献产品开发力度,为国土资源事业和国家地质工作者提供更加专业的信息服务。

2. 加强情报研究,做好信息服务

一是建立情报信息分类采集体系。围绕国土资源重要领域、重大科技前沿和重点科技攻关方向,有计划、有重点地开展地学情报信息分类采集,逐步建立覆盖全面、更新及时、重点突出、特点鲜明的国外地学情报基础数据信息体系和专题数据库。二是加强情报专题研究。积极开展境外大宗矿产资源形势的分析研判,为制定我国矿产资源勘查开发宏观决策提供支撑,为经济建设服务;开展非传统能源研究,为我国研究开发非传统能源,缓解我国油气资源短缺局面提供参考;研究重要跨国矿业公司的运营动态,为我国矿业企业"走出去"到境外勘查开发矿产资源提供服务;紧密结合城市地质、环境地质、海洋地质、农业地质等领域的新技术、新方法、新理论,为生态文明建设提供决策支撑和信息服务。

3. 加强地学文化,助推地质找矿

一是深化地学文化理论研究,为地学文化建设提供理论依据和决策参考;二是加强地学文化平台建设、队伍建设和政策机制建设,形成了有利于地学文化建设的环境;三是大力加强地学文化产业化探索与实践,形成一系列文化产品,实现文化事业和文化产业的良性互动,协调发展;四是提高地学工作者和管理者理论思维创新,提高地学创新能力,提升国土资源管理水平,为经济社会可持续发展提供精神动力。五是加强地学文化建设的宣传,总结、宣传、弘扬地学文化重要的现实意义。

4. 创新知识管理,提升整体能力

一是大力推进局系统地学文献信息资源的共建共享,建实建强局地学文献中心。二是着力推动局系统机构知识库建设,整体提升全系统的队伍素质、创新能力和核心竞争力。三是建设地质调查成果管理体系,实现地质调查成果的统一采集、统一存储、统一管理、统一服务,为增强地调知识资源集成、管理与服务能力提供技术支撑。四是建设地球科学门户网站,搭建统一对外服务平台,全面实现服务社会的整体功能。

四、未来展望

当前,新一代互联网技术、云计算等信息技术使互联网上信息资源全面共享成为可能,

信息资源日益成为重要生产要素和社会财富。与此同时,在图书情报领域,知识组织与知识工程、语义技术等成为图书馆学的重要研究领域,使社会各阶层都对图书馆有了不同层次的理解和认识,极大地拓展了图书馆的发展空间。

随着现代科技的发展,现代科技进入了一个大学科的时代,科学全面发展,地质学的学科内容、学科支撑领域都在快速发展,系统科学、学科交叉成为地学研究前沿领域的主要特点,地学科学研究所涉及问题的空间尺度和复杂程度进一步扩展和复杂化,地球科学研究资源的全球化成为另一个重要特点。同时,制约中国的社会经济发展的资源环境问题得到有效解决,国家地质工作的重点开始转向新的领域。

信息技术、互联网迅速发展,开始更为深入的影响人们的生活和工作,网络技术与文献数据库技术革命全面改变了人类的阅读习惯。图书馆的馆藏结构、服务模式均发生巨大变革,资源数字化、服务网络化成为图书馆的一种重要特征,知识服务和地学科普成为专业图书馆的重要职能。

中国地质图书馆作为全国唯一一家地质专业类图书馆,作为国家基础性、公益性的信息服务部门,为地质行业和广大公众提供公益性科技信息服务是地质图书馆的职责。随着我国经济的快速发展,资源需求迅速攀升,环境问题日益突出,"资源与环境并重"已成重要发展共识。党中央、国务院高度重视地质工作和信息资料服务,相继启动地质大调查专项,出台《关于加强地质工作的决定》,多位国家领导人对新时期地质工作做出了重要指示。

在图书馆理念和信息技术的推动下,科技类图书馆的职能定位发生了重大转变,从传统的文献资源管理和文献服务快速向知识管理和知识服务转化,更加强调对文献信息资源的学科化、专业化开发,更加注重与读者间的互动和理解,而且服务者本身相对独立的科学研究性也表现了出来,如学科情报、知识挖掘研究等。对于专业图书馆而言,用户群体的决策层、技术层、公众层需求各有侧重,多元化的需求也推动了图书馆在研究和服务上的多元化。面对多方面的变化,为更好地适应发展,"十三五"期间,中国地质图书馆将从四个方面着力发展。

1. 建设地学文献共建共享服务体系　夯实事业发展基础

按照国家赋予的职能和定位,收集、整理、集成和仓储国内外不同载体、不同类型的地学文献信息资源,馆藏文献每年平均增长 12 000 册(件)以上,数字资源每年平均增长 5TB 以上,加强文献服务、信息服务、学科化服务,通过服务平台提供不同的服务产品,建立服务质量评价机制。构建一个结构完整、功能齐全、便捷高效、覆盖全国的地学文献共建共享服务体系,全面提高国家地学文献信息资源保障能力。

2. 逐步构建情报研究体系　有效支撑地质科技发展

以满足国家经济社会发展、部局地质调查工作及社会需求为目标,以国外地质矿产信息动态跟踪及系统采集为基础,以关键问题分析和宏观战略研究为重点,紧紧抓住地质工作面临前所未有的重大发展机遇期,跟踪国际地球科学发展前沿领域,开展地球科学学科情报研究,及时捕捉、追踪、梳理和研究地学前沿和重点研究领域相关课题和热点问题,为走出去战略、地质找矿新机制和找矿突破战略行动提供支撑和服务。全面提升地学情报研究与服务的能力和水平。

3. 建设地球科学文化研究体系　发挥知识传播桥梁作用

地球科学文化的建设与传播,可以帮助公众进一步了解地球科学文化,了解地质大调查工作,促进公众地学科学素养的全面提升。相继开展地球科学文化研究、产业发展战略研究、文化产品开发,建立地学文化信息系统搭建文化交流平台等等。

4. 建设地质调查管理支撑体系　融入地质工作主流程

现代国土资源管理和决策越来越依赖基础资料的信息化、行业的知识体系构建、基础信息统计分析和信息综合研究,并使之成为管理和决策的重要手段。为进一步发挥图书馆服务部局管理和决策的职能,根据"项目怎么来,工作怎么干,成果怎么用"的管理和决策思路,跟踪地调局成果管理、科技管理需求,开展成果管理的制度和政策研究、成果信息开发与综合研究、地质调查局知识库建设、基础科技信息统计、科技文献计量评价、人才队伍建设研究和评价等,为地学学科评价、战略情报分析、技术情报分析、重大地学问题研究、找矿突破提供了数据支持和知识准备,为地质调查成果管理、科技管理、人才队伍建设提供信息服务和研究支撑。

到 2020 年,中国地质图书馆更加适应地质科技与国家地质工作的需要,建成国际一流的地学文献与情报中心,地学文献信息资源保障体系良性运行,地学文献信息服务体系成效显著,地学数字图书馆建设国际先进,地学文献信息服务队伍建强建精,服务能力与水平全面满足国家地质工作、全国地学行业和社会需要,使中国地质图书馆全面实现六项功能,即成为国家地学文献的中心,公众了解地学知识与文化的窗口,地质工作成就及地学成果向社会输送的桥梁,国家社会信息化网络的重要枢纽,民众终身受教育和学习型组织建设的基地,丰富人民文化生活的重要场所。

附:大事记

2011 年 1 月 12 日,中国地质图书馆 2010 年学术年会在十三陵培训中心顺利召开。

2011 年 6 月 10 日,中国地质图书馆西北分馆在西安地调中心举行了揭牌仪式。

2011 年 8 月 30 日,中国地质图书馆与中国古生物化石保护基金会在北京召开"地质文化研讨会"。

2011 年 9 月 8 日,中国地质图书馆组织召开了中长期发展规划专家论证会。

2011 年 12 月 11 日,中国地质图书馆举办"建馆 95 周年首届地学文献学术研讨会"。

2012 年 1 月 10 日,"中国图书馆学会专业图书馆分会六届四次常务理事会"在中国地质图书馆召开。

2011 年 12 月 13 日,中国地质图书馆通过兴原认证中心有限公司和中国地质调查局的质量管理体系审核,取得认证证书。

2012 年 3 月,中国地质图书馆正式推出新浪官方微博。

2012 年 9 月 20 日,中国地质图书馆与中央党校 12 期中青班手拉手共建西柏坡希望小学红领巾书屋。

2012 年 11 月 24 日,中国地质图书馆承办"2012 年地球科学与文化研讨会"。

2013 年 4 月 22 日,中国地质图书馆承办"地质生态文明专家论坛"。

2013 年 4 月 23 日,中国地质图书馆举办"第二届读书文化节"。

2013 年 6 月 25 日,中国地质图书馆举办"庆祝建党 92 周年暨'两优一先'总结表彰大会"。

2013 年 9 月,中国地质图书馆完成大厅和阅览室工程改造,并投入使用。

2013 年 11 月 9 日,中国地质图书馆举办"第二届地学文献学术研讨会"。

2013 年 12 月 10 日,中国地质图书馆主办"中国地质学会 21 世纪中国地质研究分会年会"在北京召开。

2013 年 7 月 26 日,中国地质图书馆主办的"2013 年地球科学与文化研讨会"在北京召开。

2014 年 4 月 29 日,中国地质图书馆召开"青年地学论坛研讨会"。

2014 年 10 月 24 日,中国地质图书馆、中国地质学会 21 世纪中国地质研究分会共同举办"2014 年地球科学与文化研讨会"。

2014 年 12 月 24 日,中国地质图书馆承办"21 世纪中国地质研究分会年会"在北京召开。

2015 年 5 月 16 日,由中国地质调查局主办,中国地质图书馆承办的"全国科技周"活动在中国地质大学和中国地质大学附属中学拉开了帷幕。

2015 年 7 月 30 日,由中国地质图书馆举办"2015 年地球科学与文化研讨会"在北京召开。

中国地质图书馆　薛山顺　王海华　徐晟

中国计量科学研究院文献馆"十二五"事业发展报告

一、"十二五"期间事业发展综述

中国计量科学研究院成立于 1955 年,隶属国家质检总局,是社会公益型科学研究单位、国家最高计量科学研究中心和国家级法定计量技术机构。承担着研究、建立、维护和保存国家计量基标准及研究相关精密测量技术的任务。

中国计量科学研究院文献馆作为国家科技图书文献中心(简称 NSTL)的成员单位之一,是我国唯一全面收藏国内外计量科技文献的专业文献馆,目前已发展为国家计量科技文献资源中心,承担着国家计量科技图书文献资源建设的任务。其丰富的计量文献资源,为我国经济发展、科技进步和国防建设提供有力的科技文献战略保障作用。中国计量科学研究院文献馆依托 NSTL,全面收集国际一流计量机构出版物,特别是美国标准技术研究院(NIST)、英国国家物理实验室(NPL)、德国物理技术实验室(PTB)等国家级计量科学研究机构,国际计量局(BIPM)、国际法制计量局(OIML)、国际计量技术联合会(IMEKO)等国际计量组织的所有出版物,以及国内相关的计量学协会出版的计量文献。目前,中国计量科学研究院文献馆拥有计量科技图书、期刊、会议录、科研成果等 50 万余册,以及 1972 年以来我国公开发行的所有计量检定规程、技术规范等国家计量技术法规。计量科技文献资源在我国计量事业蓬勃发展的 60 年里发挥了极其重要的支撑保障作用。

"十二五"期间,中国计量科学研究院文献馆围绕国家《质量发展纲要(2011—2020)》《计量发展规划(2013—2020 年)》及《2006—2020 年国家信息化发展战略》,依托 NSTL,坚持"战略保障、创新引领、共建共享、公益普惠",推进"资源保障、知识服务、人才强业"战略,以用户需求为导向,在网络化数字化环境下,从全局性、战略性与权威性出发,各项工作稳步推进,呈良好健康持续发展。在文献信息资源保障体系建设、文献信息资源加工质量提升、文献信息资源服务模式拓展等方面都取得了一定的成绩,逐步建立起完备的文献资源保障体系和系统的文献普惠化服务体系,在我国计量事业快速发展的关键时期,为计量科技发展、政策制定等提供了极具价值的大数据分析信息,对我国计量科学事业蓬勃发展提供了极其重要的支撑保障作用,为国家各项质量安全稳定提供了坚实的基础。

二、"十二五"期间事业发展基本统计数据

1. 馆藏文献资源建设得到突飞猛进的发展

"十二五"期间,中国计量科学研究院文献馆基础工作稳步推进,印本资源与电子资源均逐年增长。其中,图书逐年增长近 20%,期刊逐年增长 15% 以上。截至 2015 年年底,馆藏图书 100 万余册、期刊近 3 万种。总量增长比"十一五"期间增加 18%。从计量学科专业领

域来讲,计量文献馆完整的收集了国际一流计量机构出版物,特别是美、英、德、法等国家计量科学研究机构和国际计量局、国际法制计量局、国际计量技术联合会等国际计量组织的所有出版物,以及国内相关的计量学协会出版的计量文献,例如:BIPM、OIML、IMEKO、NIST、NPL、PTB 等。涵盖科学计量、工业计量和法制计量的各个方面,涉及几何量计量、温度计量、力学计量、电磁学计量、电子计量、时间频率计量、电离辐射计量、光学计量、声学计量、化学计量、医学生物计量、能源计量等各个学科。

2. 独具特色的计量文献资源吸引了全国的科技工作读者

中国计量科学研究院文献馆独具特色的计量文献资源,特别是国家计量检定规程、计量基标准信息等,以专、深、精的建设模式,吸引了全国的科技工作读者,年度读者服务量稳步增长。"十二五"期间,通过各种途径共为全国科技工作读者提供各类文献 120 余万篇,总量增长比"十一五"期间增加 16%。

3. 全国的科技工作读者对于网络文献信息资源的需求在飞速增加

"十二五"期间,作为专业图书馆的中国计量科学研究院文献馆,大力加强网络文献资源与服务,不仅文献信息在内容形态上发生了变化,用户获取文献信息的基本方式也发生了变化,对于网络文献信息资源的需求也在飞速增加,网络文献服务量实现突破式增长。"十二五"期间,中国计量科学研究院文献馆网站访问量 2 627 237 人次,网络浏览点击接近 4 825 945 人次,网络文献下载量 1 123 960 篇。较"十一五"期间有了明显的提高,分别多出 21%、26%、27%。

4. 多层次的服务内容成为科学研究中不可或缺的支撑

"十二五"期间,中国计量科学研究院文献馆除基本的文献信息服务外,同时还面向科技创新主体提供更多的分析型服务,包括跟踪服务、推荐服务、主题检索服务、信息聚类服务、专题分析服务、引文分析、实体评估服务乃至知识挖掘服务等知识化服务,多层次的服务内容已成为科学研究中不可或缺的支撑。"十二五"期间,中国计量科学研究院文献馆尝试着运用"情报工具 + 海量数据 + 专家智慧"的新模式,将科技查新服务、专题信息咨询服务、竞争情报服务、信息主动推送服务等结合起来,实现多方位、多元化、多功能的深层次文献信息服务。共提供参考咨询服务 3302 人次、科技查新服务 580 项、专题信息服务 174 项、研究咨询服务项目 121 个,分别比"十一五"期间多出 8%、12%、28%、31%。

基本统计数据									
从业人数		专业职称				学历结构			
在编	非在编	正研	副研	中级	初级	博士	硕士	本科	其他
25	7	3	10	13	6	3	22	5	2
馆藏量									
印本资源	藏量(种、册)	"十二五"新增	电子资源(个)		数量		"十二五"新增		
中文图书	20 万册	3 万册	中文电子书		30 万册		10 万册		

续表

<table>
<tr><td colspan="5" align="center">基本统计数据</td></tr>
<tr><td>外文图书</td><td>22 万册</td><td>8 万册</td><td>西文电子书</td><td>28 万册</td><td>15 万册</td></tr>
<tr><td>中文期刊</td><td>390 种</td><td>70 种</td><td>中文电子期刊</td><td>1 万种</td><td>2000 种</td></tr>
<tr><td>西文期刊</td><td>326 种</td><td>96 种</td><td>西文电子期刊</td><td>1 万种</td><td>3000 种</td></tr>
<tr><td>报　刊</td><td></td><td></td><td>中文网络数据库</td><td>10 种</td><td>5 种</td></tr>
<tr><td>古　籍</td><td></td><td></td><td>西文网络数据库</td><td>60 种</td><td>15 种</td></tr>
<tr><td>视听文献、</td><td></td><td></td><td>自建数据库</td><td>10 种</td><td>5 种</td></tr>
<tr><td>缩微制品</td><td></td><td></td><td>其他</td><td></td><td></td></tr>
</table>

科研项目("十二五"期间完成的部级以上的科研项目)

起止时间	项目名称	项目级别/来源	项目负责人
2011—2015 年	中国计量科学研究院多项科研项目均与文献馆紧密结合	科技部、国家自然科学基金	院士等

主要情报产品(成果形式:研究报告、动态快报、光盘/视频、数据库、出版物、专著等)

名称	主要内容	成果形式
计量文献服务支撑计量科研创新、国家质量安全	国际量子质量基准研究动态报告及国内外"Watt Balance""Terahertz""蛋白质溯源""反应蛋白"等专题动态研究快报	动态快报
计量文献服务为政策制定提供大数据分析信息	基于大数据模型,长期跟踪研究国内外相关计量机构发展趋势和科技进展,为国家层面对计量科技领域的决策支持提供重要的依据	评估模型及研究报告
计量经济效益的形成机制与评估模型研究	以计量量值传递体系作为基础,结合系统反馈控制理论原理,对计量可持续发展的驱动力和计量经济效益的驱动响应进行分析,并建立关系,揭示计量所产生的可定量分析的经济效益规律等,建立计量经济效益评估模型	评估模型及研究报告
计量专业汉语主题词表	通过计量专业主题词表的建立,利用该词表、分类表和科研活动记录等,通过映射、集成和高度整合等多种方式,进行多重规范构建的面向计量专业领域的知识组织体系	情报分析平台与系统
计量机构知识库	搭建科研信息环境平台,搭建机计量构知识库,对各类知识成果进行收集、保存、管理和开放共享	情报分析平台与系统
计量西文期刊、会议数据库	完整收集国际一流计量机构出版物,特别是美、英、德、法等国家计量科学研究机构和国际计量局、国际法制计量局、国际计量技术联合会等国际计量组织的所有出版物,以及国内相关的计量学协会出版的计量文献	数据库

续表

基本统计数据		
国家计量检定规程数据库	完整收集我国从 1972 年以来公开发行的全部计量检定规程、技术规范等,是目前我国建设最完整的国家计量检定规程数据库,成为建立全球计量体系的基础	数据库
国家计量基标准信息数据库	揭示我国已建立的计量基标准、测量范围以及其所开展的检测校准的能力等相关信息,为国家计量基标准能够更好地为社会提供量值传递服务,提供准确权威的科学数据信息	数据库
计量科研成果数据库	汇集了中国计量科学研究院建院以来基标准研制的重大科研成果等信息,展示了我国计量科技发展及创新的辉煌历程	数据库

5. 信息化建设成绩显著

(1)计算机数量情况

截止到 2015 年年底,中国计量科学研究院文献馆拥有计算机近百台。

(2)网络基础设施建设

中国计量科学研究院网络核心由核心设备、应用系统、互联网专线链路组成。

核心设备包括核心交换机、服务器、防火墙、路由器、流量控制系统、入侵检测系统、VPN 系统等。公共服务系统包括电子邮件系统、防病毒系统、VPN 系统等。互联网专线链路有多条,包括两院区各 100M 互联网接入链路,两院区间 50M 链路,以及多条专用链路。

(3)网站建设情况

中国计量科学研究院文献馆建有对外服务网站,并在工信部等国家主管部门备案。习近平总书记指出,"没有网络安全,就没有国家安全"。为了保证网站安全,不因各种安全威胁的破坏而中断,我院把网络信息安全建设放在头等重要位置,包括在网络核心部分部署防火墙系统,中英文门户网站前部署入侵检测系统及网站反篡改系统,服务器及用户终端统一部署网络版防病毒系统。尚有局域网网入侵检测系统,网络安全预警系统及网络运维管理系统补充。实现准确监测网络异常,自动对各类攻击性的流量,尤其是应用层的威胁进行实时阻断,记录受到攻击的过程,为网络或系统的恢复和追查攻击的来源提供基本数据。提供动态的、主动的安全防御。网络安全预警系统能够对网络中出现的病毒情况通过多种方式进行统一的病毒报警,并能够进行快速应急响应,保证网络安全可靠地运行。

网络运维管理系统能实时的监控分析网络运行情况,及时发现网络异常和安全异常行为,快速定位分析网络和应用问题,同时提供强大的安全分析功能,是保障网络安全高效持续运行的非常有效的手段。

"十二五"期间,中国计量科学研究院文献馆对"计量文献资源平台"进行全面升级改版。新版"计量文献资源平台"进一步完善了服务功能,在遵守版权的技术约束下,提供院内科技文献全文下载与在线服务。

（4）电子阅览室

为满足计量科研人员下载并获取电子文献的需求，中国计量科学研究院文献馆现有 100 平方米的电子阅览室，安静舒适的环境，安全开放的服务，受到科研人员的喜爱。

6. 打造一支专业覆盖面宽，知识覆盖面广的优秀人才团队

团队建设是影响专业图书馆发展的重要因素，也是提高专业图书馆各项服务质量的有力保障。"十二五"期间，中国计量科学研究院文献馆打造出一支专业覆盖面宽，知识覆盖面广的优秀人才团队，在岗人员数量稳中有升，目前有专业技术人员 32 人，比"十一五"期间提高 28%，且高职称的专业技术人员比例在逐步提升，涉及文献信息采集、文献信息资源加工、文献信息资源服务、网络建设和运行维护情况、其他与文献信息资源共建共享建设相关工作等，全面系统地覆盖专业图书馆发展所需的各个岗位。全体人员爱岗敬业、吃苦耐劳、团结协作，且在编人员均具有工作岗位应具备的硕士、博士学位及相应的技术能力，有效确保了各项工作顺利完成。

7. 其他工作稳步向前推进

"十二五"期间，计量科学研究院文献馆其他工作也在稳步推进。数据加工工作围绕各类型数据、规范、保存等开展探究，探索各类型数据资源的收集与管理模式，在信息技术手段的保证下，西文期刊、日文期刊、外文会议、计量检定规程等数据的加工数量与质量均得到稳步提升。"十二五"期间，共完成文摘数据 304 871 条，引文数据 3 617 627 条，比"十一五"期间多出 12%；大力加大宣传推广力度，对全国之间系统开展各类 NSTL 资源与平台、计量文献资源平台的宣传与推广 186 次，涉及 6070 人次，发放计量科普读物、NSTL 文献宣传册等 8285 册；积极进行学术探索与研究，共在各类刊物发表文章 86 篇，获各类奖项 17 项。

三、"十二五"期间开展的主要工作及发展特点

"十二五"期间，中国计量科学研究院文献馆积极推进文献资源建设，提升数据库建设能力，深化文献信息服务，各项工作稳步推进。在资源建设方面，中国计量科学研究院文献馆资源建设人员将文献采集工作精细化管理落到实处，继续加强文献的学术质量分析、利用情况分析与用户需求调查，实现文献资源建设有效提升。夯实基础资源建设的同时，持续加大数字资源建设力度；在文献资源数字化建设方面，中国计量科学研究院文献馆广泛采用先进科学技术方法，利用自主研发的文献业务流程服务管理系统，实现规范化、流程化、系统化、精确化的全面高效数字化建设，数据加工质量及速度都得到极大提升，保证了为读者提供的文献信息准确、快速、有效。在文献信息基础服务方面，中国计量科学研究院文献馆依托 NSTL 网络服务平台，坚持以人为本、服务至上，继续实现 7 天不间断、24 小时原文传递服务，为全国一线科研人员提供普惠、公益的计量科技文献信息服务，逐步建立计量科技文献的普惠化服务体系，深受用户普遍好评；在文献信息服务国家重大需求方面，建立相应的服务保障机制，为院士以及中国计量科学研究院重大科研项目团队提供专、精、深的文献信息服务；在文献信息服务国家特色需求方面，为计量重大项目、国防科技发展，以及新疆、西藏科研能

力建设等提供及时、准确、有效的科技文献信息服务支持;在文献信息知识服务方面,面对环境的变化和读者需求的变化,搭建知识服务技术平台,为读者提供以知识选取与存储、知识重组与再生产、知识配送与输出为内容的知识服务;同时,在计量科技信息、计量经济效益等方面开展多项国家层面的情报调研分析研究工作。中国计量科学研究院文献馆在计量科技持续稳定的发展中,增强知识服务的能力,将知识服务很有效地应用到计量科学事业的发展中。

1. 持续加大数字化资源建设力度,特色资源建设体系更加成熟

"十二五"期间,随着计量领域一大批在国际国内具有重要影响的前沿课题启动,科研水平快速发展、学科交叉性迅速加强,计量科研人员对科技文献的需求日益迫切,尤其对数字化文献资源等提出更高要求。中国计量科学研究院文献馆在 NSTL 的大力支持下,坚持"战略保障、创新引领、共建共享、公益普惠"的原则,紧密围绕一线科研人员,紧贴国家重大科技专项需求,进一步加强对数字科技文献保障体系的建设,全面提升数字时代科技文献的支撑和保障作用。同时大力加强计量特色馆藏资源建设,强化特色馆藏资源的加工整合和数字资源的揭示保存,以创新的方式,利用信息技术,打通信息孤岛,在网络化数字化环境下,对馆藏的全部计量检定规程以及 1995 年以来出版的外文科技期刊与外文会议录,均进行了数字化加工,增强了资源获取的便捷性,实现计量科技文献资源全国共享,充分发挥了计量科技文献资源的战略保障作用,有力推动了计量科技文献事业的持续发展。

(1)以计量专业为核心,打造专、精、深的资源建设体系

计量专业文献馆,在 NSTL"统一采购、规范加工、联合上网、资源共享"的思想指导下,紧密结合计量科研的发展创新,遵循"以计量专业为核心,打造专、精、深的资源建设体系"的原则,全面收集国际一流计量机构出版物,特别是美、英、德、法等国家计量科学研究机构和国际计量局、国际法制计量局、国际计量技术联合会等国际计量组织的所有出版物,以及国内相关的计量学协会出版的计量科技文献。

十六年来,中国计量科学研究院文献馆在 NSTL 文献采集经费支持下,计量文献资源建设取得突破性进展,已经形成了覆盖计量基础科学和前沿学科主要研究领域的外文科技文献资源保障体系,形成了具有专、精、深的计量专业特色文献资源,建有外文期刊数据库、外文会议数据库、国家计量基标准信息数据库、国家计量检定规程数据库、计量科研成果数据库,馆藏较全的外文会议录有 OIML、BIPM、IMEKO、NIST、PTB、NPL 等,基本满足了我国科研人员对计量科技文献信息的需求,多年来不断积累的计量文献资源基本满足了全国计量领域科研人员对外文计量科技文献信息的需求,为我国科技发展及创新提供了有力的科技文献战略保障作用。

"十二五"期间,中国计量科学研究院文献馆依托 NSTL 经费支持,加强计量科研新领域及重大专项的科技文献保障能力,新增食品安全、节能减排、纳米计量和生物环境等新型计量领域所需的外文科技文献。

(2)全面推进计量特色资源数据库建设

随着电子资源的出现和信息技术的发展,"十二五"期间,中国计量科学研究院文献馆文献资源建设的策略、重点也发生着转变,馆藏资源的收藏范围不断从印本资源向数字资源转化,持续加大数字化资源建设力度,全面推进计量特色资源数据库建设。

中国计量科学研究院文献馆独具特色的国家计量检定规程数据库、国家计量基标准信息数据库和计量科研成果数据库,在 NSTL 资源共享服务平台中充分发挥了重要作用。"十二五"期间,中国计量科学研究院文献馆全面推进计量特色资源数据库建设,继续增加资源品种与数据量。目前,计量特色资源数据库有:

国家计量检定规程数据库:收集了我国从 1972 年以来公开发行的 3000 余种计量检定规程、技术规范等,涵盖已出版的全部国家计量技术法规及部分部门、地方计量检定规程,是目前我国建设最完整的国家计量检定规程数据库。在全球经济一体化的今天,我国的计量技术法规已成为建立全球计量体系的基础。

国家计量基标准信息数据库:揭示了我国已建立的计量基标准、测量范围以及其所开展的检测校准的能力等相关信息。该数据库为国家计量基标准能够更好地为社会提供量值传递服务,提供了准确权威的科学数据信息。

计量科研成果数据库:汇集了中国计量科学研究院建院以来基标准研制的重大科研成果等信息,展示了我国计量科技发展及创新的辉煌历程。

(3)开展资源建设分析预评估研究工作

中国计量科学研究院文献馆肩负着计量领域国内外科技文献信息保障的职责,需要对相关文献资源进行出版跟踪和分析评估,保证专业领域内容核心文献资源采集基本齐全,相关文献资源配置相对合理,特色文献资源收集自成体系。"十二五"期间,中国计量科学研究院文献馆构建各类文献信息资源体系,开展科技信息资源分析评价、遴选配置和指标体系构建研究;开展国内外学术出版现状、规律和发展趋势研究等工作。

同时,中国计量科学研究院文献馆将用户需求调研、用户跟踪服务以及收集用户反馈三个方面作为资源建设工作的重要环节。面对计量科研需求的不断发展,计量科学研究院文献馆及时对用户需求进行调研分析,同时对本馆已订购资源进行分析,调整优化资源结构,不断满足用户需求。经过不断的调整和补充,馆藏资源的学科结构更为合理,逐步加强化学、电磁、能源环境、医学生物等新兴领域以及一些交叉学科的文献资源需求保障,使得国家中长期科技发展规划的重点领域、优先主题、前沿技术和基础科学前沿问题所涉及的学科文献比例得到提升,科研人员可以更快捷、方便地获取文献。

目前,中国计量科学研究院文献馆印本文献保障能力显著提升,数字资源保障能力显著增强,文摘引文整合揭示能力不断完善,已初步构建起种类齐全、结构合理的计量领域文献资源保障体系,全方位满足着国家计量领域的文献需求。

2. 继续深化服务,从文献信息基础服务向文献信息知识服务转变

"十二五"期间,中国计量科学研究院文献馆持续面向计量科研人员提供公益性的文献资源服务,切实满足了科研人员的需求,有效实现了计量文献信息资源的共建共享共用。

但是,随着新一代网络技术、信息技术的广泛应用,文献信息的生产、传播和服务模式发生了巨大变化,用户对深层次的信息组织、数据挖掘、数据关联等知识服务具有更大的需求。图书馆已不能停留在保存机构和资源采购中介的角色,传统单纯依靠馆藏资源的服务已经无法满足现代科研用户的多元化和专业化的知识服务需求。为适应信息环境、信息技术与用户信息行为变化,中国计量科学研究院文献馆尝试从信息服务向知识服务转型,深入推进文献信息知识服务,发挥计量文献信息服务团队优势,面向计量科研创新团队、重点实验室、课题组等提供支撑计量科学研究、服务计量科研创新的多层次文献、信息、数据、情报服务，服务覆盖面实现了由点到面，由局部到整体，与科研过程的嵌入更为紧密，分析内容更具针对性，满足科研人员专、精、深的科技文献信息服务需求，优质的文献信息服务能力为计量领域的科研人员搭建了一个获取科技文献的便捷渠道，发挥了强有力的科技文献支撑作用，赢得了计量科研人员的一致的赞誉与好评。同时，面对环境的变化和读者需求的变化，中国计量科学研究院文献馆进一步深化服务内容，搭建了文献信息知识服务技术平台，通过对整个计量信息资源系统的组织、加工、分析、挖掘和再创造，为重点项目计量科研人员提供以知识选取与存储、知识重组与再生产、知识配送与输出为内容的文献信息知识服务，形成一套完整的文献信息知识服务体系，开展了及时便捷、全方位、多层次的科技信息服务，有效满足了一线科研人员对科技文献的迫切需要。为计量科技发展、政策制定等提供了极具价值的大数据分析信息，为我国计量科学研究、技术创新等提供了有效的文献信息支持和服务，更好地服务社会发展和创新进步。

（1）普惠的计量科技文献信息服务

计量科研覆盖多个关键领域，涉及食品安全、生物医药、节能减排、环境保护以及国防建设等重点领域。伴随着计量科技的发展进步，我国计量服务保障能力和参与国际事务能力也在不断增强。在航天工程、三峡工程、卫星导航、西气东输、南水北调等重大工程中，在食品安全、医疗卫生、抗震救灾等突发事件中，在医学、生物安全、新材料等前沿科技中，在环境保护、能源节约、节能减排等现实问题中，以及在与人们生活息息相关的民生领域，对计量科学有着越来越高的需求。因此，计量科研为国家重大工程、国家战略目标实现、社会发展和大众健康等提供了可靠准确的测量手段，对国家社会发展、保障民生发挥了重要的支撑作用。

而科技创新离不开文献信息服务的支持，2011—2015 年，中国计量科学研究院文献馆继续依托 NSTL 网络服务平台，坚持以人为本、服务至上，充分利用信息技术，构建了以中国计量科学研究院文献馆为中心，面向全国质检系统的普惠式计量科技文献网络服务体系，继续实现 7 天不间断、24 小时原文传递服务，为全国用户提供普惠、公益的计量科技文献信息服务，同时确保每一篇文献扫描端正、清晰，有效保证了服务质量和时效，推进了计量科技文献共享服务。服务对象来自全国多个省市、地区，涉及计量科研院所、医院、航天院所等多个与计量相关的行业，涉及行业广、影响范围大。优质、高效的服务得到了读者的高度认可，对我国计量科研发展水平的提升起到了重要的保障支撑以及引导推动作用。

（2）为计量科研创新、国家质量安全保驾护航

国家质检总局局长支树平指出，计量是贸易往来的纽带、公平交易的基础，是工业生产的"眼睛"、技术创新的"种子"和"引擎"。计量强力支撑着空天、海洋、网络、电磁等领域现代武器装备的升级换代，计量还与食品安全、医疗卫生、节能减排和环境保护等息息相关。

进入网络化、数字化时代，中国计量科学研究院文献馆作为基层专业图书馆，其作用日渐强化，也更加突出。"十二五"期间，中国计量科学研究院文献馆紧密围绕一线科研人员，紧贴国家重大科技专项需求，持续开展面向院士、重大科研项目的文献信息服务，并建立了相应的服务保障机制，让知识助力社会进步，为广大一线科研读者提供了丰富实用的数字资源。通过"专、精、深"的 NSTL 计量科技资源与服务，对计量科研创新提供了强有力的支撑保证，为国家各项质量安全稳定提供了坚实的基础。

①计量文献信息服务助力院士国家攻关项目

"十二五"期间,中国计量科学研究院文献馆继续发挥身处科研大院的优势,脚踏实地为我国计量科技领域领军科学家张钟华和李天初两位院士的团队提供全方位的"专、深、精"计量科技信息服务。张钟华院士负责的项目"宽量限超高精密电流测量仪"属于国家重大科学仪器设备开发专项,李天初院士负责的项目"NIM原子钟研制",是计量科研的关键领域,两位院士对科技文献的需求无论在数量上还是时效性上都体现出与文献馆员不可分割的紧密关系。文献馆与院士团队保持了紧密联系,指定专人定期收集院士课题组文献服务需求,准确把握不同研究阶段的文献需求。以"primary frequency standard""atomic fountain""caesium fountain primary"等为关键技术,依据计量专业《汉语主题词表》,选取时间测量、频率基准、振动频率、原子钟等主题词,发现其词间关系对检索有极大的辅助作用,并根据词间关系动态调整检索词,准确表达需求,从而有效地提高了检全率与检准率,通过知识组织、信息挖掘等技术,反复检索本馆收藏的NIST、PTB、NPL等计量强国机构出版物,从这些种类繁多、数量巨大的出版物中整理挖掘与项目进展研究相关的文献,撰写国际量子质量基准研究动态报告及欧美"Watt Balance""Terahertz"等专题动态研究,并为项目组整理出上万字的综述报告,主动向院士团队推送,确保服务的针对性、准确性和有效性,为课题组了解相关领域世界先进技术提供了文献保障、奠定了科研基础。2011—2015年,中国计量科学研究院文献馆为院士团队推送文献近8000篇、分析报告50余份,全面展现国际当前研究现状,为院士团队提供了重要的参考信息,得到了院士团队的一致好评。

②计量文献专项服务支撑计量创新技术研究

中国计量科学研究院作为我国最高计量科学研究中心,有多项国家重大在研项目,包括基于铯钟、光钟的新一代时间频率基准研究,超快光学、太赫兹精密测量技术以及单光子测量技术研究,经济安全、生物安全、医疗安全、能源资源、生态建设、环境保护、应对气候变化、防灾减灾等领域计量溯源技术研究,智能和互联式测量、嵌入式和普及式测量技术研究等创新技术等。

"十二五"期间,中国计量科学研究院在研国家科技支撑计划项目、公益行业科研计划专项、科技基础性工作专项、食品安全专项和国家自然科学基金项目近千项,中国计量科学研究院文献馆针对各个方向重点项目开展各种文献服务。如《微纳技术计量标准和标准物质研究》为"十二五"国家科技支撑计划重点项目。中国计量科学研究院文献馆在深入了解课题基础上,分别按照"微电子""MEMS/NEMS""纳米技术"等关键词制定相应检索策略,通过对SCI引文分析,收集微纳技术领域相关机构和专家的文章,并从 *Metrologia*、*Nanoscience and Nanotechnology Letters*、*Journal of Nanoengineering and Nanomanufacturing* 等外文权威期刊会议中获取相关领域最新研究成果,编辑成专题动态快报为课题组主动推送,为课题组提供了最有价值的科技文献,节约了大量时间,受到课题组的好评。

其他课题,如国家863计划体外诊断技术产品开发重大项目"心脑血管慢性损伤及急救指标等体外诊断试剂的研制",服务人员通过在NSTL平台等进行信息挖掘,对大量相关文献信息通过数学分析模型逐步进行过滤,最终从美国NIST、英国NPL、德国PTB、澳大利亚NMI与NATA等出版的科技报告文献中,整理出与creactive pretein、CTUI、protein tracbility等关键技术相关的文献资源,提供有关"蛋白质溯源""反应蛋白"等分析报告,为课题组提供了有益的参考价值,极大地加快了心脑血管慢性损伤及急救指标等体外诊断试剂的研制,得到了研究人员的肯定。

"十二五"期间,中国计量科学研究院文献馆累计为重大项目科研人员推送全文文献5000余篇,为科研人员提供了大量有价值的科技文献信息。多层次的计量科技文献信息服务,使科研人员获取科技文献信息资源更便捷,进行课题研究更有效,为中国计量科学研究院开展科研工作提供了有力的科技文献支撑与保障作用。丰富的计量文献资源与优质的文献信息服务能力为计量领域的科研人员搭建了一个获取科技文献的便捷渠道,发挥了强有力的科技文献支撑作用,赢得了计量科研人员的一致的赞誉与好评。

"十一五"以来,中国计量科学研究院荣获11项国家科技进步一等奖、二等奖,获得省部级奖科研成果40余项,发表近万篇国内外优秀论文、论著、专利等,计量文献信息服务为这些打造了良好的支撑,对推进计量领域重大科学发现、支撑计量科技创新等有着重要的意义。

(3)满足国家整体发展需要,支援西部以及国防建设发展

①计量科技文献为新疆、西藏提供公益服务

支援新疆西藏跨越式发展、富民固边是党中央的重要举措。"十二五"期间,中国计量科学研究院文献馆依托NSTL网络服务水平和本馆计量特色资源,充分发挥自身在科技资源和信息服务方面的优势,坚持为新疆和西藏质检科研部门全面提供普惠的NSTL科技文献信息服务,有效推动计量科技文献资源共享到西部建设的各项工作中,帮助新疆西藏质检系统提高科技文献信息服务水平。

• 为新疆公益服务

"十二五"期间,中国计量科学研究院文献馆通过日常文献服务保障、文献定题推送等方式,为新疆质检系统"四院"(新疆产品质量监督检验研究院、新疆计量测试研究院、新疆标准化研究院和新疆特种设备检验研究院)提供普惠的科技文献信息服务,涉及"停车设备(如电梯等)""动植物油"等多个研究领域。2011年6月1日,中国计量科学研究院文献信息专家前往新疆维吾尔自治区质量技术监督局,就新疆质检系统"四院"在科技文献信息资源共享等方面的迫切需求,逐一进行落实,并研讨确定长期稳定的科技文献援疆保障机制。2012年7月,中国计量科学研究院与新疆计量测试研究院签署《中国计量院与新疆计量院科技合作协议》,该协议强调了计量文献信息服务对新疆计量科研的文献保障作用。2015年9月14至15日,中国计量科学研究院文献馆工作人员应邀赴新疆计量院开展公益计量文献服务和文献资源利用培训,把NSTL和计量文献的丰富数字资源送到新疆质检系统。同时,服务人员深入新疆计量院理化所,现场为该所人员进行文献资源利用面对面服务,并向该所赠送一批科研人员急需的计量相关书籍。

"十二五"期间,中国计量科学研究院文献馆通过开展为新疆"四院"全面提供普惠的科技文献信息服务,并将新疆"四院"科技文献信息服务纳入国家计量科技文献总体建设体系;为新疆"四院"免费开通网络环境下的科技文献传递、引文分析等文献信息服务;为新疆"四院"科技人员免费提供文献数据库应用培训,为新疆"四院"科技发展提供科技文献信息咨询服务保障等特色服务援助工作,进一步推动了西部地区科研水平的稳步提升。

"十二五"期间,中国计量科学研究院文献馆向新疆"四院"累计提供有关停车设备(如电梯等)、动植物油等研究领域全文文献近10 000篇,为新疆质检系统科技发展提供坚实的科技文献信息服务保障,新疆质检系统主要科研机构的文献资源建设和信息服务能力有了

质的提升。中国计量科学研究院文献馆对口援疆工作得到了新疆质检系统科研机构的高度认可,解决了新疆科研人员长期以来缺少科技文献支撑的实际困难。

● 为西藏提供公益服务

"十二五"期间,中国计量科学研究院文献馆持续开展面向西藏地区的科技文献信息服务行动,为西藏质检系统单位(西藏自治区质量技术监督局、西藏自治区科技信息研究所、西藏计量测试研究所)提供普惠的科技文献信息服务。2011 年 10 月 24 日,"NSTL 拉萨服务站文献服务系统与西藏科技资源共享平台培训"在拉萨举办。中国计量科学研究院文献馆服务人员在会上向来自西藏各地区、科研院所及高校等单位的近 200 名科研工作者进行 NSTL 科技文献服务平台资源与应用培训交流。2012 年 11 月,《中国计量科学研究院与西藏自治区质量技术监督局科技合作协议》在中国计量科学研究院签署。中国计量科学研究院文献馆将坚持为西藏质监局的专业技术人员和科研管理人员提供免费信息检索账户、全文传递和文献检索培训等科技文献信息服务。2013 年 7 月 29 日至 8 月 4 日,中国计量科学研究院文献馆服务人员在西藏自治区质检系统中开展一系列科技文献培训活动。先后深入西藏自治区质量技术监督局、西藏阿里的典角村进行文献信息服务,有效满足了西藏最基层科研人员的需要。2014 年 7 月 10 日至 7 月 13 日,中国计量科学研究院文献馆工作人员在西藏质检系统中开展了持续深入的科技文献信息服务。一行人员深入日喀则地区萨迦县扎休乡巴定村图书室进行实地考察,为解决藏资源严重不足等困难,将一批科技水利建设图书赠送给科技厅驻村基层,将援藏工作落实到了最实处。2015 年 7 月 24—27 日,西藏自治区计量管理暨计量技术能力提升培训班在西藏自治区计量测试所成功举办,受活动邀请,中国计量科学研究院文献馆馆长在此次培训中做"质检领域——科技文献信息检索与利用"专题讲座。同时,中国计量科学研究院文献馆 2012—2015 年持续 4 年为西藏科技厅提供文献支持服务,2015 年针对西藏科技厅提出的"高原雨水蓄水池存水计量"等科技文献信息需求,向其提供《雨水集蓄利用工程技术》《中国农村雨水集蓄利用和可持续技术》等相关研究报告,帮助科技厅驻日喀则典角村解决在蓄水池实际建设中遇到的技术难点。在科学有效的指导下,日喀则典角村蓄水池已顺利建设完成,并已在 2015 年雨季发挥作用。计量文献信息服务有效地满足了西藏最基层科技人员的需要,加快了西藏地区科技发展水平的进一步提升。

"十二五"期间,中国计量科学研究院文献馆为西藏质检系统提供"太阳光伏电池的室外定标研究""太阳电池材料结构与光电效率的老化试验"等相关专题的全文文献近 2000 余篇,工具书 300 余本,有效满足西藏质检系统对科技文献的需求。

②计量科技文献为全军服务

为落实党中央关于"推动军民计量融合深度发展"的精神,2011—2015 年,中国计量科学研究院文献馆持续为全军提供高质量的计量科技文献信息服务,如提供计量检定规程、计量基标准能力信息等计量科技文献,在军队的科研项目中发挥了巨大的作用。在此基础上,共同探索并初步形成军民融合的长效机制,推动军民融合持续向深度发展。为国防事业的快速发展提供了强有力的保障作用,并获得相关单位的表扬函。

(4)推动服务模式转型,搭建知识服务技术平台,为政策制定提供大数据分析信息

随着信息技术的快速发展,知识成为主导资本,信息成为重要资源,知识的生产和再生产成为经济活动的核心。作为知识宝库的图书馆,如何满足读者日益扩大的个性化信息需

求,成为图书馆服务创新与发展的关键。同时,随着科学技术的不断发展,交叉学科、边缘学科大量涌现,读者信息需求涉及多个学科与行业,这对专业图书馆提供的资源和服务模式都提出了新的要求。

面对环境的变化和读者需求的变化,中国计量科学研究院文献馆搭建了知识服务技术平台,为读者提供以知识选取与存储、知识重组与再生产、知识配送与输出为内容的知识服务,为科技发展、政策制定等提供了极具价值的大数据分析信息。例如,在国家重点项目"能源计量经济效益分析"研究中,中国计量科学研究院文献馆按照科研人员提供的"能源计量""节能量计算"等一系列关键词,在全面分析并确定检索式后,通过在 NSTL 平台等进行信息挖掘,对大量相关文献信息通过数学分析模型逐步进行过滤,最终筛选出科研人员所需要的文献信息,同时,也不断跟踪所提供的信息对科研人员应用的有效性,使文献馆的服务贯穿于科研人员信息搜集、分析和应用,直到问题解决的全过程,为科研人员提供了有价值的信息,大大节省了科研人员的时间和精力。

再例如,中国计量科学研究院文献馆利用知识组织与信息挖掘等技术,基于大数据模型,利用美国科学引文索引(Science Citation Index,简称 SCI)、NSTL 国际科学引文数据库等,通过论文产出分析、引文分析、学术影响力分析等,对中国计量科学研究院科研发展趋势及国际合作情况进行分析,发现中国计量科学研究院自 2006 年来科研活动呈现出高增长的发展趋势,并取得了一批具有世界领先水平科技成果。特别是通过分析发现,以中国计量科学研究院李天初院士为学科带头人的光钟基准领域是近年来最为活跃的研究领域之一,其影响力和辐射范围都在迅速扩大,这与国家、与中国计量科学研究院近年来重点支持、投入的重点学科领域高度吻合。分析结论不但为科研人员提供了重要的参考信息,同时为规划未来计量学科发展战略及国家层面质量保证政策的制定提供真实、准确的参考依据,得到了中国计量科学研究院领导的高度认可和评价。由此可见,文献馆的知识服务不但为科研人员提供了重要的参考信息,同时为国家层面对计量科技领域的决策支持提供了重要的依据。

(5)推进科技文献关键技术和基础工具的研究

在新的形势下,为了奠定知识服务基础,加强知识组织体系建设,提高计量科技文献内容的深度揭示和关联服务,中国计量科学研究院重点开展网络环境下叙词表的建设、维护和管理研究,探索传统主题词表、分类法等知识组织工具向新型知识组织系统的发展,推进叙词表在知识导航和智能检索中应用等研究;在知识服务方面,重点研究知识链接原理、机制、方法、构建等,同时大力开展引文分析在学科重要性测定、学科结构研究、学术关系构建、用户行为识别、学术人才评价等领域的应用研究,更有效地支持科研过程中的知识发现、知识应用、知识创造和知识传播。这些科技文献关键技术开发和基础工具的研究,将为向知识服务转变奠定深化共享服务的基础。

(6)推广特色文献服务,全方位满足用户需求

中国计量科学研究院作为我国的科研大院,在创新性国家建设中,承担国家科技支撑计划、国家重点专项、国家自然科学基金等国家重点项目,计量科学研究院文献馆为更好地满足这些重点项目研究人员——技术创新群体的需求,持续拓展新型服务方式,深度挖掘用户需求,推动文献服务的深入开展,逐步实现以服务需求驱动资源建设。

①NSTL 账户托管服务

鉴于计量院部分科研人员承担多项课题任务,工作繁忙等特点,中国计量科学研究院文

献馆对这些科研用户提供"NSTL 账户托管服务",即由文献服务人员主动帮助科研任务重的人员承担起文献查询检索、订购、下载等工作,并及时将文献发送至用户邮箱,简化文献获取流程,让文献工作真正融入科研工作中。同时,文献馆服务人员负责托管账户金额的管理,根据账户余额情况,通知被托管人及时进行账户充值,保证账户正常使用,极大地方便了科研人员对 NSTL 文献的使用,提高了 NSTL 文献使用率。

②学科动态跟踪

从新到馆的科技文献中获取研究领域内理论、方法及应用等最新进展,是科研人员持续跟踪科研动态,开拓研究思路的最有效途径。为使这一渠道保持高效顺畅,文献服务人员通过信息技术,建立完善系统的知识组织词表,深入挖掘最新到馆的科技文献资源,最大限度发挥文献资源优势,依据科研人员提供的研究领域相关的关键词、学科类别等,将最新文献信息(目录、详细文摘等)定期进行发送至其邮箱,再根据其需求信息进行文献推送。该服务方式帮助科研人员主动持续跟踪学科发展最新动态,触发科研灵感。

③文献信息定制

在课题开展的各个阶段,都需要进行调研论证,其中必不可少的是文献信息调研,从文献信息中揭示该方向当前研究热点、采用的理论方法及应用等研究现状。科研人员向文献馆提出文献信息定制需求,文献馆信息服务人员发挥专业及资源优势,在深入了解课题的基础上又快又准的为课题组搜集、整合所需文献资源。文献信息定制服务可以根据课题需求预先准备好相关文献资源,大大缩短科研人员文献调研时间,加速科研进程。

3. 加强信息化建设水平,持续提高文献信息服务能力建设

(1)借助信息化技术手段提高业务效率

数字环境下信息和知识的生产、传播和保存模式也在迅速发生变化。信息技术已成为数字图书馆创新发展的主要推动力,数字资源建设、信息组织、知识导航、网络信息服务、信息共享空间、信息资源共享等业务需要相关技术要素在其中发挥核心作用。基于现代信息技术和网络通信技术建立畅通的网络环境、海量的存储设备和可靠的系统软件进行资源的存储、计算、分析、服务和传播已经成为当前支撑信息服务的重要信息基础设施。

"十二五"期间,中国计量科学研究院文献馆在文献采集、数据加工、文献服务三个方面根据实际情况对现有制度进行了调整和细化,并借助信息化技术手段予以实现。稳步地将信息技术融入计量科技文献业务工作管理流程,实现文献采、编、阅、藏等工作的集成管理,目前,资源建设工作有 NSTL 文献综合管理系统、NSTL 联机编目系统和本馆自主开发的期刊管理系统,确保文献采、编和登到的有效管理;数据加工工作有 NSTL 联合数据加工系统和本馆自主开发的数据加工质检系统,确保数据加工质量;文献信息服务工作依托 NSTL 网络服务系统,同时搭建本馆自主开发的文献信息服务管理系统,确保文献信息服务优质高效。三个工作流程紧密配合,相互促进,运行顺畅,有力地保障了文献服务工作的质量和实效性。并已建立出一套可持续发展的信息化管理模式,培养出一只优秀的信息化人才队伍。同时,先进的计算机与网络设施为图书馆开展信息与知识服务提供了广阔的发展空间。

①采集业务流程服务管理系统

在文献资源数字化建设方面,中国计量科学研究院文献馆利用自主研发的文献业务流程服务管理系统,实现规范化、流程化、系统化、精确化的全面高效数字化建设,保证了为读

者提供的文献信息准确、快速、有效。

②数据加工业务流程管理系统

为提高数据加工的质量和时效性,计量科学研究院文献馆对数据加工规范化、流程化、系统化,形成一套计量科学研究院文献馆本地数据加工流程。在本地数据质检中,利用自主开发的软件系统对加工数据进行系统审查,提高了质检效率,确保数据质量百分百合格,从技术上保证数据加工质量,同时又大大减轻质检人员负担。

③期刊加工管理系统

计量科学研究院文献馆根据本馆期刊加工流程,自主设计开发期刊加工管理程序软件,对本馆的期刊加工进行全流程管理,提高了加工效率。自主开发的期刊管理程序,能够自动准确打印出当日加工清单供加工单位使用,加工清单详细记录期刊名、ISSN、年、卷期和是否加工引文状态等信息。自主开发的数据审核程序能自动对数据进行全流程检查,包括数据格式、字段完备性、特殊字符、是否重复加工和是否遗漏加工等检查指标。

④NSTL 本地原文管理系统

中国计量科学研究院文献馆自主研发了 NSTL 本地原文管理系统,将完善的服务流程通过信息技术实现。通过开发本地订单管理系统,与 NSTL 网络服务后台实现无缝对接,实现订单批处理、未完成订单处理警示等功能,杜绝了错发、漏发文献的可能性,保证了质量和时效性。

(2)全面提高文献信息服务能力建设

信息化时代下,用户对文献信息的需求都愈来愈侧重于在复杂创新需求下的知识组织、知识集成、知识融汇、知识发现和知识创造,因此对专业图书馆从战略上提升知识服务的支撑能力提出了更高的要求。

"十二五"期间,中国计量科学研究院配有创新的管理运行体制机制,在服务政策和业务规范上不断完善,加强自身建设,通过加强内部管理与运营管理提升自身的服务能力,包括数据管理与整合能力、人才建设与培养能力、知识服务技术支撑能力等,扩展服务深度,在服务理念与手段、技术架构等方面不断创新,以保证服务手段的先进性与图书馆解决方案的先进性。通过加强基础资源服务能力建设、人才资源服务能力建设、知识技术服务能力建设等,逐步开展深层的情报研究及复杂的知识发现与知识组织工作,为计量科研创新开展全方位、多层次的知识化、创新化科技文献信息知识服务。

①数据管理与整合能力

资源是文献信息服务的重要基础和保障,资源建设是数字图书馆知识服务能力的基础保障。在现代科研信息环境中,科研人员对资源的依赖已经从传统图书馆的馆藏文献转移到互联网环境下各类文献、科研数据、即时信息以及辅助工具等的关注,资源的种类、数量、复杂性都是前所未有的。图书馆要在不断完善馆藏资源保障体系的基础上,加强对科研过程数据、开放与即时信息、战略信息、技术信息甚至产业信息的收集整理,并利用灵活的知识组织体系对这些资源进行集成揭示、知识化组织和关联计算,形成支撑机构科学研究的综合数字知识基础设施。

"十二五"期间,中国计量科学研究院文献馆以实现知识资源的可持续发展为目标,制订资源共建共享规划,充分调动和整合各种计量科研、决策信息资源,为文献信息知识服务体系的构建提供丰富的资源,形成具有较高共享价值的特色资源与完整的特色知识资源体系,为整体知识服务提供一整套的保障体系。

②人才建设与培养能力

服务人员的智力资本是服务能力重要的承载体,是实现知识创新的关键。"十二五"期间,为更好地满足技术创新群体的需求,不断提升自身的技术手段能力,积极参加 NSTL 等单位组织的各种岗位技能培训,如"图书情报工作高级研讨班""NSTL 网络参考咨询员培训""重点领域信息门户建设培训""全国知识组织与知识链接学术交流会""机构知识库建设与科研数据管理培训"等,充分发挥科技人员积极性与专业性,创造科技人才成长良好环境。同时正确把握知识服务人员的角色分工与知识结构互补,激发知识服务人员进行知识创新。目前,中国计量科学研究院已具有一支从事信息收集、整理、加工、数字化、信息技术以及情报分析研究的专业人才队伍,能够熟练使用各类信息工具进行知识收集、加工、保存、整理、组织和传播,熟悉相关学科领域知识,了解领域最新发展趋势,并能够深入研究所、学科团队和科研人员的科研过程中,形成了专业覆盖面宽,知识覆盖面广的人才结构。

③知识服务技术支撑能力

知识服务技术能力是推动知识服务实现与发展的动力之一,是知识服务能力建设的有力工具。面对信息环境的变化,科研人员对信息的专深度和系统化有了更深层次的要求,对图书馆服务的需求逐步从信息服务向知识服务转变,对资源的需求也从单纯的信息上升到更为专业化和规范化的知识。

"十二五"期间,为积极适应科研环境变化,满足计量领域的科学家、创新团队、重点实验室、课题组等科研创新主体多样化的需求,中国计量科学研究院在准确把握用户知识需求与组织知识服务环境的基础上,结合中国计量科学研究院的 NSTL 资源与计量文献特色资源等,基于因特网、元数据技术、检索技术、数据挖掘等技术,通过知识资源采集、知识组织与加工、知识存储、知识服务、知识服务反馈等一系列过程,构建一体化文献信息知识服务技术体系,开展围绕科研全过程的专业化、深层次的文献信息知识服务,为计量科研创新建设提供有力的信息服务保障,为科研决策提供了重要的、有价值的大数据分析信息。

• 基于数据挖掘的文献信息服务能力

从新到馆的科技文献中获取研究领域内理论、方法及应用等最新进展,是科研人员持续跟踪科研动态,开拓研究思路的最有效途径。为使这一渠道保持高效顺畅,中国计量科学研究院基于数据挖掘技术,根据不同用户的研究需要,基于知识组织词表,用智能化手段对海量文献资料进行深度挖掘、自动分析、归纳推理,从中识别出有效的、新颖的、潜在有用的知识,最大限度发挥文献资源优势,将最新文献信息不定期进行推送,帮助科研人员主动持续跟踪学科发展动态,触发科研灵感。

同时,中国计量科学研究院对服务数据与科研人员访问 Web 时在服务器上留下的访问记录进行挖掘,并从中了解获取科研人员的访问模式,挖掘出科研人员感兴趣的关键词、期刊、作者、机构等信息,针对不同科研人员的不同需求,分别主动推送其关注领域的最新文献信息。

• 嵌入科研全过程的文献信息服务能力

针对计量科研创新项目具有系统性、前瞻性、研究周期长、全程离不开相应的信息服务等特点,中国计量科学研究院以重点计量科研团队为对象,采用文献计量学等方法,围绕科学数据的生命周期为科研人员提供嵌入科研全过程的文献信息知识服务,如科研立项阶段的国际研究发展脉络分析、相关领域最新进展与研究热点分析等,协助科研人员了解当前研究领域学术价值或潜在的应用前景,确定科研选题方向、把握计量科技研究发展趋势和重点发展方向;项目实施过程中的技术前沿分析、国际相关机构研究成果信息等,帮助科研人员更好地了解同行科研动态、跟踪科研热点,从整体上把握课题的发展方向和趋势;项目结题阶段的相关领域重点期刊发文情况分析、专利信息分析等,帮助科研人员提高文章发表率与收录率,以及科研成果转化率。

- 面向宏观决策分析的文献信息服务能力

计量科技管理者对本研究领域或本研究机构的具体研究成果信息了如指掌,但对本学科的发展态势和走向难以及时跟踪。中国计量科学研究院利用 Web of Science 等科研评价工具,结合咨询团队的专业优势,长期跟踪研究国内外相关计量机构发展趋势和科技进展,并开展学科评价、人才评价等分析,为计量科技发展、政策制定等提供了极具价值的大数据分析信息,服务于计量科研管理与决策。

4. 新技术广泛应用,文献信息知识服务取得新突破

"十二五"期间,中国计量科学研究院文献馆依托 NSTL 服务平台,充分利用信息技术,构建了以中国计量科学研究院文献馆为中心,面向全国的普惠式计量科技文献网络服务体系,丰富的计量文献资源为全国一线科研人员都搭建了一个获取科技文献的便捷渠道。同时,基于元数据技术、检索技术、数据挖掘等技术等新技术搭建文献信息服务平台、系统,文献信息知识服务取得新突破。

(1)计量科技文献公益服务平台平稳推进

为加强计量科技文献信息的广泛传播和高效利用,中国计量科学研究院文献馆在科技部、质检总局领导以及 NSTL 的大力支持下,依托 NSTL 构建网络化、集成化、知识化的计量科技文献公益服务平台,推进了计量科技文献资源的共享服务,对于全国质检系统科技文献信息服务工作的开展和延伸起到了很好的带头作用,有效地满足了全国各地质检系统人员对科技文献的迫切需要。

计量科技文献公益服务平台通过对计量科技文献进行规范和整理,结合数字化技术和数据库技术,建立了国家计量检定规程题录数据库、计量外文期刊会议文摘数据库、国家基准/计量标准题录数据库和计量科研成果等数据库,形成了我国最完整的计量科技文献资源。同时,该平台采用分布式体系架构、Web Services 技术,实现了与 NSTL 无缝链接,共享了 NSTL 的 40 多个文献数据库,3 万种外文印本文献,1.3 亿条文摘、引文、题录数据,以及齐全的网络版外文全文期刊、中文电子图书等科技文献资源。该平台开创了公益服务的全国计量科技文献资源共建共享,是一个开放式的、不断扩充的科技文献资源共享服务平台,采用三层架构和模块化设计,具有文献检索、期刊浏览、全文文献、引文检索、参考咨询和代查代借等功能。该平台实现了为全国科研用户提供快捷、高效的文献传递、馆际互借和文献引证等网络文献信息服务。

"十二五"期间,为方便中国计量科学研究院广大科研人员更便捷的获取科技文献全文,中国计量科学研究院文献馆对"计量文献资源平台"进行全面升级改版。新版"计量文献资源平台"进一步完善了服务功能,提供了院内科技文献全文下载与在线服务,于 2013 年 6 月 12 日正式上线,目前系统运行良好,检索效率高,全文获取方便,得到科研人员的一致好评。

"十二五"期间,计量科技文献公益服务平台已形成面向全国质检系统的普惠式计量科技文献网络服务体系,通过为国家重点基础研究项目提供科技文献服务,为国家重点计量攻关项目及时提供"文献专题"服务,与地方计量部门合作提供"保障性"计量科技文献服务,与中国计量协会和中国计量测试学会等计量学术机构合作,提供"多渠道"的计量科技文献服务;为西藏、新疆质检系统提供免费的文献信息服务,支持西部大开发,有力地推进了质检科技文献资源与服务的共建共享,为质检事业的蓬勃发展提供了强有力的支撑,为提升我国科技自主创新能力和国际竞争力提供全面的支撑和保障。

(2)构建计量机构知识库

机构知识库是学术机构科研成果的保存与开放获取的基地,在世界范围内发展迅速。为发展计量机构知识能力和知识管理能力,快速实现对计量机构知识资产的收集、长期保存、合理传播利用,积极建设对知识内容进行捕获、转化、传播、利用和审计的能力,逐步建设包括知识内容分析、关系分析和能力审计在内的知识服务能力,开展综合知识管理,"十二五"期间,中国计量科学研究院文献馆中国计量科学研究院搭建科研信息环境平台,搭建机计量构知识库,对计量院机构内产出的各类知识成果进行收集、保存、管理和开放共享。

计量机构知识库是基于 B/S 结构设计的,分为个人信息模块和 Web 前端(查询统计)模块,对计量院机构内产出的各类知识成果(论文论著、专利、研究报告、项目等)进行收集、组织和长期保存。同时建立适用于本机构和实际情况的元数据格式,从而确定相应得数据规范。建立别名库,统一作者显示格式,对数据中"作者"做后台批量处理,使得在 Web 前端只需数据中文名就可以查全。当提交或修改某条数据时,系统自动调用作者处理程序,同时进行作者中英文转换,大大提高了检索的查全率。

(3)初步建立计量大数据信息分析平台

"十二五"期间,中国计量科学研究院文献馆用科学分析的方法,建立计量技术社会效益及经济效益量化评估模型,来体现计量对经济和社会发展的作用,为政府在决策与计量相关的科研、贸易、国防关键性的发展规划的活动时,提供科学有效的坚实基础,以促进我国经济建设的稳定发展,保证政策的持续、稳定性,进一步保障我国计量事业的健康、有序发展。特别是,对当前社会可能产生的质量、安全及突发事件进行分析预测,降低可能产生的危害与风险。

(4)构建知识环境,搭建高效的知识服务信息平台

现代信息环境下信息资源的量变和数字化使得图书馆传统的服务手段已经无法满足科研用户的信息利用需求,基于现代信息技术构建高效的知识服务平台是推动知识服务实现与发展的重要手段。知识服务平台是实现知识管理、保存、传播、共享、交流和创新的技术平台。

● 基于本体的知识组织与加工

中国计量科学研究院文献馆承担着《汉语主题词表》计量、真空、声学学科的编制等多项关于知识组织体系的研究工作,并基于这些知识组织体系构建计量学科专业主题词表。作为知识组织工具的主题词表,能够根据学科的内容与特点,按照一定的规范和结构,对学科知识进行组织与整理,应用到文献检索中,可以有效定位所检索的领域与主题在学科中所处的上下位关系、隐含的相关概念,并能够实现对检索所得数据集的精细分类和整理,有效地解决上述检索问题,提高文献的查全查准率。

中国计量科学研究院通过计量专业主题词表的建立,利用该词表、分类表和科研活动记录等,通过映射、集成和高度整合等多种方式,进行多重规范构建的面向计量专业领域的知识组织体系。通过概念规范、语义规范和语义关系的建立和内容的梳理,用于文献信息和科研对象的知识组织和关联发现。同时,利用知识组织、信息挖掘等信息技术,改进加工方式,在对文献进行一次加工的基础上,对海量计量资源管理、深层次加工、深度分析、集成揭示,并依据主题词进行标引,并挖掘出能满足科研人员需求的文献信息,进行加工、整理。

- 科技动态监测

网络信息内容丰富、时效性强,但其数量庞大、分散无序,给信息的利用造成极大不便。针对这一问题,"十二五"期间,中国计量科学研究院文献馆利用先进的网络信息监测、采集、数据挖掘、智能分析等技术,建立了网络科技动态监测系统,可以实现对所关注网站、关注领域、关注主题、关注机构等信息进行监测、采集、分类和保存,从而为科研人员提供国内外科技政策、科技热点等动态信息。

- 大数据与用户行为分析

随着自动化机器的广泛使用,越来越多的用户行为信息被记录下来。如果能够挖掘这些用户行为数据,从中找出行为模式,进而分析用户的需求或预测用户要做的事情,对于为用户提供个性化服务具有重大的现实意义。

"十二五"期间,中国计量科学研究院文献馆在深入分析大数据的特性和应用云计算技术的基础上,通过对海量日志的整理分析,构建由数据源、方法层、分析层和应用层等组成的信息用户分析体系,研究用户特征识别、用户行为模式、用户需求分析、用户关注和兴趣分析、资源利用分析、服务质量评价、用户价值分析、用户流失分析和预警等信息用户分析的方法,进一步加强对用户行为理论、信息组织规范、信息资源整合、分布式数据挖掘和知识呈现方式的研究,极大提高了学科化、专业化服务能力。

5. 打造一支专业覆盖面宽,知识覆盖面广的优秀人才团队

"十二五"期间,中国计量科学研究院文献馆坚持不懈的努力加强文献信息领域专业人才队伍建设,积极构建开放的择人、育人、用人机制,总量稳中有升,结构日益优化,整体素质明显提高。同时积极参加 NSTL 等单位组织的各种岗位技能培训,充分发挥科技人员积极性与专业性,创造科技人才成长良好环境。目前,中国计量科学研究院已具有一支从事信息收集、整理、加工、数字化、信息技术以及情报分析研究的专业人才队伍,形成了专业覆盖面宽,知识覆盖面广的人才结构,人才培养效益显著。

6. 学术探索与研究初见成效

"十二五"期间,中国计量科学研究院文献馆开展以信息组织与知识服务、资源分析与信息构建、数字图书馆与用户服务等多方面的研究工作,逐步完善图书馆个性化、知识化、集成化的信息服务体系。

(1)完成 NSTL《文献分级标准与唯一保障分析研究》课题

NSTL《文献分级标准与唯一保障分析研究》课题已在 2012 年 5 月底完成课题验收。评审专家一致认为:课题围绕 NSTL"十二五"发展规划的目标、任务,以增强科技文献信息保障能力,提高科技文献服务水平为原则,从多个视角入手,梳理各个层面的逻辑关系,采用专家

打分法和层次分析法,定量分析和定性分析相结合,通过综合评价分析,构建有效的指标体系,建立文献分级标准,准确反映 NSTL 唯一保障力度,为政府对 NSTL 建设决策,提供了可靠、有效的科学依据。

(2)完成《科技文献信息专项经费管理暂行办法》修订课题

由中国计量科学研究院文献馆负责的《科技文献信息专项经费管理暂行办法》修订课题在 2014 年年底完成结题。该课题围绕国家科技经费管理的新办法及规定,探讨如何更好地满足科技文献平台持续稳定发展的经费使用需求,研究形成具有 NSTL 独特性的科技文献共建共享经费使用及管理办法。该课题对如何规范、科学、有效、合理的使用科技文献信息专项经费有着积极的意义。

(3)完成国家质检总局科技计划项目《计量专业汉语主题词表》

为提升用户信息获取与利用效率,需要对信息进行有效的组织和加工,因此建立利于信息积累与共享的知识管理工具,构建计量学科专业主题词表,是信息情报体系建设的重要环节。该项目是国家质检总局科技计划项目。通过计量专业主题词表的建立,利用该词表、分类表和科研活动记录等,通过映射、集成和高度整合等多种方式,进行多重规范构建的面向计量专业领域的知识组织体系。通过概念规范、语义规范和语义关系的建立和内容的梳理,用于文献信息和科研对象的知识组织和关联发现。

同时,完成了科技部课题《汉语主题词表》网络版,计量、真空、声学学科的一期建设工作。纸制版《汉语主题词表》已于 2013 年底印刷出版。

(4)持续推进《计量经济效益的形成机制与评估模型研究》研究工作

《计量经济效益的形成机制与评估模型研究》以计量量值传递体系作为基础,结合系统反馈控制理论原理,对计量可持续发展的驱动力和计量经济效益的驱动响应进行分析,并建立关系,揭示计量所产生的可定量分析的经济效益规律等,并建立计量经济效益评估模型。此项工作将在"十三五"持续推进。

7. 获得多方的奖励与认可

"十二五"期间,中国计量科学研究院文献馆各项工作平稳开展,获得用户的一致好评与来自多方的奖励与认可。

- 2011 年,NSTL 获得科技部颁发的"十一五"国家科技计划执行优秀团队奖,中国计量科学研究院文献馆为参加单位。
- 获 2012 年度国家质检总局信息化成果"最佳创新奖"。
- 获 2012 年国家质检总局"中质信维杯"质检信息化优秀论文二等奖:《NSTL 工具书数字化》。
- 获 2012 年度中国信息化(质检领域)成果三等奖。
- 自主研发的业务信息管理系统获三项国家版权局软件著作权。

8. 建设和完善宣传推广体系

面对信息环境的变化,用户信息需求的变化,中国计量科学研究院文献馆推进对自身资源及服务的宣传,提升资源及服务利用率,同时深化自身的服务内容,发挥作为国家计量科技文献保障体系的重要作用。"十二五"期间,作为国内唯一的计量专业图书馆,中国计量科学研究院文献馆不断建设和完善宣传推广体系,通过专题培训、上门推介等多种途径,借助政府、学术、行业会议及主题活动等多种机会和场合,在全国之间系统组织和参加多种主题的培训与宣传活动,向全国质检系统基层一线科研人员宣传和推广 NSTL 文献服务平台与计量文献服务平台,内容涉及 NSTL 科技文献平台资源介绍、网络传递服务及文献合理使用,将资源与服务辐射到全国各地,受到科研人员的欢迎。

2011 年,中国计量科学研究院文献馆在"世界读书日",在《中国计量科学研究院院报》公布 2010 年度科技文献阅读排名榜;前往新疆维吾尔自治区质量技术监督局开展文献信息培训;在"NSTL 拉萨服务站文献服务系统与西藏科技资源共享平台培训"进行 NSTL 科技文献服务平台资源与应用培训交流;在"温度、电磁计量及其检定规程宣贯会"会上介绍 NSTL 科技文献信息服务平台的资源与应用;在"全国质检信息化工作会议暨质检信息化十年成果展"中大放异彩;在首届中国质检信息化成果展览会上荣获"最佳创新奖";国家质检总局局长支树平、副局长杨刚及质检总局各司相关负责人视察中国计量科学研究院文献馆等。

2012 年,中国计量科学研究院文献馆在"世界读书日"举办"共建计量文化——知识推动计量科技发展"主题活动;获 2012 年度"中国信息化(质检领域)成果奖"三等奖 1 项;获"中质信维杯"质检信息化论文二等奖 1 项;继续开展西藏、新疆援助计划,并签署《中国计量院与新疆计量院科技合作协议》与《中国计量科学研究院与西藏自治区质量技术监督局科技合作协议》。

2013 年,中国计量科学研究院文献馆在"世界读书日"举办"于康教授谈:智慧养生,健康计量人"主题活动;参加国家质检总局 2013 年度高级专家咨询服务团西部行活动;参加计量科技文献信息西部阳光服务行动,赴藏开展科技文献培训;举办"Springer 讲授—如何提高论文被 SCI、EI 收录率"专题培训;深入基层,向一线科研人员宣传推广 NSTL 服务平台;在《全国声学计量技术委员会》大会宣传推送文献信息服务等。

2014 年,中国计量科学研究院文献馆在"4.23 世界读书日",举办"世界读书日——SCI 助力计量科研"主题活动;参加计量测试科技成果推介会,宣传推广《计量文献 资源共享——NSTL 公益性网络服务平台》;赴藏开展计量科技文献信息服务,有效满足西藏最基层科研人员文献信息需求等。

2015 年,中国计量科学研究院文献馆在"4.23 世界读书日",举办"书香计量 文化与科研同行"主题活动;计量科技文献信息检索与利用专题讲座已被纳入国家质检总局科技人员培训基础课;先后赴西藏、甘肃、新疆等全国质检系统单位开展计量科技文献信息服务等,有效满足基层一线科研人员文献信息需求。

四、未来展望

专业图书馆和学科馆员是开展知识服务的主要机构和人员。正所谓"只有一流的信息,才能推动一流的研究"。作为我国唯一的计量专业文献馆,在未来的发展中,将继续打造国内一流的国家计量科技文献资源信息保障和服务体系,重点推进以知识存储、组织组织和知识配送为内容的知识服务,努力使计量专业文献馆由"知识宝库"变为新经济发展中的计量"知识基础设施"。解决"信息噪音"和"知识贫困"的问题,在知识的应用、生产和创新活动中发挥更为重要的作用。

"十三五"期间,面对数字出版、云计算、关联数据、大数据、语义网、知识组织、社交网络、科学数据管理、移动服务、泛在化服务等新技术出现,服务环境不断变化的情况,中国计量科学研究院文献馆将努力抓住科技服务发展机遇期和信息环境重大演变期相互叠加的机会,着力建设成为一个具有一定知识服务功能的国家计量科技数字图书馆,为我国计量科技事业的发展做出我们的贡献。

1. 优化计量科技文献信息资源体系建设

"十三五"期间,中国计量科学研究院文献馆将优化资源结构,增强资源保障,完善计量科技知识体系的资源覆盖保障,统筹当前需求与长远需求两个层面的文献保障,全面提升数字时代计量科技文献基础保障能力,进一步完善计量科技文献信息资源保障体系,形成内容丰富、载体多样、特色鲜明的计量文献信息资源。

2. 构建文献信息大数据管理与分析体系

"十三五"期间,中国计量科学研究院文献馆将开展基于计量科技文献内容的深度知识组织与揭示的理论方法研究,加强数据库建设能力提升的关键技术及技术规范研究。同时利用物联网、本体、大数据、云计算、推理机等技术,向智能化、集成化、可视化等方向发展,开发基于文献知识大数据的知识分析、知识计算和知识服务的工具体系,逐步形成一体化的计量文献信息大数据管理与分析体系。

3. 深化文献信息知识服务建设

"十三五"期间,中国计量科学研究院文献馆将围绕经济社会发展和科技创新的信息需求,以完善的传统文献服务为基础,同时基于情报分析资源、工具及知识组织平台支撑,通过科技查新、定题检索、机构知识库建设、科技信息自动监测服务平台建设、专题动态快报、技术专利分析和战略决策及学科态势情报研究报告等多种方式,提供深度个性化、问题导向、具有核心竞争力的系统化知识服务,全面构建创新性知识服务体系,使综合服务能力进一步提升,服务效益进一步扩大。在计量科技持续稳定的发展中,将持续增强知识服务的能力,将知识服务很有效地应用到计量科学事业的发展中。

4. 开展探索与前瞻性研究,加快现代信息技术的应用

"十三五"期间,中国计量科学研究院文献馆将加强对现代信心技术应用的探索与实践,加强新型信息服务技术与方法的研究、试验与开发,包括知识组织技术、知识挖掘与计算技术、个性化知识服务技术等,也包括支持用户围绕各类创新过程发现、集成、处理和利用知识内容的技术等,全面提高图书馆工作的技术含量。同时加强计量科技文献信息领域关键技术研发,提升计量科技信息技术与服务创新能力。

附：大事记

在 2011 年世界读书日表彰优秀读者

2011 年 4 月 23 日"世界读书日"，中国计量科学研究院文献馆在《中国计量科学研究院院报》公布 2010 年度科技文献阅读排名榜，并对前 10 名获奖读者进行赠书表彰。此次活动进一步强化了 NSTL 在计量领域的科研保障作用。

国家质检总局局长支树平等来中国计量科学研究院文献馆视察

2011 年 9 月 29 日，国家质检总局局长支树平、副局长杨刚及质检总局各司相关负责人一行视察了中国计量科学研究院文献馆。领导们认真听取了有关 NSTL 网络服务平台建设情况等有关汇报，并进行了考察，对相关工作给予充分肯定。

"计量科技文献平台"荣获质检信息化成果展最佳创新奖

依托 NSTL 的"计量科技文献平台"在 2011 年 10 月 31 日举行的首届中国质检信息化成果展览会上荣获"最佳创新奖"。该项目以其公益、方便快捷的文献信息服务引起国家质检总局局长支树平及参会代表的高度关注。

计量科技文献服务新疆质检

2011 年 6 月 1 日，中国计量科学研究院文献信息专家前往新疆维吾尔自治区质量技术监督局，就新疆质检系统"四院"在科技文献信息资源共享等方面的迫切需求，逐一进行落实，并研讨确定长期稳定的科技文献援疆保障机制。

利用"计量检定规程宣贯会"宣传 NSTL 科技文献服务平台

2011 年 7 月 26 日，"温度、电磁计量及其检定规程宣贯会"在黑龙江牡丹江举办。中国计量科学研究院文献馆在会上向来自全国计量、电力、石化、航天等科研院所的计量专家介绍 NSTL 科技文献信息服务平台的资源与应用。

在"质检信息化十年成果展"中博得众赞

2011 年 8 月 25 日，全国质检信息化工作会议暨质检信息化十年成果展在福州举办，中国计量科学研究院文献馆的参展项目"依托 NSTL 网络平台的计量文献服务"以其公益、方便快捷的文献信息服务吸引了参会领导和代表的高度关注。

计量科技文献服务援藏

2011 年 10 月 24 日，"NSTL 拉萨服务站文献服务系统与西藏科技资源共享平台培训"在拉萨举办。中国计量科学研究院文献馆在会上向来自科研院所及高校等单位的近 200 名科研工作者进行 NSTL 科技文献服务平台资源与应用培训交流。

开展"共建计量文化——知识推动计量科技发展"主题活动

2012 年 4 月 23 日，中国计量科学研究院文献馆举办"共建计量文化——知识推动计量科技发展"主题活动。中国计量科学研究院房庆副院长、国家科技图书文献中心吴波尔副主任分别作相关专题报告。

《计量信息管理系统》项目荣获 2012 年度"中国信息化(质检领域)成果奖"三等奖

由中国计量科学研究院文献馆完成的《计量信息管理系统》项目荣获 2012 年度"中国信息化(质检领域)成果奖"三等奖。该项目采用多项关键技术,提供一种可实现资源有效利用、信息充分共享、数据动态掌握的信息管理模式。

论文《NSTL 外文工具书数字化分析》荣获"中质信维杯"质检信息化论文二等奖

2012 年,由中国计量科学研究院文献馆撰写的论文《NSTL 外文工具书数字化分析》在国家质检总局信息办开展的"中质信维杯"质检信息化优秀论文评选活动中获二等奖。

中国计量科学研究院与新疆计量测试研究院签署科技合作协议

2012 年 7 月,中国计量科学研究院与新疆计量测试研究院签署《中国计量院与新疆计量院科技合作协议》,该协议强调了计量文献信息服务对新疆计量科研的文献保障作用。

中国计量科学研究院与西藏自治区质量技术监督局签署科技合作协议

2012 年 11 月,《中国计量科学研究院与西藏自治区质量技术监督局科技合作协议》在中国计量科学研究院签署。中国计量科学研究院文献馆多年坚持为西藏质监局专业技术人员提供免费全文传递和文献检索培训等文献信息服务。

承担课题——NSTL《文献分级标准与唯一保障分析研究》课题

由中国计量科学研究院文献馆承担的 NSTL《文献分级标准与唯一保障分析研究》课题在 2012 年 5 月完成验收。该课题科学的建立了文献分级标准,准确反映 NSTL 唯一保障力度,为政府对 NSTL 建设决策提供了可靠、有效的科学依据。

举办"于康教授谈:智慧养生,健康计量人"主题活动

2013 年 4 月 23 日"世界读书日",中国计量科学研究院文献馆举办"于康教授谈:智慧养生,健康计量人"主题活动。会上,北京协和医院临床营养科主任于康教授做《营养热点问题及对策》专题讲座。

参加国家质检总局 2013 年度高级专家咨询服务团西部行活动

2013 年 7 月 2 日至 11 日,国家质检总局 2013 年度高级专家咨询服务团西部行活动举办,中国计量科学研究院文献馆馆长参加了此次活动,向内蒙古质检系统工作人员宣传 NSTL 的文献资源和特色服务,共计 1100 多人参加会议。

计量科技文献信息 西部阳光服务行动——赴藏开展科技文献培训活动

2013 年 7 月 29 日至 8 月 4 日,中国计量科学研究院副院长房庆带领中国计量科学研究院文献馆服务人员先后深入西藏自治区质量技术监督局、西藏阿里典角村开展一系列科技文献培训活动,有效满足了西藏最基层科研人员的需要。

举办"Springer 讲授—如何提高论文被 SCI、EI 收录率"专题培训

2013 年 9 月 5 日,中国计量科学研究院文献馆特邀请到 Springer 公司编辑总监 Niels Peter Thomas 博士

为中国计量科学研究院科研人员做"如何提高论文被 SCI、EI 收录率"专题报告,引导科研人员掌握国际核心期刊收录科研论文的技巧和相关知识。

深入基层,向一线科研人员宣传推广 NSTL 服务平台

2013 年 9 月 6 日,中国计量科学研究院文献馆服务人员前往北京市计量检测科学研究院开展 NSTL 科技文献信息服务平台应用培训活动,向在场的 50 余位一线科研人员详细介绍 NSTL 服务平台的资源与应用。

在《全国声学计量技术委员会》大会宣传推送文献信息服务

2013 年 11 月 4 日至 11 月 7 日,《全国声学计量技术委员会》大会在北京召开。中国计量科学研究院文献馆在会议上向来自全国各省市计量院、航天院所等 20 余个单位的 50 余位计量专家做"NSTL 科技文献信息服务"宣传推广讲座。

《科技文献信息专项经费管理暂行办法》修订课题举行第二次课题研讨会

2013 年 5 月 10 日,由中国计量科学研究院文献馆负责的《科技文献信息专项经费管理暂行办法》修订课题在中国科学院国家科学图书馆举行第二次课题研讨会,国家科技图书文献中心副主任吴波尔、沈仲祺,及相关人员出席会议。

举办"世界读书日——SCI 助力计量科研"主题活动

2014 年 4 月 23 日"世界读书日",中国计量科学研究院文献馆举办"世界读书日——SCI 助力计量科研"主题活动。会上,SCI 业务总监做"SCI 助力计量科研"专题讲座,讲述如何利用国际一流科学引文数据库进行高水平计量科研创新。

参加计量测试科技成果推介会,宣传推广《计量文献　资源共享——NSTL 公益性网络服务平台》

2014 年 5 月 19 日—20 日,2014 年计量测试科技成果推介会在北京召开。中国计量科学研究院文献馆参展的《计量文献　资源共享——NSTL 公益性网络服务平台》,以丰富的科技文献信息资源,方便快捷的服务吸引了众多参会代表的咨询与关注。

赴藏开展计量科技文献信息服务,有效满足西藏最基层科研人员文献信息需求

2014 年 7 月 10 日至 7 月 13 日,中国计量科学研究院文献馆工作人员在西藏质检系统开展持续深入的科技文献信息服务。专程前往日喀则地区巴定村图书室进行考察,将一批科技图书赠送给科技厅驻村基层,将援藏工作落实到实处。

计量科技文献信息检索与利用专题讲座已被纳入国家质检总局科技人员培训基础课

2015 年 3 月 18 日至 19 日,国家质检总局基层专业技术骨干集中学习培训在中国计量科学研究院举办。受组织机构国家质检总局人事司邀请,中国计量科学研究院文献馆馆长李丽做"质检领域科技文献信息检索与利用"专题讲座。

举办"书香计量　文化与科研同行"主题活动

2015 年 4 月 23 日"世界读书日",中国计量科学研究院文献馆举办"书香计量　文化与科研同行"主题活动。中国计量科学研究院文献馆与 SCI 携手,首次设立中国计量科学研究院"论文质量优秀奖",以鼓励

科研人员更加重视论文质量。

赴藏开展科技文献信息检索与利用能力提升培训

2015 年 7 月 24—27 日,西藏自治区计量管理暨计量技术能力提升培训班在西藏自治区计量测试所举办,来自西藏计量领域的 50 余名技术骨干参加培训。中国计量科学研究院文献馆馆长做"质检领域——科技文献信息检索与利用"专题讲座。

满足甘肃地区科技文献信息需求,精准服务国家"一路一带"战略

为切实满足甘肃省计量院对科技文献信息的迫切需求,2015 年 9 月 7—8 日,中国计量科学研究院文献馆一行,将国家科技数字图书馆的全部丰富资源推介到甘肃省计量院,为"一带一路"的经济和科技发展做出新的贡献。

把计量文献信息资源送到新疆质检系统

2015 年 9 月 14—15 日,中国计量科学研究院文献馆工作人员应邀赴新疆计量院开展公益计量文献服务和文献资源利用培训,把 NSTL 和计量文献的数字资源送到新疆质检系统。并深入新疆计量院理化所进行文献资源利用面对面服务。

推动服务模式转型,搭建知识服务技术平台,为政策制定提供大数据分析信息

2011—2015 年,面对信息环境的变化和科研人员需求的变化,中国计量科学研究院文献馆积极推动服务模式转型,搭建知识服务技术平台,为科研人员提供深入的知识服务,为科技发展、政策制定等提供了极具价值的大数据分析信息。

中国计量科学研究院文献馆　李晓萌　李丽

中国标准化研究院国家标准馆"十二五"事业发展报告

一、"十二五"期间事业发展综述

1. 馆藏资源

中国标准化研究院国家标准馆馆藏标准文献资源起源于 1931 年旧中国实业部内成立的工业标准委员会，后沿袭到 1947 年成立的中央标准局。新中国成立以后，标准文献馆藏资源继续得到延续和发展。经过 80 余年的馆藏标准文献资源积累和建设，"十二五"期间，国家标准馆已形成覆盖世界主要国家以及国内各类标准的文献资源库和信息库，馆藏标准文献资源达 130 余万件。

2. 数据库建设

从 20 世纪 80 年代起，国家标准馆开展了国家标准数据库、ISO 标准数据库的建设。"十二五"期间，随着科技部国家科技基础条件平台"标准文献共享服务平台"的继续建设和发展，国家标准馆标准文献信息数据库建设取得重大进展，以国家标准馆的标准文献信息资源为基础，整合国际标准、外国国家标准、国外重要学协会标准、国外技术法规以及我国国家、行业与地方的标准文献信息资源，建成了 450 个品种、130 万条国际标准、外国国家标准、国外专业学(协)会标准、中国国家标准、中国行业标准、中国地方标准、国内外技术法规的题录和文摘数据库，建成 30 万余条强制性国家标准、国外技术法规全文数据库，是国内数量最多、信息最全的标准文献信息库。与此同时，选择国家重点和热点领域，开展了标准文献内容揭示数据库研究工作，创新地提出了标准文献体例结构元数据解析方案，实现了标准文献内容的规范化解析与分层标引，从根本上解决了同构数据模型与异构数据表达之间的矛盾，开展了标准文献内容分析、解析以及揭示的研究，通过建立标准体例元数据、标准体例数据库，建立标准专用本体和内容揭示信息数据库等方法，实现标准文献内容解析与分层揭示的目标，建设环保领域和食品领域内容揭示数据库。通过对标准内容信息的不同级别的语词标引、范畴标引、相关标引、体系标引以及全文搜索实现不同深度的标准技术指标信息的检索。

3. 标准信息服务

国家标准馆咨询服务工作始终坚持"效率第一，用户至上"的服务原则，按照"全方位一站式"的服务理念，适应大数据网络信息环境，以多种方式向政府部门、科研机构、检测机构、企业等社会各界提供各类标准信息服务，并深层次拓展精准的问题求解式知识服务模式。

首先，通过门户网站面向社会各界提供标准文献信息检索和文献传递服务。截至"十二五"中期，中国标准服务网注册用户已达 204 015 个，用户来自政府机关、科研机构、教育机构、检测机构、工程公司、进出口公司、大中小企业等，网站日访问量平均达 6 万余次。

其次,通过对标准信息资源的深度开发利用,拓展服务的深度和广度,向社会各界提供标准有效性确认、标准查新、标准翻译以及专题研究服务,解决用户标准使用中的问题,为科研单位的标准化研究以及其他科研工作提供国内外标准发展趋势以及标准对比研究,为企业用户提供进入国内外市场的标准与技术法规方面的帮助。截至目前,服务用户涉及国内大多数省市以及多个行业领域,年用户服务数达一万多。

再次,采取举办用户研讨会、专题讲座等多种形式开展标准化知识以及标准信息管理知识的宣传与教育活动。截至目前,接受教育的人员超过千人,这些人员工作在科研、商检、企业等机构的标准化部门,为标准的推广应用和实施发挥重要作用。

最后,以标准化为抓手,为加快转变经济发展方式,加快提质增效升级,促进经济持续健康发展提供基础性公益性的支撑,构建合法有效的标准文献公共服务体系,提出合理可行的解决方案。方案融合用户集成、产品集成和服务集成为一体,保证实现全方位多角度的服务创新。

4. 情报研究

为了适应新形势的发展,提高国家标准馆的文献收集、加工、保存、研究和服务能力,国家标准馆从用户需求出发,围绕国家科技经济发展、国际贸易发展、国家标准化战略的需求,开展标准信息资源的开发利用研究和专题情报研究服务。近五年来承担国家科技部、质检总局或国家标准委各类科研项目10余项。

第一,为标准化科研活动提供深度的情报研究服务,例如开展"国家标准文献共享服务平台建设""支撑我国水泥窑余热发电成套技术出口事实标准研究"课题之"水泥窑余热发电成套技术标准体系、关键技术标准分析对比研究"子课题、"科学仪器设备自主创新的方法体系构建和保障研究"课题任务等。

第二,为国家质检总局、国家标准化管理委员会、商务部等政府决策机构的科技决策活动提供及时的情报支撑,例如开展"质量安全标准信息及关键技术要素集成研究""工程机械欧盟技术性贸易壁垒与应对措施研究""我国强制性技术规定梳理""我国大型成套装备标准国际化对策研究"等。

第三,为社会有关行业提供标准化情报咨询服务,例如开展"石油石化领域重要标准技术指标比对研究""俄罗斯机电产品技术性贸易措施研究""防护服装标准研究""管道技术标准指标体系分析与提示系统开发""锂离子电池国内外标准比对分析研究""日本铁路标准的分析与研究""美国高速铁路技术法规与标准研究""泛欧高速铁路系统互联互通性技术规范(TSI)适用性研究""高速动车组技术标准体系的建立分析与研究""基于标准文献的食品国家标准分析报告"等。

第四,为促进中国标准化研究院的科研成果转化提供信息支撑服务,开展了"面向企业的标准文献内容挖掘与比对方法研究""技术标准文献情报分析研究""面向企业的标准文献专题分析方法研究"等。

第五,积极推进国际合作项目,承担了欧盟亚洲投资计划项目《通过在线标准及相关技术法规信息交换促进欧洲和亚洲中小型企业间的贸易》,为国内外企业创新提供基础支撑平台。与国外标准化机构保持良好的合作关系,为解决标准版权服务问题,与ISO(国际标准化组织)、IEC(国际电工委员会)、ASTM(美国材料与试验协会)、AS(澳大利亚标准化组织)

等签订了标准授权服务协议,满足国内社会各界的标准需求。

5. 系统建设

国家标准馆系统建设以支撑国家标准馆全馆业务为出发点,全面支撑资源建设、科研发展和咨询服务。主要建设成果包括:硬件服务器建设与维护、软件平台建设与维护、服务产品开发与支撑。

(1)硬件服务器建设与维护

经过 20 多年的硬件服务器建设,国家标准馆在"十二五"期间基本建成了知春路 4 号和昌平实验基地两个机房,其中知春路 4 号机房包括:六台小型机、七台机架式服务器、两组磁盘阵列共计约 20T 存储空间。昌平实验基地机房包括:三组刀片机、四台小型机、十台机架式服务器,三组磁盘阵列共计 30T 存储空间。知春路 4 号机房的硬件服务器购置时间较早,近年来出现故障的情况越来越多,国家标准馆在全力保证硬件稳定和数据安全的情况下,积极筹划更换硬件设备。

(2)软件平台建设与维护

经过 20 多年的软件平台建设,国家标准馆在"十二五"期间建成了基础软件和应用软件两大类软件平台。其中,基础软件主要包括:ORACLE 数据库、TRS 系列产品、同步软件以及 FileNet、WebSphere、MQSeries 等中间件。应用软件包括:采集加工系统、馆藏管理系统、NSTL 加工系统、中心处理系统、内部服务系统、门户网站系统、IHS 系统、呼叫中心系统、出版社远程打印系统、扫描加工系统、WCM 新闻发布系统、专题加工系统、光盘服务系统、FTP 存储系统、译文数据库检索系统、容灾备份系统。

国家标准馆业务较为复杂,涉及采编流咨询服务多个流程,同时,由于国家标准馆处于多个外来数据和系统汇总的位置,内部的数据汇总和同步极为复杂,复杂的业务流和数据流导致软件系统时常出现故障。国家标准馆在不断保证软件正常运转的情况下,积极重新梳理业务和数据流,力图降低复杂度,提升软件平台的稳定性。

(3)服务产品开发与支撑

"十二五"期间,在"国家标准文献共享服务平台"项目的支持下,国家标准馆不断开发新的服务产品,包括:U 盾大客户服务系统、二级平台、企业标准文献服务产品族、正版销售系统、数字版权管理系统等一系列信息化产品,提升了国家标准馆对外服务水平。

新开发的服务产品主要面向市场的需求和同业的竞争,其中,U 盾大客户服务系统支撑大客户的服务、二级平台针对地方标准化机构和行业信息服务商,企业标准文献服务产品族针对大型企业,正版销售和数字版权管理系统支持全国的标准正版销售体系的建立。

6. 资源共建共享

通过"十五"到"十二五"期间的中德合作项目和国家标准文献共享服务平台项目建设等,建立了覆盖全国的,以国家标准馆为中心,辐射全国地方分馆的资源建设、汇交、共享和服务网络,并建立了良好的资源共建共享机制。地方分馆通过共享和获取国家标准馆资源,为地方经济建设、企业创新提供服务。地方分馆同时依托自身特色资源,参与国家科技基础条件平台"国家标准文献共享服务平台"的资源建设,并进行资源汇交,从而使自身资源成为大平台资源的重要组成部分。

标准文献资源同时还是科技文献资源的重要组成部分。国家标准馆参与国家科技图书文献中心(NSTL)的科技文献平台建设,将自身的标准文献特色资源和标准化期刊、标准化会议录资源汇交至 NSTL 平台,供全国科技界用户使用。

二、"十二五"期间事业发展基本统计数据

1. 文献总藏量及各年度新增情况

截至 2015 年,国家标准馆标准文献总藏量为 857 195 件。2011 年至 2015 年度各年度的标准文献总藏量和各年度新增量见表 1。平均每年新增馆藏 19 033.6 件。

表 1　国家标准馆标准文献总藏量和各年度新增情况表

	2011 年	2012 年	2013 年	2014 年	2015 年
标准文献总藏量(件)	783 830	797 936	813 798	842 243	857 195
各年度新增(件)	21 793	14 106	15 862	28 445	14 962

截至 2015 年,国家标准馆自建数据库总量为 327 320 条。2011 年至 2015 年度各年度的自建数据库数据总量和各年度新增量见表 2。平均每年新增数据 10 816 条。

表 2　国家标准馆自建数据库总量和年度新增情况表

	2011 年	2012 年	2013 年	2014 年	2015 年
自建数据库数据总量(条)	285 207	294 797	305 414	315 763	327 320
各年度新增(条)	11 967	9590	10 617	10 349	11 557

2. 年度读者服务数量

截至 2015 年,国家标准馆读者注册数量、到馆读者数、书刊流通数的各年度数据见表 3。平均每年读者注册数量为 11 439.4 人。平均每年书刊流通数为 24 094 件。

表 3　国家标准馆读者注册数量、到馆读者数、书刊流通数的年度统计表

	2011 年	2012 年	2013 年	2014 年	2015 年
读者注册数量(人)	17 987	17 080	7527	7348	7255
到馆读者数(人)	3089	2457	1970	1601	1000
书刊流通数(件)	30 541	27 031	24 787	21 490	16 621

3. 网络文献服务量

截至 2015 年,国家标准馆网络浏览点击、网络文献下载数的各年度数据见表 4。平均每年网络浏览点击 146 201 794 人次。平均每年网络文献下载 44 367.2 件。

表 4 国家标准馆读者网络浏览点击、网络文献下载数的年度统计表

	2011 年	2012 年	2013 年	2014 年	2015 年
网络浏览点击(人次)	71 767 112	61 906 594	206 712 731	196 310 580	194 311 953
网络文献下载(件)	56 512	52 830	52 886	34 870	24 738

4. 咨询服务量

（1）参考咨询服务数量

国家标准馆 2011 至 2015 年参考咨询服务数量见表 5。

表 5 国家标准馆参考咨询服务数量表

	2011 年	2012 年	2013 年	2014 年	2015 年
参考咨询服务项目数量	6	15	35	5	0

（2）标准查新服务数量

国家标准馆 2011 至 2015 年标准查新服务数量见表 6。标准立项查新服务项目在"十二五"期间逐年递增，2015 年达到 274 项。平均每年 187.6 项。

表 6 国家标准馆标准查新服务数量表

	2011 年	2012 年	2013 年	2014 年	2015 年
标准立项查新服务项目数量(项)	174	176	145	169	274

（3）专题信息服务数量

国家标准馆 2011 至 2015 年专题信息服务数量见表 7。

表 7 国家标准馆专题信息服务数量表

	2011 年	2012 年	2013 年	2014 年	2015 年
标准专题信息服务项目数量	1	10	2	104	1

5. 各年度信息化建设

国家标准馆 2011 至 2015 年度信息化建设（包括计算机数量累计及新增情况，网络状况，网站建设情况、电子阅览室建设情况等）见表 8。

表 8 国家标准馆各年度信息化建设量化表

		2011 年	2012 年	2013 年	2014 年	2015 年
计算机累计台数	保有台数	120	130	145	150	155
	更新台数	7	6	3	3	5

续表

	2011 年	2012 年	2013 年	2014 年	2015 年
网络状况	电信通共享带宽 50M	电信通共享带宽 50M + 电信共享带宽 50M	电信通共享带宽 50M + 电信共享带宽 50M	电信通共享带宽 50M + 电信共享带宽 50M	电信通共享带宽 50M + 电信共享带宽 50M
网站建设门户	门户网站改版,提升用户体验,梳理栏目,增加文献关联	重点优化检索体验	增加页面静态化功能,解决 SEO 优化和网站稳定性问题	–	重新改版门户网站,改善用户体验
电子阅览室	–	–	–	–	全面更新电子阅览室,将电子阅览室所有机器更新为最新款戴尔一体机

6. 各年度从业人员情况

国家标准馆现有员工 41 人,其中事业编职工 33 人,企业编职工 8 人。年龄结构方面,现有员工平均年龄 42 岁,其中 40 岁以上员工 24 人,占员工总数的 58%;学历方面,具有本科以上学历的有 30 人,占员工总数的 73.2%,硕士以上学历 9 人,占 21.9%,博士 2 人;职称方面,具有副高及以上职称的有 16 人,占 39%;管理人才方面,现有科级以上干部 9 人,平均年龄 45 岁,其中 50 岁以上 2 人;知识结构方面,现有员工以传统图书馆学专业为主,计算机、信息分析、市场营销等专业人才匮乏。

国家标准馆人才队伍建设方面存在的问题表现在人员平均年龄过高,年龄结构有待年轻化,40 岁以上员工在员工中比例过高;现有人员学历水平整体偏低,硕、博士等高学历人才在整体人员中占比较小;管理干部年龄偏大,年轻干部较少;人才队伍的知识储备难以满足新型标准信息服务机构发展的需要。

7. 承担国家重大研究项目

(1)承担国家科技基础条件平台项目:国家标准文献共享服务平台

2005 年,国家标准馆承担国家科技基础条件平台项目"标准文献共享服务网络建设"项目,该项目于 2009 年验收结题。本项目是国家科技基础条件平台建设重点项目,由国家质检总局牵头,中国标准化研究院承担,实际投资 3105 万元,实施周期三年。项目共组织 26 家地方标准化研究院所和 62 个行业标准化机构开展标准信息资源的整合,项目建设与运行服务人员总数达 164 人。项目整合了国内外标准信息资源 138 万件,占国内标准资源收藏总量的 90% 以上。项目建设内容包括平台运行机制和规范建设、国内外标准题录与全文数据库建设、内容揭示数据库建设、标准文献共享服务系统开发。通过平台项目,建立了完善的共建共享机制;标准内容揭示数据库体现了由文本服务到知识服务的创新;以 ISO 9000 质量管理体系为方法和理念,建立了资源建设和运行服务体系。本项目实现了由"科研项目"到"服务平台"的转变,平台门户网站的注册会员已达 20 多万个,建立了 20 个地方服务站,在科学研究、企业创新、服务民生、国家重大项目和重点工程以及应对突发事件等方面发挥了显著作用。国家科技基础条件平台 2010 年发布的"中国科技资源共享网监测报告"显示,国家标准文献共享服务平台门户网站的平均响应时间排名第 1,国际关注度排名第 3,访问量排名第 4。平台项目于 2011 年通过财政部和科技部联合组织的认定和绩效考核,获得奖励性补贴。

(2)承担国家"十二五"科技支撑计划项目:支撑国际突破与国际贸易的重要国际标准研究(2012BAK28B00)

课题名称(编号):水泥窑余热发电成套技术标准体系、关键技术标准分析对比研究(2012BAK28B0402)。我国优势技术水泥窑余热发电成套技术在"走出去"过程中遇到严重的标准瓶颈。"十二五"期间,由国家质检总局牵头组织中国机电产品进出口商会、中国标准化研究院、中材节能股份有限公司、国家标准化管理委员会标准信息中心通过水泥窑余热发电成套技术标准体系和关键技术标准研制、水泥窑余热发电成套技术出口关键技术标准中外分析对比验证研究、水泥窑余热发电成套技术关键事实标准应用示范、国际贸易事实标准推广应用模式研究等内容的研究,发布实施了国家标准 GB 51005—2014《水泥工厂余热发电工程施工及验收规范》和行业标准 JC/T 2258—2014《水泥窑余热利用装备技术条件》。通过翻译和海外工程示范应用,转化了《水泥工厂余热发电设计规范》等关键技术标准及其配套使用的 70 余项中国标准英文版成为国际事实标准,借助水泥窑余热发电技术中外标准对比揭示规范性文件完成了土耳其 NUH 水泥厂与阿联酋 FUJAIRAH 水泥厂余热发电工程项目的事实标准试点示范工程。推动中国标准被 80% 以上海外余热发电工程项目应用,实现了中国产品、中国技术及中国标准的同步"走出去",增强传统产业可持续发展的能力,产生了显著的经济效益和社会效益。

三、"十二五"期间开展的主要工作及发展特点

"十二五"期间,国家标准馆在以下五方面开展了富有成效的工作并取得了显著进步。

1. 完善标准资源保障体系,稳步提升资源保障能力

截至 2015 年,国家标准馆共采集购买 96 个数据库品种,新增国际航空运输协会(IATA)等 9 个标准化组织标准;2015 年完成了 5 万条资源信息化加工以及 200 多个标准数据库的维护更新工作,数据总量累计达 170 万条,进一步完善了国家标准馆的标准文献信息资源保障体系,资源保障能力稳步提升。

2. 加强平台服务能力建设,推动多层次标准信息服务

国家标准馆坚持"主动服务、创新服务、联合服务、专题服务、知识服务"的原则,以"面向需求—分析需求—解决需求"为工作思路,以"支撑地方经济发展、支撑重大科技创新、支

撑企业技术创新、支撑政府标准决策"为四大着力点,强化石油石化等重点企业标准咨询服务,深化国家标准文献平台联合服务及行业专题服务,探索平台支撑地方科技创新服务,多方位开展标准公益服务。2015 年,新增注册用户 7000 多名,网站访问量达 116 万人次,组织开展 10 余项公益培训活动,参加世界标准日视频竞赛活动并荣获三等奖。重点企业服务能力有较大提升,公益服务效果显著增强,平台及行业联合服务初见成效。

3. 强化科研领域建设,提升标准知识管理与服务技术能力

"十二五"期间,国家标准馆继续强化标准知识管理与知识服务领域建设。2015 年成功举办首届标准知识管理与知识服务学术研讨会,并有 4 篇论文荣获会议论文奖。1 篇论文获国家科技图书文献中心"2015 数字信息资源建设学术交流会暨第四届 NSTL 文献资源建设研讨会"优秀论文奖。基本形成了以国家科技支撑计划项目为引领,以标准文献平台项目为应用示范,以中央基本科研业务费项目为培育,以市场化横向研究项目为推广的科研体系。

4. 改善软硬件基础环境,全面提升标准馆资源与服务能力

"十二五"期间,中国标准化研究院启动"国家标准馆基础设施改造项目",在经费执行、设计、施工进展顺利,本项目进一步优化了标准馆功能布局,扩大文献资源的保存能力,提高到馆服务的用户满意度。顺利完成标准馆信息化系统的硬件更换和软件升级、国家标准馆数据管理与分析系统、国家标准文献共享服务平台安卓客户端 APP、标准全文检索系统等,全面提升网络用户的使用体验。

5. 加强精神文明建设,促进和谐发展

思想政治学习常抓不懈。政治学习系统化、多样化、常态化,每月组织召开政业学习会,"十二五"期间有多篇论文在我院举办的思想政治论文比赛中荣获三等奖。按照"多引导、多教育、多学习、多关怀、多交流"的原则,加强对青年团员的培养与关怀,组织开展了馆青年团员交流会、院青年读书活动、世界标准日青年研讨会等活动,初步达到了青年团员"思想跟得上,工作顶得上"的工作效果,荣获院青年读书活动 1 等奖。重视宣传和党建工作,展现良好形象。

四、未来展望

根据国家标准馆在"十二五"期间的发展,我们展望,在"十三五"期间:

1. 资源建设方面

继续完善国际标准化组织主要成员国、主要贸易国、战略性地区或国家的标准文献资源采集,建立约 160 万册的馆藏资源,形成由文本资源和数据资源构成的国家级标准文献库。

2. 服务能力方面

继续开展标准知识组织和知识服务的理论与方法研究,开展提高标准文献公共服务能

力建设的研究,主要国际机构、贸易国标准化情报跟踪研究,形成配合国家科技发展、大众创业万众创新和"一带一路"战略的知识服务能力。

3. 研究能力方面

围绕标准知识管理与服务领域建设目标,打造以标准文献资源基础数据库为基础的知识库(包括同义词表、支持翻译、智能检索),并探讨系统可视化,优化用户界面,使之更加便捷高效。继续深化和巩固已有的科研成果,并努力推动现有科研成果的转化和应用。推动已有成果的应用实施,并推动将部分成果和规范转化为国家标准和行业规范。

4. 馆舍建设方面

2015 年,国家标准馆在原有知春路 4 号院办公楼的二层、三层进行了国家标准馆馆舍功能、设备的整体改造。将中国标准化研究院二层重新设计改造,扩大了文献馆藏面积,丰富了功能分区,提高了国家标准馆现有馆舍的文献馆藏和服务的容纳能力。2016—2020 年,我们将力争申请国家标准馆新馆建设立项,解决现有办公面积无法满足国家标准馆馆藏与服务需要的难题。

附:大事记

2011 年,国家标准馆历时一年时间制作完成了"走进国家标准馆"宣传片。这是国家标准馆建立以来,第一次依靠自身力量并借助专业团队制作的国家标准馆宣传视频,从馆藏、服务、人员和信息化等方面,全面介绍了国家标准馆的历史和现状。

2011 年,由中国标准化研究院国家标准馆承担的国家科技基础条件平台项目"标准文献共享服务网络建设"获国家质检总局科技兴检奖三等奖(依据国质检科〔2012〕99 号文《关于公布 2011 年度国家质检总局"科技兴检奖"获奖项目的通知》)。

2012 年 5 月 4 日,中国标准化研究院与中科院国家科学图书馆在京签署战略合作协议。中科院国家科学图书馆张晓林馆长、刘细文副馆长及其文献服务部、情报研究部代表,与中国标准化研究院王忠敏院长、李爱仙副院长及国家标准馆代表等出席了签字仪式。双方一致希望,以本次签约为契机,促进标准化人员、科研人员和图书馆情报人员的通力合作、优势互补,在做强做大自己的同时,共同把标准及其他科研成果转化为真正的生产力,为科技创新、为经济社会更好更快发展做出更大的贡献。

2012 年 7 月 25 日,国家标准文献共享服务平台 2012 年度工作会议暨地方服务站工作会议在北京隆重召开。科技部计划司、财政部教科文司、科技部平台中心、国家质检总局科技司、国家标准委,标准文献平台理事会成员、专家委员会成员以及牵头单位、建设单位、地方服务站代表近百人参加了此次会议。此次会议宣布了国家质检总局科技司关于组建标准文献平台理事会、专家委员会的通知及理事和专家名单。讨论并通过了新一届标准文献平台理事会章程、用户委员会职责及用户委员会成员推荐名单、地方服务站管理办法等,并举行了首批地方服务站建站签约仪式。

2012 年 10 月,《永不衰竭的宝库:走进国家标准馆》正式出版。这是国家标准馆第一次采取采访、口述、走访记录、整理保存的方式,探寻和整理了国家标准馆的"历史沿革",回顾了国家标准馆曲折的发展历程,记述了新中国成立后特别是改革开放后国家标准馆的巨大变化。本书是对国家标准馆发展史的全面梳理和回顾,在抢救性发掘和保存国家标准馆乃至中国标准化界历史记忆方面具有十分重要的意义。

2012 年,国家标准馆在工作中贯彻落实"创先争优"精神,以"质量提升,服务转型"为宗旨,秉承强化管理、优化流程、重点突破、整体提升的工作原则,荣获国家质检总局三八红旗集体荣誉。

2012 年 12 月 7 日,"国家标准文献共享服务平台 2012 年度工作总结及下一步工作设想"会议在中国标准化研究院召开。本次会议是标准文献平台自 2012 年 8 月通过科技部、财政部组织的国家科技平台认定与绩效考核后的一次工作会议。国家标准文献共享服务平台对 2012 年度工作的深度总结和对 2013 年度工作的切实展望,标志着平台的运行服务将再上一个新的台阶。

2013 年 3 月 18 日,"国家标准文献共享服务平台用户委员会工作会议"在京召开。中国分析测试协会理事汪正范研究员等 9 位用户委员会委员到会,国家科技基础条件平台中心黄珍东博士出席会议并讲话,会议由中国标准化研究院李爱仙副院长主持。标准文献平台管理中心相关人员介绍了平台资源与服务情况、中国标准服务网网站改版情况,并现场演示了新版网站的各项功能。各位用户委员会委员针对本平台的资源建设和文献服务工作,结合自己的工作实际,畅所欲言,从用户角度,提出了"资源建设应更加契合需求、服务内容应更加集成深化、服务形式应更加生动活泼、品牌建设应更加突出效果"等意见和建议。

2013 年 7 月 24 日至 7 月 26 日,为加强标准版权管理,进一步推动我国标准信息资源整合与共享服务步伐,规范国内外标准信息咨询与服务机制,国家标准化管理委员会标准信息中心和中国标准化研究院于在哈尔滨召开了"标准信息资源整合和共享服务工作座谈会"。会议由中国标准化研究院李爱仙副院长和标准信息中心王希林主任主持,黑龙江、上海、山东、河北、浙江、湖北、江苏、深圳、福建等省市标准化研究院的领导及文献工作负责人参加了会议。国家标准馆汪滨馆长向大家介绍了标准信息资源整合和共享服务联盟工作方案及标准信息资源整合和共享服务联盟章程的初步方案。与会代表就共享方案展开热烈讨论,达成了一定的共识,即赞成尽快建立并推广国际标准正版销售体系,同时希望尽快推进标准信息资源共建共享工作。下一步将本着"凝聚共识、争取多赢、分步实施"原则,积极推动联盟成立和正版标准销售体系建设。

2014 年 7 月 29 日,"国家标准文献共享服务平台理事会及专家委员会一届二次会议"在中国标准化研究院召开。国家标准委副主任、平台理事会理事长方向,国家质检总局科技司副司长、平台理事会副理事长王越薇,国家标准委工业一部主任、平台理事会副理事长丁吉柱,中国检验检疫科学研究院院士、平台理事会副理事长庞国芳,以及标准文献平台理事会成员、专家委员会成员以及平台牵头单位中国标准化研究院代表共计 30 余人参加了此次会议。李爱仙副院长出席并主持会议。标准文献平台项目负责人就资源建设、平台服务、系统运行、宣传推广、组织管理等五方面内容向理事和专家汇报了平台 2013 年度工作总结及 2014 年度工作安排,并就平台发展的重点及难点问题提请理事和专家进行研讨。

2014 年 9 月 9 日至 10 日,为贯彻落实全国对口支援西藏工作座谈会精神,积极做好援藏工作,弘扬"科学援藏、务实援藏、快乐援藏"的理念,充分发挥中国标准化研究院的标准文献资源优势,科学谋划援藏工作,拓宽援藏工作渠道,大力实施系统援藏。中国标准化研究院和西藏自治区标准化研究所在西藏拉萨联合举办 2014 年科技文献知识管理与服务培训会,由国家标准馆和国家标准技术审查部组成的 7 位业务骨干赴西藏为当地 60 多家企业及质检机构免费开展标准制修订程序、国家标准审查、科技文献检索、标准文献检索、标准文献加工处理规范、标准文献情报分析研究等标准化知识的培训、讲解和示范。

2014 年,国家标准馆继续建设多层次的服务体系,进一步完善标准文献共享服务平台地方服务站的管理工作,提高服务站的服务水平,构建覆盖地方和行业的全国标准文献资源服务体系。截至 2015 年年初,在全国建立了 45 家平台地方服务站,实现国家标准文献共享服务平台数据资源的全国共享和社会化服务。配合国家质检总局援疆、援藏工作,为西藏质监局系统内人员开展标准化知识培训,支援西藏的标准化工作。

2015 年 5 月 25 日,国家标准馆组织召开了 2015 欧洲铁路安全标准实践与进展研讨会,来自国家标准化管理委员会、国家轨道交通安全评估中心、南车集团、中国铁道科学研究院、北京地铁车辆集团、中国通号集团、北京交通大学、西南交通大学、中国中铁二院、空中客车公司、劳氏铁路(亚洲)有限公司等 20 余家企事业单位的 40 余位代表参加了此次会议。会议主旨在于围绕研发新一代绿色智能、高速重载轨道交通装备系统,建立世界领先的现代轨道交通产业体系的目标,搭建一个有助于体系化安全保障的国际交流平台,为我国建设"先进轨道交通装备"做出贡献。CENELEC 安全系统、硬件和软件技术委员会主席 Ali Hessami 教授从系统安全的基本概念、欧洲铁路安全系列标准、泛欧铁路网及互操作性技术规范、人的主观因素在安全系统中的作用研究等方面深入分析了欧洲铁路安全标准的实施经验、成效与不足,结合实例剖析了我国铁路控制系统的安全风险问题。国家轨道交通安全评估研究中心的周达天博士以铁道信号安全标准为例,介绍了我国具有自主知识产权的高铁标准和小、微标准在建立强大的中国高铁特有标准体系中可能发挥的作用。各企事业单位代表结合各自单位的业务能力和发展方向,从国际市场对中国标准的理解和认可度不高,如何借鉴国际国外先进经验提高我国铁路标准的国际竞争力,从而推动我国铁路"走出去"等方面,与 Ali Hessami 教授进行了热烈而充分的讨论。此次会议针对铁路安全标准瓶颈问题的国际交流和研讨,对于国内从标准化管理、技术研发到产品设计制造的所有环节都提供了前瞻的视野和努力的方向。

2015 年 11 月 5—6 日在深圳市组织召开了 2015 年国家标准文献共享服务平台公益服务专题研讨会,并组织参会代表赴华为集团进行了交流和参观学习。来自中航工业集团、南方电网、格力电器、中石油天然气集团等企业和山东、辽宁、广东、珠海等检验检疫机构共计 40 余人参加了会议。国家标准馆承担着国家标准文献共享服务平台的建设和运行服务工作,面向社会开展标准文献查询和咨询服务、标准文献专题服务、标准数据库检索查询服务、强制性国家标准在线阅览服务、标准发布信息和标准制修订信息推送服务、专家在线咨询服务等公益性服务职责,并定期举办公益性培训。2015 年,国家标准馆为积极贯彻执行《深化科技体制改革实施方案》和《深化标准化工作改革方案》行动计划(2015—2016 年),积极承担大量标准信息公益服务工作,多次举办公益讲座和研讨,促进标准信息工作者之间的业务交流和合作。此次会议专门围绕国家标准文献共享服务平台资源与服务,利用平台资源进行企业自我声明公开,标准信息挖掘和 ASTM 标准创新的解决方案等专题进行了研讨。中国标准化研究院参会人员和平台用户共同分享了标准信息研究和管理的知识与经验。会上通过与华为技术有限公司的标准化专家进行交流,参会人员既学习了华为的标准化发展模式,拓展了国际标准化视野,也对标准化引领产业前行有了更加深刻的认识和了解。通过这次会议,国家标准馆进一步丰富了自身的公益性服务内容,更好地履行了公益性职责,向社会各界尤其是行业企业提供了必要的标准化保障。

2015 年 11 月 19 日,"国家标准文献共享服务平台"组织的首届"标准文献知识管理与服务学术研讨会"在昆明召开,此次会议由中国标准化研究院国家标准馆主办,《中国标准化》杂志社承办。来自国家海洋局等 17 个单位的 28 位代表、标准化领域、知识管理领域的专家和学者参加了此次会议,就"大数据与标准信息服务""行业企业标准知识服务实践"和"地方标准知识管理与服务研究"三个板块开展研讨,与会代表和专家结合自身标准化工作实践,围绕大数据在标准信息服务中的应用技术、行业标准信息服务中面临的问题、地方标准知识服务的新方法等议题展开了热烈的研讨,并一致希望此次会议是一个探讨并推动标准文献知识管理与服务的开始而不是结束,应进一步交流和共享标准文献知识管理与服务的创新发展,探讨标准知识管理与服务如何在"一带一路"发展战略下发挥重要作用,并在"大众创业万众创新"形势下,如何为社会公众、政府与企业、创业者和中小微企业提供公益性支撑和服务。通过前期遴选和评审,会议共选出 18 篇优秀论文分别获得一、二、三等奖。

2015 年 11 月,标准馆承担的商务部项目"我国大型成套设备标准国际化对策研究"课题研究报告,在质检总局办公厅组织申报的 88 件参评作品中脱颖而出,喜获报告类三等奖。该作品是总局报送的参评作品的唯一获奖作品。该项目针对近年来我国标准国际化工作滞后制约大型成套设备出口的问题,深入研究国际及我国标准管理体系,充分借鉴欧美等发达国家的成功经验,提出标准国际化是促进我国大型成套设备企业进一步开拓国际市场的重要途径。该研究在分析高铁、核电等大型成套设备标准体系及标准国际化情况的基础上,提出了推动我国标准国际化的实现路径和政策建议,对政府部门决策具有重要的参考价值和实践意义。

中国标准化研究院国家标准馆　李景　汪滨　陈云鹏

中国社会科学院图书馆"十二五"事业发展报告

一、"十二五"发展总体评价

"十二五"是我国国民经济取得重大成就,改革开放攻坚克难,不断深化,不断发展的时期。文化事业大繁荣大发展,哲学社会科学创新体系建设被列入国民经济社会发展"十二五"规划,哲学社会科学事业迎来最好的发展机遇。

"十二五"期间,以加强报刊、出版、图书馆、网络、数据库建设为内容的中国社会科学院名优工程建设与哲学社会科学创新工程相生相伴,有力推进了哲学社会科学基础设施发展,为落实中央对中国社会科学院"三个定位"的要求,建设马克思主义理论传播阵地,建设国家级新型智库做出了积极贡献。过去五年来,在中国社会科学院党组正确领导下,图书馆高度重视"名馆""名库"建设在马克思主义传播平台中的重要地位,紧紧抓住创新工程这一难得的发展机遇,紧密围绕名优工程建设总目标,以资源建设为基础、以服务质量为关键,以助力科研为目的,全面推进图书馆数字化转型,图书馆事业取得了全面的健康发展。

二、以创新工程和名优工程为动力,建设"名馆""名库"

2011年7月,院党组通过的哲学社会科学创新工程实施方案提出,要"做强国家级哲学社会科学专业图书馆和数字图书馆,构筑完整的国家哲学社会科学专业图书馆体系"。创新工程为中国社会科学院图书馆事业发展提供了难得的发展机遇。2009年启动的,包括"名馆""名库"建设在内的名优工程,是中国社会科学院哲学社会科学创新的重要内容,为图书馆事业发展提供了有效的机制和组织保障。

2013年8月,院党组通过的《中国社会科学院信息化体制机制改革方案》要求,从2013年起,用3—5年的时间,通过对"一馆(数字化图书馆)、一网(中国社科网)、一库(哲学社会科学海量数据库)、两平台(综合集成实验平台和综合管理平台)"的建设,全面提升我院信息化水平,实现科研手段现代化、信息资源一体化、办公自动化,基本建成数字中国社会科学院。《中国社会科学院信息化体制机制改革方案》为中国社会科学院图书馆事业发展提供了明确的目标和任务。

2014年院务会议进一步做出决定,要深化改革,推进创新,实现图书馆的数字化转型。

过去五年来,院图书馆认真贯彻执行院党组的指示和决定,不断深化对哲学社会科学创新工程和名优工程建设意义的认识,以"名馆""名库"建设为龙头,在资源建设、服务水平、信息化保障能力等各个方面推动图书馆整体工作不断向前发展。努力建设具有"一流信息资源、一流服务能力、一流研究水平"的现代化社会科学专业图书馆。

三、增强大局意识，积极推进体制机制改革

过去的五年，是图书馆改革创新不断深化的五年。院图书馆认真执行院党组的决定，增强大局意识，以改革为动力，全面落实院党组的战略部署，配合完成了信息情报研究院的组建，社会科学评价中心的成立，初步建立了全院总分馆体制，逐步完善了图书采购总代理制，顺利完成了信息化体制机制的改革。

1. 增强大局意识，全力支持我院智库建设战略布局，配合完成了信息情报研究院的组建和社会科学评价中心的成立

建设党中央国务院的"思想库、智囊团"，是中国社会科学院实施哲学社会科学创新工程的重要使命。过去五年来，中国社会科学院先后组建成立了一批以对策性研究为主要任务的研究院所，其中包括2011年组建的信息情报研究院和2014年成立的社会科学评价中心。

2011年院图书馆研究部和《国外社会科学》编辑部的全体人员整建制地划入新组建的信息情报研究院。2014年，为了发挥中国社会科学院在全国的引领作用，倡导正确学风，提升我院在科学评价领域的话语权，院党组决定在图书馆文献计量学研究室基础上成立独立的中国社会科学评价中心。图书馆党委以大局为重，坚决执行院党组的决定，全力做好相关人员的思想工作，在人、财、物以及业务调整和移交等各个方面保证了评价中心的顺利成立。

过去五年来，这两次大的机构变革，对图书馆的学科建设和人才队伍结构产生了非常大的影响。同时，也迫切要求图书馆以改革为动力，探索新的增长点。

2. 完善信息保障机制，总分馆制初步建立

实行总分馆制，建立完善的文献信息保障被列为中国社会科学院体制机制改革和哲学社会科学创新工程的重要任务。2010年成立了法学研究分馆和民族学与人类学研究分馆，2011年成立研究生院分馆，2013年将国际片6个所的图书馆合并，组建了国际研究分馆。经济学分馆的建设工作正配合经济片改造工程进行筹备。此外还建立了哲学专业书库和文学专业书库。历史学专业书库组建也在筹备之中。经过五年的努力，全院初步建立了院馆—分馆—所馆（资料室）三级管理体制。院馆、分馆、所馆之间联系日益紧密，在资源建设和业务培训等方面开展了多种形式的合作。

总分馆制的初步建立标志着构建完善的哲学社会科学专业图书馆体系取得了初步成效。同时，也应当清楚地看到，今后图书馆建设的任务更重，工作重点将转移到进一步完善总分馆制，在资源建设和信息服务方面细化分工与合作，使总分馆制度有效运转起来，真正形成全院图书馆工作"一盘棋"，切实为繁荣哲学社会科学事业，实施创新工程提供可靠的文献信息保障，把我院图书馆建设成一流资源、一流服务、一流研究水平、一流管理的国内外知名图书馆。

3. 规范图书采购业务,总代理制逐步走上正轨

为了规范图书采购行为,保障图书采购经费的合理使用,更好地做好文献资源建设工作,从2009年起,全院图书采购方式进行重大调整,由原来各单位分散式的自由采购,改为由人文公司统一负责的"总代理制"。院图书馆和各分馆、所馆的同志与人文公司积极合作,不断完善新体制下的业务流程,规范图书采访行为,提高文献采访质量。从2011年开始,建立了全院图书馆馆长联席会制度,人文公司与图书馆定期召开会议,沟通信息,共同研究解决总代理制以及文献采购中遇到的问题。经过几年的实践,总代理制逐步走上正轨,工作效率、工作质量、服务水平逐年提高,基本实现了当初的改革设想,其在哲学社会科学创新中的文献保障效益和经济效益日益显现出来。

4. 实现工作重心转移,信息化体制机制改革顺利完成

2013年8月,根据中国社会科学院信息化建设体制机制改革的决定,对图书馆、数据中心、网络中心进行整合。整合后的院图书馆既保留了传统的图书馆业务,又承担了原来调查与数据信息中心及网络中心的部分职能。负责全院资源建设、数据库建设、网络平台建设等多方面的工作。

2013年以来,图书馆及时调整工作重点,将原来调查与数据信息中心和网络中心承担的海量数据库建设、综合实验平台建设和综合管理平台建设等涉及全院科研基础设施建设的重大项目当作重中之重,调配人员,集中力量抓好落实。在整合后的两年里,"一库两平台"建设取得显著进展。综合实验室平台已经全面展开,综合管理平台项目完成了整体建设方案建议书,2016年正式申请立项。海量数据库项目于2015年4月与有关公司正式签约,各个子项目的承建单位也已经确定。受国家哲学社会科学规划领导小组办公室委托建立的"国家哲学社会科学学术期刊数据库"取得跨越式发展,经过两次改版升级,已成为世界最大的社科类开放获取数据库,在学界产生了广泛影响。

整合后的院图书馆已经成为一个集信息资源建设、网络管理、网络安全、网络系统以及数据库建设、用户服务为一体的综合性信息服务机构,成为我院信息化建设的主力军、主战场。

四、适应时代要求,积极推进图书馆数字化转型

以网络技术和计算机技术为代表的现代信息技术飞速发展,各种数字信息资源迅猛增长,极大改变了传统图书馆的生存环境,其原有的组织架构、资源结构、服务手段、运转模式均受到前所未有的挑战。2013年中国社会科学院信息化体制改革以来,按照名优工程建设总体目标和院党组的要求,图书馆加紧了数字化转型进程。2014年12月,院图书馆制订了数字化转型实施方案,开始由传统图书馆向数字图书馆的转型。2014和2015年连续两年大幅度增加数字资源建设投入,加快海量数据库建设步伐,应用最新的资源发现系统,实现图书馆远程登录,推进综合实验室平台和综合管理平台建设,力争通过三至五年的努力,实现"数字资源更加丰富齐全""馆藏经典特色更加鲜明突出""网络阅览和办公更加流畅安全",建成中国社会科学数字图书馆。

1. 加大数字资源投入力度,优化资源结构

过去五年来,遵照院领导提出的控制纸本资源增长,加大数字资源引进力度,建设中国社会科学院数字图书馆的指示精神,院图书馆在继续提高纸本文献采集水平的同时,加大数字资源引进力度,已经初步建成包括电子期刊、电子图书、数值数据、古籍文献、报纸年鉴、专题报告、参考工具等各类资源在内的信息资源保障体系,内容涵盖中国社会科学院各个研究领域的国内外主要文献资源,为广大科研人员提供了便捷、可靠、可集成的网络化服务。据统计,仅2015年底我院数据库登录总次数比2014年全年上涨近280%。

截至2015年年底,院馆已引进电子期刊、电子图书、数值数据、古籍文献、报纸年鉴、专题报告、参考工具等各类中外文数字资源190余个,内容覆盖人文社会科学研究的各个领域。以科研人员使用量最大的电子期刊为例,图书馆已经引进包括知网、万方、维普在内的国内三大期刊数据库的中文电子期刊27 700余种和JSTOR、Wiley、Elsevier、Emerald等多家国外著名出版商出版的外文电子期刊约3万余种。2014年以后,图书馆新引进并开通了中国基本古籍库、Taylor & Francis人文社科期刊数据库,中东欧多语种期刊在线数据库(Ceeol)、解密后的数字化美国国家安全档案(DNSA)等一大批科研人员急需的重要中外文数字资源。

实践证明,中国社会科学院图书馆引进的数字资源数量多,种类全,质量好,集中了国内外知名数据库,已经成为图书馆提高服务水平,推进"名馆"建设,实现数字化转型的重要保障。

2. 实现"一站式"检索,开通远程访问系统,科研人员利用电子资源更加便捷

2012年4月,院图书馆与艾利贝斯公司共同搭建了院图书馆资源发现系统测试平台。先后汇总了社科院资源列表,激活了有关全文数据库,生成了电子期刊导航,创建了社科图的Primo institution,并激活了Primo Central Index,配置了缺省的中文版Primo读者界面、Primo的管理界面。2012年年底,完成部分前期配置和设置工作,实现了部分资源的检索和发现。经过对全部电子资源数据库的信息整理、系统测试与调整、用户界面的调整,2014年4月,PRIMO资源发现与服务系统正式上线。该系统提供统一资源发现服务、资源导航服务、链接解析服务、内容聚合与个性化服务以及后台统计分析等功能,共汇集院内外文献资料数据6亿余条,整合系统预先配置的知识库及院图书馆订购的数据库137个,定期进行数据内容更新工作。通过该平台,科研人员可以对院馆引进的百余种数字资源进行"一站式"检索,大大提高了科研人员查找信息资源的效率,节约了宝贵的时间。图书馆还对资源发现平台的用户界面进行了重新设计,调整了界面风格和功能布局,优化了视觉效果,更加方便科研人员的使用。此外,图书馆还通过建立QQ群、开通24小时咨询电话等方式,密切与科研人员的联系,随时解决读者利用图书馆资源方面遇到的问题。

2014年1月,图书馆正式启用了新的远程登录系统服务器,开通了域名访问并在图书馆网站主页添加了远程登录系统链接,保证了科研人员能在院外方便地使用数字资源。此外,图书馆工作人员还公开了个人联系方式,24小时接听远程登录系统的使用咨询,为科研人员解决问题。截至2015年年底,系统共有注册用户11 539人,日均访问次数超过1万余次。

3. 完成了图书馆自动化系统升级换代，努力做好图书馆自动化系统服务器与电脑终端外设的维护和信息安全管理工作

院图书馆从 2003 年开始与韩国 ECO 公司合作开发图书馆自动化系统。由于种种原因，ECO 公司在拓展中国市场方面没有取得预期效果，从 2011 年 9 月决定退出中国市场。2011 年 10 月，院图书馆启动了自动化系统更新项目。经过认真调研和反复论证，引进了以色列的 Aleph 图书馆自动化系统。新系统于 2012 年 6 月 1 日正式启用至今，各项功能运转正常，保证了图书馆业务的正常进行。

"十二五"期间，图书馆新引进的服务器和阵列逐步增加，服务器更新换代分步进行，逐渐形成了一套涵盖服务器、存储阵列和磁带设备在内的整体管理体系，能做到迅速响应及时解决各种外设软硬件设备出现的问题。在信息安全方面，定期检查网络数据包信息，定期走访了解客户端电脑使用情况，查找清理电脑病毒，木马等危害程序，协助安装专业杀毒软件，及时更新补丁，保证院图书馆网络环境和客户端电脑信息安全。

4. 网站日趋稳定、资源不断充实

2010 年图书馆网站进行改版，试运行一年后，图书馆对新网站进行了认真总结。新版网站建设取得的主要成绩是实现了内、外网信息的分离。新版网站分为对外和对内两个网站，实行外网信息和内网信息的分别管理和发布，切实提高了信息安全程度，改变了过去内外信息不分，管理与审核混乱、无序的局面。将新技术、新功能融入网站建设之中。新版网站建设中采用了 Web2.0 等新技术，加入了诸如 RSS、Google Scholar、Goole Book、资源推荐、在线投票等新功能，加大了信息推送的力度，增强了和读者的互动性。新版网站上线后功能不断完善，读者反映良好。

为了维护网站安全运行，图书馆除了做好日常维护外，还按照院里有关规定，每年组织落实对院馆所管辖的所有网站的安全检查，并撰写了网站安全检查报告。相继出台了《中国社会科学院图书馆网站安全制度》《中国社会科学院图书馆网站安全应急预案》等文件。

五、全面推进"一库两平台"建设，为建设数字社会科学院而努力

2013 年 8 月，随着中国社会科学院信息化建设体制机制改革的逐步落实，哲学社会科学海量数据库、综合集成实验平台和综合管理平台建设、全院网络运行与维护成为院图书馆的重要任务。院图书馆积极落实院党组的决定，很快完成了机构整合和业务重组。在认真总结前几年"一库两平台"建设经验的基础上，确定了科学规划、精心布局、突出重点、循序推进的建设原则，把海量数据库和综合集成实验室平台打造成学术辐射发力点、重大决策支撑点、科研服务闪光点和社会效益增长点。

"一库两平台"建设稳步推进。其中海量数据库建设取得了显著进展。在国家社科基金资助的 200 种期刊基础上，中国社会科学院投入配套经费扩大国家哲学社会科学学术期刊数据库规模，使收录的期刊总数达 660 余种，涵盖了哲学社会科学领域的重要期刊，成为国内最大的公益性学术期刊数据库，已经在国内外产生了积极影响。

1. 海量数据库建设项目(一期)正式启动

2013 年,图书馆正式承担了海量数据库建设任务。初步完成了海量数据库规划和架构设计。依据建设目标,海量数据库将由一系列与中国社会科学院学术研究密切相关的数据库子库组成,涵盖经济社会政治法律各个研究领域,其中有精品期刊数据库、馆藏文献数据库、科研成果数据库、古籍善本数据库、社会调查数据库及其他专题数据库。其中许多数据库是相关研究所研究过程中产生的数据。海量数据库的建设,将使这些数据库得以可持续地得到补充和延续,使这些珍贵的数据发挥更大的效益,得到更广泛的应用。

2015 年 4 月 14 日,院图书馆代表我院与有关公司正式签约,标志着"中国社会科学院海量数据库建设工程(一期)"项目正式启动开始实施。目标是"建设中国第一、世界一流的哲学社会科学海量数据库"。

2015 年 4 月至 5 月,有关公司先后组织召开了 6 次子项目汇报展示会,确定了海量数据库及社科云平台各子项目实施单位。

截至 2015 年年底,海量数据库整合平台、馆藏文献数据库、科研成果数据库需求已通过评审。同时,三个数据库的概要设计方案已提交,系统界面设计已确定或正在沟通,系统开发、数据样例测试也已展开。社会调查数据库包括面访调查系统、网络调查系统、数据调查网站的需求已通过评审。古籍善本数据库方面,加工场地、古籍专家小组、古籍修复等都已提出初步方案。云平台建设方面,已完成需求调研并制定实施方案,正在制订详细的软硬件部署实施方案。

2. 国家学术期刊数据库稳步推进,影响力日益提高

国家期刊库是中宣部和国家社科规划办高度关注的重要项目,2013 年正式开通上线,2014 年进行了二次改版,数据猛增 50 多倍,取得飞跃式发展,2015 年国家期刊库采取积极措施,保证数据及时加工上线,在短短的两年里,已经发展成为世界最大的开放获取期刊数据库,影响力与知名度不断扩大。

截至 2015 年年底,国家期刊库上线期刊共 666 种,其中核心期刊 533 种,上线论文 3 003 455 篇,62% 的期刊已经回溯到创刊号,最早回溯至 1921 年。

2015 年,国家期刊库个人注册用户数已达到 80 814 人,机构注册用户已达到 56 家。自上线至 2015 年年底,国家期刊库日均点击量约 22 万次,日均检索次数 3 万次,总点击量达 121 492 340 次,总访客数 1 662 542 人,累计下载论文 271 万篇。

3. 科研成果知识门户上线,科研成果数据库初见成效

科研成果库是海量数据库重要组成部分之一,是汇聚中国社会科学院建院几十年来科研成果的数据库。2014 年完成了前期调研,同时启动了数据收集审核工作。根据科研成果数据库建设要求,2015 年开发完成了科研成果知识门户网站系统建设及本地化部署。该门户网站具备科研成果发现、科研成果年份及文献类型图谱分析、基础情报挖掘等功能。网站收录数据 112 597 条,包括 2011 年以来我院资助的图书期刊电子版以及各研究院所科研成果 31 487 条,回溯我院 1977—2010 年科研成果 81 050 条。

为完善科研成果知识门户网站的各项功能,对各项功能、性能及特色服务进行测试,完成《科研成果知识门户网站测试报告》。请技术公司针对功能模块、平台性能和浏览器兼容性等内容进行测试后,完成《中国社会科学院科研成果知识门户测试规程》《中国社会科学院科研成果知识门户测试报告》。

2015年,图书馆相关人员认真学习《科研管理工作系列汇编》等文件,参考国内外相关机构知识库建设的规章制度,起草拟定了科研成果库的相关管理文件:《机构知识库内容存缴与传播的权益管理政策》《关于学术、学位论文、会议学术报告、学术专著及其章节、本机构出版学术期刊、内部资料等存缴与传播的政策规范》《中国社会科学院机构知识库管理运行办法(初稿)》《中国社会科学院机构知识库内容存缴与传播政策指南(初稿)》《中国社会科学院机构知识库政策框架(初稿)》等。

4. 瓶颈问题逐步解决,古籍善本数据库建设提速

中国社会科学院是全国古籍收藏重镇,院图书馆、文学所图书馆、历史所图书馆、经济所图书馆分别被文化部列为"全国古籍保护重点单位"。为了使珍贵古籍长久保存的同时,让更多的科研人员利用古籍,数字化是解决问题的重要措施。2013年全院古籍普查登记顺利结束,对我院各个单位收藏的古籍种类和数量、版本情况、破损程度等都有了比较准确的统计,为古籍数字化提供了可靠的依据。

2013年,古籍数字化进入了实施阶段。从法国进口的4台高精度扫描仪全部安装调试完毕,启动了古籍数字化实验工作。

2014年,根据实验结果及到相关单位调研结果,图书馆起草并完成了详细的《古籍善本数据库建设方案》,纳入海量数据库整体建设方案。

2015年,作为海量数据库项目的子项目之一,古籍善本数字化项目已经完成招标并投入建设。

5. 社会调查数据库不断丰富,服务领域不断拓展

中国社会科学院调查与数据信息中心是具有独立调查资质的专业性调查机构。自成立以来,成功地建立了自己的调查网络,具备了开展社会调查的能力。近几年配合相关研究所承接了一系列委托调查项目,其调查质量得到了研究所的充分肯定。社会调查数据库的建设目的是建立社会调查数据采集、整理的技术标准和流程,通过统一、持续性的数据采集工作,把中国社会科学院社会调查项目的所有数据进行数字化,并制定数据使用的规则,探索切实可行的数据共享与管理模式,提高中国社会科学院科研基础数据的开放共享程度,实现数据管理与使用的网络化。该系统既可以利用各站点实现异地、分布式的在线调研功能,开展大规模的基于网络的调研活动,还能将调研数据有效地存储与管理起来,并通过数据库提供的多种分析工具,进行多维度和定制化的数据分析,得到更直观的分析结果。同时,各种社会调查数据的共享和共建,将不断深化我院的科研创新能力。

2014年,院图书馆承接了"中国公民的人大代表选举参与问卷调查""2014年中国大学生就业、生活及价值观研究调查"等院内委托调查项目,与院外单位合作开展了"城市环境信息公开与公众参与民意调查""海淀区卫生系统满意度调查""曙光街道网格化社会服务管理测评调查""曙光街道停车管理服务调研——基于世纪城地区停车问题调查问卷""忻州旅游211工程顶层战略研究"项目社会调查子项目等,合作领域涉及环境、卫生、旅游等多个

方面,在为科研服务的同时,为今后开展市场化转型奠定了良好的开端。

目前,院图书馆已具备全国 2870 个区、市、县 2010 年的基本数据资料,596 个调查点村居的数据和地图资料,以及 91 万多条居民住宅信息。这些数据资料可为定性调查研究活动(如国情调研)、专题调研提供固定观测点和实践基地,也为调查数据库提供了基础资料。

6. 馆藏文献数据库陆续整合

中国社会科学院成立 30 多年来,信息资源建设取得了巨大的发展,无论纸本资源还是数字资源,在社会科学专业图书馆里占据全国领先地位,为中国社会科学院乃至全国哲学社会科学研究提供了资源保障。随着现代信息技术的发展和应用,如何通过网络技术、计算机技术、数字化技术将各种资源高度整合,通过高效便捷的信息检索手段,从浩如烟海的信息资源中及时准确地发现科研所需要的有用信息,是图书馆需要着重解决的重大课题。馆藏文献数据库的建设目的是要将中国社会科学院有史以来以及未来的各类馆藏文献资源实现统一管理和揭示,统一检索和查询,统一传递和获取,统一分析和统计,同时提供基于社科类细分学科的学科化信息服务,为提高图书馆的资源利用率、提升用户使用体验创造基础条件,使科研人员通过统一平台,便可遍览全院所有馆藏资源,发现所需的文献信息,并通过在线阅读、借阅、下载、原文传递等方式获取全文。馆藏文献数据库的建立将成为数字社科院、数字图书馆建设的一个重要内容。

2014、2015 年,图书馆与有关公司先后召开了 18 次需求调研交流会,对数据库建设具体需求、重点难点问题及解决方案等进行了深层讨论,完成了数据库需求确定工作。

7. 综合集成实验室平台建设有序推进

目前全院已有 19 个科研院所建成专项实验室 27 个,并与院外 4 个科研单位达成了实验室战略合作。2015 年,图书馆制订"综合集成实验室"启动方案,在 27 个实验室基础上,整合研究力量建设舆情实验室、智慧城市实验室、美丽乡村实验室。完成了《"经济社会发展综合集成实验室"启动方案》,舆情实验室建设方案也已初步完成。

为了加强对 27 个实验室日常管理,2015 年图书馆相继出台了《中国社会科学院综合集成实验室管理办法》《中国社会科学院综合集成实验室评估细则》《中国社会科学院综合集成实验室评估指标》等一系列文件,实验室管理体制日趋完善。

8. 完成了综合管理平台建设功能需求调研,为立项实施创造了条件

综合管理平台建设涵盖全院科研、外事、党政、后勤各个系统,涉及各个职能局和研究所,甚至涉及每个人,其难度和复杂性可想而知。由于各种原因,此项目酝酿多年,始终没有取得实质性进展。按照院领导的要求,图书馆将综合管理平台建设确立为 2015 年的重点任务,组织成立项目组,分别在 20 个单位召开了 51 次座谈会,详细了解各单位的业务内容和对综合管理平台功能的要求,掌握大量一手材料。在有关公司技术人员的支持下,认真分析,反复论证,终于在 2015 年 9 月底形成了《中国社会科学院综合管理平台建设整体方案建议书》。

2015 年 10 月 19 日,图书馆向院党组就《中国社会科学院综合管理平台建设整体方案建议书》内容做了专题汇报,院领导对报告书内容给予了充分肯定,指示 2016 年正式立项实施。

六、加强信息化基础设施建设，全面保障信息网络安全运行

"十二五"期间，随着图书馆自动化系统不断升级，电子资源数量不断增加，特别是2013年图书馆承担起全院网络建设与维护的任务以来，全院信息化基础设施建设、计算机设备和网络环境安全运行成为图书馆的一项重要而艰巨的任务。

1. 落实信息化体制机制改革，做好全院网络建设与运维

2013年，根据信息化体制机制改革的决定，原网络中心的业务部分整体划拨到院图书馆，负责为全院网络建设提供技术支撑和安全保障。原网络中心业务部门的18位技术人员转到图书馆新成立的内网部和网络安全部，承担起原网络中心41个人的业务职能。

2014年，基础设施平台建设项目同海量数据库一期项目同时立项，总投入约1700万，从网络基础环境、网络安全等方面对中国社会科学院网络进行升级改造工作。图书馆在人手紧，任务重的情况下，全力抓好落实。

2. 做好网络扩容、线路改造和老旧设备更换工作

"十二五"期间，图书馆积极配合院、所信息化项目完成了一系列老旧网络设备更新换代，提升了设备的稳定性和传输速率，保证了各个单位信息化项目和科研基础设施建设的顺利进行。为满足科研工作需要，2014年进行了全院宽带扩容工作，将院出口带宽扩容升级到电信600M、联通400M，大幅提升了用户访问互联网速度，同时将部分学科片与院部的互联链路也进行了扩容升级。共完成了包括研究生院、望京、泰达、国际、法学等在内的10余条互联链路的扩容工作，增幅比例达到100%至150%。与此同时，图书馆配合我院基建项目，先后完成了密云培训基地、科研大楼、档案楼、梓峰大厦、中冶大厦等综合布线，以及各学科片基建改造涉及的综合布线工作，保证基建改造项目按期交付使用。

3. 完成全院邮件系统升级扩容、通信手段更加便利

中国社会科学院邮件系统自2012年1月上线，已经运行两年多的时间，为中国社会科学院用户的科研办公、对外交流提供了有力的保障，成为大家不可缺少的信息化手段之一。2014年，院图书馆加强了全院8354个注册邮箱的管理工作，完成了个人用户邮箱扩容，邮箱容量由原来的1G扩容至2G。加强了对邮件收发情况及源IP分布情况的监控，防止院外对中国社会科学院邮箱攻击探测，并控制被盗邮箱对外群发垃圾邮件及类似钓鱼诈骗邮件。

随着信息化的不断发展，全院用户对邮件的系统要求也在不断提高。在认真做好先期调研基础上，制订了邮件系统升级方案。2015年9月对邮件系统成功地进行了升级。新邮件系统对系统底层安全功能项增加15项，优化10项；性能提升功能项增加5项，优化3项；便捷易用功能增加28项，优化150余项。新的邮件系统向全院用户提供崭新的界面，更多元的服务，实现动态调整邮箱空间，手机短信自助修改密码，个人邮件收件日志查询等功能。

4. 做好机房建设、管理与维护工作

机房是全院网络的心脏,机房建设与管理关系到全院信息网络的安全运行。2013 年以来,图书馆在努力做好一、二、三号机房的管理与维护工作的同时,启动了四号机房建设工作。积极开展四号机房设计前期调研工作,完成了四号机房设计方案。2015 年年底,四号机房已经建成并投入使用。

5. 认真做好网络、网站、数据库重点保护工作,保证国家和我院重大活动顺利进行

"十二五"期间,图书馆制定了一系列安全保障措施,做好敏感时期网络信息安全工作。在党和国家重大活动、节假日等特殊时期启动重点保障机制。成立应急小组,制订应急预案,对院三套网站平台所有设备及系统进行 24 小时监控,馆领导亲自值班,安排人员"7 * 24 小时"现场值守,确保中国社会科学院网站对外发布正常。"十二五"期间没有在重大活动和节日期间发生重大网络安全事故。我院网络、网站、数据库在国家有关部门组织的安全检查中都取得了令人满意的好成绩。

应当指出的是,随着信息化建设任务的不断加重,图书馆一方面认真做好各类信息化项目论证、实施、验收等环节的工作,一方面加紧信息化人才队伍建设,提高信息化技术保证能力。同时,也应当指出,在图书馆党委正确领导下,图书馆信息技术人员克服了重重困难,经常加班加点,为中国社会科学院信息化建设做出了积极贡献。

七、以创新工程为抓手,推进图书馆各项工作健康发展

2011 年中国社会科学院创新工程启动后,院图书馆紧密结合图书馆长期发展的实际需要,经过仔细论证提交了图书馆创新项目计划。按照两步走的战略,第一步推动"中国社会科学院古籍整理保护暨数字化"和"人文社会科学评价研究与服务"两个项目进入创新。第二步是认真设计规划,争取 2013 年图书馆整体进入创新。在王伟光院长支持下,古籍整理保护暨数字化项目和人文社会科学评价研究两个项目被批准列入创新工程并于 2013 年 1 月正式启动。随后,图书馆就提高管理和服务水平提出的 7 个项目也得到院领导的批准,从 2013 年 7 月起实现了图书馆整体进入创新。

图书馆创新工程项目以推进"名馆"建设为目标,确定了"三化、两进、一加速"的基本任务,即:强化管理,优化资源,深化服务。推进中国社会科学评价研究与服务平台建设,推进中国社会科学成果国际传播的窗口建设。通过创新工程的实施,图书馆在服务理念、服务方式、服务手段、资源建设、队伍建设等各个方面取得了新的发展。在全体同志的努力下,创新工程项目都在按照计划推进,取得了比较突出的成绩。

1. 信息资源建设取得快速发展

"十二五"期间,中国社会科学院纸本信息资源购置经费始终保持在每年 2500 万元的水平。电子信息资源购置经费每年 500 万元。为了适应图书馆数字化转型需要,每年不断追加一定数额的电子资源采购经费,保证了电子信息资源的稳定增长。院图书馆本着"纸本文

献与电子信息资源并重、引进与开发相结合"的原则,在资金紧张的情况下,馆藏资源建设、数据库引进与开发等各方面工作都取得了显著成绩。

"十二五"期间,院图书馆充分发挥中外文图书选书专家小组的作用,密切图书馆与科研工作的联系,弥补了图书馆人员学科知识不全的缺陷,提高了购书质量。2011—2015年,院图书馆共采购中文图书84 602册,外文图书27 857册,学位论文179 342册。每年订阅中文报刊1500种,外文报刊800多种。电子信息资源的引进从2011年的50多个,增加到2015年的130多个。引进的数据库以全文为主,类型涉及期刊、数值型数据、学位论文、参考工具书数据库、古籍、国际组织出版物等方面,基本覆盖我院主要学科领域,有效地提升了我院图书馆的信息保障水平。

在特色资源建设方面,图书馆以地方志收藏为突破口,"十二五"期间收集的地方志达16 284册。目前院图书馆地方志收藏总量达58 500余种,60 600余册,约占全国地方志编纂出版总量的77%,已经成为全国最大的地方志收藏机构。此外,过去五年来,图书馆组织力量开展了民国出版物和外文古旧书普查工作,发现了一批珍贵图书,对我院图书馆的藏书特色有了更加准确的把握。

2. 实行三线典藏制,完善馆藏布局

馆舍紧张是中国社会科学院图书馆面临的最突出的问题之一,院馆和分馆、所馆都不同程度存在馆舍紧张的问题。2002年图书馆大楼投入使用后,由于库容紧张,利用一切可以利用的空间不断增加书架,导致图书馆书库排架不合理,布局混乱。新书无法及时上架,给读者查找图书带来诸多不便。同时,院馆成立近20年来,始终没有开展对复本书的清理和剔除,大量复本书的存在使十分宝贵的藏书空间更加紧张。为此,院领导提出向电子资源倾斜,控制纸本文献增长速度,实现纸本图书"零增长"。2013年7月开始,院图书馆将优化馆藏资源,调整馆藏布局,实施三线典藏确立为图书馆创新工程任务的一项重要内容。经过一年的努力,集中力量剔除藏书中存在的大量复本图书,重新规划馆藏布局,使馆藏布局趋于合理,读者的借阅条件明显改善。

3. 完成了全院古籍普查登记,古籍整理保护暨数字化工程取得重大进展

在国家文化部和我院统一部署下,经过精心准备,2012年启动并于2013年完成了全院古籍普查登记工作。1977年建院以来第一次摸清了我院的古籍家底,新发现了一批珍贵的善本古籍,为开展古籍保护和数字化工作打下了良好基础。古籍普查工作是在全院14家古籍收藏单位共同努力下完成的,得到院领导的高度肯定,2014年1月召开了表彰大会,对相关单位和个人给予了奖励。王伟光院长亲自为受到表彰的单位发奖并就全院古籍整理和保护工作发表了重要讲话。伟光院长在对各古籍单位给予了充分肯定的同时,对下一阶段古籍整理和保护工作提出了新要求,强调要增强责任意识,执行院党组决定不走样;团结协作,下好全院创新工程"一盘棋";加强制度建设,建立全院古籍保护长效机制;加速推进古籍数字化进程,建设好全院古籍数据库。

经过这次普查,我院古籍近10万种,其中善本近1万种。完成《中国社会科学院古籍目录备考》共计23卷,33册,1500万字。

2014年10月,院图书馆被文化部评选为"全国古籍保护工作先进单位"。

4. 开展民国出版物和外文古旧书普查,把握馆藏特色

中国社会科学院图书馆拥有比较丰富的馆藏文献,是几代科研人员和图书馆工作者辛勤劳动的成果,也是我院科研工作的基础和保证。为了更好地保护和利用好这些文献,使其在科研工作中发挥积极作用,开展文献资源普查,揭示我院的馆藏特色,是一件十分必要的工作。

2013 年院图书馆借助创新工程的有利时机,开展了民国时期出版物的调查,其中包括民国时期出版的图书,也包括学术期刊。此外还开展了对民国以前馆藏外文图书的调查。目前这几项调查进展顺利,已经发现了一批有重要纪念意义和收藏价值的文献。两年来,共普查登记民国期刊 1 万余册,民国中文图书 1.1 万册,外文古旧书 1.7 万册。与此同时,法学分馆和经济所、近代史所等单位的图书馆也都启动了民国出版物的普查调研工作。经济所图书馆整理出版了《中国社会科学院经济研究所藏近代经济史料初编》,近代史所图书馆收藏了大量的晚清民国出版物,其中不乏精品,将其列为特藏,设立了特藏档案馆。法学分馆结合国家文物局主持的可移动文物普查登记工作,完成了对 1949 年前出版的中、英、法、德、俄和日文等中西文 22 460 种纸质文献的整理。

5. 服务水平不断提升,服务手段更加多样

名馆建设的核心是服务,名馆建设的目的和检验的标准是能否为科研提供满意的服务。在名馆建设过程中,从院馆到分馆、所馆,始终把工作的切入点放在贴近科研,贴近创新,拓展服务领域,提高服务水平上。

"十二五"期间,随着图书馆各项服务内容的不断完善和服务水平的不断提高,来图书馆查找信息、借阅资料的读者呈逐年上升趋势。2011—2015 年,到馆借阅图书读者达 10 522 人次,共借还图书 284 241 册。与此同时,电子信息资源的利用率也在持续上升。2013 年登录 180.8 万次,检索 1487.2 万次,全文下载 325.5 万篇。2014 年登录 188 万次,检索 2276.1 万次,全文下载 415 万篇。2015 年 1—10 月,登录 545.4 万次,检索 2104.6 万次,全文下载 497 万篇。

八、学科建设成效显著,推出了一批有影响的研究成果

按照 2010 年制订的院图书馆重点学科建设计划,图书馆学(数字资源建设与利用)、国外社会科学情报研究、国外中国学研究被确定为院图书馆重点学科,社会科学文献计量学研究室被确定为重点研究室项目。2011 年,配合信息情报研究院的组建,国外社会科学情报研究和国外中国学研究转由信息情报研究院管理。因此,"十二五"期间,图书馆主要是围绕图书馆学(数字资源建设与利用)和社会科学文献计量学这两个学科开展了学科建设工作。

过去五年来,图书馆学(数字资源建设与利用)在理论研究方面,保持对国内外最新理论的跟踪学习,对电子期刊、电子图书的发展进行较为深入的研究,同时,密切关注开放获取、社会科学数据等新的研究领域,密切关注新一代图书馆自动化系统、统一资源发现系统等新技术的发展。近五年,该学科主持开展了"学术图书馆电子优先策略""信息技术在图书馆的应用与对策""院图书馆学科化服务体系建设研究""中文电子书发展现状与院馆的收藏

策略""中外文电子期刊发展研究与院图书馆收藏策略""中国社会科学院近代平装书(1840—1949)普查登记与整理保护"等多项研究课题,取得了较为丰富的研究成果,出版专著2部、工具书1部,发表论文11篇,一般文章5篇,撰写博士学位论文1篇、硕士学位论文2篇、课题研究报告4篇。高质量地完成了每年的学科综述以及学科前沿报告的撰写工作。

社会科学文献计量学研究的主要学术成果有《中国人文社会科学核心期刊要览(2013版)》、研究报告"2013年度国家社科基金项目论文统计分析""我国社科领域基金论文计量分析"。除了正式发表的成果外,社会科学文献计量学学科最重要的成果之一是建成了有我院自有知识产权的"中国人文社会科学引文数据库",为开展文献计量学研究和开展社会服务打下了坚实基础。同时,《中国人文社会科学核心期刊要览》也成为国内公认的三大期刊评价指标体系之一,产生了积极的社会效应。

图书馆在过去五年来,借助我院哲学社会科学创新工程启动的东风,将科研强院、人才强院、管理强院三大战略贯彻学科建设工作始终,两个重点学科努力提高课题结项率,加大课题预算经费执行力度,研究队伍得到了加强,学术活动更加活跃,推出了一批高质量的研究成果,达到了重点学科建设预定的目标。2015年7月,这两个学科建设项目顺利结项。

据不完全统计,"十二五"期间,图书馆出版或发表专著8部,262.2万字,论文73篇,49.2万字,研究报告8篇,77万字,工具书2部,193.3万字。5项成果在院级优秀科研成果评奖中获奖。

九、加强学术交流,推进学术外宣,积极落实"走出去"战略

"十二五"期间,图书馆学术交流呈现多层次多角度趋势,除了图书馆领域的业务交流外,配合院里组织的管理干部培训项目,积极选派中青年业务骨干出国学习考察。过去五年里,出访32批60人次,接待来访19批71人次。实施"走出去"战略是我院创新工程的重要任务之一。院图书馆长期以来,一直通过与国外科研机构的文献交换和人员往来,宣传推广中国人文社会科学的优秀成果。其方式既有常规性的图书期刊的寄赠,也有较大规模的书展。院图书馆已经与20多个国家的40多个学术机构建立了文献交换关系。2012年、2013年和2014年,院图书馆分别在俄罗斯、韩国、乌克兰举办了中国社会科学图书展览。2012年,院图书馆和国务院新闻办公室与乌兹别克斯坦世界经济与外交大学签订了合作建立"中国馆"的协议,2013年在该大学成功举办了"中国馆"开馆仪式。

无论是在代表中国社会科学院向协议单位赠送学术出版物,还是协助国务院新闻办公室落实"中国之窗"和"中国馆"项目,院图书馆始终坚持以我为主,重点宣传传播我院优秀科研成果,扩大我院的学术影响,以学术外宣推进文化外宣,开拓学术外宣新模式。

十、实施体制机制改革,人才队伍建设任务艰巨

截止到2015年12月,院图书馆共有专业人员75人。2011—2015年期间共调入30人,其中应届毕业生10人(1名大学本科,6名硕士,3名博士),退休25人,调出29人。平均学

历比"十一五"期间略有提高。但学历、职称较低是院图书馆人员结构的总体特点,这一点并没有得到根本改善,从事图书馆岗位的工作人员尤其如此。

"十二五"期间,是图书馆人才队伍变化最大的时期。2011 年和 2014 年,随着信息情报院和评价中心的组建,图书馆研究部、文献计量学研究室相继并入新机构,图书馆的研究力量受到极大影响。与此同时,随着 2013 年院网络中心和调查数据中心与图书馆的整合,信息化高端人才的短缺成为一个突出问题,大量编制外人员的管理也构成了新的挑战。

综上所述,过去五年来,在院党组直接领导下,图书馆坚决执行院党组的决定,服从大局需要,团结全体同志,以改革为动力,以创新为抓手,按照中国社会科学院名优工程的总体规划,优化资源,深化服务,紧紧抓住"一库两平台"建设,在全面推进中国社会科学院信息化建设,"名馆""名库"建设初见成效。

"十三五"是全面建成小康社会的关键时期,也是哲学社会科学事业大有作为的时期。2016 年是"十三五"开局之年,也是中国社会科学院新一轮创新工程启动之年,图书馆将继续紧密围绕党和国家大局,围绕马克思主义理论传播平台建设,围绕哲学社会科学创新工程和国家级新型智库建设的需要,为早日建成数字图书馆、数字社科院而努力。

中国社会科学院图书馆　魏进　王岚

中国民族图书馆"十二五"事业发展报告

"十二五"时期是我国全面建设小康社会,深化改革开放,加快转变经济发展方式的攻坚时期,是贯彻落实胡锦涛总书记关于文化体制改革"三加快一加强"重要战略部署,推动社会主义文化大发展大繁荣,提升国家文化软实力,基本建成公共文化服务体系的重要阶段,也是我国图书馆事业重要战略机遇期。按照"十二五"期间党和国家的发展要求,围绕"共同团结奋斗,共同繁荣发展"的新时期民族工作主题,结合中国图书馆事业发展和民族文化宫改革的实际和现状,中国民族图书馆以民族文化宫"文化立宫、创新强宫"的新时期发展理念为中心,坚持公益性少数民族专业中心图书馆发展主线,夯实基础、深化改革、明确目标、突出特色、转变思想、创新服务,在事业发展中得到了显著的成果。

一、中国民族图书馆"十二五"发展概况综述

中国民族图书馆是一所全国性综合性研究型的少数民族专业中心图书馆,承担着为中央国家机关和研究机构提供民族文献服务的重要职责与使命,并向全社会开放的公益性图书馆。1959年建成开放,原名民族文化宫图书馆,1989年4月经国家民委和文化部批准,改称"中国民族图书馆"。2009年6月,中国民族图书馆被国务院批准列为"全国古籍重点保护单位"。

中国民族图书馆多年来以藏书丰富,独具民族特色而著称。现有藏书60万余册,以汉文和少数民族文字文献为主,外文文献为辅,所藏的民族文献种类繁多,有蒙古文、藏文、维吾尔文、哈萨克文、朝鲜文、彝文、壮文等24种9万余册。电子资源有自建汉文新书书目数据库、期刊库和少数民族文字新书书目数据库、藏文数字图书馆等;先后购买安装了各类民族类电子文献约20T,并藏有4000函藏文古籍电子文献和缩微胶片。

在"十二五"期间,中国民族图书馆大力加强人才队伍建设,引进各少数民族文种的专业人才,重视培养人才,最大力度支持科研工作,以科研工作为引领,提高馆员专业素养,解决了中国民族图书馆人才结构不合理,高层次、有影响的科研人才和学术带头人严重匮乏,与民族图书馆全面健康可持续发展要求不相适应的重要问题。"十二五"期末,中国民族图书馆有在编人员30人,包括汉、蒙古、藏、维吾尔、朝鲜、回、满、水、土家族9个民族,少数民族职工人数占53%。研究馆员4人,副研究馆员9人,中级职称14人,初级职称3人。研究生及以上学历8人(其中在读博士研究生2人),本科学历16人(其中在读硕士研究生2人),大专学历6人,全馆本科及以上学历占总人数的80%。中共党员16名,民主党派九三社员1名。

"十二五"期间,共获得国家级和省部级16个项目审批立项,已有11项获准结项。通过科研项目培养了一批专业人才,提高了基础业务工作能力。

因2012年民族文化宫装修改造,图书馆要全部腾空,从2011年9月至2013年8月,图书馆闭关长达2年。在无法正常向读者开放的情况下,仍然坚持文献资源建设、数字资源及

网络建设、科研项目及人才培养。2013 年 9 月 16 日正式开馆后,本着一切为读者服务的宗旨,突出民族特色、优化服务、拓展图书馆网络信息功能以及古籍保护工作,在有限的条件和空间下创新服务,千方百计满足读者各项需求。2014 年年初,国家民委民族理论政策研究室、民族文化宫联合在中国民族图书馆共建了"国家民委民族工作阅览室",丰富了阅览室纸质资源和数字资源,方便委机关干部职工使用民族文献。

中国民族图书馆是中国图书馆学会、中国社会科学情报学会、中国图书馆学会专业图书馆分会的常务理事单位。"十二五"期间共主持召开 2 次"全国民族地区图书馆学术研讨会"和 5 次"中国图书馆年会少数民族图书馆分会场",采取多种方式为民族地区培养人才,促进了民族图书馆学学科的发展。

中国民族图书馆自建馆以来,致力于收藏、加工、保护、提供少数民族文献信息,为国家的民族工作和民族地区的经济文化建设做出更大的贡献,为社会读者提供少数民族文献信息服务。

二、"十二五"期间事业发展基本统计数据

1. 民族文献建设及独具特色的少数民族文字文献典藏

中国民族图书馆,历来以独具特色的少数民族典藏著称。现有藏书 60 万余册,以少数民族文献为主,其他文献为辅。所藏的民族文献种类繁多,有蒙古、藏、维吾尔、哈萨克、朝鲜、彝、壮等 24 种文字文献;外文有英、俄、日、德、阿拉伯文等 14 种文字文献。

"十二五"期间,中国民族图书馆围绕"为民族工作服务,为民族文化事业服务,为民族团结进步服务"这一宗旨,建立目标明确、特色突出、保障重点的图书、情报、文献采访机制,保障馆藏文献具有专业性、针对性和多样化的特点。"十二五"期间,总购书量 27 882 册,多方渠道争取赠书 10 554 册,其中政府采购经费购买少数民族文字图书 7741 册。具体如下:

2011 年,购买新书 6904 册,其中汉文 5358 册,藏文 1546 册,征集地方民族文献 80 余册,接收赠送的图书 1494 册。

2012 年,购买新书 9682 册,其中汉文图书 4909 册,藏文图书 3365 册,维吾尔文图书 1282 册,蒙古文图书 110 册,锡伯文图书 16 册,比 2011 年增加 4091 册。

2013 年,购买图书 1173 种 3085 册,其中,汉文图书 1143 种 2269 册,藏文图书 18 种 179 册,蒙古文图书 119 种 274 册,朝鲜文图书 106 种 212 册,锡伯文图书 20 种 40 册,哈萨克文图书 1 种 50 册,壮文图书 9 种 24 册,阿拉伯文图书 4 种 6 册,其余满文、彝文、侗文等语种共计 10 种 31 册(总计 310 种 816 册)。接收赠送图书 549 种 1533 册,其中,民族出版社 388 种 762 册,其他单位及个人 161 种 222 册。

2014 年,全年共购买民族图书 2400 种 4700 册,多渠道争取各方赠书 3080 册。

2015 年,全年共采购图书 1897 种 3511 册,多渠道积极争取各方赠书 2772 种 4447 册,其中有图书、旧刊物等;征集少数民族文字书法作品 14 幅,少数民族文字抄本文献 15 册。

年度	购书（册）		赠书（册）	合计（册）
	汉文少数民族图书	少数民族文字图书		
2011	6904	1546	1494	8398
2012	9682	4773	—	9682
2013	3085	816	1533	4618
2014	4700	297	3080	7780
2015	3511	309	4447	7958

"十二五"期间,中国民族图书馆在采购经费严重不足,每年购书量不断减少的情况下,为保障藏书质量,积极争取赠书量不断增多,各年度藏书量基本维持在一定的水平。在财政资金严重不足的情况下,为保持每年新增藏书的量与质,满足建立中国少数民族图书文献资源库,成为名副其实的中国少数民族"文化典籍之宫"要求,中国民族图书馆力争多方位引进资金,申请国家相关扶持资金,积极申报各级项目,努力提高民文图书情报的馆藏量,引进大量的民族文献。多方联系各少数民族地区政府、出版单位、编辑部、知名人士、学者等,想方设法拓宽赠书渠道,积极争取赠书。同时,注重馆藏建设,按需求接受赠书。为树立良好形象,提高赠书工作的影响力,不仅组织完善管理,更做好宣传工作,设立陈列"名人赠书专柜"等新颖方式吸引各界人士赠书,丰富馆藏各类文献资源,得到了显著效果。拨出专款确保重点文献,及时入库。引进了大型民族类丛书:《中国贝叶经全集》《回族典藏全书》《中国水书》《国家图书馆藏敦煌遗书》《中国西南文献丛书》等。填补了馆藏空白,改善了馆藏结构,提高了馆藏的文化厚度,发扬了馆藏特色和风格。2014 年 10 月 16 日,中国民族图书馆获赠大型文献丛书《新疆文库》首批赠书 25 卷,包括《福乐智慧》《十二木卡姆》《江格尔》《玛纳斯》等各民族经典力作。《新疆文库》(以下简称《文库》)是新疆维吾尔自治区史无前例、规模宏大的一项由政府主导和组织的文化出版工程,全套丛书 1000 册(卷),其中汉文文献约600 册,少数民族文字文献约 400 册。中国民族图书馆主动联系《文库》编辑出版委员会,积极争取捐赠,经多方努力,最终促成此事。今后,《文库》编辑出版委员会将陆续向中国民族图书馆寄赠《文库》其他图书。

"十二五"期间,每年平均新增期刊 5500 余册,新增报纸 20 000 余份,基本涵盖了中国国内出版的重点少数民族文献。尤其是报纸,不仅收藏了五大自治区日报,甚至还征订了发行量极少的地方性少数民族文字报纸,如藏文《黄南报》《海南报》《山南报》《林芝报》《那曲报》,维吾尔文《阿克苏日报》《塔城日报》《巴音郭楞日报》《叶尔羌报》,彝文《凉山日报》等,极大地扩展了馆藏文献的延伸度,创建了完善的少数民族文字报纸收藏体系,满足部分读者的特殊需求,扩展了特殊文种的文献保障功能。2014 年,中国民族图书馆与国家民委共建"民族工作阅览室",经过近 1 个月的订购调整后全面开放,并增添了 400 余种期刊,包括汉文、少数民族文字、外文等十余个文种的报刊。现有 826 余种期刊、报纸 223 种,以学报、时事政治、文学、医药、农林、科技等不同学科报刊进行科学化分类,满足国家民委及委属机关各族干部职工、广大读者的阅读需求。

2. 加强数字资源及网站建设

数字化已经成为图书馆发展的必然趋势,也必将打破传统图书馆的管理模式,打破地域界限、馆际界限,实现大范围、大区域内的资源共享。"十二五"期间,建立中国民族数字图书馆,赶上图书馆资源数字化、服务网络化的发展潮流,向全社会提供中国民族图书馆馆藏资源的数字化服务,并提高数字化服务水平成为刻不容缓的头等任务。

2013年10月,启动少数民族文字图书编目工作,各少数民族文字图书编目人员已经能基本上掌握图书编目的规则,能独立完成图书编目工作。12月已经正式开始了藏文图书编目工作,在少数民族文字图书编目和数据库建设上迈出了第一步。现蒙古文、藏文、维吾尔文、朝鲜文4种文字数据库已初具规模,有1万余条书目数据,并通过OPAC对外发布,读者可以24小时查询。"十二五"期间,共完成汉、蒙、藏、维、哈、朝等各类编目数据65 227条,其中包含馆藏汉文人大法图书回溯书目数据34 472条,72 960册。截至2015年年底,基本完成民族文化宫大修期间积压的所有图书编目任务。

2011年至2013年,大修改造期间,由于机房搬迁在外,数字资源建设几乎暂停,2013年年底才逐渐恢复正常。"十二五"期间,中国民族图书馆大力开展数字化建设,搜集数字文献,建设专题特色数据库建设,丰富网站信息,时刻注意电子文献安全备份。本着特色化数字平台建设购买了《民族问题五种丛书》电子版图书364种等,具有专业性、针对性的少数民族电子文献共计2360种。续购社科类中国知网CNKI期刊全文数据库,购买清华知网哲学与人文科学、社会科学3个博士论文库等,实现对国内主要数据库与本馆资源一站式检索。

"十二五"期间,中国民族图书馆大力推进馆藏特色库建设。2014年,完成"国家民委研究室与民族文化宫共建阅览室"数字文献资源采购及测试,完成国家民委"民族问题研究成果数据库"平台建设,拷贝536个课题成果文件,筛选300余个,已编辑完成数据48条并上传,并保持定期更新。2014年起,跟踪拍摄"《民族区域自治法》实施30周年系列成就展"以及展览举办的各类专题展览,图书馆举办的文献展览各项活动、展览内容等,收集展览电子大纲、视频及图片、文献资料等。收集少数民族革命人物包尔汉、乌兰夫、阿沛·阿旺晋美、粟裕、周保中、韦国清、赛福鼎·艾则孜等七位,有关纪录片、老照片、纪念文章,撰写生平事迹。

中国民族图书馆网站是图书馆对外宣传民族图书馆动态的窗口,也是推广馆藏民族文献,少数民族文化的重要平台。2011年,中国民族图书馆在线服务平台建成运行,期间不断丰富内容,优化功能和结构,为读者提供远程查询、获取馆藏资源。至今,点击率49 906余次。2013年起,为了更好地服务读者,图书馆开展了多文种网站群建设工作,共开设藏文、蒙古文、维吾尔文、朝鲜文四种文字网站建设工作。目前,藏文、朝鲜文、维吾尔文、蒙古文版面已经基本调试完成,正在调试版面。藏文、朝鲜文、维吾尔文网站内容建设已经展开。特别是藏文网站,共发布信息动态、古籍介绍、新书导读等各类消息215条,开通"藏文文献出版动态与服务"微信公众平台,发布各类藏文文献信息百余条。

2013年9月,恢复读者服务后,在信息工作上鼓励全体馆员积极参与中国民族图书馆宣传工作,提高信息采集、报送质量。2013年,采集及接收各类信息210条并已发布。及时制订网站内容更新方案,共计上传古籍名录、赠书目录及新书数据64条,校对修改网站栏目10个。网站发布98种优秀图书导读、介绍。2014年,中国民族图书馆网站全年共采集及发布新闻及公告138条,赠书信息等业务信息共218条。2015年,全年共采集及发布新闻、公告、新书介绍、赠书信息等298条。

3. 读者服务工作与创新

随着社会信息环境进入互联网时代,全面互联、多媒体、大数据传播、智能科技席卷整个社会,影响社会生活的各个领域,为社会各行业的发展带来新的挑战和机遇。电子读物和在线阅读的出现及普及彰显阅读方式的变革,推动图书馆行业服务体系改革与服务形式创新。

詹福瑞在"谈国家图书馆的服务创新"(2007)中提出"服务创新首先是服务观念的更新,并由此带动服务管理、服务手段、服务内容、服务环境的创新,从而达到服务质量、服务水平的提升"。在计算机技术、信息网络技术及数字存储技术高度发展,带给全球阅读方式革命性的变革,阅读世界的方式改变迅猛势不可挡。在新的社会形势下,中国民族图书馆作为传统的公共图书馆,公益性专业民族图书馆,必须转变服务理念、创新服务体系,在坚持传统图书馆的优点与神话改革、创新思维,寻求适应新环境的平衡点上某生存、求发展。

读者服务工作是图书馆工作的基础业务,也是重要环节之一,千方百计满足读者的各种需求,使"书尽其用",充分发挥书、刊、报的作用是读者服务的根本。2012 年 3 月 12 日,中国民族图书馆加入"首都图书馆联盟",有利于让少数民族文献信息资源更好地为北京地区的读者服务。为了更好地服务读者,满足日益增长的文化需求,进一步构建完善服务体系,中国民族图书馆新采取了一下新措施:

(1)为方便读者中午借还书,借书处中午不休息,每天延长 2 个半小时工作时间。

(2)为方便读者及时了解到馆新书信息,编辑制作《新书通报(汉文、藏文、蒙文、维吾尔文)》《期刊目录》《报纸目录》,优秀《图书推介》,送至国家民委办公厅及各司局、民族文化宫各处室、委属事业单位、中国社会科学院民族学与人类学研究所、住宫武警部队、周边社区等,拓展服务范围,增加服务方式。

(3)为了让读者在阅览室就能及时阅读到全部新期刊,将原放在地下室书库的 400 多种期刊集中放到阅览室,共有 826 种期刊供读者阅览。

(4)创建读者专用咨询 QQ 群,及时解答读者疑问。

(5)与国家民委研究室、直属机关党委在图书馆共建民族工作阅览室、干部职工读书活动中心,向国家民委干部职工和其他读者开放。

(6)参加第五届"北京换书大集"活动,在图书馆宣传上取得很好的效果,举办各种文献展,大力宣传图书馆及民族文献。

"十二五"期间,接待读者 15 254 人次,在馆阅览和借出图书 10 585 册,来访读者中不仅有北京当地的读者,还有来自内蒙古、西藏、宁夏、新疆、广西、甘肃、河北等省区的读者,也有来自美国、土耳其、蒙古国、日本等国的外国读者、国外藏学家。

中国民族图书馆服务科研、服务读者,以"读者至上,服务为本"的服务理念,想读者所想,谋读者所求,"走出图书馆",走进读者身边,提供专业化、人性化、多样化的服务。抓住一切机会宣传中国民族图书馆、宣传民族文献、宣传少数民族文化。

4. 人才建设

积极培养、引进图书馆专业人才,完善人才队伍机构,改善人才培养环境,奠定民族图书馆进一步发展的人才基础。"十二五"期间,中国民族图书馆在培养人才上不遗余力,共派 48 人次,参加大小 30 余场图书馆学会工作会议、学术交流会及各类培训。最大力度支持科研项目研究及调研工作,加强了中国民族图书馆与各馆同行专家的交流,促进图书馆人才专业素养的提高。

年度	总人数	研究馆员	副研究馆员	中级职称	初级职称
2011 年	34	3	6	11	14
2012 年	33	3	7	10	13
2013 年	32	3	6	13	9
2014 年	31	4	6	15	6
2015 年	30	4	9	14	3

"十二五"时期是中国民族图书馆在人才建设上不断精简提炼的过程。不仅在选拔专业人才上做足了功夫,在培养核心人才方面更是不遗余力,发展人与培养人两不误。"十二五"期间,中国民族图书馆研究馆员、副研究馆员等高层次、有影响力的核心人才占全馆职工人数的三分之一,人员构造日益专业化、年轻化。研究方向不仅涉猎图书馆学研究,包含汉、蒙古、藏、维吾尔、朝鲜、察合台、水等多种民族文字文献研究、数字化与信息技术研究、少数民族政策及宗教问题等全方位研究领域,为中国民族图书馆全面可持续发展奠定了基础。"十二五"时期末,中国民族图书馆实现了全体职工为专业技术人员,其中初级职称人数逐渐减少,中级职称人员大幅增多,占全馆人数57%,成为坚实的中坚力量。

5. 科研工作及科研成果

科研工作历来是中国民族图书馆各项工作中的一个重要组成部分,把最新科研成果应用于图书馆的实际工作,特别是图书馆的各项服务,也是图书馆人长期坚持不懈的努力方向。进入21世纪,中国民族图书馆在国家民委和民族文化宫领导的大力支持下,将科研工作当成事关现代信息环境下图书馆的生存和可持续发展的一个重要问题来抓,解放思想、锐意进取,在科研工作取得突破性进展,实现了一个又一个零的突破。"十二五"期间,中国民族图书馆积极开展科研工作,积极申报国家社科基金和国家民委、文化部、科技部等部委的省部级有关科研项目,加大科研课题研究力度,鼓励专业技术人员积极申报新的科研项目,高质量、高标准地完成研究任务,引领全国民族图书馆界的科研潮流,进一步发挥了中国民族图书馆的作用。

年度	新立项	结项	在研项目	著作	论文
2011 年	2	2	9	5	28
2012 年	1	0	7	3	42
2013 年	4	3	8	3	20
2014 年	6	3	10	1	23
2015 年	7	2	13	0	14
合计	20	10	13	12	127

2011 年至2015 年获新立项项目:

（1）201106 北方少数民族家谱整理与研究 全国哲学社会科学规划办公室 李小文

（2）201106　首部藏文全集类《目录加持速降》翻译校勘研究　全国哲学社会科学规划办公室　先巴

（3）201212　赫哲族文献资源保障体系建设研究　国家民委　李春林

（4）201301　《北京地区蒙古文古籍总目》（二）　北京市民委古籍整理出版规划办公室　吴贵飙、宝音

（5）201307　东北人口较少民族文献信息资源保障体系建设调查研究　国家民委　吴贵飙

（6）201312　少数民族法律法规保障体系建设舆情监测调查研究　国家民委　宫兆强

（7）201312　中国少数民族古籍总目提要·蒙古族卷（碑刻拓片类）　北京市民委古籍整理出版规划办公室　吴贵飙　宝音

（8）201404　北京地区回族古籍总目提要　北京市民委古籍整理出版规划办公室　吴贵飙

（9）201404　章嘉若必多吉传酬愿如意经研究　北京市民委古籍整理出版规划办公室　宝音

（10）201406　宗教文献与少数民族宗教问题研究　国家民委　崔光弼

（11）201406　推动少数民族文化"走出去"研究　国家民委　宫兆强

（12）201409　中国少数民族文字古籍定级　国家标准化管理委员会　吴贵飙

（13）201412　28个人口较少民族文献数据库建设　国家民委　吴贵飙

（14）201503　中国民族图书馆藏汉文民国期刊题录及提要　国家民委　严墨

（15）201503　傣族传统文化的传承与现代变迁研究　国家民委　田海林

（16）201504　北京地区水文古籍总目　北京市少数民族古籍整理出版规划办公室　吴贵飙

（17）201505　民国时期西康资料汇编　国家图书馆　吴贵飙

（18）201507　北京地区察合台文珍善本保护整理研究　全国哲学社会科学规划办公室　高彩云

（19）201512　全国水文古籍书影采集项目　国家古籍保护中心　吴贵飙

（20）201512　民族典籍文化进校园　北京市少数民族古籍整理出版规划办公室　吴贵飙

新获立项项目中，国家社科基金项目3项、国家标准化管理委员会项目1项、国家古籍保护中心项目1项、国家民委项目8项、北京市项目6项、国家图书馆项目1项。古籍文献研究相关课题11项、少数民族政策与宗教问题研究相关课题3项、数字化信息资源相关课题2项、国家标准项目1项。项目研究方向紧紧围绕少数民族专业中心图书馆这一定位，以馆藏文献为研究资源，充分利用中国民族图书馆的先天优越性，研究55少数民族文化及民族文献。通过研究人员的艰苦工作，"十二五"期间已有10个项目顺利通过结项，争取新立项项目17项，包含国家社科基金项目、青年项目、国家科技支撑项目、国家民委科研项目等。现有13个项目正在研究过程中，研究人员围绕图书馆业务积极开展项目科研工作，并取得了可喜得成绩。通过科研工作，中国民族图书馆争取外部资金，扩大影响，更新设备，培养人才，进一步提高了中国民族图书馆在图书馆界的影响力。

"十二五"期间科研成果硕果累累，共出版著作11种，专刊1册。

（1）陈烨　著《转型与发展：民族问题与政治稳定》，中央民族大学出版，2011 年 2 月出版。

（2）陈烨　合著《共和国少数民族英烈传》，贵州民族出版社，2011 年 6 月出版。

（3）陈烨　合著《共和国少数民族英豪传》，贵州民族出版社，2011 年 6 月出版。

（4）宝音、吴贵飙　主编《北京地区蒙古文古籍总目》（一），内蒙古文化出版社，2011 年 10 月出版。

（5）崔光弼、吴贵飙　主编《中国少数民族文字古籍整理与研究》，辽宁民族出版社，2011 年 12 月出版。

（6）崔光弼　主编《民族图书馆学研究（六）》（第十二次全国民族地区图书馆学术研讨会论文集），辽宁民族出版社 2012 年 11 月出版。

（7）崔光弼　著《中国少数民族文字古籍源流》，中央民族大学出版社 2012 年 11 月出版。

（8）木雅贡布　著《木雅贡布藏学研究文集》（藏文），中国藏学出版社　2013 年 5 月出版。

（9）王华北、李小文　主编《少数民族谱碟研究》，中央民族大学出版社，2013 年 6 月出版。

（10）宝音、吴贵飙　主编《北京地区蒙古文古籍总目》（二），内蒙古文化出版社，2013 年 12 月出版。

（11）先巴　主编《民族图书馆学研究（第七辑）》（第十三次全国民族地区图书馆学术研讨会论文集），辽宁民族出版社，2014 年 9 月出版。

（12）中国民族图书馆　编《民族古籍》2012 年第 4 期（中国民族图书馆馆藏古籍专刊）。

6. 古籍保护工作取得了显著的成绩

中国民族图书馆因其丰富的馆藏民族文献被誉为"民族典籍之宫"。作为国家古籍保护单位，中国民族图书馆共收藏各民族古籍文献约 18 万册、线装书古籍 11 万余册、善本古籍 4000 余册。尤为珍贵的是有大量国内外罕见的各种民族文字写本、刻本、金石拓片、舆图，还有年代久远的稀世真品，菩提叶、贝叶写本等。2009 年被国务院批准为"全国古籍重点保护单位"。

汉文古籍中大量收藏了地方志、史志、民族史志、年谱、传记，并有部分孤本。如《甘省便览》《西昌备乘志》等。此外还有极为珍贵的元初补雕的《金藏》，它是《中华大藏经》汉文部分的底本之一。

少数民族文字古籍中，有藏、蒙古、满、察合台、彝、水、傣、东巴、壮、布依、朝鲜等文种，仅古藏文经典就有数千包，数万种之巨。这些古藏文珍品中有《三传密经》《萨迦班智达贡嘎坚赞本生事迹》、金汁写《丹珠尔》等。其他民族典籍精粹有蒙古文《成吉思汗格言》、彝文《西南彝志》、水文《正七》、西夏文《大方广佛华严经》等少数民族文字古籍，其中不少是特种、孤本文献。藏文古籍、蒙古文古籍、满文古籍、察合台文古籍、彝文古籍、东巴文古籍、水文古籍、傣文古籍和壮文古籍是图书馆的主要特藏文献。

为丰富馆藏文献，让散落在各地的民族古籍得到保护，"十二五"期间中国民族图书馆跋山涉水赶赴全国各个少数民族地区，征集察合台文、布依文、纳西东巴文、托忒蒙古文、普米族韩规经等 11 种民族的珍贵文献典籍 719 册,藏于馆内,确保少数民族古籍安全,推动民族古籍的保护、开发与利用。具体为:2011 年,征集民族古籍 378 册,其中从新疆维吾尔自治区征集到察合台文 27 册、波斯文 13 册、阿拉伯文 2 册、阿拉伯文—波斯文 1 册,从青海省民间征集到藏文古籍 7 函,从贵州省民间征集到水文古籍 325 册、布依文古籍 3 册。其中,布依文古籍是填补馆藏空白。为民间古籍的抢救性保护做出了贡献,丰富了民族文字古籍馆藏。2012 年,征集民族古籍 227 册,其中傣文古籍 49 册、察合台文古籍 25 册、东巴文古籍 11 册、普米族韩规经古籍 3 册、瑶族古籍 9 册、波斯文古籍 2 册、阿拉伯文古籍 3 册、水文古籍 120 册、布依文古籍 5 册。填补中国民族图书馆没有纳西族东巴经古籍、普米族韩规经古籍、瑶族古籍的空白。2013 年,购得察合台文、阿拉伯文、波斯文、托忒蒙古文古籍 114 册。其中托忒蒙古文古籍是新增的文种,结束了中国民族图书馆没有该文种古籍的历史。

2013 年,中国民族图书馆馆藏少数民族文字古籍 20 种入选第四批《国家珍贵古籍名录》。其中藏文元写本《法本诠释明义》、明抄本《萨迦派深法作明佛母法与释文》、清康熙刻本《十八医术与实践宝集十八卷》、清初稿本《具德胜乐现观释》等 7 种,蒙古文清代北京刻本《四部医典》等 6 种,满文清康熙内府刻本《资治通鉴纲目》等 2 种,察合台文清抄本《伊玛目艾山与伊玛目玉赛音塔孜克日》1 种,水文清同治元年(1862)抄本《子午卯酉年探》1 种,壮文清抄本《初夜登坛科》等 3 种,共涉及藏文、蒙古文、察合台文、满文、水文、壮文 6 个民族文字。至此,中国民族图书馆馆藏民文古籍中入选《国家珍贵古籍名录》的古籍共达 74 部,其中第一批 6 部,第二批 17 部,第三批 31 部。国家珍贵古籍名录工作的开展,极大地推动了中国民族图书馆古籍保护工作的深入发展,使一些珍贵民族文献走进了世人的视野,为民族古籍保护、利用、研发提供了新的历史契机。

2014 年 6 月完成全部馆藏 1912 年前汉文古籍普查工作。此次普查,所有普查数据按照国家古籍保护中心编制《全国古籍普查登记手册》的统一要求和标准,通过全国古籍普查平台著录完成。数据著录以简明扼要、客观著录为原则,著录每部古籍的详细信息,即索书号、分类号、存缺卷数、册数、版本等 54 项内容。同时又遵照文化部颁行的《古籍定级标准》《古籍破损定级标准》《古籍书影拍摄相关规范与样例》对每部古籍进行版本定级、破损定级,上传了版本与破损书影约 6—10 张,以便更好地开展古籍保护工作。据普查平台统计显示,目前中国民族图书馆馆藏 1912 年前汉文古籍共计 5368 部(存卷 138 059),9496 函,55 347 册。此次普查自 2007 年 8 月开始。

2014 年 10 月,继馆藏 1912 年前汉文古籍普查工作,中国民族图书馆藏民国时期文献普查计划正式启动。中国民族图书馆藏民国时期文献 8000 余种,共计 6 万余册,包括线装书、平装书、报刊等。

2015 年 1 月,中国民族图书馆馆藏(蒙古文)《察哈尔格西洛桑楚臣传略》、(蒙古文)文法诠释、(水文)逢井、(察合台文)《伊玛目艾山与伊玛目玉赛音传》、(察合台文)铁匠手册 5 部民族文字珍本古籍入选《中华再造善本》续编。

2015 年,启动馆藏可移动文物(古籍)普查工作,进一步把民国期间古籍的普查工作,整理满文、蒙古文、傣文、瑶文、东巴文、朝鲜文、韩规文等少数民族文字古籍,编写《馆藏少数民族文字古籍简目》《馆藏汉文古籍普查登记目录》,供读者查询。

7. 少数民族文献展览及宣传

年度	展览名称	展览次数	展览地点
2013 年	中国少数民族古籍珍品展	2	中央民族大学博物馆 广西壮族自治区图书馆
	大连民族学院图书馆藏藏文古籍珍本展	1	中国民族图书馆
2014 年	白族人文历史文献展	1	中国民族图书馆
	甘孜藏族自治州暨藏族文献展	1	中国民族图书馆
	延边朝鲜族自治州暨朝鲜族文献展	1	中国民族图书馆
	凉山彝族自治州暨彝族文献展	1	中国民族图书馆
	恩施土家族苗族自治州暨土家族苗族文献展	1	中国民族图书馆
	怒江傈僳族自治州暨傈僳族文献展	1	中国民族图书馆
	宫藏文物精华展	1	民族文化宫展览馆
	中国少数民族古籍珍品展	2	大连民族学院 北方民族大学
	八桂遗珍——广西少数民族古籍保护成果展	1	民族文化宫展览馆
	中国回族文献展	1	中国民族图书馆
	中国民族美术书法作品图书展	1	中国民族图书馆
	中国少数民族历史文化专题图书展	1	中国民族图书馆
	馆藏民族法律法规文献展	1	中国民族图书馆
2015 年	阿坝藏族羌族自治州暨阿坝藏族羌族文献展	1	中国民族图书馆
	黔南布依族苗族自治州暨布依族苗族文献展	1	中国民族图书馆
	中国少数民族古籍珍品展	1	呼伦贝尔市图书馆
	中国民族节日文献展	1	中国民族图书馆
	新疆维吾尔自治区出版精品展	1	中国民族图书馆
	阿拉伯文典籍暨中国伊斯兰教研究成果展	1	中国民族图书馆
	复兴丝路　再现辉煌——"一带一路"人文历史文献展	1	中国民族图书馆
	铭记历史　珍爱和平——纪念中国人民抗日战争和世界反法西斯战争胜利 70 周年民族文献展	1	中国民族图书馆
	博文遗珍——古今藏文重要文献特展	1	中国民族图书馆
	内蒙古呼伦贝尔市达斡尔、鄂温克、鄂伦春民族文献展	1	中国民族图书馆
	魅力鄂尔多斯　绿色乌审——民族文献、摄影、书法作品展	1	中国民族图书馆
	国际书展——中国主宾国活动——中国少数民族出版文化展	1	美国纽约国际会展中心

少数民族文献展览和少数民族文化展览是中国民族图书馆采取"走出去""请进来"的方式,开展文化交流活动,拓展对外文化交流渠道的重要体现,是实施文化惠民工程,也是"十二五"期间中国民族图书馆文献服务与宣传工作的重要举措。2013年起,举办或参与36场文献展览。《中国少数民族古籍珍品展》等民族古籍展览把"沉睡"在图书馆的古籍叫醒,让这些馆藏民族文化典籍的精髓"活起来",走向普通民众,让人们认识古籍,阅读古籍,了解古籍,通过古籍背后的故事喜爱上古籍。为配合"民族自治州成就展"系列活动,举办的"新疆维吾尔自治区出版精品展""甘孜藏族自治州暨藏族文献展""延边朝鲜族自治州暨朝鲜族文献展"等民族文献展,通过展示各个少数民族文献,宣传党和国家的民族政策,弘扬少数民族文化、历史。"阿拉伯文典籍暨中国伊斯兰教研究成果展""中国民族节日文献展""复兴丝路　再现辉煌——'一带一路'人文历史文献展""铭记历史　珍爱和平——纪念中国人民抗日战争和世界反法西斯战争胜利70周年民族文献展""博文遗珍——古今藏文重要文献特展"等各类民族文献专题展览延伸和丰富了展览馆举办的各类展览内容,提高了图书馆业内知名度,实现社会效益和经济效益双丰收。更是参与在美国纽约举办的"国际书展——中国主宾国活动——中国少数民族出版文化展",展示馆藏少数民族古籍珍本,让少数民族典籍珍品走出图书馆,走进世界,弘扬中国博大精深的典籍文化。协办了文化部非物质文化遗产司和国家图书馆共同举办的"我们的文字——非物质文化遗产中的文字传承"跨年大展,指派藏族、蒙古族、维吾尔族、朝鲜族职工到现场展示民族文字书法,解答有关少数民族文化、文字相关的提问。

各类少数民族文献展览吸引了大量观众前来参观,并得到观众的赞扬,通过参观,观众了解到中国的民族文化丰富多彩,增进各民族相互了解,促进民族文化交流,增强民族团结。以上每个展览的新闻都有近20个网站转载,扩大了宣传。

8. 申请设立中国民族图书馆事业机构

2014年,努力推进以建设中国民族图书馆为主要内容,启动民族文化宫二期工程的申报论证工作。通过国家民委"十三五"规划的起草,努力推进"拓展中国民族图书馆为主推动民族文化宫二期工程的建设"纳入国家少数民族事业"十三五"工作计划。根据党的十八大关于加强文化大发展大繁荣的精神,促进中国民族图书馆及民族文化宫的事业发展,中国民族图书馆认为民族文化宫、国家民委应设立中国民族图书馆(中国少数民族文献信息中心)机构(局级机构),与民族文化宫实行一个实体挂三个牌子,同时积极筹建新馆,并由此打开突破口,实现民族文化宫事业发展新局面。该项工作对于民族文化宫二期建设、中国民族图书馆空间拓展、中国民族图书馆资金来源有重大推动作用,从而更好地推动和繁荣少数民族文化的发展。新馆将拥有一流的现代化设备及更加成熟的专业队伍,为建成全国民族文献收藏、展示中心而努力,民族图书馆事业将走上崭新的发展道路。中国民族图书馆将为国家的民族工作和民族地区的经济文化建设做出更大的贡献。

中国民族图书馆是国家收藏、保护、传承少数民族文献信息资源的专门机构,是国家的少数民族文献信息中心和少数民族文献信息资源总库。国家需要一个与多民族灿烂文化及大国地位相称的国家级民族图书馆。设立中国民族图书馆机构并筹建新馆是加强文化大发展大繁荣,实现民族团结、兴国安邦的需要;是国家民委实施委属事业单位发展战略并做大做强的需要;是民族文化宫实现"两大三高",事业发展迈上大的台阶的需要;是中国民族图书馆履行职责及事业发展的需要。现代的图书馆应该是综合型的文化设施,需要足够的占地面积和必要设施,特别是以文献收藏空间作为基本条件。目前国家已经提供良好的发展环境和政策扶持,正是筹建新馆,摆脱困境,从根本上恢复其功能地位的大好时机。这将是国家民委把国家的少数民族图书馆事业做大做强的重大举措,也是落实国家领导人杨晶、王正伟对国家民委所属少数民族文化事业发展的要求。

9. 重要学术活动及重大事件

"十二五"期间中国民族图书馆加大科研课题申报及研究力度,加强与民族地区图书馆的交流与合作,发挥中国图书馆学会少数民族图书馆专业委员会的平台作用。承办或参加各类业界论坛、会议,加强与民族地区各图书馆的交流与合作,共同研究和开发文化项目。拓展对外文化交流渠道,采取"走出去""请进来"的方式,开展文化交流活动。"十二五"期间,中国民族图书馆连续五年成功策划、组织、主持召开"中国图书馆年会暨中国图书馆学会年会"少数民族图书馆专业委员会分会场会议,主题分别是:2011 年,"十二五期间少数民族图书馆事业的发展";2012 年,"多元文化保护与民族图书馆的使命";2013 年,"少数民族图书馆阅读推广的理论与实践";2014 年,"馆员能力提升与少数民族图书馆事业发展";2015 年,"少数民族图书馆的社会责任与可持续发展研究"。

成功举办第十二届、第十三届"全国民族地区图书馆学术研讨会",为分布在我国少数民族地区的不同类型、不同规模的图书馆同行搭建了学术、业务交流的平台。2012 年 12 月 5 至 9 日,在广西壮族自治区南宁市组织召开"第十二次全国民族地区图书馆学术研讨会"。会议主题为"文化多样性与民族地区图书馆事业的发展"。参加会议的代表分别来自广西、内蒙古、宁夏、新疆、吉林、云南、贵州、重庆、北京 9 个自治区、省、直辖市的 32 个图书馆,由汉、壮、回、蒙古、满、朝鲜、水、布依、土家、侗、白、达斡尔、鄂温克、赫哲、彝 15 个民族的代表组成,共 80 人。共收到 120 篇论文。会议圆满成功,得到参会代表的高度赞扬,继续扩大了中国民族图书馆在民族地区图书馆界的影响。2014 年 11 月 18 日至 20 日,"第十三届全国民族地区图书馆学术研讨会"在湖南省湘西土家族苗族自治州吉首市召开。来自北京、内蒙古等全国各省、市、自治区的 17 个民族的 100 余名专家学者、业务骨干就民族地方文献保护与研究进行探讨交流。会议以"民族地方文献保护与研究"为主题,共收到 138 篇论文。邀请吉首大学副校长、教授、博士龙先琼,湖南省图书馆馆长、中国图书馆学会地方文献专业委员会主任、研究馆员张勇等专家就地域文化的文本视角、图书馆地方文献建设与发展等内容作专题报告,进一步加强民族地区图书馆的交流与合作,繁荣学术研究,探讨民族地方文献保护与研究。全国少数民族图书研讨会自举办以来已逐渐发展成为少数民族图书馆界高层次、高水平的行业盛会,为业界专家、学者、工作者交流经验、传播思想共同进步提供了宽阔的平台。

2013 年 11 月 29 日,中国民族图书馆组织在民族文化宫召开"藏文古籍保护工作研讨会暨《木雅贡布藏学文集》出版座谈会"。国务院参事、全国古籍保护工作专家委员会委员、中央民族大学教授王尧先生和中国藏学研究中心、中国民族语文翻译局、民族出版社、中央人民广播电台、国家图书馆等单位专家学者以及木雅贡布先生家属、友人共 32 人参加了会议。会议对木雅贡布先生生前在藏文古籍抢救保护研究工作中做出的突出贡献表示了肯定,对藏文古籍保护工作进行了深入交流、总结经验、提出设想,并对新阶段如何保护和研究、开发藏文古籍资源等进行了探讨。

10. 制定中国民族图书馆规章制度

在中国民族图书馆深入开展党的群众路线教育实践活动中,按照中共中央和国家民委党组、民族文化宫党委、民族文化宫党的群众教育实践活动领导小组办公室要求,中国民族图书馆全面梳理、修订、补充、完善各项规章制度,特编印了《中国民族图书馆规章制度》(汇编)。

《中国民族图书馆规章制度》包含以下内容:

服务管理:图书馆工作人员守则、图书借阅制度、阅览室管理制度、文献复制收费标准。

工作管理:图书馆藏书建设工作条例,图书馆文献采购管理工作流程、图书馆文献捐赠办法,图书馆藏书剔除的若干规定,图书馆图书、报刊剔除管理工作流程,图书馆报刊下架装订工作流程,图书馆岗位绩效考核暂行办法,绩效奖金、新增岗位补贴、超产提成奖、季度(年终)奖发放办法,图书馆古籍特藏部工作管理规定,关于成立图书馆专业技术人员职称评审推荐工作委员会的决定,图书馆机房管理规定。

安全管理:图书馆公休日、节日白天值班制度,图书馆安全管理暂行规定,图书馆安全管理实施细则,图书馆突发安全事件应急预案,图书馆消防安全工作实施细则,图书馆夜间值班人员安全责任书,"两会"安保及处置突发事件预案,"两会"期间消防安全保卫方案。

中国民族图书馆研究决定,各部门严格依着《中国民族图书馆规章制度》(汇编)具体要求,开展各项工作。《中国民族图书馆规章制度》(汇编)如需修订部分或全部,将由相关部门提出修改意见,由馆务会审议表决。

《中国民族图书馆规章制度》(汇编)的制定和完善进一步深化图书馆管理,充分调动发挥馆员的积极性和创造性,切实维护了读者利益。促使图书馆管理从经验管理型模式向科学管理的模式转变。

中国民族图书馆在民族文化宫党委提出的"文化立宫,创新强宫"的发展理念要求下,深化改革,制度建设力度,加强内部管理,严格执行绩效考核制度。在图书文献编目、报刊编目、书库管理等岗位陆续试行了新的《绩效考核办法》,完善岗位考核绩效制度与评比程序,细化了职称评审、年终考核要求。严格督查协调机制,开展每月逐级汇报督导制度。新的《绩效考核办法》的实施,严格执行月考核,充分调动了大家的工作积极性,创新实干,团结聚力,以自身的实际行动超额完成了年度责任目标。

三、未来发展

"十三五"时期是全面建设成小康社会的决胜阶段,在"十三五"时期文化改革发展的总体思路是:充分发挥文化工作对党和国家工作全局的重要作用,坚持中国特色社会主义文化发展道路,坚持社会主义先进文化前进方向,坚持以人民为中心的工作导向,着力推进社会主义核心价值观建设,着力传承中华优秀传统文化,着力推出更多无愧于时代的优秀文艺作品,着力造就优秀文化人才,满足人民群众日益增长的多层次多方面多样化的精神文化需求。深入推进文化体制改革,确保在重点领域和关键环节取得突破。加快构建现代公共文化服务体系,推动文化产业成为国民经济支柱性产业,建立健全现代文化市场体系,加强文化遗产保护利用,推动文化与科技深度融合,推动中华文化走向世界,全面提升国家文化软实力。

中国民族图书馆在"十三五"时期要以社会主义核心价值观为引领,以基本公共文化服务标准化均等化为抓手,加快建设公共图书馆服务体系,深化文化体制改革,推动图书馆产业转型,全面提升图书馆产业发展的质量与效益,以有效保护为前提,全面加强馆藏文物工作,有效推动创造性转化和创新性发展。

1. 加强民族图书文献资源库建设

图书馆事业是国家文化事业的重要组成部分。中国民族图书馆把建设国家少数民族图书文献资源库,为国家提供民族文献安全战略保障,作为未来发展规划的目标之首。因此,在今后的发展中,中国民族图书馆力争多方位进入资金,申请国家相关扶持资金,积极申报各级项目,努力提高少数民族文字图书情报的馆藏量,搜集大量的民族文献。加大对民族史料的回溯力度,在各民族地区征集、采购相关古籍文献,丰富、完善少数民族文字图书馆藏体系。其次,进一步拓宽视野,加强对世界范围内民族资料的追踪、采集。掌握民族学、人类学学科的最新研究成果,世界民族学最新研究成果,建立动态图书情报收集、整合体系,为国家民族政策决策提供有力的文献情报保障。

2. 加快数字化图书馆进程

数字化已经成为图书馆发展的必然趋势,也必将打破传统图书馆的管理模式,打破地域界限、馆际界限,实现大范围、大区域内的资源共享。在今后的工作中推进"少数民族文字古籍数字化保护工程",在北京、内蒙古、新疆、西藏、广西、宁夏等少数民族地区图书馆,将馆藏少数民族文字古籍数字化,建设检索平台,向社会提供电子版服务,保护原本古籍不受损毁。推进"28个人口较少民族文献资源保障体系建设工程"在北京、内蒙古、黑龙江、新疆、西藏、青海、甘肃、广西、云南等少数民族地区实施,将所有有关28个少数民族的图书、期刊、报纸数字化建设音频、视频资料数据库,建设28个少数民族文献数据库和检索平台,向社会提供服务。

3. 古籍保护与开发利用

建立中国少数民族古籍文献修复保护中心,进一步完善中国民族图书馆保护少数民族优秀传统文化的职能。作为国家古籍保护单位,中国民族图书馆共收藏全国各民族古籍文献约18万册(件)。由于年代久远以及各种原因,许多古籍文献出现不同程度的破损,亟须修复保护,以便长期保存、使用。扩展功能,以翻拍、影印、复印等形式,把分散在各个地方的民族古籍文献纳入中国民族图书馆的馆藏之中,改变民族古籍文献"各有其主,疏于交流,不便利用,不利保护"的局面。

启动中国民族图书馆与民族地区图书馆和古籍保护单位实施民族文献资源共建共享工程,在维护国家文化资源安全的前提下,以多种手段保护少数民族古籍文献;搭建民族古籍文献共享平台,使各个民族地方特有的民族古籍通过此平台实现"互通有无",并提供社会各界读者利用,发挥其应有的价值。

4. 推进民族文献展,弘扬民族文化

中国民族图书馆为加强少数民族文献充分利用,弘扬少数民族文化,配合国家民委主办的"民族自治州成就展",组织举办"民族自治州暨自治民族文献展"。继续努力与五个自治区图书馆、民族高校图书馆合作举办"中国少数民族古籍珍品展",让"藏在深闺人未知"的少数民族古籍珍品推向广大人民群众,积极响应党中央文化惠民的重要举措和"少数民族文化走出去"的决策。以此推广中国少数民族文献博大精深的内涵,体现中国民族图书馆在少数民族文献征集保护使用中的积极努力。

5. 继续努力推进中国民族图书馆的馆舍建设

通过国家民委"十三五"规划,努力推进"拓展中国民族图书馆为主推动民族文化宫二期工程的建设"纳入国家"十三五"工作计划。该项工作对于民族文化宫二期建设、中国民族图书馆空间拓展、中国民族图书馆资金来源有重大推动作用,从而更好地推动和繁荣少数民族文化的发展。中国民族图书馆将为国家的民族工作和民族地区的经济文化建设做出更大的贡献。

附:大事记

2011 年 9 月—2013 年 8 月,中国民族图书馆闭馆、搬出、装修、搬回、上架。

2012 年 12 月 5 日至 9 日,由民族文化宫、中国图书馆学会学术研究委员会少数民族图书馆专业委员会、中国民族图书馆联合主办的"第十二次全国民族地区图书馆学术研讨会"在广西南宁举行。

2013 年 7 月,国家民委研究项目"CNMARC 藏文文献机读目录规范控制与使用研究"结项。

2013 年 8 月,由中国民族图书馆参与承担国家科技支撑计划"少数民族语言文字信息处理共性关键技术研究与示范应用"课题二——"藏文数字图书馆关键技术研究与示范应用"的项目结项。

2013 年 8 月 19 日至 9 月 6 日,"中国少数民族头饰文化展"在民族文化宫艺术馆展出。

2013 年 9 月 16 日,民族文化宫中国民族图书馆完成装修"搬家",正式开馆接待读者,读者服务工作顺利展开。同时,开馆时间调整为从 8:30 至 16:50,延长阅览室的开发时间,中午正常借阅图书。

2013 年 10 月 9 日至 11 月 8 日,2013 年 12 月 17 日至 22 日,两场"中国少数民族古籍真品展"分别在中央民族大学民族博物馆和广西壮族自治区图书馆展出。展览共展出中国民族图书馆馆藏古籍精品中精选的汉文、藏文、蒙古文(托忒蒙古文)、察合台文、满文、彝文、东巴文、傣文、水文、古壮字、布依文、朝鲜文等 12 个文种的 75 件珍贵古籍。

2013 年 11 月 29 日,由中国民族图书馆组织举办的"藏文古籍保护工作研讨会暨《木雅贡布藏学文集》出版座谈会"在民族文化宫召开。

2013 年 12 月 5 日至 2014 年 1 月 15 日,"大连民族学院图书馆藏藏文古籍珍本展"在民族文化宫中国民族图书馆展出。

2014 年 3 月份和 4 月份,中国民族图书馆分别制定试行了《采访编目部汉文图书编目岗位绩效考核暂行办法(试行)》和《采访编目部少数民族文字图书编目岗位绩效考核暂行办法(试行)》,科学评价图书编目岗位工作人员的工作实绩,规范图书编目岗位绩效考核工作,中国民族图书馆根据有关规定,结合图书馆工作实际。

2014 年 6 月,中国民族图书馆完成全部馆藏 1912 年前汉文古籍普查工作。结果显示,中国民族图书馆馆藏 1912 年前汉文古籍共计 5368 部(存卷 138 059),9496 函,55 347 册。此项工作始于 2007 年 8 月。

2014 年 10 月 10 日,在北京东城区成功举办 2014 年中国图书馆年会学术会议分会场"馆员能力提升与少数民族图书馆事业发展"报告会。

2014 年 10 月,继馆藏 1912 年前汉文古籍普查工作,中国民族图书馆藏民国时期文献普查计划正式启动。中国民族图书馆藏民国时期文献 8000 余种,共计 6 万余册,包括线装书、平装书、报刊等。

2014 年 11 月 18 至 21 日,由中国图书馆学会学术研究委员会少数民族图书馆专业委员会、民族文化宫、中国民族图书馆联合主办,湖南省图书馆学会、湖南省图书馆协办,吉首大学、吉首大学图书馆承办的"第十三次全国民族地区图书馆学术研讨会"在湖南省湘西土家族苗族自治州吉首市召开。

2014 年 11 月,由中国民族图书馆编辑的《民族图书馆学研究(第七辑)》,在辽宁民族出版社出版。本书包含 6 个专题,收录学术论文 123 篇,共计 60 余万字。

2015 年 1 月,中国民族图书馆藏《察哈尔格西洛桑楚臣传略》(蒙古文)、《蒙古文法诠释苍天如意珠》(蒙古文)、《逢井》(水文)、《伊玛目艾山与伊玛目玉赛音传》(察合台文)、《铁匠手册》(察合台文)等 5 部民族文字珍本古籍入选《中华再造善本续编》。

2015 年 5 月 12 日至 6 月 12 日,由中共呼伦贝尔市委、呼伦贝尔市人民政府和民族文化宫主办,呼伦贝尔市文化新闻出版广电局、中国民族图书馆承办,呼伦贝尔市图书馆协办的"内蒙古呼伦贝尔市达斡尔、鄂温克、鄂伦春民族文献展"在民族文化宫展出。

2015 年 8 月 10 日至 9 月 10 日,由民族文化宫主办,中国民族图书馆、民族文化宫展览馆承办的"铭记历史　珍爱和平——纪念中国人民抗日战争和世界反法西斯战争胜利 70 周年民族文献展"在北京民族文化宫展出。展览以实物文献、展板展示等形式,从众多抗战文献中选出 200 余部重要著作,介绍了少数民族抗日将领、抗日英雄以及少数民族在抗日战争中的重要贡献等。

2015 年 9 月 20 日至 10 月中旬,由民族文化宫主办、中国民族图书馆承办的"新疆维吾尔自治区出版精品展"在中国民族图书馆展出。展览共展出新疆当地各出版社出版的 200 余册汉文、维吾尔文、哈萨克文、柯尔克孜文、蒙古文、锡伯文优秀图书,内容涉及政治、经济、文学艺术、语言文字、医学、旅游等诸多方面。全面反映了新疆各民族共同生活、开发、发展新疆,多种文明交流融合,创造了丰富多彩的新疆文化,为中华文化的发展繁荣做出的重要贡献。

2015 年 12 月 15 日至 2016 年 1 月 15 日,由民族文化宫主办,中国民族图书馆承办的"博文遗珍——古今藏文重要文献特展"在民族文化宫展出。展览展出藏文古籍、图书 200 余册(件),包括珍贵古籍文献、吐蕃藏文写卷、现代藏文优秀图书、研究成果、涉藏报刊,以及古今藏族重要文人、藏文书法、非遗中的藏文等介绍。

2015 年 12 月 17 日,中国民族图书馆主持在广州白云国际会议中心举行的 2015 年中国图书馆学会年会的分会场:"少数民族图书馆的社会责任与可持续发展研究"报告会。此报告会是由中国民族图书馆馆长、研究馆员吴贵飙主持。

李香　吴贵飙

中国艺术研究院图书馆"十二五"事业发展报告

中国艺术研究院图书馆是中国艺术研究院下属单位,是集图书文献、实物藏品、展览陈列、音响音像、艺术档案于一体的艺术专业特色专业图书馆,是全国范围内收藏最富赡的艺术专业图书文献资源信息中心。

"十二五"期间,中国艺术研究院图书馆认真总结学习,贯彻落实党的理论和路线方针政策,实施正确而有力的宏观调控,充分发挥图书馆在中国艺术研究院教学、科研、创作活动中的信息保障职能作用。

2011 年是"十二五"的开局之年,也是中国共产党建党 90 周年之际,中国艺术研究院图书馆党支部被评为文化部"先进基层党组织标兵"及中国艺术研究院"先进基层党组织"。

2012 年是全国文化系统"基层组织建设年",中国艺术研究院图书馆支部被授予"全国文化文物系统先进基层党组织"荣誉称号。《中国文化报》记者对支部进行了蹲点采访并发表专题报道。文化部党委、团委,院党委和文化报记者参加了我馆的支部扩大会议,会议紧扣"基层组织建设年"的议题,提出应充分发挥支部和党员的模范带头作用,树立责任意识、服务意识、大局意识,为实现中国艺术研究院"三个中心"目标提供高效、优质服务,为文化大发展大繁荣尽绵薄之力。

2013 年,因为馆舍搬迁,中国艺术研究院图书馆不得已中断了一些预期的工作计划。已经开始启动的古籍普查登记暂时搁置,《"缀玉轩"藏善本目录》《"碧蕖馆"藏善本目录》《杜颖陶藏善本目录》也都无法继续。珍贵的古琴、戏衣、老唱片、古籍则转移到了安全地带,每天有专人查看。尽管如此,我馆职工依然在临时办公场所为院内外读者提供借阅服务,每周固定一天回到已经停水断电的老馆库房提书一次。并且积极配合本院各研究所及院外单位的科研项目,完成了《昆曲大典》文献部分的校对、《梅兰芳大观》戏单部分的检索核查、《民间工尺谱集成》第一集的文献通检复制核查、《凤阳花鼓全书》的文献复查补充、《美术期刊汇编》的文献检索影印、《近代戏曲论著集成》的文献检索等工作。

我们始终坚守在临时馆舍,认真履行着每个图书馆人的职责,坚持无漏洞管理,安全至上。2015 年夏季的连续大雨危及存放在地下库房内珍贵古琴、戏衣、老唱片、古籍的安全,全馆同仁赤脚踩在齐小腿的冰水中,一铲一簸箕地向外舀水,共渡难关。"十二五"期间,我们用汗水尽力弥补自身以及外在条件的不足,希望下一个五年能够做得更好。

中国艺术研究院图书馆"十二五"发展状况如下:

一、馆藏资源建设

根据我院科研、教学、创作的需要,结合馆藏文献的实际状况,"十二五"期间,中国艺术研究院图书馆严格按照《中国艺术研究院图书馆关于图书采购管理规定》,先由专家论证采购计划,再经招标确定供货商。2011 至 2014 年,每年完成 180 万元的图书、资源采购任务,涵盖纸质中文图书、外版图书、新购电子资源数据库、现有数据库更新、中外文报刊以及音像制品等项目。2015 年采购资金更是取得了重大突破，其中计划内资源采购金额 261.7 万元，新增计划外资源采购金额 310 万元。从这 5 年的采买清单中，我们不难发现由于科技的进步、数字化时代的到来，中国艺术研究院图书馆在维持纸质图书金额和数量的同时，逐年增加了电子数据库的购买和更新力度，力求在知识管理模式的驱动下，融入数字图书馆的历史变革中。2011 年此项经费为 62 万元，而到了 2015 年，这项支出已经达到 114.346 万元。中国艺术研究院图书馆现有电子文献资源包含清华知网期刊全文检索、方正电子图书、人大复印资料、CNKI 文学艺术领域工具书大全、超星读秀学术搜索数据库、百链云图书馆、维普中文期刊数据库等。

接受名家、学者捐赠，是中国艺术研究院图书馆丰富馆藏资源的又一方式。而且，这种方式更加高水平，免去了许多汰重涤复的拣选之功。2013 年，中国艺术研究院图书馆接收捐赠图书 792 种、948 册，戏曲手稿 20 册，期刊 21 种、85 册，音像制品 106 种，油画一幅，唐卡一幅，其他资料 13 种。2014 年，接收捐赠图书 209 种、353 册，期刊 56 种、92 册，音像制品 1158 种，其他资料 28 种。2015 年，接收雕塑作品 16 箱 71 件、北京钧天坊古琴文化艺术传播有限公司捐赠的古琴两张、"我们的节日——百名非物质文化遗产项目代表性传承人迎春展示活动"展品 21 套件。另外，还有图书 221 种、371 册，期刊 41 种、82 册，音像制品 13 种，其他 9 种。

二、馆藏资源数字化

中国艺术研究院图书馆以音像制作中心的音像资源数字化为重点，全面投入音频、视频、图片资料的回溯建库与数字化采集。2011 年，音频数字化采集完成唱片审核 1081 盘，共 2491 条；盒带 1692 盘，共 11 418 条；开盘带 1370 盘，共 12 347 个节目。音频回溯建库完成老唱片编目 18502 盘、50 404 条，完成钢丝带编目 646 盘、1360 条，DAT 编目 555 盘、10 824 条。音响资源载体出入库 7442 张（盘）。图像源文件入库及元数据著录共完成 38 340 条。2012 年，图像数据完成 28 138 条（包括图像原图入库、元数据著录和元数据审核等工作），盒带 1506 盘，开盘带 1486 盘。2013 年，完成盒式录音带数字化及审核 658 盘，开盘带数字化及审核 414 盘，图片的数字化及编目审核 36 258 张。2014 年，完成开盘带数字化及审核 421 盘，图片的数字化及编目审核 12 000 余张。2015 年，完成盒带数字化转录 124 盘，开盘带数字化转录 650 盘。针对开盘带编目中的 375 盘待审核盘，为统一资料来源编目项，共审核 426 盘磁带，2017 条节目条目。同年，在馆领导的大力支持下，音像中心向财政部申报了 401.9 万元专项资金并获批。这意味着中国艺术研究院图书馆所藏音像档案和图片档案的数字化工作已经开始有条不紊地展开。

一直以来，音像中心还承担了"中国戏曲剧种音像资料数字化工程"课题的主要工作，这个国内外最大的中国戏曲剧种音像资料库的品类已接近 270 个戏曲剧种，基本能够反映传统戏曲在今天的实际生存状况。戏曲老唱片数字化是此项工程的重要工作之一，课题组对国内外老唱片数字化技术做了一年多的专题调研，于 2014 年 8 月组织召开老唱片数字化论证会，初步确定了为中国艺术研究院图书馆提供老唱片还放技术支持的专业公司。根据课题计划，对媒体资产系统升级进行设备采购，完成设备调试、数据迁移和人员培训。每年派专人到全国各地采购戏曲音像制品。2015 年开始对中国戏曲剧种光盘库进行全面整理。对原有光盘的错误条码进行了全部更新,先后出入库光盘 35 000 多张,完成条码更新 30 147个,另新编目录入光盘 4800 张,审校新编目录光盘信息 4700 多条。

三、提供专业图书馆特色服务

中国艺术研究院图书馆拥有独一无二、无法复制的优秀文化资源,我们在守成的同时,一直着力于为研究艺术类相关课题的专家学者提供优质、有效的知识信息。仅 2012 年一年,我馆为《京剧大典》《昆曲大典》刻录光盘 383 张,扫描图片 2000 余幅。2013 年,继续为《昆曲大典》文献部分做校对。当年还完成了《梅兰芳大观》戏单部分的检索核查、《民间工尺谱集成》第一集的文献通检复制核查、《凤阳花鼓全书》的文献复查补充、《美术期刊汇编》的文献检索影印、《近代戏曲论著集成》的文献检索。2014 年协助完成纪念梅兰芳大师诞辰110 周年系列活动以及文化艺术出版社梅兰芳访美图谱 288 轴的拍照工作。为《中国大百科全书·戏曲卷》拓展项目提供文献和实物藏品图文资料。

除了完成图书馆的本职工作,中国艺术研究院图书馆特藏部和音像中心在中国艺术研究院举办的各项大型展览、参观活动中都发挥了重要的作用。特藏部主要负责藏品参展出库、入库的核查,音像中心则承揽了一切的拍摄任务。"十二五"期间,图书馆参与的活动包括:2011 年,"薪火相传·中国非物质文化遗产传承人师徒同台展演""任重道远"书画作品展览、"光辉历程·时代画卷——庆祝建党九十周年美术作品大展""(香港)根与魂——中国非物质文化遗产展演""第六届东亚茶文化专题研讨会""2011 年文化遗产日主题活动"等;2012 年,"中国非物质文化遗产生产性保护成果大展""第三届中美文化论坛""第五届世界儒学大会""2012 中国当代工艺美术双年展""第三届海峡两岸汉字艺术节""莫言获诺贝尔文学奖座谈会""秋雨书院"成立典礼以及在巴黎联合国教科文组织总部举办的《道德经》咏诵会等,这一年音像中心为各项活动拍摄视频资料 8715 分钟,图片 14 543 幅;2013 年,为"第五届中欧文化对话"等活动拍摄图片 4200 多张,录制影像资料约 176 小时;2014 年,为"第五届海峡两岸汉字艺术节""第二届亚洲文化论坛"等活动拍摄图片 12 700 多幅,录制影像资料 4700 多小时;2015 年,为"第六届两岸汉字艺术节""良辰美景"2015 非遗演出季、"文明的融合与互动——东西方陶艺对话展"等重大活动拍摄图片 14 000 多幅,采录视频资料 1877 分钟。

四、分类整合庋藏文献,编辑出版

中国艺术研究院图书馆在"十二五"期间,不断地将馆藏文献中具有特色的知识提炼出来,使之注脚科研、助力教学、交流信息。中国艺术研究院图书馆近年来大量吸收的艺术类专业博士硕士研究生,不遗余力地投入馆藏文献编撰的工程中,不仅彰显了自己的优势、个性和独特的知识结构,还为成为具有核心竞争力的专业图书馆馆员打下了坚实的基础。2010 年开始启动的《中国艺术研究院图书馆抄稿本总目提要》终于在 2014 年 6 月正式出版,这是一部集合了历任馆领导暨图书馆典藏阅览部全体同仁智慧与辛苦的成果。2015 年,典藏阅览部再接再厉,完成了《傅惜华珍本小说丛刊》的编辑出版工作,以及《中国地方戏曲剧本丛刊——第一辑》的申报、扫描、著录、成册、核对等工作,预计 2016 年可以正式出版。2015 年,利用现代科技信息资源网络数据库的技术手段,制作成《中国艺术研究报刊专题资料数据库》产品。同年 10 月,音像中心开始筹备一些出版项目,如馆藏古琴音响和阿炳纪念光盘。

除了这些集体合作项目,图书馆内无论是经验丰富的研究馆员还是资历尚浅的馆员都在努力拓展属于自己的一份事业。2015 年是丰收的一年,俞冰著《齐如山"百舍斋"善本知见录》出版,宫楚涵、俞冰著《旧京谈往录》出版,蔡雨燕、宫楚涵编撰《中国地方戏曲剧目汇考》、合编《中国戏曲文论总目》(1949——1966)出版,毛景娴校勘《〈武香球〉传奇校点》出版。

五、古籍申报、保护

中国艺术研究院图书馆珍藏古籍 16 万余册,包括善本古籍 5 万余册,大部分为戏曲、美术、音乐等艺术类古籍。作为第一批国家级古籍重点保护单位,2011 年成功申报了第四批《国家珍贵古籍名录》,《乐书》和《天发神谶碑》入选。2014 年,中国艺术研究院图书馆典藏阅览部被文化部、国家古籍保护中心授予"全国古籍保护先进单位"称号,并按时申报第五批《国家珍贵古籍名录》,其结果有待批复公布。同年,典藏阅览部选送两位同志分别前往国家图书馆、首都图书馆学习工作,提高古籍修复水平和古籍编目能力。

中国艺术研究院图书馆所藏善本主要是 20 世纪 50 年代以来,陆续接收原北平国剧学会、政务院文化部戏曲改进局、文化部艺术事业管理局、原中国艺术博物馆、中国文联等单位的收藏,以及傅惜华先生"碧蕖馆"藏书、梅兰芳先生"缀玉轩"部分藏书、程砚秋先生"玉霜簃"部分藏书、齐如山先生"百舍斋"部分藏书、杜颖陶先生抄藏戏曲善本、杨荫浏先生藏书、盛家伦先生藏书、吉联抗先生藏书,等等名家的藏书,具有较高的学术和文物价值。这批收藏几经易手、辗转聚于我馆,为了更好地保护,中国艺术研究院图书馆每年划拨 10 万元经费为善本古籍制作新的函套。自 2015 年开始,每年另拨 9 万元用于修复民国书籍。

中国艺术研究院图书馆在知识管理模式下的新构架才刚刚起步,我们已经具备和尚未具备的条件几乎是对等的,机遇和挑战是双刃剑。如何吸收兄弟馆的经验,集众家之长,汇众家之智,寻求自身发展之路,突出我馆的核心竞争力,最终打造出全国乃至世界级的艺术专业文献情报信息中心是本馆亟待解决的现实问题。

附:大事记

2011 年

1. 中国艺术研究院图书馆申报的《乐书》(元至正七年福州路儒学刻明修本)、《天发神谶碑》(元拓本)入选第四批《国家珍贵古籍名录》。

2. 先后增补了清华知网期刊全文检索数据库、方正电子图书数据库、人大复印资料数据库等电子资源,并对海量数据进行合理布局。

3. 为"薪火相传·中国非物质文化遗产传承人师徒同台展演""任重道远"书画作品展览、"光辉历程·时代画卷——庆祝建党九十周年美术作品大展""(香港)根与魂——中国非物质文化遗产展演"提供馆藏实物展品。

4. 为"我院艺术家系列展""第六届东亚茶文化专题研讨会""2011年文化遗产日主题活动"摄影摄像。

5. 结合"11.9"消防日,中国艺术研究院图书馆与保卫处联合举办了大型"消防安全月"活动,对馆内公共场所及消防设施进行全面排查整改,先后组织馆员参加消防安全知识竞赛、灭火器实操演练、紧急事件疏散演习等活动。

6. 成功举办"永远跟党走——庆祝建党90周年书画摄影展"。

2012 年

1. 图书馆支部被授予"全国文化文物系统先进基层党组织"荣誉称号,《中国文化报》记者对支部进行了蹲点采访并发表专题报道。"十八大"召开之际,《中国文化报》对我支部再次采访,就党员对"十八大"的关注点进行了报道。

2. 2月,中国艺术研究院图书馆特藏部同仁担任"中国非物质文化遗产生产性保护成果大展"保管组工作人员,完成了参展展品的运输、进出库房及点交共计1893件次。

3. 音像制作中心为"中国非物质文化遗产生产性保护成果大展""第三届中美文化论坛""第五届世界儒学大会""2012中国当代工艺美术双年展""第三届海峡两岸汉字艺术节"及莫言获诺贝尔文学奖座谈会、"秋雨书院"成立典礼以及在巴黎联合国教科文组织总部举办的《道德经》咏诵会等重大活动提供拍摄服务75次,留存视频资料8715分钟,图片14 543幅。

4. 接待全国人大常委会副委员长华建敏同志来馆参观。

5. 购买CNKI文学艺术领域工具书大全、超星读秀学术搜索数据库、百链云图书馆、维普中文期刊数据库等电子资源。

6. 与全馆职工重新签订《安全责任书》,做到馆内安全人人有责。

7. 我馆典藏阅览部接手国家古籍保护中心发起的古籍普查工作,力求按时完成《古籍普查平台》的录入、校对和出版工作。

2013 年

1. 因图书馆外围施工,我馆馆员迁出原址,极为珍贵的古琴、戏衣、老唱片和古籍临时存放中国工艺美术馆库房,其余藏品采取就地加固安放的措施。每周安排一天集中回原图书馆提取普通纸质书籍,以保证读者的阅读需求。

2. 迁出期间,中国艺术研究院图书馆仍克服困难,为《昆曲大典》《梅兰芳大观》《民间工尺谱集成》《凤阳花鼓全书》《美术期刊汇编》《近代戏曲论著集成》提供专业的特色服务。

3. 音像中心积极为"中国戏曲剧种音像资料数字化工程"做准备工作,全面审看已数字化的2000余盘戏曲录像资料光盘,登记字幕的基本情况。通过对多家单位的考察及对中央电视台权威戏曲节目的分析,并根据我院戏曲录像资料的实际情况,拟定了《中国戏曲音像资料数字化工程字幕组技术标准》,邀请技术人员来馆培训字幕制作技术,整理馆藏戏曲剧本400多本。

4. 音像中心为"第五届中欧文化对话"等活动拍摄图片4200多张,录制视频约176小时。

5. 音像中心同仁先后奔赴上海、天津、绍兴等地,对音像档案数字化及视频制作进行考察,并呈交老唱片数字化考察报告。

6. 特藏部配合《年画数据库》建设,对4000多张年画进行了拍摄、比对、鉴定;配合《中国古琴珍萃》再版,拣选古琴并拍照;协助"院藏珍贵古琴复制"项目组为四张古琴拍X光片。

7. 巴黎美爵艺术基金会向中国艺术研究院图书馆捐赠 18 世纪意大利著名风景画家安东尼奥·吉奥里的作品《那不勒斯公共浴室》。该作品重现了古罗马公共浴池的建筑风貌。

8. 国家级非物质文化遗产项目热贡艺术代表性传承人娘本先生捐赠 17×3.3 米巨幅唐卡《十五主尊》一幅。

9. 国家级非物质文化遗产昆曲项目传承人林天文先生将自己辛勤整理的永嘉昆剧团传统剧目 9 部 78 出折子戏的全本曲谱捐献给中国艺术研究院图书馆。

2014 年

1. 组织观看电影《天上的菊美》，学习全国优秀共产党王胜、于海河、毕世祥、文朝荣先进事迹，加强党员自身修养，重视党群关系。

2. 年初，按时进行第五批《国家珍贵古籍名录》申报。被文化部、国家古籍保护中心授予"全国古籍保护先进单位"荣誉称号。

3. 2 月，按照文化部财务司《关于开展可移动文物普查工作的通知》要求，填报了《国有单位文物收藏情况调查登记表》。

4. 服务《昆曲大典》《京剧大典》《中国大百科全书·戏曲卷》以及庆祝梅兰芳大师诞辰 110 周年纪念活动。

5. 5 月，接收原开明文教音像出版社社长、总编辑张大为先生捐赠的音像资料 1078 盘。这些影像资料十分珍贵，属于不可再生的历史文献，堪称京剧舞台演出的活化石，具有很高的学术价值。

6. 国家级非物质文化遗产项目新疆维吾尔族乐器制作代表性传承人热合曼·阿布都拉先生将自己多年来精心制作的 20 件维吾尔族乐器捐赠给我馆，丰富了中国艺术研究院图书馆民族乐器的收藏。

7. 6 月，历时 5 年的《中国艺术研究院图书馆抄稿本总目提要》(全 16 册)由国家图书馆出版社出版。此提要一书一目，一目一书影，上图下文，总计 5458 种。以服务学界、推动研究为指归，以飨学人，以遗识者。

8. 8 月，召开"中国戏曲剧种音像资料数字化工程"老唱片数字化论证会，并随项目组远赴广西采购、录制音像资料。

9. 为"第五届海峡两岸汉字艺术节""第二届亚洲文化论坛"等活动拍摄图片 12 700 多张，录制影像资料 4700 多小时。

2015 年

1. 图书馆支部要求全体党员以"三严三实"为指导思想推进作风建设，结合本馆工作实际和自身业务的特点，发挥党员模范带头作用，努力做好各项本职工作。

2. 接待全国政协副主席卢展工，文化部部长雒树刚，文化部纪检组组长王铁等领导同志的参观视察，共计 50 余人次。

3. 特藏部向财政部申请专项资金 400 万元，购买古琴箱、戏衣收藏箱和美术藏品保管箱 3817 个。

4. 音像中心亦获得财政部审批的专项资金 401.9 万元，未来三年馆藏音像档案和图片档案的数字化工作得到了充分的保障。

5. 典藏阅览部完成了《傅惜华珍本小说丛刊》的编辑出版工作。

6. 《中国地方戏曲剧本丛刊——第一辑》的申报、扫描、著录、成册、核对等工作业已完成，预计 2016 年可以正式出版。

7. 建成《中国艺术研究报刊专题资料数据库》。该产品囊括 20 世纪中叶全国各大报刊、文艺专业期刊、各省、地、市文化厅局内部刊物以及新中国成立后历届文艺汇演会刊。在这些海量资料信息基础之上，以戏曲、话剧、音乐、美术、舞蹈、歌剧、曲艺、电影等各个艺术门类为纲，以剧种、剧目、表演、舞台美术、创作研究、文艺理论、文艺政策、史论研究等版块为目,以大量文章剪报为最基本的物质基础,利用现代科技信息资源网络数据库的技术手段,将这批珍贵资源加工制作成《中国艺术研究报刊专题资料数据库》产品。以期从事艺术研究、艺术教学、艺术科研、文化传播的学者专家,非常顺利地检索出相关的史料文献,特别是避免了对单一课题相关文献检索过程中大海捞针式的繁缛劳动。由于使用了原版报刊影印技术,并标注报刊日期出处,读者在理论研究和教学工作中,可以直接使用相关数据作为引文,成为撰写文章的依据,不用再费力去翻阅过往报刊。

8. 俞冰研究馆员著《齐如山"百舍斋"善本知见录》,大 16 开,精装彩色印刷,上、下两册,由国家图书馆出版社出版。20 世纪戏曲界有两件大事:第一,观堂先生将中国古典戏曲作为一门独立的学问,开疆拓土,以启山林;第二,梅兰芳大师中国戏曲表演体系,跻身世界三大戏剧表演体系之一,使中国戏曲艺术成为世界级的艺术形式。梅兰芳戏曲表演体系的形成发展确立成熟,与齐如山先生有着直接密不可分的关联。近年来,海外对齐如山研究渐渐兴起,国内、业内跟进犹显不足,2010 年前后,全国政协提案开展研究梅兰芳表演体系研究工程,这项研究必先从研究齐如山之于戏曲贡献起。齐如山藏书一部分在我馆,一部分在美国哈佛燕京图书馆。俞冰先生沉静书海,终将我馆富藏贡献学界。

9. 宫楚涵、俞冰合著《旧京谈往录》,由学苑出版社出版。分"古迹志""鞠苑谈往录""金莲舫传讚""容庆昆弋社史话"四个部分。《古迹志》主要是依据民国文人刘雁声先生墨迹,再辅以相关书籍文献,历数旧时北京地方古迹变迁,记录了清末到民国期间,日下风物、名人轶事、寺庙遗迹、楼宇园林、宅院亭榭、访求见闻。《鞠苑谈往录》主要是搜集整理旧京梨园掌故逸事,从中可以看出很多著名戏曲演员的生活侧面,也是戏曲演员传记史料的补充。《金莲舫传讚》是根据民国文人鬶庵先生墨迹整理,为评剧著名演员金莲舫的传记及剧评诗文。以往对金莲舫的记载非常少,且不具体,鬶庵先生详尽的记载,补充了评剧史的不足。《荣庆昆弋社史话》记载了民国六年(1917)河北高阳荣庆昆弋社史料,该班社有著名演员王益友、侯瑞春、韩世昌、田际云等,戏曲进校园也是经由蔡元培先生极力主张下从这个班社开始的,在近代戏曲史上有独特意义。

10. 蔡雨燕、宫楚涵编撰《中国地方戏曲剧目汇考》,由学苑出版社出版。全书收录 20 世纪搬演于舞台的地方戏曲剧目 5600 多种,全面反映了清末至 1982 年改革开放初期,戏曲舞台的全貌。将相同本事不同剧种原创、改编、移植、整理的剧作,分别记述,按序排列,并将与之相关的渊源脉络,如本事题材的出处源流、剧作家的案头工夫、音乐家的度曲创作、舞台美术的设计制作、各个脚色的登台搬演、舞台演出的史实史事、剧本文字的登载收藏等信息,汇集一条,为戏曲剧目的研究整理提供了大量的史料信息。蔡雨燕、宫楚涵合编《中国戏曲文论总目(1949—1966)》,由学苑出版社出版。1949—1966 年间全国发行的文艺期刊与报纸可谓卷帙浩瀚,经过我馆两代人的努力,辑录 16 100 多有关戏曲文章条目。本书以其收录资料之全、涵盖面之广,成为记录这个历史时期至今唯一——部最全的戏曲文论总目,是已出版的《中国古典戏曲总目》《中国近代戏曲论著总目》姊妹篇,使中国古代、近代、现代戏曲文献书(篇)目形成一个完整的检索系列。

11. 毛景娴校勘《武香球》传奇校点,由学苑出版社出版。《武香球》一剧以香球为主线,描述了男主人公龙官保与"四英"的姻缘造化,其中穿插国难家仇,情节跌宕曲折。因剧中情节,此剧又名《五香球》《四英传》《乌龙山》。中国艺术研究院图书馆藏《武香球》四种抄本,分别是:齐如山旧藏清内府抄《武香球》六十三出、清末陈嘉樑旧藏《武香球》二十出、清曹西亭抄《后武香球》二十五出以及清末佚名抄《武香球十七折》。另有首都图书馆藏清六十三出乌丝栏精抄本。作者将齐藏本为底本,首图本辅以校点,原文录入另三种抄本。此书针对性强、资料齐全,具有较高的文献价值。

中国艺术研究院图书馆　毛景娴

中国版本图书馆"十二五"事业发展报告

一、"十二五"期间事业发展综述

中国版本图书馆成立于1950年7月1日,是我国唯一的专门负责征集、收藏、管理新中国成立以来全国出版物样本的图书馆,也是我国当代最完整、最具权威的一个出版物资源信息库。2010年5月,原新闻出版总署调整了部分署直属事业单位的机构和职能,恢复中国版本图书馆的建制,加挂新闻出版总署条码中心的副牌,更名为中国版本图书馆(新闻出版总署条码中心),为总署直属财政补助事业单位,主要承担全国出版单位正式出版物样本的征集管理,《全国新书目》《中国新书》等图书馆信息的编辑出版工作,承担对出版物的书号、条码和CIP进行技术编制和管理等相关职能。本次调整首次将书号实名申领、条码制作、图书在版编目、馆藏样书编目和样书收藏管理等业务整合到中国版本图书馆,形成了一个从印前信息一直到样书管理的完整的工作链。机构调整后,原总署党组给中国版本图书馆制定了"三个中心,一个一流"的发展目标,即建成"版本收藏研究中心、图书管理中心、出版信息服务中心和一流图书馆"。建设"三个中心,一个一流"是在新闻出版改革与发展的进程中对中国版本图书馆业务内容的及时调整,是在文化大发展大繁荣总体要求下对中国版本图书馆职能定位的精确描述,是在国际视野下对中国版本图书馆未来发展的战略规划,体现出各级领导对中国版本图书馆创新与发展的殷切期望,蕴含着全行业对中国版本图书馆优势资源和独特作用的充分肯定。

"十二五"的五年,是深化新闻出版体制改革、加快转变发展方式的重要时期,也是中国版本图书馆机构调整后的头一个五年。五年来,中国版本图书馆坚持以《新闻出版业"十二五"时期发展规划》为引领,围绕"三个中心,一个一流"的发展目标,逐步理顺发展思路,夯实基础,积累后劲,优化流程,以项目建设带动发展,各项业务水平和业务量均有了显著提高。年样本征集量由23万余种增加到了40余万种,实现了对到馆部分样本的信息采集、依图编目,CIP数据制作由26万余条增加到30余万条,期刊条码发放由2万余个增加到6万余个。

基础业务水平的提升,为其他业务的开展也提供了良好基础。"三个中心,一个一流"建设的实质就是服务,即为政府、行业和社会服务。"十二五"期间,中国版本图书馆发挥自身藏品和人员优势,在服务方面做了较多努力和探索。直接或间接参与了"农家书屋工程""全民阅读工程""中国出版博物馆建设项目(筹备)""'经典中国'国际出版工程""全国'扫黄打非'能力提升项目"等"十二五"新闻出版重点工程;同时,通过主题展览、专题论证、数据服务、信息专报等方式,为社会各界提供优质服务,取得了良好的社会效益。

2013年3月,由新闻出版总署和国家广播电影电视总局合并而成的国家新闻出版广电总局正式挂牌。2015年2月,中国版本图书馆(新闻出版总署条码中心)也随之更名为中国版本图书馆(国家新闻出版广电总局出版物数据中心)。6月16日,正式举行了挂牌仪式。

副牌名称的更改更加突显了我馆的业务职能,为中国版本图书馆未来的发展开辟了广阔空间。今后,中国版本图书馆要始终以服务新闻出版大发展为主线,依托自身业务职能,深挖资源优势,积极适应新形势下的行业变化,探索网络、电子等新形态出版物的管理工作,加强数据资源的研发与应用,提高版本馆在业界的影响力和知名度。

二、"十二五"期间事业发展基本统计数据

1. 文献总藏量及各年度新增情况

为全面掌握出版物的出版状况,保护国家出版物样本资源,2011 年 3 月 14 日,新闻出版总署向各省(自治区、直辖市)新闻出版局,新疆生产建设兵团新闻出版局,解放军总政宣传部新闻出版局,全国各图书、音像和电子出版物出版单位下发《关于进一步加强新闻出版总署出版物样本缴送工作的通知》。通知明确了相关措施:中国版本图书馆定期向新闻出版总署报告出版单位样本缴送情况。出版单位样本缴送情况将作为出版单位等级评估、年度核验的重要参考依据之一。

随着我馆对出版物样本催缴力度的不断加大及总署"通知"的下发,促进了出版单位缴送样本的积极性和主动性,"十二五"期间各出版单位新书样本缴送率明显高于以往,呈持续走高趋势,版本样本新书记到从 2011 年的 21 万册增长至 2015 年近 44.7 万册,5 年增长率达 112%;除去样本记到复本,样本新书贴码装箱量从 2011 年的近 22 万册增长至 2015 年的近 27.6 万册,5 年增长率为 25%;总署样本记到从 2011 年的 157 600 册增长至 2015 年的323 572 册,5 年增长率近 105%。

在新媒体的冲击下,大部分音像电子出版单位及报纸、杂志出版单位进入数字化转型时期,音像电子出版物到馆缴送率呈逐年下降趋势;报纸、期刊到馆率呈基本持平或略有增长的态势,或预示着增长触顶,将拐向回落。

表 1 "十二五"期间(2011—2015 年)中国版本图书馆到馆出版物样本统计表

业务名称	2011 年度 完成总量	2012 年度 完成总量	2013 年度 完成总量	2014 年度 完成总量	2015 年度 完成总量
版本样本新书记到	210 000 册	273 635 册	260 591 册	401 262 册	446 735 册
版本样本新书贴条码装箱	219 740 册	228 931 册	236 967 册	297 668 册	275 644 册
总署样本新书记到	157 600 册	249 789 册	235 914 册	309 829 册	323 572 册
音像电子出版物	20 800 种	19 468 种	12 720 种	14 215 种	12 498 种
报纸记到	582 种	275 种	579 种	477 种	417 种
	5457 册	2017 册	4099 册	3777 册	3798 册
期刊记到	7390 种	7301 种	7942 种	8024 种	8024 种
	59 880 册	54 843 册	60 768 册	68 087 册	67 875 册

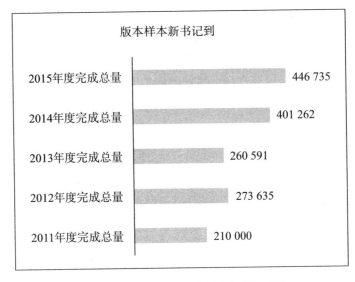

图 1　2011—2015 年版本样书新书记到数

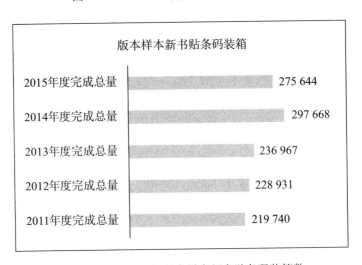

图 2　2011—2015 年版本样书新书贴条码装箱数

在样本藏管方面,以征集到馆的新书样本为基础制作编目数据,编目数据制作完成后对这些新到馆的出版物样本进行入库馆藏。"十二五"期间共收集编制全国 581 家出版单位的出版物编目数据近 130 万条,馆藏量及馆藏数据编目总量持续 5 年稳定增长。与此同时,我馆在编目数据质量方面加大审核力度,保证数据准确、有效、安全,为馆藏资源更好地提供编目数据支撑。

表 2　"十二五"期间(2011—2015 年)中国版本图书馆出版物样本馆藏编目统计表

业务名称	2011 年度完成总量	2012 年度完成总量	2013 年度完成总量	2014 年度完成总量	2015 年度完成总量
版本样本馆藏编目	241 168 种	241 858 种	257 069 种	274 843 种	281 577 种

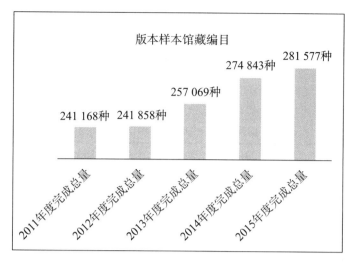

图3 "十二五"期间(2011—2015年)中国版本图书馆版本样本馆藏编目数量

2. 信息化建设情况

作为全馆业务顺利开展的重要基础,"十二五"期间,中国版本图书馆信息化建设水平有了较大提高。计算机数量由181台增至233台,服务器数量由53台增至61台,存储设备由9套增至12套,等保安全防护设备由1台增至9台,单位网络出口带宽由30Mb提升至近100Mb,内网桌面网速由百兆逐步提升至千兆,较好地满足了业务开展的需要。

表3 "十二五"期间(2011—2015年)中国版本图书馆信息化设备数量表

年度	2011	2012	2013	2014	2015
计算机数量(台)	181	193	202	214	233
新购置计算机(台)	5	12	42	12	19
服务器数量(台)	53	55	57	60	61
新购置服务器(台)	0	2	7	3	1
存储设备(套)	9	9	9	11	12
新购置存储(套)	0	0	1	2	1
等保安全防护设备(台)	1	2	2	6	9
新购安全防护硬件设备	0	1	0	4	3

3. 从业人员情况

截至2015年12月31日,中国版本图书馆从业人员总数为105人,其中中级职称37人,高级职称7人。按照岗位序列划分,共有管理人员28人,含硕士10人,本科16人,大专2人。专业技术人员75人,含硕士15人,博士1人,本科43人,大专及以下16人。工勤人员2人,含本科2人。

"十二五"期间中国版本图书馆历年从业人数情况如下:

2011年从业人员总数115人,其中专业技术人员82人。

2012 年从业人员总数 115 人,其中专业技术人员 82 人。

2013 年从业人员总数 105 人,其中专业技术人员 73 人。

2014 年从业人员总数 108 人,其中专业技术人员 74 人。

2015 年从业人员总数 105 人,其中专业技术人员 75 人。

历年专业技术人员占从业人员总数的比例稳定在 70% 左右。

表 4 "十二五"期间(2011—2015 年)中国版本图书从业人员表

年度	2011	2012	2013	2014	2015
从业人员总数	115	115	105	108	105
专业技术人员数量	82	82	73	74	75
专业技术人员占比	71.30%	71.30%	69.52%	68.52%	71.43%

4. 书号、条码、CIP 业务工作

机构整合后,中国版本图书馆首次拥有了书号实名申领、条码制作、图书在版编目数据制作等全套出版物标识管理业务。负责中央在京 140 余家出版单位书号发放,全国出版单位音像电子出版物专用书号发放,全国出版单位的期刊条码制作、配合本版出版物出版电子音像出版物(书配盘)和盘配书条码的制作,以及全国出版物的图书在版编目数据制作工作。

表 5 "十二五"期间(2011—2015 年)中国版本图书馆书号、条码、CIP 完成情况表

业务名称		2011 年度完成总量	2012 年度完成总量	2013 年度完成总量	2014 年度完成总量	2015 年度完成总量
书号条码	中央在京图书书号条码实名审核、核发(单位:个)	58 506	68 471	75 474	80 118	82 874
	全国音像出版物书号条码核发(单位:个)	9649	10 522	14 478	13 552	8967
	全国电子出版物书号条码核发(单位:个)	6187	5951	9043	11 268	8054
	全国期刊条码制作(单位:个)	12 939	27 130	38 331	53 312	62 579
	全国电子出版物专用书号条码核发(单位:个)	231	417	632	610	229
	全国音像出版物专用书号条码核发(单位:个)	346	382	436	385	377
	全国更换出版者前缀(单位:家)	110	98	73	92	109
图书在版编目 CIP	标引(单位:条)	230 167	285 000	308 000	306 510	319 108
	修订(单位:条)	33 422	73 607	91 977	105 474	98 073

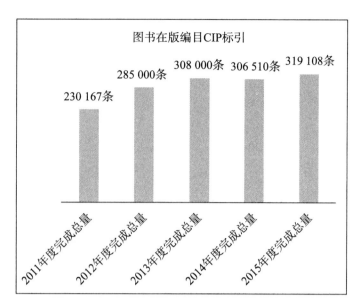

图4 "十二五"期间(2011—2015 年)中国版本图书馆图书在版编目 CIP 标引数量

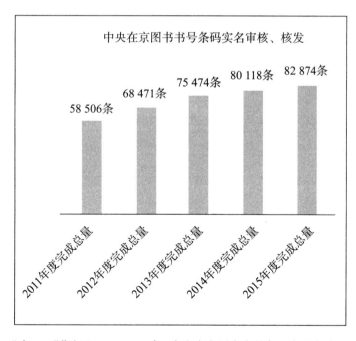

图5 "十二五"期间(2011—2015 年)中央在京图书书号条码实名审核核发数量

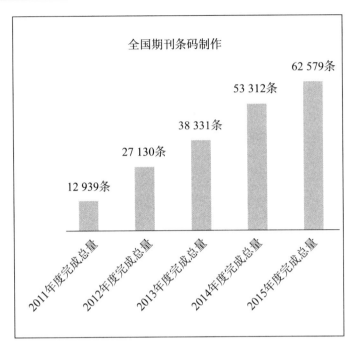

图6 "十二五"期间(2011—2015年)全国期刊条码制作数量

5. 举办展览情况

"十二五"期间,中国版本图书馆共在国内外举办了21个不同风格和主题的"中国版本图书馆藏品选展",在开发版本资源、弘扬中华文明、扩大对外交流、促进文化繁荣等方面取得了出色成绩。

表6 "十二五"期间(2011—2015年)中国版本图书馆办展数量表

年度	2011	2012	2013	2014	2015
办展数量	4	5	3	4	5

三、"十二五"期间开展的主要工作

中国版本图书馆以建设具备"版本收藏研究中心、图书管理中心、出版信息中心"功能的一流图书馆为发展目标,在我国的文化建设与新闻出版业的发展中发挥着重要的作用。目前,中国版本图书馆下辖办公室、人力资源部、党委办公室、综合业务部、出版物标识部、样本征集部、样本藏管部、信息技术部、数据研发部、对外合作部10个处室,另有下属《全国新书目》杂志社。中国版本图书馆的主要职责为:

(一)履行全国正式出版物征集典藏职责。

(二)负责国家新闻出版广电总局委托的全国出版单位出版的图书、音像和电子出版物样书(本)的接收与实物管理。

(三)实施版本文化资源保护工程,负责版本文化资源的整理、发掘、抢救与保护。

（四）负责《中国标准书号》《中国标准书号条码》《中国标准连续出版物号》《中国标准刊号条码》和《图书在版编目数据》等出版物标识标准的贯彻与实施，指导和监督出版物标识的规范使用，负责与相关国际组织的交流与合作。

（五）负责全国出版者号（含公共出版者号）和出版者档案的登记与管理。

（六）承担全国出版单位书号实名申领的相关工作，负责相关信息系统建设和技术维护，编制发放中国标准书号、出版物条码、图书在版编目数据核字号等。

（七）负责出版物元数据库、图书在版编目数据库、版本征集馆藏数据库的建设与管理，提供相关的技术咨询与公共信息服务。

截至 2015 年底，共收藏各类出版物版本 500 多万种（册），其中图书 501 万种，期刊 28 万册，期刊、报纸合订本 36 万册，音像制品、电子出版物 32 万种。每年新增馆藏图书版本 30 余万种（册），期刊 8 万余册，报纸合订本 3000 余册，音像制品及电子出版物 1 万余种。中国版本图书馆收藏的出版物以其品种多、版本全为主要特征。凡是国内的正式出版物，均在收藏之列。除普通图书、期刊、报纸外，还包括各种图片、画册、卷轴、连环画、年历、挂历、明信片、碑帖、拓片、乐谱、地图、中小学课本、教学挂图、低幼读物、技术标准、影印古籍、音像制品、盲人读物等。

书号、条码、图书在版编目（CIP）是出版管理的重要手段。目前其日常运营均由中国版本图书馆负责。2009 年，"书号实名申领信息系统"正式上线，中国版本图书馆负责中央在京 140 余家出版单位的书号发放工作。2011 年该系统升级改造并于年底上线运行。目前运行平稳有序，年书号发放量稳步上升。音像电子出版物专用书号实名申领信息系统也于 2015 年开始试运行。作为新闻出版管理重要手段之一的图书在版编目工作系统自 1999 年起覆盖全国所有出版单位，经过三次升级改造后现年核发量超过 30 万条。现正在与书号实名申领系统进行衔接整合。

在以上业务基础上，中国版本图书馆独家拥有全国图书在版编目（CIP）数据库、书号申领及条码发放数据库、馆藏出版物编目数据库等三大国家级数据库，具备为政府、行业和社会提供数据服务的独家优势。通过对数据的研究利用，进一步发掘服务潜力，使数据资源宝藏在为出版管理部门提供出版趋势统计分析服务、为出版单位提供选题查重服务、为发行单位提供新书目录服务、为图书馆提供馆配信息服务、为"扫黄打非"工作提供正版出版物信息查询服务、为读者和"全民阅读活动"提供推荐好书服务，以及为国外出版发行机构提供中国出版物版权和实物贸易资源信息查询服务等方面做出了应有的贡献。依托馆藏资源，近年来中国版本图书馆在国内外举办了 50 多个不同风格和主题的"中国版本图书馆藏品选展"，在开发版本资源、弘扬中华文明、扩大对外交流、促进文化繁荣等方面取得了出色成绩，已成为文化宣传工作的新品牌，享誉海内外。

1. 馆藏资源建设

（1）样本资源抢救工程

中国版本图书馆自 1950 年建馆以来，已经为国家收藏出版物样本 500 多万种，音像资料总节目长度约在 30 万小时以上，但是，由于样本保存时间长、保存条件有限，一批馆藏样本处于濒危状态，而馆藏样本又是不可再生资源，其文物、文化和学术价值不断攀升，所以必须加强馆藏样本资源的保护抢救工作。

从 2008 年起,经过论证规划我馆启动馆藏样本资源抢救工程,抢救内容为处于濒危状态、早期征缴到馆的出版物样本。根据 2007 年报批的规划方案,具体抢救样本为:2005 年前征缴到馆的磁介质录音录像带样本、光盘介质 CD-ROM、VCD、DVD 样本;1980 年前征缴到馆的年画、木刻水印卷轴样本;1958 年前的老图书及 1995 年前的绘本连环画样本等。整个工程项目分阶段按每期 3 年规划报批实施,截至 2015 年年底,该工程已完成第三期第一年的抢救任务。"十二五"期间各类介质出版物样本抢救数量为:录音带样本总量 2 万小时;光盘介质 CD-ROM、VCD、DVD 样本总量 8800 小时;年画、木刻水印卷轴样本总量 4.1 万张;老图书样本总量 372 万页;绘本连环画样本总量 304 万页;老期刊(尝试性抢救)102 万页。

对馆藏资源利用现代技术手段进行数字化,不仅达到了安全保存的目的,而且推进了中国版本图书馆数字化工作的进程,创新了馆藏管理方式,为更加有效地服务于社会公共文化事业奠定基础。2015 年 3 月,样本资源抢救工程项目绩效评价顺利完成,综合绩效级别为"有效"。评价认为,通过项目实施较好地保护了馆藏版本资源,利用抢救成果,在服务行业、服务出版管理、服务社会等方面,逐步进行了一些探索和初步的应用,取得了良好的社会效益和宣传效果。

表7 "十二五"期间(2011—2015 年)中国版本图书馆各类介质出版物样本抢救数量表

业务名称	完成总量
录音带样本	2 万小时
光盘介质 CD-ROM、VCD、DVD 样本	8800 小时
年画、木刻水印卷轴样本	4.1 万张
老图书样本	372 万页
绘本连环画样本	304 万页
老期刊(尝试性抢救)	102 万页

(2)出版物样本信息采集项目

中国版本图书馆出版物样本信息采集加工项目工作,丰富了前期只有文本信息的编目数据,展现出一种新的图文并茂的书目信息。为出版发行单位、管理部门及图书馆等提供丰富的书目信息资源的服务。自 2013 年 4 月起,中国版本图书馆对征集到馆的 175 万页图书样本进行了探索性的数字化扫描采集加工工作,使传统的依图书实物编目方式开始逐步向"依图编目"方式转变。出版物样本信息采集 2013 年度完成总量为 1 750 054 页,173 173 册;2014 年度完成总量为 1 927 551 页,258 584 册;2015 年度完成总量 2 024 655 页,278 506 册。三年总计完成出版物样本信息采集加工 5 702 260 页,710 263 册。

两年多的探索表明,"依图编目"工作方式,优化了征集藏管工作的业务流程和工作效率,提高了数据采集、数据制作速度,缩短了图书样本实物从到馆到入库典藏的周期,从而提高了样本的安全性和数据的时效性,同时可为出版发行单位、管理单位及图书馆等提供丰富的书目信息资源的服务。

表8　2013—2015年中国版本图书馆出版物样本信息采集加工数量表

业务名称	2013年度完成总量	2014年度完成总量	2015年度完成总量
出版物样本信息采集加工	1 750 054 页	1 927 551 页	2 024 655 页
	173 173 册	258 584 册	278 506 册

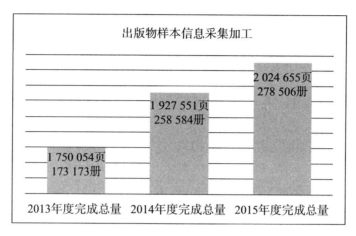

图7　2013—2015年中国版本图书馆出版物样本信息采集加工数量图

（3）样本资产管理项目

中国版本图书馆典藏品样本资产管理项目要求对全部征缴到馆的出版物样本进行资产清理、整理、登记、管理等,本项目作为长期项目分步实施。

从2012年起中国版本图书馆正式启动实施样本资产管理项目,建立馆藏样本资产管理机制,逐步将馆藏样品进行信息化管理。2012年启动的"三个子项目"是整体规划的第一步,包括:样本资产管理系统定制开发、1958年前图书资产整理、1949年至1989年期刊合订本资产整理等,其中样本资产管理系统定制开发项目由以色列艾利贝斯有限公司开发,并在我馆的ALEPH500图书馆自动化集成系统基础上,根据版本样本资产管理需求进行了功能拓展,有效实现样本登到、粘贴资产条码、样本装箱、数据著录、数据审核、典藏入库、生成资产汇总表、建立资产账目等完整的资产管理流程。

2012年12月20日,中国版本图书馆2012年典藏品资产管理项目由我馆组织专家在馆内进行验收并通过,本年度共整理完成图书样本5万种册,期刊合订本4万册;2013样本资产管理项目稳步推进,共完成老期刊合订本8万册,图书5.5万册;2014年样本资产管理项目完成老期刊合订本约12万册;2015年样本资产整理项目完成约1.4万册老期刊合订本、9万余种2008至2009年到馆图书、4000余种特藏大开本。

表9　2012—2015年中国版本图书馆样本资产管理完成数量表

实施时间	业务名称	完成总量
2012 年	1958 年前的图书样本	5 万种
	老期刊合订本	4 万册
2013 年	1958 年前的图书样本	5.5 万册
	老期刊合订本	8 万册

续表

实施时间	业务名称	完成总量
2014 年	老期刊合订本	12 万册
2015 年	老期刊合订本	1.4 万册
	2008 至 2009 年的到馆图书样本	9 万余种
	特藏大开本出版物	4000 余种

（4）文物藏品目录整理项目

根据总局出版博物馆筹备办的委托，中国版本图书馆于 2015 年 7 月至 12 月组织开展文物藏品目录整理项目实施工作。根据项目实施方案中的任务目标，通过对近 20 万种藏品约 15 万条数据进行整理、比对、排序、筛重等，最终确定文物藏品目录，做到目录与实物相对应。此次共整理出老宣传画及木版水印画 131 472 张；1970 年前出版的连环画 37 817 册；1970 年前红色出版物 3231 种；毛泽东著作、语录 9532 种；1949 年前出版物 1128 册。按照"中国出版博物馆文物藏品目录整理工作方案"要求的样表进行登记整理并印制成册进行报送。

2. 着力打造基础平台

"十二五"期间，面对新时期新闻出版业转型升级带来的机遇与挑战，中国版本图书馆坚持从基础入手，重视馆舍条件改善，加强信息化建设，开展服务能力建设，业务平台日趋完善，为全馆业务的顺利开展打下了良好基础。

（1）馆舍建设

中国版本图书馆现有综合业务楼一栋，书库两个。其中，综合业务楼坐落于北京市东城区先晓胡同 10 号，1999 年正式投入使用。典藏样本书库位于北京市大兴区，1992 年投入使用。出版物样本书库位于北京市通州区。

自 2011 年以来，为改善办公条件与样本保藏环境，中国版本图书馆针对综合业务楼与书库进行了多项改造。其中，2011 年，实施了中国版本图书馆大兴书库室内改造工程和中国版本图书馆更换电梯工程，分别对大兴书库的电路设施和综合业务楼的电梯进行了改造和更换，排除了安全隐患；2012 年，实施了中国版本图书馆书库安防工程，运用现代化的技防手段对我馆存放样本的大兴、宋庄书库，馆区书库楼，办公区机房，人、财、物等重点区域和部位实行 24 小时无缝监控，配合原有的值班人员，采用技防、人防相结合的方法为及时发现和消除各类安全隐患、防患未然、确保馆藏出版物样本和人员、物资、设备的安全提供了双保险；2014 年，实施了中国版本图书馆办公楼箱式变电站及低压电缆改造工程，为事业职能的发挥和业务工作的安全顺利进行提供了保障。

（2）信息化建设

2013 年 3 月中国版本图书馆完成对网站的升级改造，实现馆藏资源检索、CIP 核字号验证、全国出版社名录查询及书号实名申领、图书在版编目等相关业务指导功能。网站立足行业需要，共设有 25 个栏目。除一些常规栏目，还开设了一些特别栏目，如反映"版本收藏研究中心"的《版本文化》《藏品展示》《版本征集动态》等，集中展示丰富的馆藏出版物及研究成果；又如反映"图书管理中心"的《出版物管理业务办理》《在版编目》《版本征馆藏》等，指导出版单位开展书号实名申领、更换出版者前缀及填报图书在版编目数据等业务工作。除设有详细的书号实名申领及 CIP 业务指南,网站还提供系统的客户端下载,申报条码、申请出版者前缀等各项文件的下载功能。并针对出版社咨询较多的 ISBN 升位问题,特别设置了 ISBN 10—13 位在线转换功能,实现大量业务问题的自助处理。

"十二五"期间,中国版本图书馆对各个业务系统均进行了升级改造。样书征集馆藏系统 Aleph500 由 18 版升级到 20 版,升级完善"图书在版编目(CIP)三期系统"和"书号实名申领信息系统"的功能。开发了"音像电子出版物专用书号实名申领信息系统"并于 2015 年 1 月 1 日在全国范围内正式上线运行。旨在对现有各个系统进行有机整合,打通信息孤岛的"全国出版物信息管理系统"也正在有条不紊地开发中。

硬件方面,"十二五"期间,为满足信息化的需要,我馆新增服务器设备 13 台,将部署于老旧设备的重要业务系统迁移,配置数据库备份机制。更新老旧网络设备,提升内网传输带宽,为适应快速增长的数据存储要求,特别是大量非结构化数据的存储,进行存储设备的升级扩容,增加 IBM 磁盘阵列三套,曙光云存储一套,并对磁带库进行了扩容,增加 440 个磁带槽位。为保障机房用电安全,在原有单路 UPS 的基础上,布置双路 UPS 到机柜,保证一路 UPS 故障情况下设备能正常运行。另补充新的电池组,增加断电后的 UPS 续航时间,保证市电故障后设备仍能运行四小时以上。业务系统按照信息系统等级保护三级的要求实施安全建设和整改,增加等保安全防护设备 20 台,新购安全硬件防护设备 8 套,确保了业务系统的安全稳定。

(3)服务能力建设

2014 年,中国版本图书馆成功申请出版物标识管理与公共服务标准化试点项目,成为新闻出版行业成功申请国家级标准化试点的第一批单位之一。出版物标识管理与公共服务标准化试点项目是我馆首次申请成功的国家级项目,主要由出版物标识部承担,有关部室协助配合。目标是通过整合馆内资源,优化工作流程,促进标准在行业中规范实施,增强为管理部门提供数据保障,为行业发展提供支持,为社会提供信息服务的能力。2015 年 5 月 22 日,项目接受北京市质量技术监督局评估专家组检查,顺利通过 2014 年度国家级社会管理与公共服务综合标准化试点中期评估。

专家组在听取汇报、查阅相关材料、查看服务现场、现场质询后,按照《社会管理和公共服务综合标准化试点评估计分表(试行)》检查打分,经深入讨论得出中期评估结论。结论对我馆给予了较高评价,认为出版物标识管理与公共服务标准化试点项目有以下三个特点:一是推动有力,单位领导高度重视试点工作,成立了领导组织机构,建立了标准化管理机制,确立了工作目标,较好地完成了计划任务;二是目标明确,围绕标准书号、在版编目数据初步建立了出版物标识标准体系,制定了相关标准,并建立了相应的信息系统,实现了出版物标识管理与服务;三是初见成效,通过试点建设规范管理,提高效率,提升了服务质量,出版单位满意度显著提高。同时专家组对项目下一步工作提出了专业翔实的意见建议。目前项目建设正在顺利开展中。通过该试点项目的建设,旨在进一步为出版行业提供优质服务,规范出版物标识的使用和管理。

3. 书号条码 CIP 服务

中国版本图书馆承担 CIP 国家标准的实施工作以来,从 1993 年年初人民出版社等 41

家出版社参加试点图书在版编目,1994 年扩大至在京所有出版社,到目前,CIP 国家标准实施已经覆盖全国所有 580 余家出版社;CIP 工作模式也从"手工操作"发展到"网络编目",2009 年 8 月,全国图书在版编目系统(三期)正式上线运行,该项目开发完成了出版社端书源管理、CIP 业务制作管理、各省新闻出版局监管等子系统的建设,突出了图书 CIP 申报、制作和发布等功能。"十二五"期间 CIP 年编制量逐年递增,从 2011 年的 23 万条增长至 2015 年的 32 万条,5 年间涨幅达 39%。

在加强 CIP 工作规范的同时,我馆还注重 CIP 数据资源的开发利用。其一,通过中国新闻出版信息网向全社会发布 CIP 数据,实现了 CIP 数据资源的社会共享;其二,利用 CIP 数据多次为政府主管部门宏观管理、"扫黄打非"工作、保护知识产权等提供数据服务;其三,利用 CIP 数据的预测性、权威性、全面为行业内外提供数据信息服务。

2010 年 5 月,通过机构职能调整,中国版本图书馆恢复建制并加挂条码中心的牌子,书号、条码管理被纳入中国版本图书馆的工作职能之中。目前,全国出版的图书、音像制品、电子出版物和期刊均已使用条码标识。2012 年 7 月,"书号实名申领信息系统(二期)"建成并陆续在全国出版社上线运行。截至当年 11 月,该项目系统推广培训和上线运行工作圆满完成,顺利实现全国 581 家出版社及核发单位由书号实名申领信息系统一期向二期的切换。

2013 年 1 月 22 日,中国版本图书馆"书号实名申领信息系统(二期)"项目,由总局数字出版司组织专家验收通过。"二期"系统上线运行后,系统功能更加完善,操作更加方便,性能更加优良:增加人性化服务,实现离线填报书号,管理水平得到显著提高;配合内容管理,加强系统的实时监管功能,系统监管能力明显增强,有效实现了我馆"对外服务、对内管理"的目标。

为完善音像电子出版物专用书号管理办法,2013 年根据行业发展和规范管理的需要,针对音像电子行业普遍提出的尽快实现书号网络申报和配发的需求,出版管理司组织中国版本图书馆对音像电子出版物专用书号的核发工作进行了专项调研,认为在 2014 年开展网络实名申领书号工作已具备条件。该系统于 2015 年 1 月 1 日上线试运行。试运行期间,工作流程清晰,各环责任明确,选题审核、书号发放效率都大幅提高,获得使用者的一致好评。出版行政管理部门通过该系统加强了审核把关力度,实现了关口前移。

为履行好对出版前书号、条码、在版编目进行技术编制和管理的职能,中国版本图书馆在"十二五"期间,每年精心筹备和组织召开两次书号、条码、CIP、样本征缴会议。

每年上半年进行中央在京书号条码 CIP 样本征缴业务交流会,参会对象直接面对中央在京出版单位具体负责书号、条码、CIP 的相关业务人员,经过五年轮训,中国版本图书馆负责的全部 147 家中央在京出版单位和各部委负责书号核发的出版单位已全部完成交流座谈。通过经验交流、专家研讨、公布当年各项数据质量抽检结果等相关举措,不仅促进和提升了中国版本图书馆业务数据质量和工作水平,也加深了中国版本图书馆与出版单位之间的交流合作,并形成良性互动。

每年下半年中国版本图书馆与新闻出版广电总局出版管理司联合召开全国书号条码 CIP 样本征缴管理座谈会,参加会议的对象是全国各省(市)出版局出版管理部门负责人以及部分出版单位业务人员,结合我馆的基本职能,就切实加强和完善书号、条码、CIP、样本缴送等工作,提出要求和意见。经过 5 年的集中座谈,已完成全国 300 多家出版单位的管理交流工作。

每年两次会议将出版管理方面的宏观发展趋势与我馆的具体业务需求紧密结合,前瞻性强、指导性强,已逐步成为业界品牌,为版本馆事业的发展起到积极推进作用,充分地发挥了中国版本图书馆交流信息、指导发展的桥梁和纽带作用。

4. 标准规范制定修订工作

中国版本图书馆作为协助总局行使出版物管理职能的重要单位,长期积极参与新闻出版行业各类标准规范的制定修订工作。其中,2011 年起草了《中国标准书号申领信息填写规范》行业标准,承担了电子书标准项目的通用组副组长工作,负责《电子书标识》《电子书元数据》两项标准的起草工作,参加《中国标准录音制品编码》实施办法讨论会及中国标准录音制品编码国家标准培训,顺利实现 ISRC 标准与书号标准的衔接。2012 年完成了《电子书元数据》《电子图书版权页》两项标准的征求意见稿,配合总署出版管理司制定修订音像制品书号实名核发管理办法。2013 年参加了《电子图书元数据》行业标准审查会、《电子图书版权页》《电子图书质量规范》工作组会议,完成了《电子图书元数据》标准批报稿、《出版管理业务工作手册》草稿。2015 年参与了由总局出版管理司牵头的《电子出版物管理规定》《电子书系列标准实施细则》制定工作,由我国主导制定的第一项国际标准 ISLI 的国标落地工作,《资源标识应用规范》《全国统一刊号》的标准制修订工作,以及《电子图书标识》标准的起草、制定和授课、调研工作。

5. 中国 ISBN 中心工作

国际 ISBN 中心成立于 1972 年,设立在德国柏林国家图书馆内,2005 年迁至伦敦并注册为会员制组织,董事会委员五名,工作成员八名。该组织是全球 ISBN 系统的管理机构,每年召开两次会议,解决 ISBN 业务中的主要问题,以利于不断推动 ISBN 系统的持续发展。目前已有 166 个国家和地区成为 ISBN 系统的会员。

国际 ISBN 中心迁至伦敦后,其管理工作由 EDItEUR(Electronic Data Interchange to Europe,欧美电子数据交换组织)负责。EDItEUR 是推动出版业电子贸易标准发展的国际性组织,主要任务:推动出版业电子贸易标准化、出版产品信息标准化、电子标签、数字出版标识、版权管理及交易等方面的研究和应用。

ISBN 系统的管理体系如下:

ISBN 系统的行政管理分三级:国际 ISBN 管理机构(国际 ISBN 中心)、ISBN 组区管理机构和出版者。

国际 ISBN 管理机构通过组号设置和分配对各组区管理机构进行管理。

ISBN 组区管理机构通过出版者号的设置和分配对各出版者进行管理。

出版者通过出版序号的分配对其出版物进行直接管理。

国际 ISBN 管理机构代表全球的 ISBN 系统用户加入 EAN·UCC 系统,ISBN 用户只需接受 ISBN 系统内的管理,通过国际 ISBN 管理机构、ISBN 组区管理机构以及出版者的三级管理,对每一出版物(包括同一出版物的不同形式)赋予不同的编码,保证了该编码在世界范围内的唯一性。

中国 ISBN 中心成立于 1982 年,是国际 ISBN 中心会员。2003 年 4 月,根据政府职能的转变和调整,新闻出版总署将"中国 ISBN 中心"划归新闻出版总署条码中心管理。2010 年 5

月,中国版本图书馆加挂新闻出版总署条码中心牌子,中国版本图书馆馆长兼任中国 ISBN 中心主任。

中国 ISBN 中心的主要职能是:

(一)负责中国标准书号国家标准的修订和实施;

(二)负责全国出版者、出版物数据库和元数据的建立、管理和维护,定期编制和草拟向新闻出版总署、国际 ISBN 中心报送的有关数据及工作报告;

(三)负责图书出版单位、音像出版单位、电子出版单位和单项电子出版物出版者前缀的登记、管理及图书、音像、电子出版物书号的发放和打印;

(四)负责中国标准书号使用情况的监督检查,定期提出综合分析报告;

(五)负责向有关出版、发行、图书资料单位和出版行政管理部门提供关于使用中国标准书号的技术咨询、信息服务,以及相关业务培训;

(六)代表国内所有出版者与国际 ISBN 中心联系;

(七)负责 ISBN 业务系统的运转和维护工作;

(八)负责 ISBN 网站的业务建设、相关资源开发利用及网站维护;

(九)协调解决出版、发行、图书、情报各部门在使用书号时遇到的问题。

中国版本图书馆一直认真履行中国 ISBN 中心职能,积极参与国际 ISBN 中心相关业务,积极参加 ISBN 国际年度会议,掌握国际前沿动态,加强对外交流。近年来完成了翻译国际 ISBN 中心有关乐谱出版物标准使用手册和宣传资料等工作。2015 年完成了《国际 ISBN 标准跟踪修订研究》研究报告并通过了专家评审。每年按时完成 PIID 数据审核,2015 年在国际 ISBN 中心改变 PIID 及前缀进展报告提交方式和提交格式,很多地区中心未能按时提交的情况下,提前完成工作并提交文档,受到国际 ISBN 中心的好评。

6. 全国出版物信息管理系统建设

建馆 60 年来,中国版本图书馆馆藏丰富、版本齐全,形成了新中国出版物版本及其信息资源总库,见证了新中国成立以来新闻出版事业取得的辉煌成就。

为做好出版资源信息整合,彻底解决书号实名申领、CIP、条码等核心环节的业务一体化管理和数据共享的问题。2014 年 2 月,总局批准我馆建设"全国出版物信息管理系统"项目,建设周期 2 年,预计 2016 年建成投入使用。

"全国出版物信息管理系统"利用 CNONIX 标准和信息化技术手段实现书号实名申领、CIP 和样书管理三个业务系统的整合;为图书出版单位提供统一的信息处理客户端,建立与出版社 ERP 系统之间的接口,保证图书出版、销售、管理业务链的信息畅通、操作顺畅,提高图书出版的工作效率,降低成本,打造一个全新的出版工作环境,形成完整的出版物标识和版本信息管理的工作链条和工作机制,为全国出版单位和主管单位提供一个安全可靠、方便实用的出版物信息管理及服务系统。

"全国出版物信息管理系统"项目建设通过科学统筹和有效组织协调,朝着"国家出版物数据中心"资源平台的目标稳步前进。以整合信息系统资源为核心,依托出版物数据库群的建设,建立权威统一的包括行业基础数据、业务信息、内容资源等在内的出版物数据中心。实现出版物行业信息资源采集、存储和共享的统一管理,为出版单位及总局内部政务系统提供基础数据支撑的数据库,为大数据时代的行业管理和应用提供集成服务,促进信息基础设施和应用系统效能最大化。

7. 高素质的人才队伍

中国版本图书馆一直坚持以人才立馆的理念,着力提高人员素质,打造服务团队。2011—2015 年共引进录用博士生 1 人,硕士生 10 人,本科生 6 人。截至 2015 年年底,硕士以上学历职工占我馆职工总数的 24.76%。同时,中国版本图书馆一贯重视对管理人员和专业技术人员的专业技术培养工作,鼓励职工进行学习和深造。近 5 年来,支持资助了多名同志与本岗工作有关的学历继续教育。在出版专业职业培训方面,每年都为十余人次职业培训提供资助。通过举办专题讲座、版本讲坛、青年论坛等方式,邀请业界专家授课,鼓励青年职工创新,交流了经验,激发了活力。干部职工个人能力的提升推动了我馆业务的更好开展。

在加强业务能力建设的同时,2013 年以来,我馆坚持理想信念教育,开展了"延安精神铸馆魂"系列活动,多次邀请中国延安干部学院专家及著名哲学家、《理想信念的理论支撑》一书的作者孙正聿教授来中国版本图书馆做报告。通过听报告、到延安见学、召开座谈会、撰写心得体会等具体活动,党员干部职工思想政治素质得到提升,也加深了对党章和习总书记讲话精神的理解。"延安精神铸馆魂"活动已上升为总局系统的三大党建品牌之一。

8. "经典中国国际出版工程"秘书处

"经典中国国际出版工程"是国家新闻出版广电总局为鼓励和支持适合国外市场需求的外向型优秀图书选题的出版,有效推动中国图书"走出去"而直接抓的一项重点骨干工程,2009 年 10 月启动,目前秘书处设在中国版本图书馆。

"经典中国国际出版工程"采用项目管理方式资助外向型优秀图书选题的翻译和出版。自2009 年启动以来,"经典中国国际出版工程"已经连续实施了 7 年,至今共资助 2581 个品种,资助总金额达 16 598.34 万元,214 家出版社受到资助,输出地涉及 56 个国家和地区,共涉及 40 个语种。"经典中国国际出版工程"办公室另行委托的"中国当代作品翻译工程"至今共资助52 个品种,输出地涉及 14 国家和地区,共涉及 14 语种。共有 17 家出版社受到资助。

"经典中国国际出版工程"是一个高规格的国家级重点项目,也是一个涉及面广、工作量大的系统工程。秘书处及中国版本图书馆一直在积极探讨"经典中国国际出版工程"服务工作的创新思路,力争使今后的工作在服务理念、管理形态、宣传模式、推广力度、品牌建设等多方面呈现出新气象。我们将充分发挥自身的团队优势、经验优势、区位优势和资源优势,在总局领导、馆领导班子和全体员工的大力支持下,遵循高标准、严要求的原则,扎实细致地将"经典中国国际出版工程"的服务工作提升到一个新的水平。

9. 享誉海内外的中国版本图书馆藏品选展

近年来,在各级领导及各地同行的大力支持下,中国版本图书馆在国内外举办了 50 多个不同风格和主题的"中国版本图书馆藏品选展",在开发版本资源、弘扬中华文明、扩大对外交流、促进文化繁荣等方面取得了出色成绩。这些展览展现出特有的内涵和魅力,成为当地一大文化盛事,得到了海内外观众的广泛好评。

其中,2007 年 8 月在沈阳举办的"文化中国·中国版本图书馆宣传画藏品选展"荣获中国东北文化产业博览交易会组委会颁发的"优秀产品展品奖",2009 年 9 月在德国举办的"中国连环画选展"荣获法兰克福国际书展中国主宾国活动组委会颁发的"优秀活动二等奖",2011 年 5 月在哈尔滨举办的"光辉的历程·庆祝建党 90 周年、纪念辛亥革命 100 周年出版物展"荣获第 21 届全国图书交易博览会组委会颁发的"活动创意奖",2015 年 5 月在美国举办的"中美互译出版成果展"荣获 2015 年美国书展中国主宾国活动组委会颁发的"优秀创意奖",国家新闻出版广电总局副局长吴尚之对 2015 年 5 月中国版本图书馆在加拿大举办的"纪念世界反法西斯战争胜利 70 周年暨纪念白求恩中文图书及图片巡展"的圆满成功做出专门批示,提出表扬。

现在,中国版本图书馆的馆藏展已成为文化宣传工作的新品牌,享誉海内外。

10. 全国新书目　中国新书英文版

《全国新书目》杂志自 1951 年创刊以来一直是全国唯一公开发行的大型书目信息刊物,创刊 60 多年来,每月度刊载中国版本图书馆最新 CIP 数据,为国家级各图书馆和各地方图书馆、中小学图书馆提供权威准确的书目信息,目前杂志电子版用户总数超过 5000 份。2012 年 3 月,新闻出版总署发文,同意设立《全国新书目》杂志有限责任公司,《全国新书目》杂志和《中国新书》(英文版)完成转企改制工作,《全国新书目》杂志有限责任公司负责《全国新书目》和《中国新书》(英文版)两本杂志的出版发行工作。

"十二五"期间,《全国新书目》杂志根据总局部署,加强对主题出版的宣传力度,推动相关图书阅读活动,全面系统地安排主题出版的宣传报道,发表推介文章和专题书评,以重点位置和相当的篇幅报道马克思主义研究专题、世界社会主义研究专题图书,注意突出导向性。

为配合全民阅读活动,特别开辟"全民阅读"专栏,精选各出版社优秀图书集中推介,在相关栏目以书讯、书摘、书评等形式推介人生励志出版物、少数民族出版物、中国原创文学出版物、科普生活类图书。在参与和推动全民阅读活动中,发挥着重要的作用,

从 2015 年 5 月开始,《全国新书目》杂志特别设立"丝路书香"栏目,通过各种形式的文章全面报道"丝路书香工程"的战略意义、项目内容、对外合作机制经验以及新闻出版"走出去"成果,重点推介"一带一路"主题图书,取得良好的宣传效果。

《中国新书》(英文版)杂志作为总局和国务院新闻办共同创立的"中国图书对外推广计划"的机关刊已编辑出版了 8 年。从 2007 年创刊的第一天开始,就承担着为"中国出版走出去"的使命和责任。在中国图书对外推广计划领导小组和成员单位的指导和支持下,杂志围绕着中国图书对外推广计划的中心工作,围绕着各成员单位走出去战略,向世界传播了中华文化,推介了中国出版人、中国出版物和中国出版业。

在"十二五"期间杂志社为促进发行和对外宣传推广工作,多次组织出版专刊,覆盖包括德国法兰克福书展、英国伦敦书展、美国纽约书展等国际主要的书展,全力推介中国输出版图书,进一步提升杂志的国际影响力和为中国图书对外推广计划服务的能力,受到海外展商普遍认可。

11. 依托自身资源提供信息服务

近 5 年来,除通过馆藏品选展方式弘扬中华文明、促进文化繁荣外,中国版本图书馆还依托自身资源,为社会各界提供了多种信息服务。如为出版社提供更深层次的服务(包括选

题论证、项目申报等）。根据来函为各级公检法机关知识产权案件提供相关资料。为"扫黄打非"工作提供正版出版物信息查询服务。为读者和"全民阅读活动"提供推荐好书服务。为国外出版发行机构提供中国出版物版权和实物贸易资源信息查询服务。中国版本图书馆还与中国延安干部学院开展合作，使中国延安干部学院的教育展示平台优势和中国版本图书馆权威丰富的馆藏文献资源优势形成强强联合，在干部教育以及开展党性党风党纪教育研究等方面充分发挥了作用。

同时，中国版本图书馆还根据上级机关的特定需求，及时提供相应主题的数据服务。从2014年1季度开始，每季度向总局出版管理司报送一期图书出版信息专报，为总局出版管理司的决策提供参考和服务。图书出版信息专报充分发挥了中国版本图书馆丰富的出版物数据资源优势，利用我馆最新的 CIP 数据和书号数据，科学、准确地分析当季全国图书出版的总体情况和总体趋势，内容主要包括从 CIP 数据看全国图书出版走势与主要变化、教育类图书出版情况、各省图书出版数据、各出版社图书出版数据等。从2014年7月开始，根据出版管理司的管理要求，每月月初提供 CIP 数据统计月报。统计月报，依据 CIP 数据，以表格的形式，统计每月各大类新书出版情况，及与上一年同月同类的图书出版对比的增减比率。同时，提供当月申报制作 CIP 数量排名前10名的出版社。统计月报数据比较准确，信息一目了然。近年来，还先后向出版管理司提供了2013、2014年社会主义核心价值观图书数据，全国500多家出版社2012、2013年的 CIP 统计数据，2014年高校出版社图书出版数据，2006以来我国翻译出版的韩国图书数据等各种数据及相应的分析报告。

12. 网络文学标识工作

2014年12月，为深入贯彻党的十八大和十八届三中、四中全会部署，认真落实习近平总书记在文艺工作座谈会上的重要讲话精神，推动网络文学健康有序发展，国家新闻出版广电总局印发了《关于推动网络文学健康发展的指导意见》（以下简称《意见》）。《意见》指出，推动网络文学健康有序发展，对繁荣文学创作，引导文艺创新，提升数字出版产品质量和服务水平，培育出版产业新的增长点，丰富网络内容建设，激发民族文化创造活力，满足人民群众精神文化需求，增强国家文化软实力等都具有重要意义。

《意见》中提到，建立完善作品管理制度。坚持有利于企业管理、有利于公众查询、有利于版权保护及利用的原则，加快推动网络文学作品登记识别、标识申领、存储分类等作品管理技术标准研发，建立兼容性强、使用便捷的原创网络文学作品编目系统、版权信息系统和社会公示及查询系统，逐步建立完善海量网络文学作品有效管理制度。作为协助总局进行出版物管理的主要单位，中国版本图书馆就网络文学工作的标识管理工作进行了充分的调研论证，相关工作正有条不紊地进行中，未来将通过标识服务为网络文学产业链深度开发和多重使用提供有效信息、科学数据及可靠支撑。

13. 中国出版博物馆建设

"十二五"国家文化发展规划指出，要"推进中国出版博物馆建设"。中国出版博物馆建设项目是新闻出版业"十二五"时期发展规划新闻出版公共服务建设工程中的重要项目之一，建设目标是系统征集、收藏、保护、研究、展示出版文化资源和文物，集收藏、展示、传播、体验、学术研究、出版信息发布、对外交流活动等公共文化服务功能于一体的世界一流的国家级博物馆,作为国家出版文献战略储备基地、出版学术基地、出版文化传播基地,代表国家文化形象,成为国际文化交流中心和市民、游客乐意逗留的首都文化景点。建成后的该馆将以收藏及展览展示为主,共由印刷技术厅、红色出版厅、珍本典藏厅、出版艺术厅、编纂机构厅、藏书文化厅、数字出版厅、少数民族出版厅、港澳台交流厅、印刷设备馆、国际交流厅、发行厅、版权厅、唱片厅、出版名人堂、特殊印刷品厅 16 个主题展厅以及 5 个临时展厅组成,主要满足未来 30 年内出版文化资源收藏、保护、展示、研究、文化信息交汇、教育宣传、交流及出版文化资源共享的全面发展要求。中国版本图书馆作为中国出版博物馆的筹建单位之一和藏品的主要提供者,在投入力量参与筹建中国出版博物馆的同时,积极扩大自身影响,努力提高服务水平。我们清楚地认识到馆藏品的宝贵价值,正在争取将部分馆藏珍品提高到文物级别加以保护,经初步摸底并与国家文物局沟通,我馆约有 26 万种典藏精品有望定为不同级别的文物。同时,我们还将密切关注业态新发展,从更高层面上推动数字版本的征集和储存功能的实现。

四、未来展望

自 2010 年机构整合以来,中国版本图书馆逐步理顺发展思路,夯实基础,积累后劲,优化流程,坚持以项目建设带动发展,各项业务水平和业务量均有了显著提高。年样本征集量由 23 万余种增加到了 40 余万种,实现了对到馆部分样本的信息采集、依图编目,CIP 数据制作由 26 万余条增加到 30 余万条,期刊条码发放由 2 万余个增加到 6 万余个。回顾以往,着眼未来,未来 5 年从国家层面来说,是全面建成小康社会的关键阶段,是转型阵痛中破解发展难题的攻坚阶段,对于新闻出版业来说,是初步形成传统出版和新兴出版融合发展格局的重要阶段,是我国从新闻出版大国向新闻出版强国迈进的关键 5 年,对于中国版本图书馆来说,则是苦练内功后深挖潜力,创新增效,发展走上快车道的 5 年。根据 2015 年 2 月 4 日总局新广发〔2015〕9 号文件,中国版本图书馆副牌由新闻出版总署条码中心更名为国家新闻出版广电总局出版物数据中心。6 月 16 日,正式举行了挂牌仪式。副牌名称的更改顺应了大数据时代的发展趋势,为未来的发展开辟了广阔空间。

今后,中国版本图书馆要紧紧围绕"三个中心,一个一流"的建馆目标,既要重视资源管理,又要重视服务管理以及两者的集成;要重视人才培养以适应未来发展需要;在大数据时代提高数据的管理和应用能力;始终以服务新闻出版大发展为主线,依托自身业务职能,深挖资源优势,积极适应新形势下的行业变化,探索网络、电子等新形态出版物的管理工作,加强数据资源的研发与应用,提高版本馆在业界的影响力和知名度。

1. 重视资源建设和服务管理,思考新的业务模式和重视人才培养建设

中国版本图书馆的主要职能之一是征集、保管全国各级各类出版物样本,收集整理和开发利用图书、报刊、音像制品、电子出版物以及版权、发行等信息资源,建立新闻出版行业信息基地和网络。其价值也体现在为领导机关、新闻出版行业和全社会服务的力度、范围、层次和质量上。如何利用现有资源更有力、更有效地服务于新闻出版行业和全社会,一直是版本馆长期思考的问题。

一方面是加强中国版本图书馆的特色资源建设和数字资源建设。中国版本图书馆将继续加大投入保护古籍特藏资源，之后出版的资源随出随收，提高特藏资源的收缴与保存水平；主动积极访求重要的捐赠资源，继续加强和巩固已有的特藏和古籍资源建设；可以筹划建立海外中国古籍善本回购的长效机制，持续地采访拓片资源；以项目开发和社会需求带动馆藏古籍的数字化进程，并着手形成馆藏资源数字化的长远规划，按专题、系列自主开展馆藏古籍数字化建设。加强有关特色资源尤其是小人书等研究为中心的资源收集和整理工作。考虑建立特藏修复中心，引进国外标准化的工作规范和流程，并筹备对外开展咨询服务等，以及推进原生数字资源建设。

另一方面，中国版本图书馆始终将服务作为业务开展的中心理念。要想为行业、为出版单位、为读者提供优质的服务，就必须与服务对象保持高度相关，解决服务对象的问题和难题。打破图书馆实物和数据的物理空间局限，真正将出版前数据（排版数据、印刷厂数据等）、出版中数据（CIP数据等）、出版后数据（馆藏数据等）连成"一线"，将服务的战线延伸到一切服务对象所在的地方，以适应服务对象的需求和行为改变，充分体现以服务对象为中心。立足全行业，立足服务对象的潜在的信息需求，转变思路，拓展新的业务模式，才能真正实现出版物数据中心的枢纽功能。

要肩负起出版物数据中心的大梁，与之相匹配的，在人才建设和培养方面，要在未来有意识有规划地根据本馆的业务职能和发展方向吸纳行业优秀人才、培养年青力量，立足版本馆的使命，在"三定"方案的指导下，吸引人才，培养人才，留住人才，完善职业准入制度，职业专业化。提高图书馆职业入职门槛，全面提升图书馆从业人员的专业素养，使人才队伍朝着年轻化、专业化的方向发展。

2. 提高大数据时代的数据管理和应用能力

目前，世界已进入大数据时代，大数据在各行各业已得到了广泛的应用。随着互联网的不断发展，信息收集和产出量十分可观，每一个机构都留下了海量的图片、视频、报告、数字、文稿等数据，但是这些数据只有极少数最精华的部分体现在最终的行业报告或科研成果中，大量的数据或被保存在各生产单位，或因为研究转向、无力保存整理而被丢弃，难以得到充分利用。目前美国的一些图书馆已经和相关院系和研究人员合作，开展大数据管理工作，对图书馆馆藏数据进行全流程管理和永续管理。

此外，随着数字资源的日益普及，用软件工具开展数据挖掘和分析成为新的研究方法和路径。中国版本图书馆的副牌是出版物数据中心。如果"中国版本图书馆"这几个字对应的是实物资源，那么"出版物数据中心"对应的就是数据资源。适应研究工作的新变化、新要求，尽快启动大数据管理和研究等业务，加强对新型研究工作的支持，才能提升中国版本图书馆在行业的影响力，更好地发挥中国版本图书馆的作用。

3. 持续重视和加强互联网信息化技术的应用

现实表明，互联网信息技术给图书馆带来了巨大变化，而且这种变化还将不断加深加大。即使是一些传统业务，当与互联网信息技术整合在一起时，就会给行业和社会乃至内部的工作人员带来特别的体验，也给传统图书馆业务带来新的景象。

在实际工作中，应持续地关注和强化互联网与信息技术的应用，不仅要继续建设与完善数字图书馆,而且要重视以信息技术改造传统图书馆业务,将信息技术和传统技术相结合,使图书馆样本的实物保存和数据保存工作齐头并进,让业务的表现形式和发展方向多元化。

中国版本图书馆现有的信息技术基础设施日趋完善,安全防卫、文献检索等方面的技术设备日趋现代化,但是在恒温保湿、文献修复、自动分拣、精确传输、物联定位等方面的技术设备,与许多优秀的图书馆还有较大的差距,今后我们应该重视对这些技术设备的采选和应用,全方位提高各项服务的科技含量,实现资源存储数字化、实现信息传输网络化、实现信息服务产业化,包括文献服务、信息咨询类的产业化服务等,以综合提升图书馆的工作效率,有效、高效地担负行业和社会责任。

附:大事记

2011 年 3 月,原新闻出版总署署长柳斌杰,副署长蒋建国、邬书林、阎晓宏等领导到中国版本图书馆调研。柳斌杰对中国版本图书馆恢复建制以来的工作成效给予了充分肯定,并在讲话中阐述了"三个中心,一个一流"的具体内涵。

2011 年 3 月,原新闻出版总署下发《关于进一步加强新闻出版总署出版物样本缴送工作的通知》。从 5 月 1 日起,报送新闻出版总署、中国版本图书馆的样本统一寄送中国版本图书馆征集部。"总署样本"由中国版本图书馆代为管理。

2012 年 3 月,原新闻出版总署发文,同意设立《全国新书目》杂志有限责任公司,《全国新书目》杂志和《中国新书(英文版)》完成转企改制。

2012 年 7 月,"书号实名申领信息系统(二期)"建成并陆续在全国出版社上线运行。截至当年 11 月,该项目系统推广培训和上线运行工作圆满完成,顺利实现全国 581 家出版社及核发单位由书号实名申领信息系统一期向二期的切换。

2012 年 12 月,中国版本图书馆书库安防工程项目通过专家验收。项目建成后实现了对办公楼和书库监控图像的远程实时监控、任意调取,形成了人防、物防、技防相结合的安全保卫格局。

2013 年 3 月,中国版本图书馆对网站完成升级改造,实现馆藏资源检索、CIP 核字号验证、全国出版社名录查询及书号实名申领、图书在版编目等相关业务指导功能。除设有详细的书号实名申领及 CIP 业务指南,网站还提供这两大系统的客户端下载,申报条码、申请出版者前缀等各项文件的下载功能。

2013 年 7 月,总局"经典中国国际出版工程"办公室秘书处设在中国版本图书馆,由中国版本图书馆承担"经典中国国际出版工程"相关工作。

2014 年 7 月 16 日下午,国家新闻出版广电总局党组书记、副局长蒋建国到中国版本图书馆调研,要求版本图书馆干部职工深入学习贯彻习近平总书记系列重要讲话精神,切实做好出版物征集藏管和馆藏资源开发利用,用好用活版本资源,更好地服务于行业改革发展和优秀文化积累传承。

2015 年 1 月 1 日,由国家新闻出版广电总局委托中国版本图书馆开发建设的音像电子出版物专用书号实名申领信息系统在全国范围内正式上线运行。

2015 年 5 月 30 日,中国版本图书馆在加拿大举办抗战胜利 70 周年暨纪念白求恩巡展。数百册反映二战历史及白求恩故事的珍贵图书图片资料,在加拿大滑铁卢大学启幕展览,向当地观众展示世界反法西斯战争和中国人民抗日战争的壮举,并缅怀白求恩大夫。

中国版本图书馆

广东省科技图书馆"十二五"事业发展报告

一、发展概况

广东省科技图书馆(简称"粤科图")是目前全国唯一独立建制的省级公共科技图书馆,主要面向广东地区科研人员及社会公众提供科技文献信息服务。"十二五"以来,粤科图事业发展取得长足进步,办馆条件得到持续改善,各项业务稳步提升和增长。至2015年年底,粤科图拥有馆舍面积约2万平方米,其中开放面积约6000平方米;印本书刊馆藏达137.11万册,其中图书58.71万册、期刊8000余种78.4万册;引进、整合中外文科技文献数据库40多种170多个,数字资源数据总量约2.2亿条(篇)。"十二五"期间,共接待到馆读者150.5万人次,借阅书刊366.55万册次,网站首页访问445.2万人次,下载全文电子文献约350万篇,各项服务总体较"十一五"有较大增长,为支撑、保障广东科研事业发展和科技自主创新发挥了应有的作用。

二、"十二五"期间事业发展基本统计数据

1. 文献资源建设

(1)印本书刊馆藏

统计指标	单位	2011	2012	2013	2014	2015
图书	万册/件	50.36	51.91	54.71	56.88	58.71
期刊	万册/件	76.9	77.32	77.7	78.1	78.4
总计	万册/件	127.26	129.23	132.41	134.98	137.11

(2)印本书刊订购

统计指标	单位	2011	2012	2013	2014	2015	"十二五"合计
图书	种	14 897	23 588	14 300	16 870	18 217	87 872
	册	15 551	26 177	15 141	17 103	18 299	92 271
报刊	种	1539	1576	1565	1549	1501	—

（3）新建数字资源

统计指标	单位	2011	2012	2013	2014	2015	"十二五"合计
高新技术产业数据库	条	53 867	58 787	57 181	30 785	15 535	216 155
院士文库	条	3638	3959	4005	3267	3105	17974
其他数字资源	条	2319	4461	5348	2710	3773	18611
总计	条	59 824	67 207	66 534	36 762	22 413	252 740

2. 读者服务

（1）办理借阅证（含借书证、阅览证）

统计指标	单位	2011	2012	2013	2014	2015	"十二五"合计
新办证	个	1676	1671	5122	2756	2669	13894
持证总数	个	23 607	24 494	32 792	34 948	37 025	—

（2）到馆读者服务

统计指标		单位	2011	2012	2013	2014	2015	"十二五"合计
接待读者量	图书外借	万人次	4.91	4.31	4.31	4.03	4.39	21.95
	书刊阅览	万人次	17.54	14.27	19.11	15.32	19.6	85.84
	其他	万人次	10.43	8.87	8.37	7.48	7.56	42.71
	总计	万人次	32.88	27.45	31.79	26.83	31.55	150.5
书刊借阅量	图书外借	万册次	7.25	6.51	6.57	13.76	14.98	49.07
	书刊阅览	万册次	62.58	54.95	66.6	63.19	70.16	317.48
	总计	万册次	69.83	61.46	73.17	76.95	85.14	366.55

（3）文献传递（网上参考咨询平台服务）

统计指标	单位	2011	2012	2013	2014	2015	"十二五"合计
注册用户总数	个	59 185	63 014	66 254	68 819	70 762	—
新增注册用户	个	20 620	3829	2734	2565	1943	31 691
原文请求量	篇	248 659	68 670	59 739	55 935	51 366	484 369
原文满足量	篇	224 715	61 826	53 125	50 219	44 570	434 455
原文满足率	%	90.37	90.03	88.93	89.78	86.77	89.70

（4）馆际互借与原文传递（中科院文献传递与馆际互借服务）

统计指标		单位	2011	2012	2013	2014	2015	"十二五"合计
非返还型发送请求	发送请求量	篇	4387	1176	662	903	1836	8964
	满足量	篇	3797	1012	652	790	1654	7905
	满足率	%	86.55	86.05	98.46	87.49	90.09	88.18
非返还型接受请求	接受请求量	篇	77	293	1033	1326	2118	4847
	满足量	篇	67	278	898	1295	2070	4608
	满足率	%	87.01	94.88	86.6	97.66	97.73	95.07
返还型馆际互借		单	14	31	9	19	24	97

3. 网络服务

（1）网站访问量

统计指标	单位	2011	2012	2013	2014	2015	"十二五"合计
网站主页	万次	120.38	85.96	83.30	79.59	75.98	445.21
高新技术专题	万次	–	–	–	8.38	12.68	8.38
参考咨询平台	万次	–	–	–	31.27	68.57	99.84
手机网站	万次	–	–	–	0.7	3.12	3.82
总计	万次	120.38	85.96	83.29	119.9	147.67	557.2

（2）数字资源全文下载量

统计指标	单位	2011	2012	2013	2014	2015	"十二五"合计
集团采购数据库	万篇	58.65	47.71	44.44	47.32	–	198.1
自购数据库	万篇	–	14.92	23.5	1.73	1.72	41.87
自建数据库	万篇	2.17	2.77	3.5	3.11	2.88	14.43
总计	万篇	60.82	65.4	71.44	52.16	4.6	254.42

说明：集团采购数据库全文下载量因2015年数据未统计出来，故未计入合计、总计数。

4. 信息情报服务

统计指标	单位	2011	2012	2013	2014	2015	"十二五"合计
专题信息服务	项	460	593	636	656	647	2989
研究咨询服务	项	7	10	11	11	16	55
完成研究报告	份	2	3	6	8	11	30

5. 科研项目工作

统计指标	单位	2011	2012	2013	2014	2015	"十二五"合计
科研项目立项	项	17	18	19	24	30	108
	万元	524.8	156.8	438	458.5	1987.8	3565.9

6. 信息化建设情况

统计指标	单位	2011	2012	2013	2014	2015
网络带宽	M	20	20	20	40	40
信息节点	个	150	150	150	150	150
服务器	项	16	20	20	20	20
个人计算机	项	227	120	130	144	149
存储容量	T	44	44	44	44	44

7. 人员队伍情况

年份\职称	2011 人数	2011 比例	2012 人数	2012 比例	2013 人数	2013 比例	2014 人数	2014 比例	2015 人数	2015 比例
正高	5	7.25%	5	6.85%	5	6.94%	5	6.76%	5	7.14%
副高	10	14.49%	11	15.07%	12	16.67%	13	17.57%	14	20%
中级	19	27.54%	19	26.03%	19	26.39%	21	28.38%	23	32.86%
初级	8	11.59%	11	15.07%	10	13.89%	8	10.81%	3	4.29%
其他	27	39.13%	27	36.99%	26	36.11%	27	36.49%	25	35.71%
总计	69	100%	73	100%	72	100%	74	100%	70	100%

8. 阅读宣传与科普活动

统计指标	单位	2011	2012	2013	2014	2015	"十二五"合计
论坛活动	场	41	44	39	41	40	205
	人次	15 766	18 340	13 095	12 928	8406	68 535
南都院线	场	48	49	48	47	46	238
	人次	8275	8417	8423	8547	8163	41 825
南都书屋	天	346	352	348	350	349	1745
	人次	4911	3595	3461	2277	2969	17 213
	册	10 136	5733	3193	1812	2151	23 025

统计指标	单位	2011	2012	2013	2014	2015	"十二五"合计
专题科普展览	场	5	6	4	6	10	31
	人次	13 959	13 058	52 600	12 220	19 150	110 987
读书宣传活动	场	5	4	18	12	35	74
	人次	5032	6361	13 491	5770	9214	39 868
其他读者活动	场	9	6	8	8	2	33
	人次	881	5394	1110	700	505	8590

三、"十二五"期间开展的主要工作及发展特点

1. 资源建设

（1）加大文献资源采购力度

①文献经费投入大幅增加。"十二五"期间,粤科图采购文献资源共投入经费1160.48万元,较"十一五"增加64.85%。其中,订购印本文献投入678.49万元、增加40.77%,订购数据库电子资源投入481.99万元、增长117.11%。

②文献资源采购量总体保持增长。在采购中,秉承"前沿科研信息以电子资源为主,印本文献加大人文社科书刊比重"采购策略,削减了部分印本科技、学术刊物,增加对印本人文社科、热门书刊和电子资源的订购,重点加强电子资源订购以满足科研人员对专业文献的需求。五年来,共订购图书87 872种、较"十一五"增长70.46%,其中中文图书81 340种、增长59.89%,外文图书6532种、增长863.42%（如下表）;平均每年订购报刊1546种、较"十一五"1600余种/年略为减少。

统计指标		单位	"十一五"合计	"十二五"合计	增减比例
图书	中文图书	种	50 872	81 340	59.89%
		册	–	85 686	–
	外文图书	种	678	6532	863.42%
		册	–	6585	–
	小计	种	51 550	87 872	70.46%
		册	–	92 271	–
报刊		种/年	1731	1546	10.69%

电子资源方面,主要通过参加中科院集团采购持续订购了 Nature、Science、Blackwell、Cell、Wiley、ACS、SDOL 等10余种知名数据库,涵盖中外文期刊3.4万余种、图书45余万卷/册、学位论文约近300万篇。

（2）加强特色专题数字资源建设

根据广东省科研发展重点和产业发展需求,继续建设电子信息、生物、新材料、环保、新

能源、海洋科技六大高新技术专题数据库和"院士文库",新建了"广东省社会事业创新资源中心信息门户(民生科技创新资源数据库)"。2011—2015 年,高新技术专题数据库加工入库 21.62 万条、总量达 50.95 万条,超星院士文库入库院士 570 多位,加工数据 1.8 万条、总量达 38.23 万多条,民生科技创新资源数据库加工入库数据 1.24 万条。至 2015 年年底,自建特色专题数字资源达 91.08 万条。

(3)其他相关举措

"十二五"期间,粤科图还采取了一些相关举措以加强文献资源建设工作:加强对科研、学术有重要参考价值文献资源的采购,补购了一批科技统计年鉴、国家标准、外文科技图书,增订了 CNKI 社科卷、万方、Innography、Primo-SFX 等数据库;完善文献资源采访工作,优选科学出版社等 4 家出版社和广州购书中心等 3 家书商分别为中文和外文图书采购的主要来源,并向科研人员征集外文图书订购目录;根据上级部门要求开始实行政府招标采购图书,对于金额超过 20 万元的采购严格按照规范流程执行;停用一直沿用的《科图法》,开始采改用《中图法》进行文献分类,实现与国内图书馆界文献分类通用标准的接轨。

2. 读者与用户服务

(1)稳步推进文献服务

①接待读者量总体保持增长。2011 年以来,粤科图先后采取多项举措以改善读者到馆服务,如提高读者借书限额,免除办证工本费和验证费用,引进触摸屏电子阅报系统提供电子阅报服务,改进"新书选借"方式,与中小学校开展合作、推出"校园悦读卡",组织开展阅读宣传活动、扩大社会影响,等等。在这些举措之下,读者到馆人流量和借阅服务量稳步增长,五年来新增持证读者 13 894 人,较"十一五"略减少 4.59%,接待到馆读者 150.5 万人次,其中借阅读者 107.79 万人次、增长 6.64%,读者借阅书刊 366.55 万册次、增长 36.09%(如下表)。

统计指标		单位	"十一五"合计	"十二五"合计	增减比例
新办读者证		个	14 562	13 894	−4.59%
接待到馆读者	外借	万人次	13.79	21.95	59.17%
	阅览	万人次	87.29	85.84	−1.66%
	其他	万人次	−	42.71	−
	小计	万人次	−	150.5	−
书刊借阅量	图书外借	万册次	32.68	49.07	50.15%
	书刊阅览	万册次	236.66	317.48	34.15%
	小计	万册次	269.34	366.55	36.09%

②网站建设与数字资源服务不断完善。"十二五"期间,粤科图不断完善馆门户网站的建设及网络数字资源的检索与利用,先后开通 WAP 网、手机图书馆、移动原文传递、学术资源发现系统等,使得读者与用户查找、利用本馆的网络数字资源更趋方便、快捷。五年来,网站首页点击 445.2 万次,较"十一五"增长 56.53%,网上读者下载全文电子文献 254.42 万篇(不含 2015 年集团采购资源),其中自建特色专题数字资源下载全文 14.43 万篇,下载用户

来自全国各地和国外 20 多个国家地区,受到国内外科研人员的欢迎。

③文献传递与馆际互借服务平稳发展。积极开展文献传递与馆际互借服务,利用网上参考咨询平台和中科院文献传递与馆际互借服务系统满足科研人员的文献需求。五年来,参考咨询平台新增注册用户 31 691 服务个、注册总数 70 762 个,接收原文请求 48.44 万篇、满足 43.45 万篇,满足率达 89.7%;通过文献传递与馆际互借服务系统发送请求 8964 篇、满足 7905 篇,满足率达 88.19%,接收请求 4847 篇、满足 4608 篇,满足率达 95.07%。

从参考咨询平台用户的请求文献来看,外文文献占 78.35%,医药科学、生命科学和生物学、化学、工程技术、天文和地球学、农业科学、数学、物理 8 大学科领域占 91.84%(如下表),反映了平台用户对外文文献及这 8 大学科领域学术、科研文献需求的特点,而总体达 90% 以上的满足率也反映了平台在满足用户文献需求方面较强的服务能力。

统计指标		文献请求量 (篇)	文献请求比例 (%)	文献满足量 (篇)	文献满足率 (%)
按语种	中文	104 843	21.65	98 760	94.20
	外文	379 526	78.35	337 951	89.05
按学科 领域	医药科学	149 294	30.82	132 976	89.07
	生命科学和 生物学	139 933	28.89	127 097	90.83
	化学	68 070	14.05	63 045	92.62
	天文和地球学	26 366	5.44	23 308	88.40
	工程技术	25 579	5.28	23 239	90.85
	数学和物理	13 480	2.78	12 140	90.06
	环境科学	11 428	2.36	10 433	91.29
	农业科学	10 708	2.21	9599	89.64
	建筑技术	971	0.20	874	90.01
	交通和运输	826	0.17	719	87.05
	航空和航天	432	0.09	356	82.41
	其他	37 282	7.70	32 925	88.31
总计		484 369	100	43 6711	90.16

在馆际互借服务方面,除继续参加中科院文献传递与馆际互借系统及与相关机构服务合作外,与广东省立中山图书馆、广州图书馆就开展文献传递与馆际互借服务合作达成意向。

(2)积极拓展专业化服务

①科技查新、论文引证检索服务呈现快速增长。"十二五"以来,粤科图科技查新和论文引证检索服务进一步得到科研人员认可,委托服务量呈现快速增长,五年间共完成查新 980 项、引证检索 1570 项,较"十一五"分别增长 285.83%、327.79%。在查新服务中,得到中科院文献情报中心(原中国科学院国家科学图书馆,简称国科图)的大力支持,与其合作共建广

州工作站并开展联合查新,查新员出具查新报告的质量不断提高并越来越得到用户的肯定;与珠三角地区多家机构开展查新服务合作或设立兼职学科查新员;用户查新委托内容由原来比较单一的立项查新扩大到成果鉴定、成果报奖、高新技术开发等查新。在引证检索服务中,为多位帅级科学家成功申报两院院士、国家千百人计划、国家杰出青年、中科院"卓越青年科学家""谈家桢生命科学奖"、百名南粤杰出人才等项目和奖项提供了检索报告,其中包括中国工程院院士陈勇和中国科学院院士彭平安。

②定期编发内刊为相关人员提供信息参考。"十二五"期间,继续编发《科技信息快报》和《行业电子简报》,并创办《研发型企业创新态势监测快报》,为各类相关人员提供专业的信息参考。五年来,编辑《科技信息快报》120期144.28万字,内容涵盖广东重点行业领域、优先发展战略性新兴产业、科技创新政策等专题,向各级科技管理部门和科研院所领导寄发2.29万份;编辑《行业电子简报》9期约11万字,内容涉及海洋能源、食品药品检验、生态农业等专题,用户主要为珠三角科技企业管理人员;创办并编辑《研发型企业创新态势监测快报》90期116.77万字,对国外国内研发型企业的创新态势进行监测与分析,通过电子邮件向科技部、中科院及相关科研院所、科技企业的领导、战略科学家和决策管理人员寄发1.5万余份(如下表)。

统计指标	单位	2011	2012	2013	2014	2015	"十二五"合计
科技信息快报	期	24	24	24	24	24	120
	万字	35	30.75	29.14	31.07	18.32	144.28
	份	7371	2915	4636	4300	3690	22 912
研发型企业创新态势监测快报	期	–	18	24	24	24	90
	万字	–	24.65	29.36	30.28	32.51	116.8
	份	–	3000	4064	4000	4000	15 064

③开展信息需求调研与用户培训。2011年以来,粤科图多次组织专业人员、业务骨干赴珠三角、粤东地区的科研院所、科技企业、基层科技管理部门进行调研与交流,实地了解一线科研人员、科技管理者、企业对文献信息情报服务的需求,并向其宣传、推介本馆的文献信息资源与信息情报服务,洽谈可行的服务合作,对其科技、管理人员查找、利用科技文献信息进行培训指导。此外,粤科图自2012年起,开始承担中科院广州教育基地研究生信息素质教育任务,为中科院广州分院、广东省科学院下属研究所的硕士、博士生及青年科研人员讲授科技文献与网络资源检索课程,至2015年底共举办25场、培训1837人次。

(3)着力提升情报研究服务能力

①积极申报承担软课题研究项目。"十二五"期间,粤科图申报上级部门发布的各类基金、软科学及其他有关软课题项目,围绕其重点关注的相关内容开展专题研究,并以此提升问题分析和情报研究能力。五年来,共成功申报各级各类软课题31项、获得资助经费213.9万元,较"十一五"分别增长138.46%、250.66%,完成研究报告和规划方案20余份,在承担政府部门政策研究与决策支持方面发挥了越来越重要的作用。

②积极争取横向委托情报研究项目。2011年以来,积极面向科研院所、科技企业等创新单元开展信息情报项目研究服务,先后承接了中科院文献情报中心、广东生态环境与土壤研

究所、广东生益科技股份有限公司、广东电网公司电力科学研究院等机构委托类项目 24 项,经费收入 181 万元,完成有关行业态势分析、专利信息分析、企业创新态势监测等综合研究报告 20 余份,受到委托用户的普遍认可。

③主动承担上级领导委托的决策咨询任务。在开展信息情报服务中,主动承担上级部门和领导委托的决策咨询任务,为各级领导提供有关情报支持和决策报告。2015 年,在省科学院重组过程中,受院领导委托完成对广东省规模以上 40 家行业、16 个先导产业、八大战略性新兴产业及其发展战略以及广东省 100 个重点企业基本情况等专题报告,并为珠海筹建三家新研究所开展前期情报调研,有关报告材料得到了院领导的认可。

3. 基础条件平台建设

(1)改造馆舍环境条件

粤科图主楼建成于 2001 年,部分设施设备老化、破损严重,有的甚至存在安全隐患。2011 年,粤科图对馆舍文化环境进行了重新规划、设计,并筹措经费对办公、服务区域逐步实施维修改造,更新了卫生、照明、影音、空调、安全监控等设施设备条件,使得整体环境焕然一新。

(2)全面改善信息化条件

"十二五"期间,粤科图的计算机网络与设备系统等信息化条件得到了全面改善,包括将自动化系统全面升级迁移至 SUN T5140 小型机,新增 EMC 存储系统、IPV6 设备及 UPS 电源系统,增加网络出口带宽至 10M,更新办公和读者用机 100 多台。由于这些信息化设备条件的改善,为读者提供的各项服务日趋更加便捷、稳定和高效。

(3)积极研发、引进服务平台系统

2011 年以来,粤科图积极推动服务平台系统的研发与引进,先后开通了广东社会事业创新资源中心服务网站、广东发明网、移动 OPAC 和移动参考咨询平台,引进了科技查新管理服务系统和学术资源发现系统,改进了网上参考咨询平台、高新技术产业专题数据库,并为多家研究所定制开发了个性化信息服务平台。随着这些平台系统的开通应用和逐步完善,粤科图的资源与服务进一步延伸和扩展。

4. 新技术、新工具应用

(1)积极引进、利用新技术

"十二五"期间,粤科图先后引进了二代身份证认证借阅功能、图书光盘管理与服务系统、触摸屏电子阅读系统、RFID 图书馆自助借阅系统和学术资源发现与获取系统,开通了基于 Web2.0 的 OPAC 系统和基于腾讯微信公众平台的微信服务系统,并利用新技术对虚拟参考咨询平台进行扩展开发,实现其与资源发现系统的无缝衔接,为读者提供学术资源从发现、定制、获取的一站式流畅服务。通过新技术的引进与应用,极大地提高了读者服务效率。

(2)广泛应用新工具、新方法

在信息情报研究与服务中,重点引进了 Thomson Data Analyzer(TDA) 和 Derwent Innovations Index(DII) 专利数据库,并应用 Origin、WOS、ESI、Pajek、Histcite、Citespace、EndNote 等工具、平台进行文献信息检索、专利统计分析、数据挖掘清洗等,大大地提高了工作效率与水平。

5. 人员队伍建设

（1）优化人才队伍结构

"十二五"期间，粤科图人才队伍结构进一步优化，职工中高学历、高素质人才和青年业务骨干的比例较"十一五"均有所提高。2015年末，本科以上学历53人、占总比75.71%，其中硕士以上13人、占总比18.57%，具有中高级以上专业技术职称42人、占总比60%（其中高级19人）（如下表）。此外，职工中35岁以下青年业务骨干35人，占总比50%，教育背景范围也有所扩大，覆盖的学科专业由20多个增加到30多个。

统计指标		2010年末		2015年末	
		职工人数	所占比例	职工人数	所占比例
按学历	博士	2	2.90%	3	4.29%
	硕士	8	11.59%	10	14.29%
	本科	33	47.83%	40	57.14%
	大专	12	17.39%	9	12.86%
	其他	14	20.29%	8	11.43%
按职称	正高	4	5.80%	5	7.14%
	副高	11	15.94%	14	20.00%
	中级	19	27.54%	23	32.86%
	初级	7	10.14%	3	4.29%
	其他	28	40.58%	25	35.71%
合计		69	100%	70	100%

（2）建立层级管理架构

"十二五"期间，粤科图进一步完善了业务组织管理机制，形成了由馆长、副馆长、馆长助理、部门主任、部门副主任、主任助理、组长七级干部管理架构，每一层级干部负责管理下一层级团队，并对上一层级干部负责。在部门层面，由主任全面主持部门工作；在部门内部，再结合实际需要设立设副主任、主任助理或组长，层层落实责任，同级之间注重分工协作。通过层级式干部组织管理，既保障了全馆业务工作的部署与实施，又有利于业务骨干与干部梯队的培养。

（3）打造信息情报团队

2011年以来，粤科图开始加强情报研究与服务，在招聘新进人员时注重高学历、高素质、不同学科背景的人员，为打造信息情报团队积极储备和培养人才。2012年9月，粤科图将情报团队从原业务管理部（研究发展部）分拆出来成立情报研究部，2015年2月又将情报研究部与信息咨询部合并成信息情报部。新信息情报部成立以后，粤科图信息情报队伍进一步壮大，为推进信息情报研究与服务工作奠定了人才基础。

（4）引进中科院创新创业团队

2015年底，粤科图在广东省科学院人才引进专项的资助下，从中科院引进了六人创新创业团队，其中包括3名正高、3名副高，其中2人（1正高1副高）为全职调入。引进创新创业团队后,粤科图将着力打造技术与产业创新发展情报分析的研究团队,推动本馆其他情报工作及人才培养。

6. 主持或参与的重要工程与项目

2015 年,粤科图组织申报广东省科学院人才引进专项并得获通过,获得资助经费 1000 万元,从中科院引进了六人创新创业团队,重点打造产业与技术创新情报分析研究团队,并开展有关技术产业创新的决策情报分析。

7. 科研项目工作

(1)组织申报和获批立项项目数大幅增长

"十二五"期间,粤科图积极组织开展科研项目工作并取得突出成效,申报项目数、立项数量和经费收入等较"十一五"均大幅增长。五年来,粤科图共组织申报各类科研项目 175 项,较"十一五"增长 136.49%,新增立项 108 项、经费收入 3365.9 万元,较"十一五"分别增长 163.41%、177.18%,其中来自各级项目主管部门下达的纵向项目(主持)73 项 3287.9 万元,分别增长 102.78%、159.09%,来自各类机构委托的横向项目 24 项 181 万元,分别增长 11 倍、59 倍多(如下表)。

统计指标	单位	"十一五"合计	"十二五"合计	增减比例
纵向项目	项	36	73	102.78%
	万元	1269	3287.9	159.09%
横向委托项目	项	2	24	1100.00%
	万元	3	181	5933.33%
总计	项	41	108	163.41%
	万元	1286.5	3565.9	177.18%

(2)争取项目取得多个重要突破

"十二五"期间,粤科图争取项目取得多个突破,包括项目的数量、类别、来源、单项资助额度、经费总收入等。其中,首次获得广东省属科研机构改革竞争性项目、广东省软科学重点项目和科技规划创新管理软课题,首次获得广东省科学院人才专项,两次获得中央补助地方科技基础条件专项,两次获得中科院文献情报中心合作共建专项,获得珠三角地区两家知名企业连续资助的服务项目多项,首次参与广东省省部产学研结合重点项目,均为本馆科研项目工作中的重要突破。

8. 重要活动及重大事件

(1)承担实施中科院文献情报中心、广东省科学院文献情报工作战略合作

2011 年 12 月,中科院文献情报中心和广东省科学院签订《中国科学院国家科学图书馆、广东省科学院文献情报工作战略合作框架协议》,确定双方在文献情报工作领域的全面战略合作关系。根据该协议,粤科图成为中科院文献情报中心和广东省科学院文献情报工作战略合作的具体实施单位双方共建"中国科学院国家科学图书馆广州特色分馆"的依托单

位。实施协议以来,粤科图全面参与了中科院系统的电子资源集团采购、联合编目、文献传递、科学文化传播等业务,并在读者服务、战略情报研究、人才培养等方面得到了中科院文献情报中心的有效支持。

(2)加挂"广东省科技信息与发展战略研究所"名称

2015年4月,省委常委会议决定重组广东省科学院,并对新省科学院改革管理体制机制、提升创新能力和强化经费保障等方面提出了要求。根据省科学院重组方案,原粤科图与原省工研院工业信息化促进中心、工业发展战略研究中心进行整合成新的广东省科技图书馆,并加挂"省科技信息与发展战略研究所"名称。加挂新名称后,粤科图将增加为广东省科学院、广东省委省政府提供情报支撑和决策辅助的职能。

(3)协办"南都公众论坛"系列活动

"南都公众论坛"(原名"岭南大讲坛·公众论坛",2015年起改现名)是由南方都市报主办(原广东省社科联主办、南方都市报承办)的面向大众传播人文、思想和文化的公益性讲坛,粤科图于2007年7月开始参与协办并为论坛提供举办场地。由于南都公众论坛在国内省内均享有较高的知名度和良好声誉,因而也成为粤科图宣传服务、扩大社会影响的良好平台。2011—2015年,包括闾丘露薇、党国英、丁学良、朱大可、叶檀、阿来、陈志武等多位知名专家、学者先后在论坛上做报告205场次,阐述、分析各种社会热点问题,吸引社会各界人士68 313人次到场聆听报告。

(4)举办系列科普活动

①科普悦读进校园。主要面向中小学校开展的阅读宣传与服务推广活动,活动期间为学校师生现场办理"校园科普悦读卡"并提供科普图书展示、借阅服务。办理悦读卡的师生除了可以到馆借阅图书,还可以定期收到本馆发出的服务信息、活动安排以及学生到馆借阅情况等。"十二五"期间,已先后与周边10余所学校签订了合作协议,办出悦读卡8000余张,举办活动30多场次,接待学生15 326人次。

②我与科学家的亲密接触。主要面向中小学校、为中小学生与科学家搭建零距离互动交流桥梁的活动,由科学家们分享科研心得、趣闻趣事并即时回应学生们的"刁难"提问,同时学生也可以运用科普知识回答来自科学家们的"考问"。2011—2015年共举办活动12场,先后邀请了中科院广州分院、广东省科学院各专业领域10余位科学家参与互动交流,参加交流活动的600多位学生来自10多所中小学校。

③我与世界有个约会——世界知识大讲堂进校园。联合AIESEC(国际经济学商学学生联合会,全球最大的学生组织)开展的中外青少年文化艺术交流活动,邀请中外志愿者到本馆或走进校并与中小学生进行多种形式的互动交流。"十二五"期间共举办系列活动15场,参加活动的志愿者、学生达800多人次。

四、未来展望

1. 建设面向科技创新及产业技术创新的公共的科技文献信息资源集成平台

以"广东省科技文献共享平台"为基础,启动"广东科学数字图书馆"建设,建成适应数字图书馆国际发展趋势,适应广东省科技创新、产业技术创新环境及其发展需求的数字化科技文献信息资源保障与服务体系;建成直接有效地支持广东省科学院一线科研用户获取科技文献信息和开展知识创新活动的知识服务环境;打造科技文献信息资源集成化、网络化、个性化、专业化、移动化服务环境,建成面向全省的科技文献信息资源服务体系。

面向广东省科学院和广东省创新发展及产业转型升级需求,加强专业化、特色化科技文献信息资源的建设,加强对广东省科学院下属科研院所、广东省创新发展八个重要领域所需资源的引进、整合与建设,建成一批专业信息数据库、机构知识库及重要领域信息资源服务平台,逐步形成有特色、有侧重点、系统化的科技文献信息资源保障体系,满足不同研究所的资源需求。

2. 建设新型知识信息服务中心

加强对大数据平台、计算挖掘、可视化分析技术的实践应用,培养熟练掌握数据挖掘、可视化分析技能开展技术、产业、产品和企业情报分析的团队,建立相关行业、企业、产品和流程数据的可持续可靠获取与组织机制,打造广东省技术与产业创新决策分析知识服务平台;搭建面向不同群体的情报产品体系,建立基于互联网及移动客户端的情报产品发布渠道,提供精准的技术转移服务;面向广东省委及广东省科学院领导提供战略情报服务,形成快速的决策参考响应机制;围绕广东科技创新和产业技术创新开展产业技术情报服务、专题情报服务、决策咨询服务以及科技文献保障服务,为广东区域创新发展提供强有力的信息情报支撑服务;积极组织开展富有特色的阅读宣传和科普活动,加强活动的宣传推广力度,进一步提升宣传活动效果;加强与《南方都市报》合作,以"南都公众论坛"和《南方都市报》为载体,积极宣传本馆资源与服务,扩大本馆社会影响力。

3. 建设科技与产业决策智库

加强对广东省先进制造业、现代服务业和战略性新兴产业的密切跟踪、监测与分析矩阵,形成高效率、反应快、有显示度的数据支撑和方法体系,建立华南领先、全国一流、并在国际上有重要影响的产业与技术创新分析研究机构。积极为各级政府部门提供产业结构调整、产业发展规划、科技与产业政策制定、科技体制改革等决策支持,构建我省实施创新驱动发展战略的重要思想库;作为广东省科学院技术与产业创新规划与决策的主要依托单位,初步成为广东省委省政府和主要产业管理部门技术产业发展规划与决策的核心支撑单元之一,初步成为广东省重要产业与重点企业创新发展的关键支撑部门之一和支持创新驱动发展的重要科技智库。

附:大事记

2011 年

1. 3 月 17 日,粤科图馆长李宏荣带队到广州地理研究所开展信息资源服务推广活动,为该所开通本馆自主研发的面向科研一线的研究所个性化信息服务平台。之后,又相继开通了为广东省昆虫研究所、广州中国科学院工业技术研究院定制的研究所个性化信息服务平台。

2. 5 月 25 日,中国科学院国家科学图书馆馆长张晓林、书记许平等一行到粤科图进行业务调研,并为"中国科学院国家科学图书馆广州查新工作站"举行揭牌仪式。

3. 8 月,在广东省文化厅、广东省科技厅有关项目的资助下,粤科图高新技术专题网站改版为"珠江三角洲地区高新技术专题信息门户"。8 月 19 日,以此为题参加了广东首届、中国首创的"图书馆 + 书房"类唯一专业展会——首届广东图书馆暨书房博览会。

4. 10 月 26 日,粤科图馆长李宏荣率队参加了在贵阳召开的"2011 年中国图书馆年会暨中国图书馆学会年会",高屹副研究馆员获得大会颁发的学会青年人才奖。

5. 12 月 7 日,中国科学院国家科学图书馆与广东省科学院文献情报工作战略合作签约仪式在广东省科学院举行。中国科学院广州分院、广东省科学院常务副院长黄宁生主持签约仪式,国科图馆长张晓林和中国科学院广州分院、广东省科学院院长陈勇分别代表国科图和广东省科学院签约并发表讲话,粤科图领导班子集体出席签约仪式。

6. 12 月,粤科图被广东省科技厅指定为省管科技期刊的长期保存单位,并在省科技厅有关项目的支持下启动"广东科技期刊共享服务平台"建设,设置"广东科技期刊"阅览区展示由省内科技期刊出版单位呈缴的 180 余种科技期刊。

7. 12 月 26 日,广东省科技厅在粤科图召开"广东省科学研究信息服务中心建设"项目结题评审会,顺利结题验收该项目。

8. 8 月 13—18 日,国际图联(IFLA)第 77 届年会在波多黎各首都圣胡安召开,粤科图提交的"以讲座拓展科技图书馆服务"海报首次入选 IFLA 海报展。

9. 12 月,粤科图先后开通广东发明网、广东省社会事业创新资源中心和读者互助交流平台、WAP 网等多个网站服务系统。

10. 2011 年,广州名主持人、被誉为"平民言论领袖"的陈扬,前任北京大学日本人协会会长、中日关系的热衷观察家和评论者加藤嘉一,美国普林斯顿大学著名经济学教授邹至庄和北京大学风险研究学所研究员、经济学博士马光远等知名专家、学者先后做客在粤科图举办的"岭南大讲坛·公众论坛",就有关热点问题作精彩演讲。

2012 年

1. 2 月 11 日,凤凰卫视总监、资深媒体人闾丘露薇做客"岭南大讲坛·公众论坛",以"从上海到香港——一名记者的心路历程"为题做精彩演讲。

2. 3 月 6 日,粤科图申报的国科图合作共建专项"国际国内研发型企业创新态势监测分析"在国科图顺利通过专家答辩,粤科图由此成为国科图产业技术情报监测特色分馆,并创办了《研发型企业创新态势监测快报》内刊,为中科院相关部门及省科学院领导提供相关信息监测服务。

3. 5 月 14 日,广东省科技厅组织专家对粤科图承担的 2 项省科技计划项目"广东省科技文献共享平台建设"(2008、2009)进行现场会议验收,获得顺利通过。

4. 8 月 15 日,广东省科学院院长黄宁生、副院长李定强到粤科图进行科技创新服务专题调研。

5. 9 月 1 日,粤科图对业务部门进行重要调整,新成立情报研究部,以期集中优势资源和团队力量,着力打造情报研究与服务。

6. 9 月 10 日和 11 月 1 日,粤科图先后开通二代身份证图书借阅服务和触摸屏电子阅报系统。

7. 11 月 22—24 日,党委书记、副馆长魏东原率队参加中国图书馆学会 2012 年会,并首次在会场展示粤科图宣传海报。

8. 12 月 3 日,经过充分调研和准备,开始采用《中图法(第五版)》进行图书分编加工,并停用已使用多年的《科图法》。

9. 12 月 24 日,粤科图挂靠机构中图学会专业图书馆分会华南工作委员会联合广东省科学技术情报学会信息咨询专业委员会,举办"面向区域科技创新的情报研究理论、方法、工具与实践"专题研讨会。

10. 2012 年,粤科图根据用户需求增订了 CNKI"人文与社科文献总库"和万方数据库,首次实现国内主流中文学术数字资源的全覆盖。

2013 年

1. 2 月,粤科图与广东生益科技股份有限公司签订企业文献情报服务合作协议,首次与科技企业签订长期合作协议。

2. 5 月 13、23 日,粤科图先后开通移动参考咨询与原文传递平台和移动 OPAC 平台,进一步完善了本馆的移动图书馆服务。

3. 7 月 7 日,粤科图与广州少年儿童图书馆、AIESEC 中山大学分会联合举办"我与世界有个约会"文化交流活动。

4. 7 月 9 日,粤科图"科普悦读进校园"暨"我与科学家的亲密接触"科普活动启动仪式隆重举行。此前,"科普悦读进校园"活动第一站已于 4 月 28 日进驻先烈中路小学,助阵其"广东省科普教育基地"揭牌活动。

5. 8 月 19 日,广东省科技厅条财处处长李彪一行到粤科图调研"广东省科技文献共享平台建设"项目情况。

6. 10 月 31 日,粤科图启动"中学生信息素养培训"服务活动,首次活动为执信中学"元培班"讲授"信息检索基础及案例分析"课程。

7. 12 月 25、31 日,粤科图主持研发的广东科技期刊共享服务平台(一期)和外文电子资源集成揭示系统(一期)先后上线试运行。

8. 2013 年,中国社会科学院农村发展研究所研究员、宏观经济研究室主任党国英,香港科技大学教授丁学良,知名文化批评学者、同济大学文化批评研究所教授朱大可和香港大学《国之基金》经济学讲座讲授、《中国改革》首席经济学家许成钢等知名专家、学者先后到"岭南大讲坛·公众论坛"开讲,就有关热点问题畅谈自己的观点与见解。

2014 年

1. 2 月 22 日,在由广州市少年儿童图书馆、南方分级阅读研究中心和南方报业小记者指导中心共同主办的"第十一届'读书之星'总结表彰会暨知名作家分享会"活动上,粤科图少儿科普阅览室推荐的 18 名科普小读者分别荣获"读书之星"一、二、三等奖。

2. 4 月 15 日,粤科图联合在华南理工大学大学城校区举办"第二十届北京大学生电影节华南地区分会场暨华南理工大学新闻与传播学院第八届传媒文化节"上,粤科图流通阅览部主任黄国强代表"南都书屋"上台接受著名音乐人高晓松捐赠的新作《鱼羊野史》。

3. 5 月 6 日,中国图书馆学会专业图书馆分会华南工作委员会第三次全体委员会议在粤科图召开,来自华工委 13 家委员单位 14 名委员和代表参加会议并交流,探讨了有关议题。

4. 7 月 9 日,江西省科学院副院长许杰、江西省科学院科技战略研究所所长邹慧、所办公室主任王小红一行三人在广东省科学院办公室主任郭震的陪同下,到粤科图考察交流,馆长李宏荣、党委书记魏东原、副馆长黄向丽接待了许杰一行。

5. 7 月 7—10 日,粤科图举办"我与世界有个约会"——世界知识大讲堂进校园系列活动,来自周边中小学校的 600 多名学生和中外志愿者参加了活动。

6. 9 月 25—26 日,中科院广州分院、广东省科学院文献情报网(简称两院情报网)和中国图书馆学会专业图书馆分会华南工作委员会(简称华工委)联合举办的"机构知识库建设与文献情报服务学术暨工作交流会"在长沙中国科学院亚热带农业生态研究所召开,来自两院文献情报网和华工委成员单位的文献情报工作人员 20 余人参加了会议。

7. 10 月 11 日,广东省科学院新任院长秦伟在院党组副书记许魁文、副院长李定强及院有关处室负责人的陪同下到粤科图调研。馆长李宏荣、党委书记魏东原、副馆长黄向丽及部分中层干部、业务骨干参加了座谈会。

8. 12 月 6 日,广东省社科联主办的 2014 广东社会科学普及周活动启动仪式在广州英雄广场举行,粤科图被授予 2014 年度"全国人文社会科学普及基地"。

9. 12 月,粤科图当选广东专利信息协会副会长单位。

10. 2014 年,复旦大学历史系博士、中央财经频道特约评论员叶檀,著名作家、茅盾文学奖获得者阿来,耶鲁大学管理学院金融学终身教授、清华大学经济管理学院特聘教授陈志武,著名电台主持人、资深媒体人杨樾和资深经济评论人、房地产研究专家童大焕等知名专家、学者先后做客"岭南大讲坛·公众论坛",就有关热点问题作精彩演讲。

2015 年

1. 1 月 5 日,广东省科学院党组来馆宣布新一届领导班子任命,由魏东原任馆长,肖维良任党委书记兼纪委书记、副馆长,黄向丽任副馆长。

2. 2015 年 4 月,广东省委常委会议决定重组广东省科学院,对原省科学院、省工业技术研究院和省内相关院所进行整合优化为 18 个骨干院所,其中,本馆将与原省工研院工业信息化促进中心、工业发展战略研究中心合并成新的粤科图,并加挂"省科技信息与发展战略研究所"牌子。

3. 5 月 23 日,著名互联网经济学家姜奇平做客"南都公众论坛",与现场听众共同探讨新金融秩序下的风险化解。

4. 7 月 22 日,广东省科学院新任领导班子成员党委书记邱显扬,院长兼党委副书记廖兵,党委副书记颜国荣,副院长刘敏、李定强以及相关部门负责人集体到粤科图调研。

5. 7 月 21—24 日,粤科图馆长魏东原带队参加中国图书馆学会专业图书馆分会 2015 年学术年会,应邀做题为"面向区域知名企业的知识服务实践探索"的大会报告。

6. 11 月 24 日,中国图书馆学会专业图书馆分会、中国科学院文献情报中心首次在粤科图傻傻举办业务培训班,来自中国科学院研究所图书馆、NSTL 成员单位和服务单位、广东地区及相关机构的 120 位学员参加了"科技态势监测与动态快报编制"培训。

7. 12 月 8 日,广东省知识产权专家咨询委员会成立大会暨第一次咨询会议在广州隆重举行,粤科图馆长魏东原应邀出席会议并受聘为首届省知识产权专家咨询委员会委员。

8. 12 月 21 日,粤科图馆长魏东原率队参展广东省科学院产业技术创新联盟科技成果对接会,并向出席会议的广东省人民政府副省长陈云贤、省政府副秘书长林积等领导及各厅局委负责人本馆信息情报服务及相关情报产品。

9. 12 月,粤科图申报广东省科学院人才引进专项并获得通过,成功从中科院引进了 6 人创新团队。

10. 2015 年,粤科图申报科研项目取得优异成绩,获得立项 30 项、经费 1980 余万元,经费收入创历史新高。

广东省科技图书馆　　彭仁耀　易晓阳

专业图书馆分会"十二五"期间发展报告

一、基本概况

中国图书馆学会专业图书馆分会(以下简称专业分会)正式成立于 1979 年 6 月 19 日,是中国图书馆学会三大主要系统(公共、高校、专业)分支机构之一,属全国性、公益性的二级学术社团,由中国图书馆学会批准成立,在民政部核准备案。专业分会秘书处挂靠中国科学院文献情报中心,所辖专业图情机构 180 多个,主要来自于国务院部、委(局、办)、中央直属单位所属科研系统,聚集了国内重要的专业图书情报服务机构。这些机构都是行业系统内图书文献协作网络的龙头单位,发挥着各自系统图书情报工作发展的牵头协调作用。学会拥有一大批具有各种专业背景的图书情报学专家、学者,是一支有相当学术水平和专业能力的学术社团。

"十二五"期间是我国图书情报事业面临跨越发展的重要时期,专业图书馆分会紧紧抓住这一契机,在分会六届理事会的领导下,根据科研环境和学科发展变化,将分会的工作主线确立为"面向'十二五'的文献情报机构的知识服务能力构建",围绕"专业、研究型图书馆的危机变革与模式重塑"主题,组织专业图书馆开展未来愿景、应对挑战和发展策略的探讨与交流活动,分享变革和创新发展的经验,探索专业图书馆实现文献情报服务能力的全面转型和跨越发展的途径。搭建平台、促进合作,扎扎实实地开展了一系列活动,在学术交流、交流合作、专业培训和组织发展等方面取得了显著成效,并形成知识服务年度会议、数字出版高层论坛、学科化服务、开放获取等学术品牌,为促进我国专业图书情报事业发展贡献了积极的力量。

二、学术活动聚焦知识服务,主动引导、推进专业图书馆服务模式转型

"十二五"期间,分会学术活动鲜明倡导"图情机构知识服务能力建设"主流精神,围绕着科技发展的新态势、新思维、新方法、新机制,适应数字科研与数字环境、信息技术新格局与信息服务新变化,跟踪国际上先进的图书情报发展理念,组织展开了一系列丰富多彩的学术交流活动,促进专业图书馆向知识服务转型发展。

1. 持续组织知识服务年度学术会议,共享知识服务经验

继承和深化分会学术年会制度,持续打造专业图书馆系统知识服务交流平台,根据专业图书情报机构专业性、研究性、服务性强的特点,明确确立了"知识服务年度会议"的主导思路,围绕主题,全面、系统、持续地开展知识服务各个方面的讨论,并在业界形成了学术年会的品牌和影响力。5 年来,各类型图情机构共计 1200 多人次参加了活动。

表1 专业图书馆分会"十二五"期间知识服务年度会议一览表

时间	主题
2015 年	主题:知识服务 2015:创新驱动·情报研究·决策咨询 分主题: 1. 图情机构在科技创新全链条中的地位、作用与任务; 2. 战略思考及情报服务创新实践
2014 年	主题:知识服务 2014:新工具、新方法、新平台 分主题: 1. 支持科技创新和决策咨询的情报服务新实践; 2. 新工具、新方法、新平台
2013 年	主题:知识服务 2013:开放创新环境下专业图书馆的新角色 分主题: 1. 科学数据管理与服务的现状与未来趋势; 2. 学科馆员在科研信息环境建设与服务; 3. 开放信息资源与服务
2012 年	主题:知识服务 2012:挑战、变革与创新 分主题: 1. 数字化科研信息环境建设; 2. 数据时代的图书情报机构创新服务
2011 年	主题:知识服务 2011:面向"十二五"文献情报机构知识服务能力构建 分主题: 1. 知识服务能力构建的战略与规划; 2. 嵌入科研一线的学科化知识服务实践; 3. 知识环境建设

2. 积极参与开放获取、开放资源、开放技术的推进活动

开放资源、开放获取已经对图书馆的建设与服务产生了重大影响。分会瞄准这一发展趋势,积极参与开放获取在中国的推进活动,围绕开放获取政策、资源、服务、工具平台以及积极实践组织专题讨论活动,为专业图书馆参与开放获取工作搭建新型交流平台。

(1)围绕开放获取组织学术活动,引领、示范和推动中国开放获取

自 2002 年以来,开放获取(OA)运动蓬勃发展,并已经成为推动国际学术交流信息共享的重要手段,同时改变了学术信息的组织、传播和利用方式。开放获取已成为全球学术界的广泛共识。专业图书馆分会积极支持和推进开放获取在业界的研究与实践,跟踪领域前沿,共享实践经验,促进专业图书馆探索未来发展新模式。"十二五"期间,专业图书馆分会作为重要组织力量之一,参与组织中国科学院文献情报中心主办的"中国开放获取推介周(China OA Week)"(2012—2015 年)活动,组织业内各类型图书馆专家学者共计 1200 多人参加活

动,分享和交流国内外开放获取的专家和先行者关于开放获取、开放出版的战略、政策、最佳实践,共同推进开放获取在我国的推广应用。

主办或联合举办 2013—2015 年中国机构知识库学术研讨会。以"机构知识库的积极实践"为主题,全面、系统地交流探讨近年来我国中文机构知识库的发展现况及未来可持续发展的路径。会上展示近百家单位的优秀服务实践,发布中国机构知识库推进工作组在全国范围内开展的多项调查结果。为持续加大机构知识库建设成果的宣传推广,分会在 2013 年中国图书馆年会期间举办"机构知识建设与服务"分会场,展示科学院、高校、医院系统开展机构知识库建设的实践探索,探讨研究解决中文机构知识库建设中的关键问题。

(2)关注数字图书馆与信息技术、知识组织、数字资源长期保存等新趋势

2011—2015 年期间,分会联合中国图书馆学会数字图书馆专业委员会等,主办第三、四届图书馆信息技术应用、服务和创新学术研讨会暨数字图书馆与开放源码软件(DLIB & OSS)学术研讨会,交流、分享不同类型图情机构在数字图书馆开源软件、开放技术和开放系统建设方面的研究成果与实践,成为业界交流探讨图书馆信息技术战略规划、研发实践和创新服务系统建设的重要会议之一。受文化部数字图书馆建设与服务领导小组委托,组织和承办 2012 年中国图书馆年会"数字图书馆建设与服务中知识产权挑战"主题论坛,邀请国内几大资源系统专家,就图书数字化、馆际互借与文献传递、机构知识库存缴与开放获取资源、数字资源教学资料包、文化共享工程中面临的著作权挑战及其解决办法做大会发言。联合国家科技图书文献中心,主办 2015 年中国图书馆年会"数字资源长期保存"分会场,宣传开展长期保存的战略意义和最佳实践。专业分会联合中国图书馆学会数字图书馆研究与建设专业委员会,组织中国图书馆 2014 年年会"知识组织揭示:技术、方法与实践"分会场,探讨对各类数字信息资源进行组织和揭示的创新应用实践。

(3)倡导学科化服务,推动专业图书馆向知识服务转型

"十二五"期间,以个性化知识化服务为中心的学科馆员服务,呈现出蓬勃发展之势。专业图书馆在学科馆员服务领域进行了大量的实践探索和创新变革,并引领了国内学科馆员服务的发展理念,形成了各具特色的学科馆员服务,同时产出了大量支持知识化的服务产品和成果。为了分享学科馆员服务的实践经验和成果,促进学科馆员服务进一步可持续发展,推动图书馆服务向知识服务转型,2012 年专业图书馆分会主办了国内首届学科馆员服务学术研讨会,来自全国 20 多个省市,覆盖高校、专业、医院等系统的 370 多名同行参会。本次会议组织各类型图书馆分享学科馆员服务的实践经验和成果,促进学科馆员服务进一步可持续发展,推动图书馆服务向知识服务转型发挥了积极作用。2013 年,举办 2013 中国图书馆年会"学科馆员服务战略转型和最佳实践"主题论坛,持续向业界示范、推广不同类型图书馆学科化服务的新进展、新成果,探讨学科馆员服务进一步发展的战略规划和需要解决的重点问题等。2014 年联合主办 2014 学科馆员服务学术研讨会,以"学科馆员服务:战略、模式和最佳实践"为主题,全面系统地交流研讨学科化服务的实际战略、具体模式和在实践中逐步累积、提炼与总结的最佳实践和经验分析。以上共计 800 多名会议代表参加了活动。

(4)持续组织国际出版社与国内图书馆高层对话论坛,推动行业交流

中国图书馆馆长与国际出版社高层对话论坛自 2009 年首办以来,每年一届,已成为品牌高端学术活动。由分会联合中国图书进出口(集团)总公司共同策划组织,旨在建立一个国内外出版机构、国内科研学术型图书情报机构的高端交流平台,针对共同关注的问题坦诚

交换意见。2011—2015 年期间,高层对话论坛分别以:数字出版与数字资源长期保存、学术出版与科学数据交流、电子图书与图书馆、科学数据与共享、新型出版与图书馆为主题进行交流。累计逾千人次参加了论坛。论坛的专业化特色进一步突出,与行业发展结合日益紧密,借助论坛,提供了海内外出版界、图书馆界直接对话、交流的平台,加深了认识,达成了共识,对推动我国出版和图书馆事业的发展起到积极的作用。

(5)组织公益学术报告会,拓展会员学术视野

"十二五"期间,共举办 30 多场次公益讲座,内容包括 E-science、图书馆发展战略、数字图书馆建设、知识组织、学科化服务、开放数据、新型学术出版等方面的内容。共计 3000 人次参加了活动。

三、开展知识服务专业培训,提升图书馆员知识服务能力

2011 年,根据形势与环境的发展要求,专业图书馆分会确立了面向未来发展需要,以知识服务能力建设为主的培训方向,以挂靠单位和会员单位的人才、资源优势和优秀实践经验为依托,以培养图书馆员的专业化服务能力、创新服务能力为宗旨,积极主动地向业界推广先进的理念、方法和思路。

"十二五"期间,持续夯实图书情报工作岗位培训班以及学科化服务、信息资源建设等常规岗位培训班,组织第 30—32 期图书情报工作岗位培训班,第 19—23 期图书情报工作高级研修班,累计参训人次达 500 多人次。适应科研环境变化,持续组织以提升图书馆员新型知识服务能力的专业化服务培训班,围绕科学数据、机构知识库、专利情报分析和先进知识服务工具等主题,形成了数据馆员培训班、机构知识库培训班、图书馆先进知识服务工具技能培训班、"知识挖掘与科学数据管理"研修班等一系列品牌培训项目,累计参训人次超过1000 人,为各类型图书馆培养了大批具有高水平专业技能的人才。

持续组织与国家知识产权局专利局、国家科技图书文献中心、中国化工信息中心、汤森路透知识产权与科技集团(中国区)的合作公益培训,加强会员服务。连续举办 3 期"专利信息检索与应用"公益培训班、一期"技术竞争情报与专利信息服务上机实练培训"、一期"新型网络参考咨询服务培训班"、三期企业信息服务工具培训班。在组织实施中科院文献情报中心知识服务能力建设培训任务中,共完成面向中科院文献情报系统图书馆员能力建设的10 期学科情报专员、学科信息专员、查新检索认证、科技论文写作等培训任务。

四、完善组织体系、促进交流合作,展示会员单位特色

利用专业图书馆分会平台,通过联合机制或交流平台,促进专业图情机构间交流学习。2011—2012 年,分会主办专业图书馆、科技情报研究所馆所长沙龙两期,围绕图书情报机构业务发展及管理展开探讨和交流。2011 年组织召开图情期刊编辑出版工作研讨会,来自(京区)《图书情报工作》《情报学报》《大学图书馆学报》《情报理论与实践》《情报资料工作》《情报杂志》和《现代情报》杂志等 16 种期刊的正副主编到会,交流了图情类期刊在网络环

境下业务发展思路和特色运营经验。2014 年,联合国家图书馆出版社举办"典藏文献特色服务与开发"研讨会,来自人文社科类图书馆及部分省级博物馆的 50 位专家学者,就典藏文献特色服务与开发进行交流,通过共同研讨馆藏建设、文献特色、文献服务开发等主题,促进馆际资源共享协作。

5 年以来,会员单位间特色参观活动也很活跃,国家博物馆、故宫博物院、中国艺术研究院、中国社科院图书馆、经济所图书馆、全国人大图书馆、中央文献研究室、中国农科院图书馆、国家标准馆、解放军医学图书馆、中国地质图书馆、中国原子能研究院、中国民族图书馆、兵器车辆研究所、中国图书进出口(集团)总公司、人民教育出版社、广东科技图书馆等单位都组织安排了参访交流活动,涉及主题展览、特色馆藏、新馆建筑等内容,丰富了活动的形式和内容。在对外交流方面,积极组织与国外及不同地区的图书馆进行交流访问,了解国外专业图书情报机构的发展态势;多次联合挂靠单位共同邀请国外知名专家学者为会员单位做相关主题的前沿报告。2011 年,分会和挂靠单位中科院文献情报中心共同接待了加拿大研究图书馆协会赴京访问交流。同年,分会继续组织会员参加在台湾举办的第十二届"祖国大陆图书展",并访问了当地图书馆等。

2014 年,分会完成新一届理事会换届选举工作,组织召开第七次会员代表大会,选举产生七届理事会,七届理事会进一步完善分会运行机制,规范工作流程,提高民主办会能力,为分会各项活动的有序开展提供组织保障。组建学术交流、交流合作、教育培训、青年工作、组织建设、华南地区工作委员会 6 个专业委员会。分会坚持常务理事会制、工作委员会制,定期召开常务理事会、专业委员会工作会议,为分会各项活动的有序开展提供组织保障。

重视人才队伍建设,积极鼓励会员单位参与中国图书馆学会及国家级优秀人才评选活动。2011—2015 年间,推荐分会专家参加文化部中国图书馆年度榜样人物评选工作,中科院国家科学图书馆张晓林同志,解放军医学图书馆陈锐同志、国家科技图书文献中心袁海波同志分获 2011 年、2013 年、2015 年中国图书馆榜样人物荣誉称号;推荐专业图书馆参加文化部最美基层图书馆评选活动,中科院新疆生态研究所图书馆获 2014 年文化部最美基层图书馆荣誉称号;推荐分会专家参加中国科协"全国优秀科技工作者"评选活动,时任中科院国家科学图书馆副馆长孙坦同志获第六届全国优秀科技工作者称号;推荐分会青年参加中国图书馆学会年度青年人才奖评选工作,中科院文献情报中心赵艳同志荣获第二届图书馆青年人才奖;推荐分会会员参加中国图书馆学会优秀学会工作者、优秀会员评选工作,分会秘书处赵树宜、副理事长揭玉斌荣获 2011 年、2015 年优秀学会工作者称号。

华南地区图情工作委员会是分会唯一一个区域性内设机构,利用分会平台,团结和联络华南(广东)地区专业图书馆和信息情报机构,积极围绕信息情报工作开展学术研究与交流活动。2011 年,先后开展了 4 次成员单位间的信息资源与服务推广活动,2012 年,联合举办了主题为"面向区域科技创新的情报研究理论、方法、工具与实践"的业务交流研讨会,广东省科技图书馆、广东省科学技术情报研究所、广东省医学情报研究所、广东省农业科学院图书馆、广东社会科学院信息中心等成员单位的 20 多位专家参加了研讨。2014 年,华南地区工作委员会组织召开区域型机构知识库建设与文献情报服务学术暨工作交流会,以及赴广东省知识产权研究与发展中心和国家专利技术(广州)展示交易中心的参访交流活动,为华工委进一步合作打下基础。2015 年,华南地区工作委员会主办"问题与决策驱动的企业信息服务"专题报告会,组织华工委委员单位参加专业分会年会、培训班,组织华工委有关专家在专业分会学术、培训活动中做典型交流发言等活动,促进了地区间的交流与合作,为推动区域发展发挥了应有作用。

五、专业图书馆分会"十二五"期间发展特点

1. 时刻关注专业图书情报机构在变革时代的战略转型

"十二五"期间,学术交流及科学研究范式发生的重大变化,数字信息资源成为科技工作者依赖的重要基础条件,基于数字信息资源的科学研究和学术交流成为一种常规的范式,并不断改变着图书馆用户的信息获取和利用模式。此外,新型信息技术层出不穷,科技信息服务模式也同样面临这重大挑战和机遇。

(1)敏锐感知科研环境的重大变化,积极组织研讨专业图书情报机构知识服务"十二五"重点发展方向。

2011年是"十二五"规划的起始年,也是图书情报机构规划知识服务的关键年。深入探索构建知识服务体系、提升知识服务能力、开展图书馆知识服务的理论研究,将成为"十二五"期间图书情报机构实现发展方式转型和发展水平超越的重要标志。鉴于此,专业图书馆分会将2011年学术年会的主题定为"知识服务2011:面向'十二五'的文献情报机构知识服务能力构建",会议以"知识服务能力构建的战略与规划"为主要议题,汇聚了国内理、工、农、医等各大类型的专业文献情报机构,共同探讨变革时代专业文献情报机构的战略转型问题。本次年会上,中科院文献情报中心张晓林教授提出"颠覆数字图书馆的大趋势"概念,并指出专业图书馆在新的科学范式中实现突围的关键是如何完成从数字图书馆向知识服务的转型。国家科技图书文献中心吴波尔副主任在介绍中心"十二五"发展规划时也提出"用户服务由文献服务为主向知识服务的转型",在"十二五"期间将NSTL打造成为国家科技文献信息集成服务枢纽和知识化服务中心。中国医学科学院医学信息研究所代涛所长在会上报告了医学信息所的"十二五"发展思路,提出医学知识服务已成为新时期医学图书情报机构的生长点,在"十二五"期间将以具有"目标驱动、面向内容、解决方案、增值服务"的医学知识服务作为重要发展方向。

(2)研讨利用知识服务支撑国家创新驱动发展战略。

党的十八大以来,我国积极推进科技体制改革,实施创新驱动发展战略,通过科技创新促进转型发展。2014年10月,国务院颁发《关于加快科技服务业发展的若干意见》,全面部署科技服务业发展,提升科技服务业在创新驱动发展战略中的重要意义。科技信息服务业作为科技服务业的重要组成部分,这为图书情报机构创新发展模式、延展服务链条、促进专业化规模化发展带来了新的机遇和挑战。根据新形势、新环境发展需要,专业图书馆分会将2015年学术年会的主题定为"知识服务2015:创新驱动·情报研究·决策咨询",将重点聚焦情报服务与决策咨询支持创新驱动发展战略,重点探讨图书情报机构"十三五"发展战略思考,分享图情机构面向未来发展的情报服务创新实践。会议邀请来自专业图书情报机构的专家分别围绕战略与趋势、科研情报服务、学科情报服务、技术与平台、企业情报服务、开放资源服务六个分主题,从不同的侧面介绍本机构"十三五"发展战略思路。2015年是我国"十二五"计划的收官之年,也是各机构共谋"十三五"目标,谋划下一个五年战略发展路径

的关键时期。面对"新常态""中国梦"、大数据、云计算、新媒体、"一带一路""互联网＋"、大众创业、万众创新等新态势,专业图书分会召开的此次年会以"转型"为焦点,组织会员单位及行业先锋共同探讨,帮助专业图书情报机构寻找好自身的定位,谋划好自身的发展路径。

2. 聚焦专业图书情报机构在新的科研环境中的角色定位

(1)跟进开放获取运动进展,研讨专业图书馆在开放科研环境中的定位与战略选择

世界范围内的开放获取运动自 2002 年《布达佩斯开放获取计划》宣布以来迅速发展,2012 年欧洲科学院联盟发布《21 世纪开放科学宣言》,号召在科研成果的开放共享方面展开国际合作。随后,世界各国和国际组织在充分实验和研究的基础上,制定和出台了开放获取政策。欧盟 SOAP 项目通过对 38 000 多名研究人员的调查发现,89% 的被调查者赞同"科学研究将从开放获取期刊中获益",超过 85% 的被调查者赞同"公共资助的研究成果应该开放共享"。与图书馆密切相关的出版商也越来越意识到开放获取已经成为学术交流的重大趋势,并逐步制定开放获取政策,支持开放获取出版。开放获取运动的蓬勃发展给图书馆的资源建设、文献服务模式带来了全新的挑战,尤其是专业图书馆。伴随着开放获取运动的持续深入,机构知识库也得以迅速发展,科学数据管理、机构知识库建设等议题也成为图书馆服务模式变革不可逆转的大趋势。

有鉴于此,分会将 2012 年学术年会主题为"知识服务 2012:挑战、变革与创新",于 9 月 19—22 日在山西太原隆重召开,讨论了开放获取、中科院国家科学图书馆副馆长刘细文做"开放获取:图书馆的现实与选择"大会报告。报告指出开放学术资源日益成为学术信息交流不可或缺的资源,并展现出在不远的未来成为主流研究资源的强烈可能性。学术论文的开放获取出版给研究型图书馆以采购模式为基础的馆藏和服务模式带来了巨大的挑战,近十年的实践证明,开放获取是一种有效的学术交流形式,突破了传统交流模式的局限。

2012 年 10 月 22—24 日,中科院文献情报中心主办、专业图书馆分会协办的"中国开放获取周(China Open Access Week)"国际研讨会成功召开。这是国内举办的首届开放获取周。面向科学界、学术界宣传介绍开放获取益处,交流开放获取实践经验,汇报开放获取实践成果,进而推动科学界对开放获取的关注和机构国家层面相关政策的实施。会议吸引了国内图书馆界、学术界、期刊界、出版界的 100 多家机构的 360 余位参会者。会议期间,国内主要科研机构和大学的图书馆共同发起成立"中国机构知识库推进专家组"(China IR Implementation Group),联合 14 家有志于机构研究成果开放共享的机构形成合力,共同推进机构知识库在我国科研机构中的推广。中科院文献情报中心发布了中国科学院机构知识库平台开源软件 CSpace,为国内其他机构知识库的建设提供了范本和机构知识库建设的宝贵经验。会上还成立了中国 arXiv. org 服务工作组(arXiv. org China Service Group),联合国内高能物理重要研究机构和大学向中国科研人员介绍 arXiv. org,提高我国科研人员对 arXiv. org 的利用率,共同促进国际范围的专业或领域开放知识库的应用与发展。自 2012 年起,中国开放获取周每年举办一届,累计参会人次达 2000 余人,专业图书馆作为主要协办单位,积极组织会员单位及业界相关专家、学者参会发言,关注并跟踪开放获取的最新进展。

2013 年 9 月 26—29 日,分会在云南省昆明市成功举办 2013' 中国机构知识库研讨会。会议以"机构知识库的积极实践"为主题,通过趋势与战略、实践探索、政策机制、未来挑战及

互动对话 5 个版块、34 个专题报告、18 个单位的优秀实践案例展示,全面、系统地展现了近年来我国中文机构知识库的发展现况及未来可持续发展的路径。会上首次发布了中国机构知识库推进工作组在全国范围内开展的多项调查结果。会议由专业分会联合中国机构知识库推进工作组、中国图书馆学会高校图书馆分会共同主办,来自内地 30 个省市(除西藏、新疆外)以及香港、台湾地区的高校、专业、公共等类型图书馆的 213 名代表参加了会议。为持续加大机构知识库建设成果的宣传推广,借助 2013 中国图书馆年会大平台,分会联合中国机构知识库推进工作组,在年会期间举办"机构知识建设与服务"分会场,将 2013 机构知识库学术研讨会形成的学术成果向业界进一步示范宣传,会上展示了科学院、高校、医院系统开展机构知识库建设的实践探索,探讨了研究解决中文机构知识库建设中的关键问题。

(2)关注数字化科研信息环境建设,探讨专业图书馆的新功能与新角色

随着科学研究范式变革,数据密集型科学研究成为学术研究的重要形式之一,如何有效的组织、管理和利用科学数据成为逐渐成为专业图书馆领域内的重要议题。为了更好地理解新的科学研究范式服务科研,专业图书馆分会及时组织业内专家学者研讨相关议题,为专业图书馆做好科学数据管理和服务提供最佳实践案例。

在分会 2012 年学术年会上,设立了"数字化科研信息环境建设"分主题,分会副理事长、中国农业科学院农业信息研究所副所长孟宪学到会并做"国家农业数据建设与服务"的大会报告。报告详细介绍了"农业科学数据共享中心"筹备和建设进展。该中心是我国农业科学数据的汇聚中心、存贮中心、标准化中心和服务中心,为国家农业科技创新提供数据支撑。此外,中国中医科学院中医药信息研究所、中国科学院微生物研究所的报告专家分别介绍了各自领域内的数据共享平台的建设。

2013 年,专业图书馆分会将学术年会的主题定为"知识服务 2013:开放创新环境下专业图书馆的新角色",交流探讨了科学数据管理与服务的现状与未来趋势,来自科学院系统、农科、医科、高校、企业及出版社的 32 位专家,交流讨论了科研数据管理平台、服务模式、用户数据素养培养、科研数据权益研究等热点问题。会议还分专题交流了学科馆员在科研信息环境建设与服务、开放信息资源与服务方面的最新进展。年会于 2013 年 7 月 22—26 日在黑龙江省佳木斯市召开,170 多人参加了会议。来自中国科学院地理科学与资源研究所、中国中医科学院中医药信息研究所、中国科学院上海药物研究所信息中心的专家分别介绍了本单位数字化科研环境建设和数据共享的实践进展,为广大专业图书馆乃至高校、公共图书馆都提供了良好的借鉴。

3. 交流在知识服务工具、平台和方法方面的实践创新

伴随着图书馆知识服务的发展,专业化知识服务平台、信息分析与知识挖掘工具等先进工具体系越来越成为专业图书馆业务发展和核心竞争力提升的关键。专业图书馆分会及时跟踪业内的最新发展趋势,为各专业图书馆交流共享知识服务工具、平台和方法方面的新进展、新实践提供契机,适时组织了具有广泛影响力的学术研讨会。

分会 2014 年学术年会的主题是:"知识服务 2014:新工具、新方法、新平台",重点聚焦科技情报服务,来自中科院、社科院、中信所、医科院、农科院、化工、电子、通信、生物、标准、专利等会员单位的 15 位专家,从宏观战略到具体实践,介绍了专业图书情报机构开展情报研究和服务的最新进展,117 家单位的 386 名代表参加了活动。年会设立"支持科技创新和

决策咨询的情报服务新实践:新工具、新方法、新平台"交流版块,侧重探讨各专业图书馆围绕决策咨询与行业发展,在学科/领域情报服务、产业技术情报服务、科研数据服务、企业信息服务、开放资源与开放服务等方面的新进展、新实践。时任分会副理事长、中国医学科学院医学信息研究所所长代涛研究员结合实际案例重点介绍了医科院信息所建设医学科技决策平台、卫生政策信息平台、国家新农合信息平台的实践探索。中国化工信息中心、中科院微生物所信息中心、中科院上海生命科学信息中心的专家也分别介绍了本单位支撑情报研究的知识服务平台建设的最新实践进展和经验。

分会 2015 年学术年会也设立了"技术与平台"交流版块。中科院文献情报中心张智雄研究员介绍了近年来中科院面向重点研究领域的科技监测知识情报服务实践与未来设想,就自主研发并取得显著成效的科技监测服务平台的功能、服务机制、工作流程和服务产品作了系统讲解。中国国防科技信息中心的张兰介绍了国防科技领域前沿监测与分析平台的建设思路,该平台建成后将能够在海量信息资源中监测技术最新发展和应用,捕捉新技术和新概念,并进行具有重大应用潜力的前沿技术预测。

4. 引领专业图书情报机构积极构建情报服务与决策咨询能力

伴随着知识服务的不断发展,情报研究的内涵也发生着重大的变化。以往基于文献数据、情报综述的科技情报服务已经越来越不能满足用户的需求。2014 年国务院颁发的《关于加快科技服务业发展的若干意见》[①]中明确提出,鼓励"科技咨询服务","支持科技咨询机构、知识服务机构、生产力促进中心等积极应用大数据、云计算、移动互联网等现代信息技术,创新服务模式,开展网络化、集成化的科技咨询和知识服务"。同时,创新驱动发展战略也要求各专业图书情报机构拓展情报服务的内涵,增强情报研究支撑决策咨询的能力。

分会 2014 年知识服务年会设立"未来发展战略与宏观决策情报服务"分主题,交流研讨专业图书情报机构在宏观决策情报服务方面的实践创新与未来战略思考。时任分会理事长张晓林教授在主旨报告中提出当前的情报研究应当从以"资料"驱动转变为以"问题与决策"驱动,针对研究问题开展情报分析服务,提出要建立支持问题与决策驱动的研究机制。中国科技信息研究所副所长赵志耘在大会报告中提出在创新驱动发展的大前提下,科技情报服务应该更加注重质量导向、战略聚焦等。时任分会副理事长、中国农业科学院农业信息研究所副所长孟宪学对农业信息研究所的情报服务进行介绍时提出未来农业科技情报服务应该能够支持科研创新、支持科技管理、提供决策咨询、服务产业发展。

分会 2015 年知识服务年会设立"情报服务与决策咨询支持创新驱动发展战略"分主题,探讨专业图书情报机构在科技创新全链条中的地位、作用、任务、发展途径以及实施路线。中科院兰州文献情报中心张志强在报告中提出面对创新驱动发展的新需求,情报研究服务必须从一般的专业科技情报分析机构转型升级发展,走智库式发展之路,建设科技战略研究分析与知识发现的专业化科技智库。中科院成都文献情报中心方曙研究员介绍的中科院知识产权服务网络,在构建中科院知识产权战略服务信息化环境、面向管理决策与技术创新的知识产权战略服务体系、科技创新决策与管理保障方面发挥了重要的支撑作用。来自广东

---

① 《国务院关于加快科技服务业发展的若干意见》原文见:http://www. gov. cn/zhengce/content/2014-10/28/content_9173. htm。

省科技图书馆、中国中医科学院信息研究所等专业图书馆的专家也分别就各自领域情报服务的最新进展进行了交流。

5. 探索学科化服务的新模式,推进构建和完善融入科研一线的文献情报服务能力

"十二五"期间,学科化服务已经从以文献检索获取为中心的服务,发展为嵌入用户群体、以个性化设计组织知识化服务为中心的学科馆员服务。为促进学科馆员服务进一步可持续发展,推动图书馆服务向知识服务转型,专业图书馆分会积极组织各类型图书馆分享学科馆员服务的实践经验和成果。

分会 2011 年知识服务年会设立"嵌入科研一线的学科化知识服务实践"分主题,中科院国家科学图书馆学科化服务团队体系化地介绍了该团队面向研究所开展学科化服务的实际战略和最佳实践。2012 年,分会组织举办首届学科馆员服务学术研讨会,来自全国 20 多个省市,覆盖高校、专业、医院等系统的 327 名正式代表,以及近 50 名当地图书馆工作者出席了会议,研讨会的主题为"学科馆员服务:战略、模式和最佳实践"。时任分会理事长张晓林做"学科馆员3.0"的大会主旨报告,来自高校、科研机构图书馆的专家学者全面系统地交流研讨了学科馆员服务上的实际战略、具体模式和在实践中逐步累积、提炼与总结的最佳实践和经验分析。

六、发展展望

展望未来,专业信息机构将面临更多的机遇及挑战。随着科研信息服务、学术信息服务领域竞争态势日趋严峻,各类知识机构正在跨越传统界线,重新定位自己,争取在服务于教学科研、科技进步、战略决策、科学发现的过程中重新找到自己的位置。同时,在信息与网络技术推动下,数据密集型科研、在线教育、开放获取、社交网络等发展,进一步改变了信息服务机构的生存环境,众多竞争对手已经发力,希望在大数据和互联网技术的帮助下,成为服务科学家群体和科研全过程的服务商,众多学术出版商和信息服务商也正全面进入直接面对用户的知识服务领域。应对未来发展,决策信息服务、智库型服务、知识挖掘服务、科研数据服务等将逐渐成为专业信息机构服务的主流形式。

未来五年,专业图书馆分会将聚焦新挑战,适应新形势和新环境变化,始终坚持知识服务能力建设的工作主线,及时跟踪业界发展新趋势,关注专业图书馆创新实践,组织专业图书馆开展战略规划、知识组织、技术平台、服务创新、人才培养等方面的交流活动。继续组织大数据环境下信息服务新范式、新技术、新服务的交流活动;继续拓展延伸决策咨询与战略情报服务、智库建设、产业情报服务、成果转移转化等方面的交流;继续围绕数字资源长期保存、科学数据、开放获取、机构知识库、知识组织、知识产权等方面组织交流探讨活动;继续拓展新型学术出版与图书馆服务转型方面的交流探讨;继续深化知识服务能力提升培训工作,为广大会员提供多种形式的专业素养培训课程。

中国图书馆学会专业图书馆分会秘书处